utb 5081

Eine Arbeitsgemeinschaft der Verlage

Böhlau Verlag · Wien · Köln · Weimar
Verlag Barbara Budrich · Opladen · Toronto
facultas · Wien
Wilhelm Fink · Paderborn
A. Francke Verlag · Tübingen
Haupt Verlag · Bern
Verlag Julius Klinkhardt · Bad Heilbrunn
Mohr Siebeck · Tübingen
Ernst Reinhardt Verlag · München
Ferdinand Schöningh · Paderborn
Eugen Ulmer Verlag · Stuttgart
UVK Verlag · München
Vandenhoeck & Ruprecht · Göttingen
Waxmann · Münster · New York
wbv Publikation · Bielefeld

Christian Fuchs

Soziale Medien und Kritische Theorie

Eine Einführung

Aus dem Englischen übersetzt von Felix Kurz

UVK Verlag · München

Übersetzt aus dem Englischen von **Felix Kurz**. Die Übersetzung wurde von der Kunststiftung NRW mit einem Aufenthaltsstipendium im Europäischen Übersetzer-Kollegium Straelen gefördert.

Dieses Buch wurde zuerst auf Englisch veröffentlicht:
Fuchs, Christian. 2017. Social Media: A Critical Introduction.
London: SAGE Publications. 2nd edition. ISBN 978-1-4739-6683-3

Christian Fuchs ist Professor für Medien- und Kommunikationswissenschaft an der University of Westminster und Herausgeber der Zeitschrift tripleC: Communication, Capitalism & Critique.

Online-Angebote oder elektronische Ausgaben sind erhältlich unter www.utb-shop.de.

Bibliografische Information der Deutschen Bibliothek
Die Deutsche Bibliothek verzeichnet diese Publikation in der Deutschen Nationalbibliografie; detaillierte bibliografische Daten sind im Internet über <http://dnb.ddb.de> abrufbar.

© UVK Verlag München 2019
– ein Unternehmen der Narr Francke Attempto Verlag GmbH & Co. KG

Einbandgestaltung: Atelier Reichert, Stuttgart
Cover-Illustration: © iStockphoto, gremlin
Druck und Bindung: cpi, Leck

UVK Verlag
Nymphenburger Strasse 48 · 80335 München
Tel. 089/452174-65
www.uvk.de

Narr Francke Attempto Verlag GmbH & Co. KG
Dischingerweg 5 · 72070 Tübingen
Tel. 07071/9797-0
www.narr.de

UTB-Band Nr. 5081
ISBN 978-3-8252-5081-2

Inhaltsverzeichnis

Vorwort zur deutschen Ausgabe

Das Internet ist zu einem integralen Bestandteil des Alltagslebens vieler Menschen geworden. Laut Statistiken gab es Anfang 2018 etwa 4,2 Milliarden Internetnutzer weltweit[1]. Dies sind nahezu 55% der Weltbevölkerung. Wir informieren uns über Neuigkeiten im Internet, sehen uns Filme und Videos an, hören Musik, kommunizieren privat und beruflich, kommentieren und teilen Inhalte auf Facebook, Instagram und anderen Plattformen, kaufen über das Internet ein, erledigen Banktransaktionen online etc. Unser Gesellschaftsleben ist ohne das Internet heute nicht mehr vorstellbar. Das Internet und die Gesellschaft sind eng verkoppelt: Die Anwendung des Internets hat die Gesellschaft verändert, im Internet spiegeln sich auf komplexe Weise gesellschaftliche Verhältnisse. Das Internet ist ein Raum der gesellschaftlichen Auseinandersetzung. Daher sind alle menschlichen Tätigkeiten im Internet sozial und alle Internetanwendungen soziale Medien.

Seit Mitte des ersten Jahrzehnts des 21. Jahrhunderts hat sich aber ein anderes Verständnis sozialer Medien durchgesetzt. Es werden darunter oft neue Internetanwendungen wie soziale Netzwerke (Facebook), Blog-Plattformen (z.B. Tumblr, WordPress, Blogger), Mikroblogs (z.B. Twitter, Weibo), Wikis (z.B. Wikipedia) und Plattformen zur Teilung von Inhalten (z.B. YouTube, Instagram, Flickr) verstanden. YouTube, Facebook, Wikipedia und Twitter zählen heute zu den zehn meistgenutzten Internetplattformen[2].

Im Jahr 2017 nutzten 91 Prozent der Deutschen, 88 Prozent der Österreicher/innen[3] und 90 Prozent der Schweizer/innen das Internet[4]. 51 Prozent der Deutschen und 51 Prozent der Österreicher/innen verwendeten 2017 soziale Medien (im engeren Sinn von Twitter, Facebook etc.). 30 Prozent der Deutschen und 23 Prozent der Österreicher kreierten im selben Jahr nutzergenerierte Inhalte und teilten diese auf Online-Plattformen. Im Jahr 2015 hatten nur 0,4 Prozent der

---

[1] https://www.internetworldstats.com/stats.htm, aufgerufen am 4. Juli 2018.

[2] https://www.alexa.com/topsites, aufgerufen am 4. Juli 2018.

[3] Datenquelle: Eurostat, http://ec.europa.eu/eurostat

[4] Datenquelle: Bundesamt für Statistik, https://www.bfs.admin.ch

Deutschen und 0,7 Prozent der Österreicher/innen keinen Fernseher[5]. Die Nutzung von Facebook, Twitter, YouTube etc. ist im deutschsprachigen Raum noch nicht so weit verbreitet wie das Fernsehen: Soziale Medien sind aber ein signifikantes Phänomen. Das vorliegende Buch widmet sich also einem gesellschaftlich bedeutenden Kommunikationsphänomen.

Marx, Engels, Horkheimer und Adorno gehören zu den wichtigsten Theoretikern der kritischen Gesellschaftstheorie. Marx beschäftigte sich u.a. mit dem widersprüchlichen Charakter der Technik und der Kommunikationsmittel im Kapitalismus (siehe Fuchs 2017b). Horkheimer und Adorno haben u.a. die negativen Auswirkungen auf die Gesellschaft analysiert, die sich ergeben, wenn Kultur die Warenform annimmt. Obwohl die Werke klassischer Gesellschaftstheoretiker von großer Bedeutung für die Analyse von Kommunikation und Medien sind, hat sich im deutschsprachigen Raum bisher keine kritische Tradition der Analyse von Medien und Kommunikation durchsetzen können. Vielmehr ist dieses Forschungsfeld relativ konservativ. Der Ansatz der Kritik der politischen Ökonomie der Medien und der Kommunikation ist im internationalen Vergleich in Deutschland, Österreich und der Schweiz unterentwickelt (vgl. Fuchs 2017a). Das vorliegende Buch versteht sich als Einführung dazu, wie der Ansatz der Marx'schen kritischen politischen Ökonomie und der Frankfurter Schule (vor allem die Arbeiten von Horkheimer, Adorno, Marcuse und Habermas) verwendet werden kann, um aktuelle Kommunikationsphänomene kritisch zu analysieren. Es ist als Lehrbuch konzipiert, das den Zusammenhang von Internetkommunikation und Kapitalismus verdeutlicht. Eine Vielzahl von Übungsaufgaben ermöglicht es den Leser/innen, sich mit diesem Thema auf praktische Weise auseinanderzusetzen. Ich habe versucht, die Bedeutung kritischer/marxistischer Theorie möglichst anschaulich darzustellen.

Die Europäische Union verfolgte im Rahmen der Lissabon-Strategie das Ziel, bis 2010 die wettbewerbsfähigste Informationsökonomie der Welt zu werden. Damit war gemeint, dass man europäische Formen von Google, Facebook, Microsoft, Amazon, Apple etc. schaffen wollte. Man wollte den US-amerikanischen digitalen Kapitalismus ein- und überholen. Diese Strategie ist gescheitert. Es gibt heute keine europäischen Äquivalente zu Google, Facebook, Microsoft, Amazon und Apple. Die Strategie, die neoliberale Version der digitalen Öko-

---

[5] Datenquelle: Eurostat, http://ec.europa.eu/eurostat

nomie, in der unregulierte globale Konzerne nach Belieben agieren und Daten, digitale Inhalte, Online-Werbung und digitale Technologien als Waren verkaufen, um Kapital zu akkumulieren, funktioniert in Europa nicht. Unter den fünfzig weltgrößten Unternehmen befinden sich zehn Konzerne, die dem Bereich der Kommunikationsindustrie und digitalen Industrie zuzuordnen sind: Apple (#8), AT&T (#15), Verizon Communications (#18), Microsoft (#20), Alphabet/Google (#23), China Mobile (#25), Comcast (#34), Softbank (#39), Nippon Telegraph and Telephone (#46) und Intel (#49). Sieben dieser Konzerne haben ihre Zentrale in den USA und zwei in Japan. Eines der Unternehmen befindet sich in China. Keiner der weltgrößten Informationskonzerne ist aus Europa. Die Lissabon-Strategie ist also gescheitert. Dies hat damit zu tun, dass die Stärke Europas nicht bei den kommerziellen Medien, sondern im Bereich der öffentlich-rechtlichen Medien und der Alternativmedien besteht. Die EU hat die Möglichkeit verabsäumt, ein öffentlich-rechtliches und alternatives Internet zu schaffen. Die zuständigen Politiker/innen sind von der neoliberalen Ideologie geblendet. Der Versuch, das US-Modell des digitalen Kapitalismus zu kopieren, ist gescheitert.

Die von Edward Snowden aufgedeckte Überwachung der Internetkommunikation durch westliche Geheimdienste sowie der Cambridge Analytica-Skandal zeigen, dass das Internet nicht einfach ein Raum der gesellschaftlichen Auseinandersetzung ist, sondern einer jener Räume, in dem Widersprüche der Gesellschaft ausgetragen werden. Das Unternehmen Cambridge Analytica bezahlte Global Science Research dafür, Online-Persönlichkeitstests auf Facebook durchzuführen, wodurch persönliche Daten von 90 Millionen Nutzern gesammelt wurden, auf Basis derer rechte Organisationen personalisierte Online-Werbungen schalteten, um zu versuchen, den Ausgang von Wahlen (wie z.B. der US-Präsidentschaftswahl 2016) zu manipulieren. Dies wurde durch eine Kombination von nationalistischer Politik, digitalem Kapitalismus und neoliberaler Politik ermöglicht: Die neuen Nationalisten schrecken vor keinen Möglichkeiten zurück, um ihre Ziele zu erreichen. Zu ihren kommunikativen Methoden zählen Falschnachrichten (Fake News), Skandalisierung, Emotionalisierung, die Nutzung von Bots zur Generierung von falscher Aufmerksamkeit, die Verbreitung von Hass und Nationalismus online usw. Facebook als kapitalistisches digitales Unternehmen hat Interesse daran, dass möglichst viele Datenströme auf der Plattform stattfinden, da Daten ein Rohstoff für den Profit sind, den das Unternehmen aus dem Verkauf personalisierter Werbung erzielt. Facebook gab

Entwicklern über eine offene Schnittstelle Datenzugriff, da man sich dadurch mehr neue Apps und damit verbunden mehr Nutzungsstunden und mehr verkaufte personalisierte Werbung erhoffte. Die Logik der Profitmaximierung unterstützte die Unterminierung der Demokratie und der Privatsphäre vieler Internetnutzer/innen. Der neoliberale Staat unterstützt die Kommodifizierung des Digitalen dadurch, dass es kaum Regulierung gibt und man auf die Selbstregulierung der Konzerne setzt.

Die Kombination der Krise des Kapitalismus mit rechter Ideologie, neuem Nationalismus und Rassismus hat im Internet zu Phänomenen wie Donald Trumps Twitternutzung geführt. Während die Nazis den Volksempfänger benutzten, setzen die heutigen Nationalisten auf soziale Medien, Big Data, Fake News, personalisierte Onlinewerbung und politische Bots. Donald Trump ist das bekannteste Beispiel dafür, wie digitale Medien eingesetzt werden, um Autoritarismus zu kommunizieren, wozu ein hierarchisches Weltbild, in dem es Führer und Geführte gibt, Nationalismus, das Freund/Feind-Schema, patriarchale Ideologie und Militarismus gehören (Fuchs 2018a).

Das Internet und die Gesellschaften, in denen es verwendet wird, sind heute in keinem guten Zustand. Genau deswegen brauchen wir eine kritische Theorie des Internets. Im vorliegenden Buch werden u.a. folgende Themen diskutiert: der digitale Kapitalismus, partizipative Kultur als Ideologie, Kommunikationsmacht; die politische Ökonomie des Digitalen, der Suchmaschinen, der sozialen Netzwerke und der Sharing-Plattformen; Überwachung und Privatsphäreverletzungen im Internet, digitale Demokratie und digitale Öffentlichkeit, Ideologien des Internets. Es geht aber auch um gesellschaftliche Kämpfe im Kontext des Internets und nichtkommerzielle Alternativen zum kapitalistischen Internet. Beispiele dafür sind Wikipedia, Plattformkooperativen und die digitalen Dienste öffentlich-rechtlicher Medien. Europas Stärke ist nicht der digitale Kapitalismus, sondern die Tradition der öffentlich-rechtlichen Medien und der Alternativmedien.

Die Alternativen zum digitalen Kapitalismus bestehen also in der Förderung öffentlich-rechtlicher und zivilgesellschaftlicher Internetdienste (Fuchs 2018a). Wir brauchen keine öffentlich-privaten Partnerschaften, sondern öffentlich-zivilgesellschaftliche Partnerschaften, um ein progressives Internet zu etablieren. Das Internet ist heute nur zu einem partikularistischen Grad ein soziales Medium: Es befördert das Interesse der Konzerne und Mächtigen. Es ist also unsozial, insofern wir unter Sozialität den politischen Begriff einer solidarischen

Gesellschaft verstehen. Ein soziales Internet, das von öffentlich-rechtlichen Institutionen (z.B. Suchmaschinen, die von öffentlichen Universitäten organisiert werden, ein von allen europäischen öffentlich-rechtlichen Medien gemeinsam betriebene Alternative zu YouTube etc.) und zivilgesellschaftlichen Organisationen (z.B. Plattformkooperativen, d.h. von Angestellten und Nutzern selbstverwaltete Software- und Internetprojekte; nichtkommerzielle, nicht-profitorientierte soziale Netzwerke; Creative Commons und Free Software-Bewegung usw.). Die stärkere Besteuerung von Onlinewerbung und anderen Profitquellen digitaler Konzerne könnte eine der Quellen für die Finanzierung alternativer Internetprojekte darstellen (Fuchs 2018b).

Im heutigen Internet spielt sich ein Widerspruch zwischen dem digitalen Kapital und den digitalen Gemeingütern (Commons) ab. Es kommt darauf an, in diesen Konflikt zu intervenieren, um ein Internet zu schaffen, das allen Menschen Vorteile bietet. Ein alternatives Internet ist möglich und notwendig.

London, 7.7.2018   Christian Fuchs

Fuchs, Christian. 2018a. *Digitale Demagogie: Autoritärer Kapitalismus in Zeiten von Trump und Twitter*. Hamburg: VSA.

Fuchs, Christian. 2018b. *The Online Advertising Tax as the Foundation of a Public Service Internet*. London: University of Westminster Press.

Fuchs, Christian. 2017a. *Die Kritik der Politischen Ökonomie der Medien/ Kommunikation: ein hochaktueller Ansatz*. Publizistik 62 (3): 255-272.

Fuchs, Christian. 2017b. *Marx lesen im Informationszeitalter. Eine medien- und kommunikationswissenschaftliche Perspektive auf „Das Kapital Band 1"*. Münster: Unrast.

1 Einleitung: Soziale Medien und Kritische Theorie

Kernfragen

- Was ist sozial an den sozialen Medien?
- Was bedeutet es, kritisch zu denken?
- Was ist kritische Theorie und warum ist sie relevant?
- Wie können wir uns kritischer Theorie nähern?

Schlüsselbegriffe

- Soziale Medien
- Kritische Theorie
- Marxistische Theorie
- Kritische politische Ökonomie

Überblick

Was ist sozial an den sozialen Medien? Wie beeinflussen Plattformen wie Facebook, Google, YouTube, Wikipedia und Twitter
die Macht, die Ökonomie und die Politik? Dieses Buch bietet eine kritische Einführung in das Studium sozialer Medien. Es
konfrontiert den Leser mit Begriffen, die für ein Verständnis der
Welt sozialer Medien unerlässlich sind. In Fragen formuliert:

- Kapitel 2: Was ist sozial an den sozialen Medien?

- Kapitel 3: Wie bedeutsam ist der Gedanke partizipativer
  Kultur im Denken über soziale Medien?

- Kapitel 4: Wie nützlich sind die Begriffe der Kommunikationsmacht und der Massen-Selbst-Kommunikation in der
  Netzwerk-Gemeinschaft, um soziale Medien zu verstehen?

- Kapitel 5: Wie funktioniert das Geschäftsmodell sozialer
  Medien?

- Kapitel 6: Was ist gut und was schlecht an Google, der
  weltweit führenden Internetplattform und Suchmaschine?

- Kapitel 7: Welche Rolle spielen Privatsphäre und Überwachung bei Facebook, dem weltweit erfolgreichsten sozialen
  Netzwerk?

- Kapitel 8: Was hat Twitter zu neuen Formen der Politik und
  Demokratie beigetragen und was sind seine Potentiale und
  Grenzen bei der Wiederbelebung der politischen Öffent-
  lichkeit?

- Kapitel 9: Was sind die politisch-ökonomischen Besonder-
  heiten chinesischer sozialer Medien wie Weibo im Kontext
  der Entwicklung der chinesischen Ökonomie und Gesellschaft?

- Kapitel 10: Welche Rolle spielen Tauschbörsen im heutigen
  Kapitalismus? Welche Rolle spielt die Ideologie des Teilens,
  welche spielen kommerzielle Sharing-Plattformen wie die
  Zimmervermietungsbörse Airbnb und der Taxi-Rufdienst
  Uber? Welche nichtkapitalistischen Potentiale liegen in den
  Tauschbörsen?

- Kapitel 11: Welche Formen und Prinzipien der gemeinschaftlichen Wissensproduktion sind charakteristisch für Wikipedia, die weltweit meistgenutzte wiki-basierte Online-Enzyklopädie?

- Kapitel 12: Wie können wir soziale Medien entwickeln, damit sie den Zwecken einer gerechten Welt dienen, in der wir die Gesellschaft kontrollieren und gemeinschaftlich kommunizieren?

Dieses Buch führt einen theoretischen Rahmen für ein kritisches Verständnis sozialer Medien ein, der es erlaubt, Plattformen sozialer Medien im Kontext spezifischer Themen zu diskutieren: sozial sein (Kapitel 2), partizipative Kultur (Kapitel 3), Kommunikation und Medienmacht (Kapitel 4), politische Ökonomie (Kapitel 5), politische Ethik (Kapitel 6), Überwachung und Privatsphäre (Kapitel 7), Demokratie und Öffentlichkeit (Kapitel 8), globaler Kapitalismus (Kapitel 9), die Geschenk- und Tauschökonomie (Kapitel 10), Macht und gemeinschaftliche Arbeit (Kapitel 11), Gemeingüter (Kapitel 12).

Betrachten wir drei Beispiele, in denen soziale Medien eine Rolle spielen: die *Huffington Post,* den Wahlkampf von Jeremy Corbyn und die Internetüberwachung im Zeitalter Edward Snowdens.

Unbezahlte Arbeit für die *Huffington Post*

Die *Huffington Post* (*HP*) ist der populärste Newsblog weltweit. Arianna Huffington eröffnete ihn im Jahr 2005. Sein Funktionsprinzip basierte auf den Beiträgen vieler unbezahlter, ehrenamtlicher Blogger (Fuchs 2014a). Im Jahr 2011 kaufte AOL die *HP* für 325 Millionen US-Dollar und führte ein profitorientiertes Geschäftsmodell ein. Der Blogger Jonathan Tasini, der in der Vergangenheit für HP geschrieben hatte, reichte eine Sammelklage im Streitwert von 105 Millionen US-Dollar mit dem Argument ein, dass sich die *HP* unrechtmäßig mit den unbezahlten Beiträgen bereichert habe, als sie in ein Geschäft umgewandelt und von AOL übernommen wurde: »Aus meiner Sicht sind die Blogger der Huffington Post im Grunde in moderne Sklaven auf Arianna Huffingtons Plantage verwandelt worden. [...] Sie möchte die zig Millionen, die sie durch die harte Arbeit dieser Blogger geerntet hat, in die eigene Tasche stecken.«[6] Arianna Huffington argumentierte im Gegenzug, dass Blogger unbezahlt arbeiten, weil sie Spaß daran haben und bekannt werden wollen: »Leute bloggen auf der Huffpost aus dem gleichen Grund umsonst, aus dem sie jede Nacht ohne Gage in Kabel-TV-Shows auftreten: weil sie leidenschaftlich einer Idee anhängen, weil sie etwas zu verbreiten und einem großen und vielfältigen Publikum mitzuteilen haben. [...] Unsere Blogger sind wiederholt ins Fernsehen eingeladen worden, um ihre Beiträge zu diskutieren, und haben alle möglichen Angebote, von bezahlten Auftritten als Redner und Buchverträgen bis zur TV-Show, erhalten.«[7] Die Meinungen zur Frage nicht vergüteten Arbeitens für Webseiten gehen weit auseinander: Ist das nicht Ausbeutung unbezahlter digitaler Arbeit? Oder handelt es sich um eine neue Form von partizipativem Online-Journalismus, der die Autoren mehr durch Bekanntheit als mit Geld entlohnt?

Jeremy Corbyns Wahlkampf

Im September 2015 wurde mit dem sozialistischen Parlamentsabgeordneten Jeremy Corbyn nach langer Zeit wieder ein Linker zum Vorsitzenden der britischen Labour Party gewählt. Er hatte sich einer sehr feindseligen Kampagne der Massenmedien gegenübergesehen, die ihn unfairerweise als altmodischen Sozialisten darstellten, dessen überholte Politikvorstellungen nicht ins 21. Jahrhundert passten. Darüber hinaus wurde ihm unterstellt, er wolle eine zentralistisch-bürokratische Staatsökonomie aufbauen, sei Sympathisant von Extremisten, Diktatoren, Terroristen, Rassisten, Islamisten und Antisemiten, ein vegetarischer Hippie, Öko-Heiliger und Clown, der sich schlecht kleide, keinen Stil habe, Autos hasse und Einwanderung und Multikulturalismus idealisiere.

Die britische Presse beschrieb Corbyn beispielsweise als jemanden, der »kaum einen Terroristen sehen kann, ohne ihm gleich den Hintern küssen zu wollen« (*Sun*, 06.09.2015), er sei ein »linker Irrer« (*Sun*, 07.09.2015), eine »Gefahr für die nationale Sicherheit« (*The Times*, 07.09.2015), »ein dämlicher Marxist, der sich daran erfreut,

---

[6] www.forbes.com/sites/jeffbercovici/2011/04/12/aol-huffpo-suit-seeks-105m-this-is-about-justice/ , abgerufen am 26.02.2018.

[7] http://latimesblogs.latimes.com/technology/2011/04/arianna-huffington-on-jonathan-tasini-writer-lawsuit-there-are-no-mertis-to-the-case.html, abgerufen am 26.02.2018.

jeden nur denkbaren Feind dieses Landes als ›Freund‹ zu bezeichnen« (*Sun*, 09.09.2015), »ein Vegetarier«, der »halb tot aussieht« (*Sun*, 11.09.2015), der wirkt wie »ein Opa, der für ein bisschen Kompost zum Gartencenter stürzt« (*Daily Mail*, 11.09.2015), »Jezbollah« (*Daily Mirror*, 12.09.2015, in Anspielung auf seinen Spitznamen Jez), »Jeremy Cor bin-Laden« (*The Times*, 13.09.2015), »der Duracell-Hase der Linken« (*The Time*, 13.09.2015), »mehrfacher Gewinner der Auszeichnung für den am schlechtesten gekleideten Abgeordneten« (*Independent*, 04.09.2015), und »heimtückischer Clown« (*Daily Telegraph*, 01.09.2015).

Corbyns Kampagne erzeugte eine Massenbewegung, an der sich Hunderttausende Menschen beteiligten, besonders junge Leute und Gegner der rechten Austeritätspolitik – einer neoliberalen Strategie, die die breite Bevölkerung für die Krise des Kapitals bezahlen lässt, indem sie Sozialleistungen und öffentliche Ausgaben kürzt, während gleichzeitig die Steuern für Reiche und Unternehmen gesenkt werden. Aktivisten beschrieben Corbyn als ehrlich und bedächtig, als jemanden, der einem neuen Politikstil folgt, als sozial gerecht und eine bescheidene Person. Die Stimmen der Corbyn-Unterstützer fanden in den Massenmedien kaum Widerhall. Deshalb nutzten sie vor allem die sozialen Medien, besonders Facebook und Twitter, für ihre interne und öffentliche Kommunikation. Auf Twitter wurden die Hashtags #Jeremy4Leader und #JezWeCan ins Leben gerufen.

Jeremy Corbyn war umkämpft in den sozialen Medien. Während ihn die einen unterstützten, diffamierten ihn die anderen mit einer antisozialistischen Ideologie. Einige Beispiele aus Twitter:

- »Die radikal extreme linke Verrücktheit des Jeremy links-verrückt-übergeschnappt-linksextrem-radikalen Corbyn«

- »Verdammter Sozi«

- »Jeremy Corbyn ... ein kommunistischer Schwindler ... hoffe, er geht den Weg Trotzkis #Mexico1941 #NeverForget«

- »Wann werden endlich alle begreifen, dass #Corbyn ein kommunistischer Bastard ist? Er wird das Land zugrunde richten, wenn er an die Macht kommt #Labour«

- »Corbyn ist ein linker sozialistischer Dreckskerl«

- »Irrer Linker, er sollte verhaftet werden«

- »Er ist der wiederauferstandene Stalin«

- »Fick Dich Corbyn Du trotteliger Terroristenfan «

- »Corbyn dieser schmutzige marxistische Feind Großbritanniens«

- »Es ist klar, dass der Kommie Corbyn ein Terrorist ist und sobald wie möglich verhaftet werden sollte«

- »WICHTIGE NACHRICHTEN: DAS VEREINIGTE KÖNIGREICH IST BUCHSTÄBLICH EINE PROLETARISCHE DIKTATUR GEWORDEN! JEREMY ›STALIN II‹ CORBYN WURDE ZUM ARBEITERFÜHRER GEWÄHLT«

- »CORBYN. Der Kommunismus ist zurück, Baby. Bereitet die Gulags vor.«

Corbyns Unterstützer begegneten solchen emotionalen, antisozialistischen Angriffen, denen es an Argumenten mangelte und die oft mit voreingenommenen Artikeln der Boulevardpresse verknüpft waren, mit Humor und Satire. Sie arbeiteten die Absurdität der Vorwürfe heraus, brachten Corbyn mit positiven Werten in Verbindung und wiesen den Vorwurf zurück, er sei ein Extremist. Einige Beispiele aus Twitter:

- »In einer Zeit, in der Thatcher Mandela einen Terroristen nannte, protestierte Corbyn gegen die Apartheid«

- »Corbyn tritt für friedliche und gewaltfreie Lösungen ein und er soll ein Verbündeter von Terroristen sein? Ist Krieg die einzig mögliche Art von Kommunikation?«

- »Für die britischen rechten Medien-Faschisten ist die Welt schwarz/weiß und steht auf dem Kopf. Kriegsverbrecher #Blair ist moderat. #Corbyn ist ein gefährlicher Extremist.«

- »Jeremy Corbyns Anti-Austeritätspläne sind vernünftig & die Austeritätsagenda ist extremistisch.«

- »Glückwünsche an Corbyn. Einheit, Gleichheit und soziale Gerechtigkeit.«

- »Corbyn zieht Frauen in Fragen sexueller Belästigung zu Rate → extremer Spinner. Arbeiter bekommen noch nicht einmal 1% Lohnerhöhung → kein Problem.«

- »SCHOCK, HORROR! Corbyn würde die internationalen Menschenrechte respektieren.«

- »Corbyn wirkt wirklich wie ein feiner Kerl«

- »David Cameron ist auch ein Unterstützer der Menschenrechtsverletzungen in Saudi-Arabien.«

Corbyns Unterstützer waren sich nicht einig darüber, welche Rolle die sozialen Medien in der Kampagne spielen sollten. Der linke Journalist Owen Jones argumentierte etwa, soziale Medien reichten nicht aus und Corbyn müsse auch in den traditionellen Medien vertreten sein, um das inaktive Publikum zu erreichen: »Ohne Präsenz in den Massenmedien ist es nahezu unmöglich, die noch Unentschiedenen zu erreichen. [...] Wir wollen schließlich nicht nur Retweets und volle Säle, wir wollen die Welt verändern.«[8] Ben Seller, der Corbyns Wahlkampf in den sozialen Medien leitete, entgegnete Jones:

> Ich denke, Owen liegt in seiner Bewertung der sozialen Medien als einer »Echo-Kammer« der Linken absolut falsch. [...] Soziale Medien wurden mit einer großen Kneipe verglichen, in der alle gleichzeitig sprechen – zehntausende Konversationen in einem Moment. Das ist keine schlechte Analogie. Der Schlüssel, um das sinnvoll zu nutzen, um aus all den verschiedenen Stimmen eine Bewegung zu machen, liegt in der Frage, wie man es organisiert.[9]

Edward Snowden und der industrielle Internet-Überwachungskomplex

Im Juni 2013 enthüllte der Computerexperte Edward Snowden mithilfe des *Guardian* breit angelegte Internet- und Kommunikationsüberwachungssysteme wie Prism, XKeyscore und Tempora. Laut den von ihm veröffentlichten Dokumenten erhielt der US-Geheimdienst National Security Agency (NSA) über das Prism-Programm direkten Zugriff auf Nutzerdaten von sieben Internetunternehmen: AOL, Apple, Facebook, Google, Microsoft, Paltalk, Skype und Yahoo![10] Die von Snowden veröffentlichten PowerPoint-Folien bezogen sich auf Datensammlungen, die direkt von den Servern dieser US-Dienstleister stammten. Snowden enthüllte ebenso die Existenz eines XkeyScore

---

[8] Owen Jones, If Jeremy Corbyn's Labour is going to work, it has to communicate, *Guardian* Online, 16.09. 2015.
www.theguardian.com/commentisfree/2015/sep/16/jeremy-corbyn-labour-twitter-media, abgerufen am 25.02.2018.

[9] Ben Sellers, That's one hell of an »echo chamber«: Why I disagree with Owen Jones on social media,
https://theworldturnedupsidedownne.wordpress.com/2015/09/24/thats-one-hell-of-an-echo-chamber-why-i-disagree-with-owen-jones-on-social-media, abgerufen am 25.02.2018.

[10] NSA Prism program taps in to user data of Apple, Google and others, *Guardian* Online, 07.06.2013,
www.theguardian.com/world/2013/jun/06/us-tech-giants-nsa-data, abgerufen am 25.02.2018

genannten Überwachungssystems, mit dem die NSA E-Mails lesen, Webbrowseraktivitäten, Aktivitäten in sozialen Medien, Onlinesuchen, Onlinechats, Telefongespräche, Kontaktnetzwerke und die Aktivität einzelner Computer überwachen konnte. Den veröffentlichten Dokumenten nach kann XKeyScore sowohl Metadaten als auch Inhaltsdaten auslesen.[11] Snowden arbeitete für Booz Allen Hamilton, ein profitorientiertes privates Sicherheitsunternehmen, das in den staatlich-industriellen Überwachungskomplex verflochten ist.

Snowdens Dokumente zeigten außerdem, dass der britische Geheimdienst Government Communications Headquarters (GCHQ) Telefongespräche und Internetdaten über ein Glasfaserkabel überwacht, gesammelt und mit der NSA geteilt hatte.[12] Wie Snowden enthüllte, speicherte das GCHQ beispielsweise Telefonanrufe, E-Mails, Facebook-Einträge und den Nutzerverlauf auf Webseiten bis zu 30 Tage und analysierte diese Daten. Weitere Dokumente legten nahe, dass Nachrichtendienste in Deutschland (Bundesnachrichtendienst, BND), Frankreich (Direction Générale de la Sécurité Extérieure, DGSE), Spanien (Centro Nacional de Inteligencia, CNI) und Schweden (Försvarets radioanstalt, FRA) in Kooperation mit dem GCHQ ähnliche Programme entwickelten.[13]

1.1   Was ist das Soziale an den sozialen Medien?

Benutzt man den Ausdruck »soziale Medien«, fragen viele Menschen sofort: Was ist das Soziale an den sozialen Medien? Sind nicht alle

---

[11] XKeyscore: NSA tool collects »nearly everything a user does on the internet«, *Guardian* Online,. 31.07. 2013, www.theguardian.com/world/2013/jul/31/nsa-top-secret-program-online-data, abgerufen am 25.02.2018.

[12] GCHQ taps fibre-optic cables for secret access to world's communications, *Guardian* Online, 21.06. 2013, www.theguardian.com/uk/2013/jun/21/gchq-cables-secret-world-communications-nsa?guni=Article:in%20body%20link, abgerufen am 25. 02.2018.

[13] GCHQ and European spy agencies worked together on mass surveillance, *Guardian* Online. 01.11. 2013, www.theguardian.com/uk-news/2013/nov/01/gchq-europe-spy-agencies-mass-surveillance-snowden , abgerufen am 25.02.2018.

Medien sozial? Diese Fragen hängen mit einer anderen Frage zusammen: Was bedeutet »sozial sein«?

Information und Kognition

Sind Menschen immer sozial oder nur dann, wenn sie mit anderen interagieren? In der soziologischen Theorie existieren verschiedene Begriff des Sozialen (siehe Kapitel 2). Einige behaupten, alle Medien seien sozial, weil sie Teil der Gesellschaft sind und die technologischen Artefakte, die wir nutzen, Aspekte der Gesellschaft umfassen. Wenn man alleine vor seinem Computer sitzt, an einem Dokument arbeitet und nicht mit dem Internet verbunden ist, sind die eigenen Aktivitäten dieser Auffassung zufolge trotzdem durchaus sozial: die Ideen, die man denkt und aufschreibt, beziehen sich auf die Ideen anderer Leute und auf das, was in der Gesellschaft passiert; das Textverarbeitungsprogramm hat bestimmte Eigenschaften und Funktionen, die alle von Menschen zu bestimmten Zwecken und unter bestimmten Arbeitsbedingungen geschaffen wurden. Kognition ist also eine soziale Aktivität. Der Computer, den man benutzt, mag in China zusammengesetzt worden sein, und die Rohmaterialien, aus denen die Komponenten produziert wurden, stammen vielleicht aus afrikanischen Minen. Man hat keinen Einblick in all die Arbeit, die in den Computer eingegangen ist, aber nichtsdestotrotz stellt er ein Werkzeug dar, das unter bestimmten Arbeitsbedingungen von Menschen in einer Gesellschaft geschaffen worden ist. Wenn wir dieses weitgefasste Verständnis von Gesellschaftlichkeit benutzen, dann ist nicht nur Facebook sozial, sondern auch das Fernsehen, das Radio, der Telegraph, Poster, Bücher, Wandbemalungen und alle anderen Formen von Information.

Kommunikation

Andere sagen, dass nicht alle Medien sozial seien, sondern nur diejenigen, die eine Kommunikation zwischen Menschen unterstützen. Kommunikation ist ein reziproker Prozess zwischen zumindest zwei Menschen, in dem Symbole ausgetauscht werden und alle Interaktionspartner diesen Symbolen eine Bedeutung zuschreiben. Computervermittelte Kommunikation hat nicht mit Facebook und Twitter begonnen: Ray Tomlinson sendete die erste E-Mail 1971 von einem

Computer zu einem anderen.[14] Wenn wir unter sozialer Aktivität Kommunikation oder symbolische Interaktion verstehen, dann ist nicht jeder Mediengebrauch sozial. Ausgehend von diesem Verständnis ist es nicht sozial, wenn man einen Text für sich alleine schreibt, aber es ist sozial, jemandem eine E-Mail zu senden oder mit einem Freund auf Facebook zu chatten. Kommunikation ist eine grundlegende Eigenschaft jeder Gesellschaft und jeder menschlichen Aktivität. Ohne Kommunikation können wir so wenig leben wie ohne Nahrung und Wasser; sie gehört zum täglichen Leben.

Gemeinschaft

Manch eine wiederholt getätigte Kommunikation resultiert in mehr als einer sozialen Beziehung – sie schließt Gefühle der Zusammengehörigkeit oder Freundschaft mit ein. Kommunikation verwandelt diese Form des Sozialen in eine Gemeinschaft. Ein bestimmter Anteil der Kommunikation auf Facebook ist Teil von Gemeinschaften persönlicher Freunde, politischer Aktivisten, Hobby- oder Fangruppen. Aber Online-Gemeinschaften sind nicht neu; sie existierten bereits als Mailboxen wie der WELL (Whole Earth 'Lectronic Link) in den 1980er Jahren.

Kooperation

Eine vierte Form des Sozialen besteht in der Kooperation. Der in den 1980er Jahren begründete Wissenschaftszweig der Computer Supported Cooperative Work (CSCW, dt.: computergestützte kooperative Arbeit) untersucht, wie Computer menschliche Kooperation ermöglichen. Zusammenarbeit etwa beim Erstellen von Wikipedia-Artikeln oder eines Dokuments auf Google Docs ist nichts Neues in der Datenverarbeitung, auch wenn die Popularität von Wikipedia und Wiki-Plattformen wie Mediawiki, PBWorks und Wikispaces eine jüngere Entwicklung darstellt. CSCW war bereits Gegenstand akademischer Auseinandersetzungen in den 1980er Jahren; 1986 organisierte die Association for Computing Machinery 1986 in Austin, Texas, die erste einer ganzen Serie von Konferenzen über CSCW. Das Wiki-Konzept ist also nichts Neues: die erste Wiki-Technologie (das Wiki-WikiWeb) wurde von Ward Cunningham 1995 herausgebracht.

---

[14] http://openmap.bbn.com/~tomlinso/ray/firstE-Mailframe.html; http://openmap.bbn.com/~tomlinso/ray/ka10.html, abgerufen am 26.02.2018.

Information, Kommunikation, Kooperation und Gemeinschaft sind Formen des Sozialen – aber was ist sozial an Facebook?

Da es also verschiedene Formen des Sozialen wie Information, Kommunikation, Gemeinschaften und Kooperation gibt, müssen wir sorgfältig bestimmen, welche Bedeutung wir dem Ausdruck »sozial« geben, wenn wir von »sozialen Medien« sprechen. Deshalb bedarf das Studium sozialer Medien einer Gesellschaftstheorie und Sozialphilosophie. Diese erlauben uns, die wesentliche Bedeutung der Ausdrücke Gesellschaftlichkeit, Medien, Gesellschaft, Macht, Demokratie, Partizipation, Kultur, Arbeit, Kommunikation, Information, Öffentlichkeit und Privatsphäre, die in der Diskussion um soziale Medien oft kaum verstanden herangezogen werden, zu verstehen.

Alle datenverarbeitenden Systeme, und folglich auch alle Webanwendungen, können wie alle anderen Medienformen als sozial betrachtet werden, weil sie menschliches Wissen speichern und vermitteln, das seinen Ursprung in gesellschaftlichen Verhältnissen hat. Sie sind Objektivierungen der Gesellschaft und menschlicher gesellschaftlicher Beziehungen. Wann immer ein Mensch ein datenverarbeitendes System oder Medium nutzt (auch wenn er alleine im Raum ist), erkennt er etwas auf der Grundlage objektivierten Wissens, das ein Ergebnis sozialer Beziehungen ist. Aber nicht alle datenverarbeitenden Systeme und Webanwendungen unterstützen eine direkte Kommunikation, bei der zumindest zwei Menschen wechselseitig Symbole austauschen, die als bedeutungsvoll interpretiert werden. Amazon stellt hauptsächlich Informationen über Bücher und andere käuflich erwerbbare Güter zur Verfügung; es ist nicht primär ein Mittel der Kommunikation, sondern eher ein Informationswerkzeug, wohingegen Facebook Kommunikationsdienste bereitstellt (Mail-Systeme, Pinnwände, Foren etc.).

»Soziale Medien« ist ein vielschichtiger Ausdruck. Facebook enthält eine Menge Inhalt (Information) und ist ein Mittel zur Kommunikation und für die Pflege von Gemeinschaften. Es ist nur in geringem Maße ein Mittel zur Zusammenarbeit, schließt aber drei Typen von Gesellschaftlichkeit ein: Kognition, Kommunikation und Gemeinschaft. Kapitel 2 vertieft den Begriff der sozialen Medien.

Soziale Medien kritisch zu verstehen, heißt unter anderem, sich mit den verschiedenen Formen von Gesellschaftlichkeit im Internet zu beschäftigen. Wenn man die meistbesuchten Websites der Jahre 2000 und 2015 vergleicht, dann zeigt sich, dass im ersten Fall MSN, Yahoo!,

Excite, AOL, Microsoft, Daum, eBay und Altavista[15] an der Spitze standen, 2015 dagegen Google, Facebook, YouTube, Baidu, Yahoo!, Amazon, Wikipedia, QQ, Twitter, Taobao, Live.com, Sina, LinkedIn und Weibo.[16] Der Unterschied ist, dass diese Plattformen jetzt soziale Netzwerke (Facebook, LinkedIn), Videotauschbörsen (YouTube), Wikis (Wikipedia) und Mikroblogs (Twitter, Weibo) einschließen. Es handelt sich um recht neue Unternehmen im Internetgeschäft, die im Jahr 2000 noch gar nicht existierten. Plattformen wie Facebook, Weibo, Twitter, Instagram, Pinterest, LinkedIn, Snapchat, Tumblr, Vine, Diaspora, Ello, Google+, VK, Academia, ResearchGate, Blogger, Wordpress und Foursquare zeichnen sich dadurch aus, dass sie integrierte Plattformen darstellen, die viele Medien, Informationen und Kommunikationstechnologien wie Webseiten, Webmail, digitale Bilder und Videos, Diskussionsgruppen, Gästebücher, Verbindungslisten oder Suchmaschinen kombinieren. Viele dieser Technologien sind selbst Instrumente für soziale Netzwerke. Soziale Netzwerkseiten, Sharing-Seiten für nutzergenerierten Inhalt, Blogs, Mikroblogs und Wikis sind wie alle anderen Medien sozial im umfassenden Sinn des Ausdrucks (Information). Einige unterstützen Kommunikation, andere die Kooperation, das Teilen von Inhalten oder Gemeinschaftsbildung. Diese letzten drei Formen von Gesellschaftlichkeit sind dank des Aufstiegs von Facebook, LinkedIn, Wikipedia oder YouTube immer wichtiger im Internet geworden.

Die bisherigen Bemerkungen zeigen, dass ein Verständnis der sozialen Medien viele theoretische Fragen aufwirft. Dieses Buch lädt den Leser zur Beschäftigung mit Theorie und Philosophie ein, um die gegenwärtigen Medien zu verstehen. Gesellschaftstheorie erlaubt es uns nicht nur, Begriffe zu verstehen, sondern ebenso, wichtige Fragen über die Welt zu stellen, und es kann Spaß machen, zu theoretisieren und die eine Theorie mit der anderen zu vergleichen. Und die besten Fragen sind die kritischen. Aber was bedeutet kritisches Denken? Und warum kommt es darauf an?

---

[15] Nach alexa.com, 15.08.2000.

[16] Nach alexa.com, 14.10.2015.

1.2 Was ist kritisches Denken und warum ist es wichtig?

Wenn man die Frage, was »kritisch« bedeutet, mit akademischen Kollegen diskutiert, antworten viele sofort: »Wir sind alle kritisch, weil wir kritische Fragen stellen und die Arbeit unserer Kollegen kritisieren.« Lehrende, die sich selbst als kritische Denker oder Theoretiker verstehen, hinterfragen oft diesen Anspruch. Sie betonen den Ausdruck »kritisch« und die Notwendigkeit kritisch zu sein, um hervorzuheben, dass nicht jeder kritisch ist und viele Gedanken (akademisch oder nicht) unkritisch sind. Ihr Hauptargument ist, dass nicht alle Fragen im gleichen Maße für die Gesellschaft wichtig seien und dass diejenigen, die sie unkritische oder administrative Forscher nennen, sich auf Fragen und Forschungen fokussierten, die irrelevant oder sogar schädlich für eine allen zugutekommende Verbesserung der Gesellschaft sind. Kritische Theoretiker befassen sich mit Fragen der Macht.

Macht

»Macht« ist ein komplexer Begriff, der detaillierter in Kapitel 4 erörtert wird, das sich auf den Begriff der Kommunikationsmacht fokussiert. Macht hat mit der Frage zu tun, wer die Gesellschaft kontrolliert, wichtige Entscheidungen trifft, die wesentlichen Ressourcen besitzt, wer als einflussreich betrachtet wird, wer den Ruf hat, die Gesellschaft zu beeinflussen oder zu verändern, wer ein Meinungsmacher ist oder die vorherrschenden Normen, Regeln und Werte definiert. Die Frage »Wer hat Macht?« verweist unmittelbar auf eine andere: »Und wem fehlt das Vermögen, die Dinge zu beeinflussen und zu verändern?« Machtasymmetrie bedeutet, dass es in der Gesellschaft Gruppen von Menschen gibt, die auf Kosten anderer profitieren, indem sie diese für ihre eigenen Zwecke einspannen und Vorteile daraus ziehen, die nicht der Gesellschaft als Ganzer oder den dergestalt Instrumentalisierten zugutekommen.

Es macht einen Unterschied, ob man bei Fragen über die Gesellschaft den Machtaspekt berücksichtigt oder nicht. Kommen wir zurück zum Thema soziale Medien. Man kann viele Fragen stellen, die die Machtfrage aussparen. Zum Beispiel:

- Wer benutzt die sozialen Medien?
- Zu welchen Zwecken werden die sozialen Medien genutzt?
- Warum werden sie benutzt?

- Worüber kommunizieren die Menschen in den sozialen Medien?
- Was sind die beliebtesten sozialen Medien?
- Wie können Politiker und Parteien die sozialen Medien am besten nutzen, um bei der nächsten Wahl mehr Stimmen zu bekommen?
- Wie können Unternehmen die sozialen Medien nutzen, um ihre Werbung und Öffentlichkeitsarbeit zu verbessern, sodass sie mehr Profit machen können?
- Wie viel Profit generiert ein Klick auf eine Werbung, die bei Facebook oder Google erscheint, durchschnittlich für das inserierende Unternehmen?
- Wie viel Profit kann ein Unternehmen machen, wenn es die Arbeit an die Nutzer auslagert und freie »Open Source«-Software benutzt?

Solche Fragen sind nicht ungewöhnlich. Sie beinhalten aber zwei Probleme. Erstens ignorieren die meisten die Frage der Macht: Sie fragen nicht, wer profitiert und wer Nachteile im Gebrauch der sozialen Medien, des Internets und anderer Informations- und Kommunikationstechnologien hat – und wie die Vorteile der einen auf den Nachteilen der anderen beruhen. Zweitens basieren solche Fragen auf einer partikularen Logik: Sie sollen klären, wie bestimmte Gruppen, insbesondere Unternehmen und Politiker, von den sozialen Medien profitieren können, und ignorieren, wie dies anderen und der Gesellschaft insgesamt nützt oder schadet. Solche unkritischen Fragen zielen zum Beispiel darauf, wie *Unternehmen* von den sozialen Medien profitieren können, thematisieren aber nicht deren Arbeitsverhältnisse – die Reichtumskluft zwischen gutgestellten Managern und Aktienbesitzern auf der einen Seite und der großen Anzahl der Arbeitslosen, Obdachlosen und prekär Beschäftigten auf der anderen, also die steigende Ungleichheit auf der Welt.

Kommen wir auf die drei Beispiele *Huffington Post*, Corbyns Wahlkampf und Snowden zurück. Was heißt es, kritische Fragen im Kontext dieser drei Beispiele zu stellen?

Kritische Fragen über die unbezahlte Arbeit für die *Huffington Post*

- Was ist eine Ware und durch welchen Prozess wird etwas in eine Ware verwandelt (»Kommodifizierung«)?
- Wie funktioniert die Kommodifizierung in sozialen Medien wie der *Huffington Post*?

- Welche Rolle spielt die Werbung in diesen Modellen, welche die Nutzeraktivität?
- Warum ist Kommodifizierung im Allgemeinen und besonders im Bereich der sozialen Medien problematisch?
- Was sind die negativen Folgen von Crowdsourcing und gezielter Werbung?
- Was bedeutet Ausbeutung von Arbeit?
- In welcher Weise wird die Arbeit der Nutzer in den sozialen Medien ausgebeutet?
- Wie kann das Nutzen von Facebook als Arbeit ausgebeutet werden, obwohl man nicht dafür bezahlt wird, es in seiner Freizeit tut und es für eine Tätigkeit hält, die Spaß macht und einem im täglichen Leben hilft?
- Wie kann die Nutzung von Facebook Arbeit sein, obwohl sie grundverschieden ist von der Arbeit in einem Bergwerk und sich eher so anfühlt, als würde man mit Freunden am Lagerfeuer ein Lied singen?
- Kann etwas Ausbeutung sein, auch wenn es sich nicht wie Ausbeutung anfühlt, sondern Spaß macht? Denken Menschen an Arbeit, wenn sie privatkapitalistische soziale Medien nutzen?
- Sehen sie irgendwelche Probleme? Wenn ja, welche? Wenn nicht, warum nicht?
- Wie reagieren Gewerkschaften, Datenschützer, Anwälte, Verbraucherschützer und soziale Bewegungen auf die Existenz digitaler Arbeit?
- Gibt es irgendwelche Alternativen zu den kommerziellen sozialen Medien? Was sind die Möglichkeiten und Grenzen alternativer sozialer Medien?

Kritische Fragen über den Wahlkampf von Jeremy Corbyn

- Wie drückt sich antisozialistische Ideologie in den sozialen Medien in Bezug auf Corbyn aus und wie wird ihr begegnet?
- Worin besteht die Rolle der rechten Online-Artikel und Postings in den sozialen Medien, die über Corbyn eine antisozialistische Ideologie verbreiten?
- Welche Machtstrukturen liegen gegenwärtigen sozialen Bewegungen wie der für Corbyn zugrunde?

- Wie beeinflussen sie den Gebrauch der sozialen Medien?
- Was sind die Realitäten, Möglichkeiten und Risiken, wenn soziale Bewegungen soziale Medien nutzen?
- Hat der privatkapitalistische Charakter von Plattformen wie Facebook, Twitter und YouTube dabei negative Folgen?
- Wenn ja, welche?
- Wie sollten Aktivisten wie die Corbyn-Unterstützer am besten mit dem Widerspruch umgehen, dass die Massenmedien sie nicht repräsentieren, aber ein großes Publikum erreichen, und dass nicht alle Menschen aktiv soziale Medien nutzen?
- Wie denken sie über nichtkommerzielle soziale Medien im Gegensatz zu den profitorientierten?
- Welchen Problemen und Grenzen begegnen solche alternativen Plattformen in einer kapitalistischen Gesellschaft, in der die Kontrolle der Ressourcen (Geld, Zeit, Aufmerksamkeit, Einfluss etc.) asymmetrisch verteilt ist?
- Wie kann die asymmetrische Kommunikationsmacht, der kritische soziale Bewegungen wie die Corbyn-Unterstützer ausgesetzt sind, überwunden werden?

Kritische Fragen zu Edward Snowden und dem industriellen Internet-Überwachungskomplex

- Welche Rolle spielt Überwachung in modernen Gesellschaften? Welche Rolle spielen Unternehmen und der Staat dabei?
- Wie kooperieren kapitalistische Unternehmen und staatliche Institutionen in dem industriellen Internet-Überwachungskomplex, den Edward Snowden offengelegt hat?
- Was sind die Probleme der Internet-Überwachung?
- Warum wurde die Überwachung seit den Anschlägen des 11. September 2001 derart intensiviert und ausgeweitet? Auf welchen ideologischen Annahmen und Mythen über Überwachung basieren diese Entwicklungen?
- Was sind die Gründe für Kriminalität und Terrorismus? Ist eine Law-and-order-Politik und mehr Kontrolle und Überwachung der Kommunikation die Lösung? Worin bestehen demgegenüber alternative Herangehensweisen?
- Was kann gegen den industriellen Internet-Überwachungskomplex getan werden? Wie kann ein alternatives Internet, das nicht

vom Staat und den Unternehmen kontrolliert wird, geschaffen werden?

Die Frageliste ist exemplarisch und bei weitem nicht vollständig. Sie zeigt, dass viele kritische Fragen über die sozialen Medien gestellt werden können und müssen. Kritisches Denken über die Gesellschaft und die Medien zielt auf das Schaffen von Strukturen, von denen alle einen Nutzen haben.

1.3   Was ist kritische Theorie?

Kritische Theorie ist eine bestimmte Art des Denkens. Warum ist sie wichtig für das Verständnis von Computertechnologien?

Die Geschichte der Kommunikations- und Transporttechnologien ist keine linear voranschreitende Erfolgsgeschichte. Auch wenn heute viele Menschen von Büchern, Telefonen, Zügen, Autos, Fernsehen, Radio, Computer, dem Internet oder Smartphones einen Nutzen haben, ist die Geschichte dieser Technologien tief in die Geschichte von Kapitalismus, Kolonialismus, Kriegsführung, Ausbeutung und Ungleichheit eingebunden. Winseck und Pike (2007) haben am Beispiel der globalen Expansion von Kommunikationsunternehmen wie Western Union, Commercial Cable Company, Atlantic Telegraph Company oder Marconi in den Jahren 1860–1930 nachgewiesen, dass es einen klaren Zusammenhang von Kommunikation, Globalisierung und Kapitalismus gegeben hat. Edwin Black hat in seinem Buch *IBM und der Holocaust* (2001) gezeigt, wie der IBM-Konzern den Nationalsozialisten bei der Auslöschung von Juden, ethnischen Minderheiten, Kommunisten, Sozialisten, Homosexuellen, Behinderten und anderen half, indem er ihnen Lochkartensysteme verkaufte. Die Nazis nutzen diese Systeme, um die Opfer zu nummerieren, um festzuhalten, wohin sie zu transportieren sind und was mit ihnen passieren soll, und um die Transporte in Konzentrations- und Vernichtungslager wie Auschwitz, Bergen-Belsen, Buchenwald, Dachau, Majdanek, Mauthausen, Ravensbrück oder Sachsenhausen zu organisieren. IBM machte aus dem Massenmord ein internationales Geschäft. Die Lochkarten speicherten die Informationen darüber, wohin ein Opfer deportiert werden sollte, und den Opfertypus (Jude, Homosexueller, Deserteur, Kriegsgefangener etc.). Der Code-Status 6 stand für »*Sonderbehandlung*«, was den Tod in der Gaskammer bedeutete. Black weist nach, dass das System von IBM geliefert und gewartet wurde und dass IBM New York und der NS-Staat einen Nutzungsvertrag unterzeichnet hatten. Black (2001, 7) spricht von einer »wissentlichen Verstrickung von IBM – direkt und über seine Tochterunternehmen – in den Holocaust und in die Kriegsmaschinerie der Nazis.« Der Computer und das Internet haben ihren Ursprung im militärisch-industriellen Komplex und wurden erst später kommerzialisiert. Sie dienten erst den Interessen des Krieges, bevor Unternehmen ihre Profitabilität entdeckten. Diese Beispiele zeigen, dass militärische, wirtschaftliche und staatliche Interessen oft über den kommunikativen Interessen der Menschen stehen.

Dieses Buch ist von dem Anliegen getragen, für menschliche Interessen einzutreten und die globalen gesellschaftlichen Probleme zu überwinden. Wir leben in turbulenten Zeiten, die von weltweiter Ungleichheit, globaler ökonomischer und ökologischer Krise, Krieg und Terrorismus, hoher Arbeitslosigkeit, prekären Lebens- und Arbeitsbedingungen und wachsender Armut geprägt sind. Können in dieser Situation alle von den sozialen Medien profitieren? Oder ist es wahrscheinlich, dass einige zum Nachteil anderer profitieren? In diesem Buch frage ich nach der Macht und der (Un)Gleichheit der gegenwärtigen Gesellschaft. Ich möchte betonen, dass es wichtig ist, die Ungleichheit zu lindern und eine Gesellschaft der Gleichen zu schaffen, in der alle profitieren und ein gutes Leben führen können. Das Buch geht von der normativen Voraussetzung aus, dass wir eine Gesellschaft und soziale Medien benötigen, die nicht nur einigen, sondern allen zugutekommen. Die universale Perspektive macht dieses Buch zu einem kritischen. Es trägt deswegen den Titel *Soziale Medien und kritische Theorie*.

Kritische Theorie ist insbesondere mit einem Namen verknüpft: Karl Marx.

Sie wollen, dass ich Marx lese? Sind Sie verrückt? Warum sollte ich das tun?

Der Name Karl Marx bedarf keiner großen Einführung. Marx war ein ausgewiesener Theoretiker und leidenschaftlicher Kritiker des Kapitalismus, ein öffentlich wirkender Intellektueller, ein kritischer Journalist, ein Polemiker, ein Philosoph, Ökonom, Soziologe, politischer Wissenschaftler, Historiker, Hegelianer, Autor (mit Friedrich Engels) des *Kommunistischen Manifests* (1848) und des *Kapital* (1867, 1885, 1894), führendes Mitglied im Bund der Kommunisten und der Internationalen Arbeiterassoziation und einer der einflussreichsten politischen Denker des 19., 20. und 21. Jahrhunderts.

Aber war Marx nicht für die Verbrechen Stalins und der Sowjetunion verantwortlich? Da er in den 1930er Jahren, in denen Stalin die Schauprozesse inszenierte und seine Gegner liquidierte, bereits seit einem halben Jahrhundert tot war, kann er schwerlich dafür haftbar gemacht werden. Zudem war Marx in vielen seiner Schriften auf Humanismus und eine demokratische Form des Sozialismus bedacht, was man von Stalin und seinen Anhängern nicht behaupten kann (ausführlicher zu den Vorurteilen gegenüber Marx: Eagleton 2018).

Die kapitalistische Krise von 2008 hat deutlich gemacht, dass es eine riesige Kluft zwischen den Reichen und den Armen, den Kapitalbesitzern und Besitzlosen gibt, und dass der Kapitalismus große Probleme aufweist. Die »Occupy«-Bewegung hat die Frage der Klasse aufgeworfen. »Occupy Wall Street« argumentiert, dass die »Macht der großen Banken und multinationalen Konzerne den demokratischen Prozess zerstört« und die »Wall Street mit ihrer Rolle im ökonomischen Kollaps [...] die größte Rezession seit Generationen verursacht hat«.[17] »Occupy«-Bewegungen traten in vielen Teilen der Welt hervor. Protestbewegungen gegen die herrschende Sparpolitik wie die 15-M Bewegung in Spanien, die Bewegung der Empörten in Griechenland, die zu der linken Syriza-Regierung führte, »UK Uncut«, die britische »Volksversammlung gegen Austerität«, die Bewegungen für Corbyn und Bernie Sanders, die Studierendenbewegung in Montreal 2015 und gegenwärtige Proteste in China und anderen Ländern, die bessere Arbeitsbedingungen verlangen, haben die Grenzen des Kapitalismus aufgezeigt. Derartige Entwicklungen gingen mit einem steigenden Interesse an Marx' Arbeiten einher, weil der Kapitalismus Krisen und Ungleichheit produziert. In den Medien- und Kommunikationswissenschaften hat dieses Interesse zu folgenden Publikationen geführt: *Marx lesen im Informationszeitalter* (Fuchs 2017), *Reconsidering Value and Labour in the Digital Age* (Fischer/Fuchs 2015), *Digital Labour and Karl Marx* (Fuchs 2014a), *Marx is Back: The Importance of Marxist Theory and Research for Critical Communication Studies Today* (Fuchs/Mosco 2012), *Marx and the Political Economy of the Media* (Fuchs/Mosco 2016b), *Cyber-Proletariat: Global Labour in the Digital Vortex* (Dyer-Witheford 2015), *Labor in the Global Digital Economy: The Cybertariat Comes of Age* (Huws 2014). Marx analysierte, wie Klasse, Kapitalismus, Krise und Macht funktionieren und was die Potentiale des Kampfes für eine bessere Welt sind. »Occupy« und die Wirklichkeit des Kapitalismus verleihen seinen Themen Aktuali-

---

[17] www.occupywallst.org/about/, abgerufen am 26.02.2018.

tät. Die Beschäftigung mit Marx kann uns helfen, besser zu verstehen, wie die Situation heute ist, welchen Problemen die Gesellschaft gegenübersteht und wie der Kampf für eine bessere Zukunft organisiert werden kann.

Aber ist Marx nicht ein Denker des 19. Jahrhunderts? Warum sollte man ihn lesen, wenn man die sozialen Medien verstehen will? Natürlich hat Marx kein Facebook benutzt. Warum sollte seine Arbeit heute also von Interesse sein?

Wollen Sie wirklich sagen, dass Marx das Internet erfunden hat?

Einige Wissenschaftler haben behauptet, dass Marx sich niemals zu vernetzten Medien geäußert hat (McLuhan 2001, 41). Tatsächlich diskutierte Marx aber die Folgen des Telegrafen für die Globalisierung von Handel, Produktion und Gesellschaft. Er war einer der ersten Philosophen und Soziologen, die sich mit der Technologie der modernen Gesellschaft befassten, sah die Bedeutung geistiger Arbeit und das Aufkommen einer Informationsgesellschaft voraus und war selbst ein kritischer Journalist – alles Gründe dafür, sich mit ihm auseinanderzusetzen, wenn man sich für Medien- und Kommunikationsanalyse interessiert. Marx vertrat einen emphatischen Begriff des Sozialen: Er hob hervor, dass soziale Phänomene (Geld, Märkte und heute das Internet, Facebook, Twitter etc.) nicht einfach gegeben sind, sondern aus gesellschaftlichen Beziehungen der Menschen resultieren. Sie existieren nicht automatisch und aus Notwendigkeit, sondern können von Menschen geändert werden. Deshalb sind Gesellschaft und Medien offen für den Wandel und enthalten in sich die Möglichkeit für eine bessere Zukunft. Wenn wir verstehen wollen, was sozial an den sozialen Medien ist, kann Marx-Lektüre eine große Hilfe sein.

In den *Grundrissen* beschreibt Marx ein globales Informationsnetzwerk, über das sich »jeder einzelne [...] Auskunft über die Tätigkeit aller anderen verschafft« und »Verhältnisse und Verbindungen« hergestellt werden (Marx 1857, 94). Diese Beschreibung klingt wie eine Vorwegnahme der Idee des Internets und verdeutlicht, dass Marx' Gedanken relevant für die Medien- und Kommunikationswissenschaften und das Studium des Internets und der sozialen Medien sind. Auch wenn das Internet als Technologie ein Produkt des Kalten Krieges und kalifornischer Gegenkultur gewesen ist, zeigt diese Passage aus den *Grundrissen*, dass die Idee dahinter bereits von Marx vorweggenommen wurde – *Karl Marx hat das Internet erfunden.*

Soziale Medien und Kapitalismus

In ihrem Buch *It's Complicated. The Social Lives of Networked Teens* (2014) hat die Internetforscherin danah boyd untersucht, wie sich die Nutzung sozialer Medien auf Teenager auswirkt. Der Fokus liegt auf Themen wie Identität, Privatsphäre, Kriminalität, Sicherheit und Sicherheitsdiskurse und Mobbing. Für boyd ist der Kapitalismus nicht relevant für die Untersuchung sozialer Medien:

> *Ich nehme die kapitalistische Logik, die der amerikanischen Gesellschaft und der Entwicklung der sozialen Medien zugrunde liegt, als gegeben an und stelle sie kaum infrage. Obwohl ich denke, dass diese Voraussetzungen zu kritisieren sind, liegt dies außerhalb der Reichweite dieses Projekts. Indem ich den kulturellen Kontext, in dem die Jugendlichen leben, akzeptiere, versuche ich, ihre Handlungen im Licht der Gesellschaft zu erklären, in der sie leben. (boyd 2014, 27)*

Statistiken zufolge hatten im März 2014 28 Prozent der über 65jährigen und 93 Prozent der Altersklasse 16 bis 24 Jahre mindestens ein soziales Medienprofil (Ofcom 2015a). 2015 nutzten 90 Prozent der jungen Menschen in den USA die sozialen Medien und 35 Prozent der über 65jährigen (PewResarchCenter 2015). Kinder und Teenager verbringen einen Gutteil ihrer Freizeit online, hauptsächlich auf kommerziellen Plattformen. Sie sind nicht nur junge Menschen, sondern auch junge, in einem Konsumkapitalismus aufwachsende Verbraucher, die nahezu ununterbrochen mit Warenkonsum und Werbung konfrontiert sind. In Anbetracht der Zeit, die sie mit sozialen Medien verbringen, zeigen Werbeagenturen besonderes Interesse an solchen Plattformen, um über sie Waren zu verkaufen. Junge Menschen, die die Schule verlassen oder ihr Studium beenden, müssen eine bezahlte Arbeit finden, wenn sie im kapitalistischen System überleben wollen. Arbeit in der Medien-, Kultur- und Digitalindustrie gilt weithin als attraktiv, ist aber – auch wenn sie oft erfüllend sein kann – häufig prekäre Arbeit: Arbeit, die schlecht bezahlt, unsicher und ungeregelt ist, Überstunden beinhaltet und oft von Selbständigen ausgeübt wird.

Was junge Menschen besonders häufig als unangenehm beschreiben, ist die Situation, wenn (potenzielle) Arbeitgeber die sozialen Medienprofile der Beschäftigten und Jobanwärter aufsuchen (Fuchs 2009b). Es ist ein kapitalistischer Markt für die Online-Überwachung von Arbeitsuchenden entstanden. In einer Umfrage unter jungen Internetnutzern bezeichneten es 53,1 Prozent als nicht akzeptabel, dass Unternehmen Jobanwärter im Internet oder auf sozialen Netzwerk-

seiten ausspähen, wohingegen 23,1 Prozent damit einverstanden
waren (Kreilinger 2014, 81). Arbeit und Warenkultur sind zwei fundamentale Aspekte des Kapitalismus und des Lebens junger Menschen (und anderer) in der gegenwärtigen Gesellschaft. Angesichts
dessen ist es verblüffend, dass boyd an der Analyse dieser Aspekte
nicht interessiert ist. Junge Menschen wachsen nicht einfach so auf
und bilden Identitäten heraus, sondern sind in diesem Prozess mit
dem Konsumkapitalismus, der Logik des Wettbewerbsindividualis-
mus und den Imperativen konfrontiert, Fähigkeiten zu erlernen, die
auf dem kapitalistischen Arbeitsmarkt verwertbar sind. Kapitalistische Produktion, der Markt und die Warenkultur prägen den Gebrauch sozialer Medien in komplexer Weise. Unter den Bedingungen
des Neoliberalismus spielen diese Imperative eine wichtige Rolle.
Marx' Werk kann uns auch noch heute im Zeitalter sozialer Medien
helfen, die Rolle zu verstehen, die kapitalistische Logik, Klassen und
Waren im täglichen Leben spielen.

Wie lässt sich Kritische Theorie definieren?

Ben Ager zufolge weist kritische Gesellschaftstheorie sieben Grundzüge auf:

- Sie ist eine Kritik des Positivismus und der Annahme, Theorie sei
  wertfrei.
- Sie streitet für die Möglichkeit einer besseren Zukunft ohne Herr-
  schaft und Ausbeutung.
- Sie betrachtet Herrschaft als strukturelles Phänomen.
- Sie zeigt, dass Menschen, die in Herrschaftsstrukturen leben, dazu
  neigen, diese in einem falschen Bewusstsein zu reproduzieren
- Sie ist am täglichen Leben (Arbeitsplatz, Familie etc.) interessiert.
- Sie begreift Struktur und Handlung dialektisch.
- Sie betrachtet Befreiung als einen Prozess, der von den Unter-
  drückten und Ausgebeuteten selbst vollzogen werden muss.

In Marx' Arbeiten können wir sechs Dimensionen kritischer Theorie
erkennen:

[1] Kritische Ethik

[2] Kritik der Herrschaft und Ausbeutung

[3] Dialektisches Denken

[4] Kämpfe und politische Praxis

[5] Ideologiekritik

[6] Kritik der politischen Ökonomie.

[1] Kritische Theorie hat eine normative Dimension

Kritik misst »die einzelne Existenz am Wesen« (Marx 1844a, 326). Das bedeutet, dass kritische Theorie normativ und realistisch ist. Nach ihr ist es möglich, vernünftige Aussagen darüber zu treffen, was eine gute Gesellschaft ist – sie bietet Bedingungen, die alle Menschen zum Überleben benötigen (das Wesen der Menschen und der Gesellschaft) –, und die gegenwärtige Gesellschaft danach zu beurteilen, wie weit sie diesem Anspruch genügt.

[2] Kritische Theorie ist eine Kritik von Herrschaft und Ausbeutung

Kritische Theorie hinterfragt alle Gedanken und Handlungen, die Herrschaft und Ausbeutung rechtfertigen. Herrschaft bedeutet, dass eine Gruppe auf Kosten der anderen profitiert und die Gewaltmittel innehat, um dieses Verhältnis aufrechtzuerhalten. Ausbeutung ist eine bestimmte Form der Herrschaft, in der eine Gruppe das Eigentum kontrolliert und die Mittel hat, andere dazu zu zwingen, Dinge als fremdes Eigentum zu produzieren.

Ein Beispiel wäre ein Sklavenhalter, der einen Sklaven und alle Güter, die er produziert, als Eigentum besitzt; es ist ihm sogar erlaubt, ihn zu töten, wenn er die Arbeit verweigern sollte. Ein etwas anderes Beispiel ist Facebook, ein Unternehmen, das von privaten Aktienbesitzern kontrolliert wird. Die Facebook-Nutzer erzeugen, wann immer sie online sind, Daten, die in Beziehung zu ihren Profilen und ihrem Online-Verhalten stehen. Diese Daten werden an Facebooks Werbepartner verkauft, was diesen eine zielgerichtete Werbung auf den Nutzerprofilen ermöglicht. Ohne Facebook-Nutzer gäbe es keinen Profit. Also kann man sagen, dass die Nutzer den Geldwert und den Profit von Facebook erschaffen. Aber nicht sie besitzen diesen Profit, sondern die Aktienbesitzer. In diesem Sinne werden Facebook-Nutzer ausgebeutet.

Marx formulierte den kategorischen Imperativ kritischer Theorie, »alle *Verhältnisse umzuwerfen*, in denen der Mensch ein erniedrigtes, ein geknechtetes, ein verlassenes, ein verächtliches Wesen ist« (Marx 1843c, 385). Kritische Theorie möchte zeigen, dass ein gutes Leben für alle möglich ist und Herrschaft und Ausbeutung die Menschen davon abhalten, eine solche Gesellschaft zu erreichen. Marx be-

stimmte daher die »Aufgabe der Philosophie« dahingehend, »die
Selbstentfremdung in ihren unheiligen Gestalten zu entlarven«
(Marx 1843c, 379). In der Dekonstruktion von Entfremdung, Herrschaft und Ausbeutung fordert die kritische Theorie zugleich eine
selbstbestimmte, partizipative und gerechte Demokratie. In einer
partizipativen Demokratie werden alle Entscheidungen von den daran Interessierten gefällt und alle Organisationen (Betriebe, Schulen,
Städte, Politik etc.) von jenen kontrolliert, die von ihnen betroffen
sind. Eine solche Gesellschaft ist nicht nur eine Basisdemokratie, eine
von allen kontrollierte Gesellschaft, sondern auch eine Wirtschaftsdemokratie, in der die Produzenten den Produktionsprozess und die
Mittel und die Resultate der Produktion kontrollieren. Kritische Theorie möchte der Welt ihre eigenen Möglichkeiten bewusst machen,
einer Welt, die »längst den Traum von einer Sache besitzt, von sie
nur das Bewußtsein besitzen muß, um sie wirklich zu besitzen«
(Marx 1843c, 346).

**[3] Kritische Theorie nutzt dialektisches Denken als Methode
der Analyse**

Dialektisches Denken ist eine philosophische Methode, um die Welt
zu verstehen. Sie bestimmt die Widersprüche, die »die Springquelle
aller Dialektik« (Marx 1867, 623) sind. Dialektik versucht zu zeigen,
wie die gegenwärtige Gesellschaft und ihre Momente durch Widersprüche geformt sind. Ein Widerspruch ist eine Spannung zwischen
zwei Polen, die sich wechselseitig voraussetzen, aber entgegensetzte
Qualitäten haben. Grundlegende Widersprüche sind beispielsweise
diejenigen zwischen Sein und Nichts oder Leben und Tod: Alle Dinge
haben einen Anfang und ein Ende. Das Ende von etwas bildet stets
den Anfang von etwas Neuem. So resultierte beispielsweise die Klage
der Musikindustrie gegen Napsters Filesharing-Plattform im Untergang Napsters, aber nicht im Untergang der Filesharing-Technologie,
wie der Aufstieg vergleichbarer Technologien wie Kazaa, Napster,
BitTorrent und PirateBay gezeigt hat.

Widersprüche führen dazu, dass die Gesellschaft dynamisch ist und
der Kapitalismus sich der Kontinuität von Herrschaft und Ausbeutung versichern kann, indem er sie immer wieder neu organisiert.
Dialektik versteht »jede gewordene Form im Flusse der Bewegung,
also auch nach ihrer vergänglichen Seite« (Marx 1867, 28). Marx
spricht von der »widerspruchsvolle[n] Bewegung der kapitalistischen Gesellschaft« (Marx 1867, 28). In einem Widerspruch kann der
eine Pol der Dialektik nur existieren, weil der entgegengesetzte exis-

tiert: Sie benötigen einander und schließen sich gleichermaßen aus. In einer herrschaftlichen Gesellschaft (wie im Kapitalismus) verursachen die Widersprüche Probleme und sind bis zu einem bestimmten Grade auch der Samen für die Überwindung dieser Gesellschaft. Sie weisen zugleich positive Potentiale und negative Realitäten auf.

Marx analysierte folgende kapitalistische Widersprüche: Nichtbesitzer/Besitzer, Arme/Reiche, Armut/Reichtum, Arbeiter/Kapitalisten, Gebrauchswert/Tauschwert, konkrete Arbeit/abstrakte Arbeit, einfache Wertform/relative und erweiterte Wertform, gesellschaftliche Verhältnisse von Menschen/Verhältnisse von Dingen, Warenfetisch und Geld/Fetischdenken, Zirkulation der Waren/Zirkulation des Geldes, Ware/Geld, Arbeitskraft/Löhne, Subjekt/Objekt, Arbeitsprozess/Verwertungsprozess, Subjekt der Arbeit (Arbeitskraft, Arbeiter)/Objekt der Arbeit (Produktionsmittel), variables Kapital/konstantes Kapital, Mehrarbeit/Mehrprodukt, notwendige Arbeitszeit/Mehrarbeitszeit, Einzelarbeiter/Kooperation, Einzelunternehmen/Industriesektor, Einzelkapital/konkurrierendes Kapital, Produktion/Konsumption und Produktivkräfte/Produktionsverhältnisse.

Die Spannung zwischen den Polen kann in einem Prozess gelöst werden, den Hegel und Marx »Aufhebung« und »Negation der Negation« nannten. Aufhebung ist ein schwieriger Begriff, der uns Veränderungen zu begreifen hilft. Mit ihm lässt sich beispielsweise verstehen, was neu und was alt an den gegenwärtigen Formen sozialer Medien ist. Der Philosoph Georg Wilhelm Friedrich Hegel führte diesen Begriff zuerst ein. Er ist schwierig, weil seine Bedeutung nicht intuitiv klar ist. Er hat drei Bedeutungen: (a) Beseitigen, (b) Bewahren und (c) auf eine höhere Stufe Heben. Hegel nutzte diesen Gedanken als ein Sprachspiel, um auszudrücken, dass Veränderung meint, (a) der gegenwärtige Zustand ist beseitigt, (b) einige Aspekte des alten Zustands sind in dem neuen bewahrt und (c) eine neue Qualität entsteht aus dem neuen Zustand. Marx benutzte den Begriff der Aufhebung, um zu erklären, wie sich eine Gesellschaft verändert.

Nehmen wir das Beispiel Facebook. Es ist eine Aufhebung früherer Internet-Plattformen: (a) Es beseitigt die Dominanz anderer Internet-Technologien wie Gästebücher auf Webseiten. Heute ist es üblicher, etwas auf die Pinnwand von Facebook-Freunden zu schreiben. Aber (b) das Gästebuch ist von Facebook zugleich bewahrt worden: Die Pinnwand ist eine Art Gästebuch. Und (c) ist Facebook mehr als nur ein Gästebuch zum Kommentieren; es bietet ebenso Funktionen wie E-Mail, Foto- und Videotausch, Diskussionsforen, Fanseiten und Freundeslisten.

Marx betrachtete die dialektischen Beziehungen in der Gesellschaft. So gibt es beispielsweise eine dialektische Beziehung zwischen Arbeitskraft und Löhnen: Arbeitskraft ist das Vermögen zu arbeiten; Arbeit ist die Umwandlung der Natur durch menschliche Tätigkeit, sodass Güter entstehen. Im Kapitalismus ist sehr viel Arbeitskraft als Lohnarbeit organisiert. Löhne existieren also nur in Beziehung zur Arbeitskraft (als deren Bezahlung) und der Kapitalismus zwingt die Arbeiter, Geld zu haben, um Güter zu kaufen. Arbeiter haben aber nicht die Macht, die Höhe der Löhne zu bestimmen. Marx (1867) legte dar, dass die Macht der Unternehmer dazu führt, dass sie nur Teile der geleisteten Arbeit bezahlen, nur eine bestimmte Anzahl von Stunden am Tag, wohingegen der andere Teil unbezahlt ist. Diese unbezahlte Arbeit wird Mehrarbeit genannt und die unbezahlte Arbeitszeit (gemessen in Stunden) Mehrwert. Mehrarbeit ist eine spezifische Form der Arbeit, die aus der Beziehung von Arbeitskraft und Löhnen resultiert. Die Produktion des Mehrwerts ist die Quelle des Profits. Wenn beispielsweise Arbeiter in einem Unternehmen Güter produzieren, die für 10 000 € verkauft werden, aber die Löhne nur 5 000 € betragen, dann liegt eine unbezahlte Mehrarbeit vor, die einen Profit/Mehrwert von 5 000 € geschaffen hat. Marx betrachtete die unbezahlte Produktion von Mehrwert durch die Arbeiter als den Hauptskandal und Ungerechtigkeit des Kapitalismus. Er geht deshalb von einem Klassenverhältnis, von einem Interessenwiderspruch zwischen Arbeitern und Kapitalisten aus.

Das kapitalistische Klassenverhältnis ist ein weiterer dialektischer Widerspruch. Marx zufolge ist seine Aufhebung innerhalb des Kapitalismus nicht möglich, sondern nur durch die Überwindung dieser Gesellschaft und den Aufbau einer neuen. Wir werden auf den Begriff des Mehrwerts in Kapitel 5 zurückkommen.

Es gibt Widersprüche im Kapitalismus, die dauerhaft sind. Sie sind der Grund des menschlichen Elends. Ihre Aufhebung kann nur durch politischen Kampf erreicht werden und hätte das Ende des Kapitalismus zur Folge. Diese Widersprüche sind insbesondere der Antagonismus zwischen Produktivkräften/Produktionsverhältnissen, Besitzer/Nichtbesitzer, Arm/Reich, Elend/Wohlstand, Arbeiter/Kapitalist, beherrschte Gruppen/Unterdrücker. Der Widerspruch zwischen Produktivkräften und Produktionsverhältnissen ist in Krisensituationen teilweise aufgehoben, stellt sich aber in der Krise sogleich wieder neu her. Seine wirkliche Aufhebung kann nur durch die Überwindung des Kapitalismus erfolgen. Wenn im Kapitalismus der Widerspruch zwischen der ausbeutenden besitzenden Klasse und der ausgebeuteten nichtbesitzenden wichtig ist, dann ist das Ziel kritischer Theorie die Repräsentation der Interessen der unterdrückten und ausgebeuteten Gruppen und die Überwindung der Klassengesellschaft. Kritische Theorie kann nur »die Klasse vertreten, deren geschichtlicher Beruf die Umwälzung der kapitalistischen Produktionsweise und die schließliche Abschaffung der Klassen ist – das Proletariat« (Marx 1867, 22).

Kritische Theorie entwickelt in der Kritik der Ausbeutung und Herrschaft »der Welt aus den Prinzipien der Welt neue Prinzipien« (Marx 1843a, 345). Nach ihr entwickeln sich die Grundlagen einer klassenlosen Gesellschaft bereits innerhalb des Kapitalismus; Kapitalismus produziert auf der einen Seite neue Formen der Kooperation, die auf der anderen innerhalb des Klassenverhältnisses Ausbeutung und Herrschaft bedeuten. Im Kapitalismus sind die Produktivkräfte zugleich Destruktivkräfte.

[4] Kritische Theorie ist mit Kämpfen für eine gerechte und faire Welt verbunden: Sie ist die intellektuelle Dimension des Kampfes

Kritische Theorie ermöglicht eine »Selbstverständigung [...] der Zeit über ihre Kämpfe und Wünsche« (Marx 1843a, 346). Sie zeigt der Welt nur, »warum sie eigentlich kämpft«, und orientiert sich an »wirkliche[n] Kämpfe[n]« (Marx 1843a, 345). Das bedeutet, dass sie helfen kann, die Gründe, Bedingungen, Potentiale und Grenzen der Kämpfe zu erklären. Kritische Theorie weist die Ansicht zurück, Wissenschaft habe wertfrei zu sein. Sie geht vielmehr davon aus, dass die politische Weltsicht alle Gedanken und Theorien formt. Es gibt tiefe politische Gründe, warum eine Person an bestimmten Themen interessiert ist, sich selbst einer bestimmten Theorieschule zugehörig fühlt, eine bestimmte Theorie und nicht eine andere entwickelt und sich auf bestimmte Autoren bezieht. Weil die moderne Gesellschaft von Interessenkonflikten bestimmt ist, müssen Wissenschaftler Entscheidungen treffen, strategische Allianzen eingehen und ihre Positionen gegen andere verteidigen, wenn sie überleben und sich behaupten wollen. Kritische Theorie hält nicht nur fest, dass Theorie immer politisch ist, sondern auch, dass es ihre Aufgabe ist, Gesellschaftsanalysen zu entwickeln, die gegen herrschaftskonforme Ideen und Interessen gerichtet sind.

[5] Kritische Theorie ist eine Kritik der Ideologie

Ideologien sind Handlungs- und Denkweisen, die Aspekte der menschlichen Existenz ausdrücken. Insbesondere jene, die mit der Herrschaft verwoben sind, präsentieren Historisches und Veränderbares als ewig bestehend und unveränderbar. Im *Kapital* legt Marx dar, dass der Kapitalismus an sich ideologisch ist, weil gesellschaftliche Verhältnisse als Dinge wie Geld und Ware erscheinen. Das führt zu dem Eindruck, der Kapitalismus sei ein natürlicher Zustand, habe immer existiert und sei nicht veränderbar. Marx nannte dieses Phänomen den Fetischcharakter der Waren: Die gesellschaftlichen Verhältnisse zwischen den Arbeiten der einzelnen Produzenten erscheinen »nicht als unmittelbar gesellschaftliche Verhältnisse der Personen in ihren Arbeiten selbst, sondern vielmehr als sachliche Verhältnisse der Personen und gesellschaftliche Verhältnisse der Sachen« (Marx 1867, 87). Die Ware ist ein seltsames Phänomen, »vertrackt« (Marx 1867, 85), »metaphysisch« (85), »mystisch« (85) und »geheimnisvoll« (86), ein »sinnlich-übersinnliches Ding« (85), sodass sich die Welt »auf den Kopf« (85) stellt und eine verkehrte Welt entsteht, in der die Warenform, das Kapital und Herrschaft naturalisiert werden. Viele Ideologien sind fetischistische Formen: Sie lassen gesellschaftliche Beziehungen als unveränderbar, fixiert und durch statische Gesetze determiniert erscheinen.

Es ist beispielsweise möglich zu behaupten, es gäbe keine Alternative zu Facebook und das Organisationsmodell, das gezielte Werbung nutzt, sei die einzig mögliche Form einer sozialen Netzwerkseite. Facebook ist mit einer Milliarde Nutzern, von denen viele mehrere Hundert Kontakte haben, sehr dominant. Eine Alternative zu Facebook ist kaum vorstellbar, weil wir Angst haben, dann die Möglichkeit der Kommunikation mit diesen Kontakten zu verlieren. Aber was wäre, wenn sich all die Kontakte zu einer Plattform transferieren ließen, die ohne undurchschaubare Datenschutzbestimmungen und ohne gezielte Werbung auskommt? Ideologien behaupten, dass die Dinge nicht geändert werden können, immer so gewesen sind oder so sein müssen. Marx behauptet im Gegensatz dazu, dass alles in einer Gesellschaft gesellschaftlich ist, was bedeutet, dass es von Menschen geändert werden kann und alle Dinge einen Anfang und ein Ende haben.

Ideologiekritik möchte uns daran erinnern, dass alles, was in der Gesellschaft existiert, von Menschen in ihren sozialen Beziehungen geschaffen wurde und diese verändert werden können. Sie möchte »Fragen in die selbstbewußte menschliche Form« (Marx 1843a, 346) bringen, also den Menschen die Probleme, denen sie gegenüberstehen, und ihre Gründe bewusst machen. Behauptungen wie die, es gäbe keine Alternative zum Kapitalismus, Neoliberalismus, Wettbewerb, Egoismus, Rassismus etc., weil der Mensch egoistisch etc. sei, blenden den sozialen Charakter der Gesellschaft aus und vermitteln den Eindruck, die Resultate sozialer Praxis seien unveränderbare Dinge. Kritische Theorie bietet eine »Analysierung des mystischen, sich selbst unklaren Bewußtseins« (Marx 1843a, 346).

[6] Kritische Theorie ist eine Kritik der politischen Ökonomie

Kritische Theorie analysiert, wie kapitalistische Akkumulation, Mehrwertausbeutung und die Verwandlung von gesellschaftlichen Aspekten in Waren (Kommodifizierung) vonstattengeht und worin die Widersprüche der kapitalistischen Produktionsweise bestehen. Eine Ware ist ein Gut, das in einem bestimmten quantitativen Verhältnis getauscht wird: x Menge Ware A = y Menge Ware B. »Wir werden also bei der Kritik der Nationalökonomie die Grundkategorien untersuchen, den durch das System der Handelsfreiheit hineingebrachten Widerspruch enthüllen und die Konsequenzen der beiden Seiten des Widerspruchs ziehen« (Engels 1844, 502). Kritische politische Ökonomie betrachtet, wie Ressourcen produziert, verteilt und konsumiert werden und welche Machtverhältnisse sie formen. Diese Ressourcen können materielle Produkte wie Autos oder immaterielle Güter wie Informationen sein. Die auf Facebook hochgeladene Information wird von Nutzern produziert, die diese aber nicht besitzen und kontrollieren: Facebook behält das Recht, Daten über hochgeladene Informationen und Nutzerverhalten an Unternehmen zu verkaufen, und kontrolliert den daraus gewonnenen Profit. Ebenso hat die Aufmerksamkeit ihre eigene politische Ökonomie im Internet: Nicht jeder hat die gleiche Macht, gehört, gesehen und gelesen zu werden. Machtvolle Akteure wie CNN oder die *New York Times* haben mehr Sichtbarkeit als ein einzelner Blogger. George Orwell hat einmal ein Königreich der Tiere beschrieben, in dem einige Tiere »gleicher als die anderen« (Orwell 1945, 85) sind. Auf kapitalistischen sozialen Medien wie Google, Facebook, Twitter und YouTube sind einige Nutzer gleicher als andere – es herrscht Ungleichheit. Marx' Kritik der Politischen Ökonomie ist nicht nur eine Kritik der Warenform. Sie ist ebenso eine Kritik des Warenfetischismus, also der Ideologien, die mit dem Kapitalismus verbunden sind, und eine intellektuelle Form des sozialen Kampfes für eine gerechte und partizipative Demokratie.

1.4 Denkansätze kritischer Theorie

Die Frankfurter Schule

Die Frankfurter Schule ist eine Tradition kritischen Denkens, die auf Wissenschaftler wie Herbert Marcuse, Max Horkheimer und Theodor W. Adorno zurückgeht (zur Einführung: Held 1980; Wiggershaus 1995). Alle sechs Dimensionen der Marx'schen Theorie können in ihr wiedergefunden werden; verdeutlichen lässt sich dies an Marcuses Essay »Philosophie und kritische Theorie« (Marcuse 1937/1988, 625-647), Horkheimers Essay »Traditionelle und kritische Theorie« (Horkheimer 1937/1988, 245-294), Marcuses Artikel »Zum Begriff des Wesens« (Marcuse 1936/1980, 1-39) und an dem Abschnitt »Die Grundlagen der dialektischen Theorie der Gesellschaft« in seinem Buch *Vernunft und Revolution* (Marcuse 1941/2004, 229-282). Diese Texte eignen sich für eine Skizze, weil in ihnen die Grundzüge kritischer Gesellschaftstheorie dargelegt sind.

Kritische Theorie ist *ethisch*. Sie hat »die Sorge um das Glück der Menschen« (Marcuse 1937/1988, 632) zum Inhalt. Sie ist eine *Kritik von Herrschaft und Ausbeutung*. Sie hält fest, dass »der Mensch mehr sein kann als ein verwertbares Subjekt im Produktionsprozess der Klassengesellschaft« (Marcuse 1937/1988, 644). Das Ziel kritischer Theorie ist die Umwandlung der Gesellschaft als Ganzer (Horkheimer 1937/1988), sodass eine »Gesellschaft ohne Ausbeutung« (221) entstehen kann. Wie Marx denkt die kritische Theorie dialektisch. Nach ihr sind die Begriffe, mit denen sie den Kapitalismus beschreibt (Profit, Mehrwert, Arbeiter, Kapital, Ware etc.), dialektische, weil sie »die gegebene gesellschaftliche Wirklichkeit auf eine andere, in ihr tendenziell angelegte geschichtliche Gestalt hin« transzendieren (Marcuse 1937/1988, 37). Kritische Theorie möchte die *Kämpfe und die politische Praxis* voranbringen: »Der materialistische Protest und die materialistische Kritik erwachsen im Kampf der unterdrückten Gruppen um bessere Lebensverhältnisse und bleiben dauernd mit dem faktischen Verlauf dieses Kampfes verbunden« (Marcuse 1937/1988, 636). Sie entwickelt eine *Kritik der Ideologie* weiter, indem sie die kapitalistischen Phänomene in den alltäglichen Erscheinungen aufzuzeigen versucht, die »den Menschen nicht unmittelbar als das erscheinen, was sie in ›Wirklichkeit‹ sind«, sondern sich »vielmehr verdeckt, in einer ›verkehrten‹ Form darstellen« (Marcuse 1936/1980, 24). Kritische Theorie basiert auf den Ideen der Marx'schen *Kritik der Politischen Ökonomie* (Horkheimer 1937/1988, 625).

Jürgen Habermas baute seinen Ansatz auf der klassischen Frankfurter Schule auf und arbeitete zugleich einen Begriff der kommunikativen Vernunft aus, der über sie hinausging. Er unterscheidet zwischen instrumenteller (nicht-sozialer, erfolgsorientierter), strategischer (sozialer, erfolgsorientierter) und kommunikativer (sozialer, verstehensorientierter) Vernunft (Habermas 1981a). Habermas fasst instrumentelle und kommunikative Handlungen als die zwei fundamentalen Aspekte sozialer Praxis.

Kommunikation ist zweifelsohne ein wichtiger Aspekt einer herrschaftsfreien Gesellschaft. Im Kapitalismus aber ist sie eine Form der Interaktion, bei der die Massenmedien den beherrschten Gruppen Ideologie vermitteln. Kommunikation ist nicht per se progressiv. Habermas differenziert zwischen instrumenteller/strategischer und kommunikativer Vernunft, wohingegen Horkheimer eine Unterscheidung zwischen instrumenteller und kritischer Vernunft (Horkheimer 1942/1995) und darauf aufbauend zwischen traditioneller und kritischer Theorie einführt (Horkheimer 1937/1988). Habermas trennt die Kommunikation von der Instrumentalität und vernachlässigt dadurch, dass sie im Kapitalismus genau wie Technologie, Medien, Ideologie oder Arbeit dazu dient, die Herrschaft des Systems aufrechtzuerhalten. Kommunikation ist nicht rein und unberührt von Herrschaftsstrukturen; sie ist antagonistisch in sie verwoben. Für Horkheimer (wie für Marx) ist das Ziel kritischer Theorie »die Emanzipation des Menschen aus versklavenden Verhältnissen« (Horkheimer 1937/1988, 626) und »das Glück aller Individuen« (628). Er hat ebenso die Emanzipation der Kommunikation wie der Arbeit, der Entscheidungsprozesse und des alltäglichen Lebens im Sinn. Sein Gedanke kritischer Vernunft ist umfassender als Habermas' Begriff der kommunikativen Vernunft, der Gefahr läuft, von unkritischen Ansätzen aufgesogen zu werden, die eine solche Betonung der Kommunikation für instrumentelle Zwecke nutzen könnten. Der Begriff der Kommunikation kann kritisch sein, ist es aber nicht notwendigerweise, wohingegen die Kritik von Ausbeutung und Herrschaft notwendig kritisch ist.

Kritische politische Ökonomie der Medien und der Kommunikation als kritische Analyse der Medien und der Kommunikation

Dwayne Winseck (2011) bietet einen Überblick über die politökonomische Forschung in den Medien- und Kommunikationswissenschaften an, indem er vier Ansätze bestimmt:

▓ Neoklassische politische Ökonomie der Medien;

▓ Radikale/Marxistische/Kritische politische Ökonomie der Medien;

▓ Schumpeterianische institutionelle politische Ökonomie der Medien;

▓ Die Kulturindustrie-Schule

Spricht man wie Winseck von politischen Ökonomien der Kommunikation und Medien im Plural, entsteht der Eindruck, alle Ansätze seien gleichermaßen wichtig und gehaltvoll. Es gibt aber einen großen politischen Unterschied zwischen beispielsweise einer neoklassischen politischen Ökonomie, die das kapitalistische Eigentum an den Medien favorisiert, und einer marxistischen, die sich dem entgegensetzt. In der Medien- und Kommunikationswissenschaft ist der radikale/marxistische/kritische Ansatz einer politischen Ökonomie historisch und bis zum heutigen Tag der wichtigste gewesen. Winsecks Pluralisierung spielt die politische und akademische Bedeutung von Marx und marxistischer Theorie herunter.

In seiner grundlegenden Einführung in den Themenbereich bestimmt Vincent Mosco die politische Ökonomie der Kommunikation als »das Studium der gesellschaftlichen Beziehungen, insbesondere der Machtverhältnisse, die wechselseitig die Produktion, Distribution und Konsumption der Ressourcen einschließlich der kommunikativen konstituieren« (Mosco 2009, 2). Marxistische politische Ökonomie der Kommunikation nimmt den Medien selbst ihre scheinbare Zentralität, »indem sie den Kapitalismus, einschließlich der Entwicklung von Produktivkräften und Produktionsverhältnissen, Kommodifizierung und Mehrwertproduktion, gesellschaftliche Klassenteilung und Kämpfe, Widersprüche und oppositionelle Bewegungen in den Vordergrund stellt« (Mosco 2009, 94). Graham Murdock und Peter Golding argumentieren, dass die Kritische Politische Ökonomie der Kommunikation »die Wechselwirkung zwischen symbolischer und ökonomischer Dimension der öffentlichen Kommunikation« analysiert und der Frage nachgeht, »wie die Meinungsbildung auf jeder Stufe durch strukturelle Asymmetrien in sozialen Beziehungen geprägt ist« (Murdock/Golding 2005, 60, 62). Für Jonathan Hardy ist die Kritische politische Ökonomie der Medien

eine Tradition der Analyse, die die Frage zum Gegenstand hat, wie Kommunikationsanordnungen in Beziehung zum Ziel sozialer Gerechtigkeit und Emanzipation stehen. [...] Ich folge dem Ansatz der kritischen politischen Ökonomie, um Studien einzubeziehen, die politische und ökonomische Aspekte der Kommunikation berücksichtigen und dabei kritisch untersuchen, wie Machtverhältnisse erhalten und infrage gestellt werden. (Hardy 2014, 3–4)

Eine kritische politische Ökonomie der sozialen Medien fragt insbesondere nach den Machtverhältnissen, die bestimmend sind für die Produktion, Verteilung und den Gebrauch von Plattformen wie Facebook, Google, YouTube, Weibo, QQ, LinkedIn, Pinterestr, Tumblr, Blogger/Blogspot, Wordpress, Wikipedia, WikiLeaks, Snapchat, Instagram, Vine, Youku, RenRen, Douban, Tudou, WeChat, WhatsApp, Baidu, VK, Reddit und Imgur.

Es gibt etliche Bezeichnungen für dieses Feld: (Kritische) politische Ökonomie der Kommunikation (Mosco 2009), (Kritische) politische Ökonomie der Kommunikation(en) (Wasko 2004; Wasko et.al. 2011), politische Ökonomie der Kultur (Calabrese/Sparks 2004), politische Ökonomie der Information (Garnham 2011; Mosco/Wasko 1988), politische Ökonomie der Massenkommunikation (Garnham 1990) und politische Ökonomie der Medien (Golding/Murdock 1997b; Hardy 2014; McChesney 2008). Alle diese Ansätze fallen im Wesentlichen in Winsecks zweite Kategorie.

Die kritische politische Ökonomie der Kommunikation untersucht Medien im Zusammenhang mit Machtverhältnissen und der Totalität gesellschaftlicher Verhältnisse und ist einer Moralphilosophie und einer sozialen Praxis verpflichtet (Mosco 2009, 2-5). Sie ist holistisch, historisch, am Allgemeinwohl interessiert und beschäftigt sich mit moralischen Fragen von Recht und Gerechtigkeit (Murdock /Golding 2005, 61). Golding und Murdock (1997a) erwähnen fünf Charakteristika der kritischen politischen Ökonomie der Medien:

▨ Holismus;

▨ Historizität;

▨ realistische und materialistische Epistemologie;

▨ moralische und philosophische Grundlagen;

▨ ein Fokus auf die Analyse kultureller Verteilungsmuster und das Verhältnis zwischen privater und öffentlicher Kontrolle der Kommunikation.

Wichtige Themen kritischer politischer Ökonomie der Kommunikation sind: Medienaktivismus; mediale und soziale Bewegungen; die Kommodifizierung von Inhalt, Publikum und Kommunikationsarbeit; kapitalistische Akkumulationsmodelle der Medien; Medien und öffentliche Sphäre; Kommunikation und Raum-Zeit; die Konzentration korporativer Macht in der Kommunikationsindustrie; Medien und

Globalisierung; Medien und Imperialismus; Medien und Kapitalismus; Medienrichtlinien und staatliche Regulierung; Kommunikation und soziale Klassen, Geschlecht, Ethnizität; Hegemonie; die Geschichte der Kommunikationsindustrie; Kommerzialisierung von Medien; Homogenisierung/Diversifikation/Multiplikation/Integration der Medien; Medien und Werbung, Medienmacht (Graham 1990, 1995/1998, 2000; Hardy 2010, 2014; Mosco 2009; Wasco 2004).

Dallas Smythe (1981, xvi-xviii) benannte acht Kernaspekte einer marxistischen politischen Ökonomie der Kommunikation: Materialität, Monopolkapitalismus, Kommodifizierung des Publikums und Werbung, Medienkommunikation als Teilbasis des Kapitalismus, Arbeitskraft, Kritik des technologischen Determinismus, Bewusstsein, die Künste und das Lernen.

Kritische politische Ökonomie und die Frankfurter Schule sind zwei kritische Theorien. Aber brauchen wir wirklich zwei?

Es gibt Gemeinsamkeiten zwischen der kritischen politischen Ökonomie und der Frankfurter Schule in der Betonung der Ideologie. Für Murdock und Golding (1974, 4) sind die Medien Organisationen, die »Waren produzieren und verteilen«, eine Plattform für Werbung bieten und ebenso eine »ideologische Dimension« haben, indem sie »Ideen über ökonomische und politische Strukturen« verbreiten. Die Ansätze der Frankfurter Schule und der Kritik der politischen Ökonomie sollten als komplementär verstanden werden. Aus historischen Gründen betonte die Frankfurter Schule die Ideologiekritik. Für Horkheimer und Adorno (1947) brachten der Aufstieg des deutschen Faschismus, des Stalinismus und des US-amerikanischen Konsumkapitalismus die Niederlage der revolutionären Potentiale der Arbeiterklasse zum Ausdruck (Habermas 1981a). Aus dem Versuch zu erklären, warum die Arbeiterklasse Hitler gefolgt war, entstand ihr Interesse an der Analyse der autoritären Persönlichkeit und der Medienpropaganda. Der anglo-amerikanische Ansatz der politischen Ökonomie der Medien wurde von Wissenschaftlern wie Dallas Smythe und Herbert Schiller in Ländern entwickelt, die nicht faschistisch waren, was die unterschiedliche Betonung von Ideologie und Kapitalakkumulation erklären könnte. Während der nordamerikanische Kapitalismus auf reiner liberaler Ideologie und einer ausgeprägten Konsumkultur basierte, baute der deutsche nach 1945 auf dem Erbe des Nationalsozialismus und einem Fortwirken des autoritären Denkens auf.

Horkheimers (1942/1995) Begriff der instrumentellen Vernunft und Marcuses (1964) Begriff der technologischen Rationalität eröffnen eine Verbindung beider Ansätze. Horkheimer und Marcuse betonten, dass es im Kapitalismus eine Tendenz gibt, die Freiheit der Handlung durch instrumentelle Entscheidungen seitens des Kapitals und des Staates zu ersetzen, sodass vom Individuum bloßes Reagieren und kein Agieren erwartet wird. Beide Begriffe gehen auf Georg Lukács' (1923/1962) Begriff der Verdinglichung zurück, mit dem er den Marx'schen Begriff des Fetischismus (1867) neu fasste. Verdinglichung bedeutet, »dass eine Beziehung zwischen Personen den Charakter einer Dinghaftigkeit und auf diese Weise eine ›gespenstige Gegenständlichkeit‹ erhält, die in ihrer strengen, scheinbar völlig geschlossenen und rationellen Eigengesetzlichkeit jede Spur ihres Grundwesens, der Beziehung zwischen Menschen verdeckt« (Lukács 1923, 257).

Kapitalistische Medien sind Formen von Verdinglichung im doppelten Sinne. Erstens reduzieren sie Menschen auf den Status von Konsumenten der Werbung und der Waren. Zweitens ist die Kultur im Kapitalismus in weitem Maße mit der Warenform verknüpft: Es gibt kulturelle Waren, die von den Konsumenten gekauft werden, und die Ware Publikum, zu der die Konsumenten selbst werden und die an die Werbeagenturen verkauft wird (siehe die Debatte über Publikumskommodifizierung: Murdock 1978; Smythe 1977). Drittens muss sich der Kapitalismus, um sich reproduzieren zu können, als bestmögliches (und als das einzig mögliche) System präsentieren und nutzt zu diesem Zweck die Medien. Die erste und zweite Dimension konstituieren die ökonomische Dimension der instrumentellen Vernunft, die dritte ihre ideologische Form. Kapitalistische Medien sind notwendigerweise ein Mittel für Werbung und Kommodifizierung und ideologische Räume. Werbung und kulturelle Kommodifizierung machen aus Menschen ein Instrument für die Profitakkumulation. Ideologie zielt darauf, den Glauben an das Kapitalsystem und die Waren in die menschliche Subjektivität einzupflanzen. Das Ziel ist, dass menschliches Denken und Handeln sich nicht jenseits des Kapitalismus bewegt, das System nicht infrage stellt und gegen es revoltiert, sondern als Instrument seiner Fortdauer wirkt. Es ist natürlich wichtig zu fragen, in welchem Ausmaß Ideologie erfolgreich ist oder aber hinterfragt und abgelehnt wird. Aber der entscheidende Aspekt der Ideologie ist, dass sie Strategien und Versuche umfasst, menschliche Subjekte für die Reproduktion von Herrschaft und Ausbeutung zu instrumentalisieren.

Eine kritische Theorie der Medien und Technologie analysiert »Gesellschaft als Terrain von Herrschaft und Widerstand und engagiert sich in der Kritik von Herrschaft und an der Art und Weise, wie die Medienkultur Herrschaftsverhältnisse und Unterdrückung reproduziert« (Kellner 1995, 4). Sie ist »geprägt von einer Kritik der Herrschaft und einer Theorie der Befreiung« (Kellner 1989, 1; siehe auch Feenberg 2002; Kellner 2009).

Kritische Theorie und Kritik der politischen Ökonomie der Medien

Die kritische Theorie der Frankfurter Schule und die Kritik der politischen Ökonomie der Medien haben beide eine Kritik daran entwickelt, wie die Medienkommunikation in der Ausbeutung mit Mitteln der Ideologie spielt und ihre potentiellen Mittel der Befreiung und des Kampfes untersucht. Beide wertvollen und komplementären Ansätze werden in diesem Buch methodologisch zusammengeführt (siehe auch Fuchs 2009a, 2011b).

Marx entwickelte eine Kritik der politischen Ökonomie des Kapitalismus, die dreierlei anstrebt:

[a] eine Analyse und Kritik des Kapitalismus;

[b] eine Kritik liberaler Ideologie, Gedanken und Wissenschaft;

[c] verändernde Praxis.

Die Globalisierung des Kapitalismus und seine erneute weltweite Krise, der neue Imperialismus und die von Marx antizipierte Rolle des Wissens und der Kommunikation haben zu einem neuen Interesse an Marx geführt, das für die Medien- und Kommunikationswissenschaften genutzt werden sollte (Fuchs 2011b). In gewissem Maße hat die deutsche Tradition der Kritik der politischen Ökonomie der Kommunikation sich mit Marx auseinandergesetzt und seine Schriften für die Analyse von Medien verwendet (Holzer 1973, 1994; Knoche 2005). Aufgrund begrenzter Kapazitäten sind diese Ansätze kaum ins Englische übersetzt worden, was ihre internationale Verbreitung erschwert (siehe aber: Holzer 2017, 2018; Knoche 2016). Horst Holzer hat die Marx'sche Analyse als eine vergessene Theorie der Kommunikation im deutschsprachigen Raum bezeichnet (Holzer 1994).

Holzer (1973, 131; 1994, 202ff.) und Manfred Knoche (2005) unterscheiden vier Funktionen der Medien, die für eine marxistische Kritik der politischen Ökonomie der Medien relevant sind:

[1] kapitalistische Akkumulation in der Medienindustrie;

[2] Werbung, Öffentlichkeitsarbeit und Absatzförderung für andere Industrien;

[3] Legitimation von Herrschaft und ideologische Manipulation;

[4] Reproduktion, Regeneration und Qualifizierung der Arbeitskraft.

Damit haben sie einen guten Rahmen bereitgestellt, der aber soziale Kämpfe vernachlässigt.

Umfassender verstanden würden eine kritische Theorie und eine Kritik der politischen Ökonomie der Kommunikation, Kultur, Information und Medien folgende Aspekte einschließen:

- Prozesse der Kapitalakkumulation (einschließlich der Analyse von Kapital, Märkten, Warenlogik, Wettbewerb, Tauschwert, Antagonismus der Produktionsweise, Produktivkräfte, Krise, Werbung etc.)

- Klassenverhältnisse (mit einem Fokus auf Arbeit, Mehrwertausbeutung etc.)

- Herrschaft im Allgemeinen

- Ideologie (sowohl in der Wissenschaft als auch im täglichen Leben)

- Kämpfe gegen die Herrschaftsordnung und soziale Bewegungen und ihre Medien, die auf die Etablierung einer demokratischen sozialistischen Gesellschaft zielen, in der die Kommunikation ein Teil der gemeinsam besessenen Produktionsmittel ist (Fuchs 2011b).

Dieser Ansatz erkennt hierdurch, dass alle Formen der Herrschaft mit Formen der Ausbeutung verknüpft sind (Fuchs 2008a, 2011b).

Basierend auf der methodologischen Verbindung von Kritischer Theorie und Kritik der politischen Ökonomie präsentiert dieses Buch eine kritische Theorie der sozialen Medien; es zeichnet die vorherrschenden Formen kapitalistischer Akkumulation der sozialen Medien, die Klassenverhältnisse und Arten der Mehrwertausbeutung nach und analysiert die den sozialen Medien zugrundeliegenden Ideologien ebenso wie die Potentiale und Grenzen alternativer Medien und der Kämpfe für eine gerechte Gesellschaft, die gemeinsam organisierte digitale Medien ermöglichen könnte.

»Philosophie ist in Wissenschaft als Kritik aufbewahrt« (Habermas 1968, 86). Für eine kritische Analyse sozialer Medien benötigen wir eine kritische Philosophie als Grundlage. Die auf Hegel und Marx

zurückgehende Tradition dialektischer Philosophie eignet sich dafür
am besten (Fuchs 2011b, Kapitel 2 und 3). Mit ihr lassen sich einseitige Ansätze vermeiden und die begrifflichen Gegensätze im Feld der
Kritischen Medien- und Kommunikationswissenschaften überbrü-
cken (zwischen Struktur und Handlung, Subjekt und Objekt, Vernunft und Erfahrung, Technologie und Gesellschaft, Ökonomie und
Kultur, Pessimismus und Optimismus, Risiken und Möglichkeiten,
Arbeit und Freizeit, Entfremdung und Selbstverwirklichung etc.).

Kritische Theorie zielt »nirgends bloss auf Vermehrung des Wissens
als solchen ab« (Horkheimer 1937/1988, 626). Das vorliegende Buch
soll deshalb nicht bloß neues Wissen über soziale Medien, sondern
kritische Einsichten in ihre Potentiale und Grenzen im Kampf für
eine gerechte Gesellschaft bieten. Kritische Theorie ermöglicht »das
Bewusstmachen der Möglichkeiten, zu denen die geschichtliche Situation selbst herangereift ist« (Marcuse 1937/1988, 647). »Die Spannung zwischen dem Seinkönnenden und dem Daseienden, zwischen
dem, was der Mensch und die Dinge sein können, und dem, was sie
faktisch sind, ist einer der zentralen Hebel der Theorie« (Marcuse
1936/1980, 23). Dieses Buch analysiert die Aktualität sozialer Medien
im Kapitalismus und die Potentiale und Grenzen der Überwindung
ihres privatwirtschaftlichen Charakters, um ein wirklich partizipatives Internet im Rahmen einer partizipativen Demokratie zu etablieren.

Aus der Einsicht in den Schein der Naturwüchsigkeit kapitalistischer
Objektivität und der Erkenntnis ihres historischen Charakters entsteht kritische Theorie. Dieses Buch soll zu der Einsicht beitragen,
dass der von Profit- und Warenlogik, gezielter Werbung und Ausbeutung von Arbeit geprägte Charakter der sozialen Medien keine Notwendigkeit, sondern eine Folge der kapitalistisch-kommerziellen
Organisation des Internets ist. Indem es den Anschein dekonstruiert,
privatwirtschaftliche soziale Medien seien eine Notwendigkeit, will
es das Bewusstsein schärfen, dass ein öffentliches, auf Gemeingütern
beruhendes Internet möglich ist, und Kämpfe dafür fördern.

Literaturhinweise und Übungen

Um soziale Medien kritisch verstehen zu können, ist es sinnvoll, mit den Grundlagen kritischer Theorie zu beginnen. Deshalb werden in diesem Abschnitt die Arbeiten von Karl Marx, Herbert Marcuse, Max Horkheimer, Theodor W. Adorno und die Debatte zwischen Adorno und Karl Popper über die Bedeutung von Kritik in den Sozialwissenschaften zur Lektüre empfohlen.

Übung 1.1

Marx, Karl. 1843/1981. Zur Kritik der Hegelschen Rechtsphilosophie. Einleitung. In: *Marx-Engels-Werke. Band 1*. Berlin/DDR: Dietz Verlag, S. 378-391.

In dieser berühmten Schrift führt Marx den Begriff der Ideologie ein und legt dar, dass die Religion das »Opium des Volkes« ist. Erörtern Sie folgende Fragen:

- Was meint Marx mit Ideologie? Was sind ihre Charakteristika?

- Nennen Sie einige Beispiele für Ideologien.

- Was sind heute wichtige Ideologien?

- Wo sind die sozialen Medien mit Ideologien verschmolzen? Nennen Sie Beispiele. Was genau ist der Inhalt dieser Ideologien? Was beanspruchen sie? Wie sieht die Wirklichkeit aus und wie lässt sich dies im Unterschied zu den Ideologien sozialer Medien bestimmen? Suchen Sie Beispiele dafür und diskutieren Sie sie.

Übung 1.2

Marx, Karl. 1844. Ökonomisch-philosophische Manuskripte aus dem Jahre 1844. In: *Marx-Engels-Werke Band 1*. S. 337-346. Berlin/DDR: Dietz Verlag.

Dies ist eine der frühesten Arbeiten von Marx über Arbeit, Kapital, Privateigentum, entfremdete Arbeit und Kommunismus. Sie gilt weithin als seine wichtigste Grundlegung einer humanistischen kritischen Theorie, die auf eine Gesellschaft abzielt, in der alle Menschen ein gutes Leben führen können. Diskutieren Sie folgende Fragen:

- Was ist für Marx das fundamentalste Problem im Kapitalismus?

- Was meint Marx mit Entäußerung (beachten Sie: ein synonymer Ausdruck ist Entfremdung)?

- Wie versteht Marx den Begriff Kommunismus?

- Wie können Marx' Begriffe des Kapitalismus, der Entfremdung (und Alternativen) für ein Verständnis der sozialen Medien kritisch genutzt werden?

Übung 1.3

Marcuse, Herbert. 1932/2004. Neue Quellen zur Grundlegung des Historischen Materialismus. In: Herbert Marcuse, *Schriften, Band 1*, S. 509-555. Springe: zu Klampen Verlag.

Obwohl 1844 geschrieben, wurden Marx' *Ökonomisch-philosophische Manuskripte* erst 1932 in Deutschland und später auf Englisch und in anderen Sprachen veröffentlicht. Marcuses Text ist eine der ersten Rezensionen und erleichtert das Verständnis der Marx'schen Schrift, weshalb es sich empfiehlt, ihn zuerst zu lesen. Diskutieren Sie in Gruppen die folgenden Fragen und vergleichen Sie Ihre Resultate:

- Was meinen Marx und Marcuse basierend auf Hegel mit dem Wesen eines Dings? Suchen Sie Beispiele für das Wesen von etwas.

- Was ist der Unterschied zwischen Wesen und Erscheinung von etwas in der Gesellschaft? Suchen Sie Beispiele.

- Was ist das Wesen der sozialen Medien? Was ist die Existenz der sozialen Medien? Gibt es einen Unterschied?

Übung 1.4

Horkheimer, Max. 1937/1988. Traditionelle und kritische Theorie. In: *Zeitschrift für Sozialforschung*, Jahrgang 6, S. 245-294. München: Deutscher Taschenbuch Verlag.

Marcuse, Herbert. 1937/1988. Philosophie und kritische Theorie. In: *Zeitschrift für Sozialforschung*, Jahrgang 6, S. 625-647. München: Deutscher Taschenbuch Verlag.

Dies sind zwei grundlegende Schriften der Frankfurter Schule. Sie versuchen zu erklären, was kritische Theorie ist. Übungen:

- Jede Person schreibt auf, wie sie »kritisch sein« definiert. Vergleichen Sie die Antworten und erstellen Sie eine Liste der Elemente, die als kritische identifiziert wurden.

- Diskutieren Sie in Gruppen und vergleichen Sie Ihre Ergebnisse: Wie definieren Horkheimer und Marcuse kritische Theorie? Was sind die wichtigen Elemente kritischer Theorie?

- Vergleichen Sie Ihre eigenen Definitionen aus der ersten Übung mit Horkheimers und Marcuses Verständnis. Argumentieren Sie, welche Gemeinsamkeiten und Unterschiede es gibt.

- Diskutieren Sie: Was sind die Zwecke und Aufgaben einer kritischen Theorie des Internets und der sozialen Medien?

Übung 1.5

Marcuse, Herbert. 1941/2004. Die Grundlagen der dialektischen Theorie der Gesellschaft. In: *Vernunft und Revolution. Hegel und die Entstehung der Gesellschaftstheorie,* S. 229-282. Springe: zu Klampen Verlag.

In diesem Kapitel diskutiert Marcuse, wie Marx Hegels dialektische Philosophie für die Konstruktion einer dialektischen Theorie der Gesellschaft genutzt hat. Diskutieren Sie in Gruppen und vergleichen Sie die Ergebnisse:

- Was ist dialektische Philosophie? Suchen Sie Beispiele.

- Was ist für Marx eine dialektische Theorie der Gesellschaft? Suchen Sie Beispiele für dialektische Beziehungen und Entwicklungen in der gegenwärtigen Gesellschaft.

- Was sind die Grundannahmen einer dialektischen Theorie des Internets und der sozialen Medien? Versuchen Sie ein allgemeines Konzept zu formulieren und einige Beispiele zu nennen.

Übung 1.6

Adorno, Theodor W., Hans Albert, Ralf Dahrendorf, Jürgen Habermas, Harald Pilot und Karl R. Popper. 1974. *Der Positivismusstreit in der deutschen Soziologie,* Darmstadt und Neuwied: Sammlung Luchterhand, S. 7–124.

Der Positivismusstreit in der deutschen Soziologie in den frühen 1960er Jahren war eine Debatte um die Bedeutung von Kritik. Die Hauptakteure waren Theodor W. Adorno und Karl Popper; Jürgen Habermas und andere beteiligten sich ebenfalls. Fragen:

- Wie definiert Popper Kritik? Was sind die wesentlichen Elemente seines Verständnisses?

- Wie definiert Adorno Kritik? Was sind die wesentlichen Elemente seines Verständnisses?

- In welchen Aspekten stimmen Popper und Adorno überein, in welchen nicht?

- Welche Elemente braucht es für eine kritische Theorie des Internets und der sozialen Medien? Welche Grundannahmen hätte eine solche Theorie, wenn sie auf Adorno basiert, und welche, wenn sie auf Popper basiert?

Übung 1.7

Lesen Sie das erste Kapitel von Marx' berühmtem Buch *Das Kapital. Band 1*:

Marx, Karl. 1867. *Das Kapital. Marx-Engels-Werke, Band 23*. 1. Kapitel: Die Ware, S. 49-98. Berlin: Dietz Verlag.

Es ist nicht einfach, Marx' Schreibstil auf Anhieb zu verstehen. Noch schwieriger ist es, seine Arbeit auf die Welt der Medien und Kommunikation zu beziehen. Das Buch *Marx lesen im Informationszeitalter* führt Kapitel für Kapitel in das Werk ein und erleichtert es insbesondere, diese Beziehung herzustellen:

Fuchs, Christian. 2017. Marx lesen im Informationszeitalter. Eine medien- und kommunikationswissenschaftliche Perspektive auf das Kapital Band 1. Münster: Unrast, Kapitel 1: Vorwörter, Nachwörter und Kapitel 1: Die Ware (S. 28-92).

Marx führt im ersten Kapitel Schlüsselkategorien für eine Kritik der politischen Ökonomie ein: Ware, Gebrauchswert, Tauschwert, Wert, Arbeit, abstrakte Arbeit, konkrete Arbeit, Wertform, Fetischismus und Ideologie. Erörtern Sie:

- Was ist Kapitalismus? Was sind die besonderen Eigenschaften des heutigen Kapitalismus?

- Welche Rollen spielen die sozialen Medien im heutigen Kapitalismus?

- Was genau ist die Ware, die Unternehmen sozialer Medien wie Google, Facebook, Twitter, Weibo oder Baidu verkaufen?
- Was ist der Gebrauchswert, was der Tauschwert, was der Wert sozialer Medien?
- Welche (digitale) Arbeit produziert den Warenwert sozialer Medien?
- Was ist die Rolle von Fetischismus und Ideologie in der Welt der sozialen Medien?

2 Was sind soziale Medien und Big Data?

Kernfragen

- Was bedeutet es, sozial zu sein?
- Welche Arten von Gesellschaftstheorie gibt es?
- Wie kann uns Gesellschaftstheorie helfen zu verstehen, was sozial an den sozialen Medien ist?
- Wie sozial ist das Web?
- Was ist Big Data? Wie ist es mit den sozialen Medien verknüpft? Was sind die Implikationen für Gesellschaft und Wissenschaft?

Schlüsselbegriffe

- Internet
- Soziale Medien
- Web 1.0
- Web 2.0
- Web 3.0
- Émile Durkheims Begriff der sozialen Tatbestände
- Max Webers Begriff sozialer Handlung und sozialer Beziehungen
- Ferdinand Tönnies' Begriff der Gemeinschaft
- Karl Marx' Begriff der Kooperation
- Big Data

Überblick

Dieses Kapitel stellt vor, wie man über soziale Medien denken kann. Es wirft die Frage auf, was sozial an ihnen ist. Eine der ersten Reaktionen vieler Menschen, wenn sie den Ausdruck »soziale Medien« hören, ist die Frage: »Sind nicht alle Medien sozial?« Die Antwort darauf hängt davon ab, wie man das Soziale begreift. Um die verschiedenen Bedeutungen des Ausdrucks zu verstehen, müssen wir uns mit soziologischer Theorie beschäftigen. Dieses Kapitel präsentiert einige Begriffe des Sozialen und erörtert ihre Implikationen für das Verständnis sozialer Medien.

Was »sozial« bedeutet, ist eine der Hauptfragen soziologischer Theorie, weshalb wir uns mit ihr befassen müssen. Insbesondere werde ich Durkheims, Webers, Marx' und Tönnies' Gedanken darüber vorstellen und mit ihnen den Begriff soziale Medien erklären.

Abschnitt 2.1 erörtert, was neue soziale Medien sind, und stellt einige Merkmale und Kritiken der Termini »Web 2.0« und »soziale Medien« vor. In Abschnitt 2.2 werden verschiedene Definitionen sozialer Medien gegeben. Ich werde hervorheben, dass wir Gesellschaftstheorie benötigen, um zu verstehen, was an den sozialen Medien sozial ist, und einige geeignete Begriffe einführen. Zu diesem Zweck werden vier soziologische Theorien vorgestellt. Émile Durkheim (1858-1917) war ein französischer Soziologe, der den Begriff der »sozialen Tatbestände« entwickelt hat. Max Weber (1864-1920) war ein deutscher Soziologe, der eine Theorie sozialer Handlungen und Beziehungen ausgearbeitet hat. Karl Marx (1818-1883) war ein Gesellschaftstheoretiker, der eine kritische Theorie des Kapitalismus entworfen hat; einer seiner theoretischen Begriffe ist Kooperation. Ferdinand Tönnies (1855-1936) war ein deutscher Soziologe, der vor allem für seine Theorie der Gemeinschaft bekannt ist. Abschnitt 2.3 erörtert, wie die Begriffe dieser vier Theoretiker für die Entwicklung eines Modells sozialer Medien genutzt werden können, und untersucht, wie die Kontinuitäten und Veränderungen des Internet empirisch zu fassen sind. Abschnitt 2.4 führt ein Modell der Kommunikation sozialer Medien ein. Abschnitt 2.5 widmet sich dem Begriff »Big Data« und stellt die Frage, warum er wichtig geworden ist.

2.1 Web 2.0 und soziale Medien

Web 2.0

Die Bezeichnungen »soziale Medien« und »Web 2.0« sind in den letzten Jahren populär geworden, um verschiedene Internetanwendungen wie Blogs, Mikroblogs (Twitter), soziale Netzwerkseiten, Video-/Bild-/Daten-Tauschbörsen und Wikis zu beschreiben. Dabei stellt sich die Frage: Was ist sozial an den sozialen Medien?

Der Terminus »Web 2.0« wurde 2005 von Tim O'Reilly (2005a, 2005b), dem Gründer des IT-Verlages O'Reilly Media, geprägt. Hauptcharakteristika dieses Netzes sind demnach radikale Dezentralisierung, starkes Vertrauen, Partizipation statt Publizieren, Nutzer als Inhaltsproduzenten, vielfältige Nutzererfahrungen, Nischenproduktion, das Web als Plattform, Kontrolle der eigenen Daten, Neuzusammenstellung von Daten, kollektive Intelligenz und Einstellungen, bessere Software durch mehr Nutzer, Spiel, nicht festgelegtes Nutzerverhalten (O'Reilly 2005a). Er gibt folgende eher formale Definition:

> „Das Web 2.0 ist ein Netzwerk als Plattform, die alle angeschlossenen Geräte umfasst; Web-2.0-Anwendungen sind solche, die die Vorteile dieser Plattform optimal nutzen: Software wird als ständig aktualisierter Dienst zur Verfügung gestellt und umso besser, je mehr sie genutzt wird; es werden Daten aus zahlreichen Quellen genutzt und neu zusammengestellt, auch von individuellen Nutzern, und deren eigene Daten und Dienste in einer Form zur Verfügung gestellt, die anderen eine solche Neuzusammenstellung erlaubt; eine »Architektur der Partizipation« schafft Netzwerkeffekte; und über die Seitenmetapher des Web 1.0 hinaus ermöglicht das Web 2.0 vielfältige Nutzererfahrungen." (O'Reilly 2005b)

O'Reilly erweckt den Eindruck, dass das Internet im Jahr 2005, das BitTorrent, Blogs, Flickr, Google, Tagging, Wikipedia usw. umfasst, gegenüber dem früheren Netz etwas vollkommen Neuartiges sei. Folgerichtig spricht er vom Web 2.0 als einer »neuen Plattform«, die »neue Anwendungen« ermögliche (O'Reilly 2005a).

Im Jahr 2000 kam es zu einer Krise der Internetökonomie. Ein Zufluss von Finanzkapital hatte die Marktwerte vieler Internetunternehmen gesteigert, ohne dass die Profite mit dem Versprechen von Profitabilität mithalten konnten. Das Resultat war eine Finanzblase (die sogenannte Dotcom- Blase), die im Jahr 2000 platzte und viele Start-up-Unternehmen in den Bankrott trieb. Deren Finanzmodell basierte im Wesentlichen auf der Investition von Risikokapital und der Hoffnung auf zukünftige Profitabilität, was zu einer Kluft zwischen Aktienwerten und tatsächlich akkumulierten Profiten führte. Die Rede von der Neuartigkeit des »Web 2.0« und der sozialen Medien passte gut in die Situation nach der Krise, als Geldgeber davon überzeugt werden mussten, in neue Internet-Start-ups zu investieren – die Ideologie, dass es sich beim Web 2.0 um etwas ganz Neuartiges handele, das neue ökonomische und demokratische Potenziale biete, half dabei, sie dazu zu bewegen. Das Web 2.0 und soziale Medien wurden somit in einer kapitalistischen Krise als Ideologien geboren, die auf die Überwindung der Krise und die Durchsetzung neuer Sphären und Modelle von Kapitalakkumulation für die gesamte Internetbranche zielten. Um neue Kapitalinvestitionen anzuziehen, wurde ein neuartiges Netz beschworen.

Auch wenn O'Reilly unter »Web 2.0« sicherlich reale Veränderungen versteht, nennt er als ausschlaggebendes Charakteristikum, dass eine »Gemeinschaft vernetzter Nutzer« als kollektive Intelligenz den Wert von Plattformen wie Google, Amazon, Wikipedia oder Craigslist mit erzeuge (O'Reilly und Battelle 2009, 1). Er räumt ein, dass er den Ausdruck hauptsächlich geprägt hat, um die Notwendigkeit neuer ökonomischer Strategien für die Internetunternehmen nach der Dotcom-Krise herauszustellen. So hält er in einem fünf Jahre später veröffentlichten Papier fest, dass der Terminus »die Rückkehr des Web nach dem Dotcom-Bankrott« verdeutlichen sollte. Er sprach auf einer Konferenz, die »den Zweck hatte, das Vertrauen in eine Industrie wiederherzustellen, die nach der Dotcom-Krise orientierungslos war« (ebd.).

Kritik des Web-2.0-Optimismus

Gegen Optimismus mit Blick auf das Web 2.0 und soziale Medien sind verschiedene Punkte ins Feld geführt wurden:

▦ *Digitale Arbeit*: Online-Werbung ist ein Mechanismus, mit dem Unternehmen die digitale Arbeit der Internetnutzer ausbeuten. Nutzer bilden eine Internet-Prosumenten-Ware und sind Teil einer mehrwertproduktiven Klasse, die die vom Kapital ausgebeuteten gesellschaftlichen Commons produziert (Fuchs 2008a, 2010c). Das Web 2.0 basiert auf der Ausbeutung kostenloser Arbeit (Terranova 2004).

▦ *Selbstvermarktung*: Die meisten Internetnutzer sind Teil einer kreativen, prekären Unterklasse, die auf ökonomische Modelle angewiesen ist, um von der eigenen Arbeit leben zu können (Lovink 2008). Bloggen ist vor allem eine selbstzentrierte, nihilistische und

zynische Tätigkeit (Lovink 2008). Nach Alice Marwick (2013) verstärken soziale Medien ein statusorientiertes Verhalten und somit
»das Eindringen von Marketing- und Werbetechniken in die sozialen Beziehungen und das soziale Verhalten« (93). Soziale Medien
»sind durch die kulturelle Logik der Prominenz bestimmt, derzufolge der höchste Wert durch mediale Vermittlung, Sichtbarkeit
und Aufmerksamkeit erzielt wird« (14). Die neoliberale Logik des
Wettbewerbs und des Individualismus drückt sich darin aus, dass
auf bestimmten sozialen Medien »Likes«, »Follower«, Freunde oder Seitenzugriffe akkumuliert werden; je mehr man davon hat,
umso größer das eigene kulturelle und soziale Online-Kapital. Soziales Kapital ist nach Pierre Bourdieu (1987, 204) »ein Kapital an
›mondänen‹ Beziehungen, [...] an Ehrbarkeit und Ansehen«, wohingegen kulturelles Kapital mit der Reputation einer Person zusammenhängt. Wettbewerbsorientierte soziale Medien befeuern
die Vermarktung, Quantifizierung, Kommodifizierung und Kapitalisierung des Selbst. Obwohl wir von »sozialen« Medien sprechen,
ist die Logik vieler gegenwärtiger Plattformen dieser Art zutiefst
individualistisch. Sie nennen sich Facebook, YouTube oder My
Space, nicht WeBook, OurTube oder OurSpace, weil sie alle auf die
Selbstdarstellung des einzelnen (vernetzten) Ichs zielen. Allerdings
könnten soziale Medien auch so umgestaltet werden, dass sie weniger der Kommodifizierung von Daten und des Selbst als vielmehr einer kollektiven Logik dienen, in der sich die Individuen auf
der Grundlage einer Logik von Commons, Gemeinschaft und Kooperation als Partner, als Freunde begegnen. Auch wenn die heute
dominierenden sozialen Medien auf Individualisierung abzielen,
wie Marwick und Lovink betonen, gibt es alternative Potenziale.

▨ *Kommerzieller Imperialismus*: Medienkonzerne dominieren die
Internet-Ökonomie (Stanyer 2009). Das Web 2.0 ist widersprüchlich und dient deshalb auch dominierenden Interessen (Cammaerts
2008). Der Web-2.0-Optimismus ist unkritisch, ja eine Ideologie,
die Unternehmensinteressen fördern soll (Fuchs 2008a; van Dijck
und Nieborg 2009). Unternehmen eignen sich Blogs und das Web
2.0 in Form von Unternehmens-, Werbe-, Spam- und Fakeblogs an
(Deuze 2008).

▨ *Marketing- und Sharing-Ideologie*: Die Termini Web 2.0 und soziale
Medien sind eine Marketingideologie (Scholz 2008), die Investoren
anziehen soll. Diese will man davon überzeugen, dass sich das Internet permanent erneuere und dadurch neue Geschäftsmöglichkeiten eröffne. Beide Begriffe sind in der Folge der Dotcom-Krise

von 2000 aufgekommen, um das Vertrauen der Investoren wiederherzustellen (Hinton und Hjorth 2013, Kapitel 2). Mit der Rede von
Sharing mystifizieren Facebook und andere Internetunternehmen
die ihrem Modell zugrundeliegende Logik von Profit, Werbung
und Kommerz (John 2013).

- *Aktivität und Kreativität als Ideologie:* Nutzer des Web 2.0 sind in
Wirklichkeit eher passive Nutzer als aktive Produzenten (van
Dijck 2009).

- *Verkürztes Verständnis von Partizipation:* Der Web-2.0-Diskurs
leistet einer stark reduzierten Idee von Partizipation Vorschub
(Carpentier und De Cleen 2008).

- *Entpolitisierung:* Der Web-2.0-Diskurs ist ein Technikfetischismus,
der Post-Politik und Entpolitisierung im kommunikativen Kapitalismus vorantreibt (Dean 2005, 2010).

- *Technikdeterminismus:* Der auf die sozialen Medien bezogene Optimismus basiert auf technikdeterministischen Ideologien der Cy-
ber-Utopie und des Internet-Zentrismus (Morozov 2013), die ausschließlich Vorteile für Unternehmen und Gesellschaft postulieren,
ohne die Realität der Ausbeutung und die Widersprüche des Kapitalismus zu berücksichtigen (Freedman 2012; Fuchs 2011b, Kapitel
7).

- *Technisierte, instrumentelle Gesellschaftlichkeit:* José van Dijck (2013,
11) zufolge automatisieren soziale Medien die Gesellschaft, indem
sie soziale Beziehungen technisieren und manipulieren; sie machen
»Gesellschaftlichkeit technisch« (12). Douglas Rushkoff (2010, 158)
meint, dass wir infolgedessen »Menschen für die Maschine optimieren«. »Heutzutage ist das Soziale ein Ausstattungsmerkmal. Es ist
kein Problem mehr (das ›soziale Problem‹, wie es das 19. und 20.
Jahrhundert beherrschte) oder ein gesellschaftlicher Sektor, der der
Fürsorge andersartiger, kranker oder alter Menschen gewidmet ist.
Bis vor kurzem war es undenkbar, eine nicht-moralische Definition
des Sozialen zu gebrauchen« (Lovink 2012, 14).

Wie neu sind soziale Medien?

Laut Matthew Allen (2012) und Trebor Scholz (2008) sind die Anwendungen sozialer Medien nicht neu; ihre Ursprünge liegen nicht
erst im Jahr 2005. Blogs gab es bereits Ende der 1990er Jahre, die
Wiki-Technologie wurde von Ward Cunningham 1994 vorgeschlagen
und das erste Mal 1995 angewendet, auch soziale Netzwerkseiten
existierten schon 1995 (Classmates) und 1997 (Sixdegrees), Google

wurde 1999 gegründet. Der Diskurs der immer neuen Versionen ermögliche es, »Produkte als Neuheit auszugeben«, aber gleichzeitig »Kontinuität und das Versprechen eines einfachen Übergangs vom Vorangegangen« aufrechtzuerhalten (Allen 2012, 264). Neue Versionen sollen demnach bloß den Konsum ankurbeln.

Wenn man über Neuartigkeit spricht, muss man klar unterscheiden, ob es um Technologien, Nutzungsarten oder Machtverhältnisse geht. Allen und Scholz behaupten, dass die Technologien, die den sozialen Medien und dem Web 2.0 zugrunde liegen, nicht neu seien. Ihre Nutzung jedoch war in den 1990ern nicht sehr verbreitet, sondern ist dies erst kürzlich geworden. Auf der Ebene der Machtverhältnisse wiederum ist ein völlig unverändertes Internet genauso unwahrscheinlich wie seine radikale Veränderung; gerade um als dasselbe System von Mehrwertausbeutung und Kapitalakkumulation weiter zu existieren, braucht der Kapitalismus auf einer bestimmten Ebene seiner Organisation Veränderung und Neuerung.

Tom Standage (2013) nimmt in seinem Buch *Writing on the Wall: Social Media – The First 2000 Years* eine Langzeitperspektive ein und behauptet, dass soziale Kommunikation bereits zur Zeit der Römer in Form von »Briefen und anderen Dokumenten, die kopiert, kommentiert und mit anderen über Papyrus-Rollen geteilt wurden« (1-2), existiert habe. Soziale Medien wären demnach 2000 Jahre alt:

„Die Römer kommunizierten mit Papyrus-Rollen und Boten; heute machen Hunderte Millionen Menschen in einer schnelleren und einfacheren Weise das Gleiche, wenn sie Facebook, Twitter, Blogs und andere Internettechnologien nutzen. Die Technologien sind sehr unterschiedlich, aber die beiden durch zwei Jahrtausende getrennten Formen sozialer Medien haben viele grundlegende Strukturen und Dynamiken gemein: Beide sind interaktive Umgebungen, in denen Informationen horizontal von einer Person zur anderen innerhalb eines sozialen Netzwerks weitergegeben werden, anstatt vertikal von einer anonymen, zentralen Quelle geliefert zu werden." (3)

2.2 Die Notwendigkeit einer Gesellschaftstheorie für das Verständnis sozialer Medien

Definitionen des Web 2.0 und sozialer Medien

Michael Mandiberg zufolge wird der Begriff der sozialen Medien mit verschiedenen Vorstellungen verknüpft: »Kommerzielle Medien sprechen gerne von ›nutzergeneriertem Inhalt‹, Henry Jenkins mit Fokus auf die Medienindustrie von ›Konvergenz-Kultur‹, Jay Rosen von den ›ehemals als Publikum bekannten Menschen‹ und den politisch gefärbten ›partizipativen Medien‹, Yochai Benkler von der prozessorientierten ›Peer-Produktion‹ und Tim O'Reilly, an Computerprogrammen orientiert, vom ›Web 2.0‹« (Mandiberg 2012, 2)

Im Folgenden einige exemplarische Definitionen des Web 2.0 und der sozialen Medien, die sich in der Forschungsliteratur finden (in umgekehrter chronologischer Folge und ohne Anspruch auf Vollständigkeit):

- »Ich verstehe unter sozialen Medien Seiten und Dienste, die in den frühen 2000er Jahren aufgekommen sind: soziale Netzwerkseiten, Seiten zum Teilen von Videos, Blogs und Mikroblogs und ähnliche Technologien, die es den Teilnehmenden erlauben, selbst Inhalt zu produzieren und zu teilen.« (boyd 2014, 6)

- Soziale Medien sind »vernetzte Informationsdienste, die tiefe soziale Interaktion, Gemeinschaftsbildung und Möglichkeiten der Kooperation fördern« (Hunsinger und Senft 2014, 1).

- Soziale Medien bilden eine Umgebung, in der Informationen »durch soziale Beziehungen von einer Person an die nächste weitergegeben werden, um eine Diskussion oder Gemeinschaft zu bilden« (Standage 2013, 3). »Heutzutage sind Blogs die neuen Flugblätter, Mikroblogs und digitale soziale Netzwerke die neuen Kaffeehäuser, Medien-Sharing-Seiten die neuen Bücher. Sie alle sind gemeinsame, soziale Plattformen, die es ermöglichen, dass Ideen von einer Person zur anderen wandern können, durch Netzwerke von sozial verbundenen Menschen fließen, anstatt durch den privilegierten Flaschenhals der Massenmedien gepresst zu werden« (Standage 2013, 250)

- »Das Wort ›sozial‹ in Verbindung mit Medien impliziert schon an sich, dass die Plattformen nutzerzentriert sind und gemeinschaftliche Aktivitäten erleichtern, genauso wie der Ausdruck ›partizipativ‹ die menschliche Kooperation hervorhebt. In der Tat können soziale Medien als Online-Moderatoren oder Verstärker menschlicher Netzwerke gesehen werden – Netze von Menschen, die Verbundenheit als sozialen Wert fördern« (van Dijck 2013, 11). »Durch die Verbindung der Plattformen entsteht eine neue Infrastruktur: ein Öko-System verknüpfter Medien mit wenigen großen und vielen kleinen Spielern. Der Übergang von einer vernetzten Kommunikation zu einer ›plattformgestützten‹ Gesellschaftlichkeit und von einer partizipativen Kultur zu einer Kultur der Verbundenheit vollzog sich in einer relativ kurzen Zeitspanne von zehn Jahren« (van Dijck 2013, 4).

- Soziale Medien sind »Technologien oder Anwendungen, die Menschen in der Entwicklung und Wartung ihrer sozialen Netzwerkseiten nutzen. Dies umfasst das Bereitstellen von multimedialen Informationen (z.b. Texte, Bilder, Audio, Video), standortbezogene Dienste (z.b. Foursquare) und Spiele (z.b. Farmville, Mafia Wars)« (Albarran 2013, 2).

- »Spätestens seit 2004 hat das Internet, genauer das ›Web‹, bekanntlich einen viel diskutierten Wechsel vom Modell statischer Webseiten zu einem sozialen oder Web-2.0-Modell erlebt, in dem sich die Möglichkeiten der Nutzerinteraktion vervielfacht haben. Es ist für Laien sehr viel einfacher geworden, Texte, Bilder und Musik zu veröffentlichen und zu teilen. Eine neue Topologie der Informationsverbreitung ist entstanden, die zwar auf ›realen‹ sozialen Netzwerken fußt, aber auch durch zwanglose und algorithmische Verbindungen verstärkt wird« (Terranova und Donovan 2013, 297).

- Soziale Medien sind »eine spezifische Anordnung von internetbasierten, vernetzten Kommunikationsplattformen. Diese nutzen das Geschäftsmodell einer Datenbank, die von den Nutzern aufgebaut wird. Und sie ermöglichen das Zusammenfließen von öffentlicher und privater Kommunikation. Diese Definition gilt unter anderem für Facebook und Twitter, Reddit und Tumblr, Pinteresta und Instagramm, Blogger und Youtube« (Meikle 2016, x). Sie umfassen »die Elemente des Profils, der Kontakte und der Interaktion mit diesen Kontakten« und »verwischen die Unterscheidung zwischen privater Kommunikation und dem Modell des Rundfunks, der seine Nachrichten nicht an einen bestimmten Adressaten ausstrahlt« (Meikle und Young 2012, 61).

- »In der ersten Dekade des ›Web‹ (von den 1990er Jahren bis Anfang oder Mitte der 2000er) erschienen Webseiten wie getrennte Gärten. [...] Das Web 2.0 ist dagegen wie ein Gemeinschaftsgarten. Anstatt jeweils einen eigenen Garten zu bestellen, kommen Menschen zu-

sammen, um gemeinsam an einem gemeinsamen Raum zu arbeiten.
[...] Im Zentrum des Web 2.0 steht die Idee, dass Online-Seiten und -
Dienste umso stärker werden, je mehr sie dieses Netzwerk potenzieller Mitarbeiter umfassen.« (Gauntlet 2011, 4-5). Es ist geprägt von
einer »Kultur des Machens und Tuns« (Gauntlett 2011, 4-5) und
durch »das Produzieren und Teilen einer eigenen Medienkultur –
man muss nicht die traditionellen Medien von Rundfunk und Presse
übernehmen, sondern nutzt technisch einfache YouTube-Videos, ex-
zentrische Blogs oder selbstgemachte Webseiten« (Gauntlett 2011,
18). Dabei werden Dinge online und offline produziert und miteinander verbunden, was »eine soziale Dimension und Verbindung
mit anderen Menschen« einschließt, eine Verbindung mit der sozialen und physischen Welt (Gauntlett 2011, 3).

▦ Soziale Medien bedeuten einen Übergang von der HTML-basierten
Verknüpfungspraxis des offenen Netzes zum ›Liken‹ und Empfeh-
len innerhalb geschlossener Systeme. »Das Web 2.0 zeichnet sich
durch drei entscheidende Funktionen aus: Es ist einfach zu bedienen, es erleichtert den sozialen Austausch, und es gibt Usern über
freie Publikations- und Produktionsplattformen die Möglichkeit,
Inhalte jeglicher Art, seien es Bilder, Videos oder Texte, ins Netz
zu stellen.« (Lovink 2012, 13)

▦ »›Soziale Medien‹ ist das jüngste in einer langen Reihe von Mo-
dewörtern. Es wird oft benutzt, um ein Ensemble von Software zu
beschreiben, das es Individuen und Gemeinschaften ermöglicht,
sich zu treffen, zu kommunizieren, zu teilen und mitunter auch zu-
sammenzuarbeiten oder zu spielen. In IT-Kreisen hat der Ausdruck den früher favorisierten der ›sozialen Software‹ ersetzt.
Wissenschaftler bevorzugen meist weiterhin Ausdrücke wie ›computervermittelte Kommunikation‹ oder ›computergestützte Kooperation‹, um die aus diesen Technologien erwachsenden Handlungen zu beschreiben, die Traditionalisten unter ihnen sprechen
manchmal sogar von Instrumenten für ›Gruppenarbeit‹. Der Ausdruck ›soziale Medien‹ lebt von einem anderen Modewort: ›nutzergenerierter Inhalt‹ oder Inhalt, der eher von den Teilnehmenden beigesteuert wird als von den Herausgebern« (boyd 2009).

▦ Soziale Medien und soziale Software sind Instrumente, die »unsere
Fähigkeit zum Teilen, zur Zusammenarbeit und zum kollektiven
Handeln stärken, und all das außerhalb des Rahmens traditioneller
Institutionen und Organisationen« (Shirky 2008, 20-21).

Beschrieben werden hier verschiedene Formen der Online-Gesell-
schaftlichkeit: gemeinsames Handeln, Kommunikation, Gemeinschaf-

ten, Beziehungen/Netzwerke, Kooperation, das kreative Schaffen von Inhalten durch Nutzer, Spielen, Teilen. Sie zeigen, dass für die Definition sozialer Medien ein Verständnis des Gesellschaftlichen vonnöten ist: Was heißt es, sozial zu sein und sozial zu handeln? Was hat es mit dem Sozialen eigentlich auf sich? Es gibt verschiedene Antworten auf diese Fragen. Mit ihnen befasst sich der Wissenschaftszweig der Gesellschaftstheorie, ein Unterbereich der Soziologie. Um Antworten geben zu können, müssen wir uns also auf dieses Feld begeben.

Medien- und Gesellschaftstheorie

Medien sind keine Technologien, sondern technisch-soziale Systeme. Sie umfassen eine technische Ebene von Artefakten, die eine soziale Ebene menschlichen Tuns ermöglicht und beschränkt, wodurch wiederum ein Wissen geschaffen wird, das mithilfe der Artefakte der technischen Ebene produziert, verbreitet und konsumiert wird. Zwischen beiden Ebenen besteht ein rekursives, dynamisches Verhältnis. Medien basieren nach Anthony Giddens auf einer Dualität von Struktur und Handlung (siehe Abbildung 2.1. und Fuchs 2003b): »Gemäß dem Begriff der Dualität von Struktur sind die Strukturmomente sozialer Systeme sowohl Medium wie Ergebnis der Praktiken, die sie rekursiv organisieren« (Giddens 1988, 77); sie ermöglichen und beschränken gleichermaßen Handlungen (78). Es geht also um einen dynamischen, reflexiven Prozess, in dem sich technische Strukturen und menschliches Handeln verbinden.

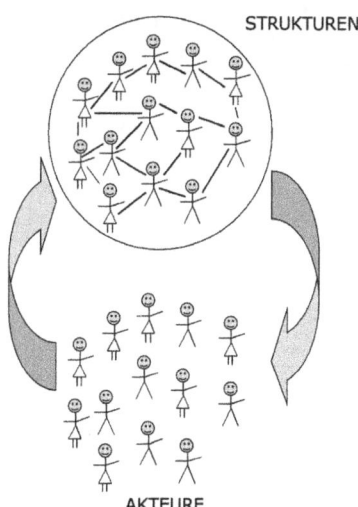

Abbildung 2.1: Die Dialektik von Struktur und Handeln

Auch das Internet besteht sowohl aus einer technologischen Infrastruktur wie auch aus (inter)agierenden Menschen. Es ist nicht ein Netzwerk von Computernetzwerken, sondern eines, das soziale und technologische Netzwerke verbindet (siehe Abbildung 2.2). Die technische Grundlage des globalen Computernetzwerks besteht im TCP/IP-Protokoll (Transmission Control Protocol/Internet Protocol), das definiert, wie Daten formatiert, übertragen und aufgenommen werden; es ist ein Medium für und Ergebnis von menschlichem Handeln. Es ermöglicht und beschränkt Tätigkeiten und Denken und ist seinerseits das Resultat einer produktiven sozialen Kommunikation und Kooperation. Sowohl das technische System als auch das soziale Subsystem des Internets hat einen Netzwerkcharakter; beide zusammen bilden ein technisch-soziales System.

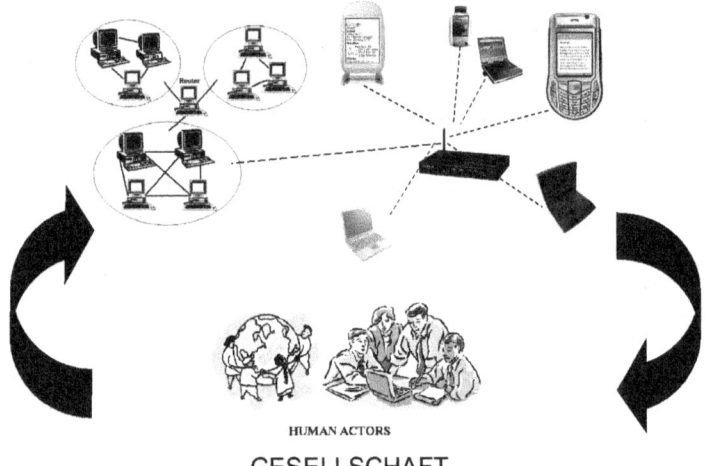

GESELLSCHAFT

Abbildung 2.2.: Das Internet als Dualität von technischen Computernetzwerken und sozialen Netzwerken menschlicher Akteure

Wenn wir die Frage beantworten wollen, was an den sozialen Medien und am Internet sozial ist, dann haben wir es mit der Ebene des menschlichen Handelns zu tun. Auf dieser können wir verschiedene Formen des Gesellschaftlichen unterscheiden, die mit den drei wichtigsten klassischen Positionen in der Gesellschaftstheorie korrespondieren: denen von Émile Durkheim, Max Weber und Karl Marx (Elliot 2009, 6-7).

Émile Durkheim: Das Soziale als soziologischer Tatbestand

Das erste Verständnis des Gesellschaftlichen beruht auf Durkheims Begriff des soziologischen Tatbestands:

> *Ein soziologischer Tatbestand ist jede mehr oder minder festgelegte Art des Handelns, die die Fähigkeit besitzt, auf den Einzelnen einen äußeren Zwang auszuüben; oder auch, die im Bereiche einer gegebenen Gesellschaft allgemein auftritt, wobei sie ein von ihren individuellen Äußerungen unabhängiges Eigenleben besitzt.* (Durkheim 1895/1961)

Alle Medien und jede Software sind sozial in dem Sinne, dass sie Produkte eines gesellschaftlichen Prozesses sind. Sie werden von Menschen produziert, die in sozialen Beziehungen zueinanderstehen; in ihnen vergegenständlicht sich Wissen, das in der Gesellschaft produziert und in sozialen Systemen angewendet wird. Auf die Computertechnologie angewendet besagt Durkheims Gedanke der sozialen Tatbestände, dass alle Softwareanwendungen und alle Medien sozial sind, weil soziale Strukturen in ihnen fixiert und objektiviert sind. Diese Strukturen sind auch dann vorhanden, wenn ein Nutzer allein vor seinem Bildschirm sitzt und Informationen im Internet sucht; sie besitzen wie von Durkheim beschrieben ein von den individuellen Äußerungen unabhängiges Eigenleben. Web-Technologien sind daher soziale Tatbestände.

Max Weber: Das Soziale als soziale Beziehungen

Das zweite Verständnis von Gesellschaftlichkeit basiert auf Max Weber. Seine zentralen soziologischen Kategorien sind *soziales Handeln* und *soziale Beziehungen*: »›Soziales‹ Handeln aber soll ein solches Handeln heißen, welches seinem von dem oder den Handelnden gemeinten Sinn nach auf das Verhalten *anderer* bezogen wird und daran in seinem Ablauf orientiert ist.« (Weber 1960, 5). »Soziale ›Beziehung‹ soll ein seinem Sinngehalt nach aufeinander gegenseitig eingestelltes und dadurch orientiertes Sichverhalten mehrerer heißen.« (26). Diese Kategorien sind deshalb relevant, weil sie eine Unterscheidung zwischen *individuellem* und *sozialem Tun* ermöglichen:

> *Nicht jede Art von Handeln – auch von äußerlichem Handeln – ist ›soziales‹ Handeln im hier festgehaltenen Wortsinn. Äußeres Handeln dann nicht, wenn es sich lediglich an den Erwartungen des Verhaltens sachlicher Objekte orientiert. Das innere Sichverhalten ist soziales Handeln nur dann, wenn es sich am Verhalten anderer orien-*

tiert. Religiöses Verhalten z.B. dann nicht, wenn es Kontemplation, einsames Gebet usw. bleibt. [...] Nicht jede Art von Berührung von Menschen ist sozialen Charakters, sondern nur ein sinnhaft am Verhalten des andern orientiertes eignes Verhalten. (Weber 1960, 18–19)

Weber betont, dass Handeln eine mit Sinn versehene symbolische Interaktion zwischen menschlichen Akteuren sein muss, wenn es eine soziale Beziehung konstituieren soll.

Ferdinand Tönnies: Das Soziale als Gemeinschaft

Der Gedanke der Gemeinschaft und Kooperation, wie er von Tönnies und Marx entwickelt wurde, ist die Grundlage für ein drittes Verständnis des Sozialen. Ferdinand Tönnies versteht Kooperation in der Form von Gesellschaftlichkeit als Gemeinschaft. Während ihm zufolge die Existenz von Gemeinschaft auf „dem Bewußtsein der Zusammengehörigkeit und der Bejahung des dadurch gegebenen Zustandes des Aufeinanderangewiesenseins" (Tönnies 2012, 227) beruht, bezieht sich der Begriff der Gesellschaft „auf die objektive Tatsache einer auf gemeinsamen Merkmalen oder Tätigkeiten, d.h. auf äußeren Zusammenhängen beruhenden Einheit" (Tönnies 2012, 225). Gemeinschaften müssen im Rahmen eines harmonischen Konsenses über Willen, volkstümliche Sitten, Glauben, Moral, Familie, Dorf, Verwandtschaft, ererbten Status, Landwirtschaft und Zusammengehörigkeit arbeiten. In Gemeinschaften geht es um Zusammengehörigkeitsgefühl und Werte.

Karl Marx: Das Soziale als Kooperation

Marx erörtert gemeinschaftliche Aspekte der Gesellschaft mithilfe des Begriffs der Kooperation. In ihr sahen Marx und Engels das Wesen von Gesellschaft. Im Kapitalismus ist sie unter das Kapital subsumiert, sodass Arbeit zu entfremdeter Arbeit wird; voll entwickelt werden kann sie nur in einer freien Gesellschaft:

Die Produktion des Lebens, sowohl des eignen in der Arbeit wie des fremden in der Zeugung, erscheint nun schon sogleich als ein doppeltes Verhältnis – einerseits als natürliches, andrerseits als gesellschaftliches Verhältnis –, gesellschaftlich in dem Sinne, als hierunter das Zusammenwirken mehrerer Individuen, gleichviel unter welchen Bedingungen, auf welche Weise und zu welchem Zweck, verstanden wird. Hieraus geht hervor, daß eine bestimmte Produktionsweise oder industrielle Stufe stets mit einer bestimmten Weise des Zusammenwirkens oder gesellschaftlichen Stufe vereinigt ist, und diese Weise des Zusammenwirkens ist selbst eine ›Produktivkraft‹. (Marx und Engels 1846, 29-30)

Kooperation ist die Grundlage menschlicher Existenz:

> *Durch das Zusammenwirken von Hand, Sprachorganen und Gehirn nicht allein bei jedem einzelnen, sondern auch in der Gesellschaft, wurden die Menschen befähigt, immer verwickeltere Verrichtungen auszuführen, immer höhere Ziele sich zu stellen und zu erreichen.* (Engels 1886, 450)

Aber Kooperation ist ebenso die Grundlage des Kapitalismus:

> *Das Wirken einer größern Arbeiteranzahl zur selben Zeit, in demselben Raum (oder, wenn man will, auf demselben Arbeitsfeld), zur Produktion derselben Warensorte, unter dem Kommando desselben Kapitalisten, bildet historisch und begrifflich den Ausgangspunkt der kapitalistischen Produktion.* (Marx 1867, 341)

Marx behauptet, dass die Kapitalisten die kollektive Arbeit vieler Arbeiter ausbeuten, indem sie sich den Mehrwert aneignen. Kooperation verwandelt sich deshalb unter kapitalistischen Bedingungen in entfremdete Arbeit. Dieser Antagonismus zwischen dem kooperativen Charakter der Produktion und der privaten Aneignung, der von der kapitalistischen Entwicklung der Produktivkräfte vorangetrieben wird, ist ein Faktor, der zur Krise des Kapitalismus führt und über ihn hinaus auf eine kooperative Gesellschaft verweist:

> *Der Widerspruch zwischen der allgemeinen gesellschaftlichen Macht, zu der sich das Kapital gestaltet, und der Privatmacht der einzelnen Kapitalisten über diese gesellschaftlichen Produktionsbedingungen entwickelt sich immer schreiender und schließt die Auflösung dieses Verhältnisses ein, indem sie zugleich die Herausarbeitung der Produktionsbedingungen zu allgemeinen, gemeinschaftlichen, gesellschaftlichen Produktionsbedingungen einschließt.* (Marx 1894, 274)

Eine vollständig entwickelte und wahrhafte Menschheit ist für Marx nur möglich, wenn der Mensch »all seine Gattungskräfte – was wieder nur durch das Gesamtwirken der Menschen möglich ist, nur als Resultat der Geschichte – herausschafft« (Marx 1844b, 574). Für Marx wäre eine kooperative Gesellschaft die Verwirklichung des kooperativen Wesens der Menschen und ihrer Gesellschaft. Daher spricht er gemäß dem Hegelschen Wahrheitsbegriff (also der Übereinstimmung von Wesen und Existenz, von Sollen und Sein), von der »Reintegration oder Rückkehr des Menschen in sich, als Aufhebung der menschlichen Selbstentfremdung«, »wirkliche Aneignung des menschlichen

Wesens durch und für den Menschen«, »als vollständige, bewußt und innerhalb des ganzen Reichtums der bisherigen Entwicklung gewordne Rückkehr des Menschen für sich als eines gesellschaftlichen, d. h. menschlichen Menschen.« (Marx 1844b, 536) Marx (1875) spricht von solchen umgeformten Bedingungen als einer kooperativen Gesellschaft.

Der Grundgedanke hinter Marx' Begriff der Kooperation lautet: Wenn viele Menschen zusammenarbeiten, um Güter für die Befriedigung ihrer Bedürfnisse zu produzieren, dann sollte auch das Eigentum an den Produktionsmitteln ein gemeinschaftliches sein. Es ist bemerkenswert, dass er bereits die Vision eines global vernetzten Informationssystems hatte. Natürlich sprach er Mitte des 19. Jahrhunderts noch nicht vom Internet, aber er antizipierte doch die diesem zugrundeliegende Idee – die Globalisierung von Produktion und Zirkulation macht Institutionen nötig, die es den Kapitalisten erlauben, sich über die komplexen Bedingungen des Wettbewerbs zu informieren:

> *Da die Verselbständigung des Weltmarkts, if you please, (worin die Tätigkeit jedes einzelnen eingeschlossen) wächst mit der Entwicklung der Geldverhältnisse (Tauschwerts) und vice versa, der allgemeine Zusammenhang und die allseitige Abhängigkeit in Produktion und Konsumption zugleich mit der Unabhängigkeit und Gleichgültigkeit der Konsumierenden und Produzierenden zueinander; da dieser Widerspruch zu Krisen führt etc., so wird gleichzeitig mit der Entwicklung dieser Entfremdung, auf ihrem eignen Boden, versucht, sie aufzuheben; Preiscourantlisten, Wechselkurse, Verbindungen der Handelstreibenden untereinander durch Briefe, Telegraphen etc. (die Kommunikationsmittel wachsen natürlich gleichzeitig), worin jeder einzelne sich Auskunft über die Tätigkeit aller andren verschafft und seine eigne danach auszugleichen sucht. (D. h., obgleich die Nachfrage und Zufuhr aller von allen unabhängig vor sich geht, so sucht sich jeder über den Stand der allgemeinen Nachfrage und Zufuhr zu unterrichten; und dies Wissen wirkt dann wieder praktisch auf sie ein. Obgleich alles dies auf dem gegebnen Standpunkt die Fremdartigkeit nicht aufhebt, so führt es Verhältnisse und Verbindungen herbei, die die Möglichkeit, den alten Standpunkt aufzuheben, in sich einschließen.) (Die Möglichkeit allgemeiner Statistik etc.) (Marx 1857, 94).*

Auch wenn Marx hier von Listen, Briefen und dem Telegraphen spricht, ist es beachtlich, dass er die Möglichkeit eines globalen Informationsnetzwerkes sah, in dem »jeder einzelne sich Auskunft über die Tätigkeit aller andren verschafft« und »Verbindungen« über

»Kommunikationsmittel« hergestellt werden. Heute stellt das Internet ein solches globales Informations- und Kommunikationssystem dar, das als symbolische und kommunikative Ebene von Konkurrenzmechanismen wirkt, aber auch neue Möglichkeiten bietet, um »den alten Standpunkt aufzuheben«.

Tönnies' und Marx' Begriffe des Sozialen verbindet der Gedanke, dass Menschen zusammenarbeiten, um neue gesellschaftliche Qualitäten zu erzeugen (immaterielle, nämlich Gefühle nach Tönnies; materielle, ökonomische Güter nach Marx).

2.3 Soziale Medien mit Durkheim, Weber, Marx und Tönnies erklären

Ein Modell menschlicher Sozialität

Die drei Auffassungen des Gesellschaftlichen (Durkheims soziale Tatbestände, Webers soziale Handlungen/Beziehungen, Marx' und Tönnies' Kooperation) können in ein Modell sozialen Wirkens integriert werden. Es basiert auf der Annahme, dass Wissen in einem dreifachen dynamischen Prozess von Kognition, Kommunikation und Kooperation besteht (Hofkirchner 2013; siehe auch Fuchs und Hofkirchner 2005; Hofkirchner 2002). Kognition ist die notwendige Grundvoraussetzung für Kommunikation und für das Entstehen von Kooperation. Anders gesagt: Um kooperieren zu können, muss man kommunizieren können, und um kommunizieren zu können, muss man wahrnehmen können. Kognition beinhaltet die Wissensprozesse eines einzelnen Individuums. Diese sind in Durkheims Sinne sozial, weil Wissen durch soziale Beziehungen geformt wird. Menschen können nur existieren, indem sie soziale Beziehungen mit anderen eingehen. In diesen tauschen sie Symbole aus – sie kommunizieren. Diese Ebene entspricht Webers Auffassung sozialer Beziehungen. In jeder sozialen Beziehung externalisiert ein Mensch Teile seines Wissens; dies beeinflusst andere, deren Wissensstrukturen sich partiell verändern und die ihrerseits Wissen externalisieren, was wiederum zu einer Differenzierung des Wissens des ersten Individuums führt. In solchen Fällen kann Kommunikation zu Kooperation führen, zu einer gemeinsamen Produktion neuer Qualitäten, sozialer Systeme oder Gemeinschaften, die Gefühle von Zusammengehörigkeit ausbilden. Dies ist die Ebene von Kooperation und Gemeinschaft im Sinne von Marx und Tönnies.

Information (Kognition), Kommunikation und Kooperation sind drei miteinander verschränkte und integrierte Weisen von Gesellschaftlichkeit. Jedes Medium kann in einem dieser drei Sinne sozial sein. Alle Medien sind Informationstechnologien, die Menschen mit Informationen versorgen. Diese treten als soziale Tatbestände in das menschliche Bewusstsein und formen das Denken. Beispiele dafür sind Bücher, Zeitungen, Magazine, Poster, Flugblätter, Filme, Fernsehen, Radio, CDs und DVDs. Einige Medien sind zudem Kommunikationsmedien, die einen Informationsaustausch zwischen Menschen in sozialen Beziehungen erlauben. Beispiele dafür sind Liebesbriefe, der Telegraph und das Telefon. Brecht (1932/1967), Enzensberger (1970/1997) und Smythe (1994, 230-244) haben die Möglichkeit diskutiert, Rundfunktechnologien von Informations- in Kommunikationsmedien umzuwandeln.

Vernetzte Computertechnologien sind Technologien, die Kognition, Kommunikation und Kooperation ermöglichen. Der klassische Medienbegriff beschränkte sich auf den Aspekt der sozialen Handlungen der Kognition und Kommunikation, der klassische Technikbegriff auf Arbeit und Produktion mithilfe von Maschinen (wie etwa das Fließband). Mit der Durchsetzung von Computertechnologien und -netzwerken wurden Medien und Maschinen miteinander verbunden – der Computer unterstützt Kognition, Kommunikation und Kooperation (Produktion); er ist ebenso klassisches Medium wie klassische Maschine. Darüber hinaus hat er die Produktion, Distribution (Kommunikation) und Konsumption von Information zusammengeführt – es bedarf nur eines Instruments, des vernetzten Computers, für alle drei Prozesse. Im Gegensatz zu anderen Medien (wie Presse, Rundfunk, Telegraph, Telefon) sind Computer nicht nur Informations- und Kommunikationsmedien, sondern ermöglichen auch die kooperative Produktion von Information.

In der Diskussion über die Neuerungen, über Kontinuitäten und Veränderungen des heutigen Internets ist oft unklar, welches Verständnis des Sozialen dabei zugrunde gelegt wird und ob man über die technische oder die soziale Ebene spricht. Letztere umfasst immer auch Machtverhältnisse: In heteronomen Gesellschaften nutzen bestimmte Gruppen und Individuen Ressourcenvorteile, Gewalt und Zwangsmittel (physische und psychische Gewalt, Ideologie), um auf Kosten anderer zu profitieren. Wenn man über die Veränderung der Medien oder des Internets spricht, sollte man immer bestimmen, auf welche Analyseebene (Technologie, Machtverhältnisse) und auf welche Ebene des Sozialen man sich bezieht, denn davon – und von der

Feinkörnigkeit der Analyse – hängt ab, ob man Neuerungen sieht
oder nicht. Die meisten dieser Diskussionen sind sehr oberflächlich
und es fehlt ihnen ein Verständnis von Gesellschaftstheorie und Philosophie.

Eine These dieses Buches lautet, dass der Kapitalismus die Produktivkräfte, zu denen auch die Informationstechnologien gehören, verändern muss, um ungleiche Machtverhältnisse aufrechtzuerhalten.
Die technologischen Strukturen des Internets haben sich bis zu einem gewissen Grad verändert, damit die Kontinuität von Warenkultur, Ausbeutung, Mehrwerterzeugung und Kapitalakkumulation gewährleistet bleibt. Diese Veränderungen sind durch komplexe, dialektische und widersprüchliche Kontinuitäten und Diskontinuitäten
geformt.

Web 1.0, Web 2.0, Web 3.0

Wenn man das Internet als technisch-soziales System versteht, das
die sozialen Prozesse von Kognition, Kommunikation und Kooperation umfasst, dann ist es als Ganzes sozial im Sinne Durkheims, weil es
ein sozialer Tatbestand ist. Teile sind kommunikativ im Sinne Webers, wohingegen der gemeinschaftsbildende Teil sozial im konkreten
Sinne von Tönnies und Marx ist. Der Teil des Netzes, der mit Kognition zu tun hat, lässt sich ausschließlich mit Durkheim und nicht mit
Weber verstehen, geschweige denn mit Tönnies und Marx. Der
kommunikative Teil lässt sich mit Weber und Durkheim verstehen
und nur der dritte, der kooperative Teil umschließt alle drei Bedeutungen. Auf dieser Unterscheidung aufbauend können wir sagen,
dass das Web 1.0 ein computerbasiertes Netzwerksystem menschlicher Kognition ist, das Web 2.0 eines der menschlichen Kommunikation und das Web 3.0 eines der Kooperation (Fuchs 2008a; Fuchs et al.
2010). Tabelle 2.1 bietet einen Überblick über die Anwendungen der
verschiedenen Gesellschaftsbegriffe auf das Internet. Die Unterschei-
dungen zwischen den drei Dimensionen von Gesellschaftlichkeit sind
weder evolutionär noch historisch, sondern logisch zu verstehen.
Von verschiedenen Versionen des Internets zu sprechen, bietet dabei
eine dialektisch-logische Verknüpfung dieser drei Modi des Sozialen:

- Kommunikation gründet auf und erfordert Kognition, ist aber
  mehr als diese und von ihr verschieden.

- Kooperation gründet auf und erfordert Kommunikation, ist aber
  mehr als diese und von ihr verschieden.

▨ Kommunikation ist im Sinne Hegels eine dialektische *Aufhebung* von Kognition, Kooperation eine dialektische *Aufhebung* der Kommunikation. *Aufhebung* bezeichnet ein Verhältnis zwischen Entitäten, in dem die eine in der anderen bewahrt wird, diese aber eine zusätzliche Qualität aufweist, die sie von der ersten unterscheidet (näher dazu: Fuchs 2011b, Kapitel 2.4 und 3.3). Dabei wird die erste aber zugleich durch die zweite beseitigt, die Bewahrung ihrer Qualitäten ist zugleich eine Negation – die zwei Entitäten sind verschieden.

	Ansatz	*Gesellschaftstheorie*	*Bedeutung in Bezug auf das WWW*
1	Strukturalistische Theorien	*Émile Durkheim:* Soziale Tatbestände als objektivierte Gesellschaftsstruktu ren, die soziales Handeln konstant beeinflussen	Computer, das Internet und das WWW sind immer sozial und gesellschaftlich, da es sich um Strukturen handelt, die menschliche Interessen, Bedeutungen, Ziele und Intentionen vergegenständlichen, bestimmte Funktionen aufweisen und Auswirkungen auf soziales Verhalten haben.
2	Handlungstheorien	*Max Weber:* Soziales Handeln als wechselseitige symbolische Interaktion	Nur WWW-Plattformen, die Kommunikation über raum-zeitliche Distanzen hinweg ermöglichen, sind sozial und gesellschaftlich.
3	Theorien der Kooperation	*Ferdinand Tönnies:* Gemeinschaften als soziale Systeme, die auf Zusammengehörigkeitsgefühlen, gegenseitiger Abhängigkeit und kollektiven Werten beruhen.	Web-Plattformen, die die soziale Vernetzung der Menschen ermöglichen, Menschen zusammenbringen und Gefühle der virtuellen Zusammengehörigkeit vermitteln, sind sozial und gesellschaftlich.
		Karl Marx: Unter Gesellschaftlichkeit sind die Kooperation und	Web-Plattformen, die digitale Gemeingüter sind und die kollaborative Produktion digi-

		das Zusammenwir-ken vieler Menschen zu verstehen, wo-durch kollektive Güter entstehen, die im gemeinschaft-lichen Besitz stehen sollten.	talen Wissens unterstüt-zen, sind sozial und gesellschaftlich.
4	Dialektik von Strukturen und Handlung *Émile Durkheim:* Kognition ist sozial und gesellschaftlich, da das Denken von externen sozialen Tatbeständen bestimmt wird. *Max Weber:* soziale Interaktion, kommunikatives Handeln *Ferdinand Tönnies, Karl Marx:* Gemeinschafts-bildung und kollaborative Produktion als Formen der Kooperation.	Web 1.0 als System der menschlichen Kognition Web 2.0 als System der menschlichen Kommunikation Web 3.0 als System der menschlichen Kooperation	Das Web als dynami-sches, dreifaches System der menschlichen Kog-nition, Kommunikation und Kooperation.

Tabelle 2.1: Unterschiedliche Auffassungen der Gesellschaftlichkeit im Internet

Eine, zwei oder alle drei Formen von Gesellschaftlichkeit können (an einem bestimmten Punkt der Analyse) bis zu einem gewissen Grad das Internet und jedes andere Medium formen. Die Aufgabe empiri-scher Studien, die auf theoretischen Konzepten des Sozialen beruhen, bestünde darin zu analysieren, wieweit diese drei Formen in einem bestimmten Medium jeweils gegeben sind oder fehlen.

Die drei Formen von Gesellschaftlichkeit (Kognition, Kommunikati-on, Kooperation) sind miteinander verschränkt. Jede Schicht bildet die Grundlage für die nächste, die neue Qualitäten hat. Abbildung 2.3 veranschaulicht dieses Gefüge.

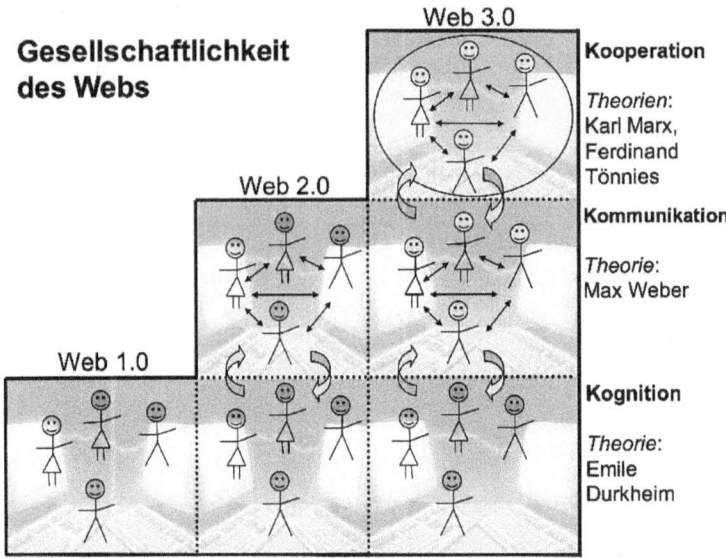

Abbildung 2.3: Die Dimensionen der Gesellschaftlichkeit des Webs

Es ist unwahrscheinlich, dass sich das Web (verstanden als technisch-soziales System, das auf der Interaktion von technologischen Computernetzwerken und sozialen Machtnetzwerken basiert) in den Jahren seit 2000 nicht gewandelt hat, denn infolge der damaligen Krise hat sich das Kapital reorganisiert, um zu überleben und neue Sphären der Akkumulation zu erschließen. Genauso unwahrscheinlich ist, dass es etwas völlig Neuartiges ist, denn wie gezeigt handelt es sich bei ihm um ein komplexes technisch-soziales System mit verschiedenen Ebenen der Organisation und Gesellschaftlichkeit, die im Rahmen des Kapitalismus unterschiedlich schnellen und tiefen Veränderungen unterliegen.

Eine empirische Untersuchung der Veränderungen des Internets

Ob und wie sich das Web verändert hat, muss – gegründet auf theoretische Modelle – empirisch untersucht werden. Exemplarisch für diese Frage möchte ich prüfen, wie sehr sich Kognition, Kommunikation und Kooperation zum einen 2002 und zum anderen 2015 in den dominanten Plattformen finden, die die technische Struktur des Netzes in den USA bildeten. Die Statistiken basieren auf der Zahl der Einzelnutzer in einem Monat. Laut O'Reilly (2005a, 2005b) fällt 2002 noch in die 1998 eröffnete Ära, 2015 hingegen in die des Web 2.0. Mit solchen statistischen Analysen können wir den Kontinuitäten und Veränderungen in der technischen Struktur des Netzes nachgehen. Tabelle 2.2 zeigt die Ergebnisse.

9. Dezember 2002			15. Oktober 2015		
Rang	*Webplattform*	*Primäre Informations-funktionen*	*Rang*	*Webseite*	*Primäre Informations-funktionen*
1	yahoo.com	Kogn, Komm	1	google.com	Kogn, Komm, Koop
2	msn.com	Kogn, Komm	2	facebook.com	Kogn, Komm, Koop
3	daum.net	Kogn, Komm	3	youtube.com	Kogn, Komm
4	naver.com	Kogn, Komm	4	baidu.com	Kogn, Komm
5	google.com[1]	Kogn	5	yahoo.com	Kogn, Komm
6	yahoo.co.jp	Kogn, Komm	6	amazon.com	Kogn
7	passport.net	Kogn	7	wikipedia.org	Kogn, Komm, Koop
8	ebay.com	Kogn	8	qq.com	Kogn, Komm
9	microsoft.com	Kogn	9	twitter.com	Kogn, Komm
10	bugsmusic.co.kr	Kogn	10	google.co.in	Kogn, Komm, Koop
11	sayclub.com	Kogn, Komm	11	taobao.com	Kogn
12	sina.com.cn	Kogn, Komm	12	live.com	Kogn, Komm
13	netmarble.net	Kogn, Komm, Koop	13	sina.com.cn	Kogn, Komm
14	amazon.com	Kogn	14	linkedin.com	Kogn, Komm, Koop
15	nate.com	Kogn, Komm	15	yahoo.co.jp	Kogn, Komm
16	go.com	Kogn	16	weibo.com	Kogn, Komm
17	sohu.com	Kogn, Komm	17	ebay.com	Kogn
18	163.com	Kogn, Komm	18	google.co.jp	Kogn, Komm, Koop
19	hotmail.com	Kogn, Komm	19	yandex.ru	Kogn, Komm
20	aol.com	Kogn, Komm	20	hao123.com	Kogn, Komm
		Kognition: 20 Kommunikation: 13 Kooperation: 1			Kognition: 20 Kommunikation: 17 Kooperation: 6

[1] Googles wichtigstes Kommunikationsmittel, der E-Mail-Service Gmail, existiert seit 2004, die soziale Netzwerkseite Google+ seit 2011.

Tabelle 2.2: Informationsfunktionen der 20 meistbesuchten Webplattformen

2002 gab es unter den 20 führenden Webseiten demnach 20 Funktionen für Information, 13 für Kommunikation und eine für Kooperation, 2015 waren es hingegen 20, 17 und 6. Die Anzahl der Webseiten, die auf rein kognitive Funktionen ausgerichtet waren (wie etwa Suchmaschinen), sank in diesem Zeitraum von sieben auf drei. 2015 war die Anzahl der Webseiten, die sowohl kommunikative als auch kooperative Funktionen anboten (sechs), größer als die der reinen Informationsseiten (drei). Das zeigt, dass sich die technologischen Grundlagen für kommunikative und kooperative Gesellschaftlichkeit quantitativ erhöht haben. Die Zunahme gemeinschaftsorientierter Funktionen hängt mit dem Aufstieg von Facebook, Google+, Wikipedia und LinkedIn zusammen: gemeinschaftliche Informationsproduktion mithilfe von Wikis und gemeinsam genutzter Software (Wikipedia, Google Docs) und soziale Netzwerkseiten, die auf Gemeinschaftsbildung zielen (Facebook, Google+, LinkedIn). Somit zeigen sich in der Entwicklung des Netzes von 2002 bis 2015 Kontinuitäten wie Veränderungen. Letztere zeugen von einer wachsenden Bedeutung kooperativer Gesellschaftlichkeit. Dieser Wandel ist signifikant, aber nicht grundstürzend. Eine Neuheit ist der Aufstieg sozialer Netzwerkseiten (Facebook, LinkedIn, Google+, Douban, RenRen, VK, Ello, Diaspora etc.). Eine weitere Veränderung besteht im Aufkommen von Blogs (Wordpress, Blogger/Blogpost, Tumblr etc.), Mikroblogs (Twitter, Weibo) und Sharing-Seiten (YouTube, Youku, Tudou), die die Kommunikations- und Informationsmöglichkeiten innerhalb der 20 wichtigsten US-Websites erhöht haben. Google hat seine Funktionen erweitert: Angefangen als reine Suchmaschine, kamen 2007 Kommunikationsmöglichkeiten (Gmail) und im Juni 2011 eine eigene soziale Netzwerkplattform (Google+) hinzu.

Die Statistiken zeigen an, dass der Anstieg der von sozialen Netzwerkseiten und Wikis unterstützten kooperativen Gesellschaftlichkeit und die Differenzierung von kognitiver und kommunikativer Gesellschaftlichkeit (das Aufkommen von Sharing-Seiten und Blogs, einschließlich Mikroblogs wie Twitter) bis zu einem gewissen Grad die technische Struktur des Internet verändert haben, um neue Modelle kapitalistischer Akkumulation zu ermöglichen und seinen kapitalistischen Charakter zu sichern. Eine weitere signifikante Veränderung ist der Aufstieg der Suchmaschine Google, die mit der Einführung gezielter, personalisierter Werbung Pionierarbeit für die Kapitalakkumulation im Web geleistet hat. Die Veränderungen der technischen Struktur haben es ermöglicht, nach der Dotcom-Krise die Logik kapitalistischer Akkumulation im Internet aufrechtzuerhalten.

Gleichzeitig hat mit Wikipedia, einer nicht-kommerziellen, von Nutzern finanzierten Seite, die einzige Plattform die Bühne betreten, die nicht auf einem kapitalistischen Akkumulationsmodell basiert.

2.4 Ein Modell der Kommunikation durch soziale Medien

Die Untersuchung sozialer Medienaktivitäten muss sich an die Neuheit von Blogs und sozialen Netzwerken wie Facebook und Twitter, einer relativ jungen Entwicklung, halten (siehe Fuchs et al. 2012; Trottier 2012). Ausgehend von den theoretischen Annahmen über den Informationsprozess (das in Abschnitt 2. 3 eingeführte Modell von Information als Kognition, Kommunikation und Kooperation) und Gesellschaft lässt sich soziale Medienkommunikation gesellschaftstheoretisch begreifen (siehe Fuchs 2015a, Kapitel 8; Fuchs und Trottier 2015; Trottier und Fuchs 2015).

Einige konstitutive Eigenschaften sozialer Medien in modernen Gesellschaften sind folgende:

Integrierte Gesellschaftlichkeit

Soziale Medien ermöglichen die Zusammenführung dreier Modi des Sozialen (Kognition, Kommunikation, Kooperation) in einer integrierten Gesellschaftlichkeit. Zum Beispiel kann ein Individuum auf Facebook einen multimedialen Inhalt wie ein Video produzieren (Kognition) und veröffentlichen; dadurch können andere es kommentieren (Kommunikation) oder weiterbearbeiten, sodass ein neuer Inhalt mit vielfacher Autorenschaft entsteht (Kooperation). Ein Schritt führt nicht notwendigerweise zum nächsten, aber die Technologie bietet die Möglichkeit, alle drei Aktivitäten in einem Raum zu vollziehen. Facebook fördert grundsätzlich den Übergang von einer Ebene des Sozialen zur nächsten.

Integrierte Rollen

Soziale Medien wie Facebook basieren auf der Schaffung von persönlichen Profilen, die verschiedene Rollen eines Menschen umfassen. In der gegenwärtigen Gesellschaft konvergieren solche verschiedenen sozialen Rollen tendenziell in diversen sozialen Räumen; die Grenzen zwischen dem öffentlichen und dem privaten Leben werden ebenso porös wie die zwischen Arbeitsplatz und Zuhause. Habermas (1984, 1987) bestimmte Systeme (Ökonomie, Staat) und Lebenswelt als die zentralen Bereiche einer modernen Gesellschaft. Die Lebenswelt kann weitergehend in Kultur und Zivilgesellschaft unterschieden werden. Wir handeln in diesen Sphären in verschiedenen sozialen Rollen: als Beschäftigte und Konsumenten im ökonomischen System, als Klienten und Staatsbürger im Staatssystem, als Aktivisten in der soziopolitischen Sphäre, als Liebende und Konsumenten in der sozioökonomischen. Ebenso agieren wir als Familienmitglieder in der privaten Sphäre oder als Mitglieder von Fangruppen, Kirchengemeinden oder Verbänden in der soziokulturellen. Eine neue Form von flüssiger, poröser Gesellschaftlichkeit ist entstanden, in der wir manchmal in ein- und demselben sozialen Raum in verschiedenen Rollen auftreten. Auf sozialen Medien wie Facebook agieren wir in diversen Rollen, aber sie sind alle an ein einziges Profil gebunden, das von verschiedenen Menschen beobachtet wird, die mit ihnen zu tun haben. Somit sind soziale Medien Räume, in denen die sozialen Rollen tendenziell konvergieren und in einem einzigen Profil integriert sind.

Integrierte und konvergierende Kommunikation in den sozialen Medien

In den sozialen Medien sind die diversen sozialen Aktivitäten (Kognition, Kommunikation, Kooperation), denen wir in verschiedenen Rollen in Systemen (Ökonomie, Staat) und in der Lebenswelt (Privatsphäre, sozioökonomische, soziopolitische und soziokulturelle Sphäre) nachgehen, einem einzigen Profil zugeordnet. Dabei werden Daten über a) soziale Aktivitäten innerhalb b) sozialer Rollen generiert. Ein Facebook-Profil zum Beispiel umfasst: a1) persönliche Daten, a2) Kommunikationsdaten, a3) soziale Netzwerkdaten/Gemeinschaftsdaten in Relation zu b1) privaten Rollen (Freunde, Liebhaber, Verwandte, Vater, Mutter, Kind etc.), b2) gesellschaftlichen Rollen (soziokulturelle Rollen als Fans oder Mitglieder von Gemeinschaften, Nachbarschaftsversammlungen etc.), b3) öffentliche Rollen (sozioökonomische und soziopolitische Rollen als Aktivisten und Anwälte) und b4) systemische Rollen (in der Politik: Wähler, Bürger, Klient, Politiker, Bürokrat etc.; in der Ökonomie: Arbeiter, Manager, Eigentümer, Käufer etc.). Die verschiedenen sozialen Rollen und Aktivitäten fließen tendenziell zusammen, zum Beispiel wenn der Arbeitsplatz zugleich der Ort ist, an dem Freundschaften und Liebesbeziehungen entstehen und man zugleich Freizeitaktivitäten nachgeht. Die Überwachung durch soziale Medien weist daher eine integrierte Form auf: Mithilfe von Profilen, die komplexe, vernetzte Daten über einen Menschen enthalten, werden seine verschiedenen, teils konvergierenden Aktivitäten in verschiedenen, teils konvergierenden sozialen Rollen beobachtet.

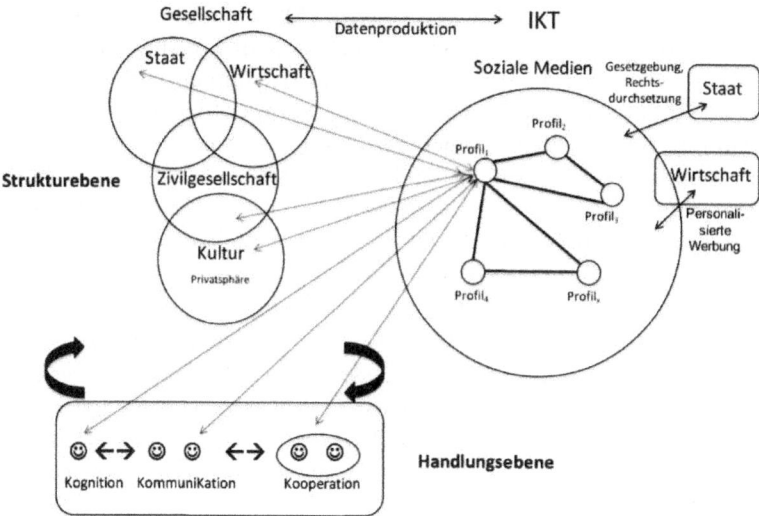

Abbildung 2.4: Der Prozess der Kommunikation durch soziale Medien in der modernen Gesellschaft

Abbildung 2.4 zeigt den Kommunikationsprozess innerhalb eines einzelnen Mediensystems (wie etwa Facebook). Der gesamte Kommunikationsprozess durch soziale Medien besteht aus einem Netzwerk vieler solcher Prozesse. Die Integration verschiedener Formen des Gesellschaftlichen und sozialer Rollen in solchen Medien bedeutet, dass eine einzelne Plattform unzähligen sozialen Zwecken dienen kann. Manche nutzen sie vielleicht, um ausgehend von unterschiedlichsten Rollen mit anderen zu kommunizieren, oder für Zwecke, die über Rollen hinausgehen. Oder sie kommunizieren zum gleichen Zweck mit Organisationen und Institutionen. Vielleicht verfolgen sie auch einfach die Kommunikation anderer Akteure. All dies können auch Institutionen, wie bestimmte Bereiche des Staates, tun.

2.5 Big Data

Was ist »Big Data«?

Der Begriff »Big Data«, zugleich Trend, Hype und Ideologie, ist noch neuer als der der »sozialen Medien«. Es geht um etwas, das »man in großem, aber nicht in kleinem Maßstab tun kann, um neue Erkenntnisse zu gewinnen oder neue Werte zu schaffen« (Mayer-

Schönberger/Cukier XIII); eine »enorme Masse von Information, die nie zuvor gemessen, gespeichert, analysiert und verbreitet werden konnte, wird jetzt datafiziert« (27). Dadurch könnten »sehr viel größere Datenmengen als zuvor bearbeitet werden und [...] nicht nur dann, wenn sie bereits sauber in klassischen Datenbanken strukturiert und in einem einheitlichen Format zusammengefasst« (13) sind. Für Manyika et al. (2011) bezieht sich Big Data auf »Datensätze, deren Umfang jenseits der Fähigkeit einer typischen Datenbanksoftware liegt, sie zu erfassen, zu speichern, zu managen und zu analysieren« (1). Big Data ist eine

> *bedeutende Ausdehnung der gegenwärtigen digitalen Datenmenge, die ebenso durch Nutzertransaktionen und Inhaltsgenerierung mithilfe digitaler Medientechnologien entsteht wie durch digitale Überwachungstechnologien, etwa CCTV-Kameras, RFID-Chips. Verkehrsüberwachung und Bewegungssensoren, die die Natur beobachten.* (Lupton 2015, 94)

Big Data »bezeichnet die Tendenz, eine immer gewaltigere Menge an Information zu analysieren, die an mehreren Orten, aber hauptsächlich online und in der Cloud gespeichert wird« (Mosco 2014, 177). Als allgemeine Definition können wir festhalten: Big Data ist eine ungeheure, durch ausgedehnte Computeroperationen generierte Datenmenge, mit der die Entwicklung bestimmter Aspekte von Gesellschaft und Natur analysiert und vorhergesagt wird.

Ein verwandter Ausdruck ist »Cloud Computing«. Während sich Big Data auf die große Menge digitaler Daten bezieht, bezeichnet »Cloud Computing« die Art und Weise, in der Rechenkapazitäten für ihre Speicherung genutzt werden – sowohl Geräte wie auch bestimmte Prozesse des Speicherns, Verarbeitens und Verteilens von Daten (Mosco 2014, 17), zu denen oft eine bestimmte Gruppe gemeinsam Zugang hat. Zudem bezieht sich der Ausdruck auf das Speichern riesiger Datenmengen in Datenzentren.

Unkritische Betrachtungen erklären die Bedeutung von Big Data rein technisch als Effekt des Mooreschen Gesetzes, nach dem sich Speicherplatz und Rechengeschwindigkeit von Computern alle 18 Monate verdoppeln. Dieser Anstieg der Rechenkapazität resultiert demnach in einem exponentiellen Wachstum des Datenspeichers: »Die Entwicklung beschleunigt sich weiter. Die gespeicherte Informationsmenge wächst viermal rascher als die Weltwirtschaft, die Rechenleistung von Computern sogar neunmal schneller« (Mayer-Schönberger/Cukier 2013, 17).

**Neoliberale Big-Data-Ideologie: Nichtökonomische Aspekte
wie Datenschutz, Demokratie, Krieg/Frieden und (Un)Gleich-
heit werden ausgespart**

Die Big-Data-Ideologie stellt die massenhafte Anhäufung und Auswertung von Daten als eine große Chance für Wirtschaft und Gesellschaft dar und tendiert dazu, die negativen Aspekte auszublenden.
Ein Beispiel dafür ist ein ökonomischer Reduktionismus, der Big Data
in den Kategorien des Bruttoinlandsprodukts (BIP) und Produktivitätswachstum präsentiert:

> *Unsere Untersuchung hat ergeben, dass Daten einen signifikanten
> Wert für die Weltwirtschaft erzeugen können, indem sie die Produk-
> tivität und Wettbewerbsfähigkeit von Unternehmen und des öffentli-
> chen Sektors verbessern und substantielle Vorteile für Konsumenten
> hervorbringen. [...] wir befinden uns auf dem Höhepunkt einer
> enormen Innovations-, Produktivitäts- und Wachstumswelle und
> neuer Arten des Wettbewerbs und der Wertschöpfung – alles voran-
> getrieben von Big Data, dessen Potenzial von Konsumenten, Unter-
> nehmen und ökonomischen Sektoren genutzt wird.* (Manyika et al.
> 2011, 1-2)

Eine ähnliche Ideologie präsentiert Big Data in positivistischer Ma-
nier als einen bedeutenden Wandel der Gesellschaft, als etwas völlig
Neuartiges, von dem diese nur profitieren könne: Big Data werde
»die Welt verändern [...] – vom Geschäftsleben über das Finanzwesen, das Gesundheitswesen, die Verwaltung, das Bildungssystem und
die Wirtschaft bis hin zu den Geisteswissenschaften und jedem anderen gesellschaftlichen Bereich.« (Mayer-Schönberger/Cukier 2013,
19). Und die Gesellschaft werde »auf vielfältige Weise Nutzen daraus
ziehen, wenn Big Data auf die Lösung drängender weltweiter Probleme wie der Erderwärmung, auf die Seuchenbekämpfung, die öffentliche Verwaltung und die Förderung guter Regierungsführung und
wirtschaftlichen Fortschritts angewandt wird.« (27) Auch wenn hier
einige nicht-ökonomische Aspekte angesprochen werden, suggerie-
ren solche Ansätze insgesamt, dass es eine technische Lösung für
ökonomische, soziale, politische und kulturelle Probleme geben
könnte. Sie sind technikdeterministisch.

Die politische Ökonomie von Big Data

Kritische politische Ökonomie analysiert den Zusammenhang zwischen der politischen und der ökonomischen Dimension von Kommunikation und digitalen Medien und berücksichtigt dabei Geschich-

te, die Totalität der Gesellschaft, moralische Fragen und ethisch-politische Implikationen.

Big Data steht in einem größeren, zugleich ökonomischen, politischen und ideologischen Kontext: Die Anschläge vom 11. September 2001 haben zu einer Kultur der Kontrolle, der Überwachung, der Panikmache, der Sündenbocksuche und des Verdachts, der Konkurrenz und Individualisierung geführt; Law-and-Order-Politk und Überwachung gelten als Lösung für das komplexe gesellschaftliche Problem des Terrorismus. Mit dieser Kultur und Ideologie hat der militärisch-industrielle Komplex eine spezifische Form angenommen: die des industriellen Internet-Überwachungskomplexes, in dem Geheimdienste, Kommunikationsunternehmen und private Sicherheitsfirmen zusammenarbeiten, um die Kommunikation der Bürger umfassend zu durchleuchten. Edward Snowden hat die Existenz dieses Komplexes enthüllt, der Technologien und Programme wie Prism und XKeyScore nutzt.

Neoliberalismus ist auf der einen Seite eine marktfundamentalistische Ideologie, auf der anderen aber auch eine Regierungsform, die die Ökonomie durch die Stärkung des Kapitals und die Schwächung der Arbeit reguliert. Er befördert die Kommodifizierung und Privatisierung von nahezu allem und unterminiert den Gedanken öffentlicher Dienstleistungen und gemeinschaftlich genutzter Güter. Die Intensivierung von Werbung und Konsumkultur und ihre Ausdehnung in das Reich der Online-Daten ist Ausdruck einer breit angelegten kapitalistischen Privatisierung und Kommodifizierung unter neoliberalen Bedingungen. Facebook und Goolge sammeln und speichern ungeheure Mengen an Daten. Sie erfassen und behalten alle Informationen, die sie über ihre Nutzer sammeln können, um Profit zu machen. Facebook und Google sind keine Kommunikationsunternehmen. Sie verkaufen keinen Zugang zu Kommunikation, sondern Big Data für Werbezwecke. Sie sind die weltweit größten Werbeagenturen, die als Big-Data-Kollektoren und Kommodifizierungsmaschinen operieren.

Das Sammeln, Speichern, Kontrollieren und Analysieren von Big Data steht in Zusammenhang mit dem industriellen Überwachungskomplex und dem Neoliberalismus. Big Data ist eine Methode der ökonomischen wie auch politischen Kontrolle und Erfassung der Individuen – als Konsumenten und als potenzielle Terroristen oder Kriminelle. Diesen Zusammenhang hat etwa Mark Andrejevic (2013) herausgearbeitet. Big Data sei das »Paradox einer ›totalen Dokumentation‹«, in der »die gesamte Bevölkerung das Ziel der Datenerfassung« (35) darstelle. Aus einer politökonomischen Perspektive handele es sich um eine »Datensammlung ohne Grenzen« (36). Für Vincent Mosco sind Big Data und Cloud Computing Ausdruck einer Kombination von »Überwachungskapitalismus« und »Überwachungsstaat« in einem militärischen Informationskomplex (Mosco 2014, 9–10).

Gefahren, Probleme und Implikationen von Big Data in einer kapitalistischen Welt

»Die technologische Sphäre der sozialen Medien ist zwar ebenso neu wie das globale Phänomen der Big-Data-Anbetung, doch die ethische Frage des ›Zugriffs‹, der Privatisierung und Kommodifizierung der Gemeingüter ist ein altes Thema, das bis in die Anfänge des kapitalistischen Weltsystems zurückreicht.« (Qiu 2015, 1091). Es gibt vielfältige Gefahren und Implikationen, die Big Data in einer kapitalistischen Welt aufwirft.

Konsumkultur

Die Welt hat sich in ein riesiges Einkaufszentrum verwandelt. Menschen sind überall mit Werbung konfrontiert, die kapitalistische Logik kolonisiert die soziale, öffentliche und private Welt.

Instrumentelle Vernunft

Algorithmische instrumentelle Vernunft versucht die menschlichen Bedürfnisse zu berechnen, zu planen und zu kontrollieren. Laut David Chandler (2015) verspricht Big Data eine posthumane Welt, in der nicht Menschen, sondern »›Daten‹ die Arbeit verrichten« (848). So entstünde ein instrumentell-administratives Politikverständnis, das »Regieren auf einen fortlaufenden und technischen Prozess der Adaption reduziert, der die Welt so akzeptiert, wie sie ist« (835). Big Data treibe ein Modell der Beherrschung des eigenen Selbst voran (838). Wir können ergänzen, dass die Selbsthilfe von Individuen und Gruppen durch Big Data der neoliberalen Auslagerung von staatlichen Aufgaben zu ihnen ähnelt und deshalb im Diskurs neoliberaler Regierungen und Parteien unkritisch gutgeheißen wird. Ideologische Parallelen bestehen etwa zur neoliberalen Philosophie, nach der man »tun sollte, was einem gefällt«, und zum Gedanken einer großen Gesellschaft, in der die Menschen durch Kooperativen, Selbsthilfegruppen, Basisinitiativen und andere ehrenamtliche zivilgesellschaftliche Projekte den Wohlfahrtsstaat ersetzen. Bedenklich daran ist, dass solche Auslagerungen von Verantwortlichkeiten den Eindruck nahelegen, Individuen und Gruppen seien für soziale Probleme und ihre Lösung verantwortlich, was von den realen Machtstrukturen ablenkt. Die Förderung von Partizipation und Selbsthilfegruppen durch den Staat ist sicher notwendig; bei neoliberaler Regierungsführung aber besteht die Tendenz, dass solche Initiativen nicht als Ergänzung, sondern als Ersatz des Wohlfahrtsstaats gesehen werden.

In der Big-Data-Analytik »kommen die Menschen relativ spät (wenn überhaupt) ins Bild« (Chandler 2015, 837). Algorithmen spielen eine zentrale Rolle. Big-Data-Analysen sind zumeist induktiv und theoriefrei, sie arbeiten »zur Kontextualisierung des individuellen Falls ›von oben nach unten‹ und versprechen dabei eine personalisierte oder individualisierte Gesundheitsversorgung, politische Kampagne oder Produktverkaufsinformation. Big Data ›bohrt‹ oder ›gräbt‹ sich von der Masse an Daten zum individuellen Fall.« (846)

Dabei nimmt die instrumentelle Vernunft eine Form an, in der Algorithmen zu ›Akteuren‹ werden, die Entscheidungen fällen, stellvertretend für Menschen Bedürfnisse definieren und Annahmen über menschliches Denken und Verhalten machen. Das Problem besteht darin, dass Algorithmen und Computer anders als Menschen keine Affekte oder Moral kennen und einzig auf der rein instrumentell-linearen Logik des »*Wenn* Bedingung C, *dann* führe Aktion A aus« agieren. Da Menschen komplexe gesellschaftliche Wesen sind, ist eine solche instrumentelle Vernunft fehleranfällig und produziert falsche positive Schlüsse. Im ökonomischen und politischen Leben kann die algorithmische Logik ernsthafte Konsequenzen haben, etwa wenn Menschen für Kriminelle oder Terroristen gehalten werden oder Diskriminierung durch Banken, Unternehmen und staatliche Stellen erleben, obwohl sie unschuldig sind. Algorithmen errichten tendenziell eine neue gottgleiche Perspektive, die menschliche Entscheidungsfindung und Handlungen automatisiert und dadurch totalitäre Potenziale hervorbringt. Angesichts des Einflusses von Big Data muss sich die Wissenschaft dringend »der Aufgabe einer Erneuerung kritischer Ansätze« stellen (Chandler 2015, 851).

Ungleichheit

Die mit Big Data einhergehende wachsende Kommodifizierung führt zu sozialer Ungleichheit. Es entstehen neue vermeintliche rationale Formen von Diskriminierung und kumulative Benachteiligungen, die aus der Fehleranfälligkeit der algorithmischen Datenerfassung resultieren (Gandy 2009). Das Internet wird zu einer von Klassen strukturierten Sphäre der Ausbeutung. Es gibt eine »Big-Data-Kluft« (Andrejevic 2014) hinsichtlich Besitz und Kontrolle von Daten, die

Vorteile für die Mächtigen und Nachteile für die Schwächeren zur Folge hat.

Die faschistischen Potenziale der Überwachungsgesellschaft

Die kategorische Verdächtigung dreht die Unschuldsvermutung in eine totalitäre Schuldvermutung um, nach der jemand »bis zum Beweis seiner Unschuld schuldig ist«, also zum Beispiel Terrorist. Da Terroristen nicht so dumm sind, ihre Pläne online zu kommunizieren, läuft die gesamte Big-Data-Überwachung ins Leere. Es gibt keine technische Lösung für politische und sozioökonomische Probleme. Law-and-Order-Politik verstärkt nur die faschistischen Potenziale der Gesellschaft. Die Big-Data-Überwachung wurde in den Zeiten der Krise intensiviert. Krisenzeiten sind Zeiten einer Sündenbocksuche, die von den wahren Gründen der sozialen Probleme ablenken soll. Gegenwärtig trifft dies rumänische und bulgarische Arbeiter, die Europäische Union, Sozialhilfeempfänger, Arbeitslose, Arme, schwarze Jugendliche, ausländische Studenten, Migranten, Muslime und Juden. Dass Ungleichheit, prekäre Arbeit und Arbeitslosigkeit im Kapitalismus wurzeln, wird durch solche Ideologien verdeckt. Krisen sind »von den herrschenden Ideologien konstruiert, um Konsens zu erzielen« (Hall et al. 1978, 220-221). Die Überwachungsgesellschaft setzt auf moralische Panik als »ideologische Grundform, in der eine historische Krise ›erfahren und ausgefochten‹ wird« (221).

Umweltprobleme

Big Data verschärft zudem Umweltprobleme (Mosco 2014, 127-137, 2016, 520), weil die Datenzentren und Cloud-Speicher gewaltige Mengen Energie verbrauchen und die Zunahme kurzlebiger digitaler Medien zu mehr Elektroschrott führt. 2012 war für die Datenzentren eine Energiemenge nötig, die der Leistungskapazität von dreißig Atomkraftwerken entspricht.[18] Datenzentren nutzen in der Regel Dieselgeneratoren als Notstromaggregate, die Luft und Erde verschmutzen.

Anstieg von Arbeitslosigkeit und prekärer Arbeit

Big Data und Cloud Computing können Arbeitsplätzen gefährden, wenn Datenspeicher, Softwareentwicklung und Wartung von internen IT-Abteilungen an Dienstleister ausgelagert werden (Mosco 2014, 155-

---

[18] www.nytimes.com/2012/09/23/technology/data-centers-waste-vast-amounts-of-energy-belying-industry-image.html, abgerufen am 22.4.2018.

174, 2016, 522-524) oder wenn Unternehmen davon ausgehen, dass die Big-Data-Analytik besseres Wissen hervorbringt als das auf Erfahrung und Geschick beruhende der Beschäftigten. Wenn Unternehmen Algorithmen mehr vertrauen als Menschen, kann dies tiefgreifende Konsequenzen für die Beschäftigten haben. Weil der digitale Positivismus von Big Data dazu neigt, »schwere Fehler« (Mosco 2014, 199) zu produzieren, erhöht die Ersetzung der Beschäftigten durch Algorithmen auch das Risiko wirtschaftlicher Prekarität. Da digitale Arbeit zumeist kaum reguliert ist, bringt die Verlagerung von »Crowdsourcing«-Arbeit in die Cloud durch Plattformen wie Amazon Mechanical Turk prekäre und unsichere Arbeitsverhältnisse hervor, die wiederum Druck auf andere Arbeitsplätze ausüben.

Big Data und die Wissenschaften: Untersuchung sozialer Medien als Big-Data-Analytik und computergeleitete Sozialwissenschaft

Der Aufstieg von Big Data und sozialen Medien hat auch die Wissenschaften verändert. In den Sozialwissenschaften spiegelt sich dies in der »digitalen Soziologie« (Lupton 2015) wider. Sie beinhaltet: a) die professionelle Nutzung digitaler Technologien durch Sozialwissenschaftler, »um Netzwerke zu bilden, Online-Profile zu kreieren, Untersuchungen zu veröffentlichen und zu teilen und um Studenten anzuleiten« (15); b) Analysen der Nutzung digitaler Technologien; c) Analysen digitaler Daten. In diesem Zusammenhang ist es üblich geworden, von digitalen Methoden zu sprechen (Rogers 2013). Der vierte Aspekt digitaler Soziologie besteht d) in kritischer digitaler Soziologie, worunter Lupton (2015) eine »auf Sozial- und Kulturtheorie beruhende reflexive Analyse digitaler Technologien« (16) versteht.

Es gibt viele verschiedene Sozial- und Kulturtheorien und in gewisser Weise sind alle Formen gesellschaftlicher Analyse eine Reflexion der Gesellschaft. Für mich ist kritische digitale Soziologie eine spezifische Reflexion der Rolle digitaler Technologien in der Gesellschaft; sie stützt sich auf marxistische Theorie, um Kapitalismus und Herrschaft zu begreifen, aber auch um Alternativen denkbar zu machen. Kritische digitale Soziologie (d) steht so in deutlichem Widerspruch zu einer Big-Data-Analytik (c).

Ein wichtiger Trend in der Internetforschung ist eine Big-Data-Analytik, die sich darauf fokussiert, große Datenmengen in sozialen Medien zu sammeln und überwiegend quantitativ zu analysieren. So plädiert etwa der Guru der neuen Medienforschung, Lev Manovich, für Internetstudien als groß angelegte rechnerische Auswertung von Online-Daten, ein Ansatz, den er kulturelle Analytik (Manovich 2009) und Software-Studien nennt.19 Die Obsession mit Quantifizierung, rechnerischer Auswertung und Big Data manifestiert sich ebenso in dem Bestreben, neue digitale Methoden in den Geistes- und Sozialwissenschaften zu entwickeln: »Digitale Geisteswissenschaften« verstehen sich selbst oft als computerisierte Geisteswissenschaften (Terras et al. 2013). Das Collaborative Online Social Media Observatory (COSMOS) versteht Studien sozialer Medien explizit als Big-Data-Analytik, genauer: als Analyse von »aggregierten Informationen in ›Big-Social-Data‹-Archiven wie kollektiven Stimmungswerten für Untergruppen von Twitter Nutzern«.20

Probleme der Big-Data-Analytik

Das Problem vieler dieser Ansätze ist, dass sie oft die statistischen und rechnerischen Ergebnisse nicht mit einer breiter angelegten Analyse von menschlichen Bedeutungen, Interpretationen, Erfahrungen, Einstellungen, moralischen Werten, ethischen Dilemmata, Nutzungsarten, Widersprüchen und makrosoziologischen Implikationen verbinden. So besteht die Gefahr, dass eine Entwertung von Philosophie, Theorie, Kritik und qualitativer Analyse administrativ angelegten Untersuchungen Vorschub leistet (Lazarsfeld 1941/2004), die mehr darum bekümmert sind, wie Technologien und Verwaltung effizienter und effektiver zu gestalten sind. Jürgen Habermas (1968) paraphrasierend könnte man sagen, dass digitaler Positivismus einen »Absolutismus reiner [digitaler, quantitativer] Methodologie« (14) befördert, die erzieherische Aufgabe der Wissenschaft vergisst, den »Sinn von Erkenntnis« (88) in der Informationsgesellschaft nicht in vollem Umfang begreift und zu einer »Immunisierung der [Internet-]Wissenschaften gegen Philosophie« (67) führt. Eine weitere Gefahr besteht darin, dass eine solche Sozialwissenschaft als Imperialismus der Computerwissenschaften auftritt, der darauf zielt, sich diese anzuverwandeln. Sobald Studenten der Sozialwissenschaften Programmieren lernen müssen, wird kaum Zeit übrigbleiben, um sich ernsthaft mit kritischer Gesellschaftstheorie, Philosophie und qualitativen Methoden zu beschäftigen.

Vincent Mosco (2014, 2016) beschreibt den Glauben an die umwälzende Kraft der Big-Data-Analytik als digitalen Positivismus und

---

19 http://lab.softwarestudies.com, abgerufen 22.4.2018.

20 www.cs.cf.ac.uk/cosmos/ethics-resource-guide/, abgerufen am 22.4.2018.

Vergötterung der Cloud. Big Data sei ein »Mythos, eine große Erzäh-
lung über das Erlangen von Wissen nicht aus der fehlerhaften
menschlichen Intelligenz, mit all ihren wohlbekannten Schranken,
sondern aus den reinen, in der Cloud gespeicherten Daten« (Mosco
2014, 193). Das »brandneue Glaubensbekenntnis der Datenwissen-
schaftler kennt nur quantitative Ansätze« (197).

> *Das ist grundsätzlich verkehrt, weil subjektive Verfassungen wie
> Glücklichsein, Depression oder Befriedigung für verschiedene Men-
> schen Verschiedenes bedeuten [...] Schwer zu sagen, was schlimmer
> ist: dass Big Data Probleme über die Maßen simplifiziert oder dass es
> alles ignoriert, was eine sorgfältige Auseinandersetzung mit Subjek-
> tivität erfordert, wozu längerfristige Beobachtungen, eingehende In-
> terviews und eine Würdigung der gesellschaftlichen Produktion von
> Bedeutung zählen würden. (Mosco 2014, 198)*

»Es entwertet ebenso die Forschung, die ihren Gegenstand aus histo-
rischer, theoretischer und durch das Fachgebiet bestimmter Perspektive betrachtet« (Mosco 2016, 524), und tendiert dazu, »Kontext und
Geschichte zu vernachlässigen« (Mosco 2014, 201). Digitaler Positivismus kann gravierende negative Folgen für Mensch und Gesellschaft haben, weil Big Data »große Fehler mit großen Folgen enthalten und verbergen kann« (205).

Rein quantitative Analysen von großen Datenmengen aus sozialen
Medien sind oft relativ bedeutungslos. Sie zeigen, welche vorherrschenden Themen und Akteure es gibt, zeichnen oft schöne bunte
Diagramme, aber es fehlt ihnen ein Verständnis davon, warum Nutzer in bestimmter Weise handeln, wie sich Ideologien ausdrücken
und wie sie bekämpft werden, welche Bedeutung sie den Daten geben, welche ethischen Folgen die Entwicklung der Datenwelt für
Mensch und Gesellschaft hat und welche Alternativen zu den beste-
henden Problemen existieren. Ich argumentiere nicht gegen Methoden, die auf soziale Medien und Online-Daten zurückgreifen, sondern
warne nur davor, dass sie etablierte Untersuchungsmethoden wie
Interviews, Erhebungen, Gesprächsgruppen, Inhalts- und kritische
Diskursanalyse verdrängen. Alle diese Methoden sind nötig, um die
Rolle sozialer Medien in der Informationsgesellschaft zu verstehen.
Auf jeden Fall ist es sinnvoll, sie mit der Sammlung von Online-
Daten und kritischen, interpretativen, künstlerischen und theoriege-
leiteten Online-Untersuchungsmethoden und -ansätzen zu verbin-
den. Die Durchführung qualitativer Sozialstudien über Nutzer sozia-
ler Medien, um etwas über ihre Erfahrungen, Interpretationen und
Perspektiven zu lernen, ist genauso sinnvoll wie die Auswertung von

Daten mithilfe von Instrumenten und Diensten wie DiscoverText, HootSuite, NodeX1, Gephi, Ncapture/NVivo und »Twitter Archiving Google Spreadsheet« (TAGS). Statt eine breit angelegte quantitative Datenanalyse durchzuführen, ist die kritische digitale Soziologie gut beraten, sich auf kleinere Proben zu stützen, sie mit qualitativen Methoden zu untersuchen (kritische visuelle Analyse, Ideologiekritik, kritische Diskursanalyse, qualitative Text-/Inhaltsanalyse etc.) und mithilfe von Sozialphilosophie kritisch zu interpretieren. Wir brauchen einen Paradigmenwechsel von der Big-Data-Analytik zu kritischen Untersuchungsmethoden. Durch soziale Medien könnte man auch die Nutzer selbst und ihre Produktion von Texten, Bildern und Videos in den Untersuchungsprozess einbeziehen. Dadurch entstehen neue Potenziale für eine kreative, engagierte und partizipative Untersuchung.

Der Inhalt sozialer Medien ist eine Textform, die in unterschiedlicher Weise analysiert werden kann. Verglichen mit der Big-Data-Analytik sind kritische Diskursanalyse und Ideologiekritik dabei bislang relativ selten angewendet worden. Majid KhosraviNik (2013, 292) meint, dass »die kritische Diskursanalyse sich überwiegend nicht an die Forschung über neue Medien getraut hat«. Sie ist aber nicht nur diesbezüglich schwach gewesen, sondern ohnehin ein recht dogmatischer und orthodoxer Ansatz, beherrscht von einigen Schlüsselfiguren, die wenig methodologische Flexibilität erlauben. »Diskurs« ist im Allgemeinen ein eher seltsamer, postmoderner Begriff und weit entfernt vom marxistischen Ideologiebegriff, der sich für eine kritische Gesellschaftstheorie besser eignet. Es empfiehlt sich daher, von Ideologiekritik statt von kritischer Diskursanalyse zu sprechen. Soziale Medien wie Twitter sind relativ neu, was einer der Gründe dafür ist, warum die in ihnen virulenten Ideologien bisher kaum erforscht wurden. Dominiert wird das Forschungsfeld von der Big-Data-Analytik, die grundverschieden ist von der Ideologiekritik, die Struktur, Kontext und Implikationen von Ideologien verstehen will. Auch das vorherrschende positivistische Paradigma hat die kritische Forschung begrenzt. Die Entwicklung kritischer Untersuchungsmethoden ist ein interessanter Aspekt einer kritischen Theorie digitaler und sozialer Medien.

Probleme der Forschungsethik bei sozialen Medien

Laut Wissenschaftlern, die sich mit der Ethik des Internets befasst haben, lesen viele Nutzer sozialer Medien nicht die Nutzungsrichtlinien. Einige seien sich deshalb nicht der Verwertung ihrer Daten bewusst und nähmen an, dass sie in der Masse an Daten untergehen würden; wenn ihre Inhalte dann ohne vorherige Zustimmung in wissenschaftlichen Arbeiten zitiert werden, empfinden sie dies als anstößig. Die Löschung von Identifizierungsmerkmalen ist keine Garantie für Anonymität, weil die Möglichkeit besteht, ältere Versionen von Daten (Repository) und Meta-Daten zu durchsuchen und zudem große Archive auch private Postings enthalten können (Zimmer 2010a, 2010b; Zimmer/Proferes 2014). Dabei müssen auch Unterschiede zwischen Plattformen in Rechnung gestellt werden. Die Kommunikation auf Facebook zum Beispiel ist häufig wesentlich privater als auf Twitter.

Das Dilemma von Datenschutz versus Zensur kritischer Forschung

Diese Debatte zeigt, dass die Internetforschung vor einem Problem steht: Es ist ethisch geboten, dass ihre Analysen nicht den Nutzern schaden, wird diese Ethik aber übersteigert, kann dies die Entwicklung neuer Forschungsmethoden verunmöglichen und die akademische Wissensproduktion einschränken, im Fall kritischer Studien also auch eine kritische Gesellschaftstheorie. Man sollte mit Blick auf den Datenschutz wohl eine Unterscheidung treffen zwischen der Datenauswertung durch Unternehmen, Polizei und Geheimdiensten einerseits – für kommerzielle oder nationale Sicherheitsinteressen – und nicht-kommerziellen wissenschaftliche Untersuchungen andererseits. Kommerzielle Datenanalysen instrumentalisieren und kommodifizieren Daten. Polizei- und Geheimdienstanalysen basieren oft auf der problematischen Annahme, Kriminalität und Terrorismus ließen sich anhand von Online-Daten vorhersagen, was schnell zu falschen Ergebnissen führen kann. Bei der Analyse sozialer Medien kommt es auf den Kontext von Datenschutz an (Nissenbaum 2010). Wie die Diskussion darüber deutlich macht, können wir nicht davon ausgehen, dass die Analyse von Twitter-Daten unbedenklich sei und deshalb alles erlaubt wäre. Gleichzeitig droht ein Datenschutz-Fundamentalismus jegliche Analyse sozialer Medien zu blockieren. Ein realistischer Ansatz ist gefragt.

Wenn große Datenarchive mit zig- oder Hunderttausenden von Elementen öffentlich zugänglich gemacht werden, entsteht das Problem, dass sich darunter sensible Daten befinden können, die mit persönlichen Identifizierungsmerkmalen verknüpft sind. Eine gute Praxis besteht darin, diese Bestände Stück für Stück zu lesen und bei sensiblen Informationen Identität und Inhalt zu anonymisieren. Einige

Wissenschaftler und Einrichtungen wie das COSMOS21 folgen bei sozialen Medien dem Ansatz, nur Daten von öffentlichen Institutionen zu publizieren, es sei denn die privaten Nutzer haben ihre Zustimmung dazu gegeben. Das bedeutet allerdings häufig, dass Inhaltsdaten als Wortwolken angezeigt werden oder nur auf aggregierten statistischen Information beruhen, was zum Beispiel für eine kritische Analyse des Sprachgebrauchs im Internet Probleme aufwirft. Das britische Demos-Institut geht einen etwas anderen Weg. Seine Abteilung für die Analyse sozialer Medien meint, es sei gut, Daten in aggregierter Form zu präsentieren und bei der Verwendung von Twitter-Zitaten vorsichtig zu sein, wenn ihre Veröffentlichung »dem Urheber schaden könnte« (Bartlett et al. 2014, 37). Wenn Tweets »Informationen über die Privatsphäre« (ebd.) eines Nutzers enthalten, werden sie nicht verwendet. In manchen Fällen wird der Text unkenntlich gemacht und die Identifizierung des Urhebers verunmöglicht. Grundsätzlich aber, so wird argumentiert, befinden sich Twitter-Daten »in der Öffentlichkeit und können deshalb so behandelt werden, als ob eine Zustimmung zur Verwendung gegeben worden sei« (Bartlett und Miller 2013, 60).

Für ideologiekritische Studien ist die Präsentation von Twitter-Daten in aggregierter Form oder als Wortwolke keine Option, weil sich so nicht detailliert nachvollziehen lässt, wie Ideologie funktioniert und wie ihr begegnet werden kann. Um eine Einverständniserklärung zum Beispiel für das Zitieren von rassistischen, nationalistischen, faschistischen und fundamentalistischen Inhalten zu bitten, könnte auf Ablehnung stoßen und zudem die Forscher gefährden. Für Vertreter von Ideologiekritik ist es deshalb einfacher, damit zu argumentieren, dass Twitter-Daten öffentliche Daten sind. Die Gefahr einer überzogenen Forschungsethik besteht darin, dass sie de facto auf Zensur hinausläuft und kritische Untersuchungen von Ideologien unterbindet. Dagegen lässt sich durchaus einwenden, dass die Twitter-Nutzerrichtlinien bereits eine Einverständniserklärung enthalten – auch wenn manche Forscher dies als unzureichend betrachten, da man nicht davon ausgehen könne, dass alle Nutzer sie gründlich lesen. Ideologiekritik geht es aber darum, Ideologien nicht in einer personalisierenden Weise, sondern als gesellschaftliche Strukturen zu studieren. Die Nutzernamen sind deshalb nicht relevant, es sei denn, die betreffenden Personen arbeiten für öffentliche Institutionen, beispielsweise als Politiker.

---

[21] www.cs.cf.ac.uk/cosmos/cosmos-ethics-statement/, abgerufen am 22.04.2018.

Bei gewöhnlichen Nutzern sollten Internetwissenschaftler nicht deren Namen erwähnen, sondern Pseudonyme verwenden, sodass keine direkte Identifizierung möglich ist. Auch wenn Daten anonymisiert sind, können Nutzerprofile jedoch durch Suchen identifiziert werden (Zimmer 2010). Doch deshalb auf jede kritische Analyse von Online-Daten zu verzichten, ist nicht akzeptabel; derartige Postulate drohen Kritik zu vereiteln. Das Paraphrasieren von Online-Inhalten hat etwas Künstliches und kann sogar als Fingieren von Daten gedeutet werden. Absoluter Datenschutz kann nur den Verzicht auf kritische Online-Forschung oder ein solches Fingieren bedeuten. Die akzeptabelste Lösung für dieses Problem bestünde in meinen Augen darin, die Namen einfacher Nutzer nicht zu nennen, sie in Artikeln oder Berichten also nicht persönlich zu identifizieren.

Realismus als Ethik kritischer Internetforschung

Die British Psychological Society meint, dass Online-Beobachtung nur dann stattfinden sollte, wenn Nutzer »vernünftigerweise davon ausgehen können, von Fremden beobachtet zu werden« (BPS 2009, 13). Dies zu entscheiden, ist oft eine praktikable Herangehensweise. Es ist zum Beispiel eine plausible Annahme, dass Nutzer, die einen bestimmten Hashtag verwenden und sich an die Öffentlichkeit richten, davon ausgehen, von Journalisten oder Wissenschaftlern beobachtet zu werden. Der Gebrauch von Pseudonymen scheint in diesem Kontext eine ausreichende Maßnahme zu sein. Die British Sociological Association argumentiert in ihren Ethikrichtlinien, dass Einverständniserklärungen und die unscharfen Grenzen zwischen dem Privaten und dem Öffentlichen eine Herausforderung für die Internetforschung darstellen und Wissenschaftler die diesbezüglichen Debatten verfolgen sollten (BSA 2002, §41).

Die Forschungsethik sollte aber bei sozialen Medien und besonders bei Twitter nicht übertrieben werden. Es gilt anzuerkennen, dass unter Forschern ein großes Interesse an qualitativen Datenanalysen besteht, die bloße Feststellung von Eingriffen in die Privatsphäre nicht weiterhilft und dergestalt ein unnötiger Graben zwischen Internetforschern und Verfechtern von Internetethik aufgerissen wird. Entscheidend ist es, einen konstruktiven und realistischen Dialog über solche Fragen zu führen. Man darf davon ausgehen, dass die meiste politische Online-Kommunikation auf Twitter eben deshalb großes öffentliches Interesse findet, weil Politik ein gesellschaftliches, kollektives und öffentliches Phänomen ist. So wie das Private politisch ist, ist Politik öffentlich und für öffentliche Debatten, Kommentare und Analysen gedacht.

2.6 Schlussfolgerungen

Die Analyse von Kontinuitäten und Veränderungen des Internets erfordert gesellschaftstheoretische Grundlagen. Das Netz ist nicht in einem trivialen Sinne sozial, sondern in einem jeweils bestimmten Grad auf bestimmten Analyseebenen, die von soziologischen Begriffen des Gesellschaftlichen abhängen. Wenn man die späten 1990er mit den späten 2000er Jahren vergleicht, zeigen sich bei den Nutzungsmustern sowohl Kontinuitäten wie Veränderungen. Informationen werden immer präsentiert, die Kommunikation hat sich gewandelt, Webtechnologien der Kooperation sind verbreiteter und wichtiger geworden, wenn auch nicht vorherrschend. Das Web ist weder ganz neu noch ganz alt; es ist ein komplexes technisch-soziales System, eingebunden in die Machtstrukturen eines Kapitalismus, der sich auf bestimmten Ebene in gewissem Maß ändern muss, um die auf dem Internet basierende Kapitalakkumulation fortsetzen zu können.

Dieses Kapitel hat sich der Frage gewidmet, was soziale Medien sind. Seine Hauptergebnisse können wir wie folgt zusammenfassen:

- Die Beantwortung der Frage, was soziale Medien sind, erfordert ein Verständnis davon, worum es sich beim Sozialen handelt. Dafür ist es hilfreich, sich mit Gesellschaftstheorie zu beschäftigen. Zu den wichtigen Begriffen von Gesellschaftlichkeit zählen die sozialen Tatbestände (Émile Durkheim), soziale Beziehungen/soziale Handlungen (Max Weber), Kooperation (Karl Marx) und Gemeinschaft (Ferdinand Tönnies).

- Behauptungen über die Neuartigkeit und die Möglichkeiten des »Web 2.0« und »sozialer Medien« wie Blogs, soziale Netzwerkseiten, Wikis, Mikroblogs oder Sharing-Seiten haben ihren Ursprung im Kontext der Dotcom-Krise und der aus ihr resultierenden Suche nach neuen Geschäftsmodellen und Narrativen, die Investoren und Nutzer von den neuen Plattformen überzeugen sollten.

- Die meisten Technologien sozialer Medien entstanden bereits vor 2005, dem Jahr, in dem Tim O'Reilly den Begriff »Web 2.0« prägte. Populär geworden sind Wikis, Blogs, soziale Netzwerkseiten, Mikroblogs und Sharing-Seiten allerdings erst um die Mitte der 2000er Jahre. Es ist gleichermaßen unwahrscheinlich, dass sich das Netz in den Jahren 2000-2010 gar nicht oder aber radikal verändert hat. Die kapitalistische Internet-Ökonomie muss sich verändern, um die Akkumulation aufrechtzuerhalten.

▨ Soziale Medien werden mit den Begriffen der Partizipation und der Macht charakterisiert (Partizipationskultur, Macht und Gegenmacht in der Massen-Selbst-Kommunikation). Der Begriff der Klasse ist ein weiterer dafür sehr geeigneter Begriff. Bei der Analyse sozialer Medien ist große Vorsicht geboten, um technikdeterministisches Denken, Technikzentrismus, technischen Optimismus, technischen Pessimismus und eine Naturalisierung von Herrschaft zu vermeiden. Die Beschäftigung mit Gesellschaftstheorie kann bei der Entwicklung von Begriffen helfen, die ihre Struktur, Handlungsmuster und Dynamiken beschreiben.

▨ Medien sind technisch-soziale Systeme, in denen technologische Strukturen mit sozialen Beziehungen und menschlichen Aktivitäten in komplexer Weise interagieren. Machtstrukturen formen die Medien und ihre sozialen Beziehungen. Wenn man soziale Medien untersucht, sollte man sich der Analyseebene bewusst sein und sie explizieren.

Literaturhinweise und Übungen

Die folgenden Schriften von Émile Durkheim, Max Weber, Ferdinand Tönnies und Karl Marx führen in verschiedene Begriffe des Sozialen ein. Andere Texte behandeln digitale Soziologie und Big Data/Cloud Computing.

Übung 2.1

Durkheim, Émile. 1895/1961. *Die Regeln der soziologischen Methode.* Neuwied und Berlin: Luchterhand.

Durkheim führt hier in die Grundlagen einer funktionalistischen Gesellschaftstheorie ein. Diskutieren Sie in Gruppen und vergleichen Sie Ihre Ergebnisse:

▨ Was sind soziale Tatbestände?

▨ Erstellen Sie eine Liste von ökonomischen, politischen und kulturellen Beispielen für soziale Fakten in der gegenwärtigen Gesellschaft.

▨ Jede Gruppe wählt eine Web-Plattform (etwa Google, Yahoo, Facebook, Twitter, Weibo, Wikipedia). Wie funktioniert sie und welche Art von Aktivitäten fördert sie? Erstellen Sie eine Liste sozialer Fakten, die sich dort finden.

Übung 2.2

Weber, Max. 1960. *Soziologische Grundbegriffe*. Tübingen: J.C.B. Mohr (Paul Siebeck).

In diesem Buch führt Weber in die grundlegenden Kategorien einer Theorie des sozialen Handelns ein. Diskutieren Sie in Gruppen und vergleichen Sie Ihre Ergebnisse:

- Wie definiert Weber soziale Handlungen?

- Erstellen Sie eine Liste von Beispielen von Online-Aktivitäten, die mit Webers Theorie des Sozialen und des Nicht-Sozialen korrespondieren. Vergleichen Sie, wie Durkheim die Gesellschaftlichkeit dieser Plattformen charakterisieren würde.

- Suchen Sie Beispiele für die vier Typen sozialen Handelns, die Weber bestimmt.

- Suchen Sie entsprechende Beispiele im Onlinebereich.

Übung 2.3

Tönnies, Ferdinand. 2012. *Studien zu Gemeinschaft und Gesellschaft*. Wiesbaden: Springer VS. S. 213–262.

In dieser erstmal 1887 veröffentlichten Arbeit unterscheidet Tönnies zwischen Gemeinschaft und Gesellschaft. Es ist lohnend, den Text zusammen mit Howard Rheingolds Buch *Die virtuelle Gemeinschaft* zu lesen, in dem die Logik von Gemeinschaft im Internetzeitalter und ihre Einschränkung durch jene Logik der Waren erörtert wird, die Tönnies als ein Spezifikum von Gesellschaft ansah. Diskutieren Sie in Gruppen und vergleichen Sie Ihre Ergebnisse:

- Bestimmen Sie die grundlegenden Charakteristika einer Gemeinschaft nach Tönnies. Erstellen Sie eine Liste der entsprechenden Elemente.

- Nennen Sie verschiedene Gruppen, mit denen Sie auf Facebook oder anderen sozialen Netzwerken in Kontakt sind. Welche dieser Gruppen sind Gemeinschaften im Sinne Tönnies', welche nicht, und warum? Prüfen Sie die Anwendbarkeit aller Gemeinschaftselemente, die Sie bestimmt haben.

- Was sind nach Rheingold die grundlegenden Elemente einer virtuellen Gemeinschaft? In welcher Hinsicht ist Facebook eine virtuelle Gemeinschaft, in welcher nicht? Was meint Rheingold mit »Kommodifizierung von Gemeinschaft«? Wie bewertet er Facebook?

- Zusätzliche Übung: Organisieren Sie eine Diskussion mit Howard Rheingold oder einem anderen bekannten Internetwissenschaftler über positive und negative Eigenschaften sozialer Medien.

Übung 2.4

Marx, Karl. 1867. *Das Kapital.* Band 1. Berlin: Dietz Verlag. Kapitel 11: Kooperation.

Der erste Band des *Kapital* ist eines der einflussreichsten Bücher für das ökonomische Denken. Er beinhaltet ein Kapitel, das die Kooperation und ihre Rolle in der modernen Gesellschaft behandelt. Diskutieren Sie in Gruppen und vergleichen Sie Ihre Ergebnisse:

- Definieren Sie Kooperation (was zugleich eine Definition von Arbeit erfordert).
- Wie sieht Marx die Rolle der Kooperation im Kapitalismus?
- Wie funktioniert Kooperation auf Wikipedia? Versuchen Sie die Gemeinsamkeiten und Unterschiede zwischen der Kooperation im Kapitalismus, wie Marx sie beschreibt, und der Kooperation auf Wikipedia zu bestimmen.

Übung 2.5

Lupton, Deborah. 2015. Introducing digital sociology. In *Public sociology: An introduction to Australian society,* hg. v. John Germov und Marilyn Pole. Crows Nest: Allen & Unwin. Kapitel 22.

- Mit welchen digitalen Tätigkeiten sind Akademiker wie Studenten, Lehrer und Wissenschaftler beschäftigt? Wie prägen digitale Medien Ihr eigenes akademisches Leben?
- Wie analysieren Sie den Gebrauch digitaler Technologien in der Gesellschaft? Welche Ansätze, Modelle, Theorien und Methoden nutzen Sie?
- Welche Rolle spielt die Analyse digitaler Daten in Ihren Untersuchungen? Welche Potenziale hat Sie, welche Probleme wirft sie auf?

▪ Was ist kritische digitale Soziologie? Was sollte die Rolle einer kritischen Theorie in ihr sein? Wie verhält sie sich zu den anderen drei Dimensionen von digitaler Soziologie (digitale Tätigkeiten, Analyse des Gebrauchs digitaler Technologie in der Gesellschaft, Analyse digitaler Daten)? Warum ist das Verhältnis zwischen ihr und der Big-Data-Analytik problematisch? Was ist die Rolle der Analyse digitaler Daten für die kritische digitale Soziologie und umgekehrt?

Übung 2.6

Mosco, Vincent. 2016. Marx in the cloud. In *Marx in the age of digital capitalism,* hg. Von Christian Fuchs und Vincent Mosco, 516-535. Leiden: Brill.

Lesen Sie den Text und bilden Sie Arbeitsgruppen. Jede Gruppe wählt sich einen Cloud-Speicherdienst wie Amazon Web Services, Google Cloud, Apple iCloud, Microsoft Azure, Dropbox, IBM Cloud oder VMwares vCloud. Informieren Sie sich, welche Big-Data- und Cloud-Dienste diese Unternehmen anbieten. Lesen Sie auch die Nutzungs- und Datenschutzbestimmungen.

▪ Welche von Mosco erwähnten Gefahren zeigen sich bei diesen Diensten?

▪ In welcher Hinsicht?

▪ Wie könnten Alternativen aussehen und wie ließen diese sich organisieren?

Übung 2.7

Chandler, David. 2015. A world without causation. Big Data and the coming age of posthumanism. *Millenium: Journal of International Studies* 43 (3): 833-851.

Qui, Jack L. 2015. Reflections on big data: »Just because it is accessible does not make it ehtical«. *Media, Culture & Society* 37 (7): 1089-1094.

Diese beiden Texte erörtern die potenziellen Probleme von Big-Data-Analytik. Lesen Sie die Texte und bilden Sie Arbeitsgruppen. Erstellen Sie eine Liste potenzieller Gefahren von Big-Data-Analytik. Jede Gruppe sucht sich einen Fall heraus, wie Big-Data-Analytik in der Politik, der Ökonomie oder der Kultur genutzt wird.

- Diskutieren Sie, wie solche Gefahren den von Ihnen untersuchten Fall beeinflussen könnten.

- Was könnten negative Folgen für die Menschen und die Gesellschaft sein?

- Was muss politisch getan werden, um sie zu verhindern?

3 Soziale Medien als partizipative Kultur

Kernfragen

- Was ist partizipative Kultur? Wie haben verschiedene Wissenschaftler sie zu definieren versucht?
- Wie verstehen sie partizipative Kultur im Bereich der sozialen Medien?
- Was wird in der wissenschaftlichen Diskussion unter »partizipativer Demokratie« verstanden?
- Sind die heutigen sozialen Medien wirklich partizipativ?

Schlüsselbegriffe

- Henry Jenkins' Begriff von partizipativer Kultur und spreadable media
- Partizipative Kultur als Ideologie
- Partizipative Demokratie
- Digitale Arbeit

Überblick

Der Begriff der partizipativen Kultur wird häufig verwendet, um die Beteiligung von Nutzern, Publikum, Konsumenten und Fans an der Produktion von Kultur und Inhalten zu beschreiben. Beispiele dafür sind das gemeinsame Erstellen eines Wikipedia-Artikels, das Hochladen von Fotos auf Flickr und Facebook oder von Videos auf YouTube sowie das Verfassen von Kurznachrichten auf Twitter oder Weibo.

Das Modell der partizipativen Kultur wird oft Massenmedien wie Zeitungen, Radio und Fernsehen gegenübergestellt, bei denen es jeweils einen Sender und viele Empfänger gibt. So behaupten einige Wissenschaftler eine zunehmende Demokratisierung von Kultur und Gesellschaft, da Nutzer und Publikum nun die Möglichkeit hätten, selbst Kultur zu schaffen, anstatt bloß zuzuhören oder zuzuschauen:

- Laut dem Internet-Analytiker Clay Shirky (2011a, 27) bewirken soziale Medien eine »Verkabelung der Menschheit« und erlauben es uns, »freie Zeit als eine gemeinsame globale Ressource zu behandeln und neue Arten von Partizipation und Teilen zu erfinden, die diese Ressource nutzen«.

- Der australische Forscher Axel Bruns sieht in produsage, einer Verbindung von Produktion (production) und Nutzung (usage), das Kennzeichen sozialer Medien und will auf dieser Grundlage eine »partizipative Kultur« und ein »demokratisches Modell« schaffen (Bruns 2008, 256, 372).

- Ähnlich argumentieren die Unternehmensberater Don Tapscott und Anthony Williams (2007, 15): Soziale Medien führten zur Entstehung einer »neuen Wirtschaftsdemokratie, [...] in der wir alle eine Führungsrolle haben«.

Alle drei Einschätzungen verbindet, dass sie positive Aspekte sozialer Medien hervorheben und ihnen eine Demokratisierung von Kultur und Gesellschaft zutrauen. Diese Annahmen werden im vorliegenden Kapitel kritisch hinterfragt. Abschnitt 3.1 erörtert den Begriff der partizipativen Kultur, Abschnitt 3.2 Jenkins' Fokus auf Fan-Kultur, Abschnitt 3.3 seine Auseinandersetzung mit sozialen Medien und Abschnitt 3.4 seine Position in der Debatte über »digitale Arbeit«, in der es um die Rolle unbezahlter Nutzer-Aktivitäten bei der Wertschöpfung geht.

3.1 Partizipation und partizipative Kultur

Soziale Medien als *spreadable media*

Für Henry Jenkins ist das Hauptcharakteristikum von sozialen Medien oder dem »Web 2.0«, dass sie *spreadable media* sind, also eine Weiterverbreitung von Inhalten durch die Nutzer ermöglichen: »Die Konsumenten spielen eine aktive Rolle bei der Verbreitung der Inhalte. [...] Sie sind in diesem Modell [...] Basis-Verfechter von Material, das persönlich und gesellschaftlich Bedeutung für sie hat« (Jenkins et al. 2009, Teil 2). Solche Medien folgen demnach der Maxime »If it doesn't spread, it's dead« (»Was sich nicht verbreitet, ist tot«; Jenkins et al. 2013, 1) und ihre Nutzer sind »aktiv« an der Gestaltung von »medialen Strömen« beteiligt (2), wodurch Kultur »viel partizipativer« werde (1). Teilen, gemeinsames Erstellen, Remixen, Wiederverwendung und Adaption von Inhalten auf Facebook, YouTube und anderen Online-Plattformen sind für Jenkins Ausdrucksformen einer Ökonomie des Schenkens.

Soziale Medien »stärken« demnach die Konsumenten und »machen sie zum integralen Bestandteil« des Erfolgs einer Ware (Jenkins et al. 2009, Teil 8). Zu den »langfristigen« Vorzügen zähle dabei, dass »die Bandbreite potenzieller Märkte für eine Marke« ebenso wachse wie die »Kundentreue, denn die emotionale Bindung an die Marke oder das Medium wird verstärkt« (Jenkins et al. 2009, Teil 8).

Jenkins et al. (2013, xii) »akzeptieren als Ausgangspunkt, dass die Konstrukte des Kapitalismus auf absehbare Zeit die Erstellung und Zirkulation der meisten medialen Texte stark prägen werden« und jene Unternehmen florieren werden, die »ihrem Publikum zuhören«. Sie akzeptieren die Logik des Kapitalismus in einer Zeit, da das Vertrauen in Unternehmen gering ist und der Kapitalismus gezeigt hat, dass seine Art der gesellschaftlichen Organisation für einen Teil der Bevölkerung zwangsläufig Ausbeutung, Elend und Prekarität bedeutet.

Als Pepsi 2007 eine Marketingkampagne startete, bei der die Verbraucher eine Pepsi-Dose gestalten durften, die 500 000 Mal für den US-Markt hergestellt wurde, ging es anders als von Marketing-Gurus häufig behauptet nicht um die Herstellung einer »neuen Wirtschaftsdemokratie, [...] in der wir alle eine Führungsrolle haben« (Tapscott/Williams 2007, 15; kritisch dazu: Fuchs 2008b). Das Ziel war vielmehr, mehrwertproduktive Design-Arbeit kostengünstig auszulagern und die Emotionen der Konsumenten ideologisch an die Marke zu binden, um Absatz und Gewinn zu steigern. Jenkins' Studie über soziale Medien wurde vom Convergence Culture Consortium finanziert, dem unter anderem die Werbeagentur GSD&M Advertising, MTV und Turner Broadcasting angehören.

Partizipative Kultur

Für Jenkins sind soziale Medien auch Ausdruck einer partizipativen Kultur, das heißt einer Kultur, »in der Fans und andere Konsumenten eingeladen sind, aktiv an der Herstellung und Zirkulation von Inhalten mitzuwirken« (Jenkins 2008, 331), und die »Beteiligten miteinander interagieren« (3). Dabei geht es ihm um »neue Formen von Partizipation und Zusammenarbeit« (256). Ausgehend von Pierre Lévy (1997) bemerkt Jenkins, dass die Beteiligten in einer solchen Kultur Ressourcen zusammenlegen und Fähigkeiten kombinieren, wodurch eine kollektive Intelligenz als »alternative Quelle von Medienmacht« entstehe (4).

Als partizipativ definiert Jenkins eine Kultur mit

[1] relativ niedrigen Barrieren für künstlerischen Ausdruck und zivilgesellschaftliches Engagement;

[2] starken Anreizen, gemeinsam mit anderen etwas zu schaffen oder zu teilen;

[3] einer Art informellen Mentorenkultur, bei der die Erfahrensten ihr Wissen an Neulinge weitergeben;

[4] Angehörigen, die den eigenen Beiträgen Bedeutung beimessen; und

[5] Angehörigen, die sich einander sozial verbunden fühlen (oder denen zumindest das Urteil anderer über ihre Produkte nicht gleichgültig ist). (Jenkins et al. 2009, 5–6)

Partizipative Demokratie

Jenkins zufolge ist das Internet zunehmend »ein Ort der Verbraucherpartizipation geworden« (Jenkins 2008, 137). Ein Problem des Konzepts partizipativer Kultur besteht darin, dass Partizipation ein politikwissenschaftlicher, eng mit der Theorie der partizipativen Demokratie und Autoren wie Crawford Macpherson (1977) und Carole Pateman (1970) verbundener Begriff ist. Nach meinen Literaturrecherchen wurde der Begriff der partizipativen Demokratie erstmals in einem Artikel von Staughton Lynd (1965) über das basisorientierte Organisationsmodell der US-amerikanischen Students for a Democratic Society (SDS) verwendet. Man sollte den Begriff Partizipation nicht in einem trivialen Sinne gebrauchen. Bei Internet-Studien gilt es ihn auf die Theorie der partizipativen Demokratie zu beziehen, in der er folgende Dimensionen hat (Fuchs 2011b, Kapitel 7):

[1] Die Intensivierung und Ausweitung von Demokratie als Basisdemokratie auf alle gesellschaftlichen Bereiche.

[2] Menschen sollen ihre Fähigkeiten maximal ausbilden, um allseitig entwickelte Individuen zu werden.

[3] Ausbeuterische Macht behindert partizipative Demokratie;

[4] Nach Macpherson (1973) beruht Kapitalismus auf einer Ausbeutung menschlicher Kräfte, die die Entfaltung menschlicher Fähigkeiten beschränkt. Er schreibt, dass die moderne Wirtschaft »eine ständige Nettoübertragung eines Teils der Macht einiger Menschen auf andere erzwingt und so eher die individuelle Freiheit zur Selbstentfaltung der natürlichen Anlagen vermindert als maximiert« (Macpherson 1977, 33)

[5] Partizipative Entscheidungsprozesse: In einer partizipativen Organisation treffen diejenigen gemeinsam Entscheidungen, die von ihnen betroffen sind. Mangelt es an Zeit, Ressourcen oder Interesse dafür, dass alle über alles entscheiden, dann können die Betroffenen alternativ hierzu Delegierte ernennen oder wählen, die für bestimmte Aspekte der Organisation verantwortlich und gegenüber der Basis rechenschaftspflichtig sind.

[6] Um eine partizipative Ökonomie zu erreichen, muss der Zugang zu Kapital und Arbeitsmitteln »in Richtung auf größere Gleichheit«, mit dem »Ziel annähernd gleichen Zugangs«, verändert und die ausbeuterische Macht abgeschafft werden (Macpherson 1977, 125, 128). Eine demokratische Wirtschaft erfordert »die Demokratisierung industrieller Entscheidungsstrukturen und die Abschaffung der permanenten Trennung zwischen ›Managern‹ und ›gewöhnlichen Menschen‹« (Pateman 1970, 43).

[7] Technologische Produktivität ist die materielle Grundlage partizipativer Demokratie.

[8] Partizipation ist ein Lernprozess.

[9] Pseudopartizipation ist eine Ideologie.

Die Ausblendung von Eigentum, Kapitalismus und Klassen – kultureller und politischer Reduktionismus

Für Jenkins bedeutet Partizipation, dass sich Menschen im Internet begegnen, Gruppen bilden und Inhalte erzeugen und teilen. Mit die-

sem kulturalistischen Verständnis übergeht er den Begriff der partizipativen Demokratie, der politische, politökonomische und kulturelle Dimensionen umfasst. Jenkins' Definition und Verwendung des
Begriffs »partizipative Kultur« blendet bestimmte Aspekte von partizipativer Demokratie aus – etwa Fragen nach den Eigentumsverhältnissen bei Plattformen/Unternehmen, nach kollektiven Entscheidungsprozessen, Profit, Klassen und der Verteilung materiellen Nut-
zens. Jenkins et al. (2009, 9) erwähnen Zugehörigkeit zu einer Gemeinschaft, Produktion, Zusammenarbeit und Teilen als Tätigkeiten
in partizipativen Kulturen, sprechen aber nicht von Eigentum. Die elf
Fähigkeiten, die ihnen zufolge in einer solchen Kultur als Grund-
kompetenzen gelten, schließen kritisches Denken nicht ein und machen sich auch in einem Unternehmen gut – kollektive Intelligenz,
Networking, Multitasking, Spielen, Darstellen, Nachahmen, Aneignen, kontextbezogene Kognition, Urteilen, Medienkompetenz, Aushandeln (Jenkins et al. 2009, xiv). Auf Plattformen von Großunternehmen wie Facebook oder Google erscheinen die kulturellen Äußerungen der Nutzer nur stark vermittelt. Weder die Nutzer noch die
einfachen Mitarbeiter treffen dort die unternehmerischen Entscheidungen. Sie »partizipieren« nicht an wirtschaftlichen Entscheidungsprozessen, sondern sind von ihnen ausgeschlossen.

Jenkins' Verständnis von Partizipation ist nicht theoretisch fundiert.
Auch der differenziertere, auf politische Theorie gegründete Ansatz
von Nico Carpentier (2011) blendet Eigentumsfragen aus. Er versteht
unter Partizipation »gleiche Teilhabe an Entscheidungsprozessen«
(Carpentier 2011, 69) und unter Partizipation an Medien folglich
gemeinsame Entscheidungen über Technologien, Inhalte, Menschen
und Organisationsstrukturen (130) – ein explizit politisches Konzept
(354), das die Beteiligung an Entscheidungen betont (355) und eine
umfassendere Definition von Partizipation vermeidet (69). Carpentier
fragt nicht, wem Medien gehören, denn Eigentumsfragen sind für ihn
mit Blick auf Partizipation generell unerheblich. Im Gegensatz zu
MacPherson ignoriert er die politökonomische Ebene und reduziert
Partizipation auf die politische. Das Problem eines solchen politischen Reduktionismus besteht darin, dass er implizit behauptet, eine
volle »Partizipation« der Produzenten sei auch ohne ihre Partizipation am Eigentum möglich, solange sie an Entscheidungen beteiligt
werden. Ungleichheiten von Eigentum und Reichtum werden übergangen oder für zweitrangig bis belanglos erklärt. Eine wirklich partizipative Mediendemokratie muss aber auch das Eigentum demokra-
tisieren (Fuchs 2014a, 2011b). Carpentier ist zwar theoretisch versiert

und belesen, gelangt aber letztlich genau wie Jenkins zu einem reduktionistischen Verständnis von Medienpartizipation. Reduktionismus bedeutet, dass ein bestimmter Aspekt der Welt ausschließlich durch eine Dimension erklärt wird, obwohl andere Dimensionen ebenfalls wichtig sind. Liberale und konservative Sozialwissenschaftler haben dem Marxismus oft vorgeworfen, Gesellschaft auf die Ökonomie zu reduzieren. Dieselben Wissenschaftler ignorieren jedoch häufig ihrerseits Aspekte wie Klassen und Kapitalismus und reduzieren Gesellschaft dadurch entweder auf Politik (Politizismus, politischer Reduktionismus) oder auf Kultur (Kulturalismus). Mit Raymond Williams' Ansatz des kulturellen Materialismus hingegen können wir das Verhältnis von Ökonomie, Politik und Kultur auf eine nicht-reduktionistische, tatsächlich dialektische und materialistische Weise denken (näher dazu und zur Bedeutung von Williams' kulturellem Materialismus für das Studium sozialer Medien: Fuchs 2015): Die Ökonomie ist eine notwendige Grundlage von Politik und Kultur, denn alle gesellschaftlichen Systeme, auch politische und kulturelle, beruhen auf Produktionsprozessen. Gleichzeitig gehen Politik und Kultur über die Ökonomie hinaus; sie haben eigene Qualitäten und wirken zurück auf die Ökonomie. Williams (1977, 93) spricht vom »materiellen Charakter der Produktion einer gesellschaftlichen und politischen Ordnung«: Da sie auf Produktionsprozessen basieren, sind alle sozialen Systeme materiell.

Für Jenkins et al. (2013, 193) ist partizipative Kultur relativ zu verstehen: Wir »leben nicht in einer Gesellschaft, in der jeder imstande ist, vollständig zu partizipieren, und vielleicht wird dies auch nie der Fall sein«. Damit wird Ausgrenzung essentialisiert, als wäre sie ein natürlicher Zug jeder Gesellschaft. Essentialismus ist eine Argumentationsweise, die Phänomene nicht als historisch betrachtet, also als etwas, das einen Anfang und ein Ende hat und durch menschliches Handeln verändert werden kann. So werden Phänomene wie Geld, Kapital, Herrschaft, Gewalt, Egoismus, Konkurrenz etc. zu etwas erklärt, das zwangsläufig immer existiert. Karl Marx (1867) hat ein solches Denken als »Fetischismus« bezeichnet: Bestimmte Phänomene werden wie Dinge behandelt; dass ihnen gesellschaftliche Verhältnisse zugrunde liegen, die von Menschen verändert werden können, wird ausgeblendet.

Partizipation bedeutet, dass Menschen das Recht haben, an Entscheidungen mitzuwirken und Strukturen zu kontrollieren, die sie betreffen, und dass dies nicht nur ein Wunsch oder Ziel, sondern Realität ist. Rechte sind stets universell, nicht partikularistisch – würden die

Menschenrechte zum Beispiel nur für manche gelten, dann wären sie überhaupt keine Rechte. Ebenso ist Partizipation eine universelle politische Forderung, keine relative Kategorie. Andernfalls könnte man eine Diktatur als partizipative Demokratie bezeichnen, da ja die herrschende Elite an ihr »partizipiert«, obwohl sie nur ein sehr kleiner Teil der Bevölkerung ist.

Jenkins' politische Ziele bleiben vage; er fordert zum Beispiel mehr »Verantwortlichkeit bei Unternehmen« (Jenkins 2008, 259) und »eine viel größere Meinungsvielfalt« (250; siehe auch 268). Es sei wichtig, »Druck auf Unternehmen auszuüben, damit sie andere Produkte herstellen und anders mit ihren Kunden umgehen« (261), es gebe eine »beunruhigende Eigentumskonzentration bei kommerziellen Mainstream-Medien (18) und Konzentration sei »schlecht« (259).

Es stellt sich grundsätzlich die Frage, ob kapitalistische Unternehmen verantwortlich handeln können, denn um in der Konkurrenz zu überleben, müssen sie ihre Profite steigern und sind folglich zwangsläufig daran interessiert, Löhne und Investitionskosten zu minimieren. Marisol Sandoval kommt in einer empirischen Studie über acht Medien- und Kommunikationsunternehmen (Apple, AT&T, Google, HP, Microsoft, News Corporation, Vivendi, Walt Disney) zu dem Befund, ihre realen Geschäftspraktiken zeigten, dass sie

> *ihre Gewinnerwartungen erreichen, aber dabei scheitern, sozial verantwortlich zu handeln. [...] ungeachtet von CSR-Programmen [Corporate Social Responsibility, »soziale Verantwortung des Unternehmens«] laufen ihre Geschäftspraktiken häufig dem Gemeinwohl zuwider. [...] CSR dient als Ideologie, die von der real existierenden Unverantwortlichkeit der Unternehmen ablenkt und so dem Kapitalismus Legitimität verleiht. Trotz des Bezugs auf universelle soziale Werte fördern gegenwärtige Theorien und Praktiken von CSR nicht wirklich ein gesellschaftlich verantwortungsvolles Mediensystem.* (Sandoval 2014, 251-252)

Die Rede von »Meinungsvielfalt« wiederum bleibt nichtssagend, wenn man nicht die Frage stellt, ob eine faschistische Meinung ebenso annehmbar und wertvoll ist wie eine demokratisch-sozialistische. Und Konzentrationsprozesse bei Medien und in anderen Sektoren schließlich sind nicht bloß »schlecht«, sondern ein strukturelles Merkmal des Kapitalismus: Er beruht auf der Notwendigkeit, die Produktivität zu steigern, um die Profite zu steigern; da Produktivität und Wettbewerbsvorteile jedoch ungleich verteilt sind, mündet Konkurrenz in Monopole und Kapitalkonzentration.

»Partizipatives« Spielzeug für große weiße Jungs

Internetkultur existiert nicht losgelöst von politischer Ökonomie, sondern wird weitgehend von Unternehmen beherrscht (wenngleich Plattformen wie Wikipedia für ein anderes Modell stehen). Die Kultur der sozialen Medien ist eine Kulturindustrie. Jenkins' Konzept »partizipativer Kultur« bezieht sich vor allem auf Ausdruck, Engagement, Kreativität, Teilen, Erfahrungen, Beiträge und Gefühle; wie all dies durch Kapitalakkumulation ermöglicht wird und widersprüchlich in sie eingebettet ist, bleibt sekundär. Er neigt zu einem reduktionistischen Verständnis von Kultur, das deren heutige politische Ökonomie ausblendet. Zudem reduziert er Partizipation auf eine kulturelle Dimension und ignoriert die umfassendere Theorie partizipativer Demokratie und ihre Implikationen für das Internet: Ein Internet, das Konzerne beherrschen, indem sie die Nutzer ausbeuten und Daten in eine Ware verwandeln, kann nach ihr unmöglich partizipativ sein; die kulturellen Ausdrucksformen in ihm lassen sich nicht als Ausdruck von Partizipation werten.

Wissenschaftler argumentieren in diesem Zusammenhang häufig, dass soziale Medien trotz ihres kapitalistischen Charakters positive politische und kulturelle Effekte haben könnten – so etwa Jenkins bezogen auf Kultur, Jin und Feenberg bezogen auf Politik:

> *Neben der entmutigenden Gewinnorientierung sozialer Netzwerkseiten im Internet und der Überwachung durch Unternehmen und Regierungen, die uns das letzte bisschen Privatsphäre rauben, hat die Geschichte auch eine ermutigende Seite. [...] es ist klar, dass soziale Netzwerke eine neue Art von demokratischer Öffentlichkeit mit beträchtlichem oppositionellem Potenzial herstellen* (Jin/Feenberg 2015, 58–59)

Kulturelle und politische Nutzungen sozialer Medien existieren nicht unabhängig vom Kapitalismus, sondern werden durch ihn eingeschränkt. Aktivisten können privatwirtschaftlichen Plattformen nicht trauen, denn die sind nicht unbedingt ihre Freunde und arbeiten vermutlich mit Polizei und Geheimdiensten bei ihrer Überwachung zusammen (Fuchs 2014c). Auch kulturelle Nutzungen sozialer Medien sind vom Kapitalismus geprägt; in einer neoliberalen Kultur der individualistischen, egozentrischen Konkurrenz versuchen Nutzer Reputation, Likes, Follower etc. zu akkumulieren. Der Kapitalismus determiniert den politischen und kulturellen Gebrauch des Internets nicht vollständig, aber er benachteiligt durchschnittliche Nutzer und progressive Aktivisten. Die oben zitierte Argumentation beruht auf der falschen technikdeterministischen Annahme, die heutigen Proteste seien Twitter- und Facebook-Rebellionen. Facebook gilt dabei einerseits als Reich der Kommodifizierung, andererseits als Raum für politischen Aktivismus und kulturellen Ausdruck – und letzteres wird gegenüber der ökonomischen Seite als wichtiger gewertet. Anstatt beide Phänomene aufeinander zu beziehen, endet man so bei einem einseitigen Technikoptimismus, der in jeder Technologie Kämpfe und Widerstand entdeckt und die Widersprüche übergeht, mit denen sie konfrontiert sind.

Für Jenkins bestehen wichtige Ziele offenbar darin, dass Unternehmen »stärkere Verbindungen zu den [...] Verbrauchern« (Jenkins 2008, 22) aufbauen; er hofft auf eine »Struktur für kollektive Verhandlungen« (63) zwischen Fans und Unternehmen, auf Markengemeinschaften, die Konsumenten dazu »ermächtigen«, »eigene Forderungen an das Unternehmen zu richten« (80), »Experimente mit verbrauchergeneriertem Inhalt«, der »einen Einfluss auf die Massenmedien hat« (172), und Kulturunternehmer, die »ihren Kunden mehr Möglichkeiten geben, Inhalte zu gestalten und zu ihrer Verbreitung beizutragen« (268). Jenkins geht es zuallererst um die Frage, ob Konsumenten kulturelle Waren nach ihren eigenen Bedürfnissen gestalten können, indem sie sich als aktive und kreative »Prosumenten« in einer »partizipativen Kultur« engagieren.

Jenkins' Schriften lesen sich oft wie eine überschwängliche Eloge auf partizipative Kultur, die demnach Konsumenten »eine Beteiligung an Produktion und Distribution kultureller Güter« (Jenkins 2008, 137) erlaubt. Kaum behandelt werden dagegen die Schattenseiten des Internets – etwa Wirtschaftskrisen; die Ausbeutung von Nutzern und von prekären Selbständigen, die sich für wenig Geld auf Crowdsourcing-Plattformen wie Amazon Mechanical Turk, Upwork, Freelancer, TaskRabbit oder PeoplePerHour verdingen; Überwachung und Verletzung der Privatsphäre; Elektroschrott (Maxwell/Miller 2014); die Ausbeutung von Bergarbeitern, die die Mineralien für Laptops, PCs und andere Hardware häufig unter Zuständen von Sklaverei abbauen (man spricht hier auch von »Konfliktmineralien«, weil diese Arbeitsbedingungen oft von bewaffneten Konflikten geprägt sind), und von Arbeitern in der Hardware-Herstellung, die oft überarbeitet, unterbezahlt und Giften ausgesetzt sind (Fuchs 2014a). Partizipative Demokratie ist eine Forderung, die sich gegen solche Probleme richtet, während partizipative Kultur ein recht harmloses Konzept ist – kreiert vor allem von großen weißen Jungs, die in ihr Spielzeug vernarrt sind.

3.2 Online-Fankultur und Politik

Fankultur als Politik?

In Fan-Gemeinschaften, besonders in virtuellen, sieht Jenkins »einen Wegbereiter einer bedeutungsvolleren öffentlichen Kultur« (Jenkins 2008, 239). Er neigt zu einer Idealisierung ihrer politischen Potenziale und kann nicht erklären, warum sie Fans zu politisch interessierten, aktiveren Menschen machen sollten. Aus der Tatsache, dass »Fans Zuschauer sind, die den Sendern und Produzenten widersprechen« und die »wissen, wie man Lobbyarbeit für eine gefährdete Serie macht« (Jenkins 1992, 284), folgt keineswegs, dass sie an Protesten gegen Rassismus, Neoliberalismus, Lohnkürzungen, Privatisierungen im Bildungs- und Sozialwesen, Entlassungen usw. interessiert sind. Wie Toby Miller in diesem Kontext fragt: »Setzen sich Fans mit der Ausbeutung von Arbeitern, mit Patriarchat, Rassismus und Neoimperialismus auseinander, bewirken sie politisch in einer konkret bestimmbaren Weise etwas jenseits ihres eigenen Ichs, wenn sie Texte originell interpretieren oder über ihre Enttäuschungen im Liebesleben chatten?« (Miller 2008, 220).

Jenkins unterstellt fälschlicherweise, dass Fan-Gemeinschaften in der Popkultur zwangsläufig etwas mit politischem Protest zu tun hätten. Und er verwechselt beides; Politik ist für ihn vor allem Mikropolitik innerhalb der Popkultur (zum Beispiel der Kampf von Fans darum, dass die Kulturindustrie beim Entwurf von Plots ihre Vorstellungen berücksichtigt). Auch die Menschen, die 2011 in Ägypten protestierten und schließlich eine Revolution herbeiführten, nutzten in gewissem Maße Medien wie Facebook, Twitter und Mobiltelefone, um Gemeinschaften zu bilden – aber keine Fan-, sondern politische Gemeinschaften, die sich an Demonstrationen, Streiks, Blockaden und dem Kampf gegen das Regime beteiligten. Ihre politische Praxis hat gezeigt, dass Revolution heute möglich ist und wie sie funktioniert. Nicht soziale Medien bewirken Proteste und Revolutionen; die durch sie vermittelte Kommunikation steht vielmehr in einer komplexen Beziehung zu Interaktionen, die offline stattfinden (siehe meine Studie über die Nutzung sozialer Medien in der Occupy-Bewegung: Fuchs 2014b). Fan-Gemeinschaften spielten in der ägyptischen Revolution keine bedeutende Rolle. Viele Passagen in Jenkins' Büchern (zum Beispiel Jenkins 2006, 10–11) legen den Eindruck nahe, dass er ein bestimmtes Erbe kritischer Studien loswerden will – die Verpflichtung, politisch zu sein – und sich lieber ausschließlich den vergnüglichen Seiten von Popkultur widmen würde. Aber wenn sich

Akademiker mit ihr nicht aus politischen Gründen auseinandersetzen (um eine gerechte Gesellschaft zu schaffen), was ist dann das Ziel und die Rechtfertigung ihres Tuns? Stuart Hall schrieb in diesem Sinne, Popkultur sei wichtig mit Blick auf den Sozialismus – »andernfalls interessiert sie mich ehrlich gesagt einen feuchten Dreck« (Hall 1981/1988, 453).

Jenkins bekennt, dass er »nicht bloß ein Konsument vieler dieser Medienprodukte« ist: »Ich bin auch ein aktiver Fan.« Sein Wohnzimmer sei voll von Abspielgeräten, Recordern und »einem riesigen Berg von Videokassetten, DVDs, CDs, Computerspielen und Controllern« (Jenkins 2008, 12, 15). Es muss nicht unbedingt ein Problem sein, wenn ein Forscher zugleich Fan seines Untersuchungsgegenstands ist – solange er sich ein kritisches Reflexionsvermögen bewahrt. Ich selbst bin Fan von den Simpsons, Monty Python, 3WK Underground Radio und Bands wie Mogwai, Radiohead und The Fall, aber ich halte es nicht für politisch, solche Sendungen zu sehen und solche Bands zu hören. Viele zeitgenössische Arbeiten über Popkultur lassen vermuten, dass Wissenschaftler die eigene Existenz als Fan, ihre Leidenschaft für Warenkultur rationalisieren wollen, indem sie der Konsumption und Logik kultureller Waren progressive politische Aspekte abzugewinnen versuchen. Da sie ihre Arbeits- und Freizeit gerne mit dem Konsum von Popkultur verbringen, neigen sie dazu, dies als eine Form von politischem Widerstand zu rechtfertigen. Eine Beteiligung an der riskanteren Praxis politischer Bewegungen – oder auch nur ihre Unterstützung – ist dann gar nicht mehr nötig, denn die Popkultur wird selbst zur politischen Bewegung erklärt. Vermutlich gefällt den meisten Intellektuellen irgendeine Art von Popkultur, aber es macht einen Unterschied, ob man darin einen Akt politischen Widerstands sieht oder nicht.

Ist Online-Faschismus partizipative Kultur?

Kulturelle Gemeinschaften sind nicht zwangsläufig politisch fortschrittlich. Die Webseite document.no und eine mit ihr verbundene Facebook-Gruppe zum Beispiel sind Foren für norwegische Rechtsextremisten, die gegen Einwanderung und für Islamophobie und den Gedanken kultureller Reinheit eintreten. Der faschistische Terrorist Anders Behring Breivik, der am 22. Juli 2011 bei Anschlägen in Norwegen 77 Menschen ermordete, war ein aktives Mitglied dieser Szene. Jenkins befasst sich kaum mit den negativen Potenzialen und Realitäten von Online- und kulturellen Gemeinschaften.

Auch im mittlerweile stillgelegten Diskussionsforum der Ultra-Fuß-
ballfanbewegung www.ultras.ws kursierten antisemitische und rassis-
tische Witze; bei einer Umfrage erklärten dort 56 Prozent, es sei kein
Problem, wenn Fans »Juden!« brüllen und dies als Beleidigung der
gegnerischen Mannschaft verstehen. Typisch für das Forum oder
zumindest eher die Regel als die Ausnahme waren Witze wie dieser:
»Wie bekommt man dreißig Juden in einen Trabi? – Zwei vorne, drei
auf der Rückbank, den Rest in den Ascher.« Das Konzept der partizipativen Kultur rückt das »Engagement in der Gemeinschaft« (Jenkins et al. 2009, 6) ins Zentrum. Gemeinschaft und Fankultur werden
dabei jedoch als progressiv idealisiert, unter Ausblendung der Tatsache, dass ihre kollektive Intelligenz und Praktiken mühelos in einen
faschistischen Mob münden können – gerade in Zeiten von kapitalistischen Krisen, die häufig Rechtsextremismus fördern und radikali-
sieren.

Jenkins hat – bislang zumindest – vor allem Fangemeinschaften analysiert, die ihm sympathisch sind, und solche mit faschistischen Potenzialen vernachlässigt; sie scheinen nicht in sein Konzept zu passen. Fans seien zwar nicht zwangsläufig fortschrittlich (Jenkins 1992,
290), hätten jedoch das Potenzial, aktiv zu sein (293), sowie die Fähigkeit, »die in der Massenkultur vorherrschenden Ideologien infrage
zu stellen und zu verändern«(290). Es steht außer Zweifel, dass Fangruppen aktiv sind (sie üben aktiv Gewalt gegen andere Fans und
Migranten aus, planen aktiv, sie zu belästigen, zu bedrohen oder gar
umzubringen), aber ihre Aktivität und Kreativität sind nicht notwendigerweise, wie Jenkins in seiner deterministischen und reduktionistischen Argumentationslogik annimmt, eine Infragestellung von vorherrschenden Ideologien (wie etwa Rassismus), sondern können diese genauso gut reproduzieren. Obwohl Jenkins an einigen Stellen
versichert, Fans seien nicht immer progressiv, legen die Struktur
seiner Beispiele und andere Formulierungen exakt den gegenteiligen
Schluss nahe.

3.3   Soziale Medien und partizipative Kultur

Der Kapitalismus der sozialen Medien

Jenkins ist zwar in gewissem Maße bewusst, dass Konzerne mehr
Macht haben als Konsumenten (Jenkins 2008, 3, 175), dennoch führt
er in den meisten seiner Bücher Hunderte von Beispielen an, die
zeigen sollen, dass die heutigen Medien die Konsumenten stärken,

weil sie Produktionsprozesse ermöglichen, und dass die Konsumenten sich der Konzernmacht erfolgreich widersetzen. »Prosumption« (produktive Konsumption) ist ihm zufolge von Natur aus partizipativ. Jenkins behauptet, mehr und mehr sei »das Internet zu einem Ort der Partizipation von Konsumenten geworden« (Jenkins 2008, 137), und nennt kaum Beispiele dafür, wie Kultur und Internet von Konzernen dominiert werden. Dadurch gewinnt der Begriff der partizipativen Kultur in seinen Arbeiten einen verdinglichten Charakter.

Partizipative Kultur fördert ihm zufolge kulturelle Vielfalt (Jenkins 2008, 268). Dabei übersieht er, dass nicht alle Stimmen dieselbe Macht haben und dass bestimmte Inhalte und Stimmen häufig marginalisiert werden, weil Sichtbarkeit in der zeitgenössischen Kultur eine wichtige Ressource ist, die sich mächtige Akteure wie zum Beispiel Medienkonzerne kaufen können. Jenkins nimmt dagegen an, Prosumption führe direkt zu mehr Vielfalt.

Jenkins konstruiert ein schlichtes Sowohl-als-auch-Argument: Das Web 2.0 sei sowohl Vergnügen als auch Ausbeutung, ein Raum sowohl der Partizipation als auch der Kommodifizierung. Die zunehmende Verschmelzung von Medien werde «sowohl von oben, den Unternehmen, als auch von unten, den Konsumenten, vorangetrieben" (Jenkins 2008, 18). Indem er Aspekte von Vergnügen und Kreativität betont und das Thema Ausbeutung anderen überlässt, verfehlt er die Dialektik und die Machtbeziehungen, die im Web 2.0 am Werk sind. Die Frage ist nicht nur, welche Phänomene wir in sozialen Medien entdecken, sondern auch, wie sie zusammenhängen und in welchem Maß sie gegeben sind. Es steht außer Zweifel, dass Web-2.0-Nutzer kreativ sind, wenn sie selbst Inhalte erzeugen und verbreiten. Aber zu fragen ist auch, wie viele Nutzer dies überhaupt tun und wie sehr ihr Tun als kreativ und aktiv gewertet werden kann. Die britische Medienaufsichtsbehörde (Ofcom 2015a, 91) hat in einer Studie für das Jahr 2015 ermittelt, dass 22 Prozent der Internetnutzer mindestens einmal pro Woche Videos oder Fotos hochgeladen oder geteilt haben. 8 Prozent der befragten Nutzer gaben zudem an, mindestens einmal pro Woche ihre eigene Webseite oder ein Blog zu aktualisieren (38). Zehn Jahre zuvor, 2005, waren es 7 Prozent (38). Solche Daten zeigen, dass manche Nutzer manchmal, aber nicht alle Nutzer allenthalben Inhalte produzieren. Meistens werden soziale Medien eher konsumiert. Dabei werden Inhalte zwar interpretiert, aber nicht produziert. Dass das Potenzial für Prosumption existiert, heißt nicht, dass Nutzer immer als Prosumenten agieren. Soziale Medien bieten zwar neue Potenziale, häufig werden sie aber wie traditionelle Medien genutzt, denn neue Medien verdrängen alte nicht einfach, sondern heben sie auf: Auch wenn sie neuartige Möglichkeiten und Eigenschaften aufweisen, existieren die Charakteristika alter Medien in ihnen fort.

Forscher wie Jenkins neigen dazu, die Kreativität und Aktivität von Internetnutzern zu überzeichnen. Kreativität ist eine Kraft, die die Kommodifizierung der Prosumenten ermöglicht – die Kommodifizierung und Ausbeutung der Aktivität von Nutzern und der von ihnen generierten Daten. Sie existiert nicht jenseits oder neben der Ausbeutung im Web 2.0, sondern bildet deren Grundlage.

YouTube

Jenkins beschreibt YouTube als eine Webseite »für die Produktion und Distribution von Medien von unten«, wobei »die Partizipation auf drei Ebenen stattfindet [...] – Produktion, Auswahl und Distribution« (Jenkins 2008, 274-275). Dass YouTube Google gehört und die Werbeeinnahmen nicht den Produzenten der Inhalte, sondern den Aktionären zufließen, berücksichtigt er nicht; Eigentumsverhältnisse als ein zentraler Aspekt von Partizipation werden damit vernachlässigt. Die populärsten YouTube-Videos stammen von globalen Multimediakonzernen wie Universal, Sony und Walt Disney (siehe Tabelle 5.1 in Kapitel 5). Google und Facebook beruhen auf individuell zugeschnittener Werbung und einer kommerziellen Kultur, die enorme Profite hervorbringt. Politik ist auf YouTube, Twitter und Facebook zwar erlaubt, aber nur für eine Minderheit ein Thema; überwiegend interessieren sich die Nutzer für unpolitische Unterhaltung. Die Web-2.0-Konzerne und der von ihnen ermöglichte Gebrauch des Internets sind kein Ausdruck partizipativer Demokratie, und solange Konzerne das Internet dominieren, wird sich daran auch nichts ändern. Ein partizipatives Internet findet sich nur in den Bereichen, die sich der Unternehmensmacht widersetzen und in denen Aktivisten und Nutzer nicht-kommerzielle, nicht-gewinnorientierte Projekte wie Wikipedia und Diaspora betreiben. Jenkins ignoriert beharrlich die Frage, wer soziale Medien besitzt, kontrolliert und von ihnen materiell profitiert.

Das Thema der Ausbeutung digitaler Arbeit im Internet ist Jenkins bewusst (Green und Jenkins 2009; Jenkins 2009). Er sieht das Problem jedoch darin, dass »YouTube Inhalte nach vorne bringt, die von anderen Nutzern unterstützt werden« (Jenkins 2009, 124). Das ist nur ein Teil der Wahrheit, denn die Inhalte von großen Medienunternehmen sind auch deshalb so populär, weil diese dank ihrer Ressourcen mehr

Anerkennung und Aufmerksamkeit erzielen können als gewöhnliche Nutzer. Jenkins schließt, »ein stärker kooperativer Ansatz« sei gefragt, basierend auf einem »Aushandeln des impliziten Gesellschaftsvertrags zwischen Medienproduzenten und Nutzern, der den Warencharakter und kulturellen Status kreativer Güter austariert«(Green und Jenkins 2009, 222). Ignoriert wird hier der widersprüchliche und krisenhafte Charakter des Kapitalismus. Dessen Geschichte ist eine Geschichte der Kolonisierung von Gesellschaften und menschlichen Räumen, zwecks Erschließung neuer Räume für Kommodifizierung und Kapitalakkumulation sowie eine Geschichte von Krisen. Langfristig kann es keinen Frieden zwischen dem Kapital einerseits, Konsumenten, Arbeitern und Prosumenten andererseits geben, weil das Kapital seinem Wesen nach ein Interesse an deren Ausbeutung hat und seine Akkumulation immer wieder in Krisen mündet, durch die zeitweilige Klassenkompromisse zwangsläufig aufgekündigt werden. So führte etwa die Weltwirtschaftskrise der 1970er Jahre das Ende des sozialstaatlich-fordistischen Modells herbei. Der Kapitalismus ist seinem Wesen nach krisenträchtig.

Blogs

In der Sphäre der kapitalistischen sozialen Medien ist Aufmerksamkeit ungleich verteilt: Großunternehmen, Prominente und bekannte politische Akteure genießen in dieser Hinsicht Vorteile und die aktivsten Prosumenten entstammen der jungen gebildeten Mittelschicht. Jenkins (2008, 227) feiert Blogs als ein »Mittel, mit dem die Nutzer ihr Misstrauen gegenüber Nachrichtenmedien und ihre Unzufriedenheit mit der gewöhnlichen Politik ausdrücken können«; als »von unten bestimmte Transmissionsriemen«, die »gewährleisten, dass jeder eine Chance, Gehör zu finden«, fördern sie »potenziell kulturelle Vielfalt und senken die Schwelle für kulturelle Partizipation« (Jenkins 2006, 180–181). Er vergisst hier, dass die meisten politischen Blogs in der Öffentlichkeit kaum wahrgenommen werden. Politische Blogs sind schwerlich imstande, so große Leserzahlen zu erreichen wie die Internetseiten von Medienkonzernen wie CNN oder der *New York Times*. Statistiken über die meistbesuchten Internetplattformen zeigen, dass politische Blogs aus der einfachen Bevölkerung zumeist viel weniger Sichtbarkeit und Aufmerksamkeit erzielen als Mainstream-Nachrichtenseiten. Auf den ersten tausend Plätzen sind sie nicht vertreten. Einige Beispiele: Daily Kos (Nr. 1175), Raw Story (Nr. 2251), ThinkProgress (Nr. 3303), Mediaite (Nr. 4602), Talking Points Memo (Nr. 3899), Hot Air (Nr. 6657), NewsBusters (Nr.

13251), Crooks and Liars (Nr. 14198), Power Line (Nr. 16843), Won-
kette (Nr. 17428), Redstate (Nr. 18975), LewRockwell (Nr. 22078),
Common Dreams (Nr. 25440), Guido Fawkes (Nr. 31861), Ameri-
caBlog (Nr. 82703), Little Green Footballs (Nr. 89118), Eschaton (Nr.
119829), Labourlist (Nr. 142420), Left Food Forward (Nr. 216176).
Andrew Sullivan's Daily Dish (Nr. 265989), Liberal Conspiracy (Nr.
1409173). Mainstream-Nachrichtenseiten landen hingegen auf den
vorderen Plätzen, so etwa CNN (Nr. 75), BBC Online (Nr. 85), *The
New York Times* (Nr. 98), *Daily Mail* (Nr. 103), *Indiatimes* (Nr. 107),
Guardian (Nr. 137), *Der Spiegel* (Nr. 300).[22] Diese Ungleichheit zeigt,
dass Sichtbarkeit und Popularität im Internet stark abgestuft sind.

Die politische Ökonomie der Aufmerksamkeit im Netz privilegiert
große Medienunternehmen, die über eingeführte Marken und umfangreiche Ressourcen verfügen. *The Huffington Post* (Nr. 11) fing
2005 als ein Blog-Projekt an, erhielt Risikokapital und wurde so eine
relativ populäre Seite. Im Februar 2011 wurde sie von AOL übernommen und dadurch Teil der Mainstream-Medien. Ihr Geschäftsmodell beruht auf individuell zugeschnittener Werbung. Dieses Beispiel zeigt, wie leicht alternative Online-Medien kommodifiziert und
in kapitalistische Unternehmen verwandelt werden können.

Man könnte einwenden, dass politische Blogs dennoch viel Aufmerksamkeit erhalten und zusammengenommen zahlreiche Leser erreichen. Der Vorteil einer Seite wie jener der *New York Times* besteht
jedoch darin, dass sie viele Menschen anzieht, die so alle dieselben
Informationen als Grundlage für Diskussionen und Meinungsbildung
bekommen. Das heißt nicht, dass die von Mainstream-Medien publi-
zierten Informationen höherwertig und unproblematisch wären. Im
Gegenteil: Sie sind häufig eindimensionaler und verzerrter als die
Informationen auf politischen Blogs. Doch eine große Zahl von Menschen auf dieselbe Seite zu lotsen stellt an sich eine Macht dar, während viele kleinere Seiten, die eine begrenzte Zahl erreichen, die
Öffentlichkeit fragmentieren. Das Ergebnis ist eine Vielzahl isolierter
»themenspezifischer Öffentlichkeiten« (Habermas 2006, 185) und die
Gefahr eines »Kulturrelativismus«, der die Notwendigkeit »gewisser
gemeinsamer normativer Dimensionen« und »allgemeinerer Medi-
en« für die Demokratie übersieht (Garnham 1992, 369).

---

[22] Nach alexa.com. Berücksichtigt wurden die durchschnittliche Zahl der
täglichen Besucher und Seitenaufrufe im zurückliegenden Monat, abgerufen am 24.10.2015.

3.4 Jenkins über digitale Arbeit

Mit der Ausbreitung sozialer Medien ist in den kritischen Medien-
und Kommunikationsstudien eine Debatte über digitale Arbeit ent-
brannt (siehe Arvidsson und Colleoni 2012; Fuchs 2014a, 2015, 2010c,
2012c; die Beiträge in Burston et al. 2010; Fisher und Fuchs 2015;
Scholz 2013). Im Mittelpunkt steht dabei die Analyse unbezahlter
Arbeit von Nutzern und anderer Formen von Arbeit (etwa Sklavenarbeit in Afrika und stark ausgebeutete Fabrikarbeit in der Compu-
terindustrie), die notwendig für die Kapitalakkumulation in der In-
formations- und Kommunikationsindustrie sind. In dieser Debatte
haben die Arbeiten von Dallas Smythe (1977, 1981/2006) eine neue
Bedeutung gewonnen (näher dazu: Fuchs 2012a). Smythe zufolge
leisten die Konsumenten werbefinanzierter Zeitungen, Fernseh- und
Radiosender Arbeit, wenn sie sich ihnen widmen (»Publikumsarbeit«), und sind selbst eine Ware (die »Publikumsware«), die an Werbekunden verkauft wird. In dem Buch *Spreadable Media: Creating
Value and Meaning in a Networked Culture* (Jenkins et al. 2013) setzen
sich Henry Jenkins und seine Kollegen mit einigen in dieser Debatte
formulierten Argumenten auseinander.

Dallas Smythe, digitale Arbeit und Henry Jenkins

Jenkins et al. (2013, 127) bemerken zu Smythes Ansatz, dass »Unternehmen häufig von dieser Publikumsarbeit profitieren, es aber darauf
ankommt, dies nicht ausschließlich als Ausbeutung darzustellen und
so zu übergehen, dass Teile des Publikums von ihrer freiwilligen
Partizipation an solchen Arrangements auf vielfältige Weise profitieren«. Gegen Vertreter des Diskurses über digitale Arbeit argumentieren sie, dass »unbezahlte Arbeit sinnstiftend und erfüllend sein
kann« (57). Was Nutzer antreibe, seien nicht nur finanzielle Erwartungen (58–59), sondern auch der Wunsch, »etwas mit einem größeren Publikum zu teilen«, der »Stolz auf ihre Leistungen« und das
»Bedürfnis nach Dialog« (59).

Jenkins et al. unterstellen Vertretern der Theorie der digitalen Arbeit
eindeutig zu Unrecht die Annahme, Nutzer folgten einer Logik des
Geldes. Dabei übersehen sie, dass Profitorientierung ein Wesens-
merkmal des Kapitalismus ist, nicht der Nutzer, die im Alltagsleben
mit der Warenform konfrontiert sind. Publikumsarbeit sei Engagement, nicht Ausbeutung (60), ja eine »Arbeit aus Liebe« (61). Dies
habe viel mit Wertschätzung, mit »emotionaler Bindung« zu tun (71).

Gewiss sind Nutzer sozialer Medien von sozialen und kommunikativen Bedürfnissen motiviert. Doch die Tatsache, dass sie ihre Aktivitäten mögen, macht sie nicht weniger ausgebeutet. Jenkins Argumentation folgt der Logik, solange etwas den Nutzern gefalle, könne kein Problem vorliegen. Dass Arbeit Züge von Spiel hat und sich auch so anfühlt, bedeutet nicht, dass sie weniger ausgebeutet wird, sondern dass sich die Strukturen von Arbeit wandeln. Ausbeutung bemisst sich am Ausmaß unbezahlter Arbeit, die Unternehmen auf Kosten der Arbeitenden zugute kommt. Wenn sie sich nicht wie Ausbeutung anfühlt, heißt dies nicht, dass sie nicht existiert. Sie bleibt Ausbeutung, selbst wenn sie den Nutzern gefällt. Die Arbeit von Nutzern wird objektiv ausgebeutet und gleichzeitig macht sie, in gewissem Maße, den Nutzern Spaß. Dies mindert nicht den Grad der Ausbeutung, sondern offenbart die Widersprüche von Kultur im Kapitalismus. In Jenkins' Terminologie könnte man sagen, dass Soziale-Medien-Unternehmen das Bedürfnis von Nutzern nach sozialer, intellektueller und kultureller Anerkennung ausnutzen, um ihre Arbeit auszubeuten und sie zur Generierung von monetärem Wert zu bewegen. Kulturelle Wertschätzung gerät in seiner Perspektive zu einer Legitimierung von Ausbeutung: Ausbeutung geht in Ordnung, solange die Nutzer das Gefühl haben, dass andere Nutzer und Unternehmen sie wertschätzen.

Jenkins und seine Kollegen behaupten, Smythe und der Ansatz der digitalen Arbeit übersähen, dass Nutzer vom kapitalistischen Web 2.0 profitieren. Mit dieser Kritik übersehen sie selbst, dass Geld eine zentrale Bedeutung im Kapitalismus hat, weil es im Tausch das allgemeine Äquivalent ist: Es ist die einzige Ware, die gegen sämtliche anderen Waren getauscht werden kann; als die allgemeine Ware besitzt es eine besondere Relevanz. Nahrungsmittel, Spiele, Computer, Telefone etc. kann man mit Geld direkt erwerben, durch Ansehen und soziale Beziehungen bestenfalls indirekt. Geld ist im Kapitalismus ein privilegiertes Medium, um Ziele zu erreichen, und deshalb stellt der Kapitalismus eine Ökonomie dar, die auf instrumenteller Vernunft beruht.

Fans, Fans und nochmals Fans: Haben die Occupy-Bewegung, der arabische Frühling und WikiLeaks niemals stattgefunden?

In dem Buch *Spreadable Media* (Jenkins et al. 2013) werden überwiegend Beispiele aus der Fankultur verwendet, weil »Fangruppen oft Vorreiter bei der Nutzung partizipativer Plattformen gewesen sind« (29). Der Leser gewinnt den Eindruck, die Welt sei ausschließlich von

Fans bevölkert, so als ob der arabische Frühling, WikiLeaks, Anonymous, die Occupy-Bewegung und die vielen weltweiten Proteste und Revolutionen von 2011 nie geschehen seien. Man fragt sich, warum Jenkins eine neue Form von Elitismus vertritt, die Fans einen privilegierten Status zuspricht, Aktivisten und Bürger hingegen geringschätzt. So wird in dem Buch zum Beispiel die Online-Plattform 4chan behandelt, nicht aber das dort entstandene politische Hacking von Anonymous (Colemean 2015).

Das Buch könne »nicht umfassend den arabischen Frühling behandeln«, da dieser sich »während der Fertigstellung des Manuskripts entfaltet« habe, behauptet Jenkins (2014, 276). Die tunesische Revolution fand im Dezember 2010 und Januar 2011 statt, die ägyptische im Januar und Februar 2011. Im Literaturverzeichnis finden sich 21 Werke von 2011 und 2012; demnach wurde noch 2012 an dem Buch gearbeitet. Jenkins und seine Kollegen hätten sich also sehr wohl mit dem arabischen Frühling auseinandersetzen können, haben dies aber nicht getan.

3.5 Jenkins' Reaktion auf Kritiken

In Reaktion auf Kritiken an seinen Arbeiten, besonders an *Convergence Culture*, hat Jenkins versichert, er sei mittlerweile kritischer geworden:

> *Heute bin ich viel eher bereit, über einen Schub zu einer stärker partizipativen Kultur zu sprechen und dabei anzuerkennen, wie viele Menschen noch immer selbst von minimalen Möglichkeiten der Partizipation an der Netzwerkkultur ausgeschlossen sind und dass neue Taktiken von unten auf breitgefächerte Strategien von Unternehmen prallen, die das Bedürfnis der Bevölkerung nach Partizipation eindämmen und kommodifizieren wollen. Infolgedessen üben Eliten weiterhin mehr Einfluss auf politische Entscheidungen aus als Basis-Netzwerke, auch wenn wir beobachten können, wie alternative Perspektiven auf neuen Wegen in die Entscheidungsprozesse eingebracht werden.* (Jenkins 2014b, 272)

Jenkins räumt ein, er und andere hätten »die Barrieren unterschätzt, die dem Potenzial für Veränderungen entgegenstehen, die sich durch eine größere Kontrolle der Öffentlichkeit über die Mittel der kulturellen Produktion und Zirkulation ergeben« (Jenkins 2014b, 273). »Heute, nach fünf Jahren Debatte über das Web 2.0, beachte ich solche Machtmechanismen viel stärker als während der Arbeit an *Convergence Culture*« (Jenkins 2014b, 278).

Jenkins schreibt auch, er habe sich nun eingehender mit politischem Aktivismus wie der Occupy-Wall-Street-Bewegung befasst (Jenkins 2014b, 286). Es bleibt jedoch abzuwarten, ob er solche Bewegungen lediglich als eine vom Internet vermittelte positive Entwicklung darstellt oder auch ihre Versäumnisse berücksichtigt (die mit der seit Beginn der Weltwirtschaftskrise gewachsenen Macht von Staat, Unternehmen und Ideologen zu tun haben) sowie die Grenzen, die die staatliche Überwachung und die Kontrolle von Unternehmen über das Internet ihnen setzen (näher hierzu: Fuchs 2014b).

Jenkins und die Auseinandersetzung mit Unternehmen

Kritik sollte laut Jenkins (2014b, 287) auch »eine direkte Auseinandersetzung mit Unternehmen« und »Einflussnahme auf ihre Praktiken« umfassen. Kritische Forschung und Cultural Studies blieben zu oft rein theoretisch und »verteidigen ihre Unabhängigkeit von wirtschaftlichen Interessen auf Kosten der Fähigkeit zu bedeutsamen Interventionen in öffentliche Debatten« (289). Dazu sei es nämlich nötig, »inner-, nicht außerhalb kapitalistischer Institutionen zu wirken« (290). Es ist sicher nicht per se falsch, kritische Gespräche mit Unternehmen zu führen – auch Gewerkschaften tun dies. Allerdings verfügen sie auch über gewisse Druckmittel, nämlich Streiks und Arbeitsverweigerung, die sie mit an den Gesprächstisch bringen. Bei intellektuellen Debatten besteht dagegen das Problem, dass Unternehmen oft zu Gesprächen mit Unterstützern und sehr moderaten Kritikern bereit sind, von denen sie keine grundlegende Kritik befürchten müssen. Solange der Imperativ zur Profitmaximierung nicht hinterfragt wird, hören sie gerne zu – besonders denen, die wie erwartet keine grundsätzlichen Probleme thematisieren. Wenn man die Gelegenheit zu Gesprächen mit Unternehmen hat, muss man sich daher fragen, was man sagen und ihnen vorschlagen will.

Jenkins scheint Unternehmen mit einer gewissen Naivität zu begegnen, die ihnen sicher gelegen kommt. In seinen Texten kritisiert er sie nur sehr vorsichtig und ruft sie dazu auf, ein offenes Ohr für Kunden und Beschäftigte zu haben:

> *Managementstudien betonen, dass die Herstellung stärkerer horizontaler Netzwerke in Unternehmen bei den Beschäftigten mehr Eigeninteresse am Erfolg der Firma wecken kann und sie dazu motiviert, neue Erkenntnisse beizusteuern, die in strategische und taktische Entscheidungen eingehen können.* (Jenkins 2014b, 271)

In *GfK Marketing Review*, einer Zeitschrift für »Marketingmanager und Marktforscher, die sich für neue Erkenntnisse und Entwicklungen in der Marketingforschung interessieren«[23], gibt Jenkins Managern Empfehlungen, wie sie Schaden von ihren Marken abwenden können:

> *Marken sollten [...] sehr sorgfältig prüfen, ob alle Markenkontaktpunkte auch tatsächlich den propagierten Werten entsprechen, um nicht Zielobjekt von Aktivisten zu werden. [...] In der heutigen Medienwelt haben die rechtlichen Eigentümer dabei geringe Chancen, solche Initiativen zu stoppen. [...] Die beste Reaktion in solchen Angelegenheiten wäre, sich am Spiel zu beteiligen. Im Zeitalter der vernetzten Kommunikation gilt: ›If it doesn't spread, it's dead.‹* (Jenkins 2014a, 39)

Jenkins' Ratschläge beziehen sich nicht auf Fragen der Gleichheit wie etwa faire Löhne und Steuergerechtigkeit (die unter neoliberalen Bedingungen höhere Unternehmenssteuern und einen Kampf gegen die hochprofessionelle Steuervermeidung globaler Internetfirmen wie Facebook und Google einschließen müsste), auf Umweltschutz oder die Förderung von Kooperativen als einer Form von Wirtschaftsdemokratie usw. Stattdessen erklärt er Unternehmen, wie sie ihre Kommunikation gestalten sollten, um Kritik abzuwenden oder einzudämmen, die ihre Profite schmälern könnte. Jenkins spricht von strategischer Unternehmenskommunikation, nicht von strategischen politischen Veränderungen, die zu einer gerechteren Welt führen.

Dass auch rechte Bewegungen netzwerkförmige Technologien nutzen, erkennt Jenkins an (er erwähnt die Tea Party): »Zugegeben, die Praktiken von Partizipationskultur können zu komplizierten und widersprüchlichen Ergebnissen führen, wenn man von traditionellen ideologischen Kategorien ausgeht«; nichts an dieser Kultur habe »zwangsläufig fortschrittliche Folgen« (Jenkins 2014b, 285). Jenkins reduziert Partizipation auf eine neutrale kulturelle Kategorie, bei der es allein darum geht »sicherzustellen, dass so viele Menschen wie möglich Zugang zu den Plattformen haben« (Jenkins 2014b, 285) – wofür Plattformen genutzt werden, etwa für die Förderung von Gleichheit, Gerechtigkeit und Demokratie oder von Ungleichheit, Unterdrückung und Faschismus, spielt dabei offenbar keine Rolle. Ein solcher neutraler Begriff von Partizipation, der sich nicht auf das Konzept der partizipativen Demokratie bezieht, bleibt blind für ethische Fragen und politisch unkritisch. Nico Carpentier unterscheidet deshalb zwischen Partizipation und partizipativer Demokratie: Dass

---

[23] So die Selbstdarstellung unter www.gfk-verein.org/publikationen/gfk-mir-marketing-intelligence-review, abgerufen am 03.04.2018.

Nazis das Internet nutzen, zeige, dass »Partizipation auch außerhalb demokratischer Kultur stattfinden kann« (Jenkins und Carpentier 2013, 19) und man den Begriff daher mit substanzieller Demokratie verbinden muss.

Henry Jenkins und Nico Carpentier: Kulturelle und politische Partizipation

In einem Gespräch mit Jenkins hat Carpentier bemerkt, dass in Diskussionen über partizipative Kultur häufig Partizipation, Zugang und Interaktion vermengt werden. Die »radikaleren (maximalistischen) Bedeutungen von Partizipation wurden getilgt, als ein schlichter Museumsbesuch (und das Betrachten eines Bildes) mit dem Begriff belegt wurden« (Jenkins und Carpentier 2013, 271). Carpentier argumentiert, dass »das Politische stets eine Dimension aller gesellschaftlichen Prozesse ist« und folglich »institutionalisierte Politik und kulturelle Partizipation immer politisch sind« (271). Jenkins zeigt sich an solchen Diskussionen interessiert, weil Seiten wie YouTube »weit hinter meinem ursprünglichen Verständnis von partizipativer Kultur und Ihrem [Carpentiers] Begriff von Partizipation zurückbleiben, wonach sie die Gleichheit der Partizipierenden voraussetzt« (273). In diesem Kontext sei es wichtig, zwischen Partizipation an und Partizipation durch Medien zu unterscheiden, meint wiederum Carpentier.

Die Partizipation »an YouTube ist minimal«, es gebe aber gewisse Potenziale für eine Partizipation *durch* YouTube (10). Dem pflichtet Jenkins bei, weil man so zwischen der Organisation von YouTube und den die Seite nutzenden »partizipativen Communities« (275) unterscheiden könne.

Ich möchte einen Schritt weiter gehen und argumentieren, dass nicht nur alle sozialen Systeme politisch sind, sondern dass sie auch alle eine wirtschaftliche, politische und kulturelle Dimension haben, weil sie auf Ressourcen, Entscheidungsstrukturen und Strukturen, die Ansehen erzeugen, beruhen (Fuchs 2008a). Diese wirtschaftlichen, politischen und kulturellen Strukturen ermöglichen und beschränken Praxen, die gesellschaftliche Strukturen produzieren und reproduzieren (Fuchs 2008a). Soziale Systeme sind fraglos politisch, da es in ihnen um die Verteilung wirtschaftlicher, politischer und kultureller Macht geht. Mehr noch aber sind sie politökonomisch in dem Sinne, dass das Ökonomische stets die menschliche Produktion und Reproduktion von Strukturen in gesellschaftlichen Systemen betrifft und immer politisch ist, weil Fragen der Machtverteilung (Macht des Eigentums, Entscheidungsmacht, Macht des Ansehens) auftreten. Wie alle sozialen Systeme weist YouTube wirtschaftliche Aspekte von Eigentum und Arbeit, Entscheidungsprozessen und Erzeugung von Ansehen auf. Es ist ein komplexes System, an dem Manager, Finanzinvestoren, Beschäftigte, Zuschauer und Prosumenten beteiligt sind. Auf der Ebene der Konsumption und Prosumption ist eine Vielfalt von anderen sozialen Systemen strukturell an YouTube gekoppelt, die die Nutzer herstellen und die wiederum eine eigene Verteilung von wirtschaftlicher, politischer und kultureller Macht aufweisen. Über Partizipation zu sprechen bedeutet meines Erachtens immer, dass man Fragen über Demokratie stellt – über die Verteilung solcher Formen von Macht in sozialen Systemen. Wenn wir uns mit YouTube auseinandersetzen, sollten wir daher analysieren, wie Macht bei YouTube als einer Organisation und in den an die Seite gekoppelten sozialen Systemen verteilt ist und wie diese beiden Sphären interagieren, sich in gewissem Maße gegenseitig fördern und einschränken. Sowohl Jenkins wie Carpentier neigen zu einem neutralen Begriff von Partizipation, der durch das Politische (bei Carentier) und durch Kultur (bei Jenkins) kontextualisiert und überdeterminiert wird. Mein Argument lautet, dass Partizipation selbst mit der Frage der Machtverteilung in der Gesellschaft und in sozialen Systemen zu tun hat und daher am ehesten als ein politökonomischer Begriff zu verstehen ist.

3.6 Schlussfolgerungen

Jenkins steht in der affirmativen Tradition der Cultural Studies, die Fernsehzuschauer (und andere Publikumsgruppen) als Subjekte anbetet, die permanent »aufbegehren« und »Widerstand leisten«, um noch mehr zu konsumieren. Politökonomische Ansätze wie die von Noam Chomsky und Robert McChesney lehnt er ab, weil ihre »Politik des kritischen Pessimismus darauf beruht, Menschen zu Opfern zu erklären«, während seine eigene »Politik des kritischen Utopismus auf einer Vorstellung von Ermächtigung beruht« (Jenkins 2008, 259). Dass der Ansatz der kritischen politischen Ökonomie Ohnmacht befördere, trifft jedoch nicht zu, denn häufig betont er gerade das Potenzial politischer Bewegungen und ihrer Mediennutzung, Veränderungen herbeizuführen. Jenkins ist insofern ein utopischer Denker, als er in der Popkultur immerzu einen unausweichlichen Widerstand der Konsumenten entdeckt, Aspekte von Ausbeutung und Ideologie dagegen ignoriert. Ein *kritischer* Utopist ist er eben deshalb aber gewiss nicht. Kritische Theorie und kritische politische Ökonomie deuten das Verhalten von Zuschauern anders als von ihm behauptet nicht »ausgehend von den Strukturen des Textes oder den Formen von Konsumption, die die Institutionen der Produktion und Vermarktung hervorbringen (Jenkins 1992, 291); vielmehr zielen sie – im Gegensatz zu Jenkins – auf Phänomene der Ausbeutung (von Arbeitern wie Publikum) und der Ungleichheit der Klassen, die die Warenform der Kultur mit sich bringt. Im Kern der Warenform erkennen sie tief verankerte Ungleichheiten und stellen deshalb die Logik von Kommodifizierung und Kapitalakkumulation infrage.

Medien- und Kommunikationsstudien sollten sich von einem trivialen und reduktionistischen Verständnis von Partizipation verabschieden (das lediglich bedeutet, dass Nutzer Inhalte erzeugen, kuratieren, verbreiten oder kritisieren) und den politischen Gehalt des Begriffes bergen, indem sie sich mit der Theorie der partizipativen Demokratie auseinandersetzen. Früher bezeichneten Vertreter der Cultural Studies andere Autoren häufig als ökonomische Reduktionisten. Heute ist mehr als deutlich geworden – und Jenkins' Arbeiten sind das beste Beispiel dafür –, dass ihr eigener kultureller Reduktionismus zu weit gegangen ist, dass der *cultural turn* als Abwendung von kritischer politischer Ökonomie ein Fehler war und die Medien- und Kommunikationsstudien Begriffe wie Klasse und partizipative Demokratie neu für sich entdecken müssen. Der 2014 verstorbene Stuart Hall plädierte in diesem Kontext in einem seiner letzten Interviews dafür, Marx wieder in die Cultural Studies einzuführen:

In ihrem Bemühen, sich von ökonomischem Reduktionismus zu lösen, haben sie [die Cultural Studies] vergessen, dass es überhaupt eine Ökonomie gibt. Sie befinden sich in keiner besonders guten Lage. [...] Sie [ihre Vertreter] sollten einen Schritt zurück gehen und sich fragen: Welche Rolle spielt das Ökonomische bei der Reproduktion des materiellen und symbolischen Lebens? Sie müssten sich ökonomische Fragen stellen. [...] Das wäre eine Art Rückkehr zu dem, was Cultural Studies sein sollten und anfangs auch waren. Sie haben sich ziemlich verirrt. [...] Jetzt klinge ich wie der Schulleiter, der ich nie sein wollte.[24]

---

[24] Stuart Hall, Interview mit Sut Jhally, London, 30.08.2012, http://vimeo.com/53879491, abgerufen am 08.04.2015.

Die Hauptergebnisse dieses Kapitels können wir wie folgt zusammenfassen:

▪ Henry Jenkins reduziert den Begriff der Partizipation auf eine kulturelle Dimension und ignoriert das umfassendere Konzept der partizipativen Demokratie und seine Implikationen für das Internet. Ein Internet, das von Unternehmen beherrscht wird, die durch die Ausbeutung und Kommodifizierung von Nutzern Kapital akkumulieren, kann nach der Theorie der partizipativen Demokratie niemals partizipativ sein; die Ausdrucksformen in ihm lassen sich nicht als Ausdruck von Partizipation werten. Insbesondere vernachlässigt Jenkins Eigentum als einen Aspekt von Partizipation sowie Fragen von Klasse und Kapitalismus.

▪ Jenkins unterstellt fälschlicherweise, dass Fan-Gemeinschaften in der Popkultur zwangsläufig etwas mit politischem Protest zu tun hätten. Und er verwechselt beides; Politik ist für ihn vor allem Mikropolitik innerhalb der Popkultur (zum Beispiel der Kampf von Fans darum, dass die Kulturindustrie beim Entwurf von Plots ihre Vorstellungen berücksichtigt).

▪ Jenkins' Darstellung von partizipativer Kultur und von sozialen Medien als deren Produzenten ist eine Form von kulturellem Reduktionismus und Determinismus, die strukturelle Einschränkungen menschlichen Verhaltens sowie die Dialektik von Struktur und Handlung vernachlässigt.

Jenkins verfehlt die zentrale Bedeutung von Geld in der Ökonomie und erklärt die Ausbeutung der digitalen Arbeit von Nutzern für unproblematisch, solange diese durch ihre Nutzung von Internetplattformen soziale Vorteile erlangen.

Literaturhinweise und Übungen

Eine gute Methode, um sich das Thema der partizipativen Kultur zu erschließen, besteht in der Auseinandersetzung mit unterschiedlich ausgerichteten Texten. Die folgenden Literaturempfehlungen umfassen deshalb sowohl Arbeiten von Henry Jenkins über partizipative Kultur als auch von politischen Theoretikern wie Carole Pateman und Crawford Macpherson über partizipative Demokratie. Durch ihre Gegenüberstellung können wir unterschiedliche Verständnisse von Partizipation herausarbeiten.

Übung 3.1

Jenkins, Henry. 2008. *Convergence culture.* New York: New York University Press. Einleitung: Workshop at the altar of convergence: A new paradigm for understanding media change. Kapitel 4: Quentin Tarantino's Star Wars? Grassroots creativity meets the media industry. Kapitel 5: Why Heather can write: Media literacy and the Harry Potter wars. Schluss: Democratizing television? The politics of participation.

Green, Joshua und Henry Jenkins. 2009. The moral economy of web 2.0: Audience research and convergence culture, in: Jennifer Holt/Alisa Perren (Hg.), *Media industries: History, theory, and method*, 213–225. Malden, MA: Wiley-Blackwell.

Jenkins, Henry. 2009. What happened before YouTube, in: Jean Burgess/Joshua Green (Hg,), *YouTube*, 109–125. Cambridge: Polity Press.

Diese Texte bieten eine Einführung in Henry Jenkins' Verständnis von partizipativer Kultur. Bilden Sie Arbeitsgruppen.

- Erstellen Sie eine Liste der Charakteristika, die partizipative Kultur nach Jenkins aufweist. Systematisieren Sie diese Liste durch die Einführung verschiedener Dimensionen.

- Fragen Sie sich, wie man den Begriff der Kultur definieren könnte und welche Aspekte und Dimensionen er umfasst. Vergleichen sie dies theoretisch-systematisch mit der zuvor erstellten Liste. Versuchen Sie dabei Überschneidungen zwischen Kategorien/Dimensionen zu vermeiden.

- Sehen Sie sich gemeinsam die Passagen und Artikel/Kapitel an, die soziale Medien/Web-2.0-Plattformen erwähnen. Greifen Sie auf Ihre Liste zurück, um herauszuarbeiten, was Jenkins als Eigenschaften partizipativer Netzkultur sieht.

Übung 3.2

Pateman, Carole. 1970. Participation *and democratic theory.* Cambridge: Cambridge University Press. Kapitel IV: »Participation« and »democracy« in industry. Kapitel VI: Conclusion.

Macpherson, Crawford Brough. 1977. *Demokratietheorie. Beiträge zu ihrer Erneuerung. München: C.H. Beck. Kapitel 1: Maximierung von Demokratie. Kapitel 2: Demokratietheorie: Ontologie und Technologie.* Kapitel 3: Probleme einer nicht-marktbezogenen Demokratietheorie.

Held, David. 2006. *Models of democracy* (3. Ausgabe), 209–216. Cambridge: Polity Press.

Pateman, Carole. 2012. Participatory democracy revisited. *Perspectives on Politics* 10 (1): 7–19.

Crawford Brough Macpherson und Carole Pateman sind zwei der wichtigsten politischen Denker, die über den Begriff der partizipativen Demokratie geschrieben haben. Ihre hier aufgeführten Bücher sind Klassiker der politischen Theorie. Ergänzend kann David Held gelesen werden, um den Begriff der partizipativen Demokratie besser zu verstehen.

▪ Erstellen Sie eine Liste der Charakteristika partizipativer Demokratie nach Pateman und Macpherson. Versuchen Sie dabei systematisch vorzugehen, indem Sie unterschiedliche Dimensionen von Demokratie identifizieren, und vermeiden Sie Überschneidungen zwischen ihnen.

▪ Diskutieren Sie, wo es Beispiele für partizipative Demokratie gibt und inwieweit sie den aufgelisteten Charakteristika entsprechen. Gibt es Beispiele für partizipative Demokratie im Internet?

▪ Wie würden das Internet und soziale Medien in einer partizipativen Demokratie aussehen? Welche Veränderungen wären notwendig, um eine partizipative Demokratie und ein partizipatives Internet/Web zu erreichen? Vergleichen Sie ein solches Konzept von Internet mit Jenkins' Konzept der partizipativen Kultur.

▪ Suchen Sie in Datenbanken wie Social Sciences Citation Index, Communication and Mass Media Complete, Scopus, Sociological Abstracts, Google Scholar usw. nach Rezensionen von Jenkins' Büchern. Verteilen Sie sie in Ihrer Gruppe und erstellen Sie eine systematische Liste der darin formulierten Kritikpunkte. Diskutieren Sie diese im Seminar.

▪ Prüfen Sie, ob sich Jenkins in seinen Arbeiten auf Autoren bezieht, die ihn kritisieren. Falls ja, wie reagiert er auf ihre Kritik? Wenn Sie solche Antworten finden, diskutieren Sie sie im Seminar.

4 Soziale Medien und Kommunikationsmacht

Kernfragen

- Was ist Macht? Was ist Gegenmacht?
- Wie verhält sich Macht zu Kommunikation?
- Wie haben soziale Medien unser Verständnis von Kommunikationsmacht beeinflusst?
- Welche Rolle hat die Kommunikationsmacht sozialer Medien im arabischen Frühling und den Occupy-Bewegungen gespielt?

Schlüsselbegriffe

- Macht
- Gegenmacht
- Manuel Castells' Begriff der Massen-Selbst-Kommunikation
- Kommunikationsmacht

Überblick

Macht, ein Schlüsselbegriff politischer Theorie, ist unterschiedlich definiert worden. Max Weber versteht darunter die »Möglichkeit, den eigenen Willen dem Verhalten anderer aufzuzwingen« (1972, 542). Jürgen Habermas verbindet den Begriff für die Durchsetzung gemeinsamer Ziele für Zwangsmittel, Macht- und Statussymbole, die Entscheidungsmacht von Autoritäten, Benachteiligung, Definitionsmacht, Gegenmacht, Organisation und Legitimation (Habermas 1981a, 1981b). Niklas Luhmann (2000, 39) versteht unter Macht, durch ein »Inaussichtstellen von Sanktionen« zu »erreichen, daß andere etwas tun, was sie anderenfalls nicht tun würden«. Für diese Autoren besteht Macht in der Fähigkeit einer Gruppe, zur Durchsetzung des eigenen Willens und Interesses Zwangsmittel gegen andere einzusetzen.

Michel Foucault wandte gegen ein solches Verständnis ein, dass Macht nicht nur in Einrichtungen wie dem Staat oder Unternehmen angesiedelt sei:

> *Man muß aufhören, die Wirkungen der Macht immer nur negativ zu beschreiben, als ob sie nur »ausschließen«, »unterdrücken«, »verdrängen«, »zensieren«, »abstrahieren«, »maskieren«, »verschleiern« würde. In Wirklichkeit ist die Macht produktiv; und sie produziert Wirklichkeit. Sie produziert Gegenstandsbereiche und Wahrheitsrituale: das Individuum und seine Erkenntnis sind Ergebnisse dieser Produktion. (Foucault 1977, 250)*

Foucault meinte, »dass es keine Machtbeziehungen ohne Widerstände gibt« (Foucault 1977/2003, 547).

Anthony Giddens definiert Macht als »Vermögen zur Veränderung, als Fähigkeit, in eine gegebene Reihe von Ereignissen so einzugreifen, dass sie verändert werden« (Giddens 1985, 7), und »effektiv über den Gang der Ereignisse zu entscheiden, selbst wenn andere solche Entscheidungen anfechten« (9). Im Gegensatz zu Weber, Habermas und Luhmann versteht Giddens Macht also als einen allgemeinen Begriff – als Fähigkeit von Menschen, zu handeln und dadurch die Gesellschaft zu verändern.

Welcher dieser Definitionen man auch folgt, klar ist, dass Macht die Frage betrifft, wer Einfluss auf die Gestaltung der Gesellschaft hat und über die Mittel verfügt, die ihm einen solchen Einfluss verschaffen. In der Informationsgesellschaft sind Kommunikation und Kommunikationstechnologien im Alltagsleben allgegenwärtig geworden. Folglich stellt sich die Frage, wie Macht in ihr transformiert worden ist und worin Kommunikationsmacht besteht.

Einer der meistzitierten Autoren in den Sozialwissenschaften und besonders in der Medien- und Kommunikationsforschung ist Manuel Castells. Dieses Kapitel befasst sich vor allem mit Castells' Ansatz und seinem Verständnis von Kommunikationsmacht im Kontext sozialer Medien. Castells arbeitete lange Zeit auf dem Feld der Stadtsoziologie, bevor er mit dem Aufstieg des World Wide Web zu einem der führenden Internetforscher wurde. Er ist Professor für Soziologie an der Offenen Universität von Katalonien in Barcelona sowie Professor für Kommunikationstechnologie und Gesellschaft an der Annenberg School of Communication der University of Southern California.

Castells betont die Rolle des Internets und sozialer Medien in dem, was er »Netzwerkgesellschaft« tauft. In diesem Kontext hat er die Begriffe der Kommunikationsmacht und der massenhaften Selbst-Kommunikation geprägt. Kommunikation in sozialen Medien ist für ihn Massen-Selbst-Kommunikation, deren Aufkommen die sozialen Machtstrukturen deutlich verschoben habe.

In diesem Kapitel werden die theoretischen Grundlagen von Castells' Ansatz vorgestellt und kritisch erörtert. Es geht um die Rolle von Gesellschaftstheorie (4.1), den Begriff der Kommunikationsmacht (4.2), Kommunikationsmacht in sozialen Medien (4.3) sowie im arabischen Frühling und der Occupy-Bewegung (4.4).

4.1 Gesellschaftstheorie im Informationszeitalter

Was ist Gesellschaftstheorie?

Fragt man mit dem Internet und sozialen Medien befasste Forscher, auf welche Gesellschaftstheorien sie sich stützen, dann nennen nach meiner Erfahrung einige die Theorie von Manuel Castells. Aber was ist Gesellschaftstheorie überhaupt? Gesellschaftstheorie ist die systematische Entwicklung und Verknüpfung von »Begriffen, um das soziale Leben zu erfassen, in sozialen Verhältnissen und Handlungen Muster auszumachen und Erklärungen für spezifische Züge des gesellschaftlichen Lebens wie auch für seine allgemeinen Formen zu entwickeln« (Calhoun et al. 2007, 3). Sie versucht gesellschaftliche Ereignisse, Institutionen und Trends, die Beziehungen zwischen ihnen sowie den Zusammenhang zwischen persönlichem Leben und Gesellschaft zu begreifen (Calhoun et al. 2007, 4). Ebenso befasst sie sich mit dem »Wesen menschlichen Handelns«, Interaktion und Institutionen (Giddens 1988, 30), mit dem menschlichen Sein sowie der gesellschaftlichen Reproduktion und Veränderung (34). Philosophische Reflexionen und Debatten sind wichtige Instrumente für sie (31).

Soziologie und Gesellschaftstheorie haben ihren Ursprung in Philosophie (Adorno 2000, 176; 2003a, 2003b, 20). Zu den Aufgaben (kritischer) Gesellschaftstheorie zählt es, Menschen die unverwirklichten Potenziale und die Handlungsmöglichkeiten in der zeitgenössischen Gesellschaft bewusst zu machen, neue, andersartige Fragen über sie zu stellen (Calhoun 1995, 7–8), die Fähigkeit zu stärken, sich eine bessere Gesellschaft vorzustellen, die Probleme zu benennen, die die Verwirklichung gesellschaftlicher Potenziale blockieren, Narrative darüber zu entwickeln, in welcher Gesellschaft wir leben und was sie wesentlich auszeichnet, um Diskussionen über ihren Charakter und ihre Probleme zu ermöglichen, und schließlich, das Verhältnis zwischen Erscheinung (dem, was ist/existiert) und Wesen (dem, was sein sollte) zu analysieren (Adorno 2003).

Angesichts der Bedeutung von Sozialphilosophie für die Gesellschaftstheorie und ihrer Aufgabe, Orientierung bei den Fragestellungen über die gegebene Gesellschaft zu bieten, sollte jede Theorie begründen, warum ein bestimmter Begriff auf eine bestimmte Weise und nicht anders verwendet wird. Das erfordert eine Auseinandersetzung mit anderen Theorien und ihren Argumentationen. Castells jedoch stellt lediglich seine eigenen Definitionen auf, ohne darzulegen, warum sie anderen überlegen sein sollten.

Castells – der Theoretiker des Internets in der Informationsgesellschaft?

Castells setzt sich mit Leben und Kommunikation in der »Netzwerkgesellschaft« auseinander. Er verfasste die Trilogie *Das Informationszeitalter* (Castells 2017, 2002, 2003), gefolgt von dem Band *Communication Power* (Castells 2009). Castells (2017) spricht davon, dass seine Trilogie keine formale, systematische Theorie ist, sondern Konzepte anbietet, um Trends, Strukturen und Dynamiken der Gesellschaften des 21. Jahrhunderts zu analysieren. Er versteht seinen Ansatz also als eine Gesellschaftstheorie. Eine Gesellschaftstheorie des Internets müsste zunächst bestimmte Fragen stellen: Was ist Gesellschaft? Wie wird sie hergestellt? Wie vollzieht sich sozialer Wandel? Welche Rolle spielen Struktur und Handlung in ihr? In welchem Verhältnis steht das Individuum zu ihr? Diese Fragen wären allgemein auf die moderne Gesellschaft und sodann auf die heutige zu beziehen, um ein theoretisches Wissen zu erlangen, mit dem wir die Rolle des Internets in der Gegenwart verstehen, begrifflich fassen und kritisieren können (Fuchs 2008a). Castells bietet jedoch vor allem eine Geschichte des Internets und seines Kontextes, keine Theorie der Gesellschaft im Allgemeinen und der modernen im Besonderen. In der Einleitung zum ersten Band seiner Trilogie (Castells 2017, 5–18) skizziert er auf knappen 13 Seiten einen theoretischen Rahmen, demzufolge das Verhältnis von Technik und Gesellschaft auf Produktionsstrukturen (Produktions- und Entwicklungsweisen), Erfahrung und Macht besteht. Unklar bleibt dabei allerdings, ob er von Gesellschaft im Allgemeinen oder von bestimmten Gesellschaften spricht, denn Klassenverhältnisse werden als ein Moment der Produktion gefasst (Castells 2017, 15–16). Nun ist Klasse zweifellos ein Aspekt der modernen, aber nicht unbedingt aller Gesellschaften, wie Marx in seinen Ausführungen über klassenlose Gesellschaften deutlich machte.

Der Band *Communication Power* soll »die Erarbeitung einer fundierten Theorie der Macht in der Netzwerkgesellschaft voranbringen« (Castells 2009, 5). Castells will sich nicht in theoretische Debatten begeben (sein Ansatz beruht auf »einer selektiven Lektüre von Machttheorien« (6)), »kein Buch über Bücher« schreiben (2017, 25); gesellschaftstheoretische Werke fördern ihm zufolge vor allem die Entwaldung des Planeten (Castells 2009, 6), sind also mit anderen Worten belanglos und das Papier nicht wert, auf dem sie stehen.

Mangels gesellschaftstheoretischer Fundierung kann Castells nicht erklären, warum er eine bestimmte Definition von Macht, Globalisierung, sozialen Bewegungen etc. verwendet und wir angeblich in einer Netzwerkgesellschaft leben und nicht in einer postindustriellen, einer kapitalistischen, in einem neuen kapitalistischen Empire oder Imperialismus, Finanzkapitalismus, einer Wissensgesellschaft etc. Einfach Definitionen vorzunehmen, ohne sich mit der Geschichte von Begriffen auseinanderzusetzen, greift zu kurz. Ein Ansatz ist nur dann hinreichend fundiert, wenn logisch begründet werden kann, warum er Begriffe auf eine bestimmte Weise und nicht anders verwendet. Um die heutige Gesellschaft wirklich zu begreifen, müssen wir uns mit Sozialphilosophie und der Geschichte von Gesellschaftstheorie befassen. Aufgrund seiner Aversion gegen solche Diskurse kann Castells keinen fundierten Ansatz vorlegen, sondern lediglich beliebige und unsystematische Begriffsbildungen und eine Ansammlung von Beobachtungen.

4.2 Kommunikationsmacht in der Netzwerkgesellschaft

Macht – ein Wesenszug aller Gesellschaften?

Castells (2009, 43–47, 418–420) führt vier Arten von Macht in der Netzwerkgesellschaft ein: die Macht der Netzwerke selbst (*network power*), die Macht über sie (*networking power*), die Macht einzelner Knotenpunkt über andere (*networked power*) und die Macht, Netzwerke zu schaffen (*network-making power*). In Anlehnung an Weber definiert er Macht als »das relationale Vermögen eines sozialen Akteurs, die Entscheidungen anderer Akteure in asymmetrischer Weise so zu beeinflussen, dass es seinem Willen, seinen Interessen und Werten dient« (Castells 2009, 10). Macht verbindet er mit Zwang, Herrschaft, (potenzieller) Gewalt und Asymmetrie. Castells bezieht sich folgerichtig auf die Machtbegriffe von Foucault, Weber und Habermas, behauptet aber zudem, an Giddens' Theorie der Strukturierung anzuschließen. Dieser versteht Macht jedoch auf eine ganz andere Weise, die Castells weder erörtert noch erwähnt, nämlich wie oben zitiert als »Vermögen zur Veränderung, als Fähigkeit, in eine gegebene Reihe von Ereignissen so einzugreifen, dass sie geändert werden« (Giddens 1985, 7), und »effektiv über den Gang der Ereignisse zu entscheiden, selbst wenn andere solche Entscheidungen anfechten« (9). Sie kennzeichnet ihm zufolge alle gesellschaftlichen Verhältnisse: Macht ist »gewöhnlich an sozialen Praxen beteiligt« und »wirkt in und durch menschliches Handeln« (Giddens 1981, 49–50).

Nach Giddens' Theorie der Strukturierung zeichnet sich Macht nicht unbedingt durch Zwang, Gewalt und Asymmetrie aus. Es lassen sich daher Situationen und soziale Systeme denken und analysieren, in denen sie symmetrischer verteilt ist, etwa solche einer partizipativen Demokratie. Verstanden als Fähigkeit zur Veränderung, scheint Macht tatsächlich ein Grundzug aller Gesellschaften zu sein. Insofern besteht aber ein erheblicher Unterschied zwischen Castells' Ansatz und Giddens' Theorie der Strukturierung, was nicht per se problematisch, aber doch offenzulegen ist, zumal sich Castells (2009, 14) – meines Erachtens zu Unrecht – auf diese Theorie beruft. Bedenklich scheint nämlich, dass von Zwang, Gewalt und Herrschaft bestimmte Machtbeziehungen laut Castells »quer durch Geschichte, geografische Regionen und Kulturen hindurch die grundlegenden gesellschaftlichen Verhältnisse bilden« (9). Solche Macht sei »der fundamentalste Prozess in der Gesellschaft« (10). Folgerichtig verwirft Castells das »naive Bild einer versöhnten Menschheit, eine normative Utopie, die historischen Beobachtungen widerlegen« (13).

Ist es wirklich plausibel, dass die gesamte Menschheitsgeschichte und sämtliche sozialen Situationen und Systeme, in denen wir leben, unausweichlich immer von Machtkämpfen, Zwang, Gewalt und Herrschaft geprägt sind? In der modernen Gesellschaft gilt dies leider häufig selbst für Beziehungen der Liebe, Intimität und Zuneigung, die so Machtbeziehungen im Sinne Castells darstellen. Aber ist Liebe nicht zugleich für viele Menschen der Inbegriff einer Erfahrung von Gefühlen und Verhaltensweisen, die Gewalt, Herrschaft und Zwang entgegenstehen? Ist nicht das Phänomen des Altruismus in der Liebe wie in der Zivilgesellschaft die praktische Widerlegung der Behauptung, Macht im Sinne von Zwang sei »der fundamentalste Prozess in der Gesellschaft«? Meine These lautet, dass nicht eine solche Macht, sondern Kooperation der fundamentalste soziale Prozess ist (Fuchs 2008a, 31–34, 40–58) und in der Tat soziale Systeme möglich sind, die nicht eine Macht im Sinne Castells', sondern eine symmetrisch verteilte Macht im Sinne Giddens' kennzeichnet. Versteht man Macht als gewaltsamen Zwang, dann naturalisiert und fetischisiert man Zwang und gewaltförmige Kämpfe als unausweichlich, anstatt sie als historische Züge von Gesellschaften zu fassen. Die fragwürdige ideologisch-theoretische Implikation besteht darin, dass letztlich in allen Gesellschaften Krieg herrschen muss und ein Zustand des Friedens kategorisch als unmöglich abgetan wird – auch wenn Castells dieser Implikation sicher nicht folgt, wie seine Analyse von Kommunikationsmacht im Irakkrieg zeigt (Castells 2009).

Macht und technokratische Sprache

Ein Problem an Castells' Buch *Communication Power* (2009) ist die weithin technokratische Sprache, mit der er Netzwerke und Kommunikationsmacht darstellt – soziale, technische und technisch-soziale Netzwerke werden allesamt mit denselben Kategorien und Metaphern aus der Informatik und Computertechnologie beschrieben: Programm, Metaprogrammierer, Switches, Switcher, Konfiguration, Interoperabilität, Protokolle, Betriebssystem, Netzwerkstandards, Netzwerkkomponenten, Programmcode etc. Castells will gewiss nicht den Unterschied zwischen sozialen und technischen Netzwerken tilgen. In der Vergangenheit hat er zum Beispiel Netzwerke »als Form sozialer Organisation« gefasst und die Informationstechnologie als »materielle Basis dafür, dass diese Form auf die gesamte gesellschaftliche Struktur ausgreift und sie durchdringt« (Castells 2017, 527).

Doch selbst wenn man die von ihm mittlerweile gebrauchte Terminologie rein metaphorisch versteht, bleibt es ein Problem, dass Castells mit der Beschreibung von Gesellschaft und sozialen Systemen in der Sprache von Technik und Informatik die *differentia specifica* von Gesellschaft gegenüber Computern und IT-Netzwerken verwischt – nämlich dass sie auf Menschen, auf reflektierenden und selbstbewussten Wesen beruht, die anders als Computer über kulturelle Normen, die Fähigkeit zu vorausschauendem Denken und eine gewisse Handlungsfreiheit verfügen. Angesichts seines häufigen Gebrauchs solcher Metaphern überrascht es nicht, dass Castells (2009, 45) Bruno Latours Akteur-Netzwerk-Theorie für brillant hält. Es ist wichtig, soziale und technische Netzwerke qualitativ zu unterscheiden und die emergenten Eigenschaften technisch-sozialer Netzwerke wie des Internets zu erkennen (Fuchs 2008a, 121–147).

Castells räumt ein, es gebe in seiner Terminologie »eine Parallele zur Softwaresprache« (Castells 2009, 48), ohne jedoch zu begründen, warum er sie verwendet oder für sinnvoll hält. Die Gesellschaft ist fraglos von Computern geprägt, aber nicht selbst einer, und deshalb gibt es meines Erachtens keinen Grund für eine solche terminologische Vermengung. Wie biologische Metaphern können auch Computermetaphern bezogen auf Gesellschaft unter bestimmten Umständen gefährlich werden, weshalb man gar nicht erst damit anfangen sollte, den qualitativen Unterschied zwischen Gesellschaft und Technik zu verwischen. Technik ist ein Teil der Gesellschaft und die Gesellschaft erfindet, produziert und reproduziert Technik. Gesellschaft ist mehr als nur Technik und hat emergente Eigenschaften, die aus den synergetischen Interaktionen von Menschen hervorgehen. Technik ist eines von vielen Ergebnissen produktiver sozialer Interaktion und hat daher Züge, die einerseits spezifisch gesellschaftlich sind und sich andererseits von denen anderer Resultate von Gesellschaft unterscheiden. Sozialen und technischen Netzwerken ist gemein, dass sie

Knotenpunkte und Interaktionen umfassen. Gleichwohl sollte man nicht die wichtige Aufgabe vergessen, zwischen ihren unterschiedlichen emergenten Eigenschaften zu differenzieren – Eigenschaften, die interagieren, wenn diese zwei Arten von Netzwerken in technisch-sozialen Netzwerken wie dem Internet verbunden werden, wodurch meta-emergente technisch-soziale Eigenschaften auftreten.

Die Widersprüche und Fetischismen, die sich mitunter in Castells' Arbeiten finden, sind einer mangelnden Auseinandersetzung mit Gesellschaftstheorie geschuldet und unterstreichen so deren Bedeutung für eine Theorie des Internets in der heutigen Gesellschaft.

4.3 Kommunikationsmacht, soziale Medien und Massen-Selbst-Kommunikation

Massen-Selbst-Kommunikation

Castells zufolge ist Massen-Selbst-Kommunikation eine neuartige Qualität von Kommunikation in der zeitgenössischen Gesellschaft:

> *Es ist Massenkommunikation, weil sie potenziell ein weltweites Publikum erreichen kann, wie etwa beim Posten eines Videos auf YouTube, einem Blog mit RSS-Links zu einer Reihe von Online-Quellen oder einer Nachricht auf einer sehr großen E-Mail-Liste. Gleichzeitig ist es Selbst-Kommunikation, weil man selbst die Botschaft erstellt, selbst die potenziellen Empfänger festlegt und selbst bestimmte Nachrichten und Inhalte aus dem Internet und elektronischen Netzwerken auswählt. Die drei Formen von Kommunikation (interpersonelle, Massenkommunikation und Massen-Selbst-Kommunikation) koexistieren, interagieren und ergänzen sich, anstatt sich gegenseitig zu ersetzen. Was historisch neuartig ist und beträchtliche Folgen für die gesellschaftliche Organisation und kulturellen Wandel hat, ist die Verbindung sämtlicher Kommunikationsformen zu einem interaktiven, digitalen Hypertext, der die kulturellen Ausdrücke menschlicher Interaktion in ihrer ganzen Vielfalt umfasst, mischt und neu kombiniert. (Castells 2009, 55; siehe auch 70)*

Castells' Theorie zufolge basiert Massen-Selbst-Kommunikation auf Umberto Ecos semiotischem Modell von Kommunikation als Herausbildung eines »kreativen Publikums« (Castells 2009, 127–135), das an der »interaktiven Produktion von Bedeutung« (132) teil hat und auf der neuartigen Figur des »Sender-Adressaten« beruht (130).

Autonomie

Prägend für das heutige Internet ist laut Castells der Konflikt zwischen globalen Multimediaunternehmen, die es zu kommodifizieren versuchen, und dem »kreativen Publikum«, das es unter die Verfügung der Bürgerschaft bringen möchte und das Recht auf kommunikative Freiheit ohne Kontrolle durch Unternehmen geltend macht (Castells 2009, 80, 97, 136). Den Begriff der Autonomie in der massenhaften Selbst-Kommunikation führt Castells erstmals auf Seite 129 von *Communication Power* an, definiert ihn aber nicht, sodass sich der Leser fragt, was ihm dieser normativ und politisch konnotierte Begriff sagen soll. Was »Autonomie« bedeutet, liegt nämlich keineswegs auf der Hand. Geht es im Sinne Kants um die Autonomie des Willens »als oberstes Prinzip der Sittlichkeit«, also jene »Beschaffenheit des Willens, dadurch derselbe ihm selbst [...] ein Gesetz ist« (Kant 1785/1999, 68)? Oder um den »wahren Individualismus«, den Friedrich Hayek (1948) im Sinn hatte, als er den Kapitalismus als eine spontane Ordnung fasste, die man sich selbst überlassen müsse, anstatt sie durch politische Regeln zu gestalten (Hayek 1988)? Meint Autonomie die Freiheit von Rede, Geschmack und Versammlung, der Gedanken und der Diskussion gemäß dem »Schadensprinzip«, wie von John Stuart Mill (1859/1998) postuliert? Oder die Existenz funktional differenzierter selbstreferenzieller Subsysteme der Gesellschaft (Luhmann 1998)? Geht es, weniger individualistisch, um eine Verbindung von individueller Autonomie, verstanden als Subjektivität – einer »reflexiven und bewussten Instanz«, durch die die radikale Imagination »aus dem Bannkreis der Wiederholung auszubrechen« vermag (Castoriadis 2006, 155) – und sozialer Autonomie, verstanden als »*gleiche Teilhabe aller* an der Macht (Castoriadis 2006, 126; siehe auch Castoriadis 1984)? Bezieht sich Castells positiv auf einen der beiden Pole des theoretisch unversöhnten Verhältnisses von privater und öffentlicher Autonomie, das Habermas (1994, 112) kritisch untersucht hat, oder auf die von diesem verhandelte Dialektik der Autonomie, auf jene »Gleichursprünglichkeit von privater und öffentlicher Autonomie« (135), die in einem System der Grundrechte erzielt wird, »die sich Bürger gegenseitig einräumen müssen, wenn sie ihr Zusammenleben mit Mitteln des positiven Rechts legitim regeln wollen« (151) und »die, normativ betrachtet, gleichursprünglich sind und sich wechselseitig voraussetzen, weil eine ohne die andere unvollständig bliebe« (314)? Bedeutet Autonomie den Status eines »in territorialer Geschlossenheit organisierten Volkes« (Schmitt 1932/1962, 20; zur Kritik daran: Habermas 1989a)? Oder das postmoderne Projekt einer pluralen Demokratie mit einer Vielzahl von Subjektpositionen (Laclau/Mouffe 1991)?

Kurzum: Begriffe wie Autonomie, Macht, Information und Netzwerke haben ganz unterschiedliche Bedeutungen. Eine Aufgabe von Gesellschaftstheorie ist es zu klären, welche von ihnen für das Verständnis und die Analyse der heutigen gesellschaftlichen Situation hilfreich sind. In Castells' unreflektierter Verwendung von Begriffen zeigen sich die Probleme seiner mangelnden Auseinandersetzung mit Gesellschaftstheorie.

Macht und Gegenmacht im Internet und den sozialen Medien

Massen-Selbst-Kommunikation erlaubt es Menschen laut Castells (2009, 413), »die Mächtigen im Auge zu behalten«, doch diese »haben es zu ihrer Priorität gemacht, im Dienste eigener Sonderinteressen das Potenzial der Massen-Selbst-Kommunikation einzuschränken« (414), und betreiben folglich eine Einhegung kommunikativer Commons (414). Castells spricht mit Blick auf Massen-Selbst-Kommunikation von einem dialektischen Prozess. Einerseits führten die im Web 2.0 wirksamen Geschäftsstrategien zu einer »Kommodifizierung von Freiheit« und »Einhegung der Commons freier Kommunikation; der Zugang zu globalen Kommunikationsnetzwerken wird Menschen verkauft, die im Gegenzug ihre Privatsphäre aufgeben und zu Zielscheiben von Werbung werden« (421). Andererseits »kommen Menschen, einmal im Cyberspace, auf alle möglichen Gedanken, auch auf den, die Macht von Unternehmen infrage zu stellen, die staatliche Autorität einzudämmen und die kulturellen Fundamente unserer alternden, schmerzgeplagten Zivilisation zu verändern« (420). Die typische Geschäftsstrategie im Web 2.0 besteht allerdings nicht darin, Menschen Zugang zu verkaufen; er ist vielmehr kostenlos, um die von Nutzern generierten Daten als eine Ware an dritte Parteien zu verkaufen und so Profit zu erwirtschaften. Dieses Verhältnis ist von starker Ungleichheit geprägt. Die reale Macht von Unternehmen im Web 2.0 ist viel größer als die politische Gegenmacht produktiver Nutzer. Castells erkennt dies mitunter an, etwa wenn er einen »ungleichen Wettkampf« (422) konstatiert, widerspricht diesem Realismus aber zugleich mit einem gewissen Web-2.0-Optimismus: »je mehr Konzerne in die Expansion von Kommunikationsnetzwerken investieren (und dabei stattliche Renditen erzielen), umso mehr bauen Menschen ihren eigenen Netzwerke der Massen-Selbst-Kommunikation auf und ermächtigen sich dergestalt selbst« (421).

Zwischen der Macht von Unternehmen sowie anderer einflussreicher Gruppen und der realen Gegenmacht von Bürgern besteht eine Asymmetrie. Die Dialektik der Macht ist nur ein Potenzial, kein Automatismus, der sich zwangsläufig realisiert. Politische Gegenmacht im Internet ist mit einem starken Gefälle konfrontiert: Die herrschenden Mächte verfügen über mehr Ressourcen wie Geld, Einfluss auf Entscheidungen oder Möglichkeiten, Aufmerksamkeit zu erzeugen. Machtkämpfe sind Kämpfe der weniger Mächtigen gegen die Mächtigeren. Es gibt keine Gewähr dafür, dass sie entstehen, nennenswerte Ressourcen mobilisieren können, um nicht prekär zu bleiben, und Erfolg haben. Machtasymmetrien sind insofern dialektisch, als sie gesellschaftliche Widersprüche konstituieren, die eine notwendige Grundlage von sozialen Kämpfen sind, aber sie determinieren nicht deren Entstehung und Ausgang. Es gibt, wie Castells (2009) zeigt, Beispiele für relativ erfolgreiche Kämpfe, die das Internet genutzt haben, doch es ist nur ein Potenzial, kein Automatismus, dass Bürger »die Ohnmacht ihrer einsamen Verzweiflung überwinden, in dem sie ausgehend von ihren Bedürfnissen Netzwerke schaffen. Sie bekämpfen die Mächtigen, indem sie die bestehenden Netzwerke erkennen.« (431) Das Problem ist, dass in der heutigen Gesellschaft auch Kräfte wie Ideologie und Zwang wirken, die solche Kämpfe vereiteln: Sie sorgen dafür, dass die Menschen zu sehr mit dem Kampf ums Überleben beschäftigt sind, um noch Zeit, Energie oder einen klaren Kopf für Gegenmacht und Kämpfe zu haben.

Kommunikative Gegenmacht sollte nicht überschätzt werden; sie ist nur ein Potenzial.

Medienmacht als kulturelle Macht: John B. Thompson

John B. Thompson (1995) unterscheidet vier Formen von Macht (siehe Tabelle 4.1). Problematisch an seinem Ansatz ist, dass Medienmacht auf die symbolische Dimension reduziert wird und das Verhältnis von Gewalt und Macht unklar bleibt. Symbolische Macht ist eine wichtige Dimension von Medien, schließlich haben sie nicht nur eine bestimmte Forme, sondern kommunizieren auch Inhalte und können so die Öffentlichkeit beeinflussen. Ideologie ist aber nicht der einzige Aspekt von Medien. Medien sind vielmehr ein Terrain, auf dem sich verschiedene Formen von Macht und Machtkämpfen manifestieren: Sie haben bestimmte Strukturen von privatem oder öffentlichem Eigentum, das zumeist konzentriert ist. Es gibt Bemühungen, sie politisch zu kontrollieren und zu beeinflussen, und die Medien spielen ihrerseits eine politische Rolle bei Wahlen, sozialen Bewegungen etc. Gewalt ist ein verbreitetes Thema in den Medien. Sie sind nicht nur eine Sphäre symbolischer Macht, sondern auch materielle und symbolische Räume, in denen sich Strukturen und Widersprüche von wirtschaftlicher, politischer, zwangsförmiger und symboli-

scher Macht niederschlagen. Nick Couldry (2002, 4) definiert Medienmacht als »die Konzentration der symbolischen Macht, ‚Wirklichkeit zu
konstruieren‘, in medialen Institutionen«. Wie Thompsons Definition
von Macht fokussiert auch seine die symbolischen und kulturellen Dimensionen von Medien.

Art der Macht	Definition	Ressourcen	Institutionen
Wirt-schafts-macht	»Wirtschaftsmacht geht von menschlicher produktiver Tätigkeit aus, also von Tä-tigkeiten, die mit der Bereit-stellung von Subsistenzmit-teln durch die Extraktion von Rohstoffen und deren Transformation in Konsum-güter oder Tauschwerte zu tun haben« (14)	materielle und finanzi-elle Ressour-cen	Wirtschafts-institutionen
politische Macht	Politische Macht »geht von Tätigkeiten aus, die Indivi-duen koordinieren und deren Interaktionsmuster regulieren« (14)	Autorität	politische Institutionen (z.B. Staaten)
Macht durch Zwang	»Macht durch Zwang bein-haltet die Anwendung oder die Androhung physischer Gewalt, um einen Gegner zu unterwerfen oder zu besie-gen«(15)	physische und bewaff-nete Gewalt	Zwangs-institutionen (Militär, Polizei, Gefängnis-system usw.)
symboli-sche Macht	Symbolische Macht ist das »Vermögen, in den Verlauf von Ereignissen einzugrei-fen, die Handlungen anderer zu beeinflussen und durch die Produktion und Über-tragung symbolischer For-men Ereignisse hervorzuru-fen« (17)	Informa-tions- und Kommu-nikations-mittel	kulturelle Institutionen (Kirche, Schulen, Universitä-ten, Medien usw.)

Tabelle 4.1: John B. Thompsons vier Formen der Macht. *Quelle*: nach
Thompson 1995, 12–18.

Medienmacht als mehrdimensionale Form von wirtschaftlicher, politischer und kultureller Macht

Warum Thompson Gewalt als eine eigene Form von Macht definiert, ist unklar. Er reduziert sie auf direkte körperliche Gewalt wie Schlagen und Töten. Johan Galtung (1990, 292) bestimmt Gewalt dagegen als »vermeidbare Verletzung grundlegender menschlicher Bedürfnisse und allgemeiner gefasst des Lebens, durch die das reale Niveau der Bedürfnisbefriedigung unter das gesenkt wird, was möglich wäre«. Ihm zufolge kann Gewalt in drei Grundformen unterteilt werden: direkte Gewalt (durch physisches Eingreifen; ein Ereignis), strukturelle Gewalt (durch den Staat oder organisatorische Befugnis; ein Prozess) und kulturelle Gewalt (entmenschlichende oder anderweitig ausgrenzende Darstellungen; eine Konstante). Sie kann also darin bestehen, dass jemand physischem Zwang unterworfen wird (direkte, physische Gewalt), man ihn vom Zugang zu lebenswichtigen Ressourcen ausschließt (strukturelle Gewalt) oder sein Denken manipuliert oder sein Ansehen ruiniert (kulturelle, ideologische Gewalt). Gewalt existiert nicht nur als tatsächlich ausgeübte, sondern auch dort, wo sie vorerst Drohung bleibt: »Gewaltandrohungen sind ebenfalls Gewalt« (Galtung 1990, 292). Die Formen von Gewalt sind Formen des Versuchs von Einzelnen oder Gruppen, unterschiedliche Formen von Macht zu akkumulieren.

In der modernen Gesellschaft können wirtschaftliche, politische und kulturelle Macht akkumuliert werden und sind zumeist asymmetrisch verteilt. Tabelle 4.2 bietet einen Überblick über diese Machtformen. Karl Marx (1867) betont, dass die Logik der Akkumulation (der Drang, von etwas immer mehr zu bekommen) zentral für die moderne Gesellschaft ist. Sie hat ihren Ursprung in der kapitalistischen Ökonomie, prägt aber auch die Logik der modernen Politik und Kultur, bei denen die Akkumulation von politischer und kultureller Macht im Zentrum steht. Der Kapitalismus ist daher nicht nur ein Wirtschaftssystem, sondern auch eine Gesellschaftsform.

Pierre Bourdieu zufolge beruht die moderne Gesellschaft auf der Akkumulation von ökonomischem, politischem und kulturellem Kapital:

> *Das Kapital kann auf drei grundlegende Arten auftreten. In welcher Gestalt es jeweils erscheint, hängt von dem jeweiligen Anwendungsbereich sowie den mehr oder weniger hohen Transformationskosten ab, die Voraussetzung für ein wirksames Auftreten sind: Das **ökonomische Kapital** ist unmittelbar und direkt in Geld konvertierbar und*

*eignet sich besonders zur Institutionalisierung in der Form des Eigentumsrechts; das **kulturelle Kapital** ist unter bestimmten Voraussetzungen in ökonomisches Kapital konvertierbar und eignet sich besonders zur Institutionalisierung in Form von schulischen Titeln; das **soziale Kapital**, das Kapital an sozialen Verpflichtungen oder »Beziehungen«, ist unter bestimmten Voraussetzungen ebenfalls in ökonomisches Kapital konvertierbar und eignet sich besonders zur Institutionalisierung in Form von Adelstiteln.* (Bourdieu 1983, 184–185)

Bourdieu gründet seine Gesellschaftstheorie auf die Unterscheidung zwischen Ökonomie, Politik und Kultur. Es ließe sich argumentieren, dass er Marx' Ansatz durch den Befund verallgemeinert, dass alle Subsysteme (zumindest) der modernen Gesellschaft ihre eigene Ökonomie aufweisen, da sie auf die Akkumulation bestimmter Formen von Kapital ausgerichtet sind, was zu Ungleichheiten und mehrdimensionalen Klassenstrukturen führt (Fuchs 2003a; Fuchs 2008a, Kapitel 3). Kapitalstrukturen sind die grundlegenden Machtstrukturen der modernen Gesellschaft.

Physische, strukturelle und ideologische Gewalt können auf jedem der drei Felder der modernen Gesellschaft ausgeübt werden, um auf Kosten anderer Macht zu akkumulieren. Viele Strukturen der Gesellschaft beruhen auf spezifischen Formen von Gewalt, die zur Machtakkumulation beitragen. Ein Konzern etwa nutzt die strukturelle Macht des Marktes und des Privateigentums, um Kapital zu akkumulieren. Der Staat nutzt das Gewaltmonopol und die Macht von Regierungsinstitutionen, um kollektive Entscheidungen zu treffen.

Auch die Medien und sozialen Medien der heutigen Gesellschaft sind von Strukturen ökonomischer, politischer und kulturelle Macht geprägt:

- Soziale Medien haben bestimmte Eigentumsstrukturen. Wenn die ökonomische Macht über sie

- asymmetrisch verteilt ist, sind sie Eigentum einer privaten Klasse. Ist sie symmetrischer verteilt, gehören sie einem Kollektiv von Nutzern oder allen Menschen.

- Soziale Medien haben bestimmte Entscheidungsstrukturen. Wenn die politische Macht bei ihnen asymmetrisch verteilt ist, trifft eine spezifische Gruppe die Entscheidungen. Ist sie symmetrischer verteilt, können alle Nutzer oder alle Menschen Einfluss auf Entscheidungen nehmen.

- Soziale Medien haben bestimmte Mechanismen der Erzeugung von Ansehen und Popularität. Wenn die kulturelle Macht bei

ihnen asymmetrisch verteilt ist, dann stehen Ansehen und Sichtbarkeit bestimmter Akteure in Gegensatz zu dem Ansehen und der
Sichtbarkeit, die andere erhalten. Soziale Medien können auch
Ideologien vermitteln, die die Wirklichkeit verzerrt darstellen.
Wenn solche Ideologien von besonders sichtbaren Akteuren
kommuniziert werden, erzielen sie wahrscheinlich eine gewisse
Wirkung. Bei einer stärker symmetrischen Verteilung der kulturellen Macht genießen alle Nutzer ein signifikantes Maß von Sichtbarkeit und Aufmerksamkeit.

Dimension der Gesellschaft	Definition der Macht	Machtstrukturen in der modernen Gesellschaft
Wirtschaft	Kontrolle von Gebrauchs- werten und Ressourcen, die produziert, verteilt und konsumiert werden	Kontrolle und Akkumu- lation von Geldkapital
Politik	Einfluss auf kollektive Ent- scheidungen, die bestimmte Aspekte des menschlichen Lebens in spezifischen Gemeinschaften und sozialen Systemen beeinflussen	Kontrolle von Regierungen, bürokratischen Staats- institutionen, Parlamenten, Militär, Polizei, Parteien, Lobbygruppen, zivilgesell- schaftlichen Gruppen etc.; Akkumulation von Ent- scheidungsmacht
Kultur	Definition von moralischen Werten und Bedeutungen, die bestimmen, was in der Gesellschaft als wichtig, seriös und ehrenwert erachtet wird.	Kontrolle von Strukturen, die Bedeutungen und moralische Werte in der Gesellschaft definieren (z.B. Universitäten, Religionen, intellektuelle Zirkel, meinungsangebende Gruppen); Akkumulation von Definitionsmacht

Tabelle 4.2: Drei Formen der Macht
Quelle: Nach Curran 2002, Kapitel 5.

James Curran (2002, Kapitel 5) hat elf Dimensionen von Medienmacht und sieben Dimensionen medialer Gegenmacht identifiziert.
Ich habe sie jeweils nach den drei Dimensionen der wirtschaftlichen,
politischen und kulturellen Medienmacht klassifiziert (Tabelle 4.3).
Curran betont, dass Medienmacht nicht nur symbolisch, sondern
mehrdimensional ist. Die Unterscheidung dreier Bereiche der Gesell-

schaft (Wirtschaft, Politik, Kultur) erlaubt uns eine Klassifizierung
von Formen der Medienmacht (Tabelle 4.3). Dabei hebt Curran den
widersprüchlichen Charakter der heutigen Medien hervor: Es gibt
»elf Hauptfaktoren, die die Medien zur Unterstützung dominierender
Machtinteressen bewegen«, doch »die Medien sind auch Gegendruck
ausgesetzt, der sie in die andere Richtung ziehen kann« (Curran 2002,
148, 151).

Die asymmetrische Dialektik der Medienmacht

Die auf Currans Ansatz basierende systematische Typologie von
Medienmacht zeigt, dass moderne Medien am ehesten dialektisch zu
verstehen sind: Sie unterliegen einer Kontrolle durch Eliten, können
aber auch als eine Gegenmacht auftreten, die diese Kontrolle infrage
stellt, oder von einer solchen Gegenmacht beeinflusst zu werden.
Dies ist jedoch nur ein Potenzial, ergibt sich also nicht automatisch.
Zwischen dominierenden und alternativen Medien besteht ein
Machtgefälle (Fuchs 2010a; Sandoval und Fuchs 2010): Die Ressour-
cen sind ungleich verteilt, alternative Medien sind gezwungen, auf
Grundlage von prekärer Arbeit und knappen Mitteln zu existieren.

Soziale Medien sind Räume, in denen Medien- und Gegenmacht aufeinander prallen. Große Plattformen wie Facebook, Google/YouTube
und Twitter sind Privateigentum und von wirtschaftlichen, politischen und ideologischen Formen von Medienmacht durchzogen;
Privateigentum, Konzentration, Werbung, die Logik von Konsum und
Unterhaltung sowie die große Sichtbarkeit und Aufmerksamkeit, die
Eliten und Stars eingeräumt wird, filtern und prägen das kommunikative Geschehen. Gleichzeitig werden die dominanten Strukturen
infrage gestellt – durch Phänomene wie Filesharing, auf Commons
basierende nicht-kommerzielle soziale Medien (zum Beispiel Wikipedia und Diaspora), die politische Nutzung sozialer Medien durch
soziale Bewegungen, die Entwicklung alternativer sozialer Medien,
Proteste gegen die Vormachtstellung von Plattformen wie Google,
Proteste und Rechtsstreits um Verstöße gegen den Datenschutz etc.
Die heutigen sozialen Medien sind ein Kampffeld, auf dem dominierende Akteure einen großen Anteil wirtschaftlicher, politischer und
ideologischer Macht besitzen, aber von alternativen Akteuren herausgefordert werden können. Diese verfügen über weniger Ressourcen, Sichtbarkeit und Aufmerksamkeit, nutzen sie jedoch bestmöglich
für ihren Kampf gegen die vorherrschenden Kräfte.

Dimension der Medienmacht	Formen der Medienmacht	Formen der medialen Gegenmacht
Wirtschaftliche Medienmacht	Hohe Zugangs- und Betriebskosten; Medienkonzentration; Privateigentum der Medien; Konzerneinfluss auf die Medien durch Werbung	Öffentliche Medien, alternative Graswurzelmedien, öffentliche Förderung alternativer Medien
	Marktmacht, die homogene (und oft unkritische) Inhalte erzeugt, die massentauglich sind; Inhalte, die an reiche Konsumenten appellieren	Arbeitermacht (z.B. kritischer Journalismus, investigative Berichterstattung)
	Ungleiche Verteilung wirtschaftlicher Ressourcen (Geld), die der Wirtschaftselite einen bestimmten Grad an Einfluss auf und Kontrolle der Medien erlaubt	Konsumentenmacht (z.B. Unterstützung alternativer Medien durch Spenden)
Politische Medienmacht	Staatliche Zensur der Medien	Medienregulation, die Qualität, faire Berichterstattung, Diversität, Meinungsfreiheit und Versammlungsfreiheit garantiert
	Public Relations-Maschinerie großer (politischer und wirtschaftlicher Organisationen), die bürokratisches Lobbying betreibt, um Medien zu beeinflussen.	Alternative Nachrichtenquellen
	Die ungleiche Verteilung politischer Ressourcen (Einfluss, Entscheidungsmacht, politische Beziehungen) erlaubt der Wirtschaftselite Einfluss auf und Kontrolle der Medien	Staatliche Umverteilung von Ressourcen weg von den Mächtigen hin zu den weniger Mächtigen
Kulturelle Medienmacht	Fokus auf Berichterstattung über Prestigeinstitutionen, Stars und andere Organisationen und Personen, die hohes Ansehen genießen; dominante Ideologien beeinflussen	Schaffung von Gegenorganisationen, die Gegendiskurse entwickeln und ihre eigenen Medien operieren

| dominante Medien zu einem bestimmten Grad; die ungleiche Verteilung kultureller Ressourcen (Reputation, Ansehen) erlaubt der Wirtschaftselite Einfluss auf und Kontrolle der Medien |

Tabelle 4.3: Macht und Gegenmacht der Medien

Widersprüche der Medienmacht

Des Freedman (2014) plädiert dafür, Medienmacht im Kapitalismus als ein widersprüchliches Phänomen zu untersuchen. Es gebe »vielfältige Widersprüche in den kommerziellen Medien« (Freedman 2014, 28). Ein solcher Ansatz

> betont Strukturen und Handlungen, Widerspruch und Aktion, Konsens und Konflikt; er bietet einen analytischen Rahmen, der die ungleiche Machtverteilung zur Kenntnis nimmt, aber niemals für unverrückbar hält; und eine Perspektive, die das Handeln von Produzenten und Publikum ernst nimmt, aber die Existenz eines ungleichmäßig ausgeprägten Bewusstseins berücksichtigt. Kurzum: Das Widerspruchsparadigma ist nötig, um den deplatzierten Optimismus des Pluralismus, den gelegentlichen Funktionalismus des Paradigmas der Kontrolle sowie die unbegründete Euphorie des Chaos-Szenarios zu korrigieren. (Freedman 2014, 29)

Die Online-Welt und ihr Gefälle

Laut Castells (2009, 204) sind bei der Massen-Selbst-Kommunikation »traditionelle Formen der Zugangskontrolle nicht anwendbar. Jeder kann ein Video im Netz hochladen, für ein Blog schreiben, ein Chat-Forum oder eine riesige E-Mail-Liste initiieren. Zugang ist hier die Regel, seine Blockierung die Ausnahme.« Sichtbarkeit und Aufmerksamkeitsökonomie bilden jedoch einen zentralen Filter im Internet, der mächtigen Akteuren zugute kommt. Zwar kann im Prinzip jeder mühelos Informationen erstellen und verbreiten, da das Internet ein globales, dezentrales Kommunikationssystem ist, durch das einer oder viele mit vielen anderen kommunizieren können, doch nicht alle Informationen sind gleichermaßen sichtbar oder erhalten dieselbe Aufmerksamkeit. Bei der Informationsflut im Cyberspace besteht das

Problem darin, wie Nutzer zu bestimmten Informationen gesteuert werden, die im riesigen Ozean des Internets treiben.

Alternet und Democracy Now!, zwei der bekanntesten alternativen Nachrichtenseiten, rangierten 2015 in der Liste der meistbesuchten Webseiten auf Platz 4133 und 20461 – im Gegensatz zu CNN Online (Platz 81), BBC (87), *New York Times* (99), *Daily Mail* (106), *India Times* (114), *China Daily* (142), Fox News (195), *Washington Post* (196), *Daily Telegraph* (231), *Bildzeitung Online* (293), Bloomberg News (301) und *Spiegel Online* (319).[25] Das zeugt von einer geschichteten Aufmerksamkeitsökonomie, bei der die Marken mächtiger Medienakteure als sehr wirkungsvolle Symbole funktionieren, durch die die entsprechenden Online-Portale Aufmerksamkeit akkumulieren können. Damit soll nicht die ausgiebige Nutzung von Plattformen für »Massen-Selbst-Kommunikation« bestritten werden (Facebook, YouTube, Linkedin, Vk, Twitter, Weibo, Blogspot/Blogger, Pinterest, Wordpress, Reddit, Tumblr, imgur etc.), doch die Erstellung politischer Informationen und die Kommunikation auf solchen Seiten ist deutlich zerklüfteter, weshalb Jürgen Habermas (2006, 423) im Internet die Gefahr der »Fragmentierung eines großen, aber politisch fokussierten Publikums in eine große Zahl isolierter *issue publics*« sieht. Wie wir in Kapitel 5 erörtern werden, sind soziale Medien in einer kapitalistischen Gesellschaft mit einer asymmetrischen Aufmerksamkeitsökonomie konfrontiert, in der Großunternehmen, Prominente, Politiker, Regierungen und Parteien zumeist viel mehr Aufmerksamkeit, Follower, Likes, Retweets etc. erreichen als gewöhnliche Nutzer.

Web 2.0 und 3.0

Castells verwendet die Termini »Web 2.0 und 3.0« (siehe etwa Castells 2009, 34, 56, 65, 97, 107, 113, 421, 429), definiert als »das Bündel von Technologien, Geräten und Anwendungen, die die Ausbreitung sozialer Räume im Internet fördern« (65). Auch über das »Web 2.0« sollten wir kritische Fragen stellen:

- Inwieweit sind die Behauptungen über das »neue Netz« ideologisch und dienen Marketingzwecken?
- Was ist neu am »Web 2.0« und wie kann dies empirisch überprüft werden?

---

[25] Nach alexa.com, Top 1 000 000 000 Sites, abgerufen am 26.10.2015.

- Was genau heißt es, dass das Netz sozialer geworden sei?
- Welche Vorstellungen des Sozialen prägen die Rede von einem »Web 2.0«?
- Welcher Begriff des Sozialen liegt dem »Web 1.0« zugrunde und worin besteht diesbezüglich der Unterschied zu den Konzepten des Web 2.0 und 3.0?
- Was ist der Unterschied zwischen dem Web 1.0, 2.0 und 3.0?

Kurzum, die Rede von einem »Web 2.0«, »sozialen Medien« und »sozialer Software« wirft einige grundsätzliche Fragen auf: Was ist sozial am Internet? Welche unterschiedlichen Formen des Sozialen weist es auf? Um sie zu beantworten, müssen wir uns mit Diskussionen über soziologische Begriffe auseinandersetzen – Gesellschaftstheorie ist wichtig für ein Verständnis des heutigen Internets. Nutzer haben Möglichkeiten von Gegenmacht, das Web 2.0 gegen die Intentionen der Betreiberfirmen in fortschrittlicher Weise und für politische Kämpfen zu gebrauchen, doch die Eigentümer der Plattformen können einzelne Nutzer sperren oder ganze Netzwerke abschalten. Zudem haben sie das Interesse und die Macht, das Online-Verhalten und die persönlichen Daten von Nutzern permanent zu überwachen, um mithilfe persönlich zugeschnittener Werbung Kapital zu akkumulieren. Wirtschaftlich motivierte Überwachung ist zentral für die Kapitalakkumulation im Web 2.0. Die von Castells beschriebene Machtbeziehung zwischen Medienunternehmen und kreativen Nutzern ist eine asymmetrische, die erstere privilegiert. Es können verschiedene Medien für die Mobilisierung zu Demonstrationen, Occupy-Camps etc. genutzt werden: direkte persönliche Kommunikation, Telefon (Anrufe, SMS) und diverse kommerzielle wie nichtkommerzielle Formen von Online-Kommunikation. Häufig bestehen positive Korrelationen zwischen den Nutzungsfrequenzen solcher Mittel – Aktivisten setzen bei Mobilisierungen also nicht nur auf ein einziges, sondern eine Vielfalt von Medien.

4.4 Kommunikationsmacht im arabischen Frühling und der Occupy-Bewegung

2011: Das Jahr des Wiedererwachens der Geschichte und der gefährlichen Träume

Das Jahr 2011 wird in die Geschichte eingehen. Es war ein Jahr der anhaltenden globalen Krise, aber das gilt auch für 2008, 2009 und 2010. Außergewöhnlich war 2011 hingegen als ein Jahr der Revolutionen, Massenproteste, Riots und Entstehung verschiedener sozialer Bewegung. Alain Badiou (2015) sieht darin ein »Wiedererwachen der Geschichte«: Mit ihren Protesten wollten Menschen den Lauf der Geschichte verändern. Slavoj Žižek (2013) spricht von dem »Jahr der gefährlichen Träume«: Menschen wagten den Versuch, ihre Träume von einer anderen Welt zu verwirklichen. Die Geschichte hat den Liberalismus widerlegt. Die neuen Rebellionen und Revolutionen haben gezeigt, dass »die Welt den Traum von einer Sache hat, von der sie nur das Bewusstsein besitzen muß, um sie zu besitzen« (Marx 1843a, 346). 2011 war ein Jahr, in dem Träume zu politischer Praxis wurden. In der intellektuellen Sphäre schlagen sich solche Entwicklungen natürlich in der Publikation in Büchern nieder, die die Ursachen, Implikationen und Folgen des Auftretens sozialer Bewegungen reflektieren. Manuel Castells' *Networks of Outrage and Hope: Social Movements in the Internet Age* (2012) ist ein solches Buch.

Die ägyptische Revolution führte zur Absetzung der autoritären Regierung Hosni Mubaraks. Bei den ersten demokratischen Präsidentschaftswahlen im Juni 2012 setzte sich Mohammed Mursi, der Kandidat der Muslimbrüder, durch. Ende Juni 2013 entstand eine Massenbewegung gegen seine Herrschaft, die Teile dieser Bewegung als ein weiteres autoritäres Regime betrachteten. Am 3. Juli führte das Militär einen brutalen Putsch durch und tötete Tausende von Menschen; 2014 wurde Armeechef Abdel Fattah al Sisi der neue Präsident. Mubarak wurde aus dem Gefängnis entlassen, Mursi und viele seiner führenden Anhänger hingegen zum Tode verurteilt. Unterdessen mündeten die 2011 einsetzenden syrischen Proteste gegen Präsident Bashar al-Assad in einem anhaltenden Bürgerkrieg mit vielen Fronten, unter Beteiligung des neu entstandenen »Islamischen Staates« (IS), iranischer und russischer Kräfte auf der Seite Assads, syrischer Oppositionskräfte, der sunnitisch-islamistischen »Armee der Eroberung« unter Einschluss des al-Qaida-Ablegers Al-Nusra-Front, verschiedener kurdischer Verbände, einer US-geführten westlichen Koalition usw. Die Komplexität dieses Kriegs hat nicht nur die politische

Situation im Nahen Osten weiter destabilisiert, sondern auch beträchtliche globale Spannungen hervorgerufen.

Die Beispiele Ägypten und Syrien zeigen, dass Revolutionen und Rebellionen einen politischen, wirtschaftlichen, ideologischen und gesellschaftlichen Bruch mit weithin unvorhersehbaren Folgen bewirken. In einer solchen Situation ist die Zukunft relativ offen, es können sich neue Kämpfe entfalten und unerwartete Ereignisse eintreten. Eine Gewähr dafür, dass der Umsturz einer autoritären Gesellschaft zu einem fortschrittlichen ökonomischen und politischen System führt, gibt es indes nicht. Momente grundlegenden Wandelns bieten Gelegenheiten für die Herstellung einer gerechten Gesellschaft, doch solche Gelegenheiten können auch verpasst werden.

Der arabische Frühling und die Occupy-Bewegung

Castells' erwähntes Buch von 2012 untersucht die Rolle von sozialen Medien und Kommunikationsmacht in der tunesischen und ägyptischen Revolution sowie bei den Protesten in Island, in der spanischen 15-M- und der Occupy-Wall-Street-Bewegung (eine eingehende Erörterung und Kritik bietet Fuchs 2012b). Die zweite Ausgabe des Buches (2015) erweiterte Castells um Analysen der Gezi-Park-Bewegung in der Türkei, der brasilianischen Antikorruptionsproteste, der chilenischen Studentenbewegung, der mexikanischen #Yo-Soy132-Bewegung und von Beppe Grillos Fünf-Sterne-Bewegung in Italien. In den arabischen Aufständen sieht er »spontane Mobilisierungsprozesse, die durch Aufrufe im Internet und kabellose Kommunikationsnetzwerke entstanden« (Castells 2012, 106). Auch die Occupy-Bewegung wurde demnach »im Internet geboren, durch das Internet verbreitet und von ihm aufrechterhalten« (168).

Castells hebt die Möglichkeiten des Internets für Mobilisierungen sehr stark hervor. Seine Argumentation impliziert, Internetkommunikation habe in den untersuchten Fällen Straßenproteste hervorgebracht, die es andernfalls nicht gegeben hätte. Im Schlusskapitel verallgemeinert er für alle analysierten Bewegungen:

> *Die vernetzten sozialen Bewegungen unserer Zeit beruhen weitgehend auf dem Internet, einer notwendigen, wenngleich nicht hinreichenden Komponente ihres kollektiven Handelns. Die auf das Internet und kabellose Plattformen gegründeten digitalen sozialen Netzwerke sind entscheidende Werkzeuge der Mobilisierung, Organisierung, Beratschlagung, Koordination und Entscheidung. (Castells 2012, 229)*

Twitter- und Facebook-Revolutionen?

Formulierungen wie die, das Internet habe zur Entstehung von Bewe-gungen geführt, es sei ihre Geburtsstätte oder Grundlage und ein Transmissionsriemen für Proteste, beruhen auf der Logik des Technik-determinismus: Technik wird als ein Akteur betrachtet, der bestimm-te Phänomene mit sozialen Charakteristika hervorbringt. Castells verkennt, dass nicht das Internet Gesellschaftlichkeit erzeugt, son-dern menschliche Akteure, die eingebettet sind in antagonistische wirtschaftliche, politische und ideologische Strukturen der Gesell-schaft. Das Internet ist ein technisch-soziales System, bestehend aus sozialen Netzwerken, die globale Computernetzwerke nutzen. Es ist eingelassen in die Antagonismen der heutigen Gesellschaft und hat daher keine vorherbestimmten Effekte oder Determinationen. Kollek-tives soziales Handeln, das sich das Internet zunutze macht, kann relativ geringe Folgen haben; ebenso kann es bestehende Trends hemmen oder verstärken. Seine realen Implikationen hängen von Kontexten und Machtverhältnissen ab, von Ressourcen, Mobilisie-rungsfähigkeit, Strategien und Taktiken sowie vom komplexen und nicht vorherbestimmten Ausgang von Kämpfen. Castells' Modell – soziale Medien führen zu Revolutionen und Rebellionen – ist zu sim-pel. Er teilt die verbreitete ideologische Rede von »Twitter-Revolutionen« und »Facebook-Rebellionen«, die, wie bereits erörtert, erstmals populär wurde, als der konservative Blogger Andrew Sul-livan (2009) im Kontext der iranischen Proteste von 2009 behauptete, dass »die Revolution getwittert wird«.

Die gesellschaftliche Realität ist komplexer als Castells' behavioristi-sches Modell von Protest nahelegt (das Internet als Reiz, kritisches Bewusstsein und politisches Handeln als Reaktion). Die Medien – soziale Medien, das Internet und alle anderen – sind widersprüchlich, weil wir in einer widersprüchlichen Gesellschaft leben. Infolgedessen sind auch ihre Wirkungen widersprüchlich. Sie können Proteste dämpfen und verhindern oder verstärken und fördern – oder gar keinen nennenswerten Effekt haben. Zudem besteht zwischen unter-schiedlichen Medien (beispielsweise alternativen und kommerziellen) ein widersprüchliches Verhältnis, ein Machtkampf. Medien sind nicht die einzigen Faktoren, die die Bedingungen von Protest beeinflussen – sie stehen in widersprüchlichen Beziehungen zu Politik und Ideo-logie/Kultur als weiteren Faktoren.

Empirische Forschung über die Rolle von Medien in sozialen Bewegungen – eine Widerlegung Castells'

Wilson und Dunn (2011) präsentieren einige Ergebnisse des Tahrir Data Project, das eine Umfrage unter Aktivisten vom Tahrir-Platz durchführte (N = 1056). Die Studie zeigt, dass direkte Interaktion die wichtigste Kommunikationsform während der Proteste war (93 Prozent), gefolgt von Fernsehen (92 Prozent), Telefon (82 Prozent), Presse (57 Prozent), SMS (46 Prozent), Facebook (42 Prozent), E-Mail (27 Prozent), Radio (22 Prozent), Twitter (13 Prozent) und Blogs (12 Prozent). Persönliche Kommunikation, traditionelle Medien und Telekommunikation waren während der Revolution somit relevantere Informationsquellen und Kommunikationsmittel als soziale Medien und Internet. Ein anderer Teil der Studie zeigt, dass Telefonate, gefolgt von direkten Gesprächen, laut ägyptischen Revolutionären am wichtigsten für ihre Proteste, am informativsten und am motivierendsten waren. Facebook, E-Mail und Twitter betrachteten sie als weniger wichtig, informativ und motivierend.

Eine Umfrage unter Aktivisten von Occupy Wall Street (Occupy General Survey) ergab, dass direkte Gespräche und das Internet für sie die wichtigsten Informationsquellen über die Bewegung waren. Facebook, Mundpropaganda, Webseiten und E-Mail spielten eine besonders wichtige Rolle. Sowohl direkte Begegnungen als auch medial vermittelte Interaktionen waren entscheidend, um auf dem Laufenden zu bleiben. Bestätigt wurde dieser Befund von der OccupyMedia!-Studie (Fuchs 2014b). Rundfunk und Zeitungen waren demnach viel weniger wichtig als das Internet. Facebook war eine sehr verbreitete Informationsquelle; gleichzeitig spielten ältere Online-Medien (E-Mail, Webseiten) eine viel größere Rolle als YouTube, Blogs, Twitter und Tumblr, was deutlich macht, dass man die Bedeutung des sogenannten Web 2.0 für Proteste nicht überschätzen sollte. Diese empirischen Befunde widerlegen Castells' spekulatives Argument, soziale Bewegungen hätten im Internet ihren Ursprung und ihre Basis und würden durch digitale Medien existieren und handeln.

Sara Salem (2015) führte zwanzig halboffene Interviews mit Aktivisten aus der ägyptischen Revolution. Sowohl Online- wie Offline-Medien waren demnach wichtig und wurden zusammen für die Verbreitung von Informationen genutzt:

> *Der ursprüngliche Aufruf zu Protesten am 25. Januar wurde über soziale Medien verbreitet. [...] Plakate, Transparente und Videos zirkulierten ausgiebig via E-Mail, Blogs und Facebook. Auf Twitter wurde*

der Hashtag #Jan25 lanciert. Die [Facebook-]Seite »Wir sind alle Khaled Said« initiierte ein Event für den Protesttag am 25. Januar, über 50 000 Nutzer erklärten, sie würden fdaran teilnehmen. Die meisten Befragten hatten von den Protesten durch Online-Medien erfahren, überwiegend durch das Facebook-Event. [...] Die Verbindungen zwischen Online- und Offline-Kommunikation sind nicht zu vernachlässigen. Mobilisiert wurde auch offline, durch Flugschriften, Texte und – am allerwichtigsten – Mundpropaganda. [...] Die Informationsverbreitung von Mund zu Mund ist ein häufig übersehener entscheidender Aspekt der Revolution. Ihre Bedeutung trat besonders deutlich hervor, als die Regierung während des Aufstands das Internet abschaltete. (Salem 2015, 178–179)

Der ägyptische Staat versuchte Aktivisten in den sozialen Medien zu überwachen, nutzte diese selbst für Propaganda, verschickte massenhaft SMS und schaltete das Internet und Handy-Netze ab. Laut Salem nutzten Aktivisten Proxy-Server und das Festnetz, um diese Kontrolle zu umgehen. »Blogs gaben Ratschläge für den Verbindungsaufbau über Handys und Laptops und empfahlen den Internetprovider Noor, der noch funktionierte, weil die ägyptische Börse und westliche Unternehmen ihn nutzten. Manche seiner Kunden entfernten sogar ihr Passwort für den Wi-Fi-Zugang, um Aktivisten die Kommunikation zu erleichtern« (della Porta/Mattoni 2015, 57). Die staatliche Kontrolle des Internets beeinträchtigte die Online-Mobilisierung, verstärkte die Proteste jedoch zusätzlich, weil viele Menschen darüber empört waren. So erwies sich die Taktik der Regierung als ein Bumerang: Da sie sich nicht mehr über soziale Medien informieren konnten, gingen nun viele auf die Straße, um das Geschehen zu verfolgen. Wie ein Aktivist berichtete: »Die Abschaltung des Internets machte mich wütend und zeigte mir und anderen Menschen, wie repressiv das Regime sein konnte. Das war eine starke Triebkraft für die Proteste.« (Salem 2015, 183)

Die OccupyMedia!-Studie

Die OccupyMedia!-Studie befasste sich mit der Rolle sozialer Medien in Occupy-Bewegungen. Publiziert habe ich ihre Ergebnisse in dem Buch *OccupyMedia! The Occupy Movement and Social Media in Crisis Capitalism* (Fuchs 2014b). Die Studie, für die 429 Aktivisten befragt wurden, sollte herausfinden, welche Rolle soziale Medien in solchen Bewegungen tatsächlich spielen, denn darüber ist viel geredet, aber nicht hinreichend empirisch geforscht worden. Die Untersuchung von Umfang, Inhalt und Struktur der Kommunikation auf Twitter,

Facebook und anderen sozialen Medien gibt darüber keinen Aufschluss, weil sie nichts über die Bedeutung von Offline-Kommunikation aussagt.

Eine Frage lautete: »Wie häufig nutzten Sie in einem Monat, in dem sie an den Occupy-Protesten beteiligt waren, bestimmte Medien, um Menschen für eine Protestveranstaltung, Diskussion, Demonstration oder für die Besetzung eines Platzes, Gebäudes oder anderen Ortes zu mobilisieren?« Die Ergebnisse zeigt Tabelle 4.4.

	selten (0)	Mittel (1-6)	häufig (>6)
Ich hatte Gespräche von Angesicht zu Angesicht, um andere zu mobilisieren	15.0%	37.60%	47.40%
Ich habe E-Mails an persönliche Kontakte geschickt	29.8%	40.40%	29.80%
Ich habe Leute angerufen	36.9%	39.50%	23.60%
Ich habe SMS an Kontakte geschickt	49.7%	27.00%	23.30%
Ich habe Ankündigungen über Mailinglisten geschickt	46.2%	29.90%	23.90%
Ich habe Ankündigungen auf mein Facebook-Profil gestellt	25.2%	32.40%	42.00%
Ich habe Ankündigungen auf den Facebook-Profilen von Freunden gepostet	53.1%	21.10%	25.80%
Ich habe Ankündigungen in einer Occupy-Gruppe auf Facebook gepostet	44.0%	20.50%	35.60%
Ich habe Ankündigungen auf Twitter verbreitet	52.0%	15.90%	32.10%
Ich habe ein Ankündigungsvideo auf YouTube gestellt	85.9%	11.10%	3.00%
Ich habe eine Ankündigung auf mein Profil auf dem sozialen Netzwerk Occupii gestellt	86.1%	9.40%	4.40%
Ich habe eine Ankündigung auf den Profilen von Freunden auf Occupii gepostet	91.3%	7.40%	1.30%
Ich habe Ankündigungen in eine Occupy-Gruppe auf dem sozialen Netzwerk Occupii gestellt	85.3%	11.00%	3.70%

Ich habe eine Ankündigung auf mein Profil auf dem sozialen Netzwerk N-1 gestellt	90.9%	5.90%	3.10%
Ich habe eine Ankündigung auf die Profile von Freunden auf N-1 gepostet	93.3%	4.60%	2.20%
Ich habe Ankündigungen in eine Occupy-Gruppe auf dem sozialen Netzwerk N-1 gestellt	93.9%	3.60%	2.50%
Ich habe eine Ankündigung auf mein Profil auf dem sozialen Netzwerk Diaspora* gestellt	94.3%	4.70%	1.10%
Ich habe eine Ankündigung auf die Profile von Freunden auf Diaspora* gepostet	95.7%	3.50%	0.80%
Ich habe Ankündigungen in eine Occupy-Gruppe auf dem sozialen Netzwerk Diaspora* gestellt	95.7%	3.20%	1.10%
Ich habe Ankündigungen gebloggt	69.0%	22.20%	8.80%
Ich habe andere über meetup.com informiert	87.5%	10.70%	1.80%
Ich habe andere über einen der von der Bewegung benutzten Chatgruppen informiert	73.8%	17.40%	8.90%
Ich habe Ankündigungen in einem der von der Bewegung benutzten Diskussionsforen gepostet	67.6%	22.00%	10.30%
Ich habe Ankündigungen mit Hilfe eines der von Riseup zur Verfügung gestellten Werkzeuge (Chat, E-Mail-Listen) gemacht	84.7%	11.00%	4.30%
Ich habe Ankündigungen über Inter Occupy-Telekonferenzen verbreitet	86.1%	11.00%	2.80%
Ich habe Ankündigungen mit der Hilfe des Sprachchats OccupyTalk verbreitet	95.3%	2.90%	1.80%

Tabelle 4.4: Häufigkeit der Nutzung bestimmter Kommunikationsformen in der Mobilisierung von Protest, pro Monat
Datenquelle: OccupyMediaSurvey!, Fuchs 2014b.

Die Daten zeigen, dass direkte persönliche Gespräche, Facebook, E-Mail, Telefonate, SMS und Twitter am meisten zur Mobilisierung genutzt wurden. Aktivisten griffen also auf verschiedene Medien zurück – auf klassische private Kommunikation via Telefon, E-Mail, direkte Gespräche und private Profile in sozialen Medien und auf eher öffentliche Formen wie Facebook-Gruppen, Twitter und Mailinglisten. Alternative soziale Medien wurden für Ankündigungen viel seltener verwendet als Twitter und Facebook: Eine häufige Nutzung des eigenen Facebook-Profils gaben 42 Prozent der Befragten an, bei nichtkommerziellen Plattformen waren es deutlich weniger (Occupii: 4,4 Prozent; N-1: 3,3 Prozent; Diaspora*: 1,1 Prozent). Auch die Profile von Freunden wurden auf Facebook von 25,8 Prozent häufig genutzt, aber nur von 1,3 Prozent auf Occupii, 2,2 Prozent auf N-1 und 0,8 Prozent auf Diaspora*. Dasselbe gilt für die Nutzung spezieller Occupy-Seiten bzw. -Gruppen (Facebook: 35,6 Prozent; Occupii: 3,7 Prozent; N-1: 2,5 Prozent; Diapora*: 1,1 Prozent). Große kapitalistische soziale Medien sind für Aktivisten somit offenbar attraktiver für die Mobilisierung. Der Grund dafür könnte sein, dass sie mehr Nutzer haben als alternative soziale Medien und die Aktivisten auf ihnen zumeist folglich über ein größeres Netzwerk von Kontakten verfügen. Auch wenn es diverse Formen der Kommunikation zur Mobilisierung von Protest gibt, sollte man sie insgesamt nicht überschätzen. Ein signifikanter Teil der Befragten beteiligte sich nicht an ihr: Sehr viele nutzten zur Mobilisierung niemals E-Mails (29,8 Prozent), Telefon (36,9 Prozent), SMS (49,7 Prozent) oder Mailinglisten (46,2 Prozent) und posteten Ankündigungen nie in Facebook-Gruppen (44 Prozent), auf Facebook-Profilen von Freunden (53,1 Prozent) oder Twitter (52 Prozent). Somit nahmen zwar sehr viele, aber bei weitem nicht alle Aktivisten an der Kommunikation zur Mobilisierung von Protest teil.

Ich führte auch eine Korrelationsanalyse der Variablen dieser Kommunikation durch; einige der Ergebnisse zeigt Tabelle 4.5.

	Intensität des Aktivismus, Signifikanz	Politische Positionierung	Gespräche von Angesicht zu Angesicht mit Freunden	Ankündigung auf Facebook	Ankündigung auf YouTube	Ankündigung auf Occupii
Persönliches Gespräch	0.497**, 0.000	-0.092, 0.109	-	0.318**, 0.000	0.167**, 0.004	0.048, 0.410
Persönliches E-Mail	0.443**, 0.000	-0.103, 0.075	0.570**, 0.000	0.385**, 0.000	0.182**, 0.002	0.136**, 0.020
ANrufe	0.428**, 0.000	-0.011, 0.856	0.554**, 0.000	0.342**, 0.000	0.191**, 0.001	0.082, 0.161
SMS	0.389**, 0.000	0.074, 0.206	0.420**, 0.000	0.419**, 0.000	0.260**, 0.000	0.087, 0.140
E-Mail-Mailinglisten	0.431**, 0.000	0.043, 0.460	0.415**, 0.000	0.374**, 0.000	0.240**, 0.000	0.149*, 0.011
Mein eigenes Facebook-Profil	0.337**, 0.000	0.061, 0.288	0.318*, 0.000	-	0.305**, 0.000	0.278**, 0.000
Facebook-Profile von Freunden	0.307**, 0.000	0.080, 0.171	0.371**, 0.000	0.708**, 0.000	0.354**, 0.000	0.255**, 0.000
Occupy-Gruppe auf Facevook	0.481**, 0.000	0.125*, 0.031	0.304**, 0.000	0.697**, 0.000	0.349**, 0.000	0.293**, 0.000
Twitter	0.340**, 0.000	0.030, 0.605	0.243**, 0.000	0.440**, 0.000	0.339**, 0.000	0.201**, 0.000
Video auf YouTube	0.294**, 0.000	0.026, 0.660	0.167**, 0.004	0.305**, 0.000	-	0.346**, 0.000
Mein Profil auf Occupii	0.128*, 0.028	0.027, 0.644	0.048, 0.410	0.278**, 0.000	0.346**, 0.000	-
Profile voN Freunden auf Occupii	0.085, 0.143	0.115*, 0.047	0.020, 0.733	0.223**, 0.000	0.310**, 0.000	0.653**, 0.000
Occupy-Gruppe auf Occupii	0.159**, 0.006	0.106, 0.067	0.047, 0.424	0.231**, 0.000	0.325**, 0.000	0.697**, 0.000
Mein eigenes Profl auf N-1	0.006, 0.926	0.123*, 0.038	0.051, 0.395	0.116, 0.052	0.204**, 0.000	0.339**, 0.000
Profile von Freunden auf N-1	0.019, 0.748	0.160**, 0.007	0.029, 0.629	0.082, 0.175	0.240**, 0.000	0.400**, 0.000
Occupy-Gruppe auf N-1	0.101, 0.092	0.184**, 0.002	0.033, 0.584	0.140*, 0.021	0.242**, 0.000	0.361**, 0.000
Mein eigenes Profil auf Diaspora*	0.020, 0.734	0.086, 0.153	0.052, 0.387	0.072, 0.235	0.228**, 0.000	0.220**, 0.000
Profile von Freunden auf Diaspora*	-0.004, 0.941	0.054, 0.369	0.015, 0.798	0.060, 0.322	0.263**, 0.000	0.250**, 0.000
Occupy-Gruppe auf Diaspora*	0.059, 0.329	0.035, 0.561	0.067, 0.265	0.093, 0.124	0.226**, 0.000	0.184**, 0.000
Blog	0.225**, 0.000	-0.078, 0.190	0.177**, 0.003	0.231**, 0.000	0.257**, 0.000	0.179**, 0.000
Meetup.com	0.066, 0.274	0.151*, 0.01	0.009, 0.876	0.193**, 0.001	0.130*, 0.031	0.065, 0.287
Bewegungseigene Chaträume	0.313**, 0.000	0.029, 0.632	0.182**, 0.002	0.306**, 0.000	0.318**, 0.000	0.273**, 0.000
Bewegungseigene Diskussionsforen	0.335**, 0.000	0.096, 0.108	0.206**, 0.001	0.319**, 0.000	0.293**, 0.000	0.191**, 0.000
Riseup-Werkzeuge	0.290**, 0.000	0.013, 0.832	0.189**, 0.002	0.104, 0.086	0.233**, 0.000	0.030, 0.625
InterOccupy-Telekonferenz	0.283**, 0.000	0.100, 0.093	0.111, 0.062	0.172**, 0.004	0.210**, 0.000	0.236**, 0.000
OccupyTalk	0.072, 0.232	0.72, 0.233	-0.084, 0.161	0.098, 0.106	0.154**, 0.010	0.320**, 0.000

Tabelle 4.5 Korrelation zwischen der Häufigkeit bestimmter Formen der Kommunikation zur Mobilisierung von Protest, Intensität des Aktivismus und politischer Positionierung auf einer Links-Rechts-Skala (Spermans Rho), Quelle: Fuchs (2014b)

Die Korrelationsanalyse zeigt, dass ein höheres Aktivitätsniveau zumeist zu einer verstärkten Nutzung von Medien für die Mobilisierung von Protest führt. Die politische Position hat wenig Einfluss darauf, abgesehen von Ankündigungen auf N-1. Mobilisierung in persönlichen Gesprächen korreliert positiv mit anderen Formen von Kommunikation, mit Ausnahme von nicht-kommerziellen sozialen Medien wie Occupii, N-1 und Diaspora*. Dasselbe gilt für Postings auf Facebook, ebenfalls mit Ausnahme einiger dieser Medien. Das Posten von Mobilisierungsvideos auf YouTube korreliert positiv mit der Häufigkeit aller anderen analysierten Kommunikationsformen. Die Nutzung von Occupii beeinflusst positiv die von anderen Formen der Online-Kommunikation auf kommerziellen wie nicht-kommerziellen Plattformen, nicht aber von direkten persönlichen Gesprächen und Telefon.

Wer aktiver ist, nutzt zumeist auch häufiger Medien, um sich über die Bewegung zu informieren, nutzergenerierte Inhalte im Internet teilen, mit anderen Aktivisten zu kommunizieren und für Proteste zu mobilisieren. Direkte persönliche und Online-Kommunikation verstärken sich gegenseitig, ebenso wie die Nutzung verschiedener Online-Medien zwecks Information, zum Teilen von nutzergenerierten Inhalten und zur Mobilisierung. Online-Kommunikation kann daher weder als bestimmend noch als unwichtig für die Protestmobilisierung gewertet werden. Es besteht eine *Dialektik von Online- und Offlinekommunikation:* Aktivisten nutzen zahlreiche Kanäle beider Art, um Informationen zu erhalten, über die Proteste zu diskutieren und andere zu mobilisieren, und beide Arten von Kommunikation verstärken sich.

Jeffrey Juris, Paolo Gerbaudo und Miriyam Aouragh: Für oder gegen Castells?

Jeffrey Juris (2012), ehemals Doktorand von Castells, hat eine teilnehmende Beobachtung bei Occupy Boston durchgeführt. Ihm zufolge nutzte die Antiglobalisierungsbewegung primär Mailinglisten und basierte auf einer Logik der Netzwerke, während die Occupy-Bewegung auf einer Logik der Versammlung beruhe. Auf dieser Grundlage führten soziale Medien dazu, »dass Informationen massiv zirkulieren und sich daraufhin große Zahlen von Menschen an bestimmten Orten versammeln« (Juris 2012, 266). Durch Netzwerke wie Twitter und Facebook, bei denen das Ego des einzelnen Nutzers im Mittelpunkt stehe, würden »enorme Informationsmengen ausgestoßen«, was zumeist »‚Mengen von Einzelnen' hervorbringt« (267).

Wie Castells nimmt Juris an, dass soziale Medien Proteste »erzeugen«. Er behauptet, dass »soziale Medien wie Facebook, YouTube
und Twitter zum primären Kommunikationsmittel innerhalb von
#Occupy wurden« (266), ohne dies empirisch zu belegen.

In seinem Buch *Tweets and the Streets: Social Media and Contemporary Activism*, stellt Paolo Gerbaudo (2012) die Annahme Castells' und
anderer, dass das Internet »Bewegungen ohne Anführer« hervor-
bringe, theoretisch und empirisch infrage. Er interviewte achtzig
Aktivisten in den USA, Ägypten, Spanien, Großbritannien, Tunesien
und Griechenland über ihre Nutzung sozialer Medien in Protesten
und kommt zu dem Ergebnis, dass sich zeitgenössische soziale Bewegungen zwar als Netzwerke ohne Führungspersonen darstellen, es
aber »weiche« Anführer gebe, die mithilfe sozialer Medien die Proteste strukturieren und »eine *Choreographie der Versammlung* ent-
werfen«: »eine Handvoll Leute kontrolliert den Großteil des Kom-
munikationsflusses« (Gerbaudo 2012, 139, 135). Besagte Choreographie bestehe in der »Nutzung sozialer Medien dafür, Menschen zu
bestimmten Protestveranstaltungen zu lenken, den Beteiligten Hand-
lungsvorschläge und -anweisungen zu geben und ein emotionales
Narrativ zu konstruieren, dass ihr Zusammenkommen im öffentlichen Raum stützt« (12). Die Spontaneität der Bewegungen werde
organisiert, »gerade weil sie eine medial hochgradig vermittelte ist«
(164). Ethisch problematisch sei nicht diese Choreographie, sondern
die Leugnung der Existenz von Anführern, die so von jeder Rechen-
schaftpflicht entbunden würden.

W. Lance Bennett und Alexandra Segerberg (2012, 2013) argumentieren, dass Occupy und viele andere heutige Protestbewegungen auf
einer Logik des »konnektiven Handelns« beruhen, bei dem es kaum
Hierarchien und Koordination gebe. Soziale Medien übernähmen
»die Rolle etablierter politischer Organisationen« (Bennett/Segerberg
2012, 742) und seien Bereiche, in denen »Ideen, die man sich leicht
persönlich zu eigen machen kann« (z.B. »We are the 99%«), von den
Autoren auch »persönliche Handlungsrahmen« genannt, geteilt und
verbreitet würden. Bennett und Segerberg stellen die Logik
konnektiven der des kollektiven Handelns gegenüber, womit sie Individualisierung und Trennung überbetonen. Denn haben Protestbewegungen nicht zwangsläufig bestimmte kollektive Züge? Dieser
Gedanke liegt auf der Hand, wenn man bedenkt, dass Occupy Wall
Street einen gemeinsamen Raum besetzte und kollektive Forderungen
nach »direkter und transparenter partizipativer Demokratie«, »persönlicher und kollektiver Verantwortung«, Bildung als Menschen-

recht sowie offenem Zugang zu Technik, Kultur und Wissen erhob.[26]
Gemeinsame Forderungen, Werte und Identitäten sind das Ergebnis
von Diskussionen und Kommunikationsprozessen in sozialen Bewegungen. Die Herangehensweise von Bennett und Segerberg erzeugt
den Eindruck, Occupy verfüge über nichts dergleichen und sei eine
reine Kombination individualisierter Politik. Ebenso vernachlässigen
sie, wie zeitgenössische soziale Bewegungen der kollektiven Macht
von Institutionen wie Staat, Polizei, Konzernen, Banken, Boulevardpresse etc. gegenüberstehen. In Nachahmung von Margaret Thatcher
(»So etwas wie eine Gesellschaft gibt es nicht«[27]) zeigen sie sich
überzeugt, dass es bei Occupy und vergleichbaren Bewegungen so
etwas wie Kollektivität nicht gibt. Occupy ist eine Bewegung, die
gesellschaftliche Commons fordert – privatisierte und privat kontrollierte Ressourcen sollen für alle verfügbar werden. Ihr vernetztes
Handeln hat eine kollektive Dimension – das Zusammenkommen im
öffentlichen Raum, um kollektive Werte, Forderungen und Ziele zu
formulieren und die Commons zu stärken. In diesem Sinne argumentiert Jodi Dean (2012) im Gegensatz zu individualistischen Interpretationen, dass es sich um eine an Commons orientierte Bewegung handele.

Nach Miriyam Aouragh (2012, 529) hat

> *die offene Faszination für soziale Medien den Eindruck erzeugt, die
> [arabischen] Revolutionen seien hauptsächlich von der Mittelschicht
> getragen und säkular ausgerichtet gewesen. Sie wurden nach dem
> Modell von westlichen Erfahrungen oder durch die Brille der Moder-
> ne interpretiert, verbunden mit dem Gedanken, soziale Medien wür-
> den eine wichtige Rolle für die Entwicklung einer modernen Mentali-
> tät spielen.*

Um verkürzte Analysen der Rolle von Medien in Revolutionen zu
überwinden, brauche es eine dialektische und historische marxistische Analyse:

> *Eine verbreitete große Wut über die Politik in der Region überschnitt
> sich mit Problemen im eigenen Land und wurde noch stärker, als die
> wirtschaftlichen Folgen der (von IWF und Weltbank vorangetriebe-*

---

[26] Occupy Wall Street Principles of Solidarity,
http://occupywallstreet.net/policy/principles-solidarity, abgerufen am
15.04.2018.

[27] Margaret Thatcher, Interview mit *Woman's Own*, 23.09.1987, http://
www.margaretthatcher.org/document/106689, abgerufen am 15.04.2018.

nen) Privatisierungen sich mit Preissteigerungen im Gefolge der weltweiten Finanzkrise verbanden. (Aouragh 2012, 529)

Aouragh teilt Gerbaudos Analyse, verbindet sie aber anders als er mit einem marxistischen Theorierahmen:

> *In Anlehnung an Rosa Luxemburg argumentiere ich, dass revolutionäre Veränderung nicht auf spontanem, unorganisiertem Handeln beruht: Sie erfordert Organisatoren, Anführer, Entschlossenheit und Verantwortlichkeit. Disziplin und strukturiertes Organisieren ermöglichen es Aktivisten, aus komplexen und verschiedenartigen Realitäten eine Allgemeinheit herzustellen, und sind unverzichtbar für das Überleben politischer Bewegungen. Die aktivistischen Netzwerke bestätigen nicht das Bild von Menschenschwärmen ohne Führungsfiguren, das oft bemüht wird, wenn es um die »neuen« Internetstrukturen von politischem Aktivismus geht. Es fand vor allem deshalb Beachtung, weil es nach einer neuen, jugendlichen, unideologischen, im Internet vernetzten, horizontalen Bewegung aussah, und vielleicht weil viele von der etablierten Politik enttäuschte Menschen ihm im Zweifelsfall glauben wollten.* (Aouragh 2012, 534)

Soziale Bewegungen in der Türkei, Brasilien, Chile, Mexiko und Italien

Wie erwähnt erweiterte Castells (2015) die zweite Ausgabe von *Networks of Outrage and Hope* um zwei Kapitel über die Gezi-Park-Bewegung in der Türkei (2013), die brasilianischen Antikorruptionsproteste (2013/14), die chilenische Studentenbewegung (2011–2013), die mexikanische #YoSoy132-Bewegung und Beppe Grillos Fünf-Sterne-Bewegung in Italien. Dabei betont er die Rolle des Internets und sozialer Medien als Mittel der politischen Kommunikation und Vernetzung in diesen Bewegungen. Laut Castells ist

> *die Ausbreitung internetbasierter sozialer Netzwerke eine notwendige Bedingung für die Existenz dieser neuen sozialen Bewegungen unserer Zeit, wenngleich keine hinreichende. [...] Präsenz in sozialen Netzwerken ist für die Mehrheit der jüngeren Bevölkerung auf der Welt schlicht eine Lebensweise, sie dient unterschiedlichsten Zwecken, die die ganze Bandbreite menschlicher Aktivität abdecken. Und wenn sie dann protestieren, tun sie auch dies in ihren sozialen Netzwerken. Aber sie protestieren nicht zwangsläufig. [...] Es lässt sich meines Erachtens also klar festhalten, dass die verbreitete Nutzung sozialer Medien – sofern genügend soziale Gärung und rebellisches Potenzial in der Gesellschaft vorhanden sind – es ermöglicht, dass*

aus individuellem Aufbegehren soziale Proteste und schließlich soziale Bewegungen werden. (Castells 2015, 226)

Auch in dieser Neuausgabe überschätzt Castells die Bedeutung sozialer Medien für soziale Bewegungen. Wenn internetbasierte soziale Netzwerke eine zwar nicht hinreichende, aber doch notwendige Bedingungen für diese neuen sozialen Bewegungen sind, dann folgt daraus, dass diese zwangsläufig zusammenbrechen, wenn Regierungen oder Internetunternehmen soziale Medien abschalten, zensieren oder strikt überwachen. Das Beispiel der ägyptischen Revolution von 2011 zeigt, dass diese Annahme falsch ist. Als das Mubarak-Regime am 27. Januar das Internet abschaltete – der erste Fall einer landesweiten Abschaltung in der Geschichte des Netzes –, wurden die Proteste noch größer (Salem 2015): Viele Menschen waren wütend über diesen Akt, andere gingen auf die Straße, um sich ein Bild der Lage zu machen.

Rechtsaußen angesiedelte Bewegungen wie den Front National in Frankreich, die Wahren Finnen, die amerikanische Tea Party, die italienische Fünf-Sterne-Bewegung, die UK Independence Party (UKIP) oder die Goldene Morgenröte in Griechenland, die ebenfalls das Internet als Mittel der Organisation, Kommunikation und Mobilisierung nutzen, wertet Castells (2015, 226–227, 272–284) nicht als echte soziale Bewegungen, da sie kein autonomes Aufbegehren ausdrückten, sondern politische Gruppierungen mit starken zentralisierten Führungsstrukturen seien. Es handele sich nicht um »vernetzte soziale Bewegungen«, sondern um »reaktionäre populistische Bewegungen« (277–284). Ihre Entstehung sei durch das Fehlen starker, autonomer sozialer Bewegungen bedingt. Diese Behauptung ist unhaltbar: die griechische Nazi-Bewegung Goldene Morgenröte entstand in einer Zeit großer Proteste gegen die Sparpolitik; in Großbritannien trug eine Bewegung gegen Sozialkürzungen dazu bei, dass der Sozialist Jeremy Corbyn zum Vorsitzenden der Labour Party wurde, und gleichzeitig erfreute sich die von Nigel Farage geführte antieuropäische, fremdenfeindliche UKIP großen Zuspruchs.

Gewiss sind rechte Bewegungen politisch reaktionär. Castells will jedoch den vernetzten Charakter von Bewegungen als per definitionem demokratisch deuten. Aber ein Netzwerk kann Knoten und sogar Führungsstrukturen haben, die einflussreicher als andere Teile sind. Die oben erörterte Analyse von Gerbaudo (2012) hat gezeigt, dass sich auch in vielen fortschrittlichen sozialen Bewegungen Führungsstrukturen herausbilden. Todd Wolfson (2014) fügt diesem Befund in seinem Buch *Digital Rebellion: The Birth of the Cyber Left* hinzu, dass basisdemokratische Strukturen in linken Bewegungen nicht nur oft ein Mythos sind, sondern durch die Inanspruchnahme von Zeit, Energie und Ressourcen auch Mobilisierung und Organisierung schwächen, weshalb eine verantwortliche und gewählte Führung die bessere Option sei (siehe die Rezension des Buches: Fuchs 2015b). Demokratische Führungsstrukturen können sozialen Bewegungen zugute kommen und müssen keine Verschiebung nach rechts bedeuten.

Wolfson (2014) hinterfragt die Tendenz heutiger sozialer Bewegungen zu einem »unkritischen Feiern« der »Logik der Horizontalität als zutiefst demokratische Form des Aufbaus von Bewegungen« (20). Der Fetischismus sozialer Bewegungen bezieht sich nicht nur auf ihre Organisationsdynamik, sondern stellt auch das Internet als ein adäquates Mittel für Basisdemokratie dar. Der blinde Fleck dieses von Wolfson hinterfragten Optimismus ist der Umstand, dass soziale Bewegungen in einer kapitalistischen Welt existieren und folglich mit einer asymmetrischen Verteilung des Zugangs zu Raum, Ressourcen, Aufmerksamkeit, Geld und Macht konfrontiert sind. Da sie anders als Unternehmen nichts verkaufen, können sie auf keine Einnahmen zählen. Sie genießen auch nicht den privilegierten Zugang politischer Parteien zu legislativer Macht und öffentlichen Mitteln. Sie können auch nicht auf die Sympathie der Medien vertrauen, die vielmehr häufig nur eindimensional und tendenziös über sie berichten, indem sie sie in skandalsüchtigen, reißerischen Artikeln als gewalttätige Chaoten diskreditieren. Die meisten Aktivisten und Sympathisanten von Bewegungen müssen einer Lohnarbeit nachgehen, um zu überleben, was ihre Zeit und Möglichkeiten für politisches Engagement begrenzt – ein Phänomen, das sich unter den Bedingungen von Neoliberalismus und Prekarität verschärft. Besetzungen zum Beispiel erfordern viel Zeit und Energie, und gleichzeitig ist Lohnarbeit das vorherrschende Mittel der Existenzsicherung in einer kapitalistischen Welt. Aktivistische und zivilgesellschaftliche Medien haben zumeist weniger Ressourcen und erhalten weniger Aufmerksamkeit als Mainstream-Medien; sind sind schwieriger aufrechtzuerhalten und kämpfen oft ums Überleben. Medienaktivismus und alternativer Journalismus beruhen auch auf der freiwilligen Selbstausbeutung von prekären Wissensarbeitern (Sandoval/Fuchs 2010).

Verlassen sich Aktivisten auf die Mainstream-Medien, dann stellen sie bald fest, dass deren Manager zum privilegierten »1 Prozent« der Bevölkerung zählen und kapitalismuskritische Bewegungen nicht unbedingt wohlwollend betrachten. Das heißt nicht, dass alle kapitalistischen Medien Informationen über soziale Bewegungen durchweg zensieren oder verzerren, aber es bestehen hier erhebliche Risiken und Machtgefälle. Natürlich ist es klug, wenn linke Aktivisten nach Möglichkeiten suchen, wie solche strukturellen Beschränkungen überwunden werden können, doch die politische Ökonomie des Kapitalismus stellt den Aktivismus zweifellos vor Probleme und Grenzen. Der Mangel an Zeit und Ressourcen kann schnell zu informellen Hierarchien führen: Wer die knappen Ressourcen kontrolliert, mehr Zeit oder rhetorisches Talent hat, wird faktisch zu einer Führungsfigur, die es nach der offiziellen Ideologie der Bewegung aber gar nicht geben kann, da man ja basisdemokratisch ist.

Es wäre ehrlicher anzuerkennen, dass eine gewisse Form von Hierarchie, Repräsentation und politischer Organisation angesichts der geringen Ressourcen sozialer Bewegungen im Kapitalismus unausweichlich und von Vorteil ist. Werden diese Probleme nicht zur Kenntnis genommen, entwickelt sich leicht eine Kluft zwischen einer seltsamen Ideologie der Horizontalität, die ein bloßer Diskurs bleibt, und einer uneingestandenen Zentralisierung und Hierarchie, die die tatsächliche Praxis ausmachen. Die wirklichen Fragen von Macht und politischer Ökonomie werden dann nicht adäquat gestellt, was zu einem Fundamentalismus der Horizontalität und Radikalität führen kann, der einzelnen Personen oder Fraktionen hierarchisches Denken und Reformismus vorwirft. Ein solches Verkennen struktureller Bedingungen, die das Wirken von sozialen Bewegungen erschweren, kann diese schwächen oder ihr Aus bedeuten. Basisdemokratie ist eine schöne Idee, funktioniert als Organisationsprinzip im Kapitalismus aber mangels Zeit, Ressourcen und Geld häufig nicht. Überwiegend mit sich selbst beschäftigt, verwandeln sich horizontalistische Bewegungen nicht selten in politische Sekten, deren interne Kämpfe ihre Fähigkeit zur Veränderung der Gesellschaft untergraben. Wolfson (2014) argumentiert in diesem Kontext, dass die meisten »Institutionen der Cyber-Linken schwache Organisationsstrukturen mit geringer kollektiver Entscheidungsmacht aufweisen, weil jede Art von Zentralisierung, verantwortlichen Strukturen und Führung von vornherein verworfen wird« (24). Die Ideologie, nach der man in einer Welt mit zentralisierten und undemokratischen Makrostrukturen Dezentralisierung und partizipative Demokratie praktizieren soll, führt zu einem »isolierten Lokalismus, der in einem Spannungsverhältnis zu demokratischen Entscheidungsprozessen steht« (155).

Von »sozialen« und »vernetzten Bewegungen« will Castells nur mit Blick auf solche sprechen, mit denen er sympathisiert. Doch auch die in vielen Teilen der Welt enorm erstarkten rechten Bewegungen folgen einer Netzwerklogik und sind in vieler Hinsicht sozial: Sie wenden sich als soziale Gruppen an andere soziale Gruppen, nutzen Netzwerke online wie offline als soziale Systeme, treten häufig stärker als andere Parteien für eine Sozialpolitik für die nationale Bürgerschaft ein (unter Ausschluss von Migranten und Flüchtlingen) usw. Weder das Adjektiv »sozial« noch der Begriff »Netzwerk« bezeichnen unbedingt etwas politisch Fortschrittliches. Was Bewegungen wie die Proteste gegen Sparmaßnahmen in Griechenland, Spanien, Großbritannien und anderen Ländern sowie Parteien wie Syriza, Podemos und die Labour Party unter Corbyn von der Goldenen Morgenröte, UKIP, der österreichischen FPÖ, der Dänischen Volkspartei, Jobbik in Ungarn, den Schwedendemokraten, Wahren Finnen und der Tea Party unterscheidet, ist, dass sie mit verschiedenen Mitteln für eine inklusive, demokratische Form von Sozialismus kämpfen, während die rechten Parteien eine diskriminierende, fremdenfeindliche und nationalistische geschlossene Gesellschaft anstreben. Schlussendlich geht es um den Unterschied zwischen demokratischem Sozialismus und Faschismus. Entscheidend ist insofern nicht die Kategorie der sozialen Bewegung, sondern die des Sozialismus. Wir brauchen einen demokratischen Sozialismus für das 21. Jahrhundert, um Macht so zu gestalten, dass eine gerechte und partizipative Gesellschaft möglich wird. Es könnte durchaus sein, dass wir erneut an einem historischen Scheideweg stehen, wie ihn Rosa Luxemburg vor hundert Jahren mit einem Zitat von Friedrich Engels beschrieb: »Die bürgerliche Gesellschaft steht vor einem Dilemma: entweder Übergang zum Sozialismus oder Rückfall in die Barbarei.« (Luxemburg 1916, 31)

4.5 Schlussfolgerungen

Manuel Castells versteht »soziale Medien« als eine Form von Massen-Selbst-Kommunikation und als eine gesellschaftliche Sphäre, in der Kommunikations- und Gegenmacht ausgeübt werden. Fragwürdig erscheinen sein Verhältnis zu Gesellschaftstheorie, der Machtbegriff, die Verwendung von IT-Begriffen für die Analyse der Gesellschaft, die Kategorien der Beschreibung und Bewertung der Machtverteilung zwischen globalen Multimediakonzernen und dem kreativen Publikum, die Tragfähigkeit seines Verständnisses des Web 2.0 und die zentrale Bedeutung, die er Informationstechnologien und Kommunikationsmacht zuweist.

Die globale Wirtschaftskrise hat ökonomischen Fragen – die für die Gesellschaftstheorie Klassenfragen sind – wieder Relevanz verliehen und deutlich gemacht, wie gewaltig die Macht von weltweiten finanziellen und wirtschaftlichen Netzwerken über unser Leben ist. Die zentrale politische Aufgabe könnte es heute sein, Gegenmacht gegen die alles erfassende Kommodifizierung zu entwickeln. Die Aufgabe der Gesellschaftstheorie besteht in der aktuellen Situation darin, Analysen von Macht und Gegenmacht zu erarbeiten. Castells erinnert uns daran, dass die Rolle von Kommunikation dabei gewiss nicht vernachlässigt werden sollte. Dennoch hege ich ernsthafte Zweifel daran, dass sein Ansatz die kritische Analyse der heutigen Gesellschaft voranbringen oder zur Herstellung einer besseren Gesellschaft beitragen kann.

Die Hauptergebnisse dieses Kapitels können wir wie folgt zusammenfassen:

- Castells bietet vor allem eine Geschichte des Internets und seines Kontextes, an einer Theorie der (modernen) Gesellschaft mangelt es dagegen. Sein Ansatz ist weder eine Gesellschaftstheorie noch theoretisch fundiert, sondern eher eine beliebige und unsystematische Art der Begriffsbildung und eine Ansammlung von Beobachtungen. Castells' Verständnis von sozialen Medien fehlt eine Auseinandersetzung mit Gesellschaftstheorien, die Macht, Autonomie, Gesellschaft, Sozialität und Kapitalismus begrifflich durchdringen.

- Castells versteht Macht und Kommunikationsmacht als Formen von Zwang, Asymmetrie und Gewalt, die allen Gesellschaften gemein sind. Damit naturalisiert er Herrschaft und übersieht die Möglichkeit einer herrschaftsfreien Kommunikation und Gesellschaft.

- Castells beschreibt Gesellschaft in der Sprache der Informationstechnik, mit Begriffen wie Programm, Switches, Protokollen, Betriebssystem. Er vermengt die Logik von Gesellschaft mit der von Informationstechnik und kann die besondere Rolle von Menschen in der Gesellschaft nicht erfassen.

- In seiner Auseinandersetzung mit sozialen Medien im arabischen Frühling, der Occupy-Bewegung und anderen Aufständen von 2011 teilt Castells die Technikbegeisterung und den Technikdeterminismus von Autoren wie Clay Shirky (2008, 2011a, 2011b) und Andrew Sullivan (2009), indem er behauptet, heutige soziale Bewegungen hätten ihren Ursprung und ihre maßgebliche Basis im Internet und würden durch digitale Medien existieren und handeln.

Eine kritische Theorie der sozialen Medien und der Gesellschaft ist notwendig. Weder Jenkins noch Castells haben einen solchen Ansatz vorgelegt. Dieses Buch soll dazu beitragen, einige Grundlagen dafür zu schaffen.

Literaturhinweise und Übungen

Den Begriff der Kommunikationsmacht kann man sich durch eine Auseinandersetzung mit verschiedenen Autoren erarbeiten – etwa mit Manuel Castells, Kritikern seines Ansatzes und des Gedankens der Netzwerkgesellschaft, Theoretikern der Macht und Gewalt (zum Beispiel Max Weber, Anthony Giddens, John P. Thompson, Johan Galtung, James Curran) und Forschern, die sich mit sozialen Medien in Revolutionen befasst haben.

Castells, Manuel. 2017. *Der Aufstieg der Netzwerkgesellschaft. Das Informationszeitalter: Wirtschaft, Kultur Gesellschaft. Bd. 1*, übers. v. Reinhart Kößler, Wiesbaden: Springer VS. Vorbemerkung 2010. Prolog: Das Netz und das Ich. Schluss: Die Netzwerkgesellschaft.

Jessop, Bob. 2003/2004. Informational capitalism and empire: The postmarxist celebration of US hegemony in a new world order. *Studies in Political Economy* 71/72: 39–58.

Webster, Frank. 2002. The information society revisited. In: Sonia Livingstone/Leah Lievrouw (Hg.), *Handbook of new media*, 22–33. London: Sage.

Fisher, Eran. 2010. Contemporary technology discourse and the legitimation of capitalism. *European Journal of Social Theory* 13 (2): 229–252.

Fuchs, Christian. 2013. Capitalism or information society? The fundamental question of the present structure of society. *European Journal of Social Theory* 16 (4): 413–434.

Fuchs, Christian. 2009. Some reflections on Manuel Castells' book »Communication power«. *tripleC: Open Access Journal for a Global Sustainable Information Society* 7 (1): 94–108.

Golding, Peter. 2000. Forthcoming features: Information and communications technologies and the sociology of the future. *Sociology* 34 (1): 165–184.

Garnham, Nicholas. 2000. »Information society« as theory or ideology. *Information, Communication & Society* 3 (2): 139–152.

Übung 4.1

Die Netzwerkgesellschaft ist das Buch, das Castells' Arbeit einem breiteren Publikum bekannt machte. Es führt den Gedanken ein, dass wir in einer solchen Gesellschaft leben. Kritische Theoretiker stehen dieser Vorstellung oft kritisch gegenüber, wie in Rezensionen des Buches deutlich wird. Eran Fisher kontextualisiert den Netzwerkdiskurs und fasst ihn als eine neue Ideologie. Christian Fuchs betont, dass es wichtig ist, in der Diskussion über Informationstechnologien den Kapitalismus zu berücksichtigen, und eine dialektische Analyse notwendig ist, um ihre Auswirkungen auf die Gesellschaft zu verstehen. Er stellt Castells' These infrage, dass die Netzwerkgesellschaft eine neue Gesellschaft ist. Lesen Sie die Texte und diskutieren sie folgende Fragen:

- Was ist Ideologie? Versuchen Sie den Begriff zu definieren. Für diese Aufgabe können Sie nach Literatur suchen und sie verwenden.

- Inwiefern sind die Informations- und die Netzwerkgesellschaft Ideologien? Welche Ideologien erkennen andere Autoren in den Arbeiten von Castells? Erstellen Sie eine systematische Typologie von Ideologien der Informations- und Netzwerkgesellschaft.

- Suchen Sie Beispiele dafür, wie diese Ideologien in öffentlichen Diskursen über soziale Medien auftauchen. Berücksichtigen Sie Medien, Debatten, Presseerklärungen, Zeitungsartikel, Webseiten etc.

- Leben wir in einer Informationsgesellschaft oder nicht? Begründen Sie Ihre Antwort.

- Wie sollte die heutige Gesellschaft charakterisiert werden? Was ist Ihre persönliche Meinung und welche Meinung hat die Gruppe? Welches Präfix wäre angemessen? Bedenken Sie dabei, dass das verwendete Präfix als Hauptcharakteristikum der so bezeichneten Gesellschaft verstanden wird (beispielsweise »Informations-«, »Wissens-«, »Industrie-«, »Agrar-«, »Arbeits-«, »Bildungs-«, »Abenteuer-«, »Risiko-«, »Internet-«, »Cyber-«, »IT-«, Welt-« und »Überwachungsgesellschaft« oder auch »reflexive«, »moderne«, »postmoderne«, »digitale«, »globale«, »postindustrielle«, »faschistische«, »autoritäre«, »hyperreale«, »dynamische«, »funktional differenzierte«, »flexible«, »gespaltene«, »polyzentrische«, »transkulturelle«, »multikulturelle«, »transparente«, »verantwortliche« und, »virtuelle Gesellschaft«).

Übung 4.2

Castells, Manuel. 2009. *Communication power*. Oxford: Oxford University Press. Kapitel 1: Power in the network society. Schluss: Toward a communication theory of power.

In diesem Buch analysiert Castells Macht im Kontext sozialer Medien.

- Suchen Sie Rezensionen und Kritiken in Datenbanken wie Social Sciences Citation Index, Communication and Mass Media Complete, Scopus, Sociological Abstracts, Google Scholar etc. Erstellen Sie in Arbeitsgruppen eine systematische Liste der Kritikpunkte, diskutieren Sie diese und vergleichen Sie die Ergebnisse der verschiedenen Gruppen.

Übung 4.3

Weber, Max. 1981. Selections from *Economy and Society*, volumes 1 and 2; and General economic history. In *Classes, power, and conflict: Classical and contemporary debates*, ed. Anthony Giddens and David Held, 60–86. Basingstoke: Macmillan.

Giddens, Anthony. 1988. *Die Konstitution der Gesellschaft. Grundzüge einer Theorie der Strukturierung,* übers. v. Wolf-Hagen Krauth u. Wilfried Spohn, Frankfurt a.M.: Campus. Kapitel 1: Grundzüge der Theorie der Strukturierung. Kapitel 5: Wandel, Evolution und Macht.

Giddens, Anthony. 1995. *Konsequenzen der Moderne*, übers. v. Joachim Schulte, Frankfurt a.M.: Suhrkamp. Kapitel II.

Max Weber und Anthony Giddens sind zwei der wichtigsten Gesellschaftstheoretiker des 20. Jahrhunderts und beide haben relevante Machtbegriffe vorgelegt.

- Vergleichen Sie Webers und Giddens' Machtbegriffe. Welche Gemeinsamkeiten und Unterschiede gibt es?
- Vergleichen Sie beide mit Castells' Begriff der Kommunikationsmacht.
- Suchen Sie Beispiele für Kommunikationsmacht in sozialen Medien, die Webers Verständnis von Macht entsprechen.
- Suchen Sie Beispiele für Kommunikationsmacht in sozialen Medien, die Giddens' Verständnis von Macht entsprechen.

Übung 4.4

Video: Vortrag von Manuel Castells, »Communication power in the network societies«,
https://www.youtube.com/watch?v=xoMam-oFOzY

- Sehen Sie sich den Vortrag an. Gibt es Aspekte, denen Sie zustimmen? Welche Kritikpunkte haben Sie? Diskutieren Sie den Vortrag in Gruppen und stellen Sie Ihre Ergebnisse vor.

- Bilden Sie Gruppen, suchen Sie nach einem Beispiel für Kommunikations- und Gegenmacht in sozialen Medien und nach einem kurzen Video darüber, das im Seminar gezeigt werden kann. Bereiten Sie ein Referat vor, das sich auf folgende Fragen konzentriert:

- Was ist Kommunikationsmacht, was kommunikative Gegenmacht? Wie lassen sich die beiden Begriffe definieren? Welche Definition sollte man verwenden – Castells' oder eine andere?

- Bereiten Sie ein Beispiel für Kommunikationsmacht und kommunikative Gegenmacht in sozialen Medien vor und verdeutlichen Sie es durch ein kurzes YouTube-Video.

- Diskutieren Sie anhand dieses Videos verschiedene Aspekte beider Phänomene.

- Jede Gruppe stellt ihr Video vor und erklärt, welche Aspekte von Kommunikationsmacht und kommunikativer Gegenmacht sich darin finden und wie diese Begriffe am ehesten zu verstehen sind.

Übung 4.5

Castells, Manuel. 2012. *Networks of outrage and hope: Social movements in the Internet age*. Cambridge: Polity Press. Kapitel: Opening: Networking minds, creating meaning, contesting power; The Egyptian revolution; Occupy Wall Street: Harvesting the salt of the earth; Changing the world in the network society.

Fuchs, Christian. 2012. Some reflections on Manuel Castells's book »Networks of outrage and hope: Social movements in the Internet age«. *tripleC: Communication, Capitalism & Critique: Open Access Journal for a Global Sustainable Information Society* 10 (2): 775–797.

Networks of Outrage and Hope ist Castells' Analyse der Rolle von sozialen Medien in den Revolutionen und Aufständen des Jahres 2001. Ich habe die erste englischsprachige Kritik des Buches verfasst.

- Lesen Sie die genannten Kapitel und achten Sie besonders darauf, wie die Begriffe »Macht« und »Kommunikationsmacht« verwendet werden. Bilden Sie Arbeitsgruppen und vergleichen Sie diese Passagen mit den Definitionen von Kommunikationsmacht in Castells' vorherigem Buch Communication Power (2009). Wie genau wendet er dieses Konzept an? Welche Definitionen von Macht vertritt er in den Büchern? Decken sie sich oder weichen sie voneinander ab?

- Lesen Sie meine Kritik an Castells. Suchen Sie weitere Besprechungen und Kritiken in Datenbanken wie Social Sciences Citation Index, Communication and Mass Media Complete, Scopus, Sociological Abstracts, Google Scholar etc. Erstellen Sie in Gruppen eine systematische Liste von Kritikpunkten, diskutieren Sie diese und vergleichen Sie Ihre Ergebnisse mit denen der anderen Gruppen.

Übung 4.6

Thompson, John B. 1995. *The media and modernity: A social theory of the media*. Cambridge: Polity Press. Kapitel 1: Communication and social context.

Galtung, Johan. 1990. Cultural violence. *Journal of Peace Research* 27 (3): 291–305.

John B. Thompsons *The Media and Modernity* ist ein einflussreiches Buch in der Mediensoziologie. In Kapitel 1 setzt er sich unter anderem mit Macht auseinander. Johan Galtung ist der Begründer der Friedens- und Konfliktforschung und hat ausgiebig über Fragen von Gewalt publiziert. Die Arbeiten beider Autoren sind ein geeigneter Ausgangspunkt, um die Rolle von Macht und Gewalt in den Medien zu erörtern. Lesen Sie die zwei Texte und diskutieren Sie folgende Fragen:

- Wie sollten die Begriffe Macht und Gewalt definiert werden (führen Sie Ihre eigenen Ansichten und Definitionen an)?

- Welche Formen von Macht gibt es (führen Sie Ihre eigenen Ansichten und Definitionen an)?

- Welche Formen von Gewalt gibt es (führen Sie Ihre eigenen Ansichten und Definitionen an)?

- Wie lässt sich das Verhältnis von Macht und Gewalt fassen (führen Sie Ihre eigenen Ansichten und Definitionen an)?

- Diskutieren Sie, welche verschiedenen Formen von Macht und Gewalt eine Rolle in sozialen Medien spielen und worin diese jeweils besteht. Suchen Sie Beispiele dafür.

Übung 4.7

Curran, James. 2002. *Media and power*. London: Routledge. Kapitel 5: Renewing the radical tradition.

Freedman, Des. 2014. *The contradictions of media power*. London: Bloomsbury Academic. Kapitel 1: Approaches to media power.

Curran untersucht den mehrdimensionalen Charakter von Macht im Kapitalismus und das Verhältnis ihrer wirtschaftlichen, politischen und ideologischen Dimensionen zu den Medien. Des Freedman analysiert Medienmacht als ein widersprüchliches Phänomen.

- Diskutieren Sie Currans Dimensionen von Medienmacht und medialer Gegenmacht und vergleichen Sie sie mit Tabelle 4.3. Suchen Sie Beispiele für sämtliche Formen solcher Macht und Gegenmacht im Kontext sozialer Medien.

- Welche Herangehensweisen an Medienmacht sieht Freedman? Was sind ihre Gemeinsamkeiten und Unterschiede? Wie lässt sich der Gedanke von Medienmacht als einer widersprüchlichen Kraft für ein kritisches Verständnis sozialer Medien verwenden?

Übung 4.8

Fuchs, Christian. 2014b. OccupyMedia! The Occupy movement and social media in crisis capitalism. Winchester: Zero Books.

- Lesen Sie die Studie und überlegen Sie, welche wichtigen Protestbewegungen es derzeit gibt. Enthält die Studie Fragen über das Internet und soziale Medien, die auch mit Blick auf diese Bewegung relevant sind? Wenn ja, welche? Wenn nicht oder nur teilweise, welche anderen Fragen wären dann zu stellen?

- Wie lassen sich diese Fragen im Kontext einer der gegenwärtig wichtigen Bewegungen am Besten empirisch untersuchen?

Übung 4.9

Der Datensatz der Studie OccupyMedia!:
SPSS-Format: http://fuchs.uti.at/wp-content/Occupy Media!_Data set.sav
CSV-Format: http://fuchs.uti.at/wp-content/Occupy Media!_Data set.csv
Open Database License (ODbL) v1.0
http://opendatacommons.org/licenses/odbl/1.0/

Der vollständige Fragebogen findet sich hier:
http://fuchs.uti.at/wp-content/questionnaire.pdf

Regeln und Richtlinien für die Nutzung des Datensatzes:
http://fuchs.uti.at/wp-content/DataUsageGuide.pdf

Beschreibung des Datensatzes:
http://fuchs.uti.at/wp-content/mapping_questions_variables.pdf

- Machen Sie sich mit dem Fragebogen und dem Datensatz vertraut. Ich habe ihn unter einer Open Database License veröffentlicht, sodass andere ihn auswerten können. Sehen Sie sich auch die Regeln und Richtlinien für die Nutzung an.

- Im Datensatz finden sich viele qualitative Antworten auf die Fragen. Bilden Sie Arbeitsgruppen und untersuchen Sie jeweils eine bestimmte qualitative Frage. Zum Beispiel: Wie argumentieren die befragten Aktivisten mit Blick auf die staatliche Überwachung des Internets und der sozialen Medien? Wählen Sie geeignete Schlüsselwörter für die Suche im Datensatz und führen Sie eine qualitative Analyse aller relevanten Suchergebnisse durch. Stellen Sie Ihre Ergebnisse vor.

Übung 4.10

Aouragh, Miriyam. 2012. Social media, mediation and the Arab revolutions. *tripleC: Communication, Capitalism & Critique: Journal for a Global Sustainable Information Society* 10 (2): 518–536.

Gerbaudo, Paolo. 2012. *Tweets and the streets: Social media and contemporary activism*. London: Pluto Press. Einleitung, Kapitel 1 und 2.

Juris, Jeffrey S. 2012. Reflections on #occupy everywhere: Social media, public space, and emerging logics of aggregation. *American Ethnologist* 39 (2): 259–279.

Murthy, Dhiraj. 2013. *Twitter: Social communication in the Twitter age*. Cambridge: Polity Press. Kapitel 6: Twitter and activism.

Diese vier Texte analysieren die Rolle von sozialen Medien in den Revolutionen und Protesten von 2011.

▪ Lesen Sie die Texte und vergleichen Sie alle vier Positionen mit Castells' Verständnis der Rolle sozialer Medien im arabischen Frühling und den Protesten von 2011.

▪ Vergleichen Sie die Analysen der vier Autoren miteinander. Welche Gemeinsamkeiten und Unterschiede gibt es? Welche Rolle spielen kritisches Denken und kritische Theorie?

Übung 4.11

Trottier, Daniel und Christian Fuchs (Hg.). 2015. *Social media, politics and the state: Protests, revolutions, riots, crime and politics in the age of Facebook, Twitter and YouTube*. New York: Routledge.

Dieser Sammelband enthält Fallstudien über die widersprüchlichen Machtstrukturen sozialer Medien. Lesen Sie die Einleitung der Herausgeber und wählen Sie eine der Fallstudien.

▪ Welche Aspekte von Macht lassen sich in dem spezifischen Fall erkennen? Inwiefern ist diese Macht widersprüchlich?

▪ In welchem Verhältnis stehen verschiedene Formen von Macht, Machtstrukturen und ihre Widersprüche in diesem Fall zu sozialen Medien?

5 Die Macht und politische Ökonomie sozialer Medien

Kernfragen

▦ Welche Ideologien und Mythen ranken sich um soziale Medien?

▦ Was ist mit »politischer Ökonomie der sozialen Medien« gemeint und wie funktioniert sie?

▦ Was ist digitale Arbeit und welche Rolle spielt sie für diese politische Ökonomie?

Schlüsselbegriffe

▦ Politische Ökonomie sozialer Medien

▦ Digitale Arbeit

▦ Ideologien sozialer Medien

▦ Kapitalistische Kolonisierung sozialer Medien

▦ Prosumption

▦ Publikumsware

▦ Internet-Prosumenten-Ware

▦ Individuell zugeschnittene Werbung

▦ Überwachung von Prosumenten

▦ International digitale Arbeitsteilung

Überblick

Politische Ökonomie analysiert die wesentlichen Strukturen des Kapitalismus, etwa die Ursachen von Krisen. Ideologiekritik analysiert Behauptungen über die Wirklichkeit und ihren Wahrheitsgehalt. Um Macht zu verstehen, muss man beides berücksichtigen. Bei einer kritischen Analyse sozialer Medien müssen wir folglich ideologische und politökonomische Aspekte betrachten.

Streng genommen sind kritische politische Ökonomie und Ideologiekritik nicht zwei getrennte Analysefelder, sondern miteinander verbunden. Karl Marx eröffnet sein Hauptwerk *Das Kapital* mit einer Analyse der Ware als Zellform des Kapitalismus: »Der Reichtum der Gesellschaften, in welchen kapitalistische Produktionsweise herrscht, erscheint als eine ›ungeheure Warensammlung‹, die einzelne Ware als seine Elementarform.« (Marx 1867, 49). Im selben Kapitel zeigt er, wie Warenstrukturen den Anschein natürlicher Elemente der Gesellschaft gewinnen und nicht mehr als Konstrukte erkannt werden, die Machtstrukturen legitimieren. Von den Medien verbreitete Ideologien sind eine spezifische Form von Fetischismus. Die Analyse der Warenform von Medien und die der in ihnen wirkenden Ideologien gehören beide zu einer auf kritische politische Ökonomie gestützten Untersuchung (Fuchs 2015a, Kapitel 3).

Dieses Kapitel bietet eine Einführung in die kritische Analyse der Machtstrukturen sozialer Medien. Zu diesem Zweck werde ich erklären, wie Mehrwertproduktion und Ausbeutung dort funktionieren; es geht also um Aspekte von Arbeit und Kapitalakkumulation. Ich erörtere die Grenzen der These, soziale Medien seien partizipativ (5.1), den Zyklus der Kapitalakkumulation nach Marx (5.2), um ihn auf soziale Medien zu beziehen (5.3), sowie das Verhältnis zwischen der unbezahlten Arbeit von Nutzern und anderen Formen von Arbeit (5.4) und ziehe einige Schlüsse daraus (5.5).

5.1 Soziale Medien als Ideologie: Die Grenzen der These partizipativer sozialer Medien

Soziale Medien: Partizipation als Ideologie

Die Forschung über das »Web 2.0« und soziale Medien wird von technikdeterministischen Ansätzen dominiert, nach denen diese Technologien eine demokratischere Gesellschaft hervorbringen. Besonders deutlich wird dies in der Rede von »partizipativen sozialen Medien«. Laut Jenkins (2008, 137) ist das Internet zunehmend zu einem »Ort der Verbraucherpartizipation« geworden, Shirky (2008, 107) erkennt im Web 2.0 eine »Verbindung symmetrischer Partizipation und Amateurproduktion«, nach Tapscott und Williams (2007, 15) hat »das neue Netz« zu einer »neuen Wirtschaftsdemokratie« geführt, Howe (2008, 14) sieht im Crowdsourcing durch soziale Medien »einen Ausdruck des allgemeinen Trends zu einer Demokratisierung der Wirtschaft«, Benkler (2006, 15) zufolge wird Kultur durch commons-basierte Peer-Produktion »demokratischer, nämlich reflexiver und partizipativer«, laut Bruns (2008, 17) ermöglicht *produsage* im Internet »Partizipation an einer Netzwerkkultur«, Deuze (2007, 95) zufolge haben »neue Medientechnologien wie das Internet [...] den partizipativen Umgang von Menschen mit ihren Medien sichtbar gemacht«. Der Gerechtigkeit halber sei erwähnt, dass Deuze in anderen Beiträgen auch die »privatkapitalistische Aneignung partizipativer Kultur« (2008, Aufsatztitel) betont.

Solchen Ansätzen mangelt es an einem theoretisch fundierten Verständnis von Partizipation. Sie ziehen Schlüsse mit Blick auf Demokratie, übergehen aber, dass in der Politikwissenschaft vor allem die Theorie der partizipativen Demokratie (Held 2006) von »Partizipation« spricht. Nach meinen Literaturrecherchen wurde der Begriff der partizipativen Demokratie erstmals in einem Artikel von Staughton Lynd (1965) über das basisorientierte Organisationsmodell der US-amerikanischen Students for a Democratic Society (SDS) verwendet. Partizipative Demokratie (näher dazu und zu den Implikationen für die Analyse sozialer Medien: Fuchs 2011b, Kapitel 7) kennzeichnet vor allem zweierlei:

- ein umfassendes Verständnis von Demokratie, das über Wahlen hinaus Bereiche wie Wirtschaft, Kultur und Privathaushalte einschließt; und
- die Hinterfragung der Vereinbarkeit von partizipativer Demokratie und Kapitalismus.

Die Grenzen von YouTube

Bevor man den partizipativen Charakter sozialer Medien beurteilt, sollte man ihre politische Ökonomie untersuchen. Zeigen sich beispielsweise Asymmetrien, was Sichtbarkeit und Aufmerksamkeit angeht, dann scheint es fraglich, dass sie wirklich partizipativ sind. Deshalb genügt es nicht, die Potenziale und Grenzen des Internets hervorzuheben, sondern ist stets auch zu berücksichtigen, wer von ihm profitiert und wer das Nachsehen hat. Auch die negativen Aspekte sozialer Medien müssen analysiert werden, um einen unkritischen Optimismus zu dämpfen, in dem sich die Suche nach neuen Modellen der Kapitalakkumulation ideologisch ausdrückt – zwecks Anhebung der Profitrate in der digitalen Medienindustrie will man die Arbeit von Nutzern ausbeuten. Kritiker haben deshalb betont, dass der Web-2.0-Optimismus unkritisch, ja eine Ideologie ist, die Unternehmensinteressen dient (Fuchs 2011b; van Dijck/Nieborg 2009), und die Nutzer des Web 2.0 eher passive Konsumenten als aktive Produzenten sind (van Dijck 2009).

#	Titel	Art	Eigentümer	Aufrufe
1.	Luis Fonsi – Despacito	Musik	Universal	4,90 Milliarden
2.	Wiz Khalifa – See You Again	Musik	Warner Music	3,44 Milliarden
3.	Ed Sheeran – Shape Of You	Musik	Warner Music	3,34 Milliarden
4.	Psy – Gangnam Style	Musik	YG Entertainment, Universal	3,12 Milliarden
5.	Mark Ronson – Uptown Funk	Musik	Sony	2,98 Milliarden
6.	Masha and the Bear: Recipe for Disaster	TV-Serie	Animaccord	2,91 Milliarden
7	Justin Bieber – Sorry	Musik	Universal	2,89 Milliarden
8.	Maroon 5 – Sugar	Musik	Universal	2,53 Milliarden
9.	Taylor Swift – Shake It Off	Musik	Universal	2,52 Milliarden
10.	Enrique Iglesias – Bailando	Musik	Universal	2,48 Milliarden

Quelle: https://en.wikipedia.org/wiki/List_of_most-viewed_YouTube_videos, abgerufen am 07.03.2018.

Tabelle 5.1: Die meistgesehenen YouTube-Videos aller Zeiten

Eine Analyse der zehn meistgesehenen Videos auf YouTube (Tabelle 5.1) zeigt, dass dort transnationale Medienkonzerne, die organisierten Ausbeuter der mehrwertproduktiven Arbeit von Künstlern und Nutzern, die politische Ökonomie der Aufmerksamkeit beherrschen. In der ersten Ausgabe dieses Buches beruhte die Tabelle auf dem Stichtag 1. März 2013. Das Musikvideo »Gangnam Style« belegte damals mit 1,37 Milliarden Aufrufen Platz eins; fünf Jahre später verzeichnete es mehr als drei Milliarden Aufrufe. In der Zwischenzeit wurde das Musikvideo von Luis Fonsis »Despacito«, das im Jahr 2017 veröffentlicht wurde, mit fast 5 Milliarden Aufrufen das meistgesehene YouTube-Video. Und während es 2013 noch ein privates nutzergeneriertes Video unter die Top 10 schaffte (»Charlie bit my finger – again!«), fanden sich dort 2018 fast ausschließlich Musikvideos, deren Urheberrecht bei drei großen transnationalen Medienkonzernen liegt (Universal, Sony, Warner). Mit Musik als beliebtestem Inhalt ist YouTube gewissermaßen das neue MTV. Unterhaltung und Musik sind auf YouTube und Facebook (siehe Tabelle 5.2) ungemein populär, Politik dagegen ein Thema für Minderheiten.

#	Gruppe	Art	Anzahl der Follower
1	Facebook	Internet	207,5 Millionen
2	Cristiano Ronaldo	Sport	120,5 Millionen
3	Coca-Cola	Brand	107,4 Millionen
4	Real Madrid C.F.	Sport	104,6 Millionen
5	Shakira	Musik	98,4 Millionen
6	FC Barcelona	Sport	100,7 Millionen
7	Vin Diesel	Unterhaltung	97,8 Millionen
8	Tasty	Essen (Buzzfeed)	94,0 Millionen
9	Leo Messi	Sports	88,1 Millionen
10	Eminem	Musik	85,1 Millionen
11	YouTube	Internet	84,9 Millionen
12	Rihanna	Musik	81,5 Millionen
	Michael Moore	alternativer Medienmacher	2,3 Millionen
	Karl Marx	politischer Philosoph, Kommunist	1,5 Millionen
	Noam Chomsky	politischer Intellektueller	1,3 Millionen
	Jeremy Corbyn	sozialistischer Politiker	1,4 Millionen

Quelle: data from http://socialbakers.com & http://facebook.com, abgerufen am 08.03.2018.

Tabelle 5.2: Die populärsten Fangruppen auf Facebook

Die Grenzen von Facebook

Technik, Sport, Musik, Unterhaltung und Marken sind die Top-Themen auf Facebook (Tabelle 5.2). Bei den politischen Facebook-Gruppen genießen mächtige Politiker wie Barack Obama die meiste Aufmerksamkeit, alternative Figuren wie Michael Moore, Karl Marx, Noam Chomsky und Jeremy Corbyn haben deutlich weniger Fans (Tabelle 5.2).

Die Grenzen von Google

Die zwölf meistverwendeten Suchbegriffe auf Google enthielten 2010 kein einziges politisches Thema. An der Spitze standen Whitney Houston, Gangnam Style, Hurricane Sandy, iPad 3, Diablo 3, Kate Middleton, Olympics 2012, Amanda Todd, Michael Clarke Duncan und Big Brother Brazil 12.[28] 2014 hießen die Spitzenreiter Robin Williams, World Cup, Ebola, Malaysia Airlines, ALS Ice Bucket Challenge, Flappy Bird, Conchita Wurst, ISIS, Frozen, Sochi Olympics – sieben der zehn Suchbegriffe betrafen Unterhaltung, zwei Katastrophen (Ebola-Epidemie und Verschwinden der Malaysia-Airlines-Flüge 370 und 17) und nur einer Politik (ISIS, also Islamischer Staat).

Die Grenzen von Twitter

Twitter ist eines der beliebtesten sozialen Medien. Der Blogger Andrew Sullivan schrieb nach den iranischen Protesten von 2009, dass »die Revolution getwittert wird«, und trug damit zum Mythos der Twitter-Revolutionen bei.[29] Bieten Kurznachrichten mit maximal 140 Zeichen eine Basis für ernstzunehmende politische Debatten? Sie laden zu vereinfachten Argumenten ein und drücken die Kommodifizierung und Beschleunigung von Kultur aus. Tabelle 5.3 zeigt, dass neun der zehn Twitter-Nutzer mit den meisten Followern mit Unterhaltung zu tun haben, die einzige Ausnahme ist Barack Obama. Die Tabelle zeigt aber auch, dass beim Thema Politik eine stark abgestufte Aufmerksamkeitsökonomie herrscht: Während Obama eine enorme Zahl von Followern erreicht, sind es bei Vertretern einer alternativen Politik wie Michael Moore, David Harvey und Jeremy Corbyn deutlich weniger.

---

[28] www.google.com/zeitgeist, abgerufen am 28.04.2018.

[29] www.theatlantic.com/daily-dish/archive/2009/06/the-revolution-will-be-twittered/200478/, abgerufen am 28.04.2018.

Rang	Twitter-Profil	Anzahl der Follower
1	Katy Perry @katyperry	108,8 Millionen
2	Justin Bieber @justinbieber	105,6 Millionen
3	Barack Obama @barackobama	100,6 Millionen
4	Rihanna @rihanna	86,5 Millionen
5	Taylor Swift @taylorswift13	85,6 Millionen
6	Lady Gaga @ladygaga	77,4 Millionen
7	Ellen DeGeneres @theellenshow	77,1 Millionen
8	YouTube @YouTube	71,3 Millionen
9	Cristiano Ronaldo @Cristiano	70,3 Millionen
10	Justin Timberlake @jtimberlake	65,4 Millionen
	Donald J. Trump @RealDonaldTrump	48,8 Millionen
	Michael Moore @MMFlint	6,0 Millionen
	David Harvey @ProfDavidHarvey	0,09 Millionen
	Jeremy Corbyn @jeremycorbyn	1,8 Millionen

Datenquelle: https://www.trackalytics.com/the-most-followed-pinterest-profiles/page/1/, abgerufen am 08.03.2018

Tabelle 5.3: Twitternutzer mit der höchsten Anzahl von Followern

Die Grenzen von Pinterest

Pinterest ist ein soziales Medium für Foto-Sharing, auf dem Nutzer Postings (»Pins«) an virtuellen Pinnwänden anbringen können. Die Nutzer können sich folgen und Pins liken, teilen und kommentieren. 2010 gegründet, ist Pinterest inzwischen eines der populärsten sozialen Medien, besonders im Bereich Design, Mode, Fotografie, Schönheit und Farben. Tabelle 5.4 zeigt die zehn populärsten Nutzerprofile.

#	Nutzer	Nutzer-name	Art des Profils	Anzahl der Follower
1	Joy Cho/Oh Joy!	ohjoy	Oh Joy: Grafikdesign-Studio, das Markenprodukte verkauft	12,7 Millionen
2	Maryann Rizzo	maryann-rizzo	Curated Style Shop: präsentiert Bilder von Designgegen-ständen und Ver-kaufslinks	9,0 Millionen

3	Bekka Palmer	bekka-palmer	Fotografin, Textilkünstlerin	8,5 Millionen
4	Poppytalk	Poppytalk	Design-Blog	8,1 Millionen
5	Cathie Hong	cathie-hong	Designerin & Makerin	8,0 Millionen
6	Jane Wang	janew	Essens-Kuration	7,8 Millionen
7	Bonnie Tsang	bonnie-tsang	Kuration von Designprodukten	7,1 Millionen
8	Evelyn ~	evecpage	Natur, Landschaften, Kultur	6,8 Millionen
9	Molly Pickering	mollydolly987	Mode, Design, Kultur	6,8 Millionen
10	Schwedischer Lifestyle-Blog Pejper.se	pejper	Mode, Design, Essen	6,8 Millionen
16	L.L. Bean	llbean	L.L. Bean: Verkäufer von Bekleidung und Freizeitausrüstung	5,0 Millionen
17	Stephanie Brinkerhoff	stephanie-annb	Haar-Stylistin, Make-Up-Künstlerin und Beauty-Bloggerin, die Produkte auf Pinterest kuriert	4,9 Millionen
23	Nordstrom	nordstrom	Nordstrom: Handel mit Mode der gehobenen Preisklasse	4,6 Millionen

Datenquelle: https://www.trackalytics.com/the-most-followed-pinterest-profiles/page/1/, abgerufen am 08.03.2018

Tabelle 5.4: Pinterest-Nutzerprofile mit der höchsten Anzahl von Followern

Zum einen finden wir hier Unternehmen und Künstlerinnen aus den Bereichen Mode und Design wie Joy Cho, L.L. Bean und Nordstrom, die für eigene Produkte werben, zum anderen kommerzielle Kuratoren, die mit Werbung und Postings von Bildern bestimmter Waren Geld verdienen. Maryann Rizzos Curated Style Shop erläutert, wie dieses Geschäftsmodell funktioniert: »Wir arbeiten auf einer Bandbreite von sozialen Medien mit kontextgebundenen Affiliate Links in Postings und/oder Anzeigen. Wenn Sie auf einen solchen Link klicken und das Produkt kaufen, erhalten wir eine kleine Provision.«

Als Affiliate Marketing bezeichnet man Systeme wie RewardStyle, Share-a-Sale, eBay Partner Network und Amazon Associates: Kuratoren verlinken auf ihren Internetprofilen Produkte und erhalten eine Provision, wenn jemand dem Link folgt und einen Kauf tätigt.

Affiliate-Programme, die viele Online-Händler, Blogs und Medienseiten seit mindestens einem Jahrzehnt nutzen, dringen in soziale Medien wie Instagram, Pinterest und Twitter vor und erschließen so neues Terrain für Blogger. Die Vertragsbedingungen richten sich gewöhnlich nach der Leserzahl und dem Umfang der Interaktion auf dem Blog. Die Provisionen reichen von 3 bis 20 Prozent. Blogger mit treuen und konsumfreudigen Lesern, auch Beeinflusser genannt, können hier richtig Geld verdienen.[30]

Neben Unternehmen und Kuratoren finden wir im Pinterest-Ranking auch Nutzer ohne kommerzielle Interessen, die lediglich Bilder zu ihren persönlichen Interessen wie Reisen, Fotografie, Kunst oder Farben gefallen teilen. Pinterest ist eine Mischung kommerzieller und nicht-kommerzieller visueller Kultur.

Einige Kuratoren wie Maryann Rizzo, Stephanie Brinkerhoff, Danaë Vokolos (Veanad) und Bekka Palmer erreichen Millionen von Followern, weil sie Nutzer der ersten Stunde sind und von Pinterest neuen Nutzern empfohlen werden, um die Aktivität auf der Seite sowie die Profite aus dem Verkauf von gesponserten und anderweitig geförderten Pins zu steigern.[31] Gesponserte Pins sind eine Form von »Native Advertising« – von Werbung, die wie gewöhnlicher Inhalt aussieht – und werden bei Suchen auf Pinterest bevorzugt angezeigt.

Viele, aber gewiss nicht alle populären Pinterest-Nutzer haben sich für Affiliate Marketing entschieden, um Geld zu verdienen. Hinzu kommen große Unternehmen, die auf der Plattform aktiv sind, und das individuell zugeschnittene Native Advertising durch Pinterest selbst. In gewissem Maß ist Pinterest aber auch ein Ort für nicht-kommerzielle visuelle Kultur. Affiliate Marketing und Native Advertising in sozialen Medien haben zu einer Vermischung von kommerziellen und nicht-kommerziellen Inhalten geführt. Ob ein Profil oder Posting in die eine oder die andere Kategorie fällt, ob jemand durch

---

[30] How style bloggers earn sales commissions, one click at a time, Wall Street Journal Online, 11.02.2015.

[31] https://medium.com/backchannel/how-people-youve-never-heard-of-got-to-be-the-most-powerful-users-on-pinterest-206770326006#. 24lmlcbld, abgerufen am 28.04.2018.

bestimmte Klicks Geld verdient oder nicht, ist mitunter schwer er-
kennbar. Dadurch wird Werbung raffinierter, anpassungsfähiger und
weniger transparent.

Die Kolonisierung sozialer Medien durch Unternehmen

Solche Beispiele verdeutlichen, dass Unternehmen und ihre Logik
soziale Medien dominieren und das Internet einen vorwiegend kapitalistischen Charakter hat. Soziale Medien sind nicht ausschließlich
Ausdruck einer kommerziellen Kultur, doch Pinterest wird in signifikantem Maß von Unternehmen, Werbung, Prominenten, kommerzieller Unterhaltung und Konsumkultur geprägt, wobei es stets um den
Verkauf von Waren zwecks Profitakkumulation geht. Soziale Medien
stellen nicht automatisch eine Öffentlichkeit oder einen Raum der
partizipativen Demokratie inmitten einer kapitalistischen Welt dar.
Vorherrschend ist vielmehr die Tendenz zu ihrer Kolonisierung durch
Unternehmen und die kapitalistische Logik; Aufmerksamkeit und
Sichtbarkeit genießen vor allem Multimediakonzerne, Prominente
und Werbung, während Politik ein marginales Thema bleibt. Georg
Lukács bestimmt Ideologie als »etwas *objektiv* an dem Wesen der
gesellschaftlichen Entwicklung Vorbeigehendes, sie nicht adäquat
Treffendes und Ausdrückendes« (Lukács 1923, 62). Eine Ideologie ist
eine Behauptung über einen bestimmten Status von Realität, die
dieser nicht entspricht. Sie täuscht Menschen, um gesellschaftliche
Veränderung zu blockieren, und ist »falsches« Bewusstsein (83).

Habermas (1962/1990a: 267–292) hält Werbung vor allem deshalb für
problematisch, weil sie die Öffentlichkeit entpolitisieren könne. Dies
versteht er einerseits als Ergebnis partikularistischer Interessen: »Die
Öffentlichkeit übernimmt Funktionen der Werbung. Je mehr sie als
Medium politischer und ökonomischer Beeinflussung eingesetzt
werden kann, um so unpolitischer wird sie im ganzen und dem
Schein nach privatisiert.« (267) Auf der anderen Seite konstatiert er
eine Verflachung von Medieninhalten durch den Einfluss der wirtschaftlichen Logik: »Die Personalisierung von Sachfragen, die Vermischung von Information und Unterhaltung, eine episodische Aufbereitung und die Fragmentierung von Zusammenhängen schießen zu
einem Syndrom zusammen, das die Entpolitisierung der öffentlichen
Kommunikation fördert.« (Habermas 1994, 456) Je mehr Werbung
und Warenlogik die sozialen Medien prägen, umso weniger Raum
bleibt für eine nicht-kommerziell orientierte Kommunikation, die
nicht die Logik von Marken, Unternehmen und Warenkonsum, sondern Öffentlichkeit und Allgemeinwohl fördern will.

Soziale Medien sind nicht per definitionem Ausdruck neoliberaler Kultur. Es gibt viele verschiedene Plattformen, die unterschiedlich konzipiert sind. Facebook und Twitter, zwei besonders wichtige, sind um die individuellen Nutzerprofile herum konstruiert und beruhen auf der Akkumulation von Ansehen durch Likes, Favoriten, Re-Tweets, die Zahl der Follower und Freunde. Sie rücken die Logik der individuellen Selbstdarstellung in den Vordergrund, nicht die Bildung kollektiver Identitäten. Solche »Ich-Medien« könnten gewiss zu »Wir-Medien« umgebaut werden, von Facebook, MySpace und You-Tube zu OurBook, OurSpace und OurTube. Wikipedia zum Beispiel beruht auf einer Logik, die wesentlich kollektiver ist. Der Aufstieg individualistisch ausgerichteter sozialer Medien fällt nicht zufällig in eine Zeit des Niedergangs öffentlicher Dienste, öffentlicher Räume und öffentlicher Medien. Gleichzeitig haben Bewegungen, die die Logik von Commons und Öffentlichkeit stärken wollen, diese Entwicklungen herausgefordert.

Kleine öffentliche Kommunikationssphären, die soziale Beziehungen in Gruppen mit speziellen Interessen fördern, haben zwar eine gewisse Bedeutung, aber es braucht fraglos auch große, die sehr viele Menschen erreichen. Soziale Medien sind konvergente Medien, die das Potenzial zur Schaffung und Aufrechterhaltung größerer Öffentlichkeiten haben. Würden wir alle in Mikroöffentlichkeiten leben, dann wäre die öffentliche Kommunikation völlig fragmentiert und die Organisation des öffentlichen Lebens entsprechend schwierig. Auch im Zeitalter der sozialen Medien besteht also die Notwendigkeit großer medial vermittelter Öffentlichkeiten. Öffentliche Medien könnten den Gedanken nutzergenerierten Inhalts zweifellos ernster nehmen, als sie es derzeit tun, um mehr Bürger für die Produktion von Inhalten zu gewinnen. In jedem Fall reichen Mikroöffentlichkeiten im Internet allein nicht aus und drohen die Öffentlichkeit zu fragmentieren.

Internet und soziale Medien sind heute in signifikantem Maß sozial geschichtete, nicht-partizipative Räume; ein alternatives, nicht von Unternehmen dominiertes Internet ist notwendig (siehe Fuchs 2011b, Kapitel 7, 8 und 9). Großkonzerne kolonisieren die sozialen Medien und beherrschen ihre Aufmerksamkeitsökonomie. Die politischen Aufstände, Proteste und Revolutionen, die Anfang 2011 in Ländern wie Algerien, Bahrain, Ägypten, Iran, Jordanien, Libyen, Marokko, Tunesien und Jemen stattfanden, nutzten zwar auch Twitter und Handys, so wie die Veröffentlichung von Videos über staatliche Repression – etwa über den Tod von Neda Soltani bei den iranischen

Protesten 2009 und von Ian Tomlinson bei den Londoner Anti-G20-
Protesten im selben Jahr – Bewegungen fördern kann; überschätzen
sollte man diese Potenziale indes nicht. Es gibt keine Twitter-, Face-
book- oder YouTube-Revolutionen. Nur Menschen, die unter bestimmten gesellschaftlichen Bedingungen leben und sich kollektiv
organisieren, können Aufstände und Revolutionen herbeiführen.
Technik an sich ist keine Revolution.

In kapitalistischen sozialen Medien sind die Vereins- und Versammlungsfreiheit in erheblichem Maß außer Kraft gesetzt: Vor allem
Großkonzerne, aber auch einflussreiche politische Akteure dominieren und zentralisieren das Geschehen, was Rede, Vereinigung, Versammlung und Meinungsbildung betrifft. Bürgerliche Freiheiten
verkehren sich in kapitalistischen sozialen Medien in ihr Gegenteil.
Angesichts der kapitalistischen Prägung sozialer Medien scheint es
sowohl nötig wie möglich, das »Web 2.0« nicht als ein partizipatives
System, sondern mit negativen, kritischen Begriffen wie Klasse, Ausbeutung und Mehrwert zu fassen. Dazu müssen wir unsere Analyse
auf die Arbeiten des Begründers der kritischen politischen Ökonomie
gründen – Karl Marx.

5.2 Der Zyklus der Kapitalakkumulation

Marx' Hauptwerk *Das Kapital. Zur Kritik der politischen Ökonomie*
stammt zwar aus dem 19. Jahrhundert, doch Marx war ein ungemein
visionärer Denker, der sich mit den Folgen damals neuer Medien wie
dem Telegrafen für Wirtschaft und Gesellschaft befasste, als kritischer Journalist betätigte, die Dialektik der modernen Technik analysierte und die Entstehung von Wissensarbeit sowie dem, was heute
mitunter Wissensgesellschaft genannt wird, antizipierte. *Das Kapital*
und andere Schriften von Marx können daher auch der Medien- und
Kommunikationsforschung im Informationszeitalter wesentliche Erkenntnisse über den digitalen Kapitalismus bieten. Aus diesem Grund
habe ich eine Kapitel für Kapitel vorgehende Einführung in den ersten Band des *Kapital* verfasst: *Marx Lesen im Informationszeitalter.
Eine medien- und kommunikationswissenschaftliche Perspektive auf
»Das Kapital. Band 1«* (Fuchs 2017). In den drei Bänden des *Kapital*
(1867, 1885, 1894) untersucht Marx den Akkumulationsprozess des
Kapitals wie in Abbildung 5.1 dargestellt.

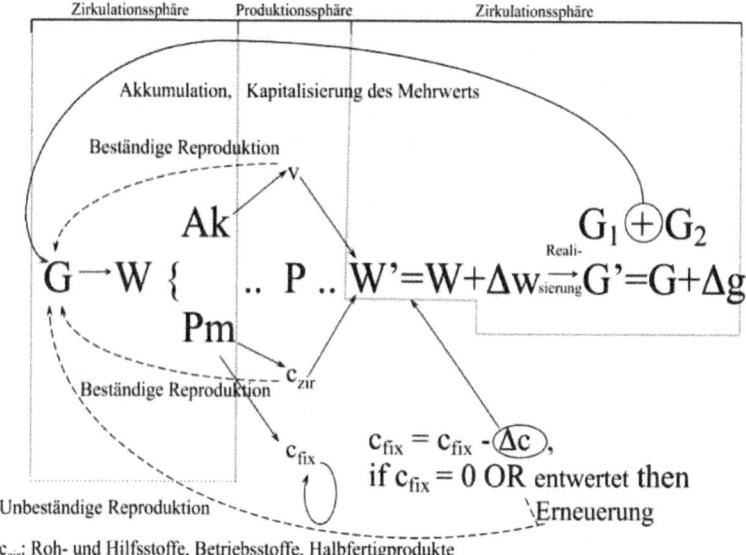

c_{zir}: Roh- und Hilfsstoffe, Betriebsstoffe, Halbfertigprodukte
c_{fix}: Maschinen, Gebäude, Ausrüstung; zirkulierendes Kapital: z_{cir}, v; fixes Kapital: c_{fix}

Abbildung 5.1: Die Akkumulation bzw. erweiterte Reproduktion des Kapitals

Kapitalakkumulation bedeutet, dass Kapitalisten Arbeitskraft und Produktionsmittel (Rohstoffe, Maschinen etc.) kaufen, um die Herstellung neuer Waren zu organisieren, die in der Erwartung eines monetären Gewinns verkauft werden, der schließlich teilweise reinvestiert wird. Marx unterscheidet dabei zwischen der Zirkulations- und der Produktionssphäre. In der ersten durchläuft das Kapital verschiedene Wertformen. Zunächst wird Geld (G) in Waren verwandelt (aus der Perspektive des Kapitalisten als Käufer): Der Kapitalist kauft die Waren Arbeitskraft (Ak) und Produktionsmittel (Pm); der Prozess G-W umfasst also die zwei Käufe G-Ak und G-Pm. Das bedeutet, dass aufgrund des Privateigentums nicht den Arbeitern die Produktionsmittel, die von ihnen hergestellten Produkte und den dabei erzeugten Profit gehören, sondern den Kapitalisten. In der Produktionssphäre wird ein neues Gut hergestellt, in das der Wert der Arbeitskraft und der verbrauchten Produktionsmittel eingehen. Der Wert nimmt die Form von produktivem Kapital (P) an. Die Wertform der Arbeit ist variables Kapital (sichtbar im Lohn), die der Produktionsmittel konstantes Kapital (sichtbar in deren Gesamtpreis).

In der Produktionssphäre unterbricht das Kapital seine Metamorphose; seine Zirkulation kommt zum Halt. Es wird der neue Wert der Ware W' produziert. W' umfasst den Wert des notwendigen konstanten und variablen Kapitals sowie den Mehrwert m des Mehrprodukts. Unbezahlte Arbeit erzeugt Mehrwert und Profit. Mehrwert ist der (in Stunden gemessene) Teil des Arbeitstags, der nicht bezahlt wird und der Produktion von Profit dient. Der Profit gehört nicht den Arbeitern, sondern den Kapitalisten. Kapitalisten bezahlen nicht für die Produktion des Mehrprodukts; Mehrwertproduktion ist daher ein Ausbeutungsprozess. Der Wert der neu produzierten Ware W' ist = c + v + m.

Nun verlässt die Ware die Produktionssphäre und tritt erneut in die Zirkulation ein, wo das Kapital seine nächste Metamorphose durchläuft: Durch Verkauf auf dem Markt verwandelt es sich von der Waren- zurück in die Geldform; cer Mehrwert wird in der Form von Geld realisiert. Das ursprüngliche Geldkapital G stellt sich nun dar als G' = G + m; es ist um m gewachsen. Kapitalakkumulation bedeutet, dass der produzierte Mehrwert/Profit (teilweise) reinvestiert bzw. kapitalisiert wird. Der Endpunkt des Prozesses (G') wird Ausgangspunkt eines neuen Akkumulationsprozesses. Ein Teil von G', $G_{1,}$, wird reinvestiert. Akkumulation bedeutet Aufhäufung von Kapital durch Investitionen und die Ausbeutung der Arbeit im Kapitalkreislauf G-W.. P.. W'-G', dessen Endpunkt G' zum neuen Ausgangspunkt G wird. Der Gesamtprozess macht den dynamischen Charakter des Kapitals aus. Kapital ist Geld, das sich durch die Ausbeutung mehrwertproduktiver Arbeit ständig vermehrt.

Waren werden zu Preisen über den Investitionskosten verkauft, sodass ein Profit in Geldform erzeugt wird. Marx' zufolge ist es ein wesentliches Merkmal der Kapitalakkumulation, dass die Arbeit im Produktionsprozess einen Profit hervorbringt, der gleichwohl den Kapitalisten gehört. Ohne Arbeit könnte kein Profit erzielt werden. Arbeiter sind zum Überleben gezwungen, in Klassenverhältnisse einzutreten und Profit zu produzieren, den das Kapital sich so aneignen kann. Der Begriff des Mehrwerts als Ausbeutung ist der Kern der Marxschen Theorie; er soll zeigen, dass der Kapitalismus eine Klassengesellschaft ist. »Die Mehrwerttheorie ist folglich unmittelbar Theorie der Ausbeutung« (Negri 1991, 74). Hinzufügen könnte man: Die Mehrwerttheorie ist eine Klassentheorie, aus der die politische Forderung nach einer klassenlosen Gesellschaft folgt.

Kapital ist nicht Geld an sich, sondern Geld, das durch Akkumulation vermehrt wird – »geldheckendes Geld« (Marx 1867, 170). Nach Marx entspricht der Wert der Ware Arbeitskraft der Zeit, die durchschnittlich notwendig ist, um die lebensnotwendigen Güter für den Arbeiter zu produzieren (notwendige Arbeitszeit). Löhne stellen den Wert der notwendigen Arbeitszeit auf der Ebene der Preise dar. Mehrarbeitszeit ist Arbeitszeit, die über diese notwendige Arbeitszeit hinausgeht, unbezahlt bleibt, von den Kapitalisten kostenlos angeeignet und in Profit verwandelt wird. Mehrwert »ist seiner Substanz nach Materiatur unbezahlter Arbeitszeit. Das Geheimnis von der Selbstverwertung des Kapitals löst sich auf in seine Verfügung über ein bestimmtes Quantum unbezahlter fremder Arbeit« (Marx 1867, 556). Mehrwertproduktion ist die »differentia specifica der kapitalistischen Produktion« (Marx 1867, 647) und »das treibende Interesse und das schliessliche Resultat des kapitalistischen Produktionsprozesses« (Marx 1863–1865).

5.3   Kapitalakkumulation und soziale Medien

Prosumption

In den frühen 1980er Jahre führte Alvin Toffler (1980) den Begriff des Prosumenten ein, um zu zeigen, »wie die Trennungslinie zwischen Produzent und Konsument sich immer mehr verwischt« (Toffler 1980, 272). Das Zeitalter der Prosumption beschreibt Toffler als Herausbildung einer neuen Form von wirtschaftlicher und politischer Demokratie, selbstbestimmter Arbeit, autonomer Produzenten, lokaler Produktion und autonomer Selbstproduktion. Er übersieht jedoch, dass Prosumption als Auslagerung von Arbeit an Nutzer und Verbraucher eingesetzt wird, die dafür nicht bezahlt werden. Dadurch senken Unternehmen ihre Investitions- und Arbeitskosten, Jobs werden vernichtet und die umsonst arbeitenden Verbraucher extrem ausgebeutet – sie erzeugen Mehrwert, der von Unternehmen angeeignet und in Profit verwandelt wird, ohne dass sie dafür überhaupt Löhne zahlen. Trotz des unkritischen Optimismus Tofflers erfasst der Begriff des »Prosumenten« allerdings bedeutende Veränderungen in den Strukturen und Praktiken von Medien, weshalb kritische Studien ihn aufgreifen können.

Laut Ritzer und Jurgenson (2010) fördert das Web 2.0 die Entstehung eines »Prosumentenkapitalismus«; der Kapitalismus sei »schon immer von Prosumption bestimmt gewesen« (14), die zugleich wesentliches Merkmal einer »McDonaldisierung« sei. Die beiden Autoren übersehen, dass Prosumption nur eine von vielen Tendenzen des Kapitalismus ist, nicht sein einziges oder bestimmendes Merkmal. Der Kapitalismus weist mehrere miteinander verknüpfte Dimensionen auf. Er ist zugleich Finanzkapitalismus, imperialistischer Kapitalismus, Informationskapitalismus, hyperindustrieller Kapitalismus (Öl, Gas), Krisenkapitalismus usw. Nicht alle diese Dimensionen sind gleich wichtig (Fuchs 2011b, Kapitel 5). Kritische Forscher haben Begriffe wie Konsumarbeit (Huws 2003) und Arbeit des Internet-Prosumenten (Fuchs 2010c) eingeführt, um die Verflüssigung der Grenzen zwischen Freizeit und Arbeit sowie zwischen Produktion und Konsumption hervorzuheben.

Dallas Smythe, die Publikumsware und die Kommodifizierung des Internet-Prosumenten

1977 publizierte Dallas Smythe seinen einflussreichen Aufsatz »Communications: Blindspot of Western Marxism« (Smythe 1977), in dem er argumentierte, der westliche Marxismus habe die komplexe Rolle von Kommunikation im Kapitalismus nicht hinreichend beachtet. Darauf folgten eine wichtige Grundsatzdebatte in der Mediensoziologie, die als »Blindspot Debate« bekannt wurde (Livant 1979; Murdock 1978; Smythe antwortete mit einer Replik auf Murdock: Smythe 1994, 292–299), sowie ein weiterer Aufsatz von Smythe zum selben Thema (On the Audience Commodity and its Work: Smythe 1981/2006, 22–51). Im Zeitalter der personalisierten Online-Werbung und des digitalen Kapitalismus haben Smythes Arbeiten eine neue Bedeutung gewonnen (Fuchs 2012a; McGuigan/Manzerolle 2014).

Laut Smythe (1977, 1981/2006) verkaufen Medien ihr Publikum als eine Ware an Werbekunden: Die

> *materielle Realität im Monopolkapitalismus besteht darin, dass die gesamte Wachzeit des Großteils der Bevölkerung Arbeitszeit darstellt. [...] Von der Arbeitszeit jenseits des Jobs entfällt das Gros auf die Zeit, in der Menschen ein Publikum bilden, das an Werbekunden verkauft wird. [...] In »ihrer« Zeit, die an Werbekunden verkauft wird, erfüllen Arbeiter erstens wichtige Marketingfunktionen für die Hersteller von Konsumgütern und arbeiten zweitens an der Produktion und Reproduktion von Arbeitskraft. (Smythe 1977, 3)*

Weil die Publikumskraft produziert, verkauft, gekauft und konsumiert wird, hat sie einen Preis und ist eine Ware. [...] Als ein Teil des Publikums leisten Sie unbezahlte Arbeitszeit und erhalten im Gegenzug das Programm und explizite Werbung. (Smythe 1981/2006, 233, 238)

Mit der Ausbreitung von nutzergeneriertem Inhalt, kostenlosem Zugang zu sozialen Netzwerken und anderen Plattformen, die mit Online-Werbung Profit erzielen – eine mit Begriffen wie Web 2.0, soziale Software und soziale Netzwerkseiten bezeichnete Entwicklung –, scheint sich das Netz Akkumulationsstrategien anzunähern, die das Kapital in traditionellen Massenmedien wie Fernsehen und Radio verfolgt. Nutzer, die Fotos und Bilder hochladen, Postings und Kommentare schreiben, Freunde akkumulieren oder durch andere Facebook-Profile surfen, stellen eine spezifische Form von »Publikumsware« dar, die an Werbekunden verkauft wird. Der Unterschied zu traditionellen Massenmedien besteht darin, dass Internetnutzer zugleich Inhalte produzieren und sich ununterbrochen kreativ betätigen, kommunizieren und Gemeinschaften aufbauen. Dieser gegenüber Fernsehen oder Radiohören höhere Aktivitätsgrad beruht auf der dezentralen Struktur des Internets, die eine Kommunikation von vielen mit vielen ermöglicht. Aufgrund der ständigen Aktivität der Empfänger und ihres Status als Prosumenten können wir die Publikumsware im Falle der sozialen Medien als eine Internet-Prosumenten-Datenware bezeichnen (Fuchs 2010c).

Smythe (1977) zufolge leistet das Publikum des kommerziellen Rundfunks Arbeit, die die Publikumsware erzeugt. Bei kapitalistischen sozialen Medien können wir von einer durch digitale Arbeit erzeugten Internet-Prosumenten-Datenware sprechen (Fuchs 2014a, Kapitel 4 und 11). Sie unterscheidet sich in mehrerer Hinsicht qualitativ von der herkömmlichen Publikumsware:

▪ *Kreativität, Prosumption, soziale Beziehungen*: Jedes Publikum produziert Interpretationen von Inhalten, Nutzer sozialer Medien erzeugen zudem Daten, Inhalte und soziale Beziehungen.

▪ *Überwachung*: Bei Rundfunk und Presse wird das Verhalten des Publikums traditionell durch Studien erfasst, die mit Stichproben arbeiten. Bei kapitalistischen sozialen Medien ist dies hingegen ein ständiger, totaler und algorithmischer Vorgang. Die Kommodifizierung des Publikums beruht auf der ununterbrochenen Überwachung der Nutzer in Echtzeit.

▪ *Zielgerichtete Werbung*: Die Werbung in sozialen Medien ist zielgerichtet und persönlich zugeschnitten.

▨ *Prognostische Algorithmen:* Die Erfassung der Nutzer arbeitet mit prognostischen Algorithmen (wenn Ihnen A gefällt, könnte Ihnen auch B gefallen, weil 100 000 Menschen ebenfalls beides gefällt).

▨ *Algorithmische Auktionen:* Die Preise von Werbung beruhen oft auf algorithmischen Auktionen (pay per view, pay per click).

Meinungsverschiedenheiten über Online-Werbung

Im Rahmen eines Forschungsprojekts leitete ich Gesprächsgruppen mit Datenexperten.[32] Ein Thema war personalisierte Online-Werbung: Sollte sie eine Einverständniserklärung der Nutzer erfordern (Opt-in-Verfahren) oder die Regel sein, solange sich der Nutzer nicht ausdrücklich dagegen entscheidet (Opt-out-Verfahren)? Keine Frage war in den Gesprächsgruppen derart umstritten.

Person A, Gründer einer IT-Beratungsfirma und Verfechter von Datenschutz, meinte:

Opt-in. [...] Definitiv. Die Voreinstellung muss sicher sein. Andernfalls trifft man Entscheidungen für andere Leute. [...] Der Start muss sicher voreingestellt sein. Eine andere Möglichkeit sehe ich nicht, wenn man mit anderen verantwortungsvoll umgehen will. Wenn die Branche dagegen ist, dann natürlich aus Sorge um ihre Einnahmen. [...] Der Standard sollte sein, dass man draußen ist. Das ist meine Meinung.

D, Technologiechef einer Online-Werbefirma, argumentierte:

Die Schwierigkeit besteht darin, das [Informationen über das Opt-in] so zu vermitteln, dass es einfach ist für die Verbraucher, für einen Endnutzer, der von Technologie keine Ahnung hat und nicht 100 oder 200 Optionen durchgehen mag, sondern es viel einfacher möchte; und gleichzeitig den Werbekunden im Umgang mit diesem Nutzer eine gewisse Flexibilität zuzugestehen.

Er fügte hinzu, das Opt-in-Verfahren könne sehr negative Auswirkungen auf Unternehmen haben :

Man muss bedenken, was das Internet antreibt. [...] Werbung. Werbung ermöglicht uns allen die Nutzung von Diensten wie Google-Suche. Sie ermöglicht uns Beziehungen zu anderen auf Facebook. Facebook existiert nicht als wohltätiges Unternehmen der vernetzten

---

[32] EU FP7 Project PACT: Public Perception of Security and Privacy: Assessing Knowledge, Collecting Evidence, Translatung Research into Action (2012–2015).

*Menschen, sondern die machen das wegen der Werbung. Dasselbe gilt
für Twitter und E-Mail. Warum ist das für uns alle umsonst? Warum
sind Informationen frei zugänglich?*

B erwiderte, dass das kapitalistische, auf personalisierter Werbung
beruhende Modell des Internets nicht das einzig mögliche sei:

*Sicher funktioniert das gegenwärtig so. Aber es wäre doch sehr be-
dauerlich, wenn die Produktion von Gütern am jeweils bestehenden
Geschäftsmodell hängen würde. Es sind viele Arten denkbar, wie
man alle möglichen Güter finanzieren könnte. Und historisch ist das
auch schon geschehen.*

Werbung und Gesellschaft

Diese Diskussion war ein sehr gutes Beispiel dafür, wie die Vor- und
Nachteile von Werbung für Individuum und Gesellschaft verhandelt
werden (siehe Pardun 2014). So wurde das typische Argument vorge-
bracht, Werbung ermögliche einen kostenlosen oder günstigen Zugang zu Kultur, Technologie und Medien, alles drei würde es ohne sie
nicht geben. Kritiker weisen dies als Verwechslung der vorherrschenden Realität von Internet und Kultur mit deren möglichen Formen, also der kapitalistischen Wirklichkeit mit Wesen und Potenzialen der Medienwelt zurück. Insbesondere bemerkten Gesprächsteil-
nehmer, dass es früher ein funktionierendes werbefreies Internet
gegeben habe und auch heute noch nicht-kommerzielle Plattformen
und Anwendungen existierten. Andere hielten dagegen, das Opt-in-
Verfahren sei weniger komfortabel für die Nutzer und führe für die
Werbekunden zu Geldverschwendung, da persönlich zugeschnittene
Werbung effektiver sei als allgemeine. Die Kritiker wiederum erklärten, es gehe um ganz grundsätzliche Fragen: Wollen wir in einer von
Kapitalismus und Reklame beherrschten Gesellschaft leben oder
sollten wir nicht Alternativen dazu entwickeln, soziale Räume, die
frei von Werbung und Warenlogik sind?

In ihrem Buch *Advertising and Society* stellt Carol J. Pardun (2014)
Argumente für und wider Online-Werbung einander gegenüber. Ein
Kapitel über Facebook und soziale Medien zeigt, dass die akademische Debatte über das Thema denselben Linien folgt wie in unseren
Gesprächsgruppen. Während Joe Bob Hester argumentiert, dass zielgerichtete Werbung »Verschwendung [von Geld, Zeit und Aufmerk-
samkeit] erheblich reduziert« (in Pardun 2014, 165), »relevanter« sei,
»weniger mit Anzeigen übersäte« Oberflächen sowie »kostenlose
Dienste für die Nutzer« ermögliche (167), wendet Tom Weir ein, sie

sei »eine Verletzung der Privatsphäre« (170) und zeige, dass »Orwell Recht hatte« und sich eine auf Eigentum und Konsum reduzierte Freiheit in Sklaverei verkehre (173). Hinzuzufügen wäre, dass Theorien über die Arbeit und Kommodifizierung des Publikums in den Nutzern kapitalistischer sozialer Medien eine Klasse unbezahlter, ausgebeuteter digitaler Arbeiter ausmachen: Sie produzieren Wert und eine Datenware, die an Werbekunden verkauft wird. Sowohl die akademische Debatte als auch unsere empirische Forschung bestätigt den umstrittenen und widersprüchlichen Charakter von Werbung in sozialen Medien.

Kapitalakkumulation in sozialen Medien

Abbildung 5.2 zeigt den Prozess der Kapitalakkumulation bei kommerziellen, werbefinanzierten sozialen Medien. Die Eigentümer investieren Geld (G) in Technologie (Server, Computer, organisatorische Infrastruktur etc.) und Arbeitskraft (bezahlte Angestellte). Dies sind die Auslagen für konstantes (c) und variables Kapital (v, hier: v_1). Das Resultat des Produktionsprozesses P_1 ist nicht eine Ware, die direkt verkauft wird, sondern ein soziales Medium (die jeweilige Plattform), das den Nutzern gratis zur Verfügung gestellt wird. Wie man mit solchen kostenlosen Internetdiensten Profit erzielen kann, ist ein wichtiges Thema in der Managementliteratur.

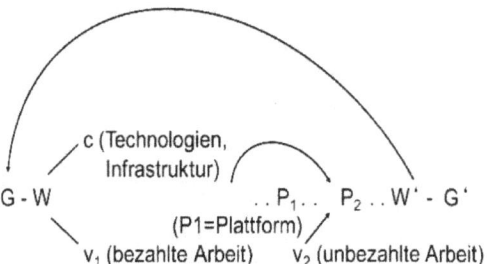

W ' = Die Big Data-Ware der Internet-Prosumenten
(nutzergenerierte Inhalte, Meta-Daten, Kommunikation, soziale Beziehungen)
die meisten sozialen Medien sind keine Waren, sondern können ohne Bezahlung genutzt werden
Die Daten der Nutzer nehmen die Warenform an

Abbildung 5.2: Kapitalakkumulation bei werbefinanzierten sozialen Medienplattformen

Die bezahlten Angestellten, die eine Online-Welt für die Nutzer herstellen, erzeugen einen Teil des Mehrwerts. Die Nutzer produzieren auf der Plattform Inhalte und laden sie hoch (nutzergenerierte Daten). Das von den Eigentümern investierte konstante und variable Kapital (c, v_1), das sich in der Online-Plattform vergegenständlicht, ist die Voraussetzung für die Nutzeraktivitäten im Produktionsprozess P_2. Deren Produkte bestehen in nutzergenerierten, persönlichen und Transaktionsdaten über ihr Websurf- und Kommunikationsverhalten auf der Plattform. In diesen Prozess investieren sie eine bestimmte Arbeitszeit (v_2).

Kommerzielle soziale Medien verkaufen diese Nutzerdaten als Ware an Werbekunden – zu einem Preis, der über dem investierten konstanten und variablen Kapital liegt. Der in dieser Ware enthaltene Mehrwert wird teils von den Angestellten, teils von den Nutzern erzeugt – mit dem Unterschied, dass letztere nicht bezahlt, also vollständig ausgebeutet werden. Sobald die Internet-Prosumenten-Datenware – die die nutzergenerierten Inhalte und Transaktionsdaten sowie das Recht auf eine bestimmte virtuelle Werbefläche und -zeit umfasst – an einen Werbekunden verkauft ist, hat sich die Ware samt des in ihr enthaltenen Mehrwerts in Geldkapital verwandelt. Ein Einwand gegen die These, dass kommerzielle soziale Medien Internet-Prosumenten ausbeuten, lautet, dass diese als Gegenleistung für ihre Arbeit Zugang zu einem Dienst erhalten. Dagegen ist jedoch festzuhalten, dass dieser Zugang nicht als Gehalt gewertet werden kann, denn die Nutzer können ihn »nicht gegen etwas anderes eintauschen [...], keine Nahrungsmittel« dafür kaufen (Bolin 2011, 37).

Profitrate und soziale Medien

Marx (1867) bestimmt die Profitrate als Verhältnis von Profit zu Investitionskosten:

$$p = m / (c + v) = \text{Mehrwert} / (\text{konstantes Kapital } [= \text{fixes Kapital}] + \text{variables Kapital } [= \text{Arbeitslohn}]).$$

Wenn Internetnutzer Web-2.0-Prosumenten werden, sind sie nach der Marxschen Klassentheorie produktive Arbeiter, die Mehrwert schaffen und vom Kapital ausgebeutet werden, denn Marx zufolge erzeugt produktive Arbeit Mehrwert (Fuchs 2010c). Die Klasse der ausgebeuteten digitalen Arbeiter umfasst daher nicht nur die Angestellten der Web-2.0-Unternehmen, die beispielsweise Software programmieren, Hardware warten oder im Marketing tätig sind, sondern auch die Nutzer und Prosumenten, die Inhalte produzieren.

Für diese Inhalte werden die Nutzer von den Unternehmen nicht (oder kaum) bezahlt. Eine Akkumulationsstrategie besteht darin, ihnen kostenlosen Zugang zu Diensten und Plattformen zu bieten, sie Inhalte produzieren zu lassen und möglichst viele solcher Prosumenten anzuziehen, um ihre Inhalts- und Metadaten als Ware an Werbekunden zu verkaufen. Es werden also keine Produkte an die Nutzer, sondern deren Daten an Dritte verkauft. Je mehr Nutzer eine Plattform hat, umso höher die Anzeigenpreise. Die vom Kapital ausgebeutete produktive Arbeitszeit umfasst somit die der bezahlten Angestellten als auch die gesamte Onlie-Zeit der Nutzer. Für die erste Art von Wissensarbeit werden Gehälter bezahlt, nicht aber an die Nutzer, die Daten produzieren, die die Plattformen verkaufen – sie arbeiten umsonst, es entstehen dabei weder konstante noch variable Investitionskosten. Die Formel für die Profitrate muss für diese Akkumulationsstrategie folglich modifiziert werden:

$$p = m / (c + v_1 + v_2)$$

m: Mehrwert, c: konstantes Kapital, v_1: Löhne der Angestellten, v_2: Löhne der Nutzer

Gewöhnlich ist $v_2 => 0$ und ersetzt v_2 v_1 ($v_1 => v_2 = 0$). Müssten anstelle der Nutzer bezahlte Angestellte Inhalte produzieren und Zeit online verbringen, würden die variablen Kosten (Löhne) steigen, die Profite also sinken. Das zeigt, dass die Aktivität von Prosumenten in einer kapitalistischen Gesellschaft als Auslagerung von produktiver Arbeit an Nutzer gedeutet werden kann (in der Managementliteratur hat sich dafür der Begriff *crowdsourcing* eingebürgtert; siehe Howe 2008). Sie arbeiten vollkommen gratis und steigern so die Ausbeutungsrate:

$$a = m / v = \text{Mehrwert} / \text{variables Kapital}$$

Die Ausbeutungsrate und soziale Medien

Die Ausbeutungsrate (auch Rate des Mehrwerts genannt) misst das Verhältnis von unbezahlter zu bezahlter Arbeitszeit. Je höher sie ist, umso mehr Arbeit ist unbezahlt. Nutzer kommerzieller sozialer Medien bekommen keinen Lohn ($v = 0$). Die Mehrwertrate geht daher ins Unendliche; das Kapital beutet die Arbeit von Internet-Prosumenten unendlich aus. Kapitalistische Prosumption ist somit eine Extremform von Ausbeutung, bei der die Produzenten völlig kostenlos arbeiten. Marx (1867) unterscheidet zwischen notwendiger und Mehrarbeitszeit. Die erste ist die Zeit, die ein Mensch arbeiten muss, um den Gegenwert des für seine Lebensmittel notwendigen

Lohns zu schaffen; die zweite alle zusätzliche Arbeitszeit. Nutzer kommerzieller sozialer (oder anderer) Medien werden nicht bezahlt, sie können also nicht das für den Kauf von Nahrungsmitteln und anderen lebensnotwendigen Dingen erforderliche Geld generieren. Die gesamte Zeit, die sie auf kommerziellen sozialen Medien wie Google, Facebook, YouTube oder Twitter verbringen, ist folglich Mehrarbeitszeit.

Die Auslagerung von Arbeit an Konsumenten ist eine allgemeine Tendenz des zeitgenössischen Kapitalismus. Facebook hat Nutzer gebeten, die Seite unbezahlt in andere Sprachen zu übersetzen. Javier Olivan, internationaler Manager bei Facebook, erklärte dazu, die Idee, die Intelligenz der Menge zu nutzen, habe man »cool« gefunden.[33] Einige Nutzer wie Valentin Macias aus Kalifornien erklärten dagegen, im Falle von Facebook sei solches Crowdsourcing eine Form von Ausbeutung: Wikipedia sei »ein altruistisches, gemeinnütziges, spendenfinanziertes Projekt zum Teilen von Informationen. [...] Facebook nicht. Niemand sollte sich dazu überreden lassen, seine Zeit und Energie einem millionenschweren Unternehmen zu schenken, damit es noch mehr Millionen verdienen kann – zumindest nicht ohne jede Vergütung.«[34]

Pepsi veranstaltete einen Wettbewerb, bei dem das beste Design einer Pepsi-Dose mit 10 000 Dollar prämiert wurde. Ideabounty ist eine Crowdsourcing-Plattform, die für Konzerne wie RedBull, BMW und Unilever Projekte organisiert, bei denen die meiste Arbeit unbezahlt bleibt. Auch wenn Einzelne ein symbolisches Preisgeld erhalten, arbeiten alle anderen Nutzer, Konsumenten und Fans, an die die Unternehmen dergestalt Arbeit auslagern, die gesamte Zeit umsonst.

Das Wertgesetz bei sozialen Medien

Nach Marx besagt das Wertgesetz: Je »größer die zur Herstellung eines Artikels notwendige Arbeitszeit, desto größer sein Wert.« (Marx 1867, 55). Das gilt auch für kommerzielle soziale Medien: Je mehr Zeit ein Nutzer auf ihnen verbringt, desto mehr Daten über seine Interessen und Aktivitäten sind verfügbar und desto mehr Werbung wird ihm präsentiert. Nutzer, die viel Zeit online verbringen, erzeugen mehr Daten und mehr Wert (Arbeitszeit), der potenziell Profit wird.

---

[33] www.nbcnews.com/id/24205912, abgerufen am 22.04.2018.

[34] Ebd.

Zeitdimensionen spielen für die Preisbestimmung von Anzeigen eine entscheidende Rolle – wie häufig eine Anzeige angeklickt wird, wie oft sie (oder eine Ziel-URL) bereits angesehen oder ein Suchbegriff eingegeben wurde, wie lange eine bestimmte Nutzergruppe auf der Plattform bleibt, wie häufig eine Anzeige präsentiert wird. Die abgegebenen Höchstgebote und die Zahl der Kunden, die um virtuelle Werbeflächen konkurrieren, beeinflussen die Anzeigenpreise ebenfalls. Beim Pay-per-view-Modell verdienen Facebook und Google mehr mit einer Anzeige, wenn sie sich an eine Gruppe richtet, die viel Zeit auf ihren Plattformen verbringt. Und je größer diese Zielgruppe, umso größer zumeist die Profite. Beim Pay-per-click-Modell verdienen sie nur Geld, wenn Nutzer die Anzeige anklicken. Studien zufolge ist die durchschnittliche Klickrate 0,1 Prozent – eine tausendmal angezeigte Werbung wird nur einmal angeklickt.[35] Facebook und Google erzielen mehr Profit, wenn Anzeigen mehr Nutzern präsentiert werden (beim Pay-per-view-Modell) und wenn mehr Nutzer Zeit mit dem Anklicken von Werbung verbringen (beim Pay-per-click-Modell).

Generell gilt: Je höher die gesamte Zeit der Aufmerksamkeit für Werbung (Clicks, Views), umso höher die Profite von Google und Facebook. Bestimmend für diese Zeit ist die Größe einer Zielgruppe und die durchschnittliche Verweildauer ihrer Mitglieder auf der Plattform. Online-Zeit auf kommerziellen sozialen Medien ist sowohl Arbeits- wie Aufmerksamkeitszeit: Die Plattformen verfolgen alle Aktivitäten, woraus Datenwaren entstehen. Nutzer produzieren hier Waren, während sie online sind. Beim Pay-per-view-Modell ist die Online-Zeit bestimmter Zielgruppen zugleich Aufmerksamkeitszeit, die Profit für Facebook oder Google realisiert. Beim Pay-per-click-Modell gilt dies nur für die Zeit, die Nutzer damit zubringen, auf die ihnen präsentierten Anzeigen zu klicken. In beiden Fällen ist die Online-Zeit entscheidend für (a) die Produktion von Datenwaren und (b) die Realisierung des Profits, der durch den Verkauf dieser Waren entsteht. Sowohl die Überwachung der Online-Zeit (in der Produktionssphäre) und die Aufmerksamkeitszeit (in der Zirkulationssphäre) spielen eine wichtige Rolle für das Kapitalakkumulationsmodell kommerzieller sozialer Medien.

---

35 Comscore (2012), *The power of Like2: How social marketing works.* White Paper, www.comscore.com/ger/Press_Events/Presentations_White papers/2012/The_Power_of_Like_2-How_Social_Marketing_Works, abgerufen am 22.04.2018.

Fixes konstantes Kapital (zum Beispiel Gebäude, Maschinen) ist Kapital, das der Kapitalist erwirbt und für einen längeren Zeitraum im Produktionsprozess fixiert (Marx 1885, Kapitel 8). Zirkulierendes konstantes Kapital dagegen ist ein Rohstoff, der in der Produktion sofort verbraucht wird und ersetzt werden muss (Marx 1885, Kapitel 8). Die Angestellten (v_1) eines werbefinanzierten sozialen Mediums wie Facebook erstellen die Softwareplattform, die in den Produktionsprozess als fixes Kapital eingeht, mit dem die Nutzer Daten generieren (Profile, Kommunikation, soziale Netzwerke, besuchte Seiten). Wann immer ein Nutzer (= unbezahlter Arbeiter, v_2) auf Facebook ist, überträgt er einen Teil des Werts der Plattform und seiner bereits existierenden Daten auf eine Datenware und erzeugt neuen Wert durch die zusätzliche Online-Zeit, die weitere Daten erzeugt, welche gespeichert in die Ware W' eingehen. Die Facebook-Plattform ist ein Produktionsmittel für Informationen – fixes konstantes Kapital. Sie ermöglicht datengenerierende Nutzerarbeit. Diese Daten werden gespeichert, und wenn ein Nutzer auf die Plattform geht, werden sie genutzt, um das Profil zu erzeugen. Persönliche Daten sind also Teil des fixen konstanten Kapitals. *Big Data* bleibt im Produktionsprozess fixiert und ermöglicht Nutzeraktivität. Dieselben Daten sind aber zugleich der Ausgangspunkt für die Online-Aktivitäten der Nutzer auf ihren Profilen – auf der Grundlage existierender Inhalte, Kontakte und Kommunikation erzeugen sie neue Inhalte. Somit sind die persönlichen Daten zugleich fixes und zirkulierendes konstantes Kapital – ein Produktionsmittel, das Information, Kommunikation und Vernetzung ermöglicht, und die Ressource, auf deren Basis die Nutzerarbeit neue Daten erzeugt. Auf Facebook fallen zirkulierendes und fixes konstantes Kapital tendenziell zusammen. Alle hochgeladenen Inhalte und erzeugten Daten werden auf den Servern der Plattform gespeichert. Diese gespeicherten Daten (etwa Kontakte, Bilder, Postings) bilden einen integralen Bestandteil der Plattform, die den Nutzern Online-Aktivitäten und so die Erzeugung weiterer Daten, Inhalte und Kommunikation ermöglicht. Nutzer bauen auch auf früheren Kontakten, Inhalten, Postings, Images und Kommunikationsvorgänge auf und erweitern sie. Daten und Inhalte sind folglich ein konstantes Gut, fixiert und gespeichert auf der Plattform, und zugleich ein zirkulierendes, flüssiges Gut, das sich durch die Nutzeraktivitäten weiterentwickelt.

Die Arbeit des Nutzers (= Online-Aktivität) schafft den Wert (die gesamte von ihm online verbrachte Zeit) und den neuen Inhalt (die neu generierten und gespeicherten Daten) der Datenware. Die gesamte Ware wird Teil des fixen Kapitals von Facebook, das in den

Produktionsprozess reinvestiert wird: Die existierenden Daten werden verwendet, um das Facebook-Profil des Nutzers zu organisieren, und wiederverwendet, um ein aktualisiertes Profil zu schaffen. Das Profil des Nutzers ist in einer Datenbank gespeichert und wird aktualisiert, wann immer er sich bei Facebook einloggt oder eine mit Facebook verknüpfte Internetseite aufruft.

Ein Werbekunde von Facebook wählt für seine zielgerichteten Anzeigen eine bestimmte Zahl von Nutzern aus. Er kauft einen Teil der Bildschirmanzeige dieser Nutzer, die nur während der Zeit existiert, in der sie auf Facebook sind – es sind also die Nutzer, die die virtuelle Werbefläche durch ihr Online-Verhalten und die von ihnen in der Vergangenheit und im aktuellen Moment erzeugten Daten schaffen. Diese Flächen werden als Waren verkauft, wenn die Nutzer sie anklicken (pay per click) oder auch nur online sind (pay per view). Waren sind sie jedoch ab dem Moment, in dem sie geschaffen werden – sobald eine personalisierte Werbung algorithmisch erzeugt wird und auf dem Bildschirm erscheint. Beim Pay-per-click-Modell lautet die Frage, ob diese Ware verkauft werden kann, also in welche Maß die Nutzer die Anzeigen anklicken. Wie bemisst sich der Wert einer einzelnen Werbefläche? Durch die durchschnittliche Zahl von Minuten, die eine bestimmte Nutzergruppe auf Facebook verbringt, geteilt durch die durchschnittliche Zahl personalisierter Anzeigen, die ihnen währenddessen präsentiert werden. Die Werbekunden füllen ihre Anzeigen mit Gebrauchswertversprechen, um die Nutzer zum Kauf ihrer Waren zu bewegen. Die von Facebook-Nutzern verrichtete Arbeit tritt also in die Kapitalakkumulation anderer Unternehmen in der Zirkulationssphäre ein, in der Waren (W') in Geldkapital (G') verwandelt werden (W'-G'). Sie ist insofern ein Online-Äquivalent zu Transportarbeit – mit ihren Online-Aktivitäten tragen die Nutzer dazu bei, dass Gebrauchswertversprechen zu ihnen selbst transportiert werden. Marx betrachtete Transportarbeiter als produktive Zirkulationsarbeiter. Facebook-Nutzer sind produktive Online-Zirkulationsarbeiter, die die Kommunikation von Reklameideologien im Internet organisieren.

Der Preis der Datenware von sozialen Medien

Wie wird der Preis der Prosumenten-Datenware bestimmt und ihr Wert in Profit verwandelt? Werbekunden sind am Zugang zu bestimmten Gruppen interessiert, um gezielt deren Interessen anzusprechen. Dieser Zugang und damit verbundene Daten (zum Beispiel, wer zu einer bestimmten Verbrauchergruppe mit spezifischen Interessen gehört) werden an sie verkauft. Bei Google und Facebook legen sie ein Maximalbudget für eine Kampagne sowie den Höchstbetrag fest, den sie für einen Klick auf ihre Werbung oder für Tausend Darstellungen auf einem Profil zu zahlen bereit sind. Der genaue Preis für beides wird in einem automatisierten Bieterverfahren bestimmt, bei dem alle Werbekunden mit Interesse an einer bestimmten Gruppe miteinander konkurrieren. Bei beiden Modellen – Pay-per-click und Pay-per-view – werden alle Nutzer als Ware angeboten, aber nur bestimmte Gruppen tatsächlich als Ware verkauft. Beim ersten wird Wert in Geld verwandelt, also Profit realisiert, wenn ein Nutzer die Anzeige anklickt, beim zweiten, wenn sie auf einem Nutzerprofil erscheint. Wert und Preis der Prosumenten-Ware fallen nicht zusammen; ihr Preis wird basierend auf den Geboten durch einen Algorithmus mathematisch bestimmt, ihr Wert durch die Zahl der Stunden, die eine bestimmte Zielgruppe online verbringt.

Alle Stunden, die die Nutzer von Facebook, Google und vergleichbaren kommerziellen sozialen Medien online verbringen, sind Arbeitszeit, in der Datenwaren erzeugt werden, und potenziell Zeit, in der Profit realisiert wird. Die maximale produktive, d.h. in Datenwaren resultierende Zeit eines Nutzers beträgt 100 Prozent seiner Online-Zeit; die maximale Zeit, in der er durch Anklicken oder Ansehen von Werbung zur Profitrealisierung beiträgt, ist die Zeit, die er auf einer bestimmten Plattform verweilt. In der Praxis klicken Nutzer nur einen geringen Teil der präsentierten Anzeigen an. Beim Pay-per-click-Akkumulationsmodell ist die Arbeitszeit daher zumeist wesentlich länger als die Zeit der Profitrealisierung. Online-Arbeit bringt viele Waren hervor, die zum Kauf angeboten werden; nur ein bestimmter Teil davon wird tatsächlich verkauft und resultiert in Profit. Er ist aber für Unternehmen wie Google und Facebook immer noch groß genug, um beträchtliche Profite zu erzielen. Das Kapital versucht die Zeit der Profitrealisierung auszudehnen, um zu akkumulieren; das heißt, ein immer größerer Teil der produktiven Arbeitszeit soll zugleich der Realisierung von Profit dienen.

Auf Google AdWords konkurrieren Werbekunden in einer Auktion miteinander. Jeder gibt einen Höchstbetrag, den er pro Klick zu zahlen bereit ist, sowie mit dem beworbenen Produkt verbundene Suchbegriffe an. Für jede Anzeige wird ein AdRank[36] berechnet, ba-

---

[36] Wie der AdRank kalkuliert wird, erläutert das Video »Insights on the AdWords Auction«, www.youtube.com/watch?v=PjOHTFRaBWA, abgerufen am 23.04.2018.

sierend auf dem Gebot, der geschätzten Zahl der Klicks (erwartete Klickrate), der Relevanz der Zielseite, der Relevanz ihres Inhalts für die Suchbegriffe der Nutzer und der Qualität der Anzeige. Höhere Gebote, hohe erwartete Klickraten und hohe Relevanz der Anzeigen beeinflussen also die Positionierung. Die Anzeige mit dem höchsten AdRank bekommt die beste Position, die mit dem zweithöchsten AdRank die zweitbeste usw. Bei der Bestimmung des Anzeigenpreises im Falle eines Klicks spielt das Höchstgebot für die Anzeige mit dem nächstfolgenden AdRank eine Rolle – er wird so festgelegt, dass er etwas darüber liegt. Googles Werbechef Hal R. Varian beschreibt das Grundprinzip der Auktion folgendermaßen:

> *Grundsätzlich möchten wir die prominenteste Position – die, die wahrscheinlich am meisten Klicks erhalten wird – an die Anzeigen mit den höchsten erwarteten Einnahmen verkaufen. Um dies zu erreichen, erstellen wir ein Ranking der Anzeigen, indem wir das Gebot mit der erwarteten Klickrate multiplizieren, und die Anzeigen, bei denen die höchsten Einnahmen zu erwarten sind, werden am prominentesten platziert. (Varian 2009, 430)*

Stellen wir uns eine Situation vor, in der bestimmte Marken allesamt hochwertige Zielseiten und hochrelevante Anzeigen haben. Unter professionellen Online-Werbern dürfte dies der Standard sein, da sie wohl kaum Geld für irrelevante, schlecht geschriebene oder gestaltete Anzeigen ausgeben oder Suchbegriffe wählen, die nicht zur beworbenen Ware passen; in der Regel verfügen sie über eigene Werbeabteilungen. Mithilfe des Google Traffic Estimators können sie abschätzen, welche Suchbegriffe häufig verwendet werden und zu Klicks auf Werbung führen. Konkurrieren sie nun um Klicks bei bestimmten sehr häufig verwendeten Suchbegriffen, dann können wir annehmen, dass sie zu höheren Geboten bereit sind. Hohe Durchschnittsgebote steigern wiederum den Profit, den Google pro Klick erzielt. Folglich können wir annehmen, dass die Zeit, die Nutzer mit der Suche nach bestimmten Begriffen verbringen, und die Häufigkeit ihrer Klicks auf damit verbundene Werbung – was ebenfalls eine Frage der Zeit ist –, den durchschnittlichen Profit beeinflussen, den Google bei dem für sein Anzeigengeschäft entscheidenden Pay-per-Click-System macht (Pay-per-View wird wesentlich seltener verwendet).

Eine experimentelle Studie kam 2015 zu dem Ergebnis, dass Suchbegriffe mit den höchsten Kosten pro Klick (Cost-per-Click, CPC) Anwaltsdienste, Wasserschäden, Versicherungen, Drogen- und Alkoholentzug und Online-Bildung betreffen.[37] Einer anderen Untersuchung von 2011 zufolge hatten Suchbegriffe zu Versicherungen die höchsten durchschnittlichen CPC von 54,91 Dollar.[38] Bei einer dritten Studie von 2015 erzielte *car insurance* den Höchstwert von 70,03 Dollar unter den getesteten Begriffen.[39]

Treffen diese Befunde zu, dann deutet dies darauf hin, dass die verbreitete Online-Suche nach kommerziellen und finanziellen Dienstleistungen (Versicherungen, Hypotheken, Kaufangebote) zu hohen Klickraten führt. Wer solche Suchbegriffe eingibt, dürfte oft entsprechende Ausgaben in der näheren Zukunft planen, weshalb Kanzleien, Versicherungen und andere Finanzunternehmen bereit sind, höhere Anzeigenpreise zu zahlen. Bei Begriffen aus diesen Bereichen verwenden Nutzer beträchtliche Zeit auf ihre Suche und das Anklicken von Werbung; die Anbieter sind daher stark an zielgerichteten Anzeigen interessiert, und das Ergebnis sind relativ hohe durchschnittliche CPC. Sowohl die Konkurrenz um bestimmte Suchbegriffe, die von deren Popularität und den diesbezüglichen Erwartungen der Werbekunden abhängt, als auch die Klickrate sind somit wichtige Aspekte der zielgerichteten Online-Werbung. Wenn

> *es bei einer Auktion weniger Bieter als verfügbare Anzeigenplätze gibt oder gerade genug, um sie auszufüllen, dann nennen wir sie »unterverkauft«. Gibt es mehr Bieter als Anzeigenplätze, nennen wir sie »überverkauft«. [...] »Überverkaufte« Seiten sind wesentlich profitabler, nicht nur, weil es mehr Bieter gibt, sondern auch weil die Kräfte der Konkurrenz viel stärker wirken.* (Varian 2006, 19–20)

Facebook verwendet bei seinen Auktionen zielgerichteter Anzeigen einen ähnlichen Algorithmus wie Google. Man kann sein Höchstgebot entweder selbst festlegen oder dies einem Algorithmus von Facebook überlassen, der die Verteilung von Nutzeraktivität und Konkurrenz um Anzeigenplätze über einen Zeitraum von 24 Stunden berücksichtigt. Dieser von Facebook wie Google eingesetzte Algorithmus arbeitet mit dem Vickrey-Clarke-Groves-Mechanismus: Die Bieter kennen nicht die Gebote der anderen Wettbewerber; der Aukti-

---

[37] https://blog.hubspot.com/marketing/most-expensive-keywords-google, abgerufen am 26.04.2018.

[38] www.statista.com/statistics/195680/share-of-keywords-prices-in-google-adwords-advertising, abgerufen am 28.04.2018.

[39] www.truthin7minutes.com/most-expensive-keywords, abgerufen am 26.04.2018.

onsmechanismus verlangt von Bieter A, der das Rennen gemacht hat, nicht dessen Höchstgebot, sondern einen Betrag, der sich nahe dem Gebot des nächstfolgenden Bieters B bewegt, welches wiederum vom Höchstgebot des Bieters C abhängt usw.

> *Beim VCG-Mechanismus nennt (1) jeder Akteur einen Wert; (2) weist die Suchmaschine jedem Akteur einen Anzeigenplatz zu, um den Gesamtwert der Zuweisungen zu maximieren; (3) zahlt jeder Akteur A einen Betrag in Höhe des Gesamtwerts, der den anderen zusteht, wenn A berücksichtigt wird, abzüglich des ihnen zustehenden Gesamtwerts, wenn A nicht berücksichtigt wird. So zahlt jeder Akteur einen Betrag in Höhe der Kosten, die er den anderen Akteuren auferlegt.* (Varian 2006, 17–18)

Gibt es zum Beispiel zwei Bieter und das Höchstgebot von A ist 100 Pfund, das von B 50 Pfund, und A gewinnt, dann werden die Kosten leicht über 50 Pfund liegen. Ist das Höchstgebot von B dagegen 90 Pfund, dann werden sie zwischen 90 und 100 Pfund liegen. Gibt es drei Bieter, dann wird der Wert des Gebots von B auf dem von C beruhen, was sich wiederum auf den von A auswirkt.

Geschlechterverhältnisse unf das Publikum sozialer Medien

Eileen Meehan zufolge hat das Medienpublikum eine geschlechtliche Dimension. Werber seien primär an soliden Konsumenten interessiert, die »genügend Einkommen, Zugang und Bedürfnis danach haben, treue Kunden ihrer Marke zu sein und spontan etwas zu kaufen. [...] Je größer die Zahl solider Konsumenten unter den Zuschauern, umso mehr verlangen die Sender für Werbung« (Meehan 2002, 244).

> *In der Überbewertung eines männlichen Publikums drückt sich ebenso klar der Sexismus des Patriarchats aus wie in der Überbewertung eines gehobenen Publikums der Klassencharakter des Kapitalismus. [...] So gesehen diskriminiert das Fernsehen strukturell jeden außerhalb des Konsumentenpublikums weißer, 18 bis 34 Jahre alter, heterosexueller, englischsprachiger, besser gestellter Männer. [...] Fernsehen ist ein Instrument der Unterdrückung.* (Meehan 2002, 248)

Daran anknüpfend hat Tamara Shepherd (2014) das Konzept eines geschlechtlich bestimmten Konsumentenpublikums der sozialen Medien eingeführt. So wie »Frauen oft unsichtbar arbeiten, um den Zyklus von Reproduktion und Produktion aufrechtzuerhalten, wird die Nutzerarbeit auf Facebook verborgen, um die Seite als ein auf

nutzergeneriertem Inhalt beruhendes Kommunikationsnetzwerk fort-
führen zu können« (Shepherd 2014, 162). Die Werbung in sozialen
Medien sei genau wie im Fernsehen geschlechtlich bestimmt: Die
Kategorisierung von Zielgruppen »auf der Grundlage von Geschlecht
(und anderen stereotypen Eigenschaften von Klasse, Ethnie und Alter) wirkt als eine Art von Diskriminierung, indem den unterschiedlichen Zielmärkten unterschiedliche Werte zugeschrieben werden«
(164).

Kylie Jarrett (2015) vergleicht aus einer marxistisch-feministischen
Perspektive Hausarbeit und digitale Arbeit von Nutzern sozialer
Medien:

> *Erstens handelt es sich in beiden Fällen um körperliche Arbeit, die je-*
> *doch bedeutende kognitive, affektive und kommunikative Elemente*
> *umfasst. [...] Zudem steht Konsumentenarbeit in einem ähnlichen*
> *Verhältnis zur Mehrwertproduktion wie Hausarbeit. [...] Es besteht*
> *somit eine mehr als oberflächliche Ähnlichkeit zwischen den mit*
> *Konsumenten- und Hausarbeit verbundenen Tätigkeiten. Beide wir-*
> *ken in einem Regime der nahezu totalen Ausbeutung und erzeugen*
> *Mehrwert, indem sie die Produktionskosten reduzieren. Außerdem –*
> *und dies muss betont werden – tragen beide zur Reproduktion der*
> *Gesellschaft bei.* (Jarrett 2015, 209, 210–212)

Soziale Medien und Krise

Dass mehrwertproduktive Arbeit ein wesentliches Element der kapitalistischen Produktion ist, bedeutet auch, dass Produktion und Akkumulation zusammenbrechen, sobald sie verweigert wird. Um zu
erkennen, dass Prosumenten mehrwertproduktive Arbeit leisten,
muss man sich nur vorstellen, was passieren würde, wenn sie nicht
mehr Facebook nutzen würden: Die Zahl der Nutzer würde sinken,
die Werbekunden würden mangels Adressaten für ihre Botschaften
und somit potenziellen Abnehmern für ihre Produkte abspringen,
Facebook würde sinkende Profite verzeichnen und schließlich bank-
rottgehen. Im großen Maßstab durchgeführt, hätte ein solches Verhalten eine Krise der New Economy zur Folge. Dieses Gedankenexpe-
riment zeigt, dass Nutzer für die Profite der neuen Medienökonomie
wesentlich sind. Zudem produzieren und koproduzieren sie Teile der
Produkte und somit des darin enthaltenen Gebrauchswerts, Werts
und Mehrwerts.

Eine Krise des Kapitalismus kann jedoch nicht nur durch Arbeiterkämpfe, sondern auch durch objektive Widersprüche entstehen. Risi-

kokapitalgesellschaften sammeln Geld ein, um in Unternehmen – häufig in Start-ups – zu investieren. Sie kaufen Anteile an Unternehmen und hoffen, dass deren zukünftiges Geschäft große Gewinne abwirft, damit auch sie Profite erzielen. Solche Finanzinvestoren spielen eine wichtige Rolle für die Internetunternehmen in Silicon Valley. Facebooks anfängliche Finanzierung zum Beispiel beruhte auf den Großinvestoren Accel Partners, einer US-Kapitalgesellschaft, die 2005 für 12,7 Millionen Dollar 15 Prozent der Anteile erwarb, und Mail.ru, ein russisches Internetunternehmen, das 2009 mit 200 Millionen Dollar einstieg. Accel Partners verkaufte seine Anteile 2010 für 35 Milliarden Dollar, Mail.ru bekam 2013 für seine Anteile 525 Millionen Dollar.[40] Das ist exemplarisch für eine Strategie des Finanzkapitals: Es investiert in Start-ups, und sobald sie ihren Kapital- oder Marktwert gesteigert haben, verkauft es seine Anteile mit Gewinn.

Unternehmen nutzen zufließendes Risikokapital mitunter, um ihre Kapitalbasis auf eine Größe zu steigern, die ihnen einen Börsengang erlaubt; sie werden zu Aktiengesellschaften. Aktienpreise hängen von den komplexen und unberechenbaren Gesetzen der Finanzmärkte ab, die tatsächlichen Profite hingegen von Umsatz, Profitrate, Investitionskosten und Produktivitätsniveau. Verzeichnet ein Unternehmen einen hohen Aktienpreis, heißt dies nicht unbedingt, dass es viel Profit erzielt, sondern lediglich, dass Investoren dies für die Zukunft erwarten und daher in es investieren. Bei einer wachsenden Kluft zwischen Aktienkurs und realem Gewinn kann es passieren, dass sie ihr Vertrauen verlieren. Beginnen sie ihr Kapital abzuziehen und greift dies um sich, kann das Unternehmen zusammenbrechen. Geht ein wichtiges Unternehmen pleite, kann dies wiederum Panik und ähnliche Kapitalabflüsse bei anderen Unternehmen auslösen. So kann es zur Krise einer ganzen Branche kommen.

Finanzialisierung – die zunehmende Abhängigkeit von Unternehmen, Branchen und dem Kapitalismus insgesamt vom Finanzkapital – resultiert aus dem Drang des Kapitals, der Krise zu entgehen und große Profite zu erzielen. Doch Finanzmärkte bergen hohe Risiken, sodass Finanzialisierung den Kapitalismus noch krisenanfälliger macht. Marx (1894) spricht in dieser Hinsicht von »fiktivem Kapital«, David Harvey von einer zeitlichen Antwort auf die Überakkumulation, die »den Rückfluss der Kapitalwerte in den Wirtschaftskreislauf

---

[40] http://techcrunch.com/2010/11/19/accel-facebook-chunks-of-stock/; www.reuters.com/article/2013/09/05/us-mailru-results-idUSBRE98409720130905, abgerufen am 28.04.2018.

in die Zukunft« verlegt (Harvey 2005b, 109), sodass die Kluft zwischen Profiten und Aktienpreisen zu finanziellen Blasen führen kann. Wie der Wert und der Preis einer Ware können auch Profitertrag und Marktbewertung einer Finanzanlage voneinander abweichen.

Die Finanzialisierung der Internetbranche mündete im Jahr 2000 in der sogenannten Dotcom-Krise. Internetfirmen hatten enorme Kapitalzuflüsse erhalten und waren an die Börse gegangen, machten aber stetig Verluste; dann platzte die Blase und stürzte die Branche in eine Krise. Der 1997 gegründete Online-Spielzeughändler eToys.com zum Beispiel wurde 1999 zur Aktiengesellschaft, nachdem Risikokapitalgesellschaften erheblich in ihn investiert hatten (etwa Highland Entrepreneurs' Fund III Limited Partnership, DynaFund L.P., idealab! Capital Partners, Bessemer Venture Partners, Sequoia Capital Moore Global Investments Ltd., Remington Investment Strategies L.P. und Multi-Strategies Fund). Doch das Unternehmen verzeichnete Verluste von bis zu 200 Millionen Dollar und musste 2001 Konkurs anmelden. Etoys ist nur eine von vielen Internetfirmen, die in der Dotcom-Krise kollabierten. Nach der Krise der New Economy von 2000/2001 hielten sich Finanzinvestoren bei neuen Internetunternehmen stark zurück. Das Web 2.0 und die späteren sozialen Medien waren ideologische Strategien, die den Eindruck einer umfassenden Neuerfindung des Netzes und neuer Geschäftsmöglichkeiten erwecken sollten. Die sozialen Medien wurden auf einer Ideologie aufgebaut, die dem Ziel diente, Finanzkapitalisten zu Investitionen zu bewegen und Werbekunden anzulocken.

Google und Facebook sind hochprofitable Unternehmen; die Mikroblogs Twitter und Weibo kommen dagegen kaum in die Gewinnzone. Dass beide trotzdem an der Börse vertreten sind, zeigt, dass auch die sozialen Medien anfällig für Blasen sind. Zielgerichtete Werbung, das vorherrschende Akkumulationsmodell der Branche, ist ein hochriskantes Modell, weil die Zahl der Klicks auf Anzeigen zumeist niedrig und zudem schwer vorherzusagen ist. Und selbst wenn Nutzer auf eine Anzeige klicken, heißt dies nicht, dass sie auf der Zielseite etwas kaufen. Es gibt keine Gewähr dafür, dass Werbekunden weiter auf soziale Medien setzen werden, um ihre Gewinne zu steigern. Verlieren sie ihr Vertrauen in sie und schlittert das Modell der zielgerichteten Werbung in eine Krise, könnte dies wirtschaftliche Konsequenzen für die gesamte Branche zeitigen.

5.4 Freie Arbeit und Sklavenarbeit

Der iSlave hinter dem iPhone

Apple war 2017 laut der Forbes-2000-Rangliste das neuntgrößte Unternehmen der Welt.[41] 2012 betrugen seine Gewinne 37 Milliarden, 2013 39,5 Milliarden und 2014 44,5 Milliarden Dollar.[42] iPhones machten 2014 56 Prozent des Umsatzes aus, iPads 17 Prozent, Macs 13 Prozent sowie iTunes, Software und Service 10 Prozent.[43] Berechnungen zufolge entfielen vom Preis eines iPhones nur 1,8 Prozent auf die Herstellung in China, 58,5 Prozent hingegen auf den Profit von Apple (Chan et al. 2013, 107) und 14,3 Prozent auf den Profit von Zulieferern wie dem taiwanesischen Unternehmen Hon Hai Precision, auch als Foxconn bekannt. Dass iPhone 6 Plus kostet also nicht wegen der Löhne 299 Dollar, sondern weil Apple durchschnittlich 175 Dollar und Foxconn 43 Dollar daran verdient; die Arbeiter, die das Gerät in einer chinesischen Foxconn-Fabrik herstellen, erhalten zusammen nur 5 Dollar. Hinter dem stattlichen Preis verbergen sich also eine hohe Profit- und Ausbeutungsrate, die auf einer internationalen Teilung der digitalen Arbeit beruhen.

Laut der CNN-Global-500-Liste war Foxconn 2012 der fünftgrößte private Arbeitgeber der Welt. 2011 steigerte das Unternehmen seine Beschäftigtenzahl in China auf eine Million, die Mehrheit sind junge Wanderarbeiter vom Land (Students & Scholars Against Corporate Misbehaviour, SACOM 2011). Foxconn montiert unter anderem iPad, iMac und iPhone, den Amazon Kindle und diverse Konsolen von Sony, Nintendo und Microsoft.

Wie SACOM berichtet hat, sind chinesische Foxconn-Arbeiter mit der Einbehaltung von Löhnen, erzwungenen und unbezahlten Überstunden, giftigen Chemikalien, repressivem Management, niedrigen Löhnen, geringem Arbeitsschutz und einem Mangel an Einrichtungen wie Kantinen konfrontiert. 2010 versuchten sich 18 von ihnen das Leben zu nehmen, 14 gelang dies auch.[44] SACOM (2011) be-

---

[41] https://www.forbes.com/global2000/list/#tab:overall, abgerufen am 28.04.2018.

[42] Apple SEC Filings, Form 10-K, 2014.

[43] Ebd.

[44] http://en.wikipedia.org/wiki/Foxconn_suicides, abgerufen am 28.04.2018.

schreibt Foxconn-Arbeiter als den »iSlave hinter dem iPhone«. Dieses Beispiel zeigt, dass die Ausbeutung und Überwachung digitaler Arbeit, also der Arbeit, die für die Kapitalakkumulation im Informations- und Kommunikationssektor erforderlich ist, sich nicht auf Nutzerarbeit beschränkt, sondern unterschiedliche Formen umfasst – auch Lohnarbeiter westlicher Firmen, die Anwendungen herstellen, und Arbeiter in Entwicklungsländern, die unter unmenschlichen, sklavereiartigen Bedingungen Hardware (und teilweise Software) produzieren (Chan 2013; Chan et al. 2013; Chan and Pun 2010, Fuchs 2014a, Hong 2011, Qiu 2009, 2012; Sandoval 2013, 2014; Zhao 2008).

Die Überwachung von Foxconn-Arbeitern ist eine sehr direkte, sie beruht auf Zwang, Disziplinierung und Taylorismus. »Bei Foxconn herrscht eine quasi militärische Kultur der Überwachung, des Gehorsams und der unhinterfragten Autorität. Den Arbeitern wird mitgeteilt, dass sie gehorchen oder gehen sollen.«[45]

Arbeiter werden von Vorgesetzten angebrüllt und beschimpft. Sie erleben Druck und Demütigungen. Sie werden gewarnt, dass man sie durch Roboter ersetzen wird, wenn sie nicht effizient genug sind. Neben Beschimpfungen durch Vorarbeiter gehören auch das Schreiben von Loyalitätsbriefen und das Abschreiben von Zitaten des Unternehmenschefs zu den Strafen. Die Mehrheit muss während ihrer Schicht zehn Stunden lang stehen, die von Foxconn versprochenen Pausen gibt es nicht. Manche Arbeiter leiden nach der Schicht an Beinkrämpfen. Arbeiter bekommen ein zusätzliches Pensum zugewiesen oder müssen gemäß der Regelung der »kontinuierlichen Schichten« die zweite Essenspause auslassen. [...] Am Eingang jedes Gebäudes gibt es einen Posten, an dem ihre Identität überprüft wird. (SACOM 2011)

Im Herbst 2014 veröffentlichte SACOM einen Bericht über die Zustände bei dem Apple-Zulieferer Pegatron in Jinagsu, wo zig Millionen iPhones 6 hergestellt wurden.[46] Die Untersuchung wurde von verdeckten Forschern durchgeführt.

---

[45] CNN Online, Apple Manufacturing Plant Workers Complain of Long Hours, Militant Culture, http://edition.cnn.com/2012/02/06/world/asia/china-apple-foxconn-worker/index.html, abgerufen am 28.04.2018.

[46] Siehe auch die Studie von China Labor Watch (2013): www.chinalaborwatch.org/report/68, abgerufen am 28.04.2018. Ein vergleichbarer Fall ist die Montage des iPhone 6 bei Jabi in Wuxi: www.chinalaborwatch.org/report/103, abgerufen am 28.04.2018.

Arbeiter berichteten SACOM-Forschern, dass sie manchmal bis in den frühen Morgen arbeiten müssen, häufig 12 bis 15 Stunden am Tag, manchmal sogar 17 bis 18. Insgesamt können 170 bis 200 Überstunden im Monat zusammenkommen, die monatliche Gesamtarbeitszeit kann daher bei über 360 Stunden liegen. (SACOM 2014, 2)

Auch 2014 beruhten Apples Profite auf der Ausbeutung chinesischer Arbeiter.

Spaß an Handys und Computern im Westen, Blut und Tränen in Afrika und Asien

iPads, iMacs, iPhones, Nokia-Handys etc. sind noch in einem anderen Sinne zugleich »Blood Pads«, »Blood Macs« und »Blood Phones«: In vielen Geräten wie Smartphones, Laptops, Digitalkameras oder MP3-Playern stecken Mineralien (zum Beispiel Cassiterit, Wolframit, Coltan, Gold, Wolfram, Tantal, Zinn), die in der Demokratischen Republik Kongo und anderen Ländern unter sklavereiartigen Bedingungen abgebaut werden (Fuchs 2014a, Kapitel 6). Delly Mawazo Sesete schreibt dazu:

Diese Mineralien sind ein Teil Ihres Lebens. Sie halten Ihren Computer am Laufen, sodass Sie im Internet surfen können. [...] Während Mineralien aus dem Kongo Ihr Leben bereichert haben, haben sie meinem Land häufig Gewalt, Vergewaltigungen und Instabilität gebracht. Die bewaffneten Gruppen, die um die Kontrolle dieser Rohstoffe kämpfen, setzen Morde, Entführungen und Massenvergewaltigungen bewusst als Strategie zur Einschüchterung und Beherrschung der Bevölkerung ein, was ihnen dabei hilft, die Kontrolle über Minen, Handelsrouten und andere strategische Bereiche zu sichern.[47]

Das Internet als globale Arbeitsteilung

Die Existenz des Internets in seiner heute vorherrschenden kapitalistischen Form beruht auf unterschiedlichen Arten von Arbeit: auf der relativ gut bezahlten Arbeit von Programmierern und der schlecht bezahlten von proletarisierten Angestellten der Internetfirmen, auf unbezahlter Nutzerarbeit, auf stark ausgebeuteter, qualvoller tayloristischer Arbeit, auf dem hochgiftigen Zerlegen von Elektroschrott und der Sklavenarbeit in Entwicklungsländern, mit der Hardware herge-

---

[47]*Guardian online*, Apple: Time to make a conflict-free iPhone. www.guardian.co.uk/commentisfree/cifamerica/2011/dec/30/apple-time-make-conflict-free-iphone, abgerufen am 28.04.2018.

stellt und »Konfliktmineralien« abgebaut werden (Fuchs 2014a). Ausbeutung ruft einen Klassenkonflikt zwischen Kapital und Arbeit hervor.

In Gestalt des Telegrafen und von Nachrichtenagenturen spielte das internationale Kommunikationswesen bereits für den Imperialismus in der Ära des Ersten Weltkriegs eine Rolle, indem es zur grenzüberschreitenden Organisation von Handel, Investitionen, Akkumulation, Ausbeutung und Krieg beitrug. Hundert Jahre später sind qualitativ andere Informations- und Kommunikationsmittel wie Computer, Laptop, Tablet, Internet, Mobiltelefone und soziale Medien entstanden. Ihre Produktion ist in eine internationale Teilung der Informationsarbeit eingebettet. Es gibt neue Technologien, doch Kapitalismus, Imperialismus, Klasse und Ausbeutung bilden weiter den Kern der Gesellschaft und der internationalen Beziehungen und prägen die Art und Weise der Produktion, Distribution und Konsumption von Informationen, die im 21. Jahrhundert so wichtig geworden sind.

Die internationale Teilung der digitalen Arbeit

In den 1980er Jahren entwickelten kritische Wissenschaftler den Begriff der neuen internationalen Arbeitsteilung, um zu verdeutlichen, dass Entwicklungsländer zu Quellen billiger Arbeit für den Aufstieg transnationaler Konzerne geworden waren (Fröbel et al. 1981). Diese internationale Arbeitsteilung bestimmt auch die digitale Ökonomie, die Informationen sowie Informations- und Kommunikationstechnologien (IKT) produziert. Bestimmte Formen von körperlicher Arbeit bringen die Hardware hervor, die Arbeitern in der Medien- und Kulturindustrie zur Produktion von Inhalten in digitaler Form dient (Musik, Filme, Daten, Statistiken, Multimedia, Bilder, Videos, Animationen, Texte, Artikel etc.). Dieser Inhalt wird mithilfe von Informationstechnologien produziert, verbreitet und konsumiert. Technik und Inhalt sind dialektisch verschränkt, sodass die Informationsökonomie zugleich materiell und immateriell ist. Sie ist weder ein Überbau noch ausschließlich immateriell, sondern eine bestimmte Form der Organisation von Produktivkräften, die quer zur Unterscheidung von Basis und Überbau verläuft und Informationen und Informationstechnologien unmittelbar zu Produktivkräften macht.

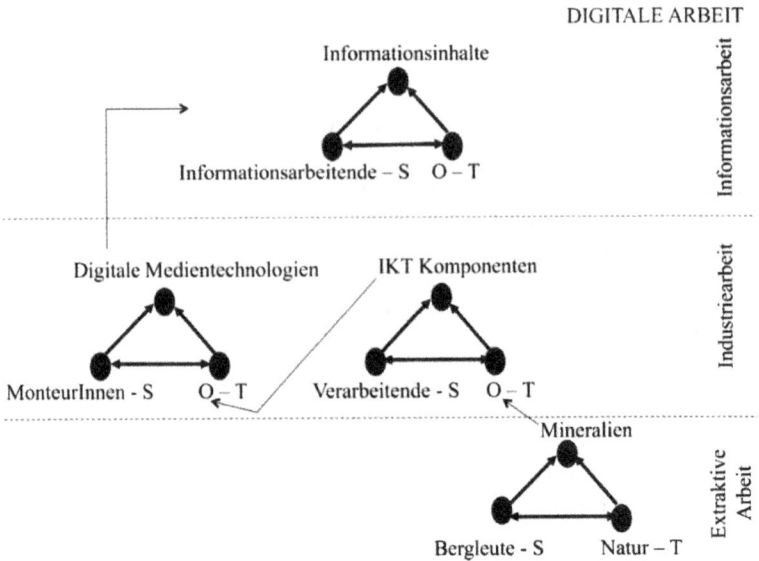

Abbildung 5.3: Die internationale Teilung der digitalen Arbeit

Abbildung 5.3 zeigt ein Modell der dabei wesentlichen Produktionsprozesse. Jeder Produktionsschritt/Arbeitsprozess umfasst menschliche Subjekte (S), die Objekte (O) mit Technologien/Arbeitsmitteln (T) bearbeiten, sodass ein neues Produkt entsteht. Die Grundlage für alles Weitere ist ein extraktiver Arbeitsprozess, der Abbau von Mineralien durch Bergleute. Diese Mineralien gehen als Objekte in den nächsten Produktionsprozess ein, in dem sie mit körperlicher Arbeit zu IKT-Komponenten weiterverarbeitet werden. Diese Komponenten gehen ebenfalls als Objekte in den nächsten Arbeitsprozess ein: Fabrikarbeiter setzen sie zu digitalen Medientechnologien zusammen. Die beiden letzten Schritte werden von Industriearbeitern ausgeführt, die so an der digitalen Produktion teilhaben. Das Ergebnis sind digitale Medientechnologien, die als Mittel der Produktion, Distribution, Zirkulation, Prosumption und Konsumption von Informationen in verschiedene Formen von Informationsarbeit Eingang finden.

»Digitale Arbeit« bezeichnet nicht nur die Produktion digitaler Inhalte, sondern umfasst den Gesamtprozess der digitalen Produktion, der ein Netzwerk aus extraktiven, industriellen und informatorischen Formen von Arbeit umfasst, die die Existenz und Nutzung digitaler Medien ermöglichen. Die daran beteiligten Subjekte – Bergleute, Fabrik- und Informationsarbeiter und andere – stehen in bestimmten

Produktionsverhältnissen, die teils Klassenverhältnisse darstellen, teils nicht. Was in Abbildung 5.3 als S bezeichnet wird, ist also in Wirklichkeit ein Verhältnis $S_1 - S_2$ zwischen verschiedenen Subjekten oder Gruppen. In der heutigen kapitalistischen Gesellschaft sind die meisten dieser digitalen Produktionsverhältnisse von Lohn-, Sklaven-, unbezahlter, prekärer und selbständiger Arbeit geprägt.

Die internationale Teilung der digitalen Arbeit ist ein vielschichtiges Netzwerk, das globale Prozesse der Ausbeutung miteinander verbindet – etwa von kongolesischen Arbeitssklaven, die die nötigen Mineralien abbauen, und Millionen miserabel bezahlten fordistischen Lohnarbeitern in Foxconn- und anderen Fabriken, die daraus IKT-Komponenten herstellen; von niedrig bezahlten Programmierern in Indien und sehr gut bezahlten, aber auch sehr gestressten Programmierern bei Google und anderen westlichen Software- und Internetkonzernen; von prekären Selbständigen in den Weltmetropolen, die mit digitalen Technologien Kultur schaffen und verbreiten, und Arbeitern, die den anfallenden Elektroschrott zerlegen und dabei Giftstoffen ausgesetzt sind usw. (Fuchs 2014a, 2015a).

Zwischen der Ausbeutung von Sklaven und Schwitzbudenarbeitern einerseits, Facebook-Nutzern andererseits besteht ein Unterschied: Während erstere eine potenziell tödliche physische und strukturelle Gewalt erfahren, hat die bei der Ausbeutung der Facebook-Nutzer wirkende Gewalt einen viel subtileren, stärker kulturellen und sozialen Charakter. Daraus zu schließen, dass sie nicht ausgebeutet werden, wäre indes falsch und würde die Kommodifizierung von Daten durch Konzerne wie Google und Facebook legitimieren. Die Bedingungen und Folgen der Ausbeutung variieren von Kontext zu Kontext, doch alle Arbeiter in der internationalen Teilung der digitalen Arbeit sind miteinander durch ein globales Produktionsnetzwerk verbunden, das die Profite digitaler Medienunternehmen möglich macht.

Proletarier in der internationalen Teilung der digitalen Arbeit, vereinigt euch!

Viele Jobs in der internationalen Teilung der digitalen Arbeit sind prekär. Sie werden niedrig oder gar nicht bezahlt und sind unter anderem durch lange Arbeitszeiten und mangelnde soziale Absicherung gekennzeichnet. Digitale Arbeiter sind oftmals Beispiele für das, was als »Hausfrauisierung der Arbeit« bezeichnet wird; sie arbeiten in den inneren Kolonien des Kapitalismus, in denen eine fortwährende ursprüngliche Akkumulation durch hohe Ausbeutungsraten hohe Profite hervorbringt. Bei der Analyse dieser Arbeitsteilung gilt es solche Gemeinsamkeiten hervorzuheben, um zu verdeutlichen, dass die Ausbeutung trotz unterschiedlicher Kontexte dieselbe Ursache hat: den globalen Kapitalismus. Auf die Verbindungen zwischen diesen Arbeitern hinzuweisen unterstreicht zudem die Notwendigkeit einer internationalen Organisation der Arbeiterklasse im Kampf gegen die Ausbeutung. Warum ist ein solch einheitlicher Begriff von digitaler Arbeit wichtig? Nick Dyer-Witheford (2014, 175) bietet eine Antwort: »Den globalen Arbeiter zu benennen heißt eine Karte anzufertigen; und eine Karte ist zugleich eine Waffe.«

Die Ausbeutungsrate schwankt je nach Art und Ort der Tätigkeit. Der Aristokratie der Wissensarbeiter zahlt das Kapital relativ hohe Löhne, um Zustimmung zu seiner Hegemonie zu gewinnen, während niedrig entlohnte Wissensarbeiter, Nutzer, Hardware- und Softwareproduzenten sowie die zum Abbau von Mineralien gezwungenen Menschen in den Entwicklungsländern mit prekären Arbeitsbedingungen sowie unterschiedlichen Ausmaßen und Formen von Sklaverei und Ausbeutung konfrontiert sind, die zusammengenommen die Lohnkosten minimieren und die Profite steigern. Unbezahlte Internetnutzer und die Arbeiter in den Minen in Kriegsgebieten verbindet, dass sie keinen Lohn erhalten. Der Unterschied ist, dass die ersteren ihre Ausbeutung als Vergnügen erfahren, während die letzteren eine schmerzhafte bis tödliche Ausbeutung erfahren, die dieses Vergnügen erst ermöglicht. Der Gewinn, der daraus entsteht, ist ein monetärer und geht an Unternehmen wie Google, Apple und Facebook, den Sklavenhaltern der heutigen Zeit.

Die Ausbeutung digitaler Arbeit erfordert unterschiedliche Formen von Kontrolle. Selbstkontrolle und eine Arbeit-als-Spiel (*playbour*), die sich wie Spaß anfühlt, aber einen Teil des Werts schafft, ist nur eines der Elemente des Arbeitsprozesses, der auf einer rassistischen Produktionsweise und Ausbeutung von Arbeitern in Entwicklungsländern beruht. Deren Leid, ihr Schweiß, Blut und Tod bilden das Fundament für die Ausbeutung von »spielenden Arbeitern« im Westen. Das kapitalistische Internet braucht Arbeit-als-Spiel und Knochenarbeit, Spaß und Elend, biopolitische Macht und Disziplinarmacht, Selbstkontrolle und Überwachung. Das Beispiel der Foxconn-Fabriken und der kongolesischen Konfliktmineralien zeigt, dass die Ausbeutung von Internetnutzern eine blutige tayloristische Ausbeutung von Arbeitern im globalen Süden zur Voraussetzung hat und mit ihr verbunden ist.

5.5 Schlussfolgerungen

Die Hauptergebnisse dieses Kapitels können wir wie folgt zusammenfassen:

▨ Die heutigen sozialen Medien sind nicht partizipativ: Sie werden von Großunternehmen beherrscht, die Aufmerksamkeit und Sichtbarkeit zentralisieren und Politik – besonders alternative Politik – zu einem Randthema machen.

▨ Managementgurus, Marketingstrategen und unkritische Akademiker feiern die demokratischen Potenziale sozialer Medien und vernachlässigen Aspekte des Kapitalismus. Ihre Annahmen sind Ideologien, die die kapitalistische Herrschaft befestigen.

▨ Das Kapitalakkumulationsmodell kommerzieller sozialer Medien beruht auf der unbezahlten Arbeit von Internetnutzern, auf der Kommodifizierung der von ihnen erzeugten Inhalte und Daten, die an Werbekunden verkauft werden. Personalisierte Werbung und wirtschaftliche Überwachung sind wichtige Aspekte dieses Modells. Die Kategorie der Publikumsware verwandelt sich hier in die der Ware *Big Data*, die Internet-Prosumenten mit ihrer digitalen Arbeit erzeugen.

▨ In der Ausbeutung dieser Arbeit manifestiert sich ein Stadium des Kapitalismus, in dem die Grenzen zwischen Arbeit und Spiel verschwimmen und die Ausbeutung spielerischer Arbeit ein neues Prinzip geworden ist. Ausbeutung wird als Spaß erlebt und Teil der Freizeit.

▨ Digitale Medien beruhen auf verschiedenen Formen von Arbeit, die in unterschiedlichem Maß ausgebeutet werden: eine hoch bezahlte digitale Arbeiteraristokratie in den Internetunternehmen, niedrig entlohnte prekäre Wissensarbeiter, unbezahlte Internetnutzer, stark ausgebeutete Arbeiter in Entwicklungsländern, Sklavenarbeiter, die Mineralien abbauen usw.

▨ Kommerzielle soziale Medien sind Sphären der Ausbeutung »spielerischer Arbeit« der Nutzer und zugleich Objekte ideologischer Mystifikationen: Sie werden idealisiert, um von ihrem Klassencharakter abzulenken oder um Investoren anzuziehen und Felder der Kapitalakkumulation zu erschließen und auszuweiten. Sie zeigen, dass Ausbeutung/Kapitalakkumulation und Ideologie zwei wichtige und miteinander verschränkte Dimensionen von Medien im Kapitalismus sind (Golding und Murdock 1978).

Literaturhinweise und Übungen

Der politischen Ökonomie sozialer Medien kann man sich am besten durch klassische und neuere Texte nähern, die sich mit Aspekten von Arbeit und Tätigkeiten im Kontext von Publikum und Nutzern befassen. Im Folgenden werden deshalb Beiträge aus der »Blindspot Debate«, einer wichtigen Grundsatzdebatte in der Mediensoziologie, ebenso aufgeführt wie eine Auseinandersetzung zwischen Adam Arvidsson und mir über digitale Arbeitswerttheorie sowie vier unterschiedliche Positionen zu YouTube.

Übung 5.1

Die Debatte über den »blinden Fleck« des westlichen Marxismus

Smythe, Dallas W. 1977. Communications: Blindspot of Western Marxism. *Canadian Journal of Political and Social Theory* 1 (3): 1–27.

Smythe, Dallas W. 1981/2006. On the audience commodity and its work. In *Media and cultural studies*, hg. v. Meenakshi G. Durham und Douglas M. Kellner, 230–256. Malden, MA: Blackwell.

Murdock, Graham. 1978. Blindspots about Western Marxism: A reply to Dallas Smythe. In *The political economy of the media* I, hg. v. Peter Golding und Graham Murdock, 465–474. Cheltenham: Edward Elgar.

Im ersten Aufsatz argumentiert Smythe (1977), dass der westliche Marxismus die komplexe Rolle von Kommunikation im Kapitalismus nicht hinreichend beachtet habe. Dies löste die »Blindspot Debate« aus (Livant 1979; Murdock 1978; Smythe antwortete mit einer Replik auf Murdock: Smythe 1994, 292–299). Der zweite Aufsatz von Smythe (1981/2006) befasst sich mit dem selben Thema. Fragen:

- ▣ Was sind Smythes Hauptargumente?
- ▣ Was sind Murdocks Hauptkritikpunkte?
- ▣ Es gibt unterschiedliche Typen von Medienwaren. Betrachten Sie verschiedene kommerzielle Medien und ihr Geschäftsmodell. Welche Ware verkaufen sie? Versuchen Sie eine vollständige und systematische Typologie von Medienwaren zu erstellen.

■ Wie unterscheidet sich die von kommerziellen sozialen Medien angebotene Ware von anderen Medienwaren?

Übung 5.2

Die Debatte über Wert und soziale Medien

Fuchs, Christian. 2010b. Labor in informational capitalism and on the Internet. *The Information Society* 26 (3): 179–196.

Arvidsson, Adam and Elanor Colleoni. 2012. Value in informational capitalism and on the Internet. *The Information Society* 28 (3): 135–150.

Fuchs, Christian. 2012. With or without Marx? With or without capitalism? A rejoinder to Adam Arvidsson and Eleanor Colleoni. *tripleC: Communication, Capitalism & Critique: Journal for a Global Sustainable Information Society* 10 (2): 633–645.

2010 veröffentlichte ich einen Artikel über die Relevanz von Marx und seines Wert- und Arbeitsbegriffs für das Verständnis sozialer Medien. Auf der Konferenz *The Internet as Playground and Factory* (New School, 12.–14. November 2009, www.digitallabor.org) stellte ich Teile daraus vor. In ihrem Vorfeld initiierte Mitorganisator Trebor Scholz auf der Mailingliste des Institute for Distributed Creativity (IDC) eine Diskussion darüber, in der Adam Arvidsson mein Beharren auf Marx' diesbezüglicher Bedeutung kritisierte. Diese Kritik arbeitete er drei Jahre später mit Eleanor Colleoni in einem Aufsatz aus, demzufolge das Wertgesetz nicht mehr existiert und sich nicht auf die Online-Welt beziehen lässt. Auf diese Behauptungen ging ich in einem weiteren Artikel ein. Fragen:

■ Was ist das Wertgesetz?

■ Fassen Sie Fuchs' Argumente dafür zusammen, warum es auf soziale Medien anwendbar ist.

■ Fassen Sie die Gegenargumente von Arvidsson und Colleoni zusammen und erörtern Sie die Unterschiede zwischen den beiden Ansätzen.

■ Das Wertgesetz hat mit Arbeitszeit zu tun. Erörtern Sie die Rolle von Zeit bei sozialen Medien und welche Unterschiede es zur Folge hat, ob man wenig oder viel Zeit auf ihnen verbringt. Ist Zeit ein grundlegender Bestimmungsfaktor für die Profite sozialer Medienunternehmen oder nicht? Warum bzw. warum nicht? Welche Rolle spielen dabei Ansehen und Gefühle?

Übung 5.3

Mein oben angeführter Artikel von 2010 hatte ein Sonderheft der Zeitschrift *The Information Society* zur Folge:

Proffitt, Jennifer M., Hamid R. Ekbia und Stephen D. McDowell (Hg.). Special forum on monetization of user-generated content – Marx revisited. In *The Information Society* 31 (1): 1–67.

■ Lesen Sie die Artikel in dem Heft.

■ Erstellen Sie eine Liste der darin vertretenen Argumente und Behauptungen zur Frage, ob soziale Medienunternehmen wie Facebook die digitale Arbeit von Nutzern ausbeuten und ihre Daten kommodifizieren. Vergleichen Sie die verschiedenen Perspektiven miteinander und mit der im vorliegenden Kapitel entwickelten. Welche Gemeinsamkeiten und Unterschiede gibt es zwischen ihnen?

Übung 5.4

2014 organisierten Eran Fisher und ich an der Open University of Israel einen Workshop über »Marx' Arbeitswerttheorie im digitalen Zeitalter«. Darin ging es um die Frage, wie man mit dieser Theorie digitale Arbeit verstehen kann. Die Beiträge sind als Sammelband erschienen:

Fisher, Eran und Christian Fuchs (Hg.). 2015. *Reconsidering value and labour in the digital age*. Basingstoke: Palgrave Macmillan.

■ Lesen Sie die Beiträge.

■ Wie verwenden die Autoren Begriffe wie Wert, produktive Arbeit, Rente und Reproduktionsarbeit, um digitale Arbeit zu analysieren? Welche Gemeinsamkeiten und Unterschiede bestehen zwischen ihren Ansätzen?

■ Welche dieser Begriffe finden Sie am hilfreichsten für eine Analyse digitaler Arbeit? Warum?

Übung 5.5

Andrejevic, Mark. 2009. Exploiting YouTube: Contradictions of user-generated labor. In *The YouTube Reader*, hg. v. Pelle Snickars und Patrick Vonderau, 406–423. Stockholm: National Library of Sweden.

Miller, Toby. 2009. Cybertarians of the world unite: You have nothing to lose but your tubes! In *The YouTube reader*, hg. v. Pelle Snickars und Patrick Vonderau, 424–440. Stockholm: National Library of Sweden.

Gauntlett, David. 2011. *Making is connecting: The social meaning of creativity, from DIY and knitting to YouTube and Web 2.0.* Cambridge: Polity Press. Kapitel 8: Web 2.0 not all rosy?

Jenkins, Henry, Sam Ford und Joshua Green. 2013. *Spreadable media: Creating value and meaning in a networked culture.* New York: New York University Press. Kapitel 1: Where web 2.0 went wrong; sowie S. 125–128 (Audiences as commodity and labour).

Diese vier Beiträge zu Diskussionen über soziale Medien stellen verschiedene Interventionen in die Debatte über digitale Arbeit dar und beziehen sich teilweise aufeinander. Sie stammen alle von bedeutenden Wissenschaftlern, die sich mit zeitgenössischen Medien befassen und deren Ansätze sich teils überschneiden, teils voneinander abweichen. Bilden Sie Arbeitsgruppen und stellen Sie Ihre Ergebnisse vor:

- Fassen Sie die Grundargumente der Texte zusammen.

- Vergleichen Sie die vier Beiträge. Welche Gemeinsamkeiten und Unterschiede sind festzustellen?

- An welchen Punkten bestehen entscheidende Differenzen? Was denken Sie individuell darüber? Versuchen Sie Ihre Meinung mit theoretischen Argumenten, Statistiken, konkreten Beispielen und politischen Überlegungen zu begründen.

6 Google:
Eine gute oder böse Suchmaschine?

Kernfragen

- Wie funktioniert die politische Ökonomie von Google?
- Mit welchen Argumenten kann man Google kritisieren?
- Welche Ideologien über Google gibt es? Wie sieht sich Google selbst und wie möchte es von anderen gesehen werden? Welche Wirklichkeit verbirgt sich hinter den Google-Ideologien?

Schlüsselbegriffe

- Digitale Arbeit
- Überwachung
- Ideologie
- Googologie (Google-Ideologie)
- Neuer Geist des Kapitalismus
- Biopolitische Ausbeutung
- Internet-Solutionismus
- Internet-Fetischismus
- Technologische Online-Rationalität
- Rationale Diskriminierung
- Kumulative Benachteiligung
- Moralische Panik

- Datenschutz
- Gezielte Werbung
- Sensible persönliche Daten
- Nutzungsbedingungen
- Spielerische Arbeit (playbour)
- Widerspruch zwischen Produktivkräften und Produktionsver-hältnissen
- Steuervermeidung

Überblick

In den Anfängen des World Wide Web konnten sich Nutzer mit vielen Suchmaschinen orientieren, darunter Altavista, Excite, Infoseek, Lycos, Magellan und Yahoo!. Manche funktionierten über Suchtext, andere waren Webverzeichnisse. Kurz vor der Jahrtausendwende entstand Google. Es basiert auf dem Algo-rithmus PageRank, der Suchergebnisse nach der Zahl der Links anordnet, die auf eine Seite führen. Automatisierte Software-Agenten durchforsten das Netz, zählen die Links auf bestimmte Seiten und analysieren die Ergebnisse. Im Lauf der Jahre ist Google zur weltweit wichtigsten Suchmaschine geworden. Da es nur ein schlichtes Eingabefeld gibt, fällt die Suche den meis-ten Nutzern sehr leicht.

Dieses Kapitel analysiert die Macht von Google, seine Vor- und Nachteile sowie die mit ihm verbundenen Chancen und Risiken. Eine kritische Analyse von Google muss jenseits moralischer Verdammung oder Überhöhung die Bedingungen und Wider-sprüche herausarbeiten, die prägend sind für seine Existenz und die Nutzer. Deshalb werden normative Fragen im Folgenden im Kontext der politischen Ökonomie der heutigen Gesellschaft verhandelt. Nach einer Einführung (6.1) analysiere ich Googles Kapitalakkumulationsmodell (6.2), seine ideologischen Implika-tionen (6.3), die Arbeitsbedingungen bei Google (6.4), gute und schlechte Aspekte (6.5) und seine Beziehungen zum Staat, be-sonders was Googles Monopolstellung auf dem Markt für Suchmaschinen und seine Steuerflucht betrifft. In Abschnitt 6.7 ziehe ich einige Schlüsse.

6.1 Einführung

Die Allgegenwart von Google

Für Tim O'Reilly (2005a) ist Google »das Flaggschiff« des Web 2.0 und der sozialen Medien, weil es nicht wie herkömmliche Software in verschiedenen Versionen verkauft, sondern »als Dienst angeboten« wird, der »ständig verbessert« werde und mit »kontextsensibler Werbung« arbeite. 2012/13 war Google die meistbesuchte Webplattform – 45,8 Prozent der Internetnutzer riefen die Seite in einem dreimonatigen Zeitraum auf –, ebenso wie 2015.[48] Im Herbst 2015 verzeichneten sechs Google-Dienste mehr als eine Milliarde aktive Nutzer (Google-Suche, YouTube, Google Maps, das Handy-Betriebssystem Android, der Browser Chrome und Google Play).[49]

2004	2005	2006	2007	2008	2009	2010
904	439	289	213	155	120	120

2011	2012	2013	2014	2015	2016	2017
120	103	68	52	39	27	24

Datenquelle: Forbes Global 2000, diverse Jahre; die Rangliste basiert auf einem Verbundindex aus Profiten, Umsätzen, Kapitalvermögen und Börsenwerten. Das Jahr bezieht sich auf das Publikationsdatum der jeweiligen Forbes-Rangliste, die Daten auf das jeweils vorhergehende Finanzjahr

Tabelle 6.1: Alphabets/Googles Platzierung in der Rangliste der weltgrößten Konzerne

Google ist in unserem Alltag allgegenwärtig geworden – es prägt, wie wir Informationen suchen und verarbeiten, und dies in Kontexten wie Arbeit, Privatleben, Kultur, Politik, Haushalt, Einkauf und Konsum, Unterhaltung, Sport usw. In manche Sprachen hat sogar das Verb »googlen« Eingang gefunden. Das *Oxford English Dictionary* definiert »to google« als »Suche nach Informationen (über jemanden oder etwas) im Internet, gewöhnlich mithilfe der Suchmaschine Google«, und nennt als Herkunft des Wortes »den Namen einer vielgenutzten Internetsuchmaschine«.[50]

---

[48] Quelle: alexa.com, abgerufen am 02.03.2013 und 01.11.2015.

[49] Here are all the Google services with more than 1 billion users, *Tech Insider*, 23.10.2015.

[50] https://en.oxforddictionaries.com/definition/google, abgerufen am 10.05.2018.

6.2 Googles politische Ökonomie

Die wirtschaftliche Macht von Google

Google wurde 1998 von Larry Page und Sergey Brin gegründet und am 19. August 2004 in eine Aktiengesellschaft umgewandelt (Vise 2005, 4). In den folgenden Jahren übernahm Google viele andere Unternehmen, darunter YouTube (2006; Kaufpreis: 1,65 Milliarden Dollar), die Online-Werbefirma DoubleClick (2008; 3,1 Milliarden Dollar; Stross 2008, 2), Motorola Mobility (2012; 12 Milliarden Dollar; 2014 weiterverkauft an Lenovo) und DeepMind (2014; 400 Millionen Dollar), ein Unternehmen, das Künstliche Intelligenz programmiert.

2012 war Google nach IBM der zweitgrößte Computer-Dienstleister der Welt, 2015 übertraf es mit seinem Gewinn, Kapitalvermögen und Marktwert IBM und wurde so zur Nummer eins (Forbes 2000, Ranglisten für 2012 und 2015). In der Rangliste der größten Unternehmen der Welt hat Google einen rapiden Aufstieg verzeichnet (siehe Tabelle 6.1). Auch der Jahresgewinn stieg ab 2004 steil (siehe Abbildung 6.1) und erreichte 2014 mit 14,4 Milliarden Dollar den Rekordwert seit der Gründung 1998 (Google SEC Filings, Form 10-K, Annual Report 2014). 2014 übertraf der Jahresumsatz von Google mit 66 Milliarden Dollar (Forbes 2000 [2015]) das Bruttoinlandsprodukt von 124 Ländern (Weltbank, DataBank).

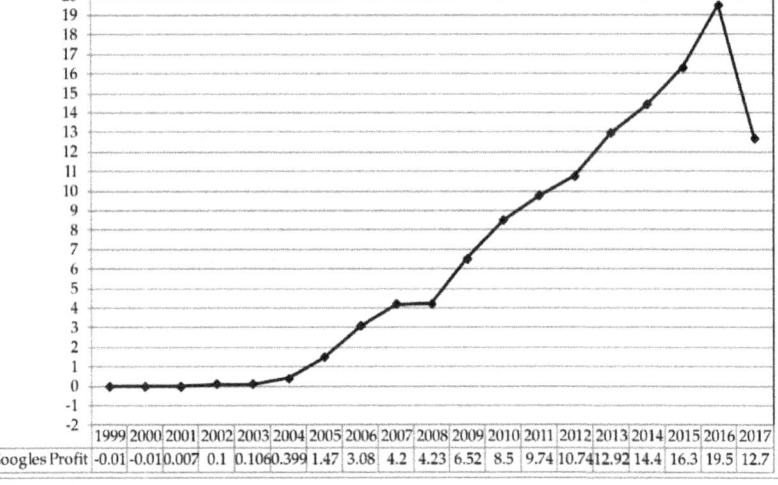

Abbildung 6.1: Gewinnentwicklung von Google in Milliarden Dollar.
Quelle: SEC Filings, 10-k, diverse Jahre.

Google und die kapitalistische Krise

Als 2008 eine neue Weltwirtschaftskrise den Kapitalismus erschütterte, fiel Googles Marktwert von 147,66 Milliarden (2007) auf 106,69 Milliarden Dollar, während seine Profite mit rund 4,2 Milliarden Dollar konstant blieben (Forbes Global 2000, Listen für 2007 und 2008). 2009 stieg er auf 169,38 Milliarden Dollar (Forbes Global 2000, Jahr 2009), die Profite erreichten einen neuen Höchststand von 6,52 Milliarden Dollar und stiegen danach weiter steil an (in Milliarden Dollar: 2010: 8,5; 2011: 9,75; 2012: 12,92; 2013: 14,1; 2015: 16,3; nach Google SEC Filings, verschiedene Jahresberichte). Die Krise beeinträchtigte die Gewinne des Unternehmens also nicht; sie blieben 2008 stabil und wuchsen danach (Zuwachs in Prozent: 2009: 54,1; 2010: 30,4; 2011: 14,6; 2012: 10,3; 2013: 20,3; 2014: 11,5; 2015: 15,6; 2016: 4,3).

Da eine Wirtschaftskrise die Profite vieler Unternehmen schrumpfen lässt, kann sie auch den Anzeigenmarkt beeinträchtigen, weil entsprechend weniger Geld für Marketing zur Verfügung steht. Tatsächlich sanken in den Geschäftsjahren 2008 und 2009 auch die Gewinne vieler werbefinanzierter Medienunternehmen (Fuchs 2011b, Kapitel 6). Google hingegen profitierte von der Krise vermutlich deshalb, weil Werbekunden in solchen Zeiten »genauer auf die Kosten und direkten Resultate ihrer Werbekampagnen« achten und Google gute Möglichkeiten bietet, »die Effektivität von Anzeigen [...] zu messen und zu steuern« (Girard 2009, 215). Aus der Sprache der Marktforschung übersetzt: Google bietet eine Form von Werbung an, die auf einer umfassenden Überwachung der Nutzer beruht; seine Kunden wissen einiges darüber, wer wann auf ihre Anzeigen klickt. Das macht Werbung berechenbarer. Da kapitalistische Unternehmen besonders in Krisenzeiten bemüht sind, die Effekte ihrer Investitionen genauer zu kalkulieren, kommt ihnen Google mit seiner ökonomischen Nutzerüberwachung sehr entgegen.

Google, Facebook, Baidu: Kommunikationsunternehmen oder Werbeagenturen?

Tabelle 6.2 zeigt die Entwicklung des weltweiten Werbumsatzes. Während der Anteil des Rundfunks (Radio und Fernsehen) von 2010 bis 2014 leicht zurückging (von 44,3 auf 42 Prozent), sank der der Presse (Zeitungen und Magazinen) drastisch von 29,4 auf 21,2 Prozent. Online-Werbung verzeichnete dagegen einen Zuwachs von 17,8 auf 28,4 Prozent. Diese statistischen Daten geben Grund zu der Annahme, dass Kunden Online-Werbung als sicherer betrachten, da sie zielgerichtet und personalisiert gestaltet werden kann und auf der Überwachung von Verbrauchern und Nutzern beruht. Die jüngste kapitalistische Krise könnte diese Verschiebung von traditioneller zu Online-Werbung beschleunigt haben, da Unternehmen in solchen Phasen besonders große Angst vor Verlusten und Bankrott haben. In Großbritannien entfielen 2014 gut 37 Prozent des Werbeumsatzes auf den Online-Bereich, 28,3 Prozent auf den Rundfunk, 18,7 Prozent auf die Presse, 9,5 Prozent auf Postsendungen und 1 Prozent auf das Kino (Ofcom 2015b, 375). 2015 stieg der Anteil der Online-Werbung weiter auf 41,1 Prozent, während der von Rundfunk und Presse auf 25,1 und 15,9 Prozent sank (Ofcom 2016, 211)

Schätzungen zufolge erhielt Google 2015 54,5 Prozent der gesamten Werbeeinnahmen von Suchmaschinen, Baidu 8,8 Prozent, Microsoft 4,2 Prozent, Yahoo! 2,3 Prozent, Sohu 0,6 Prozent und andere 29,5 Prozent.[51] Am weltweiten Umsatz von Online-Werbung hatte das Unternehmen 2014 einen Anteil von 31,1 Prozent, gefolgt von Facebook (7,75 Prozent), Baidu (4,68 Prozent), Alibaba (4,66 Prozent), Microsoft (2,72 Prozent), Yahoo! (2,36 Prozent), IAC (1 Prozent), Twitter (0,84 Prozent), Tencent (0,83 Prozent), AOL (0,81 Prozent), Amazon (0,7 Prozent), Pandora (0.5 Prozent), LinkedIn (0,49 Prozent), SINA (0,38 Prozent), Yelp (0,24 Prozent) und Millennial Media (0,08 Prozent).[52] Dies deutet darauf hin, dass Google, Facebook und Baidu am stärksten vom wachsenden Markt für Online-Werbung profitieren. Man sollte sich nicht täuschen: Dies sind keine Kommunikationsunternehmen; sie verkaufen weder digitalen Inhalt noch Zugang zu Internetplattformen. Vielmehr handelt es sich um einige der größten Werbeagenturen der Welt, die Nutzerdaten als eine Ware an Werbekunden verkaufen und diesen dadurch maßgeschneiderte Anzeigen ermöglichen – 2014 entfielen 89 Prozent der Einnahmen von Google auf Anzeigen (SEC Filings Google, Form 10-K 2014), bei Facebook waren es 92 Prozent (SEC Filings Facebook, Form 10-K 2014) und bei Baidu 98,9 Prozent (SEC Filings Baidu, Form 20-F 2014).

---

51 Google will take 55 per cent of search ad dollars globally in 2015. *eMarketer*, 31.03.2015.

52 China's leading ad sellers to take 10 per cent of the worldwide digital market this year. e*Marketer*, 16.12.2014.

	2010	2011	2012	2013	2014
Zeitungen	48,04	47,00	44,94	43,28	41,96
Magazine	20,65	20,49	19,76	18,94	18,14
Fernsehen	84,78	88,02	91,99	93,59	98,52
Radio	18,69	19,11	19,36	19,78	20,48
Kino	1,35	1,41	1,49	1,55	1,6
Außenwerbung	18,5	19,35	19,98	20,89	22,04
Internet	41,58	50,57	58,68	68,88	80,27
Gesamt	233,6	245,9	256,2	266,9	283
Zeitungen	20,6%	19,1%	17,5%	16,2%	14,8%
Magazine	8,8%	8,3%	7,7%	7,1%	6,4%
Fernsehen	36,3 %	35,8%	35,9%	35,1%	34,8%
Radio	8,0%	7,8%	7,6%	7,4%	7,2%
Kino	0,6%	0,6%	0,6%	0,6%	0,6%
Außenwerbung	7,9%	7,9%	7,8%	7,8%	7,8%
Internet	17,8%	20,6%	22,9%	25,8%	28,4%

Datenquelle: Ofcom, 2015c, 26.

Tabelle 6.2: Die Entwicklung des globalen Werbeumsatzes, in Milliarden Pfund und Prozent des Gesamtumsatzes

ABCDEFGoogle: Von Google Inc. zu Alphabet Inc.

2015 baute Google seine Struktur durch die Gründung des Dachunternehmens Alphabet Inc. um. Larry Page wurde CEO, Sergey Brin Präsident und Eric Schmidt Aufsichtsratsvorsitzender von Alphabet; aus Google-Aktien wurden Alphabet-Aktien. Google ist seitdem eines der Tochterunternehmen von Alphabet und als Suchmaschine weiter für das Kerngeschäft zuständig; als CEO fungiert seit Oktober 2015 Sundar Pichai. Weitere Töchter sind Calico (Forschung über Alterung, Biotechnologie), Google X (Künstliche Intelligenz), Fiber (Breitbandinternet und -fernsehen), Google Capital (Risikokapitalinvestitionen in Tech-Firmen), Google Ventures (Risikokapital) und Nest Labs (smarte Technologien).

Warum dieser Umbau? Ein Grund könnten die Schwierigkeiten sein, einen über immenses Kapital und etliche Geschäftsbereiche verfügenden Konzern zentral zu lenken; ein anderer, dass sich so das profitable Kerngeschäft von eher strategischen und teilweise experimentellen Operationen trennen lässt, von denen zumindest kurz- oder mittelfristig nicht unbedingt Gewinne erwartet werden. Mehrere Tochterunternehmen zu haben, die Verluste verzeichnen, kann steuerlich günstiger sein als die Struktur eines Großunternehmens mit profitablen und unprofitablen Bereichen. Auch Investoren lassen sich durch eine solche Aufspaltung besser anziehen, indem man ihre Aufmerksamkeit auf die positiven finanziellen Daten lenkt. Google als Kernunternehmen weist seine Geschäftsergebnisse heute separat von den anderen Alphabet-Töchtern aus, die nichts mit Internetsuche und Werbung zu tun haben; dies gewährleistet besser die Zufriedenheit der Investoren. Zudem geriet Google unter Druck, als die Europäische Union im Juni 2015 ein Kartellverfahren mit der Begründung einleitete, die Suchmaschine bevorzuge eigene kommerzielle Online-Angebote. Der Umbau könnte insofern auch ein Versuch gewesen sein, mit Blick auf Rechtsstreitigkeiten Kritiker zu besänftigen: Google stellte seinen Willen zu einer Umstrukturierung unter Beweis, die demnach eine geringere Kapitalkonzentration herbeiführt. Deutlich wird dies etwa in einem Brief von Larry Page, in dem er der Öffentlichkeit die Gründung von Alphabet erklärt:

Unser Unternehmen funktioniert heute gut, doch wir denken, dass wir es sauberer und verantwortlicher gestalten können. Deshalb gründen wir nun ein neues Unternehmen, Alphabet. [...] Alphabet ist vor allem ein Bündel von Unternehmen. Das größte unter ihnen ist natürlich Google. Dieses neue Google ist etwas verschlankt, denn Unternehmen, die recht weit entfernt von unseren wesentlichen Internetprodukten operieren, befinden sich nun unter dem Dach von Alphabet.[53]

Neben Google umfasst Alphabet Risikokapitalgeber und ebenfalls riskante Erfinder-Unternehmen. Die Abtrennung dieser Bereiche vom bislang relativ sicheren und kontinuierlich wachsenden Geschäft der Suchmaschine ist eine Form von Risikomanagement, die langfristig die Fähigkeit zur Kapitalakkumulation steigern soll. Ob diese Strategie wirtschaftlich erfolgreich sein wird oder ihre eigenen Widersprüche und Grenzen hervorbringt, muss sich noch zeigen.

Die Gründung von Alphabet ist nicht das einzige Beispiel für die Aufspaltung eines transnationalen Großkonzerns in kleinere Einheiten. 2013 wurde aus Rupert Murdochs News Corporation die für das profitable Film- und Fernsehgeschäft zuständige 21st Century Fox ausgegliedert, während die verbleibende News Corporation weiter

---

[53] https://abc.xyz, abgerufen am 10.05.2018.

für das weniger profitable, von Skandalen und Krisen heimgesuchte Zeitungsgeschäft zuständig ist. Dieses ist durch Kommerzialisierung, Digitalisierung und den Aufstieg von Online-Werbung in eine Krise geraten. Zudem litt der Ruf von Murdochs Zeitungsimperium unter dem Abhörskandal um die Boulevardzeitung *News of the World*.

Macht und Reichtum der Google-Gründer

In seinem Buch *Googled* behauptet Ken Auletta (2010, 19), Google sei ein egalitäres Unternehmen, das Brin, Page und Schmidt bescheidene Gehälter zahle. Kann man von wirtschaftlicher Bescheidenheit sprechen, wenn vier Personen rund 70 Prozent der Stimmrechte und mehr als 90 Prozent der Stammaktien eines Unternehmens kontrollieren (Tabelle 6.3)? Page und Brin vermehrten ihr Privatvermögen von 2004 bis 2015 um den Faktor acht, Schmidt um den Faktor sieben (Abbildung 6.2). Sie zählen zu den reichsten Amerikanern. Google ist nicht »böser« oder »besser« als andere Firmen (Tabelle 6.3). Es ist ein gewöhnliches kapitalistisches Unternehmen – die Ausbeutung vieler lässt das Privatvermögen einiger weniger wachsen.

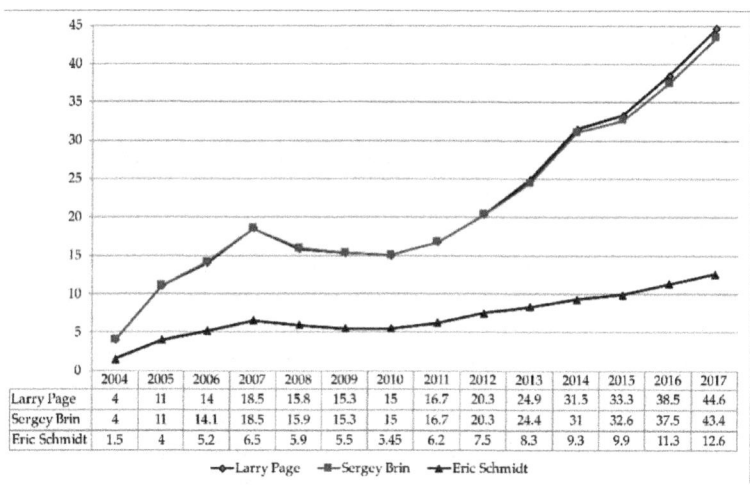

	2004	2005	2006	2007	2008	2009	2010	2011	2012	2013	2014	2015	2016	2017
Larry Page	4	11	14	18.5	15.8	15.3	15	16.7	20.3	24.9	31.5	33.3	38.5	44.6
Sergey Brin	4	11	14.1	18.5	15.9	15.3	15	16.7	20.3	24.4	31	32.6	37.5	43.4
Eric Schmidt	1.5	4	5.2	6.5	5.9	5.5	5.45	6.2	7.5	8.3	9.3	9.9	11.3	12.6

—◆—Larry Page   —■—Sergey Brin   —▲—Eric Schmidt

Datenquelle: Forbes-400-Liste der reichsten Amerikaner.

Abbildung 6.2: Vermögensentwicklung der drei reichsten Google-Manager, in Milliarden Dollar.

	2004	2005	2006	2007	2008	2009	2010	2011	2012	2013	2014	2015	2016	2017
Larry Page	43	16	13	5	14	11	11	15	13	13	13	10	9	9
Sergey Brin	43	16	12	5	13	11	11	15	13	14	14	11	10	10
Eric Schmidt	165	52	51	48	59	40	48	50	45	49	49	48	36	35

Datenquelle: Forbes-400-Liste der reichsten Amerikaner.

Tabelle 6.3: Position der drei vermögendsten Google-Manager in der Liste der 400 reichsten Amerikaner

Wie Google Kapital akkumuliert

Diese Daten zeigen, dass Google eines der profitabelsten Medienunternehmen der Welt ist. Aber wie genau erzielt es diese Profite? Wie akkumuliert es Kapital? Um diese Frage zu beantworten, müssen wir Googles Zyklus der Kapitalakkumulation politökonomisch untersuchen.

Einige Analysen von Google in der Tradition der politischen Ökonomie liegen bereits vor.[54] In Abschnitt 5.3 habe ich ausgehend von Dallas Smythes (1981/2006) Begriff der Publikumsware die Kommodifizierung von Internet-Prosumenten dargestellt, um die politische Ökonomie sozialer Medien zu analysieren. Google betrifft dies in zweierlei Weise. Zum einen erfasst es nutzergenerierte Inhalte im Netz und agiert so als eine Art Meta-Ausbeuter aller dort tätigen Produzenten; ohne die von Nutzern unbezahlt erstellten Inhalte könnte Google keine Suche nach Begriffen durchführen. Zum anderen greifen Nutzer auch auf Googles Dienste zurück und leisten damit unbezahlte mehrwertproduktive Arbeit.

---

[54] Siehe zum Beispiel Bermejo 2009; Jakobsson und Stiernstedt 2010; Kang und McAllister 2011; Lee 2011; Mager 2012, 2014; Pasquinelli 2009; Petersen 2008; Vaidhyanathan 2011; Wasko und Erickson 2009.

Solche Arbeit leistet zum Beispiel, wer eine Google-Suche durchführt, auf Google+ ein soziales Netzwerk pflegt, E-Mails mit Gmail
versendet, auf YouTube ein Video sucht oder hochlädt, auf Google-
Books nach Büchern oder auf Google Maps und Google Earth nach
Orten sucht, auf GoogleDocs ein Dokument erstellt oder bearbeitet,
einen Blog auf Blogger/Blogspot liest oder betreibt, Bilder auf Picassa
hochlädt, etwas mit Google Translate übersetzt, ein von Google Ga-
me entwickeltes Spiel spielt, auf Google Scholar nach akademischen
Arbeiten sucht, Daten auf der Cloud-Plattform Google Drive teilt,
Bilder mithilfe von Google Draw zeichnet, Folien auf Google Slides
erstellt, Berechnungen mit Google Sheets durchführt, Formulare mit
Google Forms erstellt, Google Groups für Mailinglisten nutzt oder
Videokonferenzen mit Google Hangouts organisiert.

Google erzeugt und speichert Daten über die Nutzung all dieser
Dienste, um zielgerichtete Werbung zu ermöglichen. Es verkauft
diese Daten an Werbekunden, die ihre Anzeigen dadurch an den
Aktivitäten, Suchbegriffen, Inhalten und Interessen der Google-
Nutzer ausrichten können. Google betreibt eine wirtschaftliche
Überwachung von Nutzerdaten und -aktivitäten, kommodifiziert
dadurch Nutzer, beutet sie grenzenlos aus und verkauft die von ihnen
generierten Daten als Internet-Prosumenten-Ware an Werbekunden,
um Profit zu erwirtschaften. Google ist die vollendete Maschine für
die wirtschaftliche Überwachung und Ausbeutung von Nutzern.
Sämtliche Nutzer und sämtliche ihrer Daten werden in den Dienst
der Profiterzeugung gestellt.

Netzinhalte sind für Google eine kostenlose Ressource: Sie werden
den Nutzern als Suchergebnisse angezeigt, dabei entstehen Daten
über Nutzerinteressen, die Google an Werbekunden verkauft. So
profitiert Google finanziell von der Ausweitung des Netzes und seiner nutzergenerierten Inhalte. Je mehr Webseiten und Inhalt es gibt,
umso mehr Webseiten und Inhalt kann Google auswerten, um Suchergebnisse anzubieten. Je zahlreicher und besser die Suchergebnisse
sind, umso wahrscheinlicher ist es, dass Nutzer Google verwenden
und ihnen Anzeigen präsentiert werden, die ihren Suchbegriffen
entsprechen und die sie möglicherweise anklicken.

Je mehr Nutzer Googles Dienste verzeichnen, umso mehr Daten können gespeichert und ausgewertet werden. Google verkauft mit Suchbegriffen verknüpfte Anzeigenplätze an Werbekunden, die dafür
Gebote abgeben (Google AdWords); das Mindestgebot bei den Auktionen legt Google fest. Häufiger angeklickte Anzeigen werden bei den
Suchergebnissen zumeist bevorzugt (Girard 2009, 31; der von Google

bei den Auktionen verwendete Algorithmus wird ausführlicher in Kapitel 5 des vorliegenden Buches beschrieben). Nutzer, die nach bestimmten Begriffen suchen, bekommen maßgeschneiderte Werbung präsentiert. Mit Google AdSense wiederum können Betreiber von Internetseiten Google-Anzeigen einbinden; die Werbeeinnahmen teilt Google mit ihnen, sodass sie für jeden Klick etwas Geld bekommen. Anzeigen werden auf bestimmte Nutzergruppen zugeschnitten. Um dies zu ermöglichen, sammelt Google viele Informationen über seine Nutzer – eine Form von Überwachung. Es ist wichtig, zu untersuchen, welche Art von Daten Google sammelt, verfolgt und kommodifiziert.

Google als Überwachungsmaschine und Kontrollapparat

Die Überwachung von Nutzerdaten, ein wesentlicher Teil der Operationen von Google, ist seiner politischen Ökonomie untergeordnet – als eine Form von wirtschaftlicher Überwachung dient sie dem Zweck der Kapitalakkumulation. 2013 enthüllte Edward Snowden die Existenz eines industriellen Internet-Überwachungskomplexes, in dem Großunternehmen wie Google und Facebook mit Geheimdiensten wie der National Security Agency (NSA) zusammenarbeiten. Snowdens Enthüllungen und ihre Implikationen werden eingehender in Kapitel 7 erörtert. Sie zeigen, dass wirtschaftliche und politische Überwachung eng verknüpft sind.

Google nutzt den leistungsstarken Suchalgorithmus PageRank, dessen Einzelheiten geheim gehalten werden. Seine Grundlage bilden kleine automatisierte Programme – sogenannte Webcrawler – die das Netz durchsuchen; der Algorithmus analysiert alle gefundenen Seiten, zählt die zu ihnen führenden Links, identifiziert Schlüsselbegriffe und bewertet die Wichtigkeit jeder Seite. Auf die Resultate kann mithilfe der nutzerfreundlichen Suchmaschine kostenlos zugegriffen werden. Google entwickelt ständig neue Dienste, die ebenfalls gratis sind. Der PageRank-Algorithmus durchsucht, bewertet und katalogisiert das Netz und stellt eine Form von Überwachung dar.

Die Google-Suche ist zu einer Art Kultur geworden; wer etwas herausfinden möchte, sagt heute ganz selbstverständlich: »Das muss ich mal googeln«, »Ich werde auf Google nachschauen«. Ihre politischen Effekte verdeutlichte Donald Trump, als er im November 2015 nach seinem Sieg bei den US-Präsidentschaftswahlen meinte: »Man ist immer am rennen, rennen, rennen [...]. Ich habe mir so oft vorgenommen, nach Obamacare zu googeln, aber ich bin einfach nie dazu gekommen.« Das Problem besteht darin, dass die Grundlage dieser Suchen ein geschützter Algorithmus im Eigentum von Google ist, dessen Quellcode nicht einsehbar ist und der nicht gemeinschaftlich entwickelt wurde. Er ist daher manipulierbar und bevorzugt generell Akteure, die große Sichtbarkeit im Netz genießen, gegenüber kulturell weniger mächtigen Akteuren. Dieses Prinzip der Privilegierung der kulturell Einflussreichen hat zur Folge, dass viele Nutzer etwas für nichtexistent halten, wenn es bei Google nicht auf der ersten oder zweiten Ergebnisseite angezeigt wird. Dadurch hat Google beträchtlichen Einfluss darauf gewonnen, was Nutzer für die Realität halten. Dass etwas nicht auf der ersten Ergebnisseite von Google steht, schließt jedoch nicht aus, dass es für viele Menschen bedeutend sein kann. Astrid Mager (2012, 2014) spricht mit Blick auf PageRank von einer algorithmischen Ideologie, die in den Suchmechanismus eingebaut sei und durch das Suchverhalten der Nutzer reproduziert werde.

Wie somit deutlich wird, ist Google nicht nur wirtschaftlich mächtig; seine wirtschaftliche Macht und Überwachungspraxis sind vielmehr mit politischer Überwachung und einer kulturellen Kontrolle von Realitätsdefinitionen verbunden. Google ist eine Überwachungsmaschine und ein Kontrollapparat.

6.3 Googologie: Google und Ideologie

Die Ideologie des Datenschutzes

Google ist ein im Handelsregister eingetragenes Unternehmen mit Sitz im kalifornischen Mountain View. Seine Datenschutzbestimmungen sind typischer Ausdruck einer Ideologie der Selbstregulierung, die Unternehmen weitgehende Freiheit beim Umgang mit Nutzerdaten gibt. Da sie freiwillig ist, praktizieren nur sehr wenige Unternehmen eine solche Selbstregulierung (Bennett und Raab 2006, 171): »Selbstregulierung wird immer mit dem Eindruck zu kämpfen haben, dass sie eher symbolisch als real ist, denn zuständig für ihre Implementierung sind genau die, die ein handfestes Interesse an der Verarbeitung persönlicher Daten haben.« Googles Nutzungsbedingungen und Datenschutzerklärung bilden das rechtliche Fundament für die wirtschaftliche Nutzerüberwachung.

Dass das Unternehmen persönliche Daten der Nutzer kommodifizieren darf, um diesen personalisierte Werbung zu präsentieren, wird in der Datenschutzerklärung klar festgehalten:

Wir nutzen die im Rahmen unserer Dienste erhobenen Daten zur Be-
reitstellung, zur Wartung, zum Schutz und zur Verbesserung unserer
Dienste, zur Entwicklung neuer Dienste sowie zum Schutz von
Google und unseren Nutzern. Wir verwenden diese Daten außerdem,
um Ihnen maßgeschneiderte Inhalte anzubieten – beispielsweise, um
Ihnen relevantere Suchergebnisse und Werbung zur Verfügung zu
stellen. (Datenschutzerklärung von Google, Version vom 18.12.2017)

Googles Datenschutz- und Nutzungsbedingungen erlauben eine um-
fassende wirtschaftliche Überwachung der Nutzer zum Zweck der
Kapitalakkumulation. So können Werbekunden mithilfe von Google
AdWords ihre Anzeigen nach einer ganzen Reihe von Merkmalen der
Nutzer schalten – etwa verwendete Suchbegriffe, Land, exakter
Standort und Entfernung von einem bestimmten Ort, Sprache, ver-
wendetes Gerät (PC, Laptop, verschiedene mobile Geräte), Mobil-
funkanbieter, Geschlecht und Alter.

Seit Februar 2016 bietet Google zwei Möglichkeiten an, maßgeschneiderte Werbung zu deaktivieren: bei der Google-Suche und auf
anderen Webseiten, die auf der Grundlage von Google Anzeigen
präsentieren (http://www.google.com/settings/ads). Entscheidend ist
aber, dass personalisierte Werbung die Voreinstellung ist und der
Nutzer selbst aktiv werden muss, um dies zu ändern. Und auch dann
wird er nicht von Online-Werbung schlechthin, sondern nur von
maßgeschneiderten Anzeigen verschont.

Komplexe Nutzungsbedingungen

Googles englischsprachige Datenschutzerklärung vom 20. Oktober
2011 war 10 917 Zeichen lang, die Version vom 27. Juli 2012 umfasste
bereits 14 218 Zeichen – ein Zuwachs von rund 30 Prozent. Die Version vom 19. August 2015 wuchs nochmals um 22 Prozent auf 17 380
Zeichen an. Die wesentlichen Datenschutzbestimmungen sind somit
komplexer geworden.

**Die Datenschutzrichtlinien sozialer Medien – eine Kommodi-
fizierung persönlicher Daten**

Google ist nicht das einzige Unternehmen im Bereich sozialer Medi-
en, das dank einer wirtschaftsfreundlichen neoliberalen Politik seine
Datenschutzpraxis selbst bestimmen darf und so die Kommodifizierung persönlicher Daten rechtlich absichert. Personalisierte Werbung
wird juristisch durch Datenschutzrichtlinien und Nutzungsbedingungen ermöglicht, die auf den Webseiten der Plattformen veröffent-

licht werden und denen Nutzer mit der Registrierung ihrer Profile zustimmen. Hier einige Beispiele:

- Aus der Datenschutzerklärung von Facebook: »Wir nutzen uns zur Verfügung stehende Informationen, um unsere Werbe- und Messsysteme zu verbessern, damit wir dir auf unseren Diensten und außerhalb dieser relevante Werbeanzeigen anzeigen und die Wirksamkeit und Reichweite von Werbeanzeigen und Diensten messen können.«[55]

- Aus der Twitter-Datenschutzrichtlinie: »Wir nutzen Informationen, die Sie uns zur Verfügung stellen, und Daten, die wir erhalten [...]. Dies hilft uns dabei, unsere Dienste besser für Sie zu gestalten und die Inhalte zu personalisieren, die wir Ihnen zeigen, einschließlich Anzeigen.«[56]

- Aus der Datenschutzrichtlinie der Foto-Sharing-Seite Pinterest: »Wir haben ein berechtigtes Interesse Werbung anzuzeigen, die für dich relevant, interessant und individualisiert ist. [...] Interessierst du dich auf Pinterest z. B. für Campingzelte, zeigen wir dir ggf. Werbung für andere Outdoor-Artikel.«[57]

- Aus der Datenschutzrichtlinie der Blog-Plattform Tumblr: »Wir nutzen Daten über Aktionen, welche den Diensten eigen sind, um die Dienste zu verbessern, neue Dienste zu entwickeln und speziell deine Erfahrung in Tumblr zu personalisieren. Zur Personalisierung mittels solcher Daten kann gehören, [...] dir Werbung zu zeigen, die höhere Relevanz für deine Interessen hat.«[58]

- WeChat[59] erklärt in seiner Datenschutzrichtlinie, Nutzerdaten würden mit Werbekunden geteilt, »damit wir Ihnen Werbung bereit-

---

[55] https://de-de.facebook.com/full_data_use_policy, abgerufen am 15.05.2018.

[56] https://twitter.com/privacy?lang=de, abgerufen am 15.05.2018.

[57] https://policy.pinterest.com/de/privacy-policy, abgerufen am 15.05.2018.

[58] https://www.tumblr.com/privacy/de, abgerufen am 15.05.2018.

[59] WeChat, ein 2011 gegründeter Chat-Dienst für Smartphones, gehört zur chinesischen Tencent Holdings Limited, die u.a. seit 1999 den Instant-Messenger QQ betreibt. Als eine der ersten chinesischen Apps für soziale und mobile Medien, die vollständig auf Englisch verfügbar ist, zielt WeChat auf die Kommodifizierung persönlicher Daten auf einem internationalen Markt von Nutzern.

stellen können, die für Sie relevanter ist. [...] Wir können Ihre Daten dazu verwenden, um Ihnen Direkt-Marketing-Kommunikation zu schicken (durch Mitteilungen innerhalb des Dienstes, per E-Mail oder durch andere Mittel), die Werbung für unsere Produkte und Dienste und/oder die Produkte und Dienste ausgewählter unabhängiger Parteien anbietet.«[60]

▪ Für die Foto-Sharing-Seite Flickr gelten die Bestimmungen des Dachkonzerns Yahoo!, in denen es heißt: »Indem Ihnen Inhalte und Werbeeinblendungen angezeigt werden, die auf Ihre Interessen zugeschnitten sind, bietet Yahoo Ihnen eine überzeugende Online-Erfahrung.«[61]

▪ In der Datenschutzerklärung des Instant-Messengers Snapchat wird erläutert: »Was machen wir mit den erfassten Daten? [...] Wir bieten dir viele wunderbare Produkte und Service [...], indem wir u. a. Freunde und Profilinfos vorschlagen oder die Inhalte anpassen, die dir angezeigt werden (auch Werbeanzeigen).«[62]

Dieser Überblick zeigt, dass viele soziale Medien recht ähnliche Datenschutzbestimmungen haben, die es ihnen erlauben, breitgefächerte Nutzerdaten für kommerzielle Zwecke zu verwenden und zu kommodifizieren. Dabei ähneln sich nicht nur ihre ökonomischen Ziele, sondern auch die ideologische Sprache, die personalisierte Werbung als vorteilhaft für Nutzer präsentiert – als Werbung, »die für dich relevant, interessant und individualisiert ist«. Wünschenswert soll dies sein, weil der Nutzer dadurch Informationen über Waren erhält, die ihn interessieren könnten und die er auch gleich kaufen kann. Diese Ideologie der »relevanten Anzeigen« verschleiert, dass Werbung auch Schattenseiten hat – etwa die Ausblendung negativer Eigenschaften und Folgen von Produkten, die Herabsetzung von Konkurrenzprodukten, die Förderung wirtschaftlicher Konzentrationsprozesse, die Manipulation von menschlichen Bedürfnissen und Wünschen, die statistische Einsortierung von Nutzern in verschiedene Verbrauchergruppen, bei der einkommensschwache und bestimmte ethnische Gruppen diskriminiert werden, die Verstärkung

---

60 https://www.wechat.com/de/privacy_policy.html, abgerufen am 15.05.2018.

61 https://policies.yahoo.com/ie/de/yahoo/privacy/index.htm?redirect=no, abgerufen am 15.05.2018.

62 https://www.snap.com/de-DE/privacy/privacy-policy/, abgerufen am 15.05.2018.

von beispielsweise rassistischen und sexistischen Stereotypen sowie das Ankurbeln eines Massenkonsums nicht-erneuerbarer Ressourcen, der Müll erzeugt und die ökologische Krise verschärft (einen Überblick bieten die Beiträge in Turow und McAllister 2009).

Eine bemerkenswerte Ausnahme war anfangs der Chat-Dienst WhatsApp. In seinen englischen Nutzungsbedingungen von 2012 hieß es: »Wir sind keine Anhänger von Werbung. WhatsApp ist gegenwärtig werbefrei und wir hoffen, dass dies immer so bleibt. Wir haben keine Absichten, Anzeigen in unser Produkt einzuführen, doch falls wir es einmal tun sollten, werden wir diesen Abschnitt aktualisieren.«[63] Und auf seinem Blog war zu lesen: »Heutzutage wissen Unternehmen buchstäblich alles über dich, deine Freunde, deine Interessen, und sie nutzen dies zum Verkauf von Anzeigen. [...] Bei Werbung solltest du nie vergessen, dass du, der Nutzer, das Produkt bist.«[64] Angesichts dieser Kritik an Werbung war es interessant, dass WhatsApp im Februar 2014 für 19 Milliarden Dollar an Facebook verkauft wurde[65] – denn im selben Jahr erzielte Facebook 92 Prozent seiner Einnahmen durch Werbung.[66] Im August 2016 änderte dann auch WhatsApp seine Nutzungsbedingungen und führte Anzeigen ein: »Als Teil der Facebook-Unternehmen erhält WhatsApp Informationen von den Facebook-Unternehmen und teilt auch Informationen mit diesen. Wir können mithilfe der von ihnen erhaltenen Informationen und sie können mithilfe der Informationen, die wir mit ihnen teilen, unsere Dienste bzw. ihre Angebote betreiben, bereitstellen, verbessern, verstehen, individualisieren, unterstützen und vermarkten.«[67] Auch das Versenden von Werbung an die Handys der Nutzer wurde nun möglich: »Wir können dir Marketing-Material für unsere Dienste und für die der Facebook-Unternehmen zur Verfügung stellen.«[68] Die Änderungen der Datenschutzrichtlinien von WhatsApp

---

[63] www.whatsapp.com/legal/, Version vom 07.07.2012, abgerufen am 03.11.2015.

[64] http://blog.whatsapp.com/index.php/2012/06/why-we-dont-sell-ads/, abgerufen am 15.05.2018.

[65] www.theguardian.com/technology/2014/feb/19/facebook-buys-whatsapp-16bn-deal, abgerufen am 15.05.2018.

[66] Facebook SEC Filings, Form 10-K für 2014.

[67] www.whatsapp.com/legal?eea=1#key-updates, abgerufen am 15.05.2018.

[68] Ebd.

zeigen, dass ein Unternehmen, das Teil eines kapitalistischen Konzerns wird, unter Druck steht, Strategien der Kommodifizierung und Kapitalakkumulation einzuführen. Im Falle von WhatsApp hatte dies den Abschied von dem moralischen Anspruch zur Folge, kein Anhänger von Werbung zu sein und daher auf sie zu verzichten.

6.4 Arbeiten bei Google

Spaß und gutes Essen?

Wie ist es, bei Google zu arbeiten? Spaß und Spiel, glaubt man der Beschreibung der Unternehmenskultur durch Google selbst. Auch das Essen sei hervorragend und kostenlos, interessante Menschen kämen zu Besuch:

> *Unsere Zentrale hat sich von ihren bescheidenen Anfängen in einer Garage in Menlo Park weit entfernt, aber unser innovativer Geist des Silicon Valley ist stärker denn je. [...] Extras wie Fitness- und Wellnessstudios verkörpern unsere Philosophie, dass es gut für uns alle ist, sich um das Wohl von Googlern zu kümmern. Entwickle deine Teamfähigkeiten in einem Kochkurs oder bei der gemeinsamen Kaffee-Verköstigung, fahr mit einem gBike zu einem unserer Cafés oder schwitz mal wieder in einem Sportkurs.*[69]

Die Realität: Lange Arbeitstage

Stimmt die Wirklichkeit mit Googles Versprechen überein? Ich habe diese Behauptungen empirisch überprüft.

Glassdoor ist eine Webseite »für Jobs und Recruiting« die »Millionen von Arbeitgeberbewertungen« umfasst, gestützt auf »Informationen von den Personen, die ein Unternehmen am besten kennen: den Mitarbeitern«.[70] Dabei geht es um Arbeitsbedingungen, Einstellungsgespräche und Gehälter. Ich habe Berichte über Jobs bei Google ausgewertet, deren Beschreibung den Suchbegriff »Software« enthielt. So fanden sich 307 Postings, die zwischen dem 5. Februar 2008 und dem 15. Dezember 2012 geschrieben wurden. Zusätzlich habe ich eine Diskussion auf der Social-News-Webseite Reddit (www.reddit.com) ausgewertet, in der Betroffene anonym über Arbeitsbedingun-

---

[69] www.google.co.uk/about/careers/locations/mountain-view/, abgerufen am 16.05.2018.

[70] www.glassdoor.de/about/index_input.htm, abgerufen am 16.05.2018.

gen bei Google berichten.[71] Eingegrenzt auf das Thema Arbeitszeit, blieben 75 Postings, 10 auf Reddit und 65 auf Glassdoor.

Glassdoor berechnet Durchschnittsgehälter für bestimmte Jobs. Am 17. Januar 2013 verdiente ein Programmierer bei Google in den USA demnach im Schnitt 112 915 Dollar im Jahr ($N = 2744$), ein höhergestellter Programmierer 144 692 Dollar ($N = 187$). Im November 2015 waren daraus 127 227 Dollar ($N = 4879$) und 162 171 Dollar ($N = 435$) geworden.[72] Da ein Anwendungs-Programmierer in Kalifornien 2012 durchschnittlich 105 806 und 2015 121 646 Dollar verdiente[73], scheint Google überdurchschnittliche Gehälter zu zahlen.

Viele Postings, in denen es nicht um Arbeitszeiten, sondern um Aspekte wie kostenloses Essen ging, mussten aus der Untersuchung ausgeschlossen werden. Von den verbleibenden Beiträgen erwähnten 18 positive Aspekte der Arbeitszeiten bei Google: In 14 (78 Prozent) wurde die Flexibilität geschätzt, eine Minderheit berichtete von einer guten Work-Life-Balance (3 = 17 Prozent) oder einem geregelten 8-Stunden-Tag (1 = 5 Prozent). 58 Beiträge fielen dagegen negativ aus, wobei es ausnahmslos um lange Arbeitstage und eine schlechte Work-Life-Balance ging.

Dabei ergibt sich das Bild von Google-Angestellten, die ausgedehnte Arbeitszeiten kennen und das Gefühl haben, dass die angenehme Umgebung – kostenloses Essen, Sporteinrichtungen, Restaurants, Cafés, Events, Vorträge über Technik und dergleichen – sie vor allem dazu bewegen soll, länger zu bleiben. Der lange Arbeitstag wird nicht formell vom Management diktiert, sondern ist in die Unternehmenskultur eingebaut, nicht zuletzt durch Konkurrenzdruck unter den Angestellten. Die meisten haben nicht genug Zeit, um wie von Google versprochen 20 Prozent ihrer Arbeit auf eigene Projekte zu verwenden; dies findet allenfalls zusätzlich zu mehr als 100 Prozent Arbeitszeit statt. Indirekt gibt Google dies in der Beschreibung seiner Unternehmenskultur selbst zu: »Trotz seiner Größe und Expansion hat sich Google eine Start-up-Kultur bewahrt. Google ist kein gewöhnliches Unternehmen, unser Arbeitstag entspricht nicht den üblichen acht Stunden von 9 bis 17 Uhr.«[74]

---

[71] www.reddit.com/r/AskReddit/comments/clz1m/google_employees_on _reddit_fire_up_your_throw away, abgerufen am 16.05.2018.

[72] www.glassdoor.com, abgerufen am 04.11.2015.

[73] So die offiziellen Angaben der kalifornischen Behörden: www.edd.ca.gov.

[74] So hieß es im März 2013 auf der Webseite von Google, der Beitrag existiert inzwischen nicht mehr.

2015 habe ich meine Analyse aktualisiert, indem ich auf Glassdoor erneut nach Berichten von Google-Programmierern gesucht habe. Ausgewertet wurden Beiträge von Anfang 2013 bis November 2015. Die Ergebnisse waren ganz ähnlich wie 2012 – positive Äußerungen gab es diesmal gar keine, stattdessen werteten alle Beiträge die langen Arbeitstage und die schlechte Work-Life-Balance als klare Nachteile. Hier einige Beispiele:

- »Work/Life-Balance. Welche ›Balance‹? Die ganzen Sonderzulagen sind eine Illusion. Sie sollen einen bei der Arbeit halten und produktiver machen. Ich habe bei Google nie jemanden getroffen, der sich am Wochenende oder für Urlaub tatsächlich frei nimmt. Das Management sagt einem vielleicht nicht ausdrücklich, dass man auf Wochenenden und Urlaub verzichten muss, aber sie geben diese Kultur vor, indem sie es selbst tun – und das färbt zwangsläufig ab.«

- »Nachteile: Lange Arbeitstage und eine mitunter schwierige Work-Life-Balance.«

- »Vorteile: Super Essen, gutes Gehalt, tolle Kollegen. Nachteile: Die langen Arbeitstage sind manchmal hart.«

- »Nachteile: Es ist schwierig, ein Leben jenseits der Arbeit zu haben – das gesamte Ökosystem ist so angelegt, dass es angenehmer und fesselnder ist als Zuhause! Die Säuberung von ›kleinen, weniger interessanten Projekten‹ scheint vorbei zu sein, jetzt lässt man die Leute vielleicht wieder während 20 Prozent der Zeit mit ihren Ideen experimentieren?«

- »Du wirst lange Arbeitstage haben – in der Regel bis 19 Uhr.«

- »Erwarte nicht, dass du ein nennenswertes Leben außerhalb des Unternehmens hast.«

- »Nachteile: Ein sich ständig änderndes, schnelles, leistungsorientiertes Umfeld. Könnte für Leute, die ihre Work-Life-Balance nicht gut hinbekommen, eine harte Probe sein.«

- »Fast Null Work-Life-Balance.«

- »Ich würde sagen, der Hauptnachteil sind die langen Arbeitszeiten. Das könnte daran liegen, dass das Umfeld stark von Konkurrenz geprägt ist.«

- »Zu viel Arbeitszeit.«

- »Du muss dich darauf einstellen, manchmal kaum ein Leben zuhause zu haben – wenn du es aushältst, wird erwartet, dass du die ganze Zeit da bist.«

▓ »Zum einen sind da die Deadlines – es ist enorm stressig, die ein-
zuhalten. Zum anderen ist die Arbeitszeit immens.«

▓ »Ziemlich oft musst du Überstunden machen.«

▓ »Lange Tage, harte Deadlines.«

Von 2012 bis 2015 hat sich bei Google nichts geändert: Den Angestellten gefällt es, bei einem renommierten Unternehmen zu arbeiten,
sie finden ihre Aufgaben zumeist interessant und genießen Zulagen
wie das kostenlose Essen, doch gleichzeitig klagen sie über lange
Arbeitstage, Überstunden und mangelnde Work-Life-Balance. Bei
Google arbeiten heißt bei Google leben: Google ist dein Job, deine
Freizeit, dein Leben.

**Lange Arbeitstage? Kein Problem, schlaf einfach unter deinem
Schreibtisch, so wie die ehemalige Google-Vizechefin ...**

Wozu können lange Arbeitstage führen? Dazu, dass Angestellte
zwecks Leistungsmaximierung unter ihrem Schreibtisch schlafen. Die
ehemalige Google-Vizechefin Marissa Mayer berichtet, sie habe 130
Stunden die Woche gearbeitet: »Manche sagen: ›Die Woche hat doch
nur 168 Stunden, wie ist das möglich?‹ Nun, wenn man strategisch
überlegt, wann man duscht und unter seinem Schreibtisch schläft,
dann geht das.«[75] Ein solches Verhalten führt letztlich dazu, dass es
kein Leben außerhalb von Google mehr gibt – das Leben wird Google
und dadurch eindimensional.

Einerseits haben Google-Angestellte lange Arbeitstage und leisten
viele Überstunden, andererseits sind die Arbeitszeiten völlig flexibel
und hat das Management kein Problem damit, wenn jemand nicht
von 9 bis 17 Uhr im Büro ist. Charakteristisch für Google ist eine
Managementstrategie, die auf sanfte und soziale Formen von Zwang
setzt: Es gibt keine vertraglich geregelte Pflicht, Überstunden zu
machen, doch die Unternehmenskultur beruht auf Projektarbeit,
sozialem Druck unter Kollegen, Konkurrenz, Identifikation mit dem
Job, einer Kultur von Spaß und Spiel, Beförderung nach Leistung,
Anreizen dafür, am Arbeitsplatz zu bleiben (Sport, Restaurants, Cafés,
Massagen, soziale Events, Vorträge etc.), und einer Verwischung der
Grenzen zwischen Arbeit und Spiel. Im Ergebnis arbeiten die Angestellten viel, leidet die Work-Life-Balance und wird Google tendenziell gleichbedeutend mit dem gesamten Leben: Lebenszeit wird zu

---

[75] http://www.businessinsider.com/marissa-mayer-says-she-doesnt-
believe-in-burnout-2012-3?IR=T, abgerufen am 17.05.2018.

Arbeitszeit, zu Zeit, in der für Google Wert geschaffen wird. Google ist ein prototypisches Beispiel für die Verwirklichung dessen, was Luc Boltanski und Ève Chiapello (2003) den »neuen Geist des Kapitalismus« nennen[76] – die antiautoritären Werte der politischen Revolte von 1968 und der danach entstehenden Neuen Linken, etwa Autonomie, Spiel, Freiheit, Spontaneität, Mobilität, Kreativität, Netzwerke, Visionen, Offenheit, Vielfalt, Informalität, Authentizität und Emanzipation, werden unter die Logik des Kapitals subsumiert.

Im frühen Kapitalismus, den Marx im ersten Band des *Kapital* (1867) beschreibt, wurde die Verlängerung des Arbeitstages mittels Kontrolle, Überwachung, Disziplinarmaßnahmen und Legitimation durch staatliche Gesetze erreicht (ausführlicher zu Marx' Analyse des Arbeitstages im Kapitalismus und Kämpfen um seine Verkürzung: Fuchs 2016b, Kapitel 10). Der Preis dafür war eine Zunahme von Klassenkämpfen für Arbeitszeitverkürzung. Auch Google setzt vor allem auf absolute Mehrwertproduktion, also die Verlängerung des Arbeitstages, verfolgt dabei aber einen anderen Ansatz: Der Zwang ist ein ideologischer und sozialer, eingebaut in die Unternehmenskultur von Spaß, spielerischer Arbeit (*playbour*), Dienstleistungen für die Angestellten und Gruppendruck. Das Ergebnis ist, dass die durchschnittliche Gesamtarbeitszeit und die unbezahlten Stunden pro Mitarbeiter zunehmen. Marx beschrieb diesen Fall als eine spezifische Methode der absoluten und relativen Mehrwertproduktion, bei der die Produktivität und Intensität der Arbeit konstant bleiben, während die Länge des Arbeitstages variiert: Wird der Arbeitstag länger, während der Wert der Arbeitskraft – ausgedrückt im Lohn – gleichbleibt, dann »wächst mit der absoluten die relative Größe des Mehrwerts. Obgleich die Wertgröße der Arbeitskraft absolut unverändert bleibt, fällt sie relativ. [...] Hier [...] ist der relative Größenwechsel im Wert der Arbeitskraft das Resultat eines absoluten Größenwechsels des Mehrwerts.« (Marx 1867, 549). Was Marx hier erklärt, ist ein relatives Sinken der Löhne durch unbezahlte Überstunden, in denen die Arbeiter zusätzlichen Mehrwert und Profit erzeugen. Dies lässt sich am Fall von Google illustrieren: 12 der ausgewerteten Postings erwähnten wöchentliche Arbeitszeiten, die demnach im Durchschnitt bei 62 Stunden lagen.[77]

---

[76] Eine Anwendung dieses Gedankens auf die Kritik von Internet-Ideologien bietet Fisher 2010a, 2010b.

[77] Gab ein Mitarbeiter beispielsweise an, er arbeite 55 bis 70 Stunden pro Woche, wurde dies als durchschnittlich 62,5 Stunden gewertet.

Das ist zwar nur ein Anhaltspunkt, scheint aber stichhaltig zu sein, bedenkt man, in wie vielen Postings lange Arbeitstage als Norm bei Google beschrieben werden. Der Fair US Labor Standards Act (Section 13 (a) 17) erlaubt bei Systemanalysten, Programmierern und ähnlichen Arbeitern unbezahlte Überstunden, sofern sie mindestens 27,63 Dollar die Stunde verdienen.

Geht man davon aus, dass Programmierer bei Google durchschnittlich 22 Überstunden die Woche leisten, dann steht ihr Jahresgehalt von 127 227 Dollar somit für 155 Prozent einer vollen Stelle – 55 Prozent ihrer Arbeitszeit sind unbezahlte Überstunden. In diesen 22 Stunden pro Woche erzeugen die Mitarbeiter Mehrwert und Profit für Google. Bei 47 Arbeitswochen im Jahr verlängert sich ihre Arbeitszeit um 1 034 Stunden.

6.5 Gott und Teufel in einem Unternehmen

Während populärwissenschaftliche Darstellungen Google häufig feiern, weisen viele sozialwissenschaftliche Analysen auf die Gefahren hin, die von dem Unternehmen ausgehen. Man sollte über einseitige Bewertungen hinausgehen und dialektisch denken: Google ist zugleich das Beste und das Schlimmste, was dem Internet je widerfahren ist, böse wie die Figur des Teufels und gut wie die Gottes – das dialektische gute Böse. Seine Dienste zählen zu den besten Praktiken im Internet, weil sie das alltägliche Leben von Menschen verbessern und erleichtern; sie helfen ihnen dabei, Informationen zu finden und zu organisieren, Zugang zu öffentlichen Informationen zu bekommen und mit anderen zu kommunizieren und kooperieren. Google hat das Potenzial, Kognition, Kommunikation und Kooperation von Menschen stark zu fördern. Es ist ein Ausdruck der produktiven und vergesellschaftenden Kräfte des Internets. Das Problem sind nicht die von Google bereitgestellten Technologien, sondern die kapitalistischen Produktionsverhältnisse, die sie strukturieren und prägen. Das Problem ist, dass Google bei der Bereitstellung seiner Dienste zwangsläufig die Nutzer ausbeuten und ihre Daten überwachen und kommodifizieren muss.

Marx und der Widerspruch zwischen Produktivkräften und Produktionsverhältnissen

Marx sprach von einem Widerspruch zwischen Produktivkräften und Produktionsverhältnissen: »Auf einer gewissen Stufe ihrer Entwicklung geraten die materiellen Produktivkräfte der Gesellschaft in Widerspruch mit den vorhandenen Produktionsverhältnissen [...] Aus Entwicklungsformen der Produktivkräfte schlagen diese Verhältnisse in Fesseln derselben um. Es tritt dann eine Epoche sozialer Revolution ein.« (Marx 1859, 9).

In der Entwicklung der Produktivkräfte tritt eine Stufe ein, auf welcher Produktionskräfte und Verkehrsmittel hervorgerufen werden, welche unter den bestehenden Verhältnissen nur Unheil anrichten, welche keine Produktionskräfte mehr sind, sondern Destruktionskräfte (Maschinerie und Geld) – und was damit zusammenhängt, daß eine Klasse hervorgerufen wird, welche alle Lasten der Gesellschaft zu tragen hat, ohne ihre Vorteile zu genießen; welche aus der Gesellschaft herausgedrängt, in den entschiedensten Gegensatz zu allen andern Klassen forciert wird eine Klasse, die die Majorität aller Gesellschaftsmitglieder (Marx und Engels 1846, 69).

Die Google umfassenden Klassenverhältnisse, in denen das Unternehmen alle eigenen und sonstigen Internetnutzer ausbeutet und gegen ihr Recht auf Datenschutz verstößt, sind Destruktivkräfte – destruktiv gegenüber der Privatsphäre von Verbrauchern und dem Interesse von Menschen, Schutz vor Ausbeutung zu genießen.

Google im und jenseits des Kapitalismus

Googles kognitive, kommunikative und kooperative Potenziale weisen über den Kapitalismus hinaus. Die gesellschaftliche und kooperative Dimension kapitalistischer sozialer Medien verweist auf »Elemente der neuen Gesellschaft [...], die sich im Schoß der zusammenbrechenden Bourgeoisgesellschaft entwickelt haben.« (Marx 1871, 343); auf neue Verhältnisse, die »im Schoß der alten Gesellschaft selbst« heranreifen (Marx 1859, 9); es »regen sich Kräfte und Leidenschaften im Gesellschaftsschoße, welche sich von ihr gefesselt fühlen« (Marx 1867, 789).

Google ist ein Hexenmeister des Kapitalismus; es beschwört Kräfte herauf, die ihn infrage stellen: »Die bürgerlichen Produktions- und Verkehrsverhältnisse, die bürgerlichen Eigentumsverhältnisse, die moderne bürgerliche Gesellschaft, die so gewaltige Produktions- und Verkehrsmittel hervorgezaubert hat, gleicht dem Hexenmeister, der die unterirdischen Gewalten nicht mehr zu beherrschen vermag, die er heraufbeschwor« (Marx und Engels 1848, 11).

Auf der Ebene der technischen Produktivkräfte sehen wir, wie Google ihre Vergesellschaftung, ihren kooperativen und gemeinschaftlichen Charakter fördert: Google-Tools sind kostenlos verfügbar; Google Documents erlaubt die kooperative Erstellung von Do-

kumenten, G+, GMail und Blogger ermöglichen soziale Netzwerke
und Kommunikation, YouTube das Teilen von Videos, Google Scholar
und Google Books besseren Zugang zum weltweiten akademischen
Wissen etc. All dies sind Anwendungen, die Menschen erheblich zugutekommen können. Doch auf der Ebene der Produktionsverhältnisse ist Google eine profitorientierte, werbefinanzierte Gelddruckma-
schine, die Nutzer und ihre Daten in eine Ware verwandelt. Das
Ergebnis sind eine umfassende Überwachung und die Aushöhlung der
Privatsphäre, die eigentlich ein Wert der liberalen Demokratie ist.
Liberal-demokratische Werte erzeugen so ihre eigenen Grenzen und
immanente Kritik. Während Google und andere Web-2.0-Plattformen
auf der Ebene der Produktivkräfte somit ein auf Gemeingütern beruhendes öffentliches Internet zum Vorteil aller antizipieren, ermöglichen sie eine Form von Freiheit (kostenfreien Zugang zu Diensten),
die über Online-Überwachung und Kommodifizierung von Nutzern
funktioniert und die Privatsphäre der Verbraucher bedroht. Google ist
ein prototypisches Beispiel für die Widersprüche zwischen vernetzten
Produktivkräften und kapitalistischen Produktionsverhältnissen in der
Informationsökonomie (Fuchs 2008a).

»Die bürgerlichen Verhältnisse sind zu eng geworden, um den von
ihnen erzeugten Reichtum zu fassen« (Marx und Engels 1848, 15).
Googles Klassencharakter beschränkt seine Potenziale, die das
menschliche Leben verbessern könnten. Innerhalb des Kapitalismus
können sie nicht verwirklicht werden. Die kritische Diskussion, die
in Google einen Fortschritt der Überwachungsgesellschaft erkennt,
verweist auf seine immanente Schranke als kapitalistisches Unternehmen.

Google stellt eine widersprüchliche Weise der Organisation menschlichen Wissens dar. Marx zufolge sind Wissen und andere Produktivkräfte Schranken für das Kapital:

Die Schranke des Kapitals ist, daß diese ganze Entwicklung gegensätz-
lich vor sich geht und das Herausarbeiten der Produktivkräfte, des
allgemeinen Reichtums etc., Wissens etc. so erscheint daß [...] [d]iese
gegensätzliche Form [...] verschwindend [ist] und die realen Bedingungen ihrer eignen Aufhebung [produziert]. (Marx 1857, 447).

Google hat die reale Voraussetzung für seine eigene Aufhebung geschaffen. Es wäre ein Fehler, seine Auflösung oder Alternativen zu
Google zu fordern oder seine Dienste als Gefahr für die Menschheit
zu brandmarken. Vielmehr würde Google seines widersprüchlichen
Charakters entkleidet, wenn es enteignet und in eine öffentliche,
nicht am Profit orientierte, nichtkommerzielle Organisation verwan-

delt würde, die als ein Gemeingut dient. Solche auf andere Zwecke umgepolten Technologien müssten auch anders gestaltet werden, um die Logik von Individualismus, Konkurrenz, Ranking und Macht, die heute in ihnen steckt, zu überwinden und stattdessen die Logik des Gemeingutes voll zu entfalten. Googles Suchalgorithmus müsste quelloffen werden, das Prinzip der Privilegierung mächtiger Akteure wäre zu ändern, das Kaufen von Aufmerksamkeit durch maßgeschneiderte Anzeigen abzuschaffen und eine andere Darstellung von Suchergebnissen zu entwickeln, die nicht nur die ersten zehn Treffer ins Blickfeld rückt. Google betreibt eine ununterbrochene Expropriation und Ausbeutung von Internetnutzern, indem es die von ihnen geschaffenen Inhalte und Daten kommodifiziert.

Die beste Lösung wäre die Expropriation des Exropriateurs Google – seine Verwandlung in eine öffentliche Suchmaschine. Google steht zugleich für universelle und partikulare Interessen im Internet, für die Idee eines Internets, das den Menschen zugutekommt, und der Realität ihrer vollständigen Ausbeutung für Geschäftszwecke. Google ist der universelle Ausbeuter und hat zugleich Technologien hervorgebracht, die eine universelle Menschheit fördern können, sofern die Menschen im Zuge einer universellen Enteignung als ein universelles Subjekt handeln, das sich selbst und diese Technologien von ausbeuterischen Klassenverhältnissen befreit.

6.6 Google und der Staat: Monopolmacht und Steuervermeidung

Die Konzentration der Suchmaschinen

Tabelle 6.4 zeigt die geschätzten Anteile verschiedener Suchmaschinen an den weltweit durchgeführten Suchanfragen.

Der Herfindahl-Hirschman-Index (HHI) ist eine mathematische Formel zur Berechnung des Konzentrationsgrads eines Marktes. Sie lautet (Noam 2009, 47):

$$HHI_j = \sum_{i=1}^{f} S_{ij}{}^2$$

N = Zahl der Unternehmen in einer Branche j,
Aij = Marktanteil jeder Firma an der Branche j.
HHI < 1 000: geringe Marktkonzentration
1 000 < HHI < 1 800: mäßig konzentrierter Markt
HHI > 1 800: hochgradig konzentrierter Markt

Suchmaschine	Anteile	Quadrierter Anteil
Google	69,24%	4794,18
Bing	12,26%	150,31
Yahoo!	9,19%	84,46
Baidu	6,48%	41,99
AOL	1,11%	1,23
Ask	0,24%	0,06
Other	1,48%	
HHI:		> 5072,22

Datenquelle: www.netmarketshare.com/search-engine-market-share.aspx?qprid=4&qpcustomd=0, abgerufen am 20.05.2018.

Tabelle 6.4: Anteil von Suchmaschinen an den im Oktober 2015 weltweit durchgeführten Suchanfragen

Um den HHI zu berechnen, quadriert man den Absatz jedes Unternehmens und addiert dann alle quadrierten Werte. Tut man dies ausgehend von den Werten in Tabelle 6.4 für den weltweiten Markt der Suchmaschinen, ergibt sich ein HHI über 5 072, ein Anzeichen für einen extrem hohen Konzentrationsgrad.

Monopolmacht

Die Europäische Union definiert einen Markt als konzentriert, wenn ein Teilnehmer über eine signifikante Marktmacht von 40 Prozent oder mehr verfügt. Angesichts eines Marktanteils von fast 70 Prozent im Jahr 2015 überrascht es nicht, dass Google ins Visier der Kartellbehörden geraten ist. Nachdem 2012 die US-Handelsaufsicht ein kartellrechtliches Vorgehen gegen das Unternehmen prüfte, die Ermittlungen dann aber einstellte, wurde im Frühjahr 2015 die EU tätig. Ihr zufolge manipuliert Google Suchergebnisse zugunsten seiner eigenen Shopping-Dienste.

Der Vorstandschef der News Corporation, Robert Thomson, schrieb in einem Brief an die EU über Google:

Das Unternehmen hat sich von einem wundervoll lebendigen, kreativen Silicon-Valley-Start-up in eine riesige, machtvolle, oftmals unverantwortliche Bürokratie verwandelt. [...] Darin drückt sich die exponentielle Veränderung von einem offenen Unternehmen zu einem

aus, das selektiv geschlossen und dazu bereit ist, seine Marktstellung zur Behinderung von Wettbewerb auszunutzen.[78]

Die News Corporation ist der Zeitungsarm von Rupert Murdochs Imperium. Wie viele Zeitungsverlage ist sie von der Branchenkrise und der Verschiebung Print- zu Online-Werbung betroffen. Das ist auch einer der Gründe, weswegen sie 2013 in zwei Unternehmen aufgespalten wurde: Bei der News Corporation verblieb das Zeitungsgeschäft, während die profitablere 21st Century Fox für Film und Fernsehen zuständig ist. Die News Corporation verkauft Zeitungen, Magazine und Zugang zu Online-Zeitungen; sie gehört zu einer Branche, die Inhalte als Ware auf dem Markt anbietet. Google hingegen gehört zu einer Branche, die offenen Zugang zu Inhalten anbietet, aber personalisierte Werbung oder andere Mechanismen zur Kapitalakkumulation nutzt. Dass die News Corporation kartellrechtliche Maßnahmen gegen Google unterstützt, zeugt von der Konkurrenz und einem Widerspruch zwischen den beiden Branchen. Großunternehmen in ihnen, die zu einer hohen Konzentration neigen, sehen die Profite ihrer Konkurrenten meist als Gefahr für die eigene Profitabilität. Bei dieser Rivalität geht es um Marktbeherrschung: Das eine kapitalistische Medienunternehmen neidet einem anderen Monopolisten seine Macht und wäre gerne selbst an dessen Stelle. Eine solche Logik stellt die Logik kapitalistischer Medienmärkte nicht infrage. Beide Branchen – die Anbieter von Inhalten wie die von offenem Zugang – beruhen auf der Logik von Kommodifizierung und Kapitalakkumulation, die der Öffentlichkeit als solche schadet.

Google hat das Kartellverfahren der EU juristisch infrage gestellt. Unter anderem argumentierte das Unternehmen, es könne seine Nutzer nicht übervorteilen und seine Marktdominanz missbrauchen, weil es in keiner Geschäftsbeziehung zu ihnen stehe. »Die Einwände [der EU] berücksichtigen nicht hinreichend, dass die Suche kostenlos angeboten wird. [...] Wie das Fallrecht bestätigt, setzt der Befund des Missbrauchs einer dominanten Stellung eine Geschäftsbeziehung voraus. Eine solche existiert zwischen Google und seinen Nutzern nicht.«[79] Problematisch an dieser Argumentation ist, dass die Nutzer in Wirklichkeit auf komplexe Weise in Googles Marktbeziehungen eingebunden werden: Google nimmt ihr Such- und Online-Verhalten ins Visier und beutet sie so aus. Wenn es stimmt, dass das Unterneh-

---

[78] News Corp. and Google in a war of words. *New York Times Online*, 18.09.2014.

[79] Google says EU antitrust charges don't take into account that search is free. *The Verge*, 04.11.2015.

men Suchergebnisse zugunsten eigener Shopping-Angebote manipuliert, dann beutet es die Nutzer nicht nur aus, sondern versucht es sie auch auf bestimmte eigene Seiten zu lotsen, um zusätzlichen Profit zu erzielen. Dies wäre eine Doppelstrategie: Google will die Aufmerksamkeit der Nutzer auf bestimmte personalisierte Anzeigen lenken und zudem sicherstellen, dass sie bei der Suche nach bestimmten Produkten direkt zu den eigenen Online-Shops gelangen.

Ermittlungen wegen Googles Steuervermeidung

Googles Europazentrale befindet sich in Irland, von hier aus verwaltet es seine europäischen Einnahmen. Die Gewinne werden in die Niederlande und von dort auf die Bermudas transferiert, wo Google keine Unternehmenssteuern zahlen muss. Diese Strategie zur Steuervermeidung ist als »Double Irish« bekannt.

Ende 2012 mussten sich Unternehmen wie Google, Amazon und Starbucks vor dem Rechnungsprüfungsausschuss des britischen Unterhauses wegen des Vorwurfs der Steuervermeidung verantworten.[80] Amazon hat 15 000 Beschäftigte in Großbritannien, seine Zentrale befindet sich jedoch in Luxemburg, wo es nur 500 Mitarbeiter hat.[81] 2011 nahm Amazon in Großbritannien 3,3 Milliarden Pfund ein, zahlte aber nur 1,8 Millionen Pfund Unternehmenssteuern (0,05 Prozent).[82] Facebook zahlte 2011 238 000 Pfund für Einnahmen von 175 Millionen Pfund (0,1 Prozent) an den britischen Staat.[83]

---

[80] Starbucks, Google and Amazon grilled over tax avoidance. *BBC Online*. 12.11.2012. www.bbc.co.uk/news/business-20288077, abgerufen am 20.05.2018.

[81] Ebd.

[82] Amazon: £7bn sales, no UK corporation tax. *Guardian* online. 04.04.2012. www.guardian.co.uk/technology/2012/apr/04/amazon-british-operation-corporation-tax, abgerufen am 20.05.2018. Google, Amazon, Starbucks: The rise of »tax sharing«. *BBC Online*. 04.12.2012. www.bbc.co.uk/news/magazine-20560359, abgerufen am 20.05.2018.

[83] Should we boycott the tax-avoiding companies? *Guardian* online. Shortcuts Blog. 17.10.2012. www.guardian.co.uk/business/shortcuts/2012/oct/17/boycotting-tax-avoiding-companies, abgerufen am 20.05.2018.

Google hat seinen Sitz in Dublin, beschäftigt aber rund 700 Menschen in Großbritannien.[84] Der für Großbritannien und Irland zuständige Manager Matt Brittin gab zu, Grund für diese Standortwahl sei der niedrige irische Unternehmenssteuersatz von 12,5 Prozent[85] – die Briten verlangten 2011 dagegen 26 Prozent.[86] Google nahm 2011 in Großbritannien 395 Millionen Pfund ein, zahlte aber nur 6 Millionen Pfund Steuern (1,5 Prozent).[87] Während große Medienunternehmen nur sehr wenig Steuern zahlen, kürzen Regierungen unter Verweis auf die angespannte Haushaltslage Sozialleistungen und treffen damit die ärmsten Teile der Gesellschaft.

2013 erzielte Google UK einen Umsatz von 642,4 Millionen Pfund. Laut seinem Geschäftsbericht für 2013[88] lagen die Verwaltungsausgaben bei 569,9 Millionen, der Vorsteuergewinn bei 70,8 Millionen, die abgeführte Unternehmenssteuer bei 21,6 Millionen und der Profit nach Steuern folglich bei 49,2 Millionen Pfund. Der Steuerbetrag entsprach 30,5 Prozent der ausgewiesenen Gewinne, aber nur 3,4 Prozent des Umsatzes. Als Grund dafür nennt das Unternehmen Werbeausgaben von 137 Millionen und Ausschüttungen von 67,5 Millionen Pfund an die Mitarbeiter. Bei 1 835 Beschäftigten entspricht dies einem durchschnittlichen Bonus von 37 000 Pfund pro Kopf. In den 18 Monaten vor dem 30. Juni 2015 hatte Google Einnahmen von 1,2 Milliarden Pfund. Laut dem Geschäftsbericht für 2015 betrugen die Verwaltungskosten 1 Milliarde, der Gewinn nur 106 Millionen Pfund.[89] Für den genannten Zeitraum zahlte Google 14,1 Millionen Pfund, 1,2 Prozent seines Umsatzes. Zu den Verwaltungsgebühren

---

[84] Google and auditor recalled by MPs to answer tax questions. *Guardian* online. 01.05.2013. www.guardian.co.uk/technology/2013/may/01/google-parliament-tax-questions, abgerufen am 20.05.2018.

[85] Starbucks, Google and Amazon grilled over tax avoidance. *BBC Online.* 12.11.2012. www.bbc.co.uk/news/business-20288077, abgerufen am 20.05.2018.

[86] Der britische Unternehmenssteuersatz für Gewinne über 1,5 Millionen Pfund wurde sukzessive gesenkt von 28 Prozent (2010) auf 26 Prozent (2011), 24 Prozent (2012), 23 Prozent (2013), 21 Prozent (2014) und schließlich 20 Prozent (2015).

[87] www.bbc.co.uk/news/business-20288077, abgerufen am 20.05.2018.

[88] Google UK Limited: Annual Report and Financial Statements. 31.12.2013. Unter https://companycheck.co.uk, abgerufen am 27.09.2016.

[89] Google UK Limited: Report and Financial Statements. Period ended 30 June 2015. Unter https://companieshouse.gov.uk, abgerufen am 27.09.2016.

zählen auch Honorare, die Google zahlt, um der Besteuerung in Großbritannien zu entfliehen.

Facebook UK Limited beziffert in seinem Jahresbericht für 2014[90] seinen Umsatz auf 105 Millionen, die Vertriebskosten auf 1,9 Millionen und die Verwaltungsausgaben auf 131,6 Millionen Pfund; bei einem Verlust von 28,5 Millionen waren Unternehmenssteuern von 4 327 Pfund fällig. An seine 362 Beschäftigten zahlte Facebook laut dem Bericht 35,4 Millionen an Beteiligungen aus, durchschnittlich also rund 98 000 Pfund pro Kopf. Diese Zahlen zeigen, dass die Abzüge für Boni und »Verwaltungsausgaben« bei Unternehmen wie Google und Facebook hoch geblieben sind.

»Die Bermudas sind ein Umfeld mit niedrigen Steuersätzen...«

In einem Bericht von 2013 untersuchte der britische Rechnungsprüfungsausschuss das Thema Steuervermeidung transnationaler Konzerne und benannte dabei deutlich die Ursachen:

> Google erzielte von 2006 bis 2011 rund 18 Milliarden Dollar Einnahmen in Großbritannien. Angaben über den verbliebenen Gewinn sind nicht verfügbar, doch das Unternehmen zahlte umgerechnet nur 16 Millionen Dollar Umsatzsteuer im Land. Google verteidigt sein Steuermodell mit der Behauptung, der Verkauf von Anzeigen an britische Kunden finde in Irland statt – ein unseres Erachtens vollkommen unplausibles Argument, da die Rechnungen zwar aus Irland kommen, der Umsatz aber weitgehend von Mitarbeitern in Großbritannien erzielt wird. Für uns steht außer Frage, dass der Vertrieb an britische Kunden primär Zweck, Verantwortung und Ergebnis des britischen Zweigs ist und die Abwicklung über Irland ausschließlich zum Ziel hat, die britische Unternehmenssteuer zu umgehen. (House of Commons Committee of Public Accounts 2013a, 5)

In einer Anhörung vor dem Ausschuss gab Google-Manager Brittin zu, dass diese Struktur der Senkung der Steuerlast dient. Am 16. Mai 2013 erklärte er dort: »Wir haben in der letzten Anhörung über die Bermudas gesprochen und ich habe bestätigt, dass wir sie nutzen. Natürlich sind die Bermudas ein Umfeld mit niedrigen Steuersät-

---

[90] Facebook: Annual Report and Financial Statements for the Year Ended 31 December 2014. Unter https://companycheck.co.uk, abgerufen am 27.09.2016.

zen.«[91] Auf den geringen Steuerbeitrag in Großbritannien angesprochen, meinte Google-Chef Eric Schmidt, dass die »Menschen, die wir in Großbritannien beschäftigen, zweifellos britische Steuern zahlen«.[92] Die Logik ist klar: Google braucht keine Steuern zu zahlen, da seine Angestellten es tun.

Die »Google-Steuer«

Zwecks Profitmaximierung treten die kapitalistischen Betreiber sozialer Medien für Offenheit, das Teilen von Nutzerdaten und ein Ende der Privatsphäre ein; geht es dagegen um ihre eigenen globalen Finanzstrukturen, Profite und Steuern, pochen sie auf Geheimhaltung und Datenschutz.

2015 trat unter der konservativen britischen Regierung die sogenannte Diverted Profits Tax (Steuer auf umgeleitete Profite), auch »Google-Steuer« genannt, in Kraft. Sie soll großen transnationalen Konzernen die Steuervermeidung erschweren und so zusätzliche 350 Millionen Pfund in die öffentlichen Kassen bringen. Alle Gewinne, die ein Unternehmen in Großbritannien erwirtschaftet, aber an eine ausländische Tochter- oder Mutterfirma umleitet, werden demnach mit 25 Prozent besteuert. Da die britische Unternehmenssteuer 2015 bei 20 Prozent lag, soll dies einen Anreiz schaffen, Gewinne vor Ort zu versteuern, anstatt sie ins Ausland zu transferieren.

Der Rechnungsprüfungsausschuss berichtet auch, dass die Beihilfe zur Steuervermeidung eine eigene Branche geworden sei und große Beatungsfirmen wie Deloitte, Ernst & Young, KPMG und Price-WatherhouseCoopers zusammen mehr Ressourcen und Beschäftigte hätten als die britischen Steuerbehörden (House of Commons Committee of Public Accounts 2013a, 2015). Diese seien von anhaltenden Kürzungen betroffen, hätten jedoch gegenüber dem Ausschuss angegeben, ausreichende Ressourcen für die Bekämpfung von Steuervermeidung zu haben (House of Commons Committee of Public Accounts 2015, 5). Aus Sicht des Ausschusses pflegen sie zu freundliche Beziehungen zu Großunternehmen und verfolgen deren Steuervermeidung sowie die von reichen Privatpersonen nicht ausreichend, wofür es ihnen auch an Ressourcen mangele. Wenn Großunternehmen die »Google-Steuer« schlicht ignorieren und ihre bisherige Pra-

---

[91] www.publications.parliament.uk/pa/cm201314/cmselect/cmpubacc/ 112/130516.htm, abgerufen am 20.05.2018.

[92] www.bbc.co.uk/news/business-22245770, abgerufen am 20.05.2018.

xis fortsetzen, sei es daher schwierig, gegen sie vorzugehen. Zudem meinen Kritiker, dass die neue Steuer die »künstliche Verlagerung« von Profiten zu eng definiere und daher nur einen kleinen Teil der tatsächlich transferierten Gewinne betreffe.[93]

Google-Manager Brittin widersprach in der Anhörung vor dem Ausschuss der Abgeordneten Margaret Hodge mit dem Argument, die britischen Angestellten des Unternehmens würden keine Geschäfte tätigen, da der Anzeigenverkauf online durch einen Auktionsalgorithmus erfolge. Zudem lägen die Rechte an der Plattform bei Google Irland; die britischen Mitarbeiter könnten »nicht etwas verkaufen, was ihnen nicht gehört«, der Handel »findet in Irland statt, wo die geistigen Eigentumsrechte liegen«. Es seien die 17 000 IT-Arbeiter in den USA, »die für Google den wirtschaftlichen Wert erzeugen«, und man müsse »Steuern dort zahlen, wo die Wertschöpfung stattfindet«. Im Widerspruch zu seiner früheren Behauptung gab Brittin auch an, die intellektuellen Eigentumsrechte lägen bei Google Bermuda, weshalb die Steuern dort zu zahlen seien.[94]

Google schließt aus diesen Argumenten, dass es rechtlich nicht zur Zahlung von Unternehmenssteuern in Großbritannien verpflichtet ist. Nach dem britischen Einkommens- und Unternehmenssteuergesetz von 1988 ist ein im Ausland ansässiges Unternehmen steuerpflichtig, wenn es »in Großbritannien durch eine Niederlassung oder Vertretung Handel treibt«, also direkt oder indirekt durch sie Einnahmen erzielt (§11). Der Standort ist ein zentraler Punkt für diese Definition, sodass sich die juristische Frage stellt, was es heißt, in Großbritannien ein Online-Unternehmen zu betreiben.

Googles Amigo-Steuerdeal

Im Januar 2016 einigte sich Google mit dem britischen Fiskus auf eine Nachzahlung von 130 Millionen Pfund für den Zeitraum von 2005 bis 2015. Schätzungen zufolge erzielte das Unternehmen in diesen zehn Jahren 7,2 Milliarden Pfund Gewinn im Land.[95] Einschließlich früherer Zahlungen führte Google in dem Zeitraum nach Be-

---

[93] George Osborne's Google tax doesn't add up to a radical reform. *Guardian Online*, 03.12.2014.

[94] Amazon, Google and Starbucks accused of diverting UK profits. *Guardian Online*, 12.11.2012.

[95] Google's £130m tax deal lambasted as »derisory» by expert. *Guardian Online*, 23.01.2016.

rechnungen des Steuerexperten Prem Sikka insgesamt 200 Millionen Pfund an das britische Finanzamt ab.[96] Das entspricht nur 2,8 Prozent seiner Gewinne, obwohl der Unternehmenssteuersatz im Schnitt bei 25 Prozent lag, was 1,8 Milliarden Pfund entspräche. Sikka kommentierte: »Die Einigung scheint ein Amigo-Geschäft zu sein; anstatt die realen Ausstände einzutreiben, begnügte sich das Finanzamt mit einem kleinen Teilbetrag.«

Der konservative Schatzkanzler George Osborne sprach von einem »bedeutenden Erfolg«.[97] Schattenminister John McDonnell meinte dagegen:

> *Diese Übereinkunft sieht nach einem Freundschaftsdienst aus. Während die meisten von uns die von ihnen erwarteten Steuern zahlen – weil es zum Leben in einer zivilisierten Gesellschaft gehört, sicherzustellen, dass jeder, der dazu imstande ist, einen fairen Beitrag zu wichtigen öffentlichen Diensten leistet –, kann ein multinationales Unternehmen zunächst ein Jahrzehnt lang praktisch keine Unternehmenssteuern zahlen, um sodann einen an seinem Vermögen gemessen winzigen Betrag abzuführen. Das ist völlig inakzeptabel. [...] Die sogenannte Google-Steuer zielte auf genau solchen großen IT-Unternehmen, die eifrig mit Buchhaltungstricks arbeiten. [...] Die Google-Steuer ist ein toter Buchstabe; und wenn Google ihr mit seinem speziellen Tory-Steuerdeal so einfach ausweichen kann, was sollte dann eigentlich andere IT-Unternehmen daran hindern?[98]*

Digitale Arbeit und die Besteuerung der Internet-Riesen

Um eine personalisierte Anzeige bei Google zu schalten, muss ein Kunde zunächst entscheiden, ob sie bei Google selbst und/oder auf Partnerseiten erscheinen soll und in welchen Ländern. Zudem legt er sein Höchstgebot für die Anzeigenplatzauktion und die maximalen Ausgaben pro Tag fest. Im nächsten Schritt entwirft er die Anzeige und wählt die passenden Suchbegriffe aus. Wenn ein Nutzer eine Suche durchführt, entscheidet Googles AdWords-Algorithmus, wel-

---

[96] http://visar.csustan.edu/aaba/Googletax23Jan2016.html, abgerufen am 20.05.2018.

[97] George Osborne insists Google's UK tax deal is major success. *Guardian Online*, 28.01.2016.

[98] John McDonnell, These mate's rates from George Osborne let Google off the hook on tax. *Guardian Online*, 03.02.2016.

che Anzeigen mit dem Suchbegriff zusammenhängen und führt eine automatisierte Auktion zwischen ihnen durch, um ihre Position auf dem Bildschirm festzulegen. Der Auktionspreis ist dabei der Betrag, denn der Kunde zahlen muss, wenn ein Nutzer auf seine Anzeige klickt. Das bedeutet, dass beim Pay-per-Click-Verfahren eine Zahlung durchgeführt wird, wenn ein Nutzer maßgeschneiderte, mit seinem Suchbegriff verbundene Werbung anklickt. Nehmen wir an, dass der Anzeigenkunde in Großbritannien ansässig ist und sich die Werbung an Nutzer dort und in Irland richtet.

Ein nicht auf britischem Boden ansässiges Unternehmen muss dort gleichwohl Steuern zahlen, wenn es »in Großbritannien durch eine Niederlassung oder Vertretung Handel treibt«. Die rechtlich entscheidende Frage lautet folglich, was es heißt, in Großbritannien Handel zu treiben. Handel ist ein Austausch zweier Güter oder Dienstleistungen in einem bestimmten quantitativen Verhältnis. In monetären Ökonomien wird der Verkauf von Waren durch Geld vermittelt; Waren werden in einem bestimmten quantitativen Verhältnis gegen Geld getauscht. Googles Argument, Plattform und Algorithmus seien auf den Bermudas eingetragenes Eigentum und dort finde folglich auch der Verkauf seiner britischen Anzeigen statt, geht fehl, weil die Suchmaschine und der Auktionsalgorithmus nicht verkauft werden, also keine Waren sind. Ein Spezifikum von Waren besteht darin, dass man nur durch Zahlung Zugang zu ihnen erhält. Die Suchmaschine aber kann jedermann umsonst nutzen; sie ist keine Ware. Wann immer ich bei Google Suchbegriffe eingebe, sehe ich nicht nur die Ergebnisse, sondern auch Anzeigen. Da ich sie nie anklicke, verdient Google an mir kein Geld, denn für das bloße Erscheinen ihrer Anzeigen zahlen die Kunden nicht. Die Präsentation der Anzeigen als solche ist keine Ware.

Klicke ich dagegen eine Anzeige an, werde ich auf eine Webseite von einem Google-Kunden weitergeleitet und schenke ihr Beachtung. Der Kunde hofft, dass ich dort ein Produkt kaufe oder etwas Bestimmtes tue. Der tatsächliche Warenhandel findet also in dem Moment statt, in dem ich die maßgeschneiderte Werbung anklicke. Weder die Suchmaschine noch der Auktionsalgorithmus werden verkauft oder vermietet; vielmehr verkauft Google meine Beachtung der Anzeige sowie Daten über meinen Standort und meine Interessen. Mein Suchverhalten generiert die Daten, mein Klick- und Onlineverhalten die Aufmerksamkeit für die Webseite des Kunden. Ohne die Aktivitäten von Nutzern gäbe es also keine Ware, die Google verkaufen kann. Die Nutzer erzeugen große Teile des Werts und Profits von Google durch ihr Such-, Klick- und Online-Verhalten. Der Verkauf der Aufmerksamkeit der Nutzer als Ware findet durch deren Klicks statt.

Wenn sich ein Nutzer in Großbritannien befindet, was durch die IP-Adresse seines Rechners definiert wird, findet das Geschäft zwischen Google und dem Anzeigenkunden, auf dessen Werbung der Nutzer klickt, in Großbritannien statt. Google wickelt in diesem Fall also auf britischem Boden ein Geschäft ab, weil es die Transaktionsdaten (Standort, Suchbegriffe usw.) und die Aufmerksamkeit eines dort befindlichen Nutzers verkauft. Nutzer befinden sich zu bestimmten Zeitpunkten in bestimmten Ländern. Deshalb sollte der Standort des eine Anzeige anklickenden Nutzers als Kriterium dafür dienen, in welchem Land Google seinen Gewinn erwirtschaftet. Google-Nutzer sind unbezahlte Google-Arbeiter, die große Teile seines Werts und Gewinns erzeugen. Immer mehr Online-Unternehmen arbeiten mit diesem Modell.

Das Internet ist ein global verteilter technischer Raum der Information, Kommunikation und Kooperation, der nationale Grenzen zwangsläufig überschreitet. Online-Interaktionen und Geschäftsvorgänge erfolgen daher häufig über unterschiedliche Zeitzonen und Länder hinweg; Internetprovider, Anbieter von Anwendungen, deren Nutzer sowie online investierende Unternehmen befinden sich oft in verschiedenen Ländern. Besteuerung erfolgt dagegen weitgehend auf nationaler Basis, wodurch eine Asymmetrie zwischen globalem Netz und Nationalstaaten entsteht, ablesbar an der Frage, wo Google und andere Unternehmen Steuern zahlen sollten. Internetnutzer sind keine Verbraucher und kein Publikum, sondern produktive Konsumenten (Prosumenten) und Konsumptionsarbeiter, die Inhalte, soziale Beziehungen, Transaktionsdaten und Aufmerksamkeit erzeugen. Aufgrund des spezifischen Charakters des Internets müssen wir ihre wichtige Rolle berücksichtigen, wenn es zu entscheiden gilt, in welchem Land ein Geschäft stattfindet und ein Online-Unternehmen wie Google folglich besteuert werden sollte.

Aus diesen Überlegungen folgt, dass Google für alle Gewinne durch Klicks, die auf Computern in Großbritannien ausgeführt werden, dort Steuern zahlen sollte. Um zu ermitteln, welche Anteile seines Jahresgewinns in welchen Ländern zu besteuern sind, könnte man entweder die Klicks auf Anzeigen nach Ländern exakt aufschlüsseln oder den Jahresgewinn des Gesamtunternehmens nach dem Anteil von Ländern an der Zahl der Nutzer teilen. Das Kriterium des Nutzerstandorts ernstzunehmen, wäre ein Beitrag dazu, die Steuervermeidungsstrategien von Online-Konzernen zu durchkreuzen.

6.7 Schlussfolgerungen

Die Hauptergebnisse dieses Kapitels können wir wie folgt zusammenfassen:

▨ Googles Akkumulationsmodell beruht auf der Ausbeutung und Kommodifizierung von Nutzern durch die wirtschaftliche Überwachung ihrer Interessen, Aktivitäten (demografische, technologische, wirtschaftliche, politisch, kulturelle und ökologische Daten), Kommunikation, Netzwerke und Kooperation. Nutzerdaten werden verkauft, um mit personalisierter Werbung Profit zu machen.

▨ Googles interne Unternehmensideologie beruht auf der Förderung von spielerischer Arbeit. Das Unternehmen zeigt keinerlei Gespür für Fragen der Privatsphäre, was seiner Philosophie widerspricht, nichts Böses tun zu wollen.

▨ Google behauptet, in seinen Büros zu arbeiten sei Spaß und Spiel. Empirische Analysen zeigen dagegen, dass Arbeit bei Google zwar gut bezahlt wird, aber ausufernd ist, was zu einer mangelnden Work-Life-Balance und Stress führen kann.

▨ Viele Analysen von Google sind undialektisch. Sie übersehen, dass Googles Operationen in den kapitalistischen Widerspruch zwischen vernetzten Produktivkräften und Klassenverhältnissen eingebettet sind. Google fördert die Vergesellschaftung dieser Produktivkräfte, setzt sie aber zugleich als Destruktivkräfte für die Ausbeutung von Nutzern ein.

▨ Wie andere transnationale Konzerne, etwa Facebook, Amazon und Starbucks, vermeidet Google Steuerzahlungen durch komplexe Unternehmens- und Finanznetzwerke, die Profite in Staaten mit niedriger oder gar keiner Besteuerung verschieben. Während die kapitalistische Ökonomie und das Internet, mit dem Google, Amazon und Facebook ihre Geschäfte machen, global sind, findet Besteuerung innerhalb des Nationalstaats statt. Die neoliberale Politik hat die Steuervermeidung durch Unternehmen erleichtert und verfolgt sie dafür nicht, was besonders in Zeiten einer Kürzung öffentlicher Ausgaben zynisch ist.

Man sollte Google in Begriffen von Warenlogik und Ideologie verstehen, aber gleichzeitig erkennen, wie aus eben dieser Logik potenzielle Alternativen entstehen. Marx betonte, dass die Globalisierung von Produktion und Zirkulation Institutionen notwendig macht, durch die sich die Einzelnen über komplexe Verhältnisse informieren können. Er schreibt, dass Institutionen entstehen, »worin jeder einzelne sich Auskunft über die Tätigkeit aller andren verschafft«, und dass »Verbindungen« durch »Briefe, Telegraphen etc.» hergestellt werden» (Marx 1857, 94). Ist diese Passage nicht eine perfekte Beschreibung des Gedankens der Suchmaschine? Insofern ließe sich sagen, dass der wirkliche Erfinder von Google nicht Larry Page oder Sergey Brin heißt, sondern Karl Marx. Aber wenn Marx' Denken entscheidend für das Konzept der Suchmaschine ist, sollten wir dann nicht über ein öffentliches Modell nachdenken?

Wie könnte eine solche öffentliche Suchmaschine aussehen? Googles Dienste könnten von nicht profitorientierten Einrichtungen wie etwa Universitäten betrieben werden (Maurer et al. 2007, 74), finanziert durch staatliche Mittel. Google Books zum Beispiel könnte allen Menschen durch kostenlosen Zugang zu sämtlichen Büchern zugutekommen, ohne dass dabei ein privater Profit entsteht. Eine öffentliche Suchmaschine, die nicht auf Gewinne aus ist, braucht keine Finanzierung durch Werbung. Die Ausbeutung und Überwachung von Nutzern und die Missachtung von Datenschutz, die für Google heute entscheidend sind, ließen sich so vermeiden. Der Aufbau eines öffentlichen Google könnte zur Auflösung des Privatunternehmens Google führen. Vielleicht wäre dies erst möglich, wenn eine auf Gemeingütern beruhende Gesellschaft auch das Internet als Gemeingut organisiert und die Softwaredienste von Google so umgestaltet, dass sie diese Logik vollständig ausdrücken. Dazu müssen zunächst im Klassenkampf erste Schritte unternommen werden, die auf eine gerechte Gesellschaft und ein gerechtes Internet zielen. Zum Beispiel müsste Google gesetzlich dazu gezwungen werden, Werbung nur nach ausdrücklicher Zustimmung der Nutzer zu präsentieren (Opt-in-Verfahren). Zudem wären Organisationen zu schaffen und fördern, die den Überwacher überwachen, indem sie die Probleme und Widersprüche von Google dokumentieren. Googles Regelung, dass die Angestellten 20 Prozent ihrer Arbeitszeit auf eigene Projekte verwenden dürfen, ist einerseits pure kapitalistische Ideologie, die auf Profitmaximierung zielt. Andererseits wäre es durchaus sinnvoll, wenn Gewerkschaften dafür kämpfen, dass diese 20 Prozent tatsächlich keiner Kontrolle durch das Unternehmen unterliegen. Ließe sich dies in einem Großkonzern wie Google erreichen, dann wäre auch eine allgemeine Forderung nach Arbeitszeitverkürzung ohne Lohneinbußen einfacher durchsetzen – und eine solche Forderung zielt auf nichts Anderes als auf mehr Autonomie der Arbeiter vom Kapital.

Ein anderes Google ist möglich, doch dies erfordert einen Klassenkampf für und gegen Google, um die humanistischen, das heißt die

kognitiven, kommunikativen und kooperativen Potenziale der Suchmaschine durch die Überwindung ihrer Klassenverhältnisse zu entfalten.

Literaturhinweise und Übungen

Um Google zu verstehen, empfiehlt sich eine Auseinandersetzung
mit klassischen (Stuart Hall, Herbert Marcuse) und neueren
(Evgeny Morozov) Spielarten von Ideologiekritik. Zudem geht es
in den folgenden Übungen um Nutzungsbedingungen, Datenschutz und Steuerzahlungen von Google.

Übung 6.1

Hall, Stuart, Chas Critcher, Tony Jefferson, John Clarke und Brian
Roberts. 1978. *Policing the crisis: Mugging, the state and law and order.* London: Macmillan. Kapitel 9: The law-and-order society: towards the »exceptional state« (273–323).

Marcuse, Herbert. 1932/1981. Neue Quellen zur Grundlegung des
Historischen Materialismus. In: *Herbert Marcuse Schriften Band I.*
509–555. Frankfurt a. M.: Suhrkamp Verlag.

Morozov, Evgeny. 2013. *Smarte neue Welt. Digitale Technik und die
Freiheit des Menschen.* Übers. v. Henning Dedekind und Ursel Schä-
fer. München: Blessing. Kapitel 2: Der Unsinn mit »dem Internet«
– und wie wir ihn aufhalten (43–114).

Stuart Hall ist einer der wichtigsten Vertreter der Cultural Studies,
Herbert Marcuse war neben Horkheimer und Adorno der wich-
tigste Vertreter der kritischen Theorie der Frankfurter Schule,
Evgeny Morozov ist ein Autor, der sich kritisch mit Internet-
Fetischismus und Technikzentrismus auseinandersetzt.

- Was beschreiben Hall et al. als charakteristische Elemente von
  Ideologien und moralischer Panik während der Krise der 1970er
  Jahre?
- Erstellen Sie eine Liste der von Marcuse herausgearbeiteten
  Charakteristika technologischer Rationalität.
- Was versteht Morozov unter Internet-Solutionismus und -zent-
  rismus? Suchen Sie nach Beispielen dafür in der Tagespresse
  und berücksichtigen Sie dabei auch Google.

◼ Erörtern Sie, ob und wie die Begriffe des technischen Solutionismus und Internetzentrismus mit Halls Analysen von Ideologien in Zeiten der Krise und Marcuses Begriff technischer Rationalität zusammenhängen.

Übung 6.2

Lesen Sie Googles aktuelle Nutzungsbedingungen und erörtern Sie folgende Fragen:

◼ Welche Rechte hat Google mit Blick auf die Inhalte, die Nutzer auf seinen Webseiten produzieren?

◼ Wenn sich ein Nutzer von Google widerrechtlich behandelt fühlt, was kann er dann rechtlich unternehmen? Welches Gericht ist zuständig?

◼ Suchen Sie nach Informationen darüber, wie nationale Regulierungen (zum Beispiel in Ihrem Land) eines globalen Systems wie dem Internet funktionieren

Übung 6.3

Lesen Sie Googles aktuelle Datenschutzrichtlinie und erörtern Sie folgende Fragen:

◼ Welche Nutzerdaten sammelt Google? Erstellen Sie eine systematische Liste.

◼ Welche Daten nutzt Google für personalisierte Anzeigen? Finden Sie heraus, wie genau diese Art von Werbung funktioniert. Welche Ihrer Daten nutzt Google dafür?

◼ Gibt es Mittel zur Einschränkung personalisierter Werbung auf Google? Halten Sie sie für ausreichend? Warum? Warum nicht?

◼ Wie bewerten Sie diese Art von Werbung politisch?

◼ Gibt es alternative Organisationsmodelle für soziale Medien, die ohne personalisierte Werbung auskommen? Welche? Wie sollten soziale Medien Ihrer Ansicht nach organisiert werden?

Übung 6.4

Lesen Sie Googles letzten Geschäftsbericht, der sich auf der Webseite des Unternehmens findet.

◼ Wie stellt sich Google darin selbst dar?

■ Versuchen Sie die Finanzdaten in dem Bericht nachzuvollziehen. Wie sind die Eigentumsverhältnisse und die finanziellen Operationen von Google beschaffen?

■ Welche Rolle spielt laut diesem Bericht Werbung für Google?

Übung 6.5

Bilden Sie Arbeitsgruppen und stellen Sie Ihre Ergebnisse im Seminar vor:

■ Suchen Sie Videos, Dokumente, Presseerklärungen, Blog-Beiträge usw., in denen sich Google präsentiert. Welches Bild entwirft das Unternehmen von sich selbst? Was sind die Hauptmotive in diesem Diskurs? Welche Rolle spielt der Gedanke des verantwortlichen Unternehmens in Googles Selbstdarstellung?

■ Suchen Sie nach Dokumenten, Interviews, Zeitungsartikeln und Berichten von kritischen Forschern und Journalisten, Vertretern der Zivilgesellschaft sowie von Daten- und Verbraucherschutzorganisationen, in denen die Themen, die Google in seiner Selbstdarstellung in ein positives Licht rückt, kritisch behandelt werden. Fassen Sie die wesentlichen Kritikpunkte zusammen und vergleichen Sie sie mit Googles Darstellung. Diskutieren Sie, welche Version Sie überzeugender finden, und begründen Sie dies.

Übung 6.6

Bilden Sie Arbeitsgruppen und stellen Sie Ihre Ergebnisse im Seminar vor:

■ Wählen Sie ein Internetunternehmen oder soziales Medium aus. Versuchen Sie herauszufinden, wie es die Arbeitsbedingungen seiner Angestellten in der Öffentlichkeit darstellt. Registrieren Sie sich bei glassdoor.com (Sie müssen dort eine Arbeitgeberbewertung verfassen, um vollen Zugang zu anderen Berichten zu bekommen). Sammeln Sie Berichte über eine bestimmte Jobkategorie bei dem gewählten Unternehmen und führen Sie eine Inhaltsanalyse durch, um herauszufinden, wie die Arbeitsbedingungen dort sind.

Übung 6.7

Murphy, Richard. 2015. *The joy of tax. How a fair system can create a better society.* London: Bantam Press.

Lesen Sie das Buch, bilden Sie Arbeitsgruppen und diskutieren Sie Ihre Ergebnisse im Seminar:

- Warum sind Steuern ein wichtiges Prinzip des Wohlfahrtsstaats?

- Warum entziehen sich bestimmte Unternehmen der Besteuerung?

- Welche Maßnahmen könnten und sollten dagegen unternommen werden?

7 Facebook: Überwachung im Zeitalter von Edward Snowden

Kernfragen

- Wie funktioniert Facebooks politische Ökonomie?
- Mit welchen Argumenten kann man Facebook kritisieren?
- Welche Ideologien gibt es auf und über Facebook? Wie sieht sich Facebook selbst und wie stellt es sich gegenüber der Öffentlichkeit dar? Welche Wirklichkeit verbirgt sich hinter den Facebook-Ideologien?
- Welche Implikationen hat Edward Snowdens Enthüllung, dass es im Zeitalter der sozialen Medien einen industriellen Überwachungskomplex gibt?
- Gibt es Alternativen zu Facebook?

Schlüsselbegriffe

- Digitale Arbeit
- Datenschutz
- Soziale Medien und Datenschutz
- Facebook-Ideologien
- Fetischismus der Privatsphäre
- Datenschutzbestimmungen
- Opt-out-Verfahren
- Gezielte Werbung
- Kommodifizierung
- Privateigentum
- Alternative soziale Medien
- Staatlich-industrieller Überwachungskomplex

Überblick

Facebook ist das meistgenutzte soziale Netzwerk. Soziale Netzwerke sind Internet-Plattformen, die verschiedene Medien-, Informations- und Kommunikationstechnologien verbinden und zumindest eine Erstellung von Profilen ermöglichen, die Informationen über die Nutzer, Verbindungsdaten und die Kommunikation zwischen Nutzern enthalten (Fuchs 2009b).

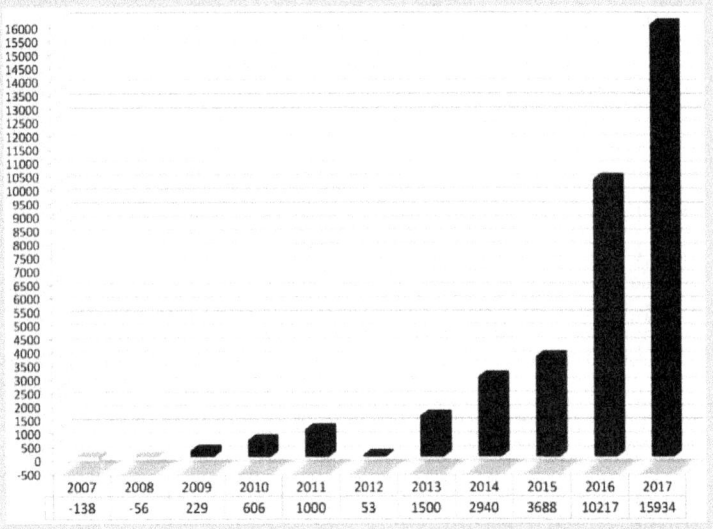

Abbildung 7.1: Gewinnentwickung von Facebook, 2007–2017, in Millionen Dollar

Facebook wurde 2004 von Mark Zuckerberg, Eduardo Saverin, Dustin Moskovitz und Chris Hughes gegründet, die damals an der Harvard University studierten. Der Spielfilm *The Social Network* (Columbia Pictures, 2010) erzählt die Geschichte von Facebook als die Geschichte einiger talentierter Harvard-Studenten, die mit einer guten Idee zu Milliardären wurden und so den *American Dream* verwirklichten, zu den Reichen und Berühmten zu zählen. Bei diesem Fokus auf Individuen gerät aus dem Blick, dass Facebook wie die meisten großen Silicon-Valley-Unternehmen Millionen Dollar an Risikokapital von Peter Thiel, Accel Partners, Jim Breyer und anderen erhielt und nur dadurch expandieren konnte. Damit fördert der Film die

Ideologie des *American Dream*, allein mit einer guten Idee wie Facebook könne jeder reich und berühmt werden. In Wirklichkeit ist dies natürlich nur einer kleinen Elite vergönnt, gerade weil es anderen verwehrt bleibt. 2006 wurde aus dem College-Netzwerk Facebook ein allgemeines soziales Netzwerk, dem jeder beitreten kann. Seitdem hat die Zahl der Nutzer rasant zugenommen.

In diesem Kapitel geht es um die Macht von Facebook, um die Rolle von Überwachung und ihre Folgen für den Datenschutz. Zunächst skizziere ich Facebooks wirtschaftliche Entwicklung (7.1). Abschnitt 7.2 führt den Begriff des Datenschutzes ein. Danach kritisiere ich die vorherrschende Analyse des Datenschutzes bei Facebook als eine Form von Fetischismus der Privatsphäre (7.3), analysiere die politische Ökonomie des Unternehmens (7.4) und erörtere Edward Snowdens Enthüllungen (7.5). In den Schlussfolgerungen (7.6) entwerfe ich Strategien für eine andere Datenschutzpolitik im Internet und stelle das alternative soziale Netzwerk Diaspora* vor.

7.1 Facebooks finanzielle Macht

Die Profite von Facebook

Am 1. Februar 2012 kündigte Facebook seine Umwandlung in eine Aktiengesellschaft an. Nach eigenen Angaben erzielt es den »ganz überwiegenden Teil« seiner Einnahmen mit Werbung: 98,3 Prozent im Jahr 2009, 94,6 Prozent 2010, 85 Prozent 2011, 84 Prozent 2012, 89 Prozent 2013, 92 Prozent 2014 und 95 Prozent 2015.[99] »Der Verlust von Werbekunden oder ein Rückgang ihrer Ausgaben bei Facebook«, so das Unternehmen selbst, »könnte unserem Geschäft ernsthaft schaden.«[100] Diese Risikoeinschätzung verweist auf die generelle politische Ökonomie des Kapitalismus: Ein auf Anzeigen beruhendes Kapitalakkumulationsmodell ist auf ständigen Zufluss von Investitionen in Werbung und auf die Überzeugung von Unternehmen angewiesen, eine bestimmte Art von Werbung in bestimmten Medien könne ihre Profite steigern. Eine allgemeine Wirtschaftskrise, die die Gewinne einbrechen lässt, kann auch zu einem Rückgang der Werbeausgaben führen.

---

[99] Facebook SEC-Filings, Form 10-K für 2014 und 2015.

[100] Ebd.

Abbildung 7.1 zeigt die Gewinnentwicklung von Facebook in den
Jahren 2007–2015: Aus einem Minus von 138 Millionen Dollar (2007)
wurde ein Plus von 3,69 Milliarden Dollar (2015). Die globale Wirtschaftskrise führte auch noch 2008 zu einem Verlust von 56 Millionen Dollar, seit 2009 aber sind die Profite massiv gestiegen. Ebenso
wuchs die Zahl der monatlichen aktiven Nutzer von 197 Millionen
(März 2009) auf 431 Millionen (März 2010), 680 Millionen (März
2011), 845 Millionen (Dezember 2011), 1,06 Milliarden (Dezember
2012), 1,23 Milliarden (Dezember 2013), 1,19 Milliarden (Dezember
2014) und 1,59 Milliarden (Dezember 2015).[101] Beim Börsengang im
Mai 2012 kostete eine Facebook-Aktie 38 Dollar.

Übernahme anderer Unternehmen

Facebooks Übernahmestrategie zielt auf Online-Technologieanbieter,
die entweder eine direkte Konkurrenz werden könnten oder Facebook eine Verbesserung seiner Plattform und von Angeboten in anderen technischen Bereichen ermöglichen. Die wichtigsten Übernahmen betrafen den Instant-Messenging-Service für Smartphones
WhatsApp (2014, 19 Milliarden Dollar), das Online-Video-
Werbeunternehmen LiveRail (2014, 500 Millionen Dollar), Oculus
Virtual Reality, ein Hersteller von Head-Mounted Displays (2014,
2 Milliarden Dollar), die Foto-Sharing-Plattform Instagram (2012,
1 Milliarde Dollar), den Entwickler von Gesichtserkennungssoftware
Face.com (2012, 100 Millionen Dollar), das Werbetechnologieunter-
nehmen Atlas (2013, 100 Millionen Dollar) und den Mobile-App-
Entwickler Snaptu (2011, 70 Millionen Dollar).

WhatsApp und Instagram sind Beispiele für konkurrierende soziale
Medien; nach ihrer Übernahme wurde Facebook horizontal in sie
integriert. Die Übernahmen von Atlas, Snaptu und Face.com sind
dagegen Beispiele für eine vertikale Integration, durch die Facebook
auf neue Felder wie Werbung, Mobiltelefone und Foto-Tagging ex-
pandierte. Das gilt auch für Oculus, mit dem Facebook nun auf dem
Markt für Virtual Reality präsent ist. Zusammengenommen ist durch
diese Zukäufe ein Konglomerat von Unternehmen im Medientechno-
logiesektor entstanden.

Der Kauf von WhatsApp im Jahr 2014 verschaffte Facebook eine
starke Präsenz auf dem Markt für Smartphone-Kommunikation. Mit
Instagram, einem zunehmend populären sozialen Netzwerk vor allem
für das Teilen von Fotos, ist Facebook auch im Bereich von Sharing-

---

[101] Ebd, 44.

Netzwerken besser vertreten. Atlas stärkte Facebooks Angebote und Nutzung von maßgeschneiderter Werbung. Snaptu hat Facebooks Präsenz auf Smartphones durch eine mit allen Marken kompatible eigene App ausgebaut. Die Foto-Tagging-Apps von Face.com sind eine direkte Erweiterung für Facebook, die dem Umstand Rechnung trägt, dass viele Leute ihre Handys als Digitalkamera nutzen und ihre Fotos mit anderen teilen wollen. Die Übernahme von Oculus könnte den Grund haben, dass Google an Google Glass arbeitet und Facebook befürchtete, ihm könnten Profite auf dem Markt für Augmented Reality entgehen.

Während Instagram genau wie Facebook ein auf gezielter Werbung beruhendes Kapitalakkumulationsmodell zugrunde liegt, verfolgt Oculus mit dem Verkauf von Hardware eine andere Strategie. Gezielte Werbung – also die Kommodifizierung von Nutzerdaten zwecks Kapitalakkumulation – bleibt entscheidend für Facebook, doch mit Oculus ist es nun auch auf dem Markt für Geräte vertreten. Facebook betreibt aber zugleich eine horizontale Integration: LiveRail ist auf Video-Werbung spezialisiert, ein Bereich, in dem YouTube der Marktführer ist. Von der Übernahme erhofft sich Facebook, besser mit Googles YouTube konkurrieren zu können.

7.2 Privatsphäre und Datenschutz

Unterschiedliche Definitionen

Tavani (2008) unterscheidet drei Theorien über den Schutz der Privatsphäre: die des eingeschränkten Zugangs, die der Kontrolle und eine Verbindung zwischen beiden. Die erste sieht den Schutz der Privatsphäre nur dann gewährleistet, wenn man den Zugang anderer zu seinen persönlichen Informationen einschränken kann. Klassisch definiert wurde sie von Warren und Brandeis: »Das Recht zu leben bedeutet heute das Recht, sein Leben zu genießen – das Recht, in Ruhe gelassen zu werden« (Warren und Brandeis 1890, 193). Dabei hatten sie vor allem die Presse vor Augen und sprachen »vom Übel der Invasion der Privatsphäre durch die Zeitungen«. Manche Forscher betrachten diesen Beitrag als Ursprung der ersten Theorie (so etwa Bloustein 1964/1984; Rule 2007, 22; Schoeman 1984b; Solove 2008, 15–16), doch tatsächlich hatte John Stuart Mill denselben Gedanken bereits 1848, also 42 Jahre früher, in seinem Buch *Principles of Political Economy* formuliert. Dies verweist auf den inneren Zusammenhang zwischen dem modernen Verständnis von Privatheit und der liberalen Weltanschauung.

Die zweite Theorie setzt auf Kontrolle und Selbstbestimmung über die eigenen Informationen (Tavani 2008). Die einflussreichste Definition stammt hier von Westin: Privatheit ist der Anspruch von Individuen, Gruppen oder Institutionen, selbst zu entscheiden, wann, wie und in welchem Maß Informationen über sie kommuniziert werden« (Westin 1967, 7). Sie ist demnach selbst dann gegeben, wenn man sämtliche persönliche Informationen preisgibt. In der Theorie eines absolut eingeschränkten Zugangs zur Privatsphäre existiert sie hingegen nur dann, wenn man ohne Kontakt zu anderen in völliger Abgeschiedenheit lebt.

Die dritte Theorie verbindet die ersten zwei Ansätze. Sie unterscheidet »zwischen dem Begriff der Privatsphäre, definiert in Begriffen eines eingeschränkten Zugangs, und ihrer Handhabung, die für die Einzelnen durch ein System begrenzter Kontrolle sichergestellt wird« (Tavani 2008, 144; siehe auch Moor 2000).

Alle drei Definitionen verbindet die Auseinandersetzung mit den ethischen Fragen, wie Informationen über Menschen verarbeitet werden sollten, wer Zugang zu ihnen haben und wie dieser Zugang reguliert werden sollte. Sie teilen den normativen Wert, dass eine Form von Datenschutz notwendig ist.

Kritiken der Privatsphäre

Etzioni (1999) wertet es als eine typisch amerikanisch-liberale Ansicht, dass die Stärkung von Datenschutz und Privatsphäre niemals schaden könne. Dagegen betont er, dass sie durchaus das Gemeinwohl (etwa öffentliche Sicherheit und Gesundheit) aushöhlen könne. Länder wie die Schweiz, Liechtenstein, Monaco und Österreich haben eine Tradition der relativen Anonymität von Bankkonten und -transaktionen; Geld und Privateigentum gelten als Aspekte der Privatsphäre, über die die Öffentlichkeit nichts wissen sollte. In der Schweiz ist das Bankgeheimnis im Bundesgesetz über Banken (§47) festgeschrieben. Die Schweizerische Bankiervereinigung spricht von einer »finanziellen Privatsphäre«, aus ihrer Sicht ein »schützenswertes Gut«.[102] Die meisten Länder behandeln Informationen über die Einnahmen und Gewinne von Unternehmen (mit Ausnahme der staatlichen) als ein Geheimnis, als Teil der finanziellen Privatsphäre.

---

[102] www.swissbanking.org/de/services/insight/insight-2.15/finanzielle-privatsphaere-schuetzenswertes-gut, abgerufen am 23.05.2018.

Diese Gleichsetzung von Privatsphäre und Geheimhaltung ist zumeist Teil der oben erläuterten ersten Theorie, die auf eingeschränkten Zugang setzt (Solove 2008, 22).

Die zweite und dritte Theorie hingegen zielen weniger auf eine absolute Geheimhaltung von persönlichen Informationen, sondern auf diesbezügliche Selbstbestimmung, wobei sie betonen, dass sich die Frage, ob man Informationen teilt oder für sich behält, in unterschiedlichen Kontexten stellt. In diesem Sinne argumentiert Helen Nissenbaum, dass das »Recht auf Privatheit weder ein Recht auf Geheimhaltung noch ein Recht auf Kontrolle ist, sondern ein Recht, den Fluss der persönlichen Informationen zu bestimmen« (Nissenbaum 2010, 127). In allen diesen Versionen einer Theorie der Privatsphäre spielt die Geheimhaltung von Informationen eine gewisse Rolle, aber es wird unterschiedlich bewertet, worin genau sie besteht und wie erstrebenswert sie ist.

Das Problem an geheimen Bankkonten und -transaktionen sowie der Intransparenz von Privatvermögen und Unternehmensgewinnen ist nicht nur, dass dadurch Steuerflucht, Schwarzkassen und Geldwäsche erleichtert werden, sondern auch ein Verdecken von krassen Reichtumsunterschieden. Im Gedanken der »finanziellen Privatsphäre« drückt sich ein klassisch liberales Verständnis aus. Mill zum Beispiel postulierte ein Recht der besitzenden Klasse, »des Eigners Privathabe [i. Orig. *privacy*] zu schützen« (1848/1968, 248). Dieses Recht, Informationen über Einkommen, Profite oder Bankgeschäfte geheimzuhalten, schützt die Reichen und die Unternehmen; das Gefälle zwischen Arm und Reich wird unsichtbar gemacht, was zu seiner Legitimierung und Aufrechterhaltung beiträgt. Insofern kann es als ein ideologischer Mechanismus gewertet werden, der Ungleichheit reproduziert und vertieft.

Die Widersprüche von Datenschutz im Kapitalismus: Facebook und Google

Manager sozialer Medien vertreten oft die Ansicht, der Schutz der Privatsphäre sei veraltet. Google-Chef Eric Schmidt meinte zum Beispiel: »Wenn es etwas gibt, das Sie verbergen wollen, dann sollten Sie es gar nicht erst tun.«[103] Facebook-Mitgründer und -Chef Mark Zuckerberg sagte einmal: »Das ziel des Unternehmens ist es, Menschen dabei zu helfen, etwas zu teilen, um die Welt offener zu gestalten und

---

[103] www.youtube.com/watch?v=A6e7wfDHzew, abgerufen am 28.05.2018.

die Verständigung zwischen Menschen zu fördern.«[104] Schmidt und Zuckerberg plädieren für ein massives Teilen von Daten in sozialen Medien. Was sie dabei nicht erwähnen, ist die Tatsache, dass diese Daten nicht in erster Linie mit Freunden und der Öffentlichkeit, sondern mit Google und Facebook geteilt werden, den größten Datenverarbeitern und -vermarktern der Welt – was nicht nur das Aufkommen des Begriffs »Big Data« erklärt, sondern auch ihr Interesse, wirtschaftliche Interessen durch die Rede von Teilen und Offenheit ideologisch zu kaschieren. Ihre Behauptungen sind zudem doppelbödig, bedenkt man zum Beispiel, dass Zuckerberg 2013 vier Anwesen, die an sein Haus in Palo Alto grenzen, für 30 Millionen Dollar gekauft hat – aus Sorge um seine Privatsphäre. Zuckerbergs Logik ist so simpel wie falsch: Privatsphäre ist nur dann gut, wenn man sie sich leisten kann, nicht aber, wenn sie die Profite von Facebook oder Google beschneidet.

Zwecks Profitmaximierung treten kommerzielle soziale Medien für Offenheit, das Teilen von Nutzerdaten und ein Ende der Privatsphäre ein; geht es dagegen um ihre eigenen globalen Finanzstrukturen, Profite und Steuern, pochen sie auf Geheimhaltung und Datenschutz. Sie stehen vor einem ökonomischen Widerspruch zwischen dem Nutzerinteresse an Datenschutz und an der Besteuerung von Unternehmen einerseits und ihrem eigenen Interesse an der Transparenz und Kommodifizierung von Nutzerdaten sowie der Wahrung von Unternehmensgeheimnissen andererseits.

Der Schutz der Privatsphäre – ein bürgerlicher Wert?

Das Recht auf Privatheit als einen bürgerlichen Wert abzutun, wäre ein Fehler. Der liberale Diskurs über die Privatsphäre ist hochgradig individualistisch; er rückt stets den Einzelnen und seine Freiheiten ins Zentrum und trennt Öffentlichkeit und Privatsphäre. Im Kapitalismus handelt es sich um einen widersprüchlichen Wert: Einerseits wird die Privatsphäre als ein universeller Wert beschworen, um das Privateigentum zu schützen, andererseits aber permanent ausgehöhlt – durch die wirtschaftliche Überwachung von Menschen zwecks Profitmaximierung und durch ihre politische Überwachung für Zwecke der Verwaltung, Verteidigung und Strafverfolgung. Der Kapitalismus schützt die Privatsphäre der Reichen und Unternehmen, aber legitimiert ihre Verletzung bei Verbrauchern und Bürgern. Damit untergräbt er seine eigene Behauptung, sie sei ein universeller Wert.

---

[104] http://fuchs.uti.at/409/, abgerufen am 28.05.2018.

Privatsphäre und Überwachung

In der modernen Gesellschaft ist Privatheit unweigerlich mit Überwachung verbunden. Ausgehend von Foucaults (1976) Verständnis von Überwachung als Disziplinarmacht können wir darunter ein bestimmtes Sammeln, Speichern, Verarbeiten, Auswerten und Nutzen von Informationen verstehen, das potenziell oder realiter Schädigung, Zwang, Gewalt, asymmetrische Machtbeziehungen, Kontrolle, Manipulation und Herrschaft bedingt (Fuchs 2011a, 2011c). Überwachung ist instrumentell, sie dient dem Versuch bestimmter Gruppen, auf Kosten anderer Gruppen oder Einzelner Vorteile zu erlangen und zu akkumulieren. Sie beruht auf der Logik der Konkurrenz. Sie soll durch den genannten Umgang mit Informationen Gruppen oder Einzelne zu einem bestimmten Verhalten bewegen oder von ihm abhalten; durch potenzielle oder reale physische, ideologische oder strukturelle Gewalt sollen sie beeinflusst werden.

Das Ideal der Privatheit in modernen Gesellschaften geht auf die Aufklärung zurück. Der Kapitalismus beruht auf dem Gedanken, dass die Privatsphäre von der Öffentlichkeit getrennt und abgeschirmt sein sollte und die Autonomie und Anonymität des Individuums erfordert. Ihre Durchsetzung geht mit der Durchsetzung des zentralen Ideals der Freiheit des Privateigentums verbunden. Dieses besagt, dass Menschen das Recht auf soviel Reichtum haben, wie sie wollen, solange er geerbt oder durch eigene Leistungen erworben wird. Privateigentum und soziale Gleichheit stehen miteinander in Widerspruch. Was und wie viel ein Mensch besitzt, gilt in vielen zeitgenössischen Gesellschaften als Privatangelegenheit. Die Geheimhaltung von Eigentumsverhältnissen ist eine vorbeugende Maßnahme dagegen, dass das Privateigentum öffentlich infrage gestellt, politisch oder individuell angegriffen wird.

Der Kapitalismus braucht Anonymität und Privatheit, um zu funktionieren. Eine vollständige Privatheit ist in der modernen Gesellschaft aber nicht möglich, weil Fremde gesellschaftliche Beziehungen zueinander eingehen, die Vertrauen erfordern oder Tauschprozesse mit sich bringen. Vertrauen wiederum erfordert die Kenntnis bestimmter Daten über den Anderen, besonders in kapitalistischen Marktbeziehungen. Deshalb wird dessen Vertrauenswürdigkeit mithilfe von Überwachungsmaßnahmen geprüft. Unternehmen versuchen soviel wie möglich über Jobbewerber, Mitarbeiter, Verbraucher und Konkurrenten herauszufinden; gebräuchliche Mittel dafür sind diverse Formen von Überwachung und Spionage. Da ihr Ziel darin besteht, immer mehr Kapital zu akkumulieren, sind sie daran interessiert, möglichst viel über ihre Arbeiter zu wissen (um sie kontrollieren zu können), ebenso wie über die Interessen, Geschmäcker und Verhaltensweisen ihrer Verbraucher. Das Ergebnis ist Überwachung.

Die Ideale der Moderne (etwa die Freiheit des Eigentums) erzeugen auch Phänomene wie die Ungleichheit von Einkommen und Vermögen, Armut, Arbeitslosigkeit, prekäre Lebens- und Arbeitsbedingungen, Kriminalität usw. Die Herstellung von Vertrauen, sozioökonomische Differenzen und Unternehmensinteressen sind drei Momente der Moderne, die Überwachung notwendig machen. Deshalb fördert die Moderne zwar einerseits das Ideal eines Rechts auf Privatsphäre, muss sie aber andererseits beständig eine Überwachung vorantreiben, die eben dieses Recht auszuhöhlen droht. Der Widerspruch zwischen Idealen der Privatheit und Überwachung ist daher grundlegend für den Kapitalismus.

Ein anderes Verständnis der Privatsphäre

Wenn wir über Datenschutz bei Facebook diskutieren, sollten wir über bürgerliche Konzeptionen folglich hinausgehen. Ein sozialistisches Verständnis des Rechts auf Privatheit zielt auf einen besseren Schutz von Verbrauchern und Bürgern vor der Überwachung durch Unternehmen. Nur hier ist eine wirtschaftliche Privatsphäre erstrebenswert, nicht aber dort, wo sie die Reichen und das Kapital der öffentlichen Rechenschaft entzieht. Bei deren Einkommen ist vielmehr durch öffentliche Überwachung Transparenz herzustellen, um das Reichtumsgefälle im Kapitalismus sichtbar zu machen. Eine sozialistische Konzeption kehrt die bestehenden Werte somit um: Während Überwachung heute dem Schutz des Privateigentums dient und sich gegen Arme und besitzlose Bürger richtet, zielt ein sozialistisches Verständnis des Rechts auf Privatheit darauf, das Kapital und die Reichen im Sinne von mehr Transparenz zu überwachen und gleichzeitig die Privatsphäre von Verbrauchern und Arbeitern zu schützen.

Somit ginge es um ein kollektives Recht beherrschter und ausgebeuteter Gruppen, die Schutz vor der Herrschaft von Unternehmen benötigen, deren Informationserfassung auf die Disziplinierung von Arbeitern und Verbrauchern zielt – zugunsten von Kapitalakkumulation, höherer Produktivität und effektiverer Werbung. Die liberale Konzeption und die Realität eines individuellen Rechts auf Privatheit schützt innerhalb des Kapitalismus die Reichen und entzieht die Anhäufung immer größerer Vermögen dem Blick der Öffentlichkeit. Eine sozialistische Konzeption, die von einem kollektiven Recht von

Arbeitern und Verbrauchern auf Privatsphäre ausgeht, kann Menschen vor dem Missbrauch ihrer Daten seitens Unternehmen schützen. Somit lautet die Frage: *Wessen* Privatsphäre? Geht es um herrschende Gruppen, um ihre Fähigkeit, Macht und Reichtum vor der Öffentlichkeit geheimzuhalten, dann kann der Begriff problematisch werden; geht es hingegen um die unteren Schichten der Machtpyramide, um Verbraucher und gewöhnliche Bürger, dann kann er Schutz vor den herrschenden Interessen bedeuten. Das Recht auf Privatheit sollte daher nach der Position differenziert werden, die Einzelne und Gruppen innerhalb von Machtstrukturen einnehmen.

7.3   Facebook und Ideologie

»Auschwitz gefällt mir«

Auschwitz Memorial / Muzeum Auschwitz
1 November at 19:00 ·

On 1 November 1942 around 1:30 a.m. a transport of Jews from the Netherlands with 659 people arrived. After the selection all people were sent to the gas chambers. On the same day the 28th transport of Jews from Berlin arrived at the camp with 1,014 people, mostly women and old people. After the selection 37 women were registered in the cmap. 977 people were killed in the gas chambers.

Like   Comment   Share

248 people like this.   Top Comments ▾

Mit dem »Gefällt mir«-Knopf befördert Facebook eine Ideologie der Gefälligkeit. Man kann nur Gefallen an Seiten und Postings bekunden, kein Missfallen. Facebook möchte eine affirmative Atmosphäre schaffen, in der die Nutzer einander immer beipflichten und niemals Dissens formulieren. Die Eindimensionalität der »Gefällt mir«-Funktion wird von Nutzern seit langem kritisiert. Bereits 2010 sagte Zuckerberg, Facebook ziehe »auf jeden Fall in Erwägung«, einen »Gefällt mir nicht«-Knopf einzuführen.[105] Im September 2015 gab er bekannt, es würden Möglichkeiten getestet, wie Nutzer unterschiedliche Gefühle ausdrücken könnten.[106] Am 24. Februar 2016 schließlich führte Facebook ergänzend zum »Gefällt mir« die Reaktionen

---

[105] Should Facebook add a dislike button? *CNN Online*, 22.07.2010.
[106] 'Dislike' button coming to Facebook. *BBC Online*, 16.09.2015.

»Love«, »Haha«, »Wow«, »Traurig« und »Wütend« ein. Positive Gefühle werden dabei mit vier Knöpfen weiterhin begünstigt, nur zwei negative Reaktionen sind möglich (»traurig«, »wütend«). Zudem sind sie hinter dem »Gefällt mir«-Knopf versteckt, der aktiviert wird, wenn man ihn anklickt. Nur wenn man den Cursor darauf bewegt, ohne zu klicken, erscheinen die anderen fünf Optionen, wobei das »Gefällt mir«-Symbol am nächsten am Cursor steht und das »Wütend«-Symbol weiter entfernt ist. Zuspruch wird durch dieses Design also eher gefördert als ein Ausdruck von Wut. Für Facebooks Anzeigenkunden erhöht dies die Wahrscheinlichkeit, dass ihre Produkte und Postings eher für gut befunden als abgelehnt werden.

Abbildung 7.2 zeigt ein Beispiel dafür, wie problematisch Facebooks »Gefällt mir«-Ideologie ist. Vielen Nutzern gefiel ein Posting auf der Facebook-Seite der Gedenkstätte Auschwitz, in dem daran erinnert wird, dass am 1. November 1942 659 niederländische Juden in den dortigen Gaskammern ermordet wurden.[107] Man darf annehmen, dass die meisten der Nutzer, die den »Gefällt mir«-Knopf drückten, keine Neonazis sind, sondern ihr Entsetzen über das Geschehene ausdrücken wollten. Facebooks Alles-Prima-Ideologie lässt es aber nicht zu, negative Gefühle auszudrücken; Trauer über Auschwitz wird in ein Gefallen an Auschwitz verdreht. Ein »Gefällt mir« wirkt verkaufsfördernd, gegenteilige Optionen bergen für Unternehmen das Risiko negativer Bewertungen. Für Facebook ist es deshalb profitabler, Nutzern durch die Konstruktion der Seite die Äußerung nahezulegen, dass ihnen Unternehmen gefallen – und auch Auschwitz »gefällt«. »Anhand der Facebook-Seite der Gedenkstätte Auschwitz lässt sich gut verdeutlichen, wie unsere gesellschaftlichen Diskurse heute von der Affirmation von Facebook abhängen – wer zur neuen digitalen Öffentlichkeit gehören will, der muss auf Facebook sein« (Bunz 2013, 139).

Abbildung 7.3 zeigt, wie die neuen Reaktionsknöpfe auf der Facebook-Seite von Coca-Cola genutzt wurden. Coca-Cola ist ein wirtschaftliches Schwergewicht, auf der Forbes-Liste der größten transnationalen Unternehmen belegte es 2016 Platz 83, im Jahr davor erzielte es einen Gewinn von 7,3 Milliarden Dollar.[108] Entsprechend groß ist sein Werbebudget, und auf Facebook zählt es zu den stärks-

---

[107] Das Beispiel der »Gefällt mir«-Kommentierung des Postings der Gedenkstätte hat Bunz (2013, 138) in den akademischen Diskurs eingeführt.

[108] Datenquelle: Forbes 2000, 2016 list, http://www.forbes.com/global2000, abgerufen am 26.09.2016.

ten und sichtbarsten Unternehmen – Ende 2016 verzeichnete seine
Seite rund 100 Millionen »Gefällt mir«-Reaktionen. Auf das abgebil-
dete Posting, das die Einführung von Coca-Cola Zero Sugar ankün-
digt, gab es 97 Reaktionen: 91mal »Gefällt mir«, 5mal »Love« und
einmal »Haha«. Eine negative Reaktion gab es nicht; Design und
Struktur der Marken-Seiten auf Facebook laden nur zu positiven
Reaktionen ein.

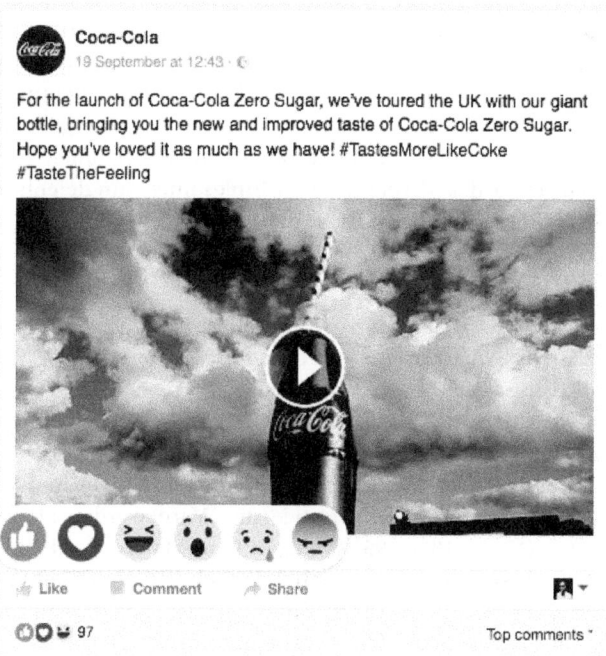

Abbildung 7.3: Ein Beispiel für die Reaktionsknöpfe auf einer Facebook-
Seite

Der liberale Fetischismus der Privatsphäre

Liberale Theorien heben gewöhnlich die positiven Seiten von Privatheit hervor oder stellen sie als eine anthropologische Konstante in
sämtlichen Gesellschaften dar, ohne ihre spezifische Rolle im Kapitalismus zu berücksichtigen. Solove (2008, 98) führt die positiven Werte
auf, die in der existierenden Literatur mit ihr verbunden werden:
Ansehen, Autonomie, Demokratie, Exzentrik, Freiheit, Freundschaft,
Gedankenfreiheit, Gegenkultur, Individualität, Intimität, Kreativität,
menschliche Beziehungen, Phantasie, psychische Gesundheit, Selbst-

verwirklichung, Unabhängigkeit, Würde. Hinzufügen ließen sich (siehe die Beiträge in Schoeman 1984a): Emotionale Entspannung, individuelle Integrität, Liebe, Persönlichkeit, Pluralismus, Respekt, Selbstbestimmung, Selbstreflexion, Toleranz, Vertrauen.

Analysen, die Privatheit mit universellen positiven Werten assoziieren, befassen sich zumeist nicht mit ihren möglichen oder tatsächlichen negativen Effekten und mit dem Verhältnis ihrer modernen Gestalt zu Privateigentum, Kapitalakkumulation und sozialer Ungleichheit. Sie wird ahistorisch als ein universelles menschliches Prinzip mit positiven Effekten für Individuum und Gesellschaft dargestellt. Ausgespart bleiben dabei Themen wie Ausbeutung und Reichtumsgefälle, die die politische Ökonomie des Kapitalismus betreffen. Wenn Privatheit im modernen Sinn jedoch auch negative Aspekte hat, etwa das Verbergen von Einkommensungleichheit und Wirtschaftskriminalität, dann ist es natürlich problematisch, diese zu übergehen und zudem moderne Werte als kennzeichnend für alle Gesellschaften darzustellen.

Karl Marx charakterisiert den Warenfetischismus als eine soziale Form, in der das »bestimmte gesellschaftliche Verhältnis der Menschen selbst« als »die phantasmagorische Form eines Verhältnisses von Dingen« (Marx 1867, 86) erscheint. Fetischismus missversteht von Menschen hervorgebrachte, also soziale und geschichtliche Phänomene als etwas Natürliches, das auf immer und ewig in allen Gesellschaften existiere. Phänomene wie die Ware werden als »ewige Wahrheiten« (Marx 1867, 95, Anm. 32) proklamiert. Ahistorische Theorien der Privatsphäre, die deren Beziehung zum Kapitalismus ausblenden oder nur ihre positive Rolle hervorheben, lassen sich mit Marx als ein Fetischismus der Privatsphäre beschreiben. Im Gegensatz dazu argumentiert Barrington Moore auf der Grundlage anthropologischer und geschichtlicher Analysen, dass Privatheit nicht ein allgemein menschliches Bedürfnis wie jenes »nach Luft, Schlaf oder Nahrung« sei (Moore 1984, 71), sondern »ein gesellschaftlich erzeugtes«, das historisch variiere (73). Es entwickele sich nur in Gesellschaften mit einer von komplexen sozialen Beziehungen geprägten Öffentlichkeit, die als »unangenehme oder bedrohliche Verpflichtungen« (72) wahrgenommen würden. Diese Situation führt Moore auf sozial geschichtete Gesellschaften zurück, in denen es Gewinner und Verlierer gibt. Die Alternative dazu sei die »direkte Partizipation an Entscheidungen, die das alltägliche Leben betreffen« (79).

Der Fetischismus der Privatsphäre in der Forschung über Facebook

Eine spezifische Form dieses Fetischismus findet sich in der Forschung über Facebook und andere soziale Online-Netzwerke. Im Zentrum steht dabei zumeist die Preisgabe von Informationen durch die (oftmals jüngeren) Nutzer selbst. Bürgerlichen Forschern zufolge ist die Privatsphäre von Nutzern also deshalb gefährdet, weil diese zu viele Informationen über sich verfügbar machen und dadurch zur Zielscheibe von Kriminellen oder von Belästigung werden. Sie gilt solchen Ansätzen als ein individuelles Phänomen, das die Nutzer selbst durch das richtige Verhalten schützen können. Übergangen werden dabei sämtliche Probleme, die aus der politischen Ökonomie von Facebook hervorgehen, etwa Werbung, Kapitalakkumulation, die Ausbeutung von Nutzern und die Aneignung ihrer Daten für wirtschaftliche Zwecke. Daher kann man hier von einem auf Facebook bezogenen Fetischismus der Privatsphäre sprechen.

Marx betont, dass die kritische Gesellschaftstheorie nicht moralisierend ist, da das menschliche Verhalten die Lebensumstände der Individuen ausdrückt. Kritische Theoretiker »stellen nicht die moralische Forderung an die Menschen: Liebet Euch untereinander, seid keine Egoisten pp.; sie wissen im Gegenteil sehr gut, daß der Egoismus ebenso wie die Aufopferung eine unter bestimmten Verhältnissen notwendige Form der Durchsetzung der Individuen ist.« (Marx und Engels 1846, 229). Unkritische Analysen sozialer Online-Netzwerke führen zu moralischer Verurteilung und dem simplen Schluss, persönliche Daten zu veröffentlichen sei verwerflich. Marx paraphrasierend könnte man sagen, dass kritische Theoretiker dagegen nicht die moralische Forderung an die Nutzer stellen, keine persönlichen Daten auf öffentliche Internetplattformen hochzuladen, wissen sie doch sehr gut, dass ein solches Verhalten eine unter kapitalistischen Verhältnissen notwendige Form der Selbstbehauptung der Individuen ist. Mehr noch, das Teilen persönlicher Informationen ist auch eine Form von Kommunikation, der Beziehung zu anderen. Dass es vielen Nutzer unpraktikabel erscheint, ihre Profile zu verbergen, hat den Grund, dass sie von anderen gesehen und kontaktiert werden möchten.

Der auf Facebook bezogene Fetischismus der Privatsphäre lässt sich auch als ein Opferdiskurs beschreiben: Soziale Online-Netzwerke bergen demnach Gefahren, die Nutzer könnten Opfer von Kriminellen werden, etwa durch Cyberstalking, sexuelle Belästigung, Drohungen psychisch Kranker, Datendiebstahl, Betrug usw. Entsprechende Studien verorten das Problem häufig in einem Mangel an individueller Verantwortlichkeit und Wissen, der Nutzer dazu verleite, sich durch Veröffentlichung zu vieler privater Informationen Risiken auszusetzen, anstatt beispielsweise die Möglichkeit zu wählen, ihr Profil nicht für alle anderen Nutzer einsehbar zu machen. Ein Problem dieses Opferdiskurses ist die Implikation, junge Menschen seien verantwortungslos, passiv und schlecht informiert, ältere dagegen verantwortlicher, weshalb erstere deren Werte als moralisch überlegen anerkennen und zur eigenen Richtschnur machen sollten. Noch bedenklicher ist aber, dass damit eine technische Lösung für soziale Probleme nahegelegt wird – mehr Schutz der Privatsphäre –, ohne zu berücksichtigen, dass sie möglicherweise neue Probleme schafft: Weniger Sichtbarkeit kann für die Nutzer weniger Spaß, weniger Kontakte und daher weniger Befriedigung bedeuten und zudem Ungleichheiten im Informationsbereich vertiefen. Ein weiteres Problem ist die implizite oder explizite Schlussfolgerung, dass Kommunikationstechnologien als solch negative Folgen zeitigen – ein pessimistisches Urteil, das bestimmte Risiken in der Technik selbst ausmacht.

Die dabei angenommene Kausalbeziehung ist eindimensional: Technik hat nur eine Auswirkung auf die Gesellschaft, nämlich eine negative. Doch sowohl Technik wie Gesellschaft sind komplexe, dynamische Systeme, die in gewissem Maß unkalkulierbar sind und aufgrund ihrer Komplexität sehr wahrscheinlich nicht nur eine, sondern mehrere – mindestens zwei – Auswirkungen haben werden, die zudem widersprüchlich sind (Fuchs 2008a). Der technikpessimistische Opferdiskurs ist individualisierend und ideologisch. Im Fokus der Analyse steht das individuelle Nutzerverhalten, dessen Prägung durch den gesellschaftlichen Kontext von Informationstechnologien – etwa Überwachung, globaler Krieg gegen den Terror, Konzerninteressen, Neoliberalismus und kapitalistische Entwicklung – unbeachtet bleibt.

Im Gegensatz zu solchem Fetischismus besteht die Aufgabe kritischer Internetforschung darin, Fragen von Privatsphäre und Datenschutz bei Facebook im Kontext der politischen Ökonomie des Kapitalismus zu analysieren.

7.4   Datenschutz und die politische Ökonomie von Facebook

Privatsphäre und Privateigentum

Marx bezieht die Figur des Privatindividuums auf das Privateigentum. Im liberalen Verständnis gehe es um den Menschen »als isolierter auf sich zurückgezogener Monade. [...] Die praktische Nutzanwendung des Menschenrechtes der Freiheit ist das Menschenrecht des Privateigentums.« (Marx 1843, 364). Die Verfassung der modernen Gesellschaft sei die »Verfassung des Privateigentums« (Marx 1843a, 313).

Für Hannah Arendt ist der moderne private Bereich einer, in dem Menschen etwas beraubt werden – unter anderem »der Möglichkeit, etwas zu leisten, das beständiger ist als das Leben. Der privative Charakter des Privaten liegt in der Abwesenheit von anderen.« (Arendt 1981, 58) Der einzig positive Bezug »des Öffentlichen zum Privaten« zeige sich »in der Pflicht des Staates [...], Privateigentum zu schützen« (60).

Habermas (1990) betont, dass das moderne Konzept von Privatheit durch seine kapitalistische Trennung von der Öffentlichkeit bedingt sei. Er spricht von einer illusionären Ideologie, einer »Sphäre der Scheinprivatheit» (244), die in Wirklich eine Gemeinschaft von Konsumenten sei (243) und in der durch Freizeit und Konsum die Reproduktion der Arbeitskraft stattfinde, damit sie gesund, produktiv und ausbeutbar bleibt (247).

Die Theorien von Marx, Arendt und Habermas haben recht unterschiedliche politische Implikationen, alle drei betonen jedoch, dass es wichtig ist, die Begriffe Privatheit, Privatsphäre und Öffentlichkeit analytisch auf die politische Ökonomie des Kapitalismus zu beziehen. Mit Blick auf Facebook sollte eine kritische Analyse daher nicht nur die Preisgabe persönlicher Daten, sondern auch die politische Ökonomie und Eigentumsstrukturen des Unternehmens in den Blick nehmen. Diese von Marx, Arendt und Habermas betonte Dimension wird in den meisten zeitgenössischen Analysen zu Privatsphäre und Datenschutz im Web 2.0 und auf sozialen Netzwerkseiten vernachlässigt.

Facebook ist ein kapitalistisches Unternehmen, sein Ziel besteht in der Erwirtschaftung von Profit. Dafür setzt es auf personalisierte Werbung: Anzeigen werden auf die Konsuminteressen der Nutzer zugeschnitten. Soziale Netzwerkseiten eignen sich dafür besonders gut, weil sie gewaltige Mengen an Daten über die Vorlieben der Nutzer (»Gefällt mir«) speichern und kommunizieren, deren Auswertung Prognosen darüber erlaubt, welche Produkte die Nutzer am ehesten kaufen könnten. Dies erklärt, weshalb personalisierte Werbung die Haupteinnahmequelle der meisten profitorientierten sozialen Netzwerkseiten ist.

Facebook arbeitet mit massenhafter Überwachung, indem es die persönlichen Daten und Informationen über das Verhalten von mehreren hundert Millionen Nutzern speichert, vergleicht, auswertet und weiterverkauft. Diese massenhafte Überwachung ist aber zugleich individualisiert, denn erst die detaillierte Analyse der Interessen und des Online-Verhaltens jedes einzelnen Nutzers sowie der diesbezügliche Vergleich mit anderen Nutzern ermöglicht es Facebook, sie in Gruppen mit bestimmten Konsuminteressen einzuordnen und jedem Einzelnen mithilfe algorithmischer Selektion und Vergleichsmechanismen maßgeschneiderte Anzeigen zu präsentieren. Die Überwachung auf Facebook ist eine massenhafte Selbstüberwachung (Fuchs 2011a), die Schattenseite der Massen-Selbst-Kommunikation (Castells 2009) unter kapitalistischen Bedingungen. Damit diese Form von Online-Überwachung funktioniert, müssen die Nutzer permanent etwas eingeben und tun. Bestimmte Charakteristika des Web 2.0, besonders das Hochladen von nutzergeneriertem Inhalt und der ständige Kommunikationsfluss, machen dies möglich.

Um die politische Ökonomie von Facebook zu verstehen, muss man sowohl den rechtlich-politischen Rahmen als auch sein Akkumulationsmodell analysieren.

Datenschutz bei Facebook

Der Einsatz wirtschaftlicher Überwachung und personalisierter Werbung wird rechtlich durch Facebooks Datenschutzerklärung abgesichert. In diesem Abschnitt werde ich eine qualitative Analyse der darin enthaltenen Passagen über Werbung durchführen.

Facebook kann seinen Umgang mit Nutzerdaten weitgehend selbst bestimmen, weil es im kalifornischen Palo Alto ansässig ist – wie Studien zum Thema gezeigt haben, besteht kaum Datenschutz in den USA, die in dieser Hinsicht hinter Europa zurückbleiben (Tavani 2010, 166; Wacks 2010, 124; Zureik und Harling Stalker 2010, 15). Gesetze gelten nur für staatliche Datenbanken, kommerzielle Überwachung hingegen wird im Sinne der Profitmaximierung zugelassen (Ess 2009, 56; Lyon 1994, 15; Rule 2007, 97; Zureik 2010, 351).

Facebooks Nutzungsbedingungen und Datenrichtlinie sind charakteristisch für dieses liberale Datenschutzmodell der USA, das primär auf der Selbstregulierung der Unternehmen beruht. Sie stehen auch exemplarisch für die Probleme dieses wirtschaftsfreundlichen Modells: Wenn Datenschutz freiwillig ist, beteiligen sich zumeist nur sehr wenige Organisationen daran. »Selbstregulierung wird immer mit dem Eindruck zu kämpfen haben, dass sie eher symbolisch als real ist, denn zuständig für ihre Implementierung sind genau die, die ein handfestes Interesse an der Verarbeitung persönlicher Daten haben.« (Bennett und Raab 2006, 171). »In den Vereinigten Staaten bezeichnen wir Regierungseingriffe als Herrschaft und die Ordnung des Marktes als Freiheit. Wir sollten anerkennen, dass der Markt nicht automatisch Vielfalt garantiert, sondern (wie das Beispiel der USA zeigt) auch eine gravierende Einschränkung von Freiheit bewirken kann« (Jhally 2006, 60).

Joseph Turow (2006, 83–84) meint, die Datenschutzrichtlinien kommerzieller Internetseiten seien oft undurchsichtig und in einem sperrigen Juristenjargon gehalten, aber höflich formuliert. Zunächst werde dem Nutzer versichert, man kümmere sich um den Schutz seiner Daten, um sodann in einen langen Text Bestimmungen einzustreuen, wonach persönliche Daten an (zumeist nicht näher benannte) »Partner« weitergegeben werden dürfen. Zweck der Übung sei es, die Erfassung und den Verkauf von werberelevanten Daten zu verschleiern. Diese Analyse lässt sich auch auf Facebook beziehen. In einem anderen Werk schreibt Turow (2011, 190), werbefinanzierte Internetseiten seien »Reputationsspeicher: Ströme aus Anzeigen, Informationen, Unterhaltung und Nachrichten sind auf individuelle Profile und statistisch gesehen ähnliche Nutzer abgestimmt«. Die Konsumkultur habe eine Verschiebung von Medien, die Gesellschaft erzeugen, zu solchen, die Segmente erzeugen, bewirkt: »Segmenterzeugende Medien fördern das Selbstgespräch kleiner Ausschnitte der Gesellschaft, gesellschaftserzeugende Medien hingegen haben das Potenzial, all diese Segmente miteinander ins Gespräch zu bringen.« Erstere ermöglichten es Anzeigenkunden, »Differenzen zwischen Konsumenten aufzuspüren und auszubeuten« (Turow 2011, 193).

Facebook versichert seinen Nutzern, es gehe verantwortungsvoll mit ihren Daten um und sie selbst hätten die vollständige Kontrolle darüber. Einleitend heißt es in der Datenrichtlinie: »Wir geben dir die Möglichkeit, Inhalte zu teilen und die Welt offener und verbundener zu machen.«[109] Dabei verkauft Facebook Nutzerdaten an Werbekunden für zielgerichtete Anzeigen: »Wir möchten, dass unsere Werbung genauso relevant und interessant ist, wie die anderen Informationen, die du auf unseren Diensten findest. Vor diesem Hintergrund verwenden wir sämtliche Informationen, die wir über dich haben, um dir relevante Werbeanzeigen zu zeigen.«[110]

In den Datenrichtlinien vermeidet es Facebook, vom Verkauf nutzergenerierter und demografischer Daten zu sprechen. Stattdessen ist vom »Teilen« von Informationen mit »Dritten« die Rede, ein Euphemismus für die Kommodifizierung von Nutzerdaten. Das Verb »teilen« taucht mehrere Dutzend Mal auf, »verkaufen« und »Ware« dagegen an keiner einzigen Stelle.

Eine klare Einwilligung?

Facebook bietet keine Einstellungen an, mit denen Nutzer Anzeigenkunden den Zugang zu ihren Daten verwehren können (es gibt nur kleinere Wahlmöglichkeiten in puncto »soziale Werbung« in Facebook-Gruppen von Freunden). Nutzer werden nicht gefragt, ob sie personalisierte Werbung nötig finden und ihr zustimmen.

Grundsätzlich arbeitet Facebook mit solcher maßgeschneiderten Werbung. In den Werbeeinstellungen können sich Nutzer per Opt-out-Verfahren dagegen entscheiden, dass ihre Daten auch an anderen Stellen im Netz erfasst werden (zum Beispiel die besuchten Webseiten oder die Apps auf ihrem Smartphone). Doch auch dann beruht die präsentierte Werbung auf dem Nutzerverhalten auf Facebook und den Profildaten und bleibt die Zahl der Anzeigen dieselbe, wie das Unternehmen selbst angibt. Facebook nimmt an, dass sein Algorithmus Interessen und Geschmäcker kalkulieren und vorhersagen kann. Dass manche Nutzer mit der Erfassung, Analyse und Kommodifizierung ihrer Daten keineswegs einverstanden sind, schließt diese Strategie aus.

Wer Facebook nutzen will, muss der Datenrichtlinie zustimmen und willigt damit in den Verkauf seiner Selbstbeschreibung, hochgeladenen Daten und Transaktionsdaten an Werbekunden ein. Da Facebook die am zweithäufigsten genutzte Internetplattform der Welt ist, wollen viele nicht darauf verzichten, andernfalls würden sie die Möglichkeit aufgeben, mit Freunden und Kollegen in Kontakt zu bleiben und neue

---

[109] Facebook-Datenrichtlinie, Version vom 29.06.2016, https://de-de.face book.com/policy.php, abgerufen am 25.05.2018.
[110] Ebd.

Bekanntschaften zu machen, und in ihren Bezugsgruppen vielleicht sogar als Außenseiter behandelt werden. Facebook nötigt seine Nutzer dazu, der Verwendung ihrer Daten für wirtschaftliche Zwecke zuzustimmen – sonst kann man die Plattform nicht nutzen. Von einer Einwilligung kann man hier nicht sprechen, denn die Nutzer werden nicht wirklich gefragt, ob sie mit solchem Datenverkauf einverstanden sind. Wenn Facebook also von einer Einwilligung der Nutzer spricht, verbrämt dies nur die Kommodifizierung von Nutzerdaten als einen einvernehmlichen Vorgang. Facebook stützt sich auf eine Theorie der Kontrolle der Privatsphäre und geht davon aus, dass Nutzer auf Datenschutz verzichten wollen, um Zugang zu der Plattform genießen.

Ausbeutung bei Facebook

Im Anschluss an Dallas Smythes (1977, 1981/2006) Begriff der Publikumsware wurde in Abschnitt 5.3 das Konzept der Internet-Prosumenten-Ware eingeführt. Die Kommodifizierung von Internet-Prosumenten, verbunden mit ökonomischer Überwachung, die personalisierte Werbung ermöglicht, bildet den Kern der Kapitalakkumulationsstrategie vieler kommerzieller sozialer Medien.

Kommodifizierung und digitale Arbeit auf Facebook

Die Überwachung auf Facebook gilt dynamischen Prosumenten, die permanent Inhalte schaffen, durch Profile und Daten browsen, interagieren, Gemeinschaften beitreten, gründen und aufbauen und gemeinsam Informationen produzieren. Die Plattformbetreiber und ihre Werbekunden erfassen ununterbrochen persönliche Daten und Informationen über Online-Verhalten, speichern sie, führen sie zusammen und werten sie aus. Dadurch können sie detaillierte Profile der Nutzer mit ihren persönlichen Interessen und Online-Aktivitäten erstellen. Facebook verkauft seine Prosumenten als eine Ware an Werbekunden; diese erhalten gegen Geld Zugang zu Nutzerdaten, die eine wirtschaftliche Überwachung ermöglichen. Der Tauschwert der Facebook-Prosumentenware ist der Geldbetrag, den die Betreiber von ihren Werbekunden bekommen, ihr Gebrauchswert die Vielzahl von persönlichen Daten und Informationen über die von der Waren- und Wertform dominierte Nutzung der Seite. Die Überwachung der von den Prosumenten erzeugten Gebrauchswerte – persönliche Daten und Interaktionen – ermöglicht personalisierte Werbung, die darauf zielt, die Prosumenten zum Konsum zu verführen und ihre Wünsche und Bedürfnisse im Interesse von Unternehmen und der von ihnen feilgebotenen Waren zu manipulieren.

Zunächst kommodifiziert Facebook Nutzerdaten und verkauft sie als Waren an Werbekunden. Dies führt in einem zweiten Schritt dazu, dass die Nutzer verstärkt der Warenlogik ausgesetzt werden. Sie sind gleich doppelt Objekte von Kommodifizierung: Die Produkte ihrer Subjektivität werden zu Waren und ausgehend von dieser Kommodifizierung wird ihr Bewusstsein, wann immer sie online sind, in Form von Anzeigen durch die Warenlogik beeinflusst. Wer online ist, wird fast durchgehend mit Werbung traktiert. Die maßgeschneiderten Anzeigen auf Facebook beruhen auf den persönlichen Daten der Nutzer, ihren Interessen, Interaktionen, Informationsverhalten und auch Interaktionen mit anderen Webseiten. Wer Facebook nutzt, interagiert also nicht nur mit anderen und sieht sich Profile an – all diese Aktivitäten werden zugleich durch Anzeigen eingerahmt, denen eine ununterbrochene Überwachung zugrunde liegt. Diese Anzeigen entsprechen nicht unbedingt den wirklichen Bedürfnissen und Wünschen der Nutzer, denn sie beruhen auf Kalkulationen, während Bedürfnisse viel komplexer und spontaner sind. Werbung drückt vor allem Marketingentscheidungen und wirtschaftliche Machtverhältnisse aus: Sie beinhaltet nicht irgendwelche beliebigen Kaufempfehlungen, sondern solche von Unternehmen, die sich im Unterschied zu anderen Unternehmen oder gemeinnützigen Organisationen solche Werbekampagnen leisten können. Daran wird deutlich, wie selektiv und abhängig von Finanzkraft Werbung tatsächlich ist.

7.5 Edward Snowden und der industrielle Überwachungskomplex

Was ist Überwachung?

David Lyon (2015, 3) definiert Überwachung als »jeglichen systematischen und anhaltenden Fokus auf persönliche Details, sei er spezifisch oder aggregiert, zu einem bestimmten Zweck. Dieser Zweck, die Absicht hinter der Überwachungspraxis, kann darin bestehen, Einzelne oder Gruppen zu beschützen, zu verstehen, zu betreuen, zu kontrollieren, zu steuern oder zu beeinflussen.« Eine so allgemeine Definition wirft mehrere Probleme auf (Fuchs 2011c, 2013a). Wenn ein Nazi-Scherge Juden bewacht, die am nächsten Tag in die Gaskammer geschickt werden, dann handelt es sich nach ihr um eine Form von Überwachung. Aber auch wer ein Babyfon, ein EKG oder ein Frühwarnsystem für Erdbeben im Blick hat, praktiziert demnach Überwachung. Für eine kritische Theorie der Gesellschaft ist ein derart weitgefasster Begriff untauglich. Dagegen gilt es einen rein negativen Begriff stark zu machen, demzufolge Überwachung eine spezifische Form von Kontrolle darstellt und so eine Dimension von Herrschaft, Ausbeutung, Klassenstrukturen, Kapitalismus, Patriarchat, Rassismus und anderen negativen Phänomenen bildet (Fuchs 2011c, 2013a). So wie Adorno (1966) für eine negative Dialektik plädierte, brauchen wir eine auf Foucault und Marx gestützte negative Überwachungsforschung. Zudem wird Überwachung bei einem unspezifischen Verständnis gleichbedeutend mit Informationserfassung und -verarbeitung, womit sich auch zwischen einer Theorie der Überwachung und einer Informationstheorie nicht mehr unterscheiden lässt. Deshalb differenziert Thomas Mathiesen (2013, 17–18, 23) zwischen Informations- und Überwachungssystemen. *Über*wachung impliziert bereits eine soziale Hierarchie, in der eine Person Macht über eine andere ausübt.

Michel Foucault hat den Begriff nie klar definiert, aber als eine negative und repressive Gestalt von Macht beschrieben – als eine Form von Disziplinarmacht. Die Disziplinen wurden demnach »zu allgemeinen Herrschaftsformen« (Foucault 1976, 176), sie umfassen Strafmechanismen (177) und schließen Menschen in Institutionen ein – in Schulen, Waisenhäuser, das Militär, Städte, Fabriken, Gefängnisse, Besserungsanstalten, Psychiatrien, Spitäler usw., um ihr Verhalten zu kontrollieren und sie hierarchisch anzuordnen (181–191), um zu normalisieren, bestrafen, hierarchisieren, homogenisieren, differenzieren und auszuschließen. Um Herrschaft abzusichern, bedienen sich die Disziplinen bestimmter Methoden wie der hierarchischen Überwachung, der normierenden Sanktion und der Prüfung (220-250). Überwachung beruht auf dem Prinzip einer erzwungenen Sichtbarkeit (241), auf einer Macht, die »imstande ist, alles sichtbar zu machen, sich selber aber unsichtbar« (275); sie ist »ein lückenloses Registrierungssystem« (252), eine »Maschine zur Scheidung des Paares Sehen/Gesehenwerden« (202).

Überwachung ist die systematische Erfassung und Verwendung von Informationen zur Beherrschung von Individuen und Gruppen. Sie kann eine bloße Drohung sein und unverhüllt auftreten, um disziplinierend zu wirken; sie kann auch verdeckt erfolgen, sodass sie unbemerkt bleibt. In jedem Fall handelt es sich um ein Herrschaftsverhältnis, um eine gesellschaftliche Beziehung, in der eine Gruppe oder Person auf Kosten anderer Macht erlangt (Geld, Kontrolle, Einfluss, Ansehen). Marx erkannte in der Akkumulation ein Kernprinzip der modernen Gesellschaft. Wenn wir seine Analyse des Kapitalismus ausweiten, können wir sagen, dass moderne Herrschaft auf die Akkumulation von Geld (wirtschaftliche Macht), Entscheidungsmacht (politische Macht) und von Ansehen und Definitionsmacht zielt (kulturelle und ideologische Macht). In einer Verbindung von Marx und Foucault lässt sich Überwachung als systematische Erfassung und Verwendung von Informationen zur Anhäufung von Macht fassen (siehe auch Fuchs 2013a).

Wirtschaftliche und staatliche Überwachung

Die vorherrschenden Formen von Überwachung in der modernen Gesellschaft sind a) die wirtschaftliche Überwachung von Arbeitern, Verbrauchern, Jobbewerbern und Konkurrenten und b) die staatliche Überwachung von Bürgern sowie von mutmaßlichen inneren und äußeren Feinden des Staates. Beides hängt zusammen: Der Staat arbeitet auch mit privaten Anbietern von Sicherheitstechnologien und -diensten zusammen und greift auf Daten zu, die Unternehmen gesammelt haben. Zudem werden deren wirtschaftliche Überwachungsmaßnahmen in bestimmtem Maße durch staatliche Gesetze ermöglicht und eingeschränkt. Dabei geht es um vielfältige Fragen: Dürfen Arbeitgeber ihre Beschäftigten mit Kameras überwachen? Sollte es gesetzlich erlaubt sein, Verbraucher für Werbezwecke zu durchleuchten? Welche Strafe steht auf Industriespionage? Ist es rechtens, wenn Unternehmen nach Daten über Jobbewerber suchen und auf dieser Grundlage entscheiden, ob sie sie einstellen?

Wirtschaftliche Überwachung steht in einer Beziehung zur Innen- und Verteidigungspolitik. Innenpolitik umfasst die Polizei, das Gefängnissystem und die Inlandsgeheimdienste, die die eigenen Bürger ins Visier nehmen. Die Polizei hat insofern mit Eigentumsfragen zu tun, als sie das Privateigentum schützt. Die Überwachung von Bürgern zielt auch auf Personen, die gegen das Eigentumsrecht verstoßen haben, und erfolgt immer häufiger vorbeugend, was Fragen über den Rechtsgrundsatz der Unschuldsvermutung aufwirft – bei Methoden der vorbeugenden Überwachung gelten alle Bürger bis zum Beweis ihrer Unschuld als potenzielle Kriminelle. Das Gefängnissystem setzt Überwachung ein, um Straftäter am Ausbruch zu hindern. Der Inlandsgeheimdienst überwacht Bürger und politische Gruppen, die im Verdacht stehen, sie könnten die Fundamente der staatlichen Ordnung infrage stellen. Die Geschichte der Arbeiterbewegung ist auch eine Geschichte der Überwachung – in den Vereinigten Staaten zum Beispiel von Gewerkschaftern, Kommunisten und Sozialdemokraten in der McCarthy-Ära und später von sozialistischen und Bürgerrechtsorganisationen durch das COINTELPRO (Counter Intelligence Programme). Die Überwachung von sozialistischen Bewegungen und zwecks Schutz des Privateigentums wird zwar vom politischen System übernommen, steht aber in einer recht direkten Beziehung zur Kapitalakkumulation – sie schützt sie vor Störungen durch Proteste und vor der Entwendung von Ressourcen.

Verteidigungspolitik und Auslandsgeheimdienste befassen sich mit äußeren militärischen Bedrohungen des Staates. In diesem Fall gilt Überwachung anderen Nationalstaaten oder bestimmten Institutionen und politischen Gruppen in ihnen. Sie dient vor allem der Verteidigung der Existenz des eigenen Nationalstaats. Jeder Krieg und jede äußere Bedrohung richten sich gegen das gesamte gesellschaftliche System, also auch gegen die kapitalistische Ökonomie. Überwachung zu Zwecken der Landesverteidigung dient somit stets auch der Verteidigung dieser Ökonomie, ebenso wie der des Staates, des Bildungs-, Gesundheits- und Sozialsystems. Indirekt dient sie kapitalistischen Zwecken.

Zu betonen ist, dass der Staat nicht immer ein »Klassenstaat« ist, der kapitalistischen Interessen dient, indem er Überwachung ermöglicht und selbst durchführt. Eine geeignete Regierung kann per Gesetz auch die Rechte von Verbrauchern und Beschäftigten gegen die Überwachung im Interesse von Unternehmen schützen. Der Staat hat durchaus die Macht, Überwachung am Arbeitsplatz und von Verbrauchern zu verbieten oder zumindest erheblich einzuschränken. Dies setzt allerdings eine Politik voraus, die sich an den Interessen von Verbrauchern und Lohnabhängigen orientiert.

Der Überwachungsstaat

Die Sicherheitsindustrie ist besonders seit dem 11. September 2001 gewachsen (Lyon 2003, 2007); der technikdeterministische Glaube, Kriminalität und Terrorismus ließen sich am besten durch eine Überwachungsgesellschaft verhindern, führte zu einem gesteigerten Interesse am Einsatz entsprechender Technologien. David Lyon (2007, 184) meint, dadurch werde der Wohlfahrtsstaat durch den »Sicherheitsstaat« abgelöst; *Law and Order* hat Konjunktur. Juristisch hat der 11. September zur Definition von »Ausnahmezuständen« geführt, »besonders für präventive Militärschläge, Überwachung im Inland und Folter von Terrorverdächtigen«, in der Praxis trug er dazu bei, »Bürger umfangreichen Sicherheitsritualen zu unterziehen (zum Beispiel an Flughäfen) und lukrative Aufträge an private Sicherheitsfirmen zu vergeben« (Monahan 2010, 6). »Nach dem 11. September wurden viele Regierungen von dem Gedanken besessen, Terroristen zu fassen, bevor sie zuschlagen« (Lyon 2003, 52). Auch die europäische Sicherheitspolitik hat sich seitdem »hauptsächlich am Recht von Regierungen orientiert, Zwangs- und Überwachungsmaßnahmen einzusetzen« (Bigo 2010, 265–266).

Stuart Hall et al. (1978) beschreiben, wie sich im Großbritannien der 1970er Jahre mit Blick auf Straßenkriminalität eine moralische Panik entwickelte. Sie sei im Kontext der Krise ab Mitte der Dekade zu sehen und habe der Durchsetzung einer Politik von *Law and Order* gedient, die sich nicht nur gegen Kriminelle, sondern auch gegen die Arbeiterklasse – namentlich die schwarze – und soziale Bewegungen gerichtet habe. Das Ergebnis sei eine »*Law-and-Order*-Gesellschaft« gewesen. In der politischen Konstellation zu Beginn des 21. Jahrhunderts geschah etwas Ähnliches: Der 11. September zeigte eine Krise der westlichen Hegemonie an, deren liberal-kapitalistische Ideologie von religiösen Kräften in arabischen Ländern zurückgewiesen wird.

Der »Krieg gegen den Terror«, der Sicherheitsdiskurs und die ausgeweitete Überwachung führten zu einer politischen Krise, in der sich Krieg und Terror gegenseitig verstärken – ein Teufelskreis, der Hass und Gewalt fördert. Gleichzeitig spitzten Finanzialisierung und Neoliberalismus die Ungerechtigkeit des Kapitalismus zu (was eine soziale Krise darstellt) und machten ihn krisenanfälliger; 2008 brach eine neue Weltwirtschaftskrise aus. So standen die westlichen Gesellschaften in den 2000er Jahren vor einer mehrdimensionalen Krise. Eine der ideologischen Reaktionen darauf bestand in einer Sicherheitspolitik, die auf *Law and Order* und allgegenwärtiger Überwachung beruht und nicht nur auf Kriminelle und Terroristen zielt, sondern alles und jeden einer Sichtbarkeit aussetzt, die eine Eindämmung der in Krisensituationen zunehmenden politischen Proteste erlaubt. Dies höhlt die Rede- und Versammlungsfreiheit aus und verdeutlicht so, wie die moderne Gesellschaft ihren eigenen Grundwerten widerspricht und sie einschränkt.

Thomas Mathiesen (2013, 61) zufolge »traten drei neue Feindbilder an die Stelle des Kommunismus, der Ende der 1980er Jahre als Feindbild verschwand oder an Wirkungskraft verlor«, nämlich Terrorismus, organisierte Kriminalität und die Bedrohung der gemeinsamen Außengrenzen der EU. Die Überzeichnung dieser Feindbilder im öffentlichen Diskurs habe eine beständige Ausweitung und Intensivierung von Überwachung bewirkt. Tatsächliche Terroranschläge beförderten die *Law-and-Order*-Politik und Überwachung zusätzlich, die jedoch nur in Einzelfällen weiteren Terror verhindert habe. Mathiesen plädiert dagegen für eine Stärkung von Demokratie und sozialer Sicherheit als beste Maßnahmen gegen Gewalt. Mehrere Monate vor Edward Snowdens Enthüllungen im Juni 2013 schrieb er: Die »Entwicklung von Systemen der Massenüberwachung, die ›jeden‹ erfassen, könnte man als höchstes Stadium der Überwachung sehen« (Mathiesen 2013, 155).

Snowdens Enthüllungen und die Überwachungsgesellschaft

Überwachung ist nicht nur ein notwendiger Grundzug des Kapitalismus, sondern auch der modernen Gesellschaft und Politik: Sie geht von staatlichen Institutionen wie Polizei und Geheimdiensten aus, die Kriminelle, politische Aktivisten und Staatsfeinde observieren, und von Unternehmen, die Beschäftigte, Kunden und Konkurrenten in den Blick nehmen. Dabei sollen Daten nicht nur gesammelt, sondern im Sinne sozialer Kontrolle auch verwendet werden. Die Durchsetzung der Konsumkultur und des Computers im 20. Jahrhundert haben dabei einige qualitative Veränderungen mit sich gebracht: Überwachung ist heute stärker netzwerkförmig, allgegenwärtiger, auf das Alltagsleben und den Konsum gerichtet und erfolgt in Echtzeit.

Im Juni 2013 enthüllte Edward Snowden mithilfe des *Guardian* die Existenz von gewaltigen Überwachungssystemen wie PRISM, XKeyscore und Tempora, die auf die weltweite Internetkommunikation zielen. Nach den von ihm geleakten Dokumenten erhielt der US-Geheimdienst National Security Agency (NSA) durch das PRISM-Programm direkten Zugang zu Nutzerdaten von acht Online- und IT-Unternehmen: AOL, Apple, Facebook, Google, Microsoft, Paltalk, Skype und Yahoo!.[111] In den Powerpoint-Folien, die er an die Öffentlichkeit brachte, heißt es, die Datensammlung sei »direkt über die Server dieser US-Provider« erfolgt.[112] XKeyScore wiederum kann die NSA dafür nutzen, E-Mails zu lesen, Nutzer im Internet zu verfolgen und ihre besuchten Seiten einzusehen, soziale Medien, Online-Suchen, Online-Chats, Telefonate und Netzwerke von Online-Kontakten zu durchleuchten und die Monitore einzelner Computer zu beobachten. Dabei kann das Programm sowohl Meta- wie Inhalts-

---

[111] NSA Prism program taps in to user data of Apple, Google and others. *Guardian Online*, 07.06.2013. www.theguardian.com/world/2013/jun/06/us-tech-giants-nsa-data, abgerufen am 28.05.2018.

[112] Ebd.

daten durchsuchen.[113] Zudem zeigen die von Snowden geleakten Dokumente, dass der britische Geheimdienst Government Communications Headquarters (GCHQ) Glasfaserkabel anzapfte, um Telefon- und Internetdaten zu sammeln, und solche Daten mit der NSA teilte.[114] Telefonate, E-Mails, Facebook-Postings und Browsingdaten speichert der GCHQ demnach bis zu 30 Tage und analysiert sie.[115] Weitere Dokumente offenbaren, dass in Kooperation mit dem GCHQ auch Geheimdienste in Deutschland (Bundesnachrichtendienst), Frankreich (*Direction Générale de la Sécurité Extérieure*), Spanien (Centro Nacional de Inteligencia) und Sweden (Försvarets radioanstalt) ähnliche Fähigkeiten entwickelten.[116]

Lyon (2015, 18–20) unterscheidet bei den von Snowden entdeckten Überwachungspraktiken drei Ebenen: die Überwachung von Daten aus Kommunikationskabeln; von Nutzerdaten, die bei Unternehmen wie AOL, Apple, Facebook, Google, Microsoft, PalTalk, Skype oder Yahoo! gespeichert sind; und von einzelnen Computern mithilfe von Spyware. Computergestützte Kommunikation erfordert eine Datenübertragung von einem Computer zu mindestens einem anderen durch ein Netzwerk. Ermöglicht wird sie durch Software, die im Internet und/oder auf den einzelnen Computern läuft. Ein Teil der Daten wird zudem häufig online auf Servern, in der »Cloud«, gespeichert. Der von Snowden enthüllte staatlich-industrielle Internetüberwachungskomplex kann auf alle drei Ebenen zugreifen: Kabel, Internetunternehmen und einzelne Computer. Diese Überwachung ist nach Lyon (2015, 80–89) automatisiert, antizipatorisch (mit Analysetools wird vorhergesagt, wer Terrorist werden könnte, was Un-

---

[113] XKeyscore: NSA tool collects »nearly everything a user does on the internet«. *Guardian Online*, 31.07.2013. www.theguardian.com/world/2013/jul/31/nsa-top-secret-program-online-data, abgerufen am 28.05.2018.

[114] GCHQ taps fibre-optic cables for secret access to world's communications. *Guardian Online*, 21.06.2013. www.theguardian.com/uk/2013/jun/21/gchq-cables-secret-world-communications-nsa?guni=Article:in%20body%20link, abgerufen am 28.05.2018.

[115] Ebd.

[116] GCHQ and European spy agencies worked together on mass surveillance. *Guardian Online*, 01.11.2013. www.theguardian.com/uk-news/2013/nov/01/gchq-europe-spy-agencies-mass-surveillance-snowden, abgerufen am 28.05.2018.

schuldige der Gefahr einer Verdächtigung aussetzt, das liberale Prinzip der Unschuldsvermutung unterminiert und auf fehleranfälligen Algorithmen beruht) sowie adaptiv (Daten und Metadaten, die in bestimmten Kontexten generiert wurden, werden zusammengeführt, umfunktioniert und dekontextualisiert).

Die Überwachung von Internet und sozialen Medien ist von verschiedenen Forschern kritisch analysiert worden (Andrejevic 2007, Andrejevic 2013; Fuchs et al. 2012; Fuchs und Trottier 2015; Mathiesen 2013; Trottier 2012; Trottier 2014; Trottier and Fuchs 2015). Angesichts der Ausweitung und Intensivierung von Überwachung und *Law-and-Order*-Politik nach dem 11. September (Ball und Webster 2003; Chomsky 2011; Lyon 2003; Mathiesen 2013; Rockmore 2011) waren Snowdens Enthüllungen nicht überraschend. Die von der NSA und anderen Geheimdiensten betriebene Überwachung des Internets ist eine Form von Deep Packet Inspection, die bereits vor Snowden analysiert wurde (Fuchs 2013b). Was viele jedoch überraschte, sind ihre Dimensionen. Die Informationsgesellschaft des 21. Jahrhunderts ist ohne Zweifel nicht nur eine kapitalistische Gesellschaft, sondern auch eine der Massenüberwachung.

Der staatlich-industrielle Überwachungskomplex und die Machtelite

Snowdens Enthüllungen haben ein Schlaglicht auf Ausmaß und Intensität der staatlichen Überwachung von Internet und sozialen Medien geworfen. Der Begriff des militärisch-industriellen Komplexes hebt die Zusammenarbeit zwischen Unternehmen und staatlichen Institutionen der Innen- und Verteidigungspolitik im Sicherheitsbereich hervor. So beschrieb C. Wright Mills 1956 eine Machtelite, in der wirtschaftliche, politische und militärische Ebenen zusammenfließen:

> *Es gibt nicht mehr einerseits eine Wirtschaft und andererseits eine politische Ordnung, die einen für Politik und Geschäft unerheblichen Militärapparat umfasst. Vielmehr existiert eine politische Ökonomie, die in tausenderlei Weise mit militärischen Institutionen und Entscheidungen verknüpft ist. [...] Es gibt eine immer engere Verschränkung von wirtschaftlichen, militärischen und politischen Strukturen.* (Mills 1956, 7–8)

Snowden hat gezeigt, dass dieser militärisch-industrielle Komplex einen staatlich-industriellen Überwachungskomplex umfasst (Hayes 2012), in den soziale Medien verstrickt sind: Facebook und Google haben jeweils mehr als eine Milliarde Nutzer und wahrscheinlich die größten Bestände persönlicher Daten auf der Welt. Wie andere kommerzielle soziale Medien sind sie in allererster Linie Werbefirmen, die Daten über Interessen, Kommunikation, Standorte, Online-Verhalten und soziale Netzwerke ihrer Nutzer erfassen und kommodifizieren. Das Verhalten der Nutzer wird permanent beobachtet, um die von ihnen generierten Daten in Profit zu verwandeln. Vincent Mosco (2014) spricht von einem militärischen Informationskomplex (7), in dem Überwachungskapitalismus und Überwachungsstaat interagieren (10): Beide betrieben eine massenhafte Kommunikationsüberwachung, Big Data bedeute daher »große Überwachung« (146). Lyon (2015, 13) zufolge zeigen Snowdens Enthüllungen, dass »Überwachung von staatlichen Behörden und Unternehmen gemeinsam durchgeführt wird. [...] Ein starker Staat und Großunternehmen dominieren diese Prozesse«.

Seit dem 11. September hat eine naive technikdeterministische Ideologie, derzufolge Überwachungstechnologien, die Auswertung von Big Data und prognostische Algorithmen Terrorismus vereiteln können, zu einer massiven Verstärkung und Ausweitung der Überwachung geführt. Die Realität zeigt dagegen, dass Terroristen auch mit schlichten Mitteln wie einer Machete gezielt töten können, so geschehen bei dem Mord an einem Soldaten im Südosten Londons im Mai 2013. Hightech-Überwachung wird den Terrorismus niemals aufhalten können, weil die meisten Terroristen klug genug sind, ihre Vorhaben nicht im Internet anzukündigen. Gerade diese Überwachungsideologie aber hat das Interesse von Geheimdiensten an den riesigen Datenbeständen kommerzieller sozialer Medien geweckt. Wie belegt ist, wurden dabei nicht nur Terroristen, sondern auch Demonstranten und zivilgesellschaftliche Aktivisten ins Visier genommen.[117] Staatliche Institutionen und Privatunternehmen arbeiten schon lange bei der Überwachung zusammen, aber der Zugriff auf soziale Medien hat dieser Kooperation eine neue Dimension verliehen: Es ist heute möglich, detaillierte Informationen über vielfältige Aktivitäten von Bürgern zu erlangen, deren unterschiedliche soziale Rollen in sozialen Medien zusammenfließen.

Die von kommerziellen sozialen Medien erzielten Profite sind aber nicht die einzige wirtschaftliche Dimension des heutigen staatlich-

---

[117] Spying on Occupy activists. *The Progressive Online,* Juni 2013. http://progressive.org/spying-on-ccupy-activists, abgerufen am 28.05.2018.

industriellen Überwachungskomplexes: Die NSA hat zudem bestimmte Aufgaben an rund 2 000 private Sicherheitsfirmen ausgelagert, die mit dem Ausspionieren von Bürgern Gewinn machen.[118] Die Firma Booz Allen Hamilton, für die Snowden arbeitete, ist nur eines dieser Unternehmen, die einer Strategie der Akkumulation durch Überwachung folgen. Nach vorliegenden Angaben hatte sie 2015 rund 22 500 Beschäftigte, der Profit stieg von 25 Millionen (2010) auf 84 Millionen (2011), 239 Millionen (2012), 219 Millionen (2013), 232 Millionen (2014) und schließlich 233 Millionen Dollar (2015).[119] Überwachung ist ein großes Geschäft, sowohl für Online-Unternehmen wie für solche Firmen, die im Auftrag der Geheimdienste im Internet spionieren.

Nutzer erzeugen im Internet private, halböffentliche und öffentliche Daten. Im Rahmen des staatlich-industriellen Überwachungskomplexes verwandeln Unternehmen diese Daten in ihr Privateigentum und kommodifizieren sie und greifen Geheimdienste wie die NSA getrieben von einer technikdeterministischen Ideologie ebenfalls auf sie zu, um Terroristen zu stellen, die solche Technologien für ihre Anschlagsplanung möglicherweise niemals verwenden. Um diese Überwachung zu organisieren, bedient sich der Staat zudem privater Sicherheitsfirmen, die mit ihren Ausspähdiensten Profit machen.

Nutzerdaten werden im staatlich-industriellen Überwachungskomplex zunächst im Internet öffentlich oder halböffentlich gemacht, um Nutzerkommunikation zu ermöglichen, sodann zwecks Kapitalakkumulation in Privateigentum der Internetplattformen verwandelt und schließlich von Geheimdiensten abgeschöpft, die sich dergestalt riesiger Datenmengen bemächtigen und sie mithilfe von profitorientierten Sicherheitsfirmen auswerten. Mit der Ausbreitung digitaler Medien und technischer Kommunikationsnetzwerke ist es für jedermann einfacher geworden, andere zu überwachen; jeder kann zum Beispiel ein Smartphone als audiovisuelles Observationsmittel einsetzen. Es wäre jedoch eine falsche Annahme, dass Überwachung dadurch »demokratischer« oder »partizipativer« geworden wäre. Der Fall Snowden führt uns vor Augen, dass sie von Großkonzernen und großen staatlichen Institutionen beherrscht wird. Sie verfügen über machtvollere Technologien als andere und genießen einen lega-

---

[118] A hidden world, growing beyond control. *Washington Post Online.* http://projects.washingtonpost.com/top-secret-america/articles/a-hidden-world-growing-beyond-control, abgerufen am 28.05.2018.

[119] Booz Allen Hamilton. SEC Filings, Form 10-K für verschiedene Jahre.

len Zugriff auf Daten, der anderen verwehrt bleibt. Informationstechnologien sind somit zwar dezentraler und stärker netzwerkförmig geworden, Staat und Unternehmen wissen sie aber für eine Überwachung im großen Maßstab einzusetzen.

Die polyoptische Kommunikation in sozialen und netzwerkförmigen Medien, in denen es zahlreiche Informationsquellen gibt, hat daher laut Mathiesen nicht die panoptische Überwachung abgeschafft: »Die panoptische Form ist nicht verschwunden. Die Macht ist immer noch da. Das polyoptische Profil, bei dem mehrere/viele miteinander kommunizieren, hat das eingleisige Modell nicht ersetzt, sondern ist mit ihm verschmolzen, man könnte sogar sagen: Es hat es verbessert« (Mathiesen 2013, 44). Im staatlich-industriellen Überwachungskomplex haben die mächtigsten Staatsinstitutionen der Welt mit den mächtigsten Kommunikationsunternehmen der Welt kooperiert, um totalitäre Überwachungssysteme zu installieren. Die Beobachtung dezentralisierter Technologien mithilfe vielfältiger Mittel und das Zusammenführen der so erfassten Daten ermöglichen dabei eine zentrale Kontrolle. Das Ergebnis besteht in einer zentralisierten Überwachung, die in der Summe mehr ist als ihre Teile.

Deep Packet Inspection

Die von Snowden enthüllten Internet-Überwachungstechnologien werden als Deep Packet Inspection (DPI) bezeichnet. Die Datenübertragung im Internet beruht auf dem TCP/IP Protocol (Transmission Control Protocol/Internet Protocol), eine Anwendung des Open-Systems-Interconnection-Modells der Datenübertragung in Netzwerken auf den Bereich des Internets. Während das OSI-Modell sieben Schichten der Übertragung umfasst, werden bei TCP/IP fünf daraus (Comer 2004; Stallings 1995).

Jedes Gerät (etwa ein Computer oder Drucker) in einem mit dem Internet verbundenen Netzwerk hat eine bestimmte IP-Adresse. Im Internet Protocol Version 4 (IPv4) besteht sie aus einem 32 Bit langen Kennzeichen (z.B. 170.12.252.3). Um mehr IP-Adressen vergeben zu können, wurden daraus in der Version 6 (Ipv6) 128 bit. Zur Datenübertragung im Internet werden die IP-Adressen des Senders und des Empfängers benötigt.

Wenn ein Nutzer zum Beispiel mit Google nach Informationen sucht, gibt er dort einen Suchbegriff ein. Das ist die Anwendungsebene. Auf der TCP-Ebene nimmt das Transmission Control Protocol (TCP) die Daten, fügt eine Nummer für den Kommunikationsport hinzu (eine

Adresse für die Anwendung) und zerlegt die Daten in Pakete. TCP identifiziert die Ports, die Nummer des Pakets und eine Prüfnummer und bietet so einen zuverlässigen Transportservice (Comer 2004, 386). Auf der IP-Ebene werden sowohl die IP-Adresse des Empfängers als auch das Routing über das Internet festgelegt. Das Internet Protocol (IP) »spezifiert die Adresse: Es unterteilt jede Internetadresse in zwei hierarchische Ebenen: Das Präfix der Adresse identifiziert das Netzwerk, zu dem der Computer gehört, das Suffix den Computer selbst« (Comer 2004, 301). Auf den unteren Ebenen werden die Daten übertragen. Sie werden über diverse Router im Internet geleitet, bis sie – um bei unserem Beispiel zu bleiben – bei Google ankommen. Dort werden sie in der umgekehrten Reihenfolge (von der niedrigsten zur höchsten Ebene) verarbeitet, sodass Daten erzeugt werden, die auf die Suchanfrage antworten und in derselben Weise an den Nutzer zurückgeschickt werden.

Ein TCP/IP-Paket ist ein »kleines, in sich geschlossenes Datenpaket, das durch ein Computernetzwerk geschickt wird. Jedes Paket umfasst einen Header, der Sender und Empfänger identifiziert, und die übertragenen Nutzdaten« (Comer 2004, 666). Die Nutzdaten sind »die in einem Paket enthaltenen Daten« (667), der Header beinhaltet Daten wie die Netzwerkadressen von Sender und Empfänger. In dem TCP/IP-Protocol, das im Internet verwendet wird, heißt das Paket IP-Datagramm.

DPI-Überwachungstechnologien sind in der Lage, die im Internet übertragenen Daten auf allen sieben Schichten des OSI-Modells zu erfassen, die den fünf Schichten des TCP/IP-Protokolls entsprechen – also auch Inhaltsdaten. Eine wichtige Eigenschaft von DPI ist das Erkennen von Objekten im Netzwerk, die eine Meldung und Manipulation auslösen können (Mueller et al. 2012).

Der staatlich-industrielle Überwachungskomplex

Der 11. September hat zu »fehlgeleiteten und gesellschaftlich destruktiven Versuchen geführt, Terroristen zu identifizieren und ihre Anschläge vorherzusagen« (Gandy 2009, 5):

In dieser verallgemeinerten Kontrollgesellschaft, beherrscht vom Managementmodell, besteht die Klammer zwischen den »Stilen« der Marketingspezialisten, den »Bewertungen« von Finanziers und den »Profilen« der Polizei in der Fähigkeit, individuelles Verhalten zu antizipieren, die Wahrscheinlichkeit eines bestimmten Verhaltens zu

bestimmen und auf der Grundlage statistischer Häufigkeiten Katego-
rien zu konstruieren. (Mattelart 2010, 184)

Polizei und Geheimdienste erhoffen sich von Algorithmen Sicherheit
in einer zutiefst unsicheren Welt. Sie fördern einen Technikfetischismus – den Glauben, Kriminalität und Terrorismus seien mit
technischen Mitteln zu bezwingen. Technik verspricht eine einfache
Lösung für komplexe gesellschaftliche Probleme. Das erklärt auch,
warum die Sicherheitsindustrie den Verkauf von Überwachungstechnologien wie DPI mit der ideologischen Annahme rechtfertigt, der
Kampf gegen Kriminalität und Terrorismus erfordere mehr Überwachung.

Die Situation nach dem 11. September hat nicht nur verstärkte
Überwachung bewirkt (Lyon 2003), sondern auch ein Wachstum der
Sicherheitsindustrie. Die DPI-Internetüberwachung und anderes
Ausspionieren von Kommunikation müssen im Kontext der morali-
schen Terror-Panik nach dem 11. September, des Wachstums der
Sicherheitsindustrie, des neuen imperialistischen Teufelskreises von
Krieg und Terror und der neoliberalen Politik einer allumfassenden
Privatisierung und Kommodifizierung gesehen werden.

Die Verschränkung staatlicher und privatkapitalistischer Überwachung etwa bei DPI-Maßnahmen steht in Zusammenhang mit der
Durchsetzung einer neoliberalen Gouvernementalität, die Prinzipien
von Markt, Konkurrenz, Unternehmensführung, individueller Verantwortung sowie die Ideologie des *homo economicus* auf weite Bereiche der Gesellschaft ausgedehnt hat. Die kapitalistische Ökonomie
ist dadurch zu einem Grundprinzip geworden, das das Leben und
Verhalten der Bevölkerung bestimmt und mit anderen Apparaten wie
dem Staat interagiert. Im Klima des Neoliberalismus hat auch die
Überwachung kommerzielle Formen angenommen und ist zu einem
wesentlichen Aspekt der Konsumkultur geworden. Nach dem 11.
September haben westliche Staaten panoptische Überwachungsme-
chanismen zu installieren versucht, um die weltweite Kommunikation zu durchleuchten – ausgehend von dem naiven Glauben, durch
technische Methoden der Überwachung ließe sich das gesellschaftliche Problem des Terrorismus lösen. Den Kontext dieser überwa-
chungsstaatlichen Vorstöße bildet eine neoliberale Gouvernementalität, die es erforderlich macht, dass der Staat Zugriff auf privat gesammelte Daten hat, um ein geeignetes Panoptikon für die Durch-
leuchtung der Kommunikation der Bürger zu errichten. Deren von
Unternehmen bewirkte Sichtbarkeit wird mit staatlichem Handeln
verkoppelt. Das Ergebnis sind politische Maßnahmen wie die EU-
Richtlinie zur Vorratsdatenspeicherung, die europäische Internetpro-

vider und Telekommunikationsunternehmen dazu verpflichtet, die Identifikations- und Verbindungsdaten aller Kunden zu speichern, damit die Polizei bei der Bekämpfung von terroristischen oder sonstigen kriminellen Aktivitäten auf sie zugreifen kann. Nach dem 11. September hat Überwachung eine spezifische politökonomische Form angenommen, in der sich wirtschaftliche und staatliche Momente durchdringen.

»Der Überwachungs*staat* [...] nutzt heute die verstreuten Systeme und Apparate der Überwachungs*gesellschaft*« (Lyon 2003, 37). Foucault verwendet den Begriff der Gouvernementalität für nichtstaatliche Formen des Regierens. Im Bereich von Polizei und Geheimdiensten ist eine neue Form von Gouvernementalität entstanden, die auf dem staatlichen Zugriff auf privatwirtschaftlich erfasste Daten und auf der staatlichen Nutzung von Überwachungstechnologien beruht, die die kapitalistische Sicherheitsindustrie produziert. Die Verschränkung von Staat und Kapital ist ein Hauptmerkmal der heutigen politischen Ökonomie der Überwachung.

Ben Hayes (2009, 2010) spricht in diesem Zusammenhang von der Entstehung eines sicherheitspolitisch-industriellen Komplexes, gekennzeichnet durch »enge Beziehungen zwischen wirtschaftlichen und politischen Elite im Bereich der inneren Sicherheit« und ideologisch flankiert »vom neokonservativen Aufruf, das Heimatland zu verteidigen« (Hayes 2010, 148):

> *Im Zentrum der neokonservativen Ideologie steht das »Recht auf unbegrenzte Profite«, das auch den Kern von Bemühungen der EU ausmacht, eine lukrative Industrie der inneren Sicherheit aufzubauen. Die EU-Sicherheitspolitik fußt auf der neokonservativen Philosophie der globalen Kontrolle und der Intervention in failed states, um »Bedrohungen« präventiv auszuschalten und zugleich den freien Markt und das westliche Demokratiemodell weltweit auszudehnen. (Hayes 2009, 7)*

Der sicherheitspolitisch-industrielle Komplex will zum einen die Entwicklung von Militär- und Überwachungstechnologien als Geschäft betreiben und zum anderen deren umfassenden Einsatz sowie die Überzeugung fördern, Kriminalität, Terrorismus und Krisen ließen sich mit technischen Mitteln bewältigen. Die DPI-Internetüberwachung ist Teil dieses politisch-ökonomischen Komplexes, in dem sich Profitinteressen, Überwachungstechnologien und eine Kultur der Angst und der Sorge um die eigene Sicherheit miteinander verbinden.

7.6 Schlussfolgerungen

Die Hauptergebnisse dieses Kapitels können wir wie folgt zusammenfassen:

▓ Das moderne Verständnis von Privatheit ist eine zutiefst individualistische Ideologie, die Privateigentum und soziale Ungleichheit legitimiert. Als ein universelles Ideal der Aufklärung stößt es in den immanenten Tendenzen des Kapitalismus, zwecks Akkumulation von Macht und Kapital die Beschäftigten und die Verbraucher in der Wirtschaft sowie die Bürger durch den Staat zu überwachen, an seine Grenzen und auf seine eigene Kritik.

▓ Facebooks Datenschutzpolitik ist ein legaler Mechanismus zur Ausbeutung der Prosumenten. Sie ist undurchsichtig, zeugt von der datenschutzrechtlichen Selbstregulierung, die Unternehmen in den USA genießen, und beschönigt die Erfassung persönlicher Nutzerdaten.

▓ Facebooks Modell der Kapitalakkumulation kommodifiziert die digitale Arbeit von Nutzern.

▓ Edward Snowden hat enthüllt, dass Facebook und andere Kommunikationsunternehmen in einen staatlich-industriellen Überwachungskomplex verstrickt sind, der von der privatwirtschaftlichen Kommodifizierung von Big Data und dem staatlichen Zugriff darauf lebt.

Ello: Eine selbsternannte »Alternative« zu Facebook

2014 stellte sich das soziale Netzwerk Ello als eine Alternative zu Facebook und personalisierter Werbung vor (»einfach, schön & werbefrei«). Es zog Nutzer an und belegte am 4. Oktober 2014 in der Liste der meistbesuchten Webseiten der Welt Platz 6 112.[120] Am 10. Februar 2016 hatte es an Popularität eingebüßt und belegte nur noch Platz 19 608.[121] Bereits im Februar 2015 hatte das Magazin *Vice Online* gefragt: »Wer zum Teufel nutzt noch Ello?«[122] Sein Modell der Kapitalakkumulation bestand im Verkauf von Sonderfunktionen. Der Risikokapitalgeber Fresh Tracks investierte 2014 rund 435 000 Dollar in das Unternehmen, weitere 5,5 Millionen flossen im selben Jahr von

---

[120] Datenquelle: alexa.com.

[121] Datenquelle: alexa.com.

[122] Who the hell is still using Ello? *Vice Online*. 11.02.2015.

Bullet Time Ventures und der Foundry Group. Ello wurde als sogenannte »B-Corporation« zertifiziert, als ein zugleich profitorientiertes und gemeinnütziges Unternehmen, das »nicht nur für die Aktio-
näre, sondern für die Gesellschaft einen Wert schafft«.[123] Das Konzept der B-Corporation ist Ideologie: Jedes profitorientierte Unternehmen muss zwangsläufig Kapital akkumulieren und Arbeitskraft
ausbeuten. Damit erweist es definitiv nicht der Gesellschaft einen
Dienst, sondern einer Klasse von Eigentümern – auf Kosten der Beschäftigten. Allerdings hat sich Ello verpflichtet, nicht wie Facebook
mit Werbung zu arbeiten:

> *Jedes von dir geteilte Posting, jeder neu gewonnene Freund und jeder
> von dir angeklickte Link wird verfolgt, erfasst und in Daten konver-
> tiert. Werbekunden kaufen deine Daten, um dir mehr Werbung prä-
> sentieren zu können. Das Produkt, das ver- und gekauft wird, bist du.
> Wir glauben, dass es eine bessere Möglichkeit gibt. Wir glauben an
> Kühnheit. Wir glauben an Schönheit, Einfachheit und Transparenz.
> Wir glauben, dass die Menschen, die etwas herstellen, und die, die es
> nutzen, Partner sein sollten. Wir glauben, dass ein soziales Netzwerk
> ein Instrument der Ermächtigung sein kann. Nicht ein Instrument,
> um zu täuschen, nötigen und manipulieren – sondern ein Ort, um
> Beziehungen zu knüpfen, etwas Neues zu schaffen und das Leben zu
> feiern. Du bist kein Produkt.[124]*

Die Datenschutzrichtlinie schließt Werbung aus: »Ello verdient kein
Geld damit, Anzeigen zu verkaufen, dir Werbung zu präsentieren
oder Informationen über seinen Nutzer an Dritte zu verkaufen, etwa
an Werbekunden, Datenhändler oder Suchmaschinen.«[125] In der
Satzung des Unternehmens heißt es:

> *1) Ello wird niemals durch Anzeigenverkauf Geld verdienen; 2) Ello
> wird niemals durch den Verkauf von Nutzerdaten Geld verdienen; 3)
> Falls Ello jemals verkauft wird, müssen sich die neuen Eigentümer an
> diese Regeln halten. Mit anderen Worten: Ello existiert für dich und
> wird niemals Werbung präsentieren oder Nutzerdaten verkaufen.[126]*

---

[123] www.bcorporation.net/what-are-b-corps/why-b-corps-matter, abgerufen am 28.05.2018.

[124] https://ello.co/beta-public-profiles, abgerufen am 10.11.2015, aktuell
(27.05.2018) nicht mehr abrufbar.

[125] https://ello.co/wtf/policies/privacy/, abgerufen am 27.05.2018.

[126] https://ello.co/wtf/resources/pbc/, abgerufen am 28.05.2018.

Sobald Risikokapital in ein Unternehmen fließt, entsteht früher oder später ein Druck zur Kapitalakkumulation. Ello muss daher etwas als Ware verkaufen – zum Beispiel Premiumdienste und -mitgliedschaften oder, wenn es über eine größere Nutzerbasis verfügt, den Zugang zu der Seite. In jedem Fall überwindet es nicht die Logik der Ausbeutung von Arbeitskraft, seien es Festangestellte oder Selbständige, die gegen Entlohnung die Plattform herstellen – nicht nur als einen Gebrauchswert, sondern als (potenziellen) Profit für das Unternehmen. Sollten die genannten Kommodifizierungsstrategien nicht aufgehen, könnte Ello sogar gezwungen sein, sein Versprechen aufzugeben und Werbung einzuführen. Auch eine B-Corporation muss Profit erwirtschaften und folglich Arbeitskraft ausbeuten, selbst wenn es nicht unbedingt die Nutzer trifft. Der bislang dürftige Erfolg von Ello zeigt, dass es schwierig ist, mit einem Monopolkapitalisten wie Facebook zu konkurrieren. Angesichts des geringen Interesses könnte es auch sein, dass für Ello überhaupt kein Geschäftsmodell funktioniert. Grundverschieden von Facebook ist es jedenfalls nicht, denn beide sind kapitalistische soziale Medien. Werbefrei zu sein genügt nicht, um eine Alternative zu Facebook darzustellen – es kommt darauf an, nichtkapitalistisch zu sein.

Diaspora*: Eine Alternative zu Facebook?

Eine Strategie sozialistischer Internetpolitik besteht in der Gründung und Förderung nichtkommerzieller Plattformen. Dass dies Erfolg haben kann, zeigt das Beispiel Wikipedia – die Seite ist werbefrei, kostenlos zugänglich und spendenfinanziert. Im Bereich sozialer Netzwerke ist Diaspora* am bekanntesten, das eine Open-Source-Alternative zu Facebook bieten will. Weitere Beispiele sind Budypress, Crabgrass, Cryptocat, Elgg, Friendica, kaioo, Lorea, N-1 and Occupii (Allmer 2015; Cabello et al. 2013; Sevignani 2012, 2013, 2016). Diaspora* wurde von vier Studenten der New York University – Dan Grippi, Maxwell Salzberg, Raphael Sofaer und Ilya Zhitomirskiy – gegründet und versteht sich als ein am Datenschutz orientiertes und auf Open Source beruhendes soziales Netzwerk. Es finanziert sich nicht durch Anzeigen, sondern durch Spenden. Seine drei »Kern-Philosophien« heißen Dezentralisierung, Freiheit und Privatsphäre.[127]

---

[127] https://diasporafoundation.org/, abgerufen am 28.05.2018.

Die Kontrolle persönlicher Daten durch Konzerne sieht das Diaspora*-Team kritisch; Facebook beschreibt es als »kostenlose Spionage«.[128] Der Grundgedanke von Diaspora* besteht darin, jede privatwirtschaftliche Vermittlung des Teilens von Inhalten und der Kommunikation durch dezentralisierte Knoten zu umgehen, in denen die mit Freunden geteilten Daten gespeichert werden.[129] Jeder Nutzer hat seinen eigenen Datenknoten, über den er die vollständige Kontrolle besitzt. Wie Zhitomirskiy erläutert: »Auf Diaspora sind Nutzer nicht mehr von Netzwerken der Konzerne abhängig, die uns weismachen wollen, Teilen und Datenschutz würden sich gegenseitig ausschließen.«[130]

Nutzer sollen in der Lage sein, mit anderen zu kommunizieren und Daten zu teilen, ohne ihre Daten für Konzernzwecke opfern zu müssen. Insofern kann Diaspora* als ein sozialistisches Internetprojekt betrachtet werden, dass ein entsprechendes Verständnis von Privatheit und Datenschutz praktisch umzusetzen versucht. Das Team ist von Überlegungen Eben Moglens inspiriert, dem Verfasser des *dot-Communist Manifesto* (2003). Ein wichtiges und realisierbares Ziel sieht Moglen heute in der »Befreiung von Informationen von der Kontrolle durch Eigentümer« mithilfe von Netzwerken, die »auf einer gleichberechtigten Assoziation ohne hierarchische Kontrolle basieren« und so das »Zwangssystem« des kapitalistischen Eigentums an Wissen und Daten ersetzen: »Indem wir das System des Privateigentums an Ideen umstürzen, schaffen wir eine wirklich gerechte Gesellschaft, in der die freie Entwicklung eines jeden die Bedingung für die freie Entwicklung aller ist« (Moglen 2003).

Diaspora* ist ein ausdrücklich nichtkommerzielles Projekt, das von Spenden lebt. Am 10. Februar 2016 belegte es in der Liste der weltweit meistbesuchten Seiten Platz 355 396, Facebook dagegen Platz zwei.[131] Dies zeigt, dass zwischen Facebooks Monopolmacht und alternativen sozialen Netzwerken eine Asymmetrie besteht. Facebook-Nutzer sind sozial »eingesperrt«, weil sie in ihre Profile viel Liebe, Gefühle und Verbindungen investiert haben. Wenn sie Facebook verlassen, könnten sie wichtige Kontakte, Inhalte und Vorteile

---

[128] Four nerds and a cry to arms against Facebook. *The New York Times Online*, 10.03.2013.

[129] http://vimeo.com/11242736, abgerufen am 28.05.2018.

[130] http://vimeo.com/11099292, abgerufen am 28.05.2018.

[131] Datenquelle: alexa.com, abgerufen am 10.11.2015.

verlieren, die sie sich aufgebaut haben. Für die Nutzung mehrerer sozialer Netzwerke wiederum haben sie nur begrenzt Zeit, was ein Nachteil für alternative Seiten wie Diaspora* ist. Auch finanziell steht das Projekt schlechter da, weil es keine Daten verkauft, sondern auf Spenden angewiesen ist – ein Versuch, in einer von instrumenteller Vernunft beherrschten Gesellschaft die Warenform zu überwinden.

Manche Facebook-Nutzer verspüren ein diffuses Unbehagen am mangelnden Datenschutz, wie Gruppen gegen die Einführung von Facebook Beacon, Newsfeed, Mini-Feed etc. und Webseiten zeigen, die zum »Suizid« des eigenen Profils auf sozialen Medien (http://suicidemachine.org/) und zum Verlassen von Facebook aufrufen (www.quitfacebookday.com/). Solche Initiativen beruhen weitgehend auf liberalen und maschinenstürmerischen Ideologien, doch in Verbindung mit Klassenkämpfen gegen den Neoliberalismus, wie sie sich etwa weltweit nach dem Anbruch der jüngsten kapitalistischen Krise abgespielt haben, und gegen die Kommodifizierung von Commons könnten sie an Bedeutung gewinnen.

Auf Facebook besteht das »Publikum« aus ausgebeuteten Prosumenten. Wie könnten sozialistische Datenschutzstrategien aussehen? Das Hauptziel muss es sein, die Kommodifizierung von Nutzerdaten und die Ausbeutung von Prosumenten durch Bemühungen zurückzudrängen, Internet und Gesellschaft aus der Warenform zu befreien.

Literaturhinweise und Übungen

Um Facebook zu verstehen, empfiehlt sich eine Auseinandersetzung mit Nutzungsbedingungen, Datenschutzrichtlinien, Geschäftszahlen sowie mit Kritiken der Plattform.

Übung 7.1

Lesen Sie die aktuelle Version der Nutzungsbedingungen und diskutieren Sie in Gruppen folgende Fragen:

- Welche Rechte hat Facebook mit Blick auf die Inhalte, die Nutzer auf seinen Webseiten produzieren?
- Wenn sich ein Nutzer von Facebook widerrechtlich behandelt fühlt, was kann er dann rechtlich unternehmen? Welches Gericht ist zuständig?

- Suchen Sie nach Informationen darüber, wie nationale Regulierungen (zum Beispiel in Ihrem Land) eines globalen Systems wie dem Internet funktionieren

Übung 7.2

Lesen Sie Facebooks aktuelle Datenschutzrichtlinie.

- Erstellen Sie eine systematische Liste der von Facebook erfassten Nutzerdaten.

- Welche Daten nutzt Facebook für personalisierte Werbung? Wie funktioniert diese Art von Werbung? Welche Ihrer Daten nutzt Google dafür?

- Bietet Facebook Möglichkeiten zur Einschränkung personalisierter Werbung an? Denken Sie, dass sie ausreichend sind? Warum? Warum nicht?

- Wie bewerten Sie solche Werbung politisch?

- Gibt es alternative Modelle für soziale Medien ohne maßgeschneiderte Werbung? Wie sollten sozialen Medien Ihrer Ansicht nach organisiert werden?

Übung 7.3

Lesen Sie Facebooks letzten Geschäftsbericht.

- Wie stellt sich Facebook darin selbst dar?

- Versuchen Sie die Finanzdaten in dem Bericht nachzuvollziehen. Wie sind die Eigentumsverhältnisse und die finanziellen Operationen von Facebook beschaffen?

- Welche Rolle spielt laut diesem Bericht Werbung für Facebook?

Übung 7.4

Bilden Sie Arbeitsgruppen und stellen Sie Ihre Ergebnisse im Seminar vor:

- Suchen Sie Videos, Dokumente, Presseerklärungen, Blog-Beiträge usw., in denen sich Facebook präsentiert. Welches Bild entwirft das Unternehmen von sich selbst? Was sind die Hauptmotive in diesem Diskurs? Welche Rolle spielt der Gedanke des verantwortlichen Unternehmens in Googles Selbstdarstellung?

- Suchen Sie nach Dokumenten, Interviews, Zeitungsartikeln und Berichten von kritischen Forschern und Journalisten, Vertretern der Zivilgesellschaft sowie von Daten- und Verbraucherschutzorganisationen, in denen die Themen, die Facebook in seiner Selbstdarstellung in ein positives Licht rückt, kritisch behandelt werden. Fassen Sie die wesentlichen Kritikpunkte zusammen und vergleichen Sie sie mit Facebooks Darstellung. Diskutieren Sie, welche Version Sie überzeugender finden, und begründen Sie dies.

- Die Initiative »Europe versus Facebook« hat beim irischen Datenschutzbeauftragten eine Klage gegen Facebook eingereicht. Lesen Sie die grundlegenden Dokumente der Klage und die Stellungnahme des Datenschutzbeauftragten. Recherchieren Sie, wie Facebook, die Initiative und andere Datenschutzbeauftragte (zum Beispiel Thilo Weichert in Deutschland) auf die Stellungnahme reagiert haben. Dokumentieren Sie die Diskussion und die Kernargumente. Beziehen Sie zu den darin verhandelten politischen Fragen selbst Stellung.

Übung 7.5

Fuchs, Christian. 2011. How to define surveillance? *MATRIZes* 5 (1): 109–133.

Gandy, Oscar H. 1996. Coming to terms with the panoptic sort. In *Computers, surveillance & privacy*, hg. v. David Lyon und Elia Zureik, 132–155. Minneapolis, MN: University of Minnesota Press.

Mathiesen, Thomas. 1997. The viewer society: Michel Foucault's »Panopticon» revisited. *Theoretical Criminology* 1 (2): 215–334.

Fuchs, Christian. 2013. Political economy and surveillance theory. *Critical Sociology* 39 (5): 671–687.

Allmer, Thomas. 2011. Critical surveillance studies in the information age. *tripleC: Communication, Capitalism & Critique: Open Access Journal for a Global Sustainable Information Society* 9 (2): 566–592.

Diese Texte befassen sich mit dem Begriff von Überwachung im Kontext digitaler Technologien.

- Wie sollte Überwachung definiert werden?
- Welche Bedeutung haben Michel Foucaults Arbeiten für das Thema?

▪ Was ist panoptische Sortierung? Was ist das Synoptikon?

▪ Tragen diese beiden Begriffe zum Verständnis sozialer Medien bei? Suchen Sie nach Beispielen, die sich mit ihnen analysieren lassen.

▪ Welche politökonomischen Aspekte hat Überwachung in sozialen Medien? Suchen Sie einige Beispiele dafür.

Übung 7.6

Arendt, Hannah. 1981. *Vita activa oder vom tätigen Leben.* München und Zürich: Piper. Kapitel 2, § 8: Der private Bereich: Eigentum und Besitz; § 9: Das Gesellschaftliche und das Private.

Habermas, Jürgen. 1990. Strukturwandel der Öffentlichkeit. Frankfurt a.M.: Suhrkamp. Kapitel 17: Polarisierung von Sozial- und Intimsphäre.

Fuchs, Christian. 2011. Towards an alternative concept of privacy. *Journal of Information, Communication and Ethics in Society* 9 (4): 220–237.

Allmer, Thomas. 2011. A critical contribution to theoretical foundations of privacy studies. *Journal of Information, Communication and Ethics in Society* 9 (2): 83–101.

Fuchs, Christian. 2012. The political economy of privacy on Facebook. *Television & New Media* 13 (2): 139–159.

▪ Welche grundlegenden Kritikpunkte formulieren Arendt und Habermas am Konzept der Privatheit? Wie relevant sind sie für ein kritisches Verständnis von Facebook und anderer sozialer Medien?

▪ Denken Sie angesichts dieser Kritik, dass an dem Konzept etwas politisch wertvoll ist? Wenn ja, was und warum? Wenn nicht, warum nicht?

▪ Erörtern Sie, welche Vor- und Nachteile das Konzept der Privatheit hat und in welchem Verhältnis sie zu Facebook und anderen sozialen Medien stehen.

Übung 7.7

Fuchs, Christian, Kees Boersma, Anders Albrechtslund, Marisol Sandoval (Hg.). 2012. *The Internet and surveillance: The challenges of web 2.0 and social media.* New York: Routledge. Beitrag von

Christian Fuchs: Critique of the political economy of web 2.0 surveillance. Beitrag von Mark Andrejevic: Exploitation in the data mine. Beitrag von Daniel Trottier und David Lyon: Key features of social media surveillance.

- Erstellen Sie eine systematische Typologie der Kennzeichen von Überwachung in sozialen Medien. Finden Sie eine Bezeichnung für jede Dimension und vermeiden Sie Überschneidungen. Die Erstellung einer solchen Typologie setzt voraus, dass Sie die Begriffe »soziale Medien« und »Überwachung« verstehen und definieren können.

- Nennen Sie für jedes Kennzeichen zwei Beispiele anhand einer bestimmten Plattformen beziehen.

Übung 7.8

Atton, Chris. 2002. *Alternative media.* London: SAGE. Kapitel 1: Approaching alternative media: Theory and methodology. Kapitel 2: The economics of production.

Sandoval, Marisol. 2009. A critical contribution to the foundations of alternative media studies. *Kurgu – Online International Journal of Communiation Studies* 1: 1–18.

Fuchs, Christian. 2010. Alternative media as critical media. *European Journal of Social Theory* 13 (2): 173–192.

Sandoval, Marisol and Christian Fuchs. 2010. Towards a critical theory of alternative media. *Telematics and Informatics* 27 (2): 141–150.

Sevignani, Sebastian. 2012. The problem of privacy in capitalism and the alternative social networking site Diaspora*. *tripleC: Communication, Capitalism & Critique: Open Access Journal for a Global Sustainable Information Society* 10 (2): 600–617.

Soziale Netzwerke wie Diaspora* und N-1 verstehen sich als alternative Webseiten. Erstellen Sie eine Liste von zehn alternativen sozialen Netzwerkseiten. Dies setzt voraus, dass Sie über einen Begriff alternativer Medien verfügen.

- Was ist ein alternatives Medium? Erörtern Sie verschiedene Bedeutungen des Begriffs und entwickeln Sie eine vorläufige Definition.

- In welcher Hinsicht können die von Ihnen ausgewählten sozialen Netzwerkseiten als Alternativen zu Facebook betrachtet werden? Was bedeutet hier der Begriff »Alternativen«? In welcher Hinsicht unterscheiden sich die Plattformen von Facebook?

- Vergleichen Sie die Nutzungsbedingungen und Datenschutzbestimmungen dieser Plattformen mit denen von Facebook. Welche Gemeinsamkeiten und Unterschiede bestehen?

Übung 7.9

Rushkoff, Douglas. 2013. Why I'm quitting Facebook. *CNN*, 25.02.2013. http://edition.cnn.com/2013/02/25/opinion/rushkoff-why-im-quitting-facebook, abgerufen am 28.05.2018.

Scholz, Trebor. 2010. Facebook as playground and factory. In *Facebook and philosophy*, hg. v. Dylan E. Wittkower, 241–252. Chicago: Open Court.

Kiss, Jemina. 2010. Facebook should be paying us. *Guardian Online*, 09.08.2010. www.guardian.co.uk/media/2010/aug/09/facebook-users-union-demands-payment, abgerufen am 28.05.2018.

- Welche wesentlichen Kritikpunkte an Facebook formulieren Rushkoff, Scholz und Buchanan?

- Welche Strategien von Widerstand erwähnen sie? Welche Gemeinsamkeiten und Unterschiede bestehen zwischen ihnen? Welche anderen Strategien gibt es? Was denken Sie über solche Strategien?

- Eine Strategie besteht darin, von Facebook einen Lohn für die Nutzung der Plattform zu fordern. Dieser Forderung beruht auf der Annahme, dass die Nutzung von Facebook wertproduktive Arbeit ist. Eine andere Strategie besteht darin, alternative nichtkommerzielle Plattformen wie Diaspora* zu schaffen, nutzen und unterstützen. Welche Unterschiede bestehen zwischen diesen Strategien? Was halten Sie von Ihnen? Was sind ihre letztendlichen Ziele?

Übung 7.10

Edward Snowdens Enthüllung eines staatlich-industriellen Überwachungskomplexes hat eine neue Dimension der Überwachung sozialer Medien offenbart. Bilden Sie Arbeitsgruppen:

■ Suchen Sie Interviews mit und Vorträge von Snowden (Presse, Audio und Video). Warum hat Snowden diese Enthüllungen gemacht? Worin sieht er die Gefahren einer Überwachung von Kommunikation? Welche persönlichen Risiken ist er eingegangen? In welchen Fällen würden Sie selbst aus politischen Gründen persönliche Risiken eingehen?

■ Sehen Sie in Snowden eher einen Helden, der der Öffentlichkeit die Augen dafür geöffnet hat, dass Regierungen bedrohliche Überwachungsprogramme betreiben, oder einen Verbrecher, der die nationale Sicherheit westlicher Länder gefährdet, indem er verdeckte Operationen der Geheimdienste ans Licht gebracht hat? Begründen Sie Ihre Antworten.

Übung 7.11

Mathiesen, Thomas. 2013. *Towards a surveillant society*. Sherfield on London. Waterside Press. Kapitel 5: Epilog: The bomb and the massacre (205–258).

Die Arbeiten des norwegischen Soziologen Mathiesen haben die kritische Überwachungsforschung und Kriminologie stark beeinflusst. In diesem Kapitel beschreibt er die Folgen der faschistischen Terroranschläge, die Anders Breivik am 22. Juli 2011 in Norwegen ausführte. Breivik zündete zunächst eine Bombe im Osloer Regierungsviertel, wobei acht Menschen ums Leben kamen, und erschoss danach auf der Insel Utøya 69 Teilnehmer eines Zeltlagers der sozialdemokratischen Jugend. Diskutieren Sie in Gruppen:

■ Was sind mögliche Reaktionen auf Terrorismus und organisiertes Verbrechen? Was sind die meistverbreiteten Reaktionen?

■ Welche Unterschiede bestehen zwischen rechten und linken Reaktionen? Wo verortet sich Mathiesen in dieser Hinsicht?

■ Wie reagierte Norwegen auf die Anschläge im Juli 2011? Welche Unterschiede lassen sich zu den amerikanischen Reaktionen auf den 11. September feststellen? Wie bewerten Sie diese zwei unterschiedlichen Reaktionen? Welche ist angemessener? Warum?

8 Twitter und Demokratie: Eine neue Öffentlichkeit?

Kernfragen

- Was ist die Öffentlichkeit?
- Trägt Twitter zur Schaffung einer Öffentlichkeit bei?
- Mit welchen Argumenten kann man Twitter kritisieren?
- Welche politökonomischen Grenzen hat Twitter?
- Ist Twitter emanzipatorisch?
- Welche Grenzen hat die politische Kommunikation auf Twitter?
- Kann man die Bewegungen von 2011 (Arabischer Frühling, Occupy etc.) als »Twitter-Revolutionen« und »Twitter-Proteste« bezeichnen?

Schlüsselbegriffe

- Öffentlichkeit
- Jürgen Habermas' Begriff der Öffentlichkeit
- Politische Kommunikation
- Öffentlichkeit als immanente Kritik
- Privatsphäre
- Kommunikativer Kapitalismus
- Slacktivism und clicktivism
- Sichtbarkeit auf Twitter
- Pseudoöffentlichkeit

▨ Hergestellte Öffentlichkeit

▨ Technikdeterminismus

▨ Soziale Revolution

▨ Twitter- und Facebook-Revolutionen

Überblick

Ein Blog ist eine Webseite, auf der periodisch Beiträge erscheinen, angeordnet in umgekehrter Chronologie, sodass die neuesten als erste angezeigt werden. Ein Mikroblog ist eine Weiterentwicklung dieses Konzepts: Man teilt Kurznachrichten mit der Öffentlichkeit und jeder Nutzer hat eine Kontaktliste mit Personen, die seinen Beiträgen folgen. Mikroblogging ist wie das Verschicken einer SMS im Internet an eine große Zahl von Menschen. Ein Mikroblog ist »ein internetbasierter Dienst, bei dem (1) die Nutzer ein öffentliches Profil haben, über das sie kurze Nachrichten und Updates verschicken [...] (2) Nachrichten verschiedener Nutzer öffentlich aggregiert werden und (3) Nutzer entscheiden können, wessen Nachrichten sie empfangen möchten, aber nicht unbedingt, wer ihre Nachrichten empfangen kann« (Murthy 2013, 10). Die zwei erfolgreichsten Mikroblogs auf der Welt sind Twitter und Weibo. Weibo gehört dem chinesischen Unternehmen SINA und wurde 2009 gegründet. Twitter gibt es seit 2006; Eigentümer ist das von Jack Dorsey gegründete Unternehmen Twitter Inc. mit Sitz in San Francisco.

Lotan et al. (2011) haben 168 663 Tweets aus der tunesischen und 230 270 aus der ägyptischen Revolution analysiert. Demnach wurden Beiträge von Journalisten und Aktivisten am häufigsten retweeted und waren Blogger und Aktivisten die aktivsten Retweeter. Wie die Autoren jedoch zu der Behauptung gelangen, dass »die Revolutionen in der Tat durch Twitter stattfanden« (Lotan et al. 2011, 1401), ist schwer nachvollziehbar. Ihre Analyse sagt nichts darüber aus, welche Rolle die Tweets für die Mobilisierung von Menschen auf der Straße hatten und wie relevant Twitter für Aktivisten war. Im Gegensatz zu Interviews mit ägyptischen Aktivisten kann eine Analyse von Tweets keine klaren Belege für die Bedeutung sozialer Medien in der Revolution bieten. Im März 2011 nutzten überhaupt nur 0,00158 Prozent der ägyptischen Bevölkerung Twitter (Murthy 2013,

107). Man darf daher annehmen, dass »Twitters Prominenz mit Blick auf den ›arabischen Frühling‹ weitgehend auf Nutzer im Westen zurückgeht«, deren Tweets und Retweets zwar »die globale Aufmerksamkeit« für die Revolution gesteigert haben mögen, aber kaum als ihre Ursache betrachtet werden können (Murthy 2013, 112-113).

Der Gedanke einer Twitter-Revolution impliziert, dass Twitter eine neue Öffentlichkeit der politischen Kommunikation mit emanzipatorischen Potenzialen darstellt. Das vorliegende Kapitel hinterfragt diese Annahme. Es stellt die Frage: Ist Twitter eine politische Öffentlichkeit? Lindgren und Lundström (2011, 1015) erkennen in Twitter und dem Internet »ein besonders starkes Potenzial« zur Schaffung eines Raumes für das, was Ulrich Beck Subpolitik nennt: eine Politik, die sich nicht auf der Ebene von »Regierungen, Parlamenten und Parteien« abspielt, sondern »auf allen anderen Feldern der Gesellschaft« (Beck 1997, 52). Dieses Kapitel fragt, wie groß dieses Potenzial ist und worin seine Grenzen bestehen. Die dabei vorgelegte Analyse gehört zur politischen Forschung über Twitter, in der das Thema der Öffentlichkeit bislang eher vernachlässigt worden ist.

Konzepte von Öffentlichkeit beziehen sich stark auf Jürgen Habermas' Theorie (Calhoun 1992a; Roberts/Crossley 2004a). Um unserer Frage nachzugehen, müssen wir uns daher genauer mit Habermas' Begriff der Öffentlichkeit auseinandersetzen und ihn auf das Internet beziehen (Abschnitt 8.1). Abschnitt 8.2 befasst sich damit, wie einige Wissenschaftler die Auswirkungen von sozialen Medien auf die Öffentlichkeit sehen. Ich werde die Ansätze von Clay Shirky, Zizi Papacharissi, Jodi Dean, Malcolm Gladwell und Evgeny Morozov vorstellen und argumentieren, dass Öffentlichkeit zwei Hauptaspekte aufweist: politische Kommunikation und politische Ökonomie. In diesem theoretischen Rahmen werde ich in Abschnitt 8.3 die Rolle von Twitter und sozialen Medien in der öffentlichen politischen Kommunikation empirisch analysieren. Abschnitt 8.4 befasst sich mit der dunklen Seite von Twitter – einer verrohten Kommunikation. Abschnitt 8.5 zeigt, wie sich die politische Ökonomie von Twitter und sozialen Medien auf die Öffentlichkeit auswirkt. Abschnitt 8.6 verbindet diese Ergebnisse mit Habermas' Theorie. Abschnitt 8.7 zieht daraus einige Schlussfolgerungen.

8.1 Habermas' Begriff der Öffentlichkeit

Was ist Öffentlichkeit?

Habermas hat den Begriff des Öffentlichen folgendermaßen definiert: »Öffentlich nennen wir Veranstaltungen, wenn sie, im Gegensatz zu geschlossenen Gesellschaften, allen zugänglich sind« (Habermas 1962/1990a, 54). Das Konzept sei mit Vorstellungen eines Gemeinsamen verbunden, etwa Gemeinschaft, gemeinsamer Gebrauch von Marktplatz und Brunnen oder genossenschaftliche Organisation (1962/1990a, 59).

Wichtige Dimensionen der Öffentlichkeit sind laut Habermas (1989b, 136; 1962/1990a, 86):

- Bildung der öffentlichen Meinung

- Zugang für alle Bürger

- Uneingeschränkte Erörterung von Fragen allgemeinen Interesses (Versammlungs-, Vereins-, Meinungs- und Pressefreiheit)

- Debatte über die allgemeinen Regeln, die die gesellschaftlichen Beziehungen bestimmen.

Habermas' ursprüngliches Konzept der Öffentlichkeit stützt sich auf die Marxsche politische Theorie (1962/1990a, 201–209). Dabei hebt er mehrere Momente hervor:

- Die Teilnahme an der Öffentlichkeit setzt Besitz und Bildung voraus, wovon die Lohnarbeiter ausgeschlossen sind.

- Die bürgerliche Klasse vertritt ihre eigenen Partikular-, d.h. Profitinteressen, nicht die allgemeinen Interessen der Gesellschaft.

- Mit seiner Beschreibung der Pariser Commune (März bis Mai 1871) als einer spezifischen Art von Öffentlichkeit fasste Marx Alternativen zum bürgerlichen Staat ins Auge, der Klasseninteressen dient.

Die proletarische Kritik an Habermas' Konzeption

Habermas' Theorie ist vor allem aus drei Blickwinkeln kritisiert worden: einem proletarischen, einem postmodern-feministischen sowie einem, der auf die Kritik von Kulturimperialismus zielt. Laut der *proletarischen Kritik* rückt Habermas die bürgerliche Bewegung zulasten anderer Bewegungen des 17., 18. und 19. Jahrhunderts wie etwa der Arbeiterbewegung ins Zentrum. Oskar Negts und Alexander Kluges (1972) Begriff der proletarischen (Gegen-)Öffentlichkeit lässt sich zugleich als sozialistische Kritik und als Radikalisierung des Ansatzes von Habermas lesen (Calhoun 1992b, 5; Jameson 1988).

Solche Kritik sollte allerdings berücksichtigen, dass Habermas im Vorwort zu *Strukturwandel der Öffentlichkeit* die Existenz einer »*plebejischen* Öffentlichkeit«, etwa in der Chartistenbewegung oder den anarchistischen Traditionen der Arbeiterbewegung (Habermas 1962/ 1990a, 52), selbst anerkennt und später bemerkt, »von ökonomisch unselbständigen Massen« sei »ein Beitrag zur spontanen Meinungs- und Willensbildung nur in dem Grade zu erwarten gewesen, wie sie ein Äquivalent zur gesellschaftlichen Unabhängigkeit der Privateigentümer erworben hätten« (1990b, 25).

Die feministische Kritik an Habermas

Laut der *feministischen* Kritik ist die Öffentlichkeit eine Sphäre gebildeter, wohlhabender Männer im Gegensatz zur Privatsphäre gewesen, die als Domäne der Frauen galt. Frauen, Schwule und Lesben sowie ethnische Minderheiten seien aus ihr ausgeschlossen gewesen. Heutige Kämpfe gegen Unterdrückung sollten deshalb in vielfältigen Gegenöffentlichkeiten der Subalternen und nicht in einer vereinheitlichten Sphäre stattfinden; ebenso müsse eine egalitäre Gesellschaft auf einer Pluralität von öffentlichen Foren beruhen, um demokratisch und multikulturell zu sein (Eley 1992; Fraser 1992; Roberts/Crossley 2004b). Habermas hat später eingeräumt, dass seine erste Darstellung in *Strukturwandel der Öffentlichkeit* (1962) proletarische, feministische und andere Öffentlichkeiten nicht hinreichend berücksichtigt habe (Habermas 1990b, 16–21).

Pluralistische Öffentlichkeiten ohne Einheit bergen jedoch die Gefahr, dass soziale Kämpfe sich in einer bloßen reformistischen Identitätspolitik erschöpfen, ohne das Ganze infrage zu stellen, das sich auf das Leben aller unterdrückten Gruppen negativ auswirkt. Zudem bedarf eine egalitäre Gesellschaft gemeinsamer Kommunikationsmedien, um Zusammenhalt, Solidarität und eine starke Demokratie zu gewährleisten. Postmoderne und Postmarxisten übersehen in ihrer ausgiebigen Betonung von Differenz, dass diese auch repressiv werden kann, wenn sie sich als Pluralität ohne Einheit darstellt. Um für eine partizipatorische Demokratie zu kämpfen und sie aufrechtzuerhalten, braucht es Einheit in der Vielfalt. Eine überschaubare Zahl an breit zugänglichen und genutzten kritischen Medien ist daher erstrebenswerter und effektiver als eine Vielzahl kleiner Medien für spezifische Interessen, die eine Fragmentierung der Kämpfe fördern. Nicholas Garnham plädiert in diesem Kontext für eine gemeinsame

Öffentlichkeit; die Postmodernen liefen Gefahr, in »Kulturrelativismus« abzudriften, wenn sie ausblendeten, dass Demokratie »gewisse gemeinsame normative Dimensionen« und »allgemeiner ausgerichtete Medien« benötige (Garnham 1992, 369).

Die Kritik am Kulturimperialismus des Konzepts

Die *Kritik des Kulturimperialismus* versteht Öffentlichkeit als ein Konzept der westlichen Aufklärung, das westliche Gesellschaften bei ihren Versuchen nutzen, anderen Ländern die eigenen politischen, wirtschaftlichen und sozialen Systeme aufzuzwingen. So schreibt Jim McGuigan in einer Kritik an Garnhams Interpretation von Habermas: »Wir müssen die Möglichkeit in Betracht ziehen, dass die globale Öffentlichkeit eine westliche Phantasie ist, ja vielleicht ein letztes Aufgebot des brüchigen Projekts, globale Hegemonie zu erlangen oder aufrechtzuerhalten« (McGuigan 1998, 96).

Zur Frage, ob es eine globale Öffentlichkeit gibt, bemerkt Colin Sparks (1998), dass der Rundfunk weiterhin einen überwiegend nationalen Charakter habe. »Globale« Sender wie CNN und BBC World erreichten in Wirklichkeit begrenzte, vor allem im Westen beheimatete Zuschauergruppen; auch ihre Inhalte seien überwiegend im Westen produziert und auf ihn ausgerichtet. Sparks plädiert deshalb dafür, den Begriff der globalen Öffentlichkeit aufzugeben und stattdessen von einer »imperialistischen, privaten Sphäre« (1998, 122) zu sprechen. Öffentlichkeit ist nicht nur eine Frage von Information und Kommunikation, sondern auch von Eigentum. Die Existenz transnationaler Formen von Medien und Kommunikation belegt somit nicht, dass eine globale Öffentlichkeit existiert.

Öffentliche Räume und Sphären sind keine westliche Besonderheit. Das öffentliche Teehaus zum Beispiel ist in vielen Teilen der Welt eine alte kulturelle Praxis, so etwa in China, Japan, Iran, Türkei und Großbritannien. Di Wang (2008) vergleicht das chinesische Teehaus des frühen 20. Jahrhunderts mit dem britischen Pub: Es war ein gemeinsamer Raum, den Menschen aus breitgefächerten Milieus zu verschiedenen Zwecken aufsuchten. Das chinesische Wort für Teehaus ist 茶館 cháguǎn). Chengdu (成都) ist die Hauptstadt der südwestchinesischen Provinz Sichuan (四川) mit rund 7,7 Millionen Einwohnern im urbanen Kerngebiet. »Die Teehäuser in Chengdu waren [...] für ihre Klassenvielfalt bekannt. Einer ihrer ›Vorzüge‹ bestand in einer relativen Gleichheit« (Wang 2008, 421). Frauen waren zunächst ausgeschlossen, ab 1930 jedoch vollständig akzeptiert. Diese Teehäuser waren nicht nur kulturelle Räume, sondern auch politische Treffpunkte, an denen Debatten stattfanden und politische Theaterstücke aufgeführt wurden – was nicht nur Bürger, sondern auch Polizeispitzel anlockte. Wang (2008) erörtert die Rolle der Teehäuser von Chengdu bei den »Eisenbahnprotesten« von 1911. Öffentliche Treffpunkte sind Sphären zivilen Engagements, die sich in politische Räume der Kommunikation und des Protests verwandeln können. Dieses Beispiel zeigt, dass Öffentlichkeiten ein recht universelles, nicht auf den Westen begrenztes Phänomen sind.

Öffentlichkeit ist sowohl Prozess wie Raum: »In Augenblicken der Mobilisierung beginnen die Strukturen, auf die sich die Autorität eines stellungnehmenden Publikums eigentlich stützt, zu vibrieren. Dann verändern sich die Kräfteverhältnisse zwischen Zivilgesellschaft und politischem System« (Habermas 1992, 458). Juha Kovisto und Esa Valiverronen (1996) sehen Öffentlichkeit nicht als eine Domäne, sondern als einen Prozess gegenhegemonialer Kämpfe. Eine Öffentlichkeit entsteht dort, wo Menschen für eine bessere Gesellschaft kämpfen, und ihr Kampf ist ein Prozess der Konstitution von Öffentlichkeit, der Räume des öffentlichen Widerstands hervorbringt. Soziale Organisierung verwandelt sich in eine Öffentlichkeit, wenn Menschen politisch gemeinsam für ein Ziel eintreten, das statt wirtschaftlicher und staatlicher Macht partizipatorische Demokratie fördert, und wenn ihre politische Strategie dabei auf Basisorganisierung und/oder die Besetzung oder Herstellung öffentlichen Raumes setzt. Neonazis bilden keine Öffentlichkeit, weil ihre Organisationsstrukturen und Ziele autoritär, der partizipatorischen Demokratie entgegengesetzt sind.

Die vielen Platzbesetzungen der letzten Jahre waren Bewegungen, in denen Protest und besetzte Räume konvergiert sind. Sie haben Öffentlichkeiten der politischen Kommunikation geschaffen und sie selbstverwaltet – auf dem Tahrir-Platz in Kairo, dem Syntagma-Platz in Athen, auf der Puerta del Sol in Madrid, der Plaça Catalunya in Barcelona, im Zuccotti Park in New York und dem St Paul's Cathedral's and Finsbury Square in London. Vor dem Hintergrund einer globalen kapitalistischen und sozialen Krise wurden solche Öffentlichkeiten nicht nur im Westen, sondern in vielen Teilen der Welt geschaffen. 2011 kam es zu Revolutionen in Tunesien, Ägypten und Jemen sowie zu bedeutenden Protesten in Ländern wie Albanien, Algerien, Armenien, Australien, Aserbaidschan, Bahrain, Belgien, Bolivien, Burkina Faso, Chile, China, Dänemark, Deutschland, Djibouti, Finnland, Frankreich, Georgien, Griechenland, Hongkong, Indien, Iran, Irak, Irland, Israel, Italien, Jordanien, Kanada, Kolumbien, Kuwait, Libanon, Libyen, Mazedonien, Malawi, Malaysia, Malediven, Marokko, Mauretanien, Mexiko, Mongole, Niederlande, Neuseeland, Nigeria, Norwegen, Oman, Palästina, Portugal, Russland, Saudi-Arabien, Schweiz, Slowenien, Somalia, Südafrika, Südkorea, Spanien, Sri Lanka, Sudan, Syrien, Tschechien, Türkei, Vereinigte Staaten, Vietnam, Westsahara, Weißrussland und Zypern. Was diese Proteste verband, war die häufig verfolgte Taktik, Räume öffentlich zu machen und zu politisieren, sowie ihr Hintergrund – eine allgemeine Krise der Gesellschaft. Widerstand ist so alt wie Klassengesellschaften, deren Geschichte folglich auch von der Schaffung renitenter Öffentlichkeiten durchzogen ist.

Politische Kommunikation und politische Ökonomie der Öffentlichkeit

In Diskussionen über das Internet und Öffentlichkeit haben viele Autoren seine Potenziale und Grenzen hervorgehoben, was die Förderung politischer Kommunikation betrifft (z.B. Benkler 2006; Dahlberg 2001, 2004; Dahlgren 2005, 2009; Papacharissi 2002, 2009). Seltener wird dagegen betont, dass Aspekte der politischen Ökonomie von Medien und Internet direkt das Konzept von Öffentlichkeit betreffen (z.B. Garnham 1992; Sparks 2001).

Es ist wichtig zu erkennen, dass Habermas beide Aspekte – (a) politische Kommunikation und (b) politische Ökonomie – als konstitutiv für Öffentlichkeit begreift: Er unterstreicht, dass (a) die eigentliche Aufgabe von Öffentlichkeit darin besteht, Möglichkeiten »einer öffentlich räsonierenden Gesellschaft« (Habermas 1962/1990a, 116) zu eröffnen, weist aber zugleich darauf hin, dass (b) Öffentlichkeit auch eine Frage der Verfügung über Ressourcen (Eigentum, geistige Fähigkeiten) seitens ihrer Mitglieder ist:

> *Aber selbst unter ideal günstigen Kommunikationsbedingungen wäre von ökonomisch unselbständigen Massen ein Beitrag zur spontanen Meinungs- und Willensbildung nur in dem Grade zu erwarten gewesen, wie sie ein Äquivalent zur gesellschaftlichen Unabhängigkeit der Privateigentümer erworben hätten.* (Habermas 1990b, 25)

Das Werk von Marx scheint ihm besonders für diesen zweiten Aspekt relevant: Marx' Kritik

> *zerstört alle Fiktionen, auf die sich die Idee der bürgerlichen Öffentlichkeit beruft. Offenbar fehlen zunächst einmal die gesellschaftlichen Voraussetzungen für die Gleichheit der Chance, daß jedermann mit Tüchtigkeit und »Glück« den Status eines Eigentümers und da-*

mit die Qualifikationen eines zur Öffentlichkeit zugelassenen Privatmannes, Besitz und Bildung, erwerben kann. Die Öffentlichkeit, der Marx sich konfrontiert sieht, widerspricht ihrem eigenen Prinzip allgemeiner Zugänglichkeit. (Habermas 1962/1990a, 203).

Habermas: Immanente Kritik statt Idealisierung der Öffentlichkeit

Habermas idealisiert die bürgerliche Öffentlichkeit nicht, sondern wendet eine elegante dialektische Logik an, um zu zeigen, dass die bürgerlichen Ideale und Werte ihre Grenze in der Existenz von Schichten und Klassen finden. Gestützt auf Marx (Kritik der politischen Ökonomie: Klassencharakter der Öffentlichkeit) und Max Horkheimer (Ideologiekritik: manipulierte Öffentlichkeit) weist er nach, dass es sich bei den Prinzipien der Öffentlichkeit um Stilisierungen handelt, die in der Realität der kapitalistischen Gesellschaft aufgrund des ausgrenzenden Charakters der Öffentlichkeit und ihrer Manipulation durch partikularistische Klasseninteressen keine Verwirklichung erfahren.

Habermas' Theorie der Öffentlichkeit ist eine ideologiekritische Studie in der Tradition von Adornos (1949) Methode der immanenten Kritik, die die Ideale der Öffentlichkeit mit ihrer realen kapitalistischen Verfasstheit konfrontiert und so ihren ideologischen Charakter offenlegt. Impliziert wird dabei, dass eine wirkliche Öffentlichkeit nur in einer partizipatorischen Gesellschaft existieren kann.

Die liberale Ideologie postuliert individuelle Freiheiten (Meinungs-, Rede-, Vereins- und Versammlungsfreiheit) als universelle Rechte, doch der partikularistische und sozial geschichtete Klassencharakter des Kapitalismus untergräbt solche Rechte, schafft Ungleichheit und somit auch einen ungleichen Zugang zur Öffentlichkeit. Besonders zwei immanente Grenzen der bürgerlichen Öffentlichkeit erörtert Habermas:

▨ Die Grenze der Rede- und Meinungsfreiheit: Die Einzelnen verfügen nicht im selben Maß über Bildung und materielle Ressourcen für die Beteiligung an der Öffentlichkeit (Habermas 1962/1990a, 331).

▨ Die Grenze der Vereins- und Versammlungsfreiheit: Große politische und wirtschaftliche Organisationen halten »ein Oligopol der publizistisch effektiven und politisch relevanten Versammlungs- und Vereinsbildung« (Habermas 1962/1990a, 333).

Die bürgerliche Öffentlichkeit bringt ihre eigenen Grenzen und so ihre eigene immanente Kritik hervor.

Mit Blick auf die Frage, ob das Internet oder bestimmte Internetplattformen eine Öffentlichkeit darstellen, sollte man sowohl die Ebene der politischen Kommunikation als auch die der politischen Ökonomie berücksichtigen. Dadurch lassen sich bestimmte Fragen stellen, die entscheiden helfen, ob wir hier von einer Öffentlichkeit sprechen können:

[1] Analyse der politökonomischen Dimension medialer Kommunikation:

[1a] Eigentum:

Besteht ein demokratisches Eigentum an dem Medium und seinen Ressourcen?

[1b] Zensur:

Besteht eine politische und/oder wirtschaftliche Zensur?

[1c] Ausgrenzung:

Sind die Sichtweisen von Wirtschaftseliten oder unkritische und prokapitalistische Auffassungen überrepräsentiert? In welchem Maße sind kritische Positionen vertreten?

[1d] Produktion des politischen Inhalts:

Wer kann Inhalte produzieren? Wie sichtbar, relevant und einflussreich ist der produzierte Inhalt?

[2] Analyse der politischen Kommunikation:

[2a] Universeller Zugang:

Wie relevant/häufig genutzt sind Websites für politische Kommunikation bzw. entsprechende Foren und Inhalte innerhalb größerer Plattformen? Wer hat Zugang und wer nutzt sie für politische Kommunikation (Einkommen, Bildungsniveau, Alter, Geschlecht, Ethnizität, Herkunft etc.)? Wie relevant ist die politische Kommunikation im Verhältnis zu anderen Formen von Kommunikation (beispielsweise reiner Unterhaltung)?

[2b] Unabhängigkeit:

Wie unabhängig sind die Internetseiten und Diskussionen von wirtschaftlichen und staatlichen Interessen?

[2c] Qualität der politischen Diskussion:

Wie gültig (richtig, wahr, verständlich), einbeziehend, aufmerksam, redlich und reflektiert ist die politische Online-Diskussion?

Kommerzielle Medien und Öffentlichkeit

Habermas (1962/1990a) beschreibt und kritisiert die Kommerzialisierung der Presse ab der Mitte des 19. Jahrhunderts: Medien sollten nun einen Profit abwerfen, das Anzeigenwesen wurde normal. Dadurch sei die mediale Öffentlichkeit undemokratisch geworden, zu einem privatisierten Bereich, den machtvolle Akteure und nicht die Bürger kontrollieren:

> *Das kommunikative Netzwerk einer von rational debattierenden Bürgern konstituierten Öffentlichkeit ist zusammengebrochen. Die öffentliche Meinung, die einst daraus entsprang, ist einerseits in die informellen Meinungen privater Bürger ohne Öffentlichkeit zerfallen und hat andererseits die Form der Konzentration formeller Meinungen in publizistisch effektiven Institutionen angenommen. Gefangen im Wirbelwind einer Publizität, die zur Aufführung oder Manipulation inszeniert wird, wird die Öffentlichkeit nichtorganisierter Privatpersonen nicht von der öffentlichen Kommunikation, sondern von der Kommunikation publizistisch manifestierter Meinungen in Anspruch genommen* (Habermas 1989b, 248).

Beherrscht vom Kapitalismus, ist die »durch Massenmedien erzeugte Welt [...] Öffentlichkeit nur noch dem Scheine nach« (Habermas 1962/1990a, 261). Habermas stellt kritisch fest, dass Öffentlichkeit in kapitalistischen Medien nicht von unten, sondern von oben hergestellt werde (Habermas 1962/1990a, 270).

Laut James Curran (1991) existierte vor den 1850er Jahren eine reichhaltige Tradition radikaler Zeitungen in Großbritannien, die unkompliziert und ohne großen finanziellen Aufwand gegründet werden konnten. Beispiele dafür sind *Liberator, London Dispatch, Northern Star* (eine chartistische Zeitung, die von 1837 bis 1852 erschien und eine Auflage von rund 50 000 Exemplaren hatte), *Political Register, Poor Man's Guardian, Reynolds News, Trades Newspaper, Twopenny Trash, Voice of the People, Voice of West Riding, Weekly Police Gazette* (Curran/Seaton 2010, Kapitel 2). Solche Zeitungen spielten eine wichtige Rolle für die radikale Politik und waren mit zivilgesellschaftlichen Gruppen wie der National Union of the Working Classes, der chartistischen Bewegung und der Society for Promoting the Employment of Women verbunden. Später kam das Anzeigenwesen auf und wurde es immer teurer, eine Zeitung zu betreiben; die Presse insgesamt verschob sich nach rechts und die Arbeiterpresse kam im 20. Jahrhundert an ihr Ende. Curran zufolge vertrat die Presse im 19. Jahrhundert »eine radikale und innovative Analyse der Gesellschaft«

und »stellte die Legitimität der kapitalistischen Ordnung infrage« (Curran 1991, 40). Obwohl London im 19. Jahrhundert von »konfligierenden Öffentlichkeiten« geprägt gewesen sei, blende Habermas die Bedeutung der radikalen Presse aus (Curran 1991, 42). Currans Position ähnelt der Betonung einer proletarischen Öffentlichkeit durch Negt und Kluge (1972).

Man sollte jedoch zur Kenntnis nehmen, dass Habermas' Bedenken gegenüber der wirtschaftlichen Kolonisierung der Lebenswelt und der Feudalisierung des Mediensystems von einem kritischen Blick auf kapitalistische Medien zeugen; nichtkapitalistische schienen ihm besser. In seinem Gedanken einer feudalisierten Öffentlichkeit findet ein Postulat von Marx (1842, 71) einen Widerhall: »*Die erste Freiheit der Presse besteht darin, kein Gewerbe zu sein*«. Slavko Splichal bemerkt in diesem Kontext, dass Ferdinand Tönnies und Karl Bücher wie Marx der Auffassung waren, Medien könnten eine Öffentlichkeit nur dann konstituieren, wenn sie nichtkommerziell seien. In diesem Sinne sei Öffentlichkeit nie verwirklicht worden – »aufgrund von ungleichem Zugang zu Kommunikationskanälen, ungleicher Verteilung kommunikativer Kompetenz und der Reduzierung öffentlicher Debatten auf die Legitimierung vorherrschender Meinungen, die von wirtschaftlichen oder staatlichen Machteliten hergestellt werden« (Splichal 2007, 242).

Die Beschränkung der Öffentlichkeit durch kapitalistische Medien wird an mehreren Problemen deutlich:

- *Medienkonzentration*: Marktkonkurrenz führt der Tendenz nach zu Konzentrationsprozessen. Bei kommerziellen Medien wird dies durch den Mechanismus gefördert, dass sich Werbung und Verbreitung gegenseitig verstärken (Furhoff 1973).

- *Kommerzialisierung und Verflachung von Inhalten*: Werbefinanzierte Medien bevorzugen Unterhaltung gegenüber Nachrichten, Dokumentarfilmen und Bildungssendungen, weil sie dadurch eher Werbekunden gewinnen (Jhally 1987; Smythe 1954; Williams 1990).

- *Machtgefälle*: Bei kommerziellen Medien bestehen Machtgefälle, die Gruppen mit wenig Geld, politischem Einfluss oder Ansehen benachteiligen und ihnen eine wahrnehmbare Stimme verwehren:
  a) Das Privateigentum an Medien gibt den Eigentümern die Möglichkeit, Inhalte zu beeinflussen.
  b) Die Orientierung an Profit und Werbeumsatz macht Medien von einer Markt- und Warenlogik abhängig und dafür anfällig, Stimmen auszugrenzen, die diese Logik infrage stellen.

c) Die ungleiche Verteilung von Bildung und Vermögen kann gebildeten und wohlhabenden Menschen einen privilegierten Zugang zu anspruchsvoller und kostspieliger Kultur geben.

Werbung hält Habermas (1962/1990a, 267–292) vor allem deshalb für
problematisch, weil sie die Öffentlichkeit entpolitisieren könne. Dies
versteht er einerseits als Ergebnis partikularistischer Interessen:»Die
Öffentlichkeit übernimmt Funktionen der Werbung. Je mehr sie als
Medium politischer und ökonomischer Beeinflussung eingesetzt werden kann, um so unpolitischer wird sie im ganzen und dem Schein
nach privatisiert.« (Habermas 1962/1990a, 267) Auf der anderen Seite
konstatiert er eine Verflachung von Medieninhalten durch den Einfluss der wirtschaftlichen Logik:»Die Personalisierung von Sachfragen, die Vermischung von Information und Unterhaltung, eine episodische Aufbereitung und die Fragmentierung von Zusammenhängen
schießen zu einem Syndrom zusammen, das die Entpolitisierung der
öffentlichen Kommunikation fördert.« (Habermas 1994, 456)

Kapitalistische, öffentliche und zivilgesellschaftliche Medien

Kommerzielle und werbefinanzierte Medien sind das dominierende,
aber nicht das einzige Organisationsmodell. Daneben existieren öffentliche und zivilgesellschaftliche Medien, die in einer kapitalistischen Welt zwar vor eigenen Problemen stehen, aber auch das Potenzial für eine Überwindung der kapitalistischen Kontrolle von Medien
bergen. Graham Murdock (2011) unterscheidet zwischen drei politischen Ökonomien von Medien in modernen Gesellschaften: Medien
können kapitalistisch als Waren, vom Staat als öffentliche Güter oder
von der Zivilgesellschaft als kostenloses Angebot organisiert werden
(siehe Tabelle 8.1).

Informationsmedien sind insofern spezifisch kulturell, als sie die
(gemeinsame) Schaffung, Verbreitung und Deutung von Symbolen
ermöglichen, durch die Menschen die Welt deuten können. Raymond
Williams hat sich gegen kulturellen Idealismus und für kulturellen
Materialismus ausgesprochen: Er wendet sich gegen »die Trennung
von ›Kultur‹ vom materiellen gesellschaftlichen Leben« (Williams
1977, 19). Wir »müssen betonen, dass kulturelle Praxis von Anfang
an gesellschaftlich und materiell ist« (Williams 1989, 206). Die Produktion von Kultur ist eine ökonomische Tätigkeit, die Ideen und
Bedeutungen als Gebrauchswerte hervorbringt. Kultur ist somit einerseits immer ein ökonomischer Produktionsprozess. Andererseits
ist sie nicht dasselbe wie die Wirtschaft, sie ist mehr als die Summe
verschiedener Arbeitsvorgänge, sie nimmt Qualitäten an – indem sie

Bedeutungen in der Gesellschaft kommuniziert –, die sich in der Wirtschaft allein nicht finden. Wirtschaft ist in der Kultur aufgehoben: Kultur ist nicht unabhängig von Arbeit, Produktion und Materialität, sondern schließt alle drei ein. Mit Williams können wir daher sagen, dass Informationsmedien a) ihre spezifische Kultur haben, die Informationen speichert und in der Öffentlichkeit kommuniziert und die zur Produktion von Bedeutungen beiträgt, und sie b) eine spezifische Form der wirtschaftlichen Organisation, also eine politische Ökonomie der Kultur aufweisen, die Eigentum, Kontrolle, Produktion, Verbreitung und Konsum von Informationen ermöglicht. Medien haben eine ökonomische und eine politische Dimension, sie existieren in bestimmten Eigentumsformen und sind Kanäle für politische Information und Debatte: Tabelle 8.1 unterscheidet zwei Ebenen der Organisation von Informationsmedien und führt basierend auf Murdocks Typologie eine Unterscheidung zwischen kapitalistischen, öffentlichen und zivilgesellschaftlichen Medien ein.

	Kapitalistische Medien	Öffentlich-rechtliche Medien	Zivilgesellschaftliche Medien
Wirtschaft (Eigentum)	Unternehmen	Durch staatliche Unterstützung organisierte Organisationen	Bürgerkontrolle
Kultur (öffentliche Zirkulation von Ideen)	Inhalte, die die Menschen in ihren verschiedenen gesellschaftlichen Rollen ansprechen und Anlass für die Produktion von Bedeutungen der Gesellschaft durch die Bürger sind	Inhalte, die die Menschen in ihren verschiedenen gesellschaftlichen Rollen ansprechen und Anlass für die Produktion von Bedeutungen der Gesellschaft durch die Bürger sind	Inhalte, die die Menschen in ihren verschiedenen gesellschaftlichen Rollen ansprechen und Anlass für die Produktion von Bedeutungen der Gesellschaft durch die Bürger sind

Tabelle 8.1: Zwei Ebenen und drei Logiken der politischen Ökonomie der Medien

Das Mediensystem trägt dazu bei, Informationen öffentlich zu machen. Die öffentliche Kultur ist jedoch durch politische Ökonomie und Eigentumsstrukturen vermittelt (siehe Tabelle 8.1):

- *Kapitalistische Medien* sind Unternehmen im Besitz von einzelnen Personen, Familien oder Anteilseignern. Sie sind kulturell in der Öffentlichkeit angesiedelt, aber zugleich Teil der kapitalistischen Ökonomie, und produzieren daher nicht nur öffentliche Informationen, sondern auch Kapital und Profit, indem sie den Zugang zu ihrem Publikum bzw. ihren Nutzern und/oder Inhalten verkaufen.

- *Öffentliche Medien* werden vom Staat finanziert oder zumindest gefördert und/oder durch eine bestimmte Satzung geschaffen und organisiert. Sie werden als ein öffentlicher Dienst gesehen, dessen Rolle es ist, den Bürgern politische Informationen, Bildung und Unterhaltung zu bieten. Als Organisationen sind sie im staatlichen System oder seinem Umfeld angesiedelt.

- *Zivilgesellschaftliche Medien* sind vollständig Bestandteil der Öffentlichkeit. Sofern sie Fördermittel erhalten, sind sie wirtschaftlich mit dem Staat verbunden, gleichzeitig stehen sie häufig in einem antagonistischen Verhältnis zur kapitalistischen Ökonomie und zu Regierungen, da sie als alternative Medien zur Ablehnung einer profitorientierten und kommerziellen Logik und zur Formulierung alternativer Sichtweisen tendieren, die Regierungen und Unternehmen infrage stellen. Zivilgesellschaftliche Medien werden von Bürgern als gemeinsame Projekte betrieben, besessen und kontrolliert. Auf der Ebene der Kultur bringen sie alternative Positionen zum Ausdruck, auf der Ebene der politischen Ökonomie weisen sie alternative Organisationsmodelle auf (Sandoval/Fuchs 2010; Fuchs 2011).

Auf der *kulturellen* Ebene machen Medien *Informationen öffentlich,* aber nur manche von ihnen werden *auf der wirtschaftlichen Ebene* durch staatlich finanzierte Institutionen oder die Zivilgesellschaft *öffentlich kontrolliert,* denn *kapitalistische Medien* sind profitorientierte Unternehmen auf der Grundlage des *Privateigentums.*

Tabelle 8.2 führt ein Modell öffentlich-rechtlicher Medien (ÖRM) ein, das drei Dimensionen aufweist: eine wirtschaftliche (Organisation), eine politische (Partizipation) und eine kulturelle (Inhalt). Auf jeder Ebene findet die Produktion, Zirkulation und Verwendung eines bestimmten Gutes statt, das gemäß der Logik des öffentlichen Dienstes organisiert wird. So ist beispielsweise das öffentliche Eigentum an ÖRM ein wirtschaftlicher Aspekt der kommunikativen Produktionsmittel.

Bereich	Medien	Produktion	Zirkulation	Verwendung/ Konsum
Kultur: gesellschaftliche Bedeutung	Inhalte	Unabhängigkeit, Einheit in der Vielfalt, Bildungsinhalte	Kulturelle Kommunikation und Diskussion	Kultureller Dialog und kulturelles Verständnis
Politik: Kollektive Entscheidungen	Partizipation	Unabhängigkeit, Einheit in der Vielfalt (Repräsentation von Minderheiten interessen und von gesellschaftlichen Bezugspunkten), politische Information	Politische Kommunikation und Diskussion	Politischer Dialog und politische Auseinandersetzung
Wirtschaft: Eigentum	Organisation und Technik	Öffentliche Inhalte	Nicht auf Gewinn ausgerichtet	Universeller Zugang, universelle Verfügbarkeit der Technologien

Tabelle 8.2: Ein Modell öffentlich-rechtlicher Medien

Auf der wirtschaftlichen Ebene sind ÖRM Mittel der Produktion, Zirkulation und Konsumption. Ihre Produktionsmittel sind öffentliches Eigentum. Die Zirkulation von Informationen beruht auf einer nicht profitorientierten Logik. Ihre Konsumption wird durch einen einfachen Zugang zur Technik und den Informationen von ÖRM grundsätzlich allen Bürgern ermöglicht. Auf der politischen Ebene machen ÖRM umfassende und vielfältige Informationen verfügbar, die politische Debatten und Verständigung fördern können. Auf der kulturellen Ebene bieten ÖRM Bildungsinhalte, die kulturelle Debatten und Verständigung in der Gesellschaft fördern können.

8.2 Twitter, Soziale Medien und Öffentlichkeit

Die Ausbreitung von Blogs (z.B. Wordpress, Blogspot, Tumblr), sozialen Netzwerken (z.B. Facebook, LinkedIn, Diaspora*, VK), Mikroblogs (z.B. Twitter, Weibo), Wikis (z.B. Wikipedia) und Seiten, auf denen Inhalte geteilt werden (z.B. YouTube, Flickr, Instagram), hat öffentliche Diskussionen darüber ausgelöst, welche Implikationen solche Medien für die politische Sphäre haben. Dabei stehen sich eher optimistische und eher skeptische Stimmen gegenüber. In diesem Abschnitt werden fünf Ansätze vorgestellt, die ein Fokus auf die Rolle sozialer Medien in der Politik verbindet.

Clay Shirky: Soziale Medien als vollkommen neuartige Verstärker von Freiheit

Clay Shirky hat 2008 die These vertreten, dass die politische Nutzung von »sozialen Medien« der Freiheit zugutekomme:

> *Was das Ausmaß von Freiheit auf der Welt betrifft, bringen soziale Werkzeuge etwas hervor, das Ökonomen als positiven Angebotsschock bezeichnen würden. [...] Sich online zu äußern heißt publizieren und online zu publizieren heißt, Verbindungen zu anderen einzugehen. Mit der Herausbildung einer global zugänglichen Publizistik bedeutet Redefreiheit heute Pressefreiheit und wird Pressefreiheit zu Versammlungsfreiheit.* (Shirky 2008, 172)

Eine Annahme in diesem Diskurs lautet, dass neue Medien überwiegend positive Folgen haben, eine andere, dass sie eine radikale Veränderung bewirken:»Unsere sozialen Werkzeuge sind eine dramatische Verbesserung unseres Vermögens, zu teilen, zu kooperieren und gemeinsam zu handeln. Da vom professionellen Biologen bis zum verärgerten Luftfahrtpassagier jeder diese Werkzeuge verwendet, führt dies zu einem epochalen Wandel.« (Shirky 2008, 304).

Zizi Papacharissi: Die Idealisierung der Individualisierung – die Privatsphäre

Einen ähnlichen Ansatz wie Shirky vertritt Papacharissi (2010, 21): Sie argumentiert, politisches Handeln, das früher »in der Öffentlichkeit« seinen Ort gehabt habe, finde heute »mit mehr Autonomie, Flexibilität und Ausdrucksmöglichkeiten« in der Privatsphäre statt. Diese sei dank sozialer Medien wie Twitter nunmehr »eine Sphäre der Verbindung und nicht der Isolierung, da sie primär dazu dient, das Persönliche mit dem Politischen, das Selbst mit dem politischen Gemeinwesen und der Gesellschaft zu verbinden« (Papacharissi 2010, 164).

Neue Formen von Politik seien etwa Twittern, »die Beteiligung an einem Online-Protest auf MoveOn.org, politische Meinungsäußerungen auf Blogs, das Ansehen und Bereitstellen von Videos auf Youtube und das Posten von Kommentaren in Online-Foren« (Papacharissi 2010, 131). Solche Online-Aktivitäten sieht sie als *einen Ausdruck von Dissens mit einer öffentlichen Agenda. [. . .] diese potenziell wirkungsmächtigen Handlungen gehen aus einer privaten Sphäre der Interaktion hervor: Engagement und politische Ermächtigung des Bürgers finden in einem privaten Medienumfeld statt, das im persönlichen und privaten Raum des Einzelnen angesiedelt ist.* (Papacharissi 2010, 131)

Papacharissi nimmt an, soziale Medien wie Twitter hätten die Grenzen zwischen Privatsphäre und politischer Öffentlichkeit aufgehoben, sodass erstere selbst zum Bereich des Politischen wird. Dabei übersieht sie, dass gemeinsame physische Präsenz auch in einer digital vernetzten Welt von Bedeutung ist. Wenn sich Menschen massenhaft versammeln, ist dies eine sichtbare Bedrohung für die Mächtigen, die materielle Auswirkungen haben kann (Straßenblockaden, Besetzung von Plätzen und Gebäuden usw.).

Dass die bedeutendsten Proteste während der jüngsten Krise des globalen Kapitalismus – die erwähnten Platzbesetzungen von Kairo bis New York – mit physischen Räumen zu tun hatten, überrascht nicht. Physische Räume ermöglichen ein Zusammenkommen von Menschen und geben ihnen eine Sichtbarkeit, die die Machthaber wahrscheinlich als Gefahr wahrnehmen. Sie bieten auch Gelegenheiten dafür, durch Blickkontakt, Kommunikation von Gefühlen oder verbindende Aktivitäten wie Singen, gemeinsames Bier- oder Kaffeetrinken Beziehungen herzustellen und zu pflegen, was für den Zusammenhalt politischer Bewegungen wichtig ist und sich schwerlich via Internet bewerkstelligen lässt.

Papacharissi reduziert gemeinsames auf individuelles Handeln und die öffentliche auf die private Sphäre. Sie blendet die materiellen Dimensionen von Protest aus; ihr Ansatz ist individualistisch, reduktionistisch und in philosophischer Hinsicht idealistisch. Damit soll nicht behauptet werden, soziale Medien hätten keinerlei Bedeutung. Aber es gilt zu betonen, dass sie nicht ein gemeinsames Handeln ersetzen können, das räumliche und zeitliche Präsenz erfordert. Sofern gute Organisation, starkes Interesse und viel Ressourcen gegeben sind, können soziale Medien als Werkzeuge für die Koordination und Organisierung von Protesten dienen. Doch wie deren Realität zeigt, können sie nicht an die Stelle von kollektivem Handeln und gemeinsamen Erfahrungen treten.

Online-Aktivismus kann materiellen und symbolischen Schaden anrichten und die Mächtigen in Bedrängnis bringen, wie die Hacking-Aktionen des Anonymous-Kollektivs vorgeführt haben – die

Seiten von Amazon, MasterCard, PostFinance, PayPal und Visa zum Beispiel wurden als Revanche dafür blockiert, dass die genannten Unternehmen die Konten von WikiLeaks gesperrt hatten, die Regierungsseiten von Tunesien, Ägypten, Libyen und Syrien aus Solidarität mit dem arabischen Frühling und die Seite einer von Koch Industries finanzierten Initiative, weil sie gegen die Gewerkschaftskämpfe in Wisconsin 2011 mobil gemacht hatte. Doch häufig bleibt »Online-Politik« – etwa Bloggen, Twittern, Hochladen von Videos auf You-Tube, Unterzeichnen von Online-Petitionen, Teilnahme an einer Facebook-Gruppe – harmlos und kann von den Mächtigen einfach ignoriert werden.

danah boyd (2010, 39) definiert eine vernetzte Öffentlichkeit »erstens als Raum, der durch netzwerkförmige Technologien hergestellt wird, und zweitens als imaginierte Gemeinschaft, die durch die Verknüpfung von Menschen, Technologie und Praxis entsteht«. Äußerungen in einer vernetzten Öffentlichkeit haben ihr zufolge einen bleibenden Charakter (sie werden aufgezeichnet oder archiviert) und sie können vervielfältigt, angepasst und gesucht werden; das Publikum ist oft unsichtbar, soziale Kontexte implodieren und die Grenze zwischen Öffentlichem und Privatem verschwimmt. Für boyd sind Facebook und Twitter Prototypen einer solchen vernetzten Öffentlichkeit. Während Papacharissi dazu tendiert, die politische Nutzung sozialer Medien durch Privatpersonen als eine neue Form von Öffentlichkeit zu idealisieren, dehnt boyd den Begriff der Öffentlichkeit von einem politischen Kontext auf den gesamten Bereich sozialer Medien so aus, dass er jegliche kritische Dimension verliert. Diese Vorstellung einer vernetzten Öffentlichkeit ist nicht nur unpolitisch, sondern idealisiert auch die von Konzernen betriebenen sozialen Medien: Öffentlich und vernetzt zu sein wird so dargestellt, dass ein durchweg positives Bild menschlicher Tätigkeit entsteht, bei dem potenzielle Probleme ausgespart bleiben. Die Auffassung sozialer Medien als »vernetzte Öffentlichkeit« erzeugt folglich überwiegend positive Assoziationen. Es mangelt ihr an einer kritischen Dimension; nicht thematisiert werden Machtgefälle, die Ausbeutung digitaler Arbeit, asymmetrische Sichtbarkeit, kommerzielle Kultur und zielgerichtete Werbung, Überwachung durch Konzerne und Staaten sowie andere Probleme, die auf den großen Plattformen sozialer Medien zutage treten.

Jodi Dean: Die Politik sozialer Medien als Ideologie

Aus diesem Grund argumentiert Jodi Dean (2005), dass das Internet im Kontext des kommunikativen Kapitalismus zu einem technologischen Fetisch geworden sei, der Postpolitik fördert. Was Papacharissi (2010) als Entstehung einer politischen Privatsphäre beschreibt, verhindert in ihren Augen wirkliche Politik: »Filesharing ist politisch. Eine Website ist politisch. Blogging ist politisch. Doch genau diese Unmittelbarkeit beruht auf etwas Anderem, auf einem Ausschluss. Und was ausgeschlossen wird, ist die Möglichkeit einer wirklichen Politisierung.« (Dean 2005, 65). Weiter heißt es bei Dean:

Vielbeschäftigte Menschen können meinen, dass sie aktiv sind – die Technologie handelt für sie, lindert ihre Schuldgefühle und bietet ihnen zugleich die Gewähr, dass sich nicht allzu viel ändern wird. [. . .] Indem sie eine E-Mail verschicken, eine Petition unterzeichnen oder auf einen Blogbeitrag antworten, können sich Menschen politisch fühlen. Und dieses Gefühl fördert den kommunikativen Kapitalismus insofern, als man dergestalt politische Anstrengungen hinter sich lassen kann, die Zeit erfordern, sich Schritt für Schritt vollziehen und riskant sind. [. . .] Das kommt der Weigerung gleich, Stellung zu beziehen, sich auf das gefährliche Terrain der Politisierung zu begeben. (Dean 2005, 70)

Malcolm Gladwell: Soziale Medien – keine natürlichen Feinde des Status quo

In Reaktion auf das technikeuphorische Verständnis sozialer Medien hat Malcolm Gladwell (2010) argumentiert, dass Aktivisten bei Revolutionen und Aufständen das Risiko eingehen, Opfer von Gewalt seitens der Polizei oder derjenigen zu werden, gegen die sie aufbegehren, und so ihr Leben aufs Spiel setzen. Um den Mut aufzubringen, solchen Gefahren ins Auge zu sehen, bedürfe es starker sozialer Beziehungen und Freundschaften mit anderen in der Bewegung. Aktivismus gehe mit enormen Risiken einher. »Die mit sozialen Medien verbundene Art von Aktivismus hat damit nicht das Geringste gemein. Die Plattformen sozialer Medien bauen auf schwachen Bindungen auf« (Gladwell 2010, 45).

Facebook- und Twitter-Aktivismus sei nur in Situationen erfolgreich, die von Menschen »kein wirkliches Opfer« verlangen (Gladwell 2010, 47), etwa wenn es darum geht, sich in einer Knochenmarkspenderdatei zu registrieren oder ein gestohlenes Handy zurückzubekommen. »Die Prediger sozialer Medien«, zum Beispiel Clay Shirky, »scheinen zu glauben, dass ein Facebook-Freund dasselbe ist wie ein wirklicher Freund und dass die Registrierung in einer Spenderdatei in Silicon Valley im selben Sinne Aktivismus ist wie der bewusste Verstoß gegen die ›Rassentrennung‹ in einem Lokal in Greensboro 1960« (Gladwell 2010, 46). Soziale Medien »erleichtern es Aktivisten, sich zu äußern, und erschweren es ihren Äußerungen, irgendeine Wirkung zu erlangen« (Gladwell 2010, 49). Soziale Medien »sind nicht ein natürlicher Feind des Status quo«, sondern »gut geeignet, die bestehende Gesellschaftsordnung effizienter zu machen« (Gladwell 2010, 49).

Evgeny Morozov: Soziale Medien und Slacktivism/Clicktivism

In Übereinstimmung mit Gladwells Argumentation spricht Evgeny Morozov (2009) von »Slacktivismus« (von *slack*, »schlaff«, »träge«), verstanden als

> *Wohlfühl-Online-Aktivismus, der keinerlei politische oder soziale Folgen hat. Er verschafft den Beteiligten die Illusion, bedeutenden Einfluss auf die Welt zu nehmen, ohne mehr von ihnen zu verlangen als den Beitritt zu einer Facebook-Gruppe. [...] »Slacktivismus« ist der Idealtyp von Aktivismus für eine träge Generation: Warum sollte man mit einer Sitzblockade das Risiko von Festnahme, Polizeigewalt oder Folter eingehen, wenn man mit einer Kampagne im virtuellen Raum genauso gut Krach schlagen kann?* (Morzov 2009)

Die Vorstellung von einer »Twitter-Revolution« beruht Morozov zufolge auf Cyberutopismus – auf einem »naiven Glauben an den emanzipatorischen Charakter von Online-Kommunikation, der auf der sturen Weigerung beruht, deren Kehrseite anzuerkennen« (Morozov 2010, xiii), und verbunden mit »Internetzentrismus« eine technikdeterministische Ideologie hervorbringt.

Shirkys Replik auf Gladwell und Morozov

In einem Artikel, der sich als Antwort auf solche Kritik lesen lässt – sowohl Gladwell wie Mozorov werden namentlich erwähnt –, erkennt Shirky an, dass die Nutzung sozialer Medien »nicht ein vorherbestimmtes Ergebnis hat«; sie seien »für nahezu alle politischen Bewegungen auf der Welt Instrumente zur Koordinierung, so wie die meisten autoritären Regierungen auf der Welt (und beunruhigenderweise auch eine wachsende Zahl demokratischer) den Zugang zu ihnen einzuschränken versuchen« (Shirky 2011b, 29-30). Er räumt ein, dass es Bemühungen gibt, soziale Medien zu kontrollieren, zensieren und überwachen, denen er aber auf lange Sicht geringe Erfolgsaussichten bescheinigt, während soziale Medien gerade »langfristig angelegte Werkzeuge sind, die die Zivilgesellschaft und die Öffentlichkeit stärken können« (Shirky 2011b, 32).

Soziale Medien fördern ihm zufolge ein gemeinsames Bewusstsein und führen so zum »Dilemma des Diktatoren« oder dem »konservativen Dilemma«:

> *Das Dilemma wird von neuen Medien hervorgerufen, die es der Bevölkerung erleichtern, das Wort zu ergreifen und sich zu versammeln; mit der Ausbreitung solcher Medien, seien es Fotokopierer oder das Internet, sieht sich ein Staat, der es gewohnt ist, das Monopol auf den öffentlichen Diskurs zu besitzen, genötigt, Diskrepanzen zwischen der eigenen Sicht auf Ereignisse und der der Öffentlichkeit zu erklären. Die zwei Antworten auf das konservative Dilemma bestehen in Zensur und Propaganda. Doch weder die eine noch die andere ist ein so effektives Mittel der Kontrolle wie das erzwungene Schweigen der Bürger. Der Staat wird Kritiker zensieren und Propaganda betreiben, doch beides ist mit höheren Kosten verbunden als ein Zustand, in dem es gar keine Kritiker gibt, die er zum Schweigen bringen oder auf die er antworten muss. Würde er jedoch den Zugang zum Internet blockieren oder Handys verbieten, ginge er das Risiko ein, an sich regimetreue Bürger zu radikalisieren und der Wirtschaft zu schaden.* (Shirky 2011b, 36-37)

Shirky sieht zwei Seiten sozialer Medien, behauptet aber, dass sich die positive gegen die negative durchsetze und soziale Medien somit in letzter Instanz Demokratie fördern. Obwohl er Widersprüche anerkennt, um seine Argumentation zu verfeinern, vertritt er also die technikdeterministische Gleichung: soziale Medien = mehr Demokratie = mehr Freiheit. Das Slacktivismus-Argument hält er für unerheblich, denn »die Tatsache, dass kaum engagierte Akteure sich nicht in eine bessere Welt klicken können, heißt nicht, dass engagierte Akteure soziale Medien nicht effektiv einsetzen könnten« (Shirky 2011b, 38).

Gladwell bemerkte in einer Replik, Shirky müsse »die Leser davon überzeugen, dass diese Aufstände [von 2011] ohne soziale Medien nicht möglich gewesen wären« (Gladwell/Shirky 2011, 153). Darauf antwortete Shirky wiederum, soziale Medien hätten »den Aufständischen neue Strategien ermöglicht«, die von zentraler Bedeutung gewesen seien, es »engagierten Gruppen erlaubt, nach neuen Regeln zu spielen«, und würden daher »wie die Druckerpresse [...] unter dem Strich der Demokratie zugutekommen« (Gladwell/Shirky 2011, 154). Um eine Erläuterung gebeten, bekräftigte er somit trotz Anerkennung gewisser Schwierigkeiten, dass die Formel für ihn in letzter Instanz lautet: »Internet = mehr Demokratie«.

Shirky und Papacharissi auf der einen und Dean, Gladwell und Morozov auf der anderen Seite vertreten entgegengesetzte Auffassungen darüber, ob Twitter und andere soziale Medien im gegebenen sozialen Kontext der politischen Öffentlichkeit nutzen oder schaden. Wie deutlich geworden sein dürfte, bin ich skeptisch gegenüber der ersten Position und sympathisiere mit der zweiten. Eine definitive Antwort auf die Frage ist jedoch nur durch empirische Untersuchungen möglich, die Aspekte sowohl der politischen Kommunikation wie auch der politischen Ökonomie abdecken.

8.3 Politische Kommunikation auf Twitter

Die sozial geschichtete Nutzung von Twitter und Mikroblogs

Der typische Twitter-Nutzer war 2013 zwischen 18 und 34 Jahre alt, Akademiker und kinderlos. Die relative Mehrheit lebte in den USA (20,9 Prozent).[132] Dagegen lebten 92,4 Prozent der Weibo-Nutzer in China.[133] In den USA wiederum gehörte der typische Twitter-Nutzer einer jüngeren Altersgruppe bis 34 Jahre an (62 Prozent), war weiß (67 Prozent) und verdiente mehr als 100 000 Dollar im Jahr (58 Prozent).[134]

Soziale Differenzierung nach Alter, Ethnizität und Klasse prägt die Nutzung von Twitter und Mikroblogs im Allgemeinen. Die These, dass Ungleichheit im Informationsbereich (oftmals irreführend *digital divide* genannt) aufgrund einer raschen Ausbreitung des Internets an ihr Ende komme (exemplarisch: Compaine 2001), ist ein Mythos. Soziale Schichtung zeigt sich heute nicht mehr in erster Linie im materiellen Zugang zum Internet, sondern in seiner Nutzung und den dafür erforderlichen Fähigkeiten. Solange die Gesellschaft in Schichten gegliedert ist, werden auch hier Ungleichheiten fortbestehen.

Das beschriebene Muster gilt nicht nur für westliche Länder. Auch der typische Weibo-Nutzer – wie erwähnt in 93,4 Prozent aller Fälle in China beheimatet – ist 25 bis 34 Jahre alt, Akademiker und kinderlos.[135] Genau wie im Westen wird das Mikroblogging in China von

---

[132] http://www.alexa.com/siteinfo/twitter.com, abgerufen am 04.03.2013.

[133] http://www.alexa.com/siteinfo/weibo.com, abgerufen am 04.03.2013.

[134] http://www.quantcast.com/twitter.com, abgerufen am 04.03.2013.

[135] http://www.alexa.com/siteinfo/weibo.com, abgerufen am 03.03.2013.

der urbanen Mittelschicht dominiert, während Arbeiter, Bauern, ältere Menschen und andere ausgeschlossen bleiben. Dass Ungleichheit in China wie im Westen besteht, zeigt, dass beide Systeme einer ähnlichen neoliberalen Logik folgen (Zhao 2008).

Die asymmetrische Macht der Sichtbarkeit auf Twitter

2009 waren nur 7 Prozent der wichtigsten Trendthemen bei Twitter politischer Art, 38 Prozent dagegen unterhaltungsorientiert. 2010 betrafen nur 3 Prozent Politik, 28 Prozent entfielen auf Unterhaltung und 40 Prozent auf Hashtags (#). Eine Analyse der meistverwendeten Hashtags für 2010 zeigt, dass Politik marginal war, Musik und Dating hingegen führend.[136] Tabelle 8.3 dokumentiert die Toptrends auf Twitter für die Jahre 2009, 2010, 2011 und 2012 – dominierend waren Unterhaltungsthemen.

#	2012	Art	2011	Art	2010	Art	Meistgenutzte Hashtags 2010	Art	Meistgenutzte Hashtags 2009	Art
1	Olympics	V	Justin Bieber	U	Gulf Oil Spill	K	#remember-when	U	#music-monday	U
2	Election 2012	P	Soccer/ Sport	U	FIFA World Cup	U	#slapyourself	U	#iranelection	P
3	Justin Bieber	U	Lady Gaga	U	Inception	U	#confession-time	U	#sxsw	U
4	Hurricane Sandy	K	NBA	U	Haiti Earthquake	K	#thingsimiss	U	#swineflu	K
5	MTV Music Awards	U	Jonas Brothers	U	Vuvuzela	I	#ohjustlike-me	U	#nevertrust	U
6	Euro 2012	V	Christmas	V	Apple iPad	T	#wheniwaslittle	U	#mm	U
7	Super Bowl	V	Super Junior	U	Google Android	T	#haveuever	U	#rememberwhen	U
8	Whitney Houston	U	Britney Spears	U	Justin Bieber	U	#icantlive-withoutit	U	#3drunk-words	U

---

[136] http://mashable.com/2010/12/22/top-twitter-trends-2010-charts, abgerufen am 12.11.2015.

| 9 | Kony | | Japan Earthquake | K | Harry Potter & the Deathly Hallows | U | #thankful | U | #unacceptable | U |
| 10 | One Direction | U | One Direction | U | Pulpo Paul | U | #2010disappointments | U | #iwish | U |

Tabelle 8.3: Top-Trends auf Twitter (K = Krise, U = Unterhaltung, I = Instrument, T = Technik, P = Politik, V = Veranstaltung)

Datenquellen: 2012: http://blog.hootsuite.com/twitter-trends-2012/; 2011: http://mashable.com/2011/12/06/top-twitter-trends-2011/; 2010: http://mashable.com/2010/12/13/top-twitter-trends-2010/, http://yearinreview.twitter.com/trends/; 2009: http://3.bp.blogspot.com/_14cEenKeR04/SygI8Gp0F9I/AAAAAAAAADY/hELPQB1 mQKo/s1600-h/2009trends_large.png.

Auch bei den wichtigsten Hashtags eines Monats im Jahr 2015 (Tabelle 8.4) war Politik im Gegensatz zu Unterhaltung kein bedeutendes Thema. Beim Nutzerranking nach der Zahl der Follower (Tabelle 5.3 in Kapitel 5) sind ebenfalls Prominente aus der Unterhaltungsbranche, besonders Popstars, führend, während Politik deutlich weniger und vor allem durch einflussreiche Akteure wie Barack Obama, CNN und die *New York Times* repräsentiert wird, die über viel Ressourcen und Ansehen verfügen. Alternative Figuren wie der politische Dokumentarfilmer Michael Moore haben erheblich weniger Follower – ein Ausdruck der asymmetrischen politischen Aufmerksamkeitsökonomie des Kapitalismus, die kritische Stimmen durch einen Mangel an Ressourcen und Beachtung diskriminiert: Wer über viel Ansehen, Ruhm, Geld oder Macht verfügt, hat zumeist deutlich mehr Follower und verzeichnet auch deutlich mehr Retweets als gewöhnliche Menschen.

#	*Populärste Hashtags*	*Beschreibung*	*Art*
1	#EMABiggestFans1D	MTV Europe Music Awards	V, U
2	#ALDubEBTamangPanahon	Benefizkonzert	V, U
3	#EMABiggestFansJustin-Bieber	MTV Europe Music Awards	V, U
4	#AMAs	American Music Awards	V, U
5	#PushAwardsKathNiels	Push Awards	V, U
6	#gameinsight	Online and mobile games	U, T

7	#android	Betriebssystem für Mobiltelefone	T
8	‫مغرد_بذكر_الله#‬	Zur Erinnerung an Allah singen (Arabisch)	R
9	#トレクル	Torekuru (japanisch): Rollenspiel	U, T
10	#RT	Russia Today	P

U = Unterhaltung, T = Technologie, P = Politik, V = Veranstaltung, R = Religion.

Tabelle 8.4: Top-Trends auf Twitter, 12. Oktober–11. November 2015

Datenquelle: http://hashtagify.me/popular (aufgerufen am 12. November 2015)

Dhiraj Murthy meint, »der Einfluss gewöhnlicher Menschen auf Twitter« sei vielleicht marginal, dennoch könne »das Medium potenziell demokratisierend wirken, insofern man es als ein Megafon betrachten kann, das die Stimmen/Gespräche jedes Individuums und jeder Entität publik macht« (Murthy 2013, 31). Die wichtige Frage lautet jedoch, wie die Gesellschaft verändert werden muss, um asymmetrische Sichtbarkeit zu überwinden. Kapitalistische Akkumulationsstrukturen wirken nicht nur in der Wirtschaft, sondern auch in der Kultur, wo sie einigen wenigen zur Akkumulation von Ansehen, Sichtbarkeit und Beachtung verhelfen. Murthy argumentiert auch, da Tweets als Retweets durch andere Nutzer zirkulieren, könne die Stimme eines Einzelnen im Prinzip »exponentiell verstärkt werden« (Murthy 2013, 21). Diese Möglichkeit bedeutet jedoch nicht, dass Twitter ein demokratisches Medium wäre, denn auch die Macht der Verstärkung ist sozial geschichtet: Nutzer mit hoher Sichtbarkeit bestimmen, was verstärkt wird und was nicht. Die Realität von Twitter ist eine der asymmetrischen Sichtbarkeit. Seine demokratischen Potenziale werden durch eine sozial abgestufte Beachtung und Sichtbarkeit begrenzt, die für die kapitalistische Kultur charakteristisch ist.

Wie interaktiv ist die politische Kommunikation auf Twitter?

Um den Informationsgehalt sowie den Grad von Kommunikation und Interaktivität bei der politischen Nutzung von Twitter zu analysieren, habe ich zwei Fälle ausgewählt: WikiLeaks und die ägyptische Revolution. WikiLeaks war im Dezember 2010 weltweit in den Nachrichten präsent, nachdem die Initiative am 28. November amerikanische diplomatische Berichte veröffentlicht hatte und am 6. Dezember ein europaweiter Haftbefehl gegen Julian Assange erging. Ich habe 985 667 Tweets mit dem Hashtag #wikileaks im Archiv twapperkeeper.com gesammelt (Zeitraum: 28. November 2010, 00:00:00 – 1. Januar 2011, 00:00:00).

Die Revolution in Ägypten begann am 25. Januar 2011 mit Massenprotesten in Kairo und anderen Städten; am 11. Februar trat Präsident Mubarak zurück. Hierzu habe ich auf TwapperKeeper 73 395 Tweets mit dem damals gebräuchlichen Hashtag #25jan gesammelt (Zeitraum: 25. Januar 2011, 00:00:00 – 12. Februar 2011, 00:00:00).

Um sich auf andere Nutzer zu beziehen, verwendet man auf Twitter gewöhnlich das Symbol @, gefolgt vom entsprechenden Nutzernamen. Es gibt zwei Arten des Bezugs: Man kann ein Posting weiterverbreiten (»Retweet«) und kommentieren. Twitter lässt keine downloadfähige Archivierung der Postings zu. TwapperKeeper zeigt maximal 25 000 Ergebnisse an. Meine Listen habe ich manuell generiert und dann zur weiteren Analyse in Excel-Dateien kopiert. Zunächst identifizierte ich alle Tweets, die sich auf jemand anderes bezogen (@). Um zu entscheiden, ob es sich um ein Retweet handelt oder nicht, suchte ich in einem zweiten Schritt nach dem Kürzel RT @, das in den Ergebnislisten von TwapperKeeper dafürsteht. Mit diesem Verfahren konnte ich ermitteln, wie hoch der Anteil von reinen Informationsbeiträgen, Retweets und Kommentaren zu anderen Postings ist (vgl. Tab. 8.5).

Hashtag	Anzahl der Tweets	Zeitraum	Kom-mentare	Re-Tweets	Infor-mation
#wikileaks	985 667	11-28-2010, 00:00:00 – 01-01-2011 00:00:00	23,1%	51,3%	25,6%
#25jan	73 395	time period: 01-25-2011, 00:00:00 – 02-12-2011, 00:00:00	12,9%	54,4%	32,7%

Tabelle 8.5: Grad der Information und Kommunikation von Tweets, die mit WikiLeaks und der ägyptischen Revolution zu tun haben

Die Ergebnisse zeigen, dass Retweets bei beiden Themen mehr als 50 Prozent ausmachten und Kommentare deutlich seltener waren (23,1 und 12,9 Prozent). Da Retweets ebenfalls eine Form von Informationsbeiträgen sind, erreichte deren Gesamtanteil beim Thema WikiLeaks 76,9 Prozent und beim Thema ägyptische Revolution 87,1 Prozent.

Kommunikation kann einseitig oder beidseitig verlaufen (McQuail 2010, 552). Im ersten Fall spricht eine Person zu einer anderen, die nicht antwortet oder antworten kann; im zweiten Fall kommt es zu einer sinnhaften symbolischen Interaktion (McQuail 2010, 560). Um einen ersten Eindruck von der Qualität der Kommunikation zu bekommen, analysierte ich im Strang #wikileaks alle Postings aus den ersten 60 Minuten, in denen andere Nutzer erwähnt wurden. Von den insgesamt 110 Postings waren 44 Retweets (40 Prozent), 64 Informationsbeiträge (58,2 Prozent) und nur zwei bildeten zusammen eine Interaktion (1,8 Prozent). Dieser Ausschnitt deutet darauf hin, dass symbolische Interaktion in der politischen Kommunikation auf Twitter selten ist, die vielmehr großenteils aus einseitiger Kommentierung besteht. Einzelne Beiträge wie die folgenden waren typisch dafür:

> @NutzerA @NutzerB Viele Ihrer Landsleute würden das anders sehen. Die meisten Menschen sehen das anders. http://bit.ly/i7pJy0 #wikileaks Sun Nov 28 00:27:26

> @NutzerC @NutzerD <--- #Rassist #Idiot #wikileaks Sun Nov 28 00:00:43

> @NutzerE @NutzerF <--- SPAM Retweetet nicht #wikileaks #SPAM Sun Nov 28 00:58:52

Retweets enthielten in der Regel Links oder Informationen, die die Nutzer wichtig fanden:

> @NutzerG RT @NutzerH: #Wikileaks nächste Veröffentlichung besteht aus 251 287 diplomatischen Berichten: report [ibtimes] http://j.m ... Sun Nov 28 00:45:17

> @NutzerI RT @NutzerF: Die britischen Sonntagszeitungen berichten völlig falsch über #wikileaks #embassy cables. Lohnt die Lektüre nicht. Wartet auf den #guardian! Sun Nov 28 00:56:00

Die einzige wechselseitige Interaktion in den ersten 60 Minuten war ein kurzer Dialog:

> @NutzerJ @NutzerK: Wen soll #Assange verraten haben? Er ist kein US-Bürger. Er ist Whistleblower #wikileaks Sun Nov 28 00:07:10

> @NutzerK @NutzerJ Du hast meinen Tweet missverstanden... #Assange #wikileaks Sun Nov 28 00:19:28

2015 sammelte ich mithilfe der Softwareplattform Discovertext Twitterbeiträge über Jeremy Corbyn. Der Erhebungszeitraum waren die letzten drei Wochen seines Wahlkampfs um den Vorsitz der Labour Party. Ich suchte nach einschlägigen Wörtern, die Corbyns Gegner in ihrer Diffamierungskampagne verwendeten (Tab. 8.6). Von den insgesamt 32 298 untersuchten Tweets waren 33,9 Prozent reine Informationsbeiträge, 43,9 Prozent Retweets und 10 Prozent Kommentare. Dies bestätigt, dass Twitter der Tendenz nach kein Kommunikationssystem, sondern ein Informationsmedium für die Verbreitung von Inhalten und Links ist.

Suchkriterien	Anzahl der Tweets	Zeit-raum	Kom-mentare	Re-Tweets	Infor-mation
Corbyn AND anti-Semite OR anti-Semitic OR chaos OR clown OR commy OR communism OR communist OR loony OR Marx OR Marxist OR pinko OR red OR reds OR socialism OR socialist OR Stalin OR Stalinist OR terrorist OR violent OR violence	32 298	von: 22.8. 2015, 23:25 BST bis: 13.9. 2015, 12:35 BST	10,0%	43,9%	33,9%

Tabelle 8.6: Grade der Information und Kommunikation von Tweets über Jeremy Corbyn

Die Proteste von 2011: Twitter- und Facebook-Revolutionen?

Bei der Frage, ob die sozialen Proteste von 2011 Twitter- und Facebook-Revolutionen waren, ist auch zu bedenken, wie hoch überhaupt der jeweilige Bevölkerungsanteil mit Internetzugang ist. In den Ländern, wo es zu Protesten kam, bewegt er sich seit 2008 zwischen 3,1 Prozent (Mauretanien) und 97,8 Prozent (Island), der Anteil der Facebook-Nutzer reicht von 2,6 Prozent (Jemen) bis 69,1 Prozent (Island) (vgl. Tab. 8.7). Angesichts solcher Unterschiede stellt sich die Frage, ob man tatsächlich wie manche Beobachter so allgemein behaupten kann, Internet und soziale Medien hätten die Revolutionen und Aufstände verstärkt. Daten über die Mediennutzung in der ägyptischen Revolution zeigen, dass die Beteiligten Telefonate und direkte Gespräche für viel wichtiger zur Informationsverbreitung hielten als

»soziale Medien« (Wilson/Dunn 2011). Im Dezember 2011 hatten 26,4 Prozent der ägyptischen Bevölkerung Zugang zum Internet und im Juni 2012 waren 13,6 Prozent per Facebook-Nutzer.[137] Nachdem ägyptische Polizisten am 6. Juni 2010 den Jugendlichen Khaled Said zu Tode geprügelt hatten, soll die Facebook-Seite »Wir sind alle Khaled Said«, die von Whael Ghonim moderiert wurde (Ghonim 2012), zur Ausbreitung der Proteste beigetragen haben. Am 8. Dezember 2012 verzeichnete sie 2,5 Millionen Likes (arabische Version; englische Version: 278 000). Wie viele dieser Likes von ägyptischen Nutzern kommen, die an der Besetzung des Tahrir-Platzes und den Protesten beteiligt waren, ist jedoch unklar.

eMarketing Egypt führte eine Umfrage über Internet und Revolution in Ägypten durch.[138] 71 Prozent der Befragten gaben an, Facebook sei das wichtigste Medium gewesen, um Ereignisse und Nachrichten im Blick zu behalten. Das Problem besteht jedoch darin, dass nur Internetnutzer befragt wurden, also eine Minderheit der Bevölkerung (26,4 Prozent, vgl. Tab. 8.7). Die Ergebnisse der Studie überzeichnen die Bedeutung von Technik daher zwangsläufig.

Land	Zugang der Bevölkerung zum Internet (%)	Facebook-Nutzungsrate (% der Bevölkerung)
Algerien	13,4	9,5
Bahrain	77	30,0
Ägypten	26,4	13,6
Griechenland	46,9	33,1
Island	97,8	69,1
Jordanien	38,1	38,1
Kuwait	74,2	31,2
Libanon	52,0	38,0
Libyen	5,9	10,0
Mauretanien	3,1	2,7
Marokko	49,0	14,2
Oman	68,8	16,9
Portugal	50,7	38,8
Saudi-Arabien	49,0	20,9
Spanien	65,6	33,5

[137] internetworldstats.com, abgerufen am 15.03.2018.
[138] Näher dazu: www.emarketing-egypt.com/1st-study-about-the-Internet-and-the-Egyptian-Revolution:-Survey-Results/2/0/18, abgerufen am 15.11.2015.

Sudan	9,3	n/v
Syrien	22,5	n/v
Tunesien	36,3	28,9
Vereinigte Arabische Emirate	70,9	38,6
Großbritannien	84,1	48,6
USA	78,1	46,4
Jemen	14,9	2,6

Tabelle 8.7: Internetzugangsrate und Facebook-Nutzungsrate (relativ zur Gesamtbevölkerung) in ausgewählten Ländern, in denen im Jahr 2011 Revolutionen oder Rebellionen stattfanden

Datenquelle: www.internetworldstats.com (aufgerufen am 30. Oktober 2012); n/v = nicht verfügbar

Die Rolle sozialer Medien in der ägyptischen Revolution

Das Tahrir Data Project führte eine Umfrage unter Aktivisten vom Tahrir-Platz durch (N = 1056). Wilson und Dunn (2011) präsentieren einige Ergebnisse der Studie zum Thema Mediennutzung. Bemerkenswerterweise ignoriert Castells (2012) in seiner technikdeterministischen Analyse sozialer Medien im arabischen Frühling die Befunde der beiden Autoren, obwohl sie in dem von ihm mitgegründeten *International Journal of Communication* veröffentlicht wurden. Sie zeigen, dass direkte Interaktion die wichtigste Kommunikationsform während der Proteste war (93 Prozent), gefolgt von Fernsehen (92 Prozent), Telefon (82 Prozent), Presse (57 Prozent), SMS (46 Prozent), Facebook (42 Prozent), E-Mail (27 Prozent), Radio (22 Prozent), Twitter (13 Prozent) und Blogs (12 Prozent). Persönliche Kommunikation, traditionelle Medien und Telekommunikation waren während der Revolution somit relevantere Informationsquellen und Kommunikationsmittel als soziale Medien und Internet. Ein anderer Teil der Studie zeigt, dass Telefonate, gefolgt von direkten Gesprächen, laut ägyptischen Revolutionären am wichtigsten für ihre Proteste, am informativsten und am stärksten motivierend waren. Facebook, E-Mail und Twitter betrachteten sie als weniger wichtig, informativ und motivierend. Die Studie illustriert, dass »digitale Medien für die Kommunikation und Basisorganisierung der Protestierenden weniger zentral waren, als die Verkünder von Twitter-Revolutionen behaupten« (Wilson/Dunn 2011, 1252). James Curran argumentiert, der arabische Frühling habe »tiefreichende wirtschaftliche, politische und religiöse Ursachen« gehabt; digitale Medien »trugen zum Aufbau von Opposition bei, erleichterten die Organisation der Proteste und verbreiteten Nachrichten über sie in der Region und weltweit. Wenn die Ausbreitung digitaler Kommunikationstechnologien die Aufstände nicht verursachte, so stärkte sie diese doch.« (Curran 2012, 53-54).

Die Rolle sozialer Medien in der Occupy-Bewegung

Mit einer Umfrage unter Occupy-Aktivisten wollte ich herausfinden, welche Rolle soziale und andere Medien für Information, Kommunikation und Mobilisierung bei ihren Protesten spielten. Ausführlich dargestellt wurden die Ergebnisse in dem Buch *OccupyMedia! The Occupy Movement and Social Media in Crisis Capitalism* (Fuchs 2014b). Hier soll nur ein Detail aus dem Datensatz hervorgehoben werden. Eine wichtige Dimension der Wissensstrukturen von sozialen Bewegungen besteht darin, wie Aktivisten miteinander kommunizieren. Deshalb lautete eine Frage der Untersuchung: »Wie häufig verwendeten Sie in einem Monat, in dem Sie an den Occupy-Protesten beteiligt waren, die folgenden Medien, um mit anderen Aktivisten zu kommunizieren oder über die Proteste zu diskutieren?« Die Ergebnisse zeigt Tabelle 8.8.

	wenig häufig (0–3)	mittlere Häufig- keit (4–8)	häufig (> 9)
Persönliches Gespräch	24,90%	14,50%	60,60%
SMS	57,90%	14,80%	27,40%
Anrufe	54,90%	21,40%	23,70%
Persönliche E-Mails	41,40%	21,90%	36,60%
E-Mail-Listen	49,70%	17,90%	32,50%
Occupy-Chat	70,00%	14,90%	15,20%
Twitter	56,30%	11,20%	32,50%
Facebook-Gruppen	37,20%	17,30%	45,40%
YouTube-Kommentare	79,90%	11,20%	8,90%
Riseup- Kommunikationswerkzeuge	83,40%	7,90%	8,80%
InterOccupy-Telekonferenzen	90,40%	5,80%	3,80%
OccupyTalk-Voice Chat	95,50%	1,30%	3,30%

Tabelle 8.8: Häufigkeit der monatlichen Nutzung bestimmter Kommunikationsformen zur Diskussion von Protesten unter Aktivisten
Quelle: Fuchs (2014b)

Die Daten machen deutlich, dass das persönliche Gespräch die meist-gebrauchte Kommunikationsform der Occupy-Bewegung war, gefolgt von Facebook, E-Mail, Mailinglisten und Twitter. SMS und Handys waren weniger wichtig als direkte Gespräche, E-Mail und soziale Medien (Facebook, Twitter). Mithilfe von Spearmans Rangkorrelationskoeffizient führte ich eine Korrelationsanalyse der Variablen durch. Die Ergebnisse sind in Tabelle 8.9 zu sehen.

	Persönliches Gespräch	SMS	Telefonanrufe	Persönliche E-Mails	E-Mail-Listen	Occupy-Chat	Twitter	Facebook	YouTube	Riseup	InterOccupy Telekonferenzen	OccupyTalk
Intensität des Aktivismus, Signifikanz	0,532**, 0,000	0,442**, 0,000	0,495**, 0,000	0,515**, 0,000	0,417**, 0,000	0,312**, 0,000	0,304**, 0,000	0,375**, 0,000	0,161**, 0,005	0,314**, 0,000	0,346**, 0,000	0,177**, 0,002
Politische Positionierung, Signifikanz	-0,013, 0,824	0,039, 0,503	-0,050, 0,379	-0,065, 0,254	-0,019, 0,737	0,061, 0,285	-0,012, 0,828	0,077, 0,169	0,036, 0,537	-0,037, 0,522	0,019, 0,735	0,102, 0,075
persönliches Gespräch, Signifikanz	–	0,392**, 0,000	0,520**, 0,000	0,540**, 0,000	0,367**, 0,000	0,272**, 0,000	0,209**, 0,000	0,243**, 0,000	0,194**, 0,001	0,149**, 0,009	0,157*, 0,006	0,013, 0,820

Facebook, Signifikanz	0,243**, 0,000	0,348**, 0,000	0,251**, 0,000	0,338**, 0,000	0,289**, 0,000	0,333**, 0,000	0,313**, 0,000	–	0,397**, 0,000	0,116*, 0,043	0,261**, 0,000	0,182**, 0,001
E-Mail-Listen, Signifikanz	0,367**, 0,000	0,448**, 0,000	0,502**, 0,000	0,740**, 0,000	–	0,211**, 0,000	0,228**, 0,000	0,289**, 0,000	0,179**, 0,002	0,301**, 0,000	0,256**, 0,000	0,176**, 0,002
Twitter, Signifikanz	0,209**, 0,000	0,398**, 0,000	0,176**, 0,002	0,203**, 0,000	0,228**, 0,000	0,233**, 0,000	–	0,313**, 0,000	0,338**, 0,000	0,207**, 0,000	0,246**, 0,000	0,180**, 0,002

Tabelle 8.9: Korrelation der Häufigkeit bestimmter Formen der Protest-kommunikation, Intensität des Aktivismus und politische Positionierung auf einer Links-Rechts-Skala (Spearmans Rho)
Quelle: Fuchs (2014b)

Aus den Daten geht hervor, dass die Intensität des Aktivismus signifikant positiv damit korreliert, wie häufig sämtliche Kommunikationsformen genutzt werden. Eine Korrelation der politischen Positionierung der Befragten mit der Kommunikationsfrequenz existiert hingegen nicht. Wer sich aktiver an Protesten beteiligt, kommuniziert zumeist auch mehr mit anderen Aktivisten, sei es im direkten Gespräch oder per Telefon, Mailinglisten, Chats, Twitter, Facebook, YouTube und anderen Medien. Ferner zeigt die Korrelationsanalyse, dass sich die verschiedenen Formen nicht gegenseitig ersetzen, sondern ergänzen: Die Häufigkeit persönlicher Gespräche korreliert signifikant positiv mit der von anderen Kommunikationsweisen, dasselbe gilt für die Nutzungsfrequenzen von Facebook, Twitter, Mailinglisten und anderen Onlinemedien. Zu berücksichtigen ist dabei, dass Aktivisten befragt wurden, die Ergebnisse also nichts darüber sagen, ob soziale Medien Menschen für die Proteste mobilisieren konnten oder eher ihrer Einschüchterung dienten. Vielmehr zeigen sie, dass Occupy-Aktivisten zumeist vielfältige Formen von Online- wie Offlinemedien nutzten, um miteinander über die Proteste zu kommunizieren, und dass sich diese Formen ergänzten.

Diese empirischen Befunde widerlegen den Mythos, der arabische Frühling sei eine Twitter-, Facebook-, Social-Media-Revolution oder eine »Revolution 2.0« gewesen. Soziale Medien und das Internet spielten die Rolle eines Mediums unter anderen (wie insbesondere dem direkten Gespräch), aber dass sie notwendige Voraussetzungen der Rebellionen gewesen wären, lässt sich empirisch nicht belegen. Die arabischen Revolutionen und andere Proteste wie die Occupy-Bewegung waren kein Ergebnis von Twitter, Blogs oder Likes. Soziale Medien waren lediglich eines von vielen Kommunikationsmitteln der Bewegungen.

8.4   Verrohte Kommunikation auf Twitter

Hass und Gewalt in sozialen Medien

Im August 2014 verbreitete der Islamische Staat (IS) ein Video im Internet, das die Enthauptung des 2012 in Syrien entführten amerikanischen Journalisten James Foley durch eines seiner Mitglieder zeigt. Der IS veröffentlichte und verbreitete beständig Bilder und Videos solcher Hinrichtungen, nicht nur via YouTube und Twitter, sondern auch durch neuere Plattformen wie justpaste.it, eine Bild- und Text-Sharing-Seite, die zu den 8 500 meistbesuchten Internetseiten der Welt gehört. Panos Kompatsiaris und Yiannis Mylonas (2015) zeigen, dass die rechtsextreme griechische Partei Goldene Morgenröte soziale Medien für Nazi-Propaganda im Stile Goebbels' nutzt. Rechte Bewegungen sind bei der Nutzung sozialer Medien nicht weniger kompetent und aktiv als linke. Auch Berichte über Frauenfeindlichkeit sowie Hass und Drohungen gegen Minderheiten auf Twitter sind immer wieder zu lesen.

In Reaktion auf solchen Online-Hass ist wiederholt eine vollständige Überwachung und schnelle Zensur des Internets gefordert worden. Dies geht jedoch am Problem vorbei. Bemühungen, das Internet zu zensieren, beruhen auf einem falschen Verständnis seines Charakters. Wird chemisch belastetes Hühnerfleisch oder verunreinigtes Bier aus den Supermärkten zurückgerufen, kann niemand diese Produkte essen und trinken und lässt sich der Schaden eindämmen. Mit Informationen im Internet verhält es sich vollkommen anders: Sie können mühelos, schnell und günstig kopiert und weltweit verbreitet werden, weil sie ein eigentümliches Gut sind; sie werden im Akt der Konsumption nicht verbraucht und es ist schwierig zu verhindern, dass Menschen sie zur Kenntnis nehmen und weiterverbreiten. Eine Zensur von Online-Informationen ist daher praktisch unmöglich und entsprechende politische Vorstöße laufen auf einen Kampf gegen

Windmühlen hinaus. Die Zensoren dieser Welt sitzen einem grundlegenden Irrtum über den Charakter des Internets auf und sind in der
rechten ideologischen Illusion gefangen, Überwachungs- und Zensur-
technologien könnten die sozialen und politischen Probleme der Welt
lösen.

2003 versuchte Barbara Streisand rechtlich dagegen vorzugehen, dass
ein Foto von ihrem Haus in Malibu im Internet stand. Die Folge war,
dass Tausende von Menschen das Bild im Netz weiterverbreiteten
und Hunderttausende es sahen. Dieser sogenannte Streisand-Effekt
zeigt, dass Zensurbemühungen in der Welt des Medienspektakels nur
umso mehr Aufmerksamkeit für das erzeugen, was zensiert werden
soll. Je stärker Internetplattformen und Politiker den IS zu zensieren
versuchen, umso mehr werden sich dessen furchtbare Bilder und
Videos verbreiten.

Was wäre eine angemessene politische Reaktion auf Drohungen,
Faschismus und Gewalt im Internet? Es besteht ein Kontinuum zwischen den zwei Extremen einer Politik des Laissez-Faire und Kon-
trollpolitik. Das erste Extrem spielt die Tatsache herunter, dass es
anonyme Postings gibt, die Internetnutzer als bedrohlich empfinden.
Solche realen Bedrohungserfahrungen müssen ernstgenommen werden. Das zweite Extrem beruht auf der Überzeugung, dass harte Gesetze, Überwachung, Freiheitsentzug und Todesstrafe adäquate Maßnahmen seien. Übersehen wird dabei, dass Straftaten konkrete gesellschaftliche Ursachen haben, die sich nicht durch oberflächliche Maßnahmen beseitigen lassen. Selbst nach der Einführung härtester Strafen würden vergleichbare Bedrohungen wahrscheinlich zu einem
anderen Zeitpunkt in einem anderen Kontext auftauchen. Was also
wäre zu tun?

Rechte Medien, Politiker und Kommentatoren nutzen oft die Tatsache aus, dass es im Internet Faschismus, Mobbing, Kinderpornogra-
fie, Annäherungsversuche von Pädophilen an Kinder, Frauenfeindlichkeit und Terrorpropaganda gibt, um eine moralische Panik zu
erzeugen, die in die Forderung nach umfassender Überwachung des
Internets und harten Haftstrafen mündet. Doch stellen wir uns eine
solche total überwachte Welt einmal vor. Polizei und Geheimdienste
analysieren alles, was man im Internet tut und am Telefon sagt. Algorithmen werten alle gesicherten Text- und Tondateien aus, um zu
prognostizieren, ob jemand ein Krimineller, Terrorist, Online-Mobber
usw. werden könnte. Gibt es dafür Anzeichen, wird er automatisch
für mehrere Jahre inhaftiert. Warum? Weil ein Algorithmus ihn als
Risiko identifiziert hat. Der Algorithmus gilt als der vollkommene

Richter, einen Gerichtsprozess und Beweise braucht es daher nicht. Ein weiterer Schritt wäre die Verknüpfung von Gedanken mit dem Internet, sodass wir zum Beispiel Onlinerecherchen durchführen könnten, einfach indem wir denken. Google und Facebook würden unsere innersten Gedanken natürlich nur zu gerne kennen, um Werbung direkt in unsere Gehirne zu schicken. Aber auch Polizei und Geheimdienste wären an diesen Daten interessiert. Ihre Algorithmen könnten analysieren, was die Bürger denken, und sofern es irgendwelche Hinweise darauf gibt, dass jemand möglicherweise ein Krimineller wird, könnte man ihn unverzüglich hinter Gitter bringen oder durch ein Erschießungskommando (oder auf dem elektrischen Stuhl) hinrichten. Eine solche Welt wäre eine totalitäre Welt ohne jede Gerechtigkeit, eine Welt der faschistischen Polizeigewalt.

Stellen wir uns andererseits eine antagonistische Welt ohne Polizei und repressive Staatsapparate vor. Ein zivilgesellschaftlicher Aktivist erhält jeden Tag Hunderte von faschistischen Todesdrohungen im Internet. Er alarmiert die Polizei, die ihm lediglich mitteilt: »Die Überwachung des Internets ist faschistisch. Leute wie Sie wollen eine Politik der Kontrolle und Überwachung durchsetzen. Das ist rechter Unfug. Sie sind ein Rechtsextremist!« Der Aktivist wird immer verängstigter und fühlt sich vom Staat verlassen. Die Drohungen halten an und rauben ihm den Verstand; sie treiben ihn in einen Verfolgungswahn, jedes Geräusch in seiner Umgebung deutet er als möglichen Angriff; schließlich stürzt er sich aus seiner Wohnung im fünften Stock.

Eine realistische linke Antwort auf die Probleme des Internets

Die Szenarien einer vollständigen Überwachung oder aber eines vollständigen Fehlens von polizeilichem Schutz sind natürlich extrem, aber sie zeigen, wohin es uns führt, wenn wir eine konservative und eine liberale Position zum Umgang mit Kriminalität zu Ende denken. Wie in der kritischen Kriminologie häufig gefordert, müssen wir eine realistische linke Herangehensweise an das Problem entwickeln. Wenn Menschen im Internet bedroht werden, muss die Polizei einschreiten. Soziale Medien sollten nutzerfreundliche Möglichkeiten dafür schaffen, Bedrohungen zu melden. Sie sollten genügend Personal für die Überprüfung und Bearbeitung solcher Meldungen einstellen, umgehend Nutzer sperren, die Beleidigungen, Terrorpropaganda, Rassismus, Frauenfeindlichkeit, faschistische Auffassungen usw. verbreiten, und den Betroffenen dabei helfen, entsprechende Vorfälle bei der Polizei zu melden. Die Polizei sollte den Fall untersuchen und auf der Grundlage eines richterlichen Beschlusses Zugang zu den persönlichen Daten des Nutzers bei dem sozialen Medium und seinem Internetanbieter verlangen. Sie sollte imstande sein, schnell und kompetent zu reagieren, was hochqualifiziertes Personal und gut ausgestattete Abteilungen erfordert. Die Beamten sollten mit den sozialen, rechtlichen, ethischen, wirtschaftlichen, kulturellen und technischen Aspekten des Internets sehr gut vertraut sein und ihr Wissen immer auf dem neuesten Stand halten. Auf der Grundlage ihrer Ermittlungen müsste sodann die Staatsanwaltschaft tätig werden. Bei einem begründeten Verdacht, dass ein bestimmter Nutzer in Terrorismus oder organisierte Kriminalität verwickelt ist, kann die Polizei mit richterlicher Genehmigung seine Kommunikation gezielt überwachen. All das ist bereits heute rechtlich und technisch möglich, ohne massive Überwachung sämtlicher Nutzer, ihrer Verbindungsdaten und des Inhalts ihrer Kommunikation.

Es wäre allerdings naiv zu meinen, dass Polizeiarbeit, das Sperren von Nutzern und Inhalten sowie in bestimmten Fällen gezielte Observation immer funktionieren. Kompetente Internetnutzer können mit den entsprechenden Technologien ihre IP-Adresse verbergen und anonym kommunizieren. Zudem lassen sich die Ursachen von Kriminalität, faschistischer Ideologie, Rassismus, Sexismus und Terrorismus allein mit polizeilichen Mitteln nicht beseitigen. Die Überwindung gesellschaftlicher Probleme erfordert Veränderungen, die an ihre Wurzeln gehen. Beim Nachdenken über geeignete Maßnahmen ist Naivität ebenso fehl am Platz wie falsche Ernüchterung.

Denkbare Reformen wären etwa Strafrechtsreformen, Förderung von Vollbeschäftigung und guten Jobs, höhere Mindestlöhne, mehr Bildungschancen, Sozialleistungen und -programme, Verwendung neuer Technologien in der Öffentlichkeitsarbeit, Stärkung zivilgesellschaftlicher Mechanismen zur Bekämpfung von Machtmissbrauch in Institutionen, eine Kultur der Unterstützung für Risikogruppen (DeKeseredy 2011, Kapitel 4), bezahlbare und hochwertige Kinderbetreuung, Wohngeld, besserer öffentlicher Verkehr (DeKeseredy et al. 2006), Gleichstellungspolitik, positive Anerkennung und Förderung der Interaktion zwischen verschiedenen Kulturen und Identitäten (Young 2002) sowie eine Entwicklungspolitik, die tatsächlich bessere Lebens- und Arbeitsbedingungen schafft.

8.5 Twitters politische Ökonomie

Nutzungsbedingungen und gezielte Werbung

Twitter fing als ein profitorientiertes Unternehmen ohne Geschäftsmodell an. Werbung gab es zunächst nicht, auch nicht nach der Änderung der Nutzungsbedingungen im September 2009, die sie – auch
persönlich zugeschnitten – ermöglichte. Im April 2010 kündigte
Twitter an, in Kürze Werbung einzuführen.[139] Die nunmehr erheblich
längeren und komplizierteren Nutzungsbedingungen legten die Eigentumsrechte des Unternehmens an nutzergenerierten Inhalten dar.
2011 nahm das auf individuell zugeschnittener Werbung aufgebaute
Geschäftsmodell von Twitter schließlich Gestalt an.

Kapitalakkumulation bei Twitter

Die Kapitalakkumulation bei Twitter beruht auf drei Mechanismen:
gesponserten Tweets, gesponserten Trends und gesponserten Accounts.
Gesponserte Tweets sind Werbe-Tweets, die als erstes bei den Ergebnissen angezeigt werden, wenn bestimmte Zielgruppen nach etwas
suchen. Mit gesponserten Trends, erklärt das Unternehmen, »werden
den Nutzern zeit-, kontext- und ereignisrelevante Trends angezeigt,
die von unseren Werbepartnern beworben werden«.[140] Gesponserte
Accounts schließlich »werden in verschiedenen Bereichen auf der
Twitter Plattform angezeigt, u. a. in den Startseiten-Timelines, auf
›Wem folgen?‹ und in den Suchergebnissen.« Sie bieten laut Twitter
»den Nutzern also eine noch größere Auswahl an potenziell span-
nenden Inhalten.«[141]

Sucht man auf Twitter nach einem Inhalt oder Hashtag, werden aktuelle Tweets, Nutzer/Accounts und weltweite Trends angezeigt.
Dabei werden die Ergebnisse durch Twitters Werbestrategie manipuliert: Angezeigt wird nicht, was am meisten Aufmerksamkeit findet,
sondern das, wofür die Werbekunden zahlen. Twitter fördert eine
klassenstrukturierte Aufmerksamkeitsökonomie, die wirtschaftlich
mächtige Akteure gegenüber alltäglichen Nutzern bevorzugt: Ein
großes Unternehmen mit üppigem Werbebudget kann sich mühelos
Aufmerksamkeit kaufen; ein gewöhnlicher Nutzer ohne Werbebudget

---

[139] Vgl. http://news.bbc.co.uk/2/hi/8617031.stm, abgerufen am 02.02.2015.

[140] Vgl. http://business.twitter.com/de/help/overview/what-are-
promoted-trends.html, abgerufen am 02.02.2018.

[141] Vgl. http://business.twitter.com/de/help/overview/what-are-
promoted-accounts.html, abgerufen am 02.02.2018.

oder viel Zeit wird es dagegen wesentlich schwieriger finden, seine Tweets und Accounts zu Trends zu machen.

Nutzer stellen eine »Publikumsware« dar (Smythe 1977, 1981/2006), die an Werbekunden verkauft wird (vgl. Kapitel 5). Der Unterschied zur Publikumsware bei traditionellen Massenmedien besteht darin, dass die Nutzer bei Twitter zugleich Inhalt produzieren; sie schaffen permanent etwas Neues, kommunizieren und bauen Gemeinschaften auf (Fuchs 2010c). Dass Twitter-Nutzer aktiver sind als Fernsehzuschauer oder Radiohörer, ist durch die dezentralisierte Struktur des Internets bedingt, die eine Kommunikation von vielen mit vielen ermöglicht. Aufgrund der permanenten Aktivität der Empfänger und ihres Status als »Prosumenten« können wir die Publikumsware im Falle des Internets als »Prosumenten-Daten-Ware« fassen – eine Kategorie, die nicht etwa eine Demokratisierung der Medien hin zu einem partizipatorischen System, sondern ein vollständiges Zur-Ware-Werden menschlicher Kreativität bezeichnet. Twitter-Nutzer arbeiten umsonst, unbezahlt; sie schaffen Mehrwert, indem sie Tweets und Daten erzeugen, die als Waren an Werbekunden verkauft werden, damit diese wiederum spezifische Nutzergruppen ins Visier nehmen können. Die Kapitalakkumulation bei Twitter erfordert eine wirtschaftliche Überwachung von Nutzerdaten (Fuchs 2011a). Diese Überwachung ist unter die kapitalistische politische Ökonomie subsummiert.

Twitter an der Börse

Wie viele Technologieunternehmen in Silicon Valley wurde auch Twitter zunächst von Risikokapitalgesellschaften finanziert, etwa von Institutional Venture Partners, Benchmark Capital, Union Square Ventures, Spark Capital und Insight Venture Partners. Am 7. November 2013 bot Twitter erstmals Aktien am New York Stock Exchange an und wurde so ein börsennotiertes Unternehmen. Der Ausgabepreis der Aktie von 45,10 Dollar stieg noch am ersten Tag um 73 Prozent, womit Twitters Börsenkapitalisierung das 24fache des für 2014 erwarteten Gewinns betrug.

Im Februar 2016 jedoch war Twitters Aktienkurs auf rund 14,50 Dollar gefallen – 2014 und 2015 hatte das Unternehmen gewaltige Verluste von fast 578 Millionen und 521 Millionen Dollar gemacht.[142] In

---

[142] Twitter SEC filings, form 10-K, financial year 2014; Twitter SEC filings, form 8-K, 10.02.2016.

beiden Jahren stammten 90 Prozent seiner Einnahmen aus der Werbung.[143] Wie Facebook und Google ist es eine Werbeagentur, kein Kommunikationsunternehmen. Individuell zugeschnittene Werbung ist ein ungewisses, hochriskantes Geschäft. Der extrem schnelle Informationsfluss auf Twitter erschwert den Verkauf solcher Anzeigen zusätzlich. Börsennotiert, aber bislang nicht profitabel, ist Twitter ein finanzielles Unternehmen, das erhebliche Risiken birgt.

8.6   @JürgenHabermas #Twitter #PublicSphere

Öffentlichkeit und politische Kommunikation auf Twitter

Habermas fasst politische Kommunikation und politische Ökonomie als zwei wichtige Aspekte von Öffentlichkeit; diese sei eine Sphäre der politischen Debatte (1962/1989a; 1989b). Deshalb gilt es zu prüfen, wie kommunikativ die politische Nutzung von Twitter ist. Welche Rolle spielt hier politische Kommunikation? Twitter wird von der jungen gebildeten Mittelschicht dominiert, während Gruppen wie Arbeiter, Bauern und Senioren ausgeschlossen werden. Menschen mit höherem Einkommen und mehr Bildung, die politisch interessierter und besser informiert sind, bestimmen die politische Kommunikation. Das Ergebnis ist »eher ein homogenes Meinungsklima« (Habermas 1962/1989a, 316).

Politik ist ein Minderheitenthema auf Twitter; überwiegend geht es um Unterhaltung. Zudem ist Twitter vor allem ein Informationsmedium und nicht ein Kommunikationsmittel. Am meisten Follower verzeichnen Prominente aus der Unterhaltungsindustrie. Im politischen Bereich sind es meist etablierte, hochrangige Akteure mit vielen Ressourcen, für die dies gilt, während kritische Stimmen deutlich weniger Sichtbarkeit und Follower erreichen. Wie unsere Analyse einer großen Zahl von Tweets zu drei politischen Ereignissen (WikiLeaks 2010, ägyptische Revolution 2011, Jeremy Corbyns Wahlkampf 2015) gezeigt hat, sind politische Tweets ganz überwiegend keine Diskussions-, sondern Informationsbeiträge, vor allem Retweets. Interaktion besteht zumeist in einseitiger Kommentierung, nicht in Konversationen.

Die Redefreiheit und öffentliche Meinung auf Twitter hat eine Begrenzung: Bildung und materielle Ressourcen für die Beteiligung an der Öffentlichkeit sind ungleich verteilt (Habermas 1962/1989a, 332).

---

[143] Twitter SEC filings, form 8-K, 10.02.2016.

Das Ziel der Öffentlichkeit, politisches Kommunikationsmedium »einer öffentlich räsonierenden Gesellschaft« (Habermas 1962/1989a, 116) zu sein, wird unter den vorherrschenden gesellschaftlichen Bedingungen auf Twitter nicht erreicht. In diesem Kontext stellt sich eine wichtige Frage: Können sich sinnvolle politische Debatten auf Kurznachrichten mit maximal 140 Zeichen stützen? Dieses Format könnte zu vereinfachenden Argumenten einladen und Ausdruck einer warenförmigen, beschleunigten Kultur sein.

Von 140 zu 10 000 Zeichen?

Anfang 2016 wurde berichtet, Twitter erwäge eine Erhöhung des Zeichenlimits von 140 auf 10 000 (Fuchs 2016a). Im November 2017 wurde es dann auf 280 angehoben. Twitter meint seine schlechte Geschäftslage offenbar durch technische Veränderungen beheben zu können. Doch für die kapitalistische Krise gibt es keine technologische Lösung; der Kapitalismus ist selbst die Krise. Ohnehin könnte es ein Trugschluss sein, dass die bloße *Möglichkeit* längerer Tweets ihre *tatsächliche* durchschnittliche Länge und die *tatsächliche* durchschnittliche Aufmerksamkeitsspanne für die einzelne Nachricht steigert. Die Nutzer haben sich im Lauf von zehn Jahren an die Logik von Twitter gewöhnt und könnten einfach weiter so verfahren, wie sie es schon lange tun. Durch längere Tweets bis zu 280 Zeichen will Twitter offenbar die Aufmerksamkeit der Nutzer länger an die einzelnen Postings binden, damit individuell zugeschnittene Anzeigen besser und gezielter präsentiert werden können und das Unternehmen endlich Gewinn macht. Diese Strategie könnte scheitern. Twitter steckt in der Zwickmühle: Weder sein aktuelles noch ein alternatives Design verspricht große Profite.

Die Logik kapitalistischer sozialer Medien ist fragwürdig. Twitters Veränderung ist nicht radikal genug, denn die politische Ökonomie sozialer Medien steht dabei gar nicht zur Disposition. Ein radikalerer Schritt – der zugleich der einzig praktikable wäre – würde darin bestehen, aus Twitter eine nichtkommerzielle, nicht profitorientierte Plattform zu machen, die ohne Werbung auskommt und nicht Kapitalakkumulation zum Ziel hat, sondern die Förderung einer nachhaltigen politischen Kommunikation. Bei Wikipedia funktioniert eine solche nichtkommerzielle Logik. Warum sollte sie nicht auch bei Twitter funktionieren? Was wir brauchen, sind radikale gesellschaftliche und politische Erneuerungen im Bereich der sozialen Medien, die die Online-Kommunikation aus der Warenform und Profitlogik befreien. Dazu müssten sich sowohl das Design wie auch die politische Ökonomie von Twitter und anderen sozialen Medien grundlegend verändern; alternative Finanzierungsmodelle jenseits der Gewinnorientierung wären zu entwickeln.

Die wichtige Aufgabe besteht nicht darin, im Internet Profite zu machen, sondern politische Debatten und ein Verständnis der überall von Gewalt geprägten Welt zu fördern. Die Logik von Profit und Kapital verdrängt die Logik des Gesprächs. Wir sollten darüber nachdenken, kapitalistische soziale Medien zu öffentlichen, auf Gemeineigentum beruhenden zu machen. Nur dann könnten sie wirklich sozial werden.

Öffentlichkeit und Sichtbarkeit der Mächtigen auf Twitter

2013 hatte Twitter rund 180 Millionen unbezahlte Nutzer und eine kleine Zahl von Angestellten, die zusammen Mehrwert erzeugen. Ende 2015 hatte Twitter rund 320 Millionen monatliche Nutzer.[144] Die politische Ökonomie der Plattform ist in zweierlei Weise sozial geschichtet:

a) Nutzer und Angestellte werden ausgebeutet, sie bilden eine enteignete, besitzlose Klasse im Gegensatz zur Klasse der Twitter-Eigentümer. Angesichts dessen überrascht es nicht, dass die Einnahmen des Unternehmens stetig gestiegen sind: von 45 Millionen Dollar[145] (2010) auf 139,5 Millionen (2011)[146], 269,4 Millionen (2012), 594,5 Millionen (2013), 1,23 Milliarden (2014) und 2,2 Milliarden Dollar (2015).[147]

b) Twitter ist ein profitorientiertes Unternehmen, das die Sichtbarkeit von Tweets, Profilen und Trends zugunsten von Werbekunden und zulasten gewöhnlicher Nutzer schichtet, um Kapital zu akkumulieren.

Die Analyse von Twitters politischer Ökonomie zeigt, dass diese soziale Schichtung dem Charakter der Öffentlichkeit schadet. Auf Twitter haben die Mächtigen (insbesondere Unterhaltungskünstler und Prominente) »ein Oligopol der publizistisch effektiven und poli-

---

[144] Twitter SEC filings, form 8-K, financial year 2015.

[145] http://online.wsj.com/article/
SB10001424052748703716904576134543029279426.html?KEYWORDS=twitter, abgerufen am 04.02.2018.

[146] www.emarketer.com/newsroom/index.php/strong-2011-twitter-ad-revenues-grow-86-259-million-2012/, abgerufen am 04.02.2018.

[147] www.emarketer.com/newsroom/index.php/strong-2011-twitter-ad-revenues-grow-86-259-million-2012/, abgerufen am 04.02.2018; Twitter SEC filings, form 10-K for financial year 2014, form 8-K for 2015.

tisch relevanten Versammlungs- und Vereinsbildung« (Habermas 1962/1989a, 333). Die Versammlungs- und Vereinsfreiheit ist dadurch begrenzt.

Pseudoöffentlichkeit und hergestellte Öffentlichkeit

Diese Befunde lassen nur den Schluss zu, dass Twitter keine Öffentlichkeit darstellt. Twitter belegt die fortdauernde Bedeutung von Habermas' Argument, dass die bürgerliche Öffentlichkeit, wie bereits Marx bemerkte, ihre Grenzen und so auch ihre immanente Kritik selbst hervorbringt: »Die Öffentlichkeit, der Marx sich konfrontiert sieht, widerspricht ihrem eigenen Prinzip allgemeiner Zugänglichkeit« (Habermas 1962/1989a, 203). Mithilfe der erkenntnistheoretischen Methode der immanenten Kritik misst die Habermas'sche Analyse eine tatsächlich gegebene Öffentlichkeit (im Hinblick auf politische Ökonomie und politische Kommunikation) an den Idealen und Werten der Öffentlichkeit, die die bürgerliche Gesellschaft verspricht (Rede-, Meinungs-, Versammlungs- und Vereinsfreiheit). Die im vorliegenden Kapitel durchgeführte immanente Analyse hat gezeigt, dass Twitters Wirklichkeit diesen Versprechen widerspricht. Twitter ist eine »Pseudoöffentlichkeit«, eine Form der »hergestellten Öffentlichkeit« (Habermas 1962/1989a, 250, 320).

8.7 Schlussfolgerungen

Einer der Gründe, weshalb kritische Theorie für die Analyse von Medien, Technik und Information wichtig ist, besteht darin, dass sie es uns ermöglicht, Technikdeterminismus infrage zu stellen und Alternativen zu ihm anzubieten. Die kausalen Beziehungen zwischen Medien und Technik einerseits, Gesellschaft andererseits werden dabei auf eine komplexe Weise erklärt, die Eindimensionalität und Einseitigkeit vermeidet. Technikdeterminismus ist hingegen ein Erklärungsmuster, nach dem ein Medium oder eine Technologie genau einen spezifischen Effekt auf die Gesellschaft und soziale Systeme hat (siehe Abbildung 8.1). Wird dieser Effekt positiv gewertet, können wir von Technikoptimismus sprechen, bei negativer Wertung von Technikpessimismus. Technikoptimismus und -pessimismus sind die normativen Dimensionen von Technikdeterminismus.

Das Problem bei beiden besteht darin, dass sie sich nur für einen einzigen Aspekt von Technologie interessieren und den Eindruck erzeugen, es gebe nur Auswirkungen in eine Richtung (siehe Abbildung 8.1). Da es ihnen an einem Blick für Widersprüche und die Dialektik von Technik und Gesellschaft mangelt, lassen sie sich als technikdeterministische Argumentationsmuster beschreiben. Technikdeterminismus ist ein Technikfetischismus (Robins/Webster 1999), er meint, »dass sich Technik allein durch ihre innere Dynamik entwickelt und sodann, ohne Vermittlung durch andere Faktoren, die Gesellschaft nach ihrem Muster formt« (Winner 1980/1999, 29).

Technikdeterminismus/Mediendeterminismus:

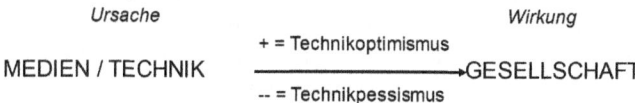

Dialektik der Technik/Medien & Gesellschaft:

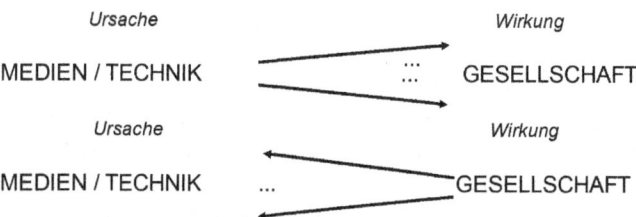

Abbildung 8.1: Zwei Logiken des Verhältnisses von Medien/Technik und Gesellschaft

Dabei wird die Rolle von Technik in der Gesellschaft überschätzt und die Tatsache ausgeblendet, dass sie in diese eingebettet ist und dass Proteste und Revolutionen das Werk von Menschen sind, die in Machtverhältnissen leben und gegen sie aufbegehren – nicht von Technik. Neue Technologien erzeugen häufig »Gefühlsausbrüche, die kurzzeitig die Vernunft überwältigen« (Mosco 2004, 22). Technikdeterminismus ignoriert die politische Ökonomie von Ereignissen. Im Falle der sozialen Medien schlägt sich in ihm das Bild eines digitalen Erhabenen nieder: »der Cyberspace ist zur jüngsten Ikone des technischen und elektronischen Erhabenen geworden, gepriesen für seine epochalen und überragenden Eigenschaften, dämonisiert für die Tiefe des Bösen, das er heraufbeschwören kann« (Mosco 2004, 24).

Eine Alternative zu technischem wie gesellschaftlichem Determinismus besteht darin, das Verhältnis von Technik und Gesellschaft dialektisch zu fassen (siehe Abbildung 8.1): Gesellschaft bedingt die Erfindung, Gestaltung und Konstruktion von Technik und diese prägt ihrerseits die Gesellschaft in komplexer Weise. Technik wird von Gesellschaft bedingt – nicht determiniert – und umgekehrt: Soziale Bedingungen, Interessen und Konflikte haben einen Einfluss darauf, welche Techniken entstehen, doch deren Auswirkungen sind nicht vorherbestimmt, denn jede moderne Technologie ist ein komplexes Ganzes interagierender Teile, die in gewissem Maße unvorhersehbar sind. Technik prägt Gesellschaft auf komplexe Weise: Sie hat häufig zahlreiche Effekte, die in Widerspruch zueinanderstehen können. Weil Gesellschaft und Technik komplexe Systeme sind – sie umfassen viele Elemente mit vielen Interaktionen –, ist kaum anzunehmen, dass ihre Interaktion eindimensionale Effekte haben wird. Technik ist ein Medium (mit neuen Möglichkeiten wie auch Einschränkungen) und ein Ergebnis von Gesellschaft.

Ein dialektisches Verständnis von Technik und Gesellschaft

Eine kritische Theorie der Medien und Technik beruht auf dialektischem Denken (siehe Abbildung 8.1). Dieses ermöglicht es uns, die Kausalbeziehung von Medien/Technik und Gesellschaft als mehrdimensional und komplex zu erkennen: Erstere haben jeweils mehrere, mindestens zwei, potenzielle Auswirkungen auf Gesellschaft und soziale Systeme, die koexistieren oder miteinander in Widerspruch stehen können. Welche Potenziale verwirklicht werden, hängt davon ab, wie Gesellschaft, Interessen, Machtstrukturen und -kämpfe die Gestalt und Verwendung von Technik auf vielfältige Weisen prägen, die gleichfalls widersprüchlich sein können.

In einer widersprüchlichen Gesellschaft, in der Klassenkonflikte und Auseinandersetzungen zwischen anderen herrschenden und beherrschten Gruppen existieren, ist es wahrscheinlich, dass auch soziale Medien einen widersprüchlichen Charakter haben: Weder fördern und verstärken noch hemmen und begrenzen sie zwangsläufig und automatisch gesellschaftliche Veränderungen; vielmehr weisen sie widersprüchliche Potenziale auf, die in widersprüchlichen Beziehungen zu den Auswirkungen von Staat, Ideologie und Kapitalismus stehen.

Zusammenfassung

Die Hauptergebnisse dieses Kapitels können wir wie folgt zusammenfassen:

▨ Habermas betont, (a) dass Öffentlichkeit ein Raum der politischen Kommunikation ist und (b) der Zugang zu Ressourcen, die Bürgern eine Teilnahme an ihr ermöglichen, entscheidende Bedeutung hat.

▨ Habermas vertritt ein kritisches Verständnis von Öffentlichkeit, das uns bei der Untersuchung der Frage hilft, ob die moderne Gesellschaft ihren eigenen Ansprüchen genügt. Es erlaubt uns zu überprüfen, ob die Verteilung von materiellen Ressourcen und Bildung die Verwirklichung von Rede- und Meinungsfreiheit fördert oder beschränkt. Dieselbe Frage können wir für die Werte der Vereins- und Versammlungsfreiheit stellen, indem wir untersuchen, ob es machtvolle Akteure gibt, die bezüglich Sichtbarkeit und Einfluss dominierend sind.

▨ Twitter ist keine Öffentlichkeit. Es sollte weder Hoffnungen auf eine Erneuerung von Demokratie und öffentlicher Diskussion wecken noch Ängste vor Gewalt, Terrorismus, Frauenfeindlichkeit, Online-Mobbing und Krawall. Was uns vor allem beschäftigen sollte, sind soziale Ungleichheiten und die Möglichkeiten ihrer Zurückdrängung. Habermas' Begriff von Öffentlichkeit zielt weniger auf die Medien, sondern dient der Kritik von Strukturen, in denen Gemeingüter kaum Gegenstand öffentlichen Interesses sind und der allgemeine Zugang zu ihnen eingeschränkt wird.

▨ Soziale Medien sind in die Widersprüche und Machtstrukturen der heutigen Gesellschaft eingebettet. Sie haben widersprüchliche Eigenschaften in widersprüchlichen Gesellschaften: Weder fördern und verstärken noch hemmen und begrenzen sie zwangsläufig und automatisch gesellschaftliche Veränderungen; vielmehr weisen sie widersprüchliche Potenziale auf, die in widersprüchlichen Beziehungen zu den Auswirkungen von Staat, Ideologie, Kapitalismus und anderen Medien stehen.

▨ In antagonistischen Gesellschaften sind soziale Medien antagonistische Kommunikationssysteme: Gegensätzliche gesellschaftliche Interessen drücken sich in Machtbeziehungen aus und prägen den Gebrauch von Technologien, auch von sozialen Medien. Die in einer antagonistischen Gesellschaft gegebenen gegensätzlichen Interessen betreffen auch die Frage, wie Technik verwendet werden sollte. Diese Verwendungen wiederum haben unabsehbare Dimensionen und Folgen. Infolgedessen zeitigen Technologien komplexe, widersprüchliche Auswirkungen auf die Gesellschaft. Sie haben fortschrittliche politische Potenziale wie auch eine dunkle Seite, zu der etwa Phänomene wie Faschismus, Rechtsextremismus, Mobbing und Frauenfeindlichkeit im Internet zählen. Es ist wichtig, diese Phänomene nicht zu überschätzen und moralische Panik zu vermeiden. Ein realistischer linker Umgang mit der dunklen Seite des Internets ist der praktikabelste Ansatz.

Nach Jahrzehnten des Neoliberalismus sind die heutigen Gesellschaften mit stark beschädigten Gemeingütern und öffentlichen Dienstleistungen konfrontiert. Dadurch kam es zu einer globalen Krise des Kapitalismus, die es uns aber zugleich erlaubt, über die Möglichkeit einer Stärkung von Commons nachzudenken. Dies erfordert gemeinsame Kämpfe, die wiederum – unter anderem – gemeinsame Kommunikation voraussetzen. Der Kampf für eine auf Commons beruhende Gesellschaft, die den Neoliberalismus überwindet, sollte auch einer für kommunikative Commons sein. Die sozial geschichteten Strukturen von Twitter sind ein Ausdruck der Beschränkungen der Öffentlichkeit. Eine andere Gesellschaft ist möglich. Ist ein anderes Twitter möglich?

Literaturhinweise und Übungen

Übung 8.1

Für ein kritisches Verständnis von Twitter empfiehlt sich die Auseinandersetzung mit Arbeiten von Jürgen Habermas und mit Debatten über Twitters Rolle in der Politik.

Habermas, Jürgen (1962/1989a), *Strukturwandel der Öffentlichkeit*, Frankfurt am Main: Suhrkamp.

Jeffrey, Stuart (2010), A rare interview with Jürgen Habermas, *Financial Times Online*, 30.04.2010.

Da über Habermas' berühmtes Buch viele Mythen in Umlauf sind, sollte man es vollständig lesen, um seinen Inhalt und vor allem den Begriff der Öffentlichkeit zu verstehen. Stellen Sie sich folgende Fragen:

■ Was ist laut Habermas Öffentlichkeit? Wie hat sie sich historisch entwickelt?

- Welche Eigenschaften und Grenzen hat die bürgerliche Öffentlichkeit?

- In welchem Zusammenhang steht der Begriff der Öffentlichkeit zum Denken von Karl Marx?

- Was versteht Habermas unter »Refeudalisierung« der Öffentlichkeit?

- Wenn Sie an soziale Medien in der heutigen Politik und Gesellschaft denken, welche Aspekte von politischer Kommunikation, Beschränkung von Öffentlichkeit und Refeudalisierung zeigen sich dann? Suchen Sie Beispiele.

- Wie interpretieren Sie die Tatsache, dass sich jemand unter dem falschen Namen Habermas auf Twitter über die Öffentlichkeit geäußert und damit einen gewissen Ärger verursacht hat? Welche Implikationen hat dies für Öffentlichkeit?

Übung 8.2

Morozov, Evgeny (2009), The brave new world of slacktivism, www.npr.org/templates/story/story.php?storyId=104302141, abgerufen am 04.02.2018.

Gladwell, Malcolm (2010), Small change. Why the revolution will not be tweeted, *The New Yorker* (Oktober), S. 42–49.

Morozov, Evgeny (2010), *The net delusion. How not to liberate the world*, London: Allen Lane, Kapitel 7: Why Kierkegaard hates slacktivism.

Shirky, Clay (2011), The political power of social media, *Foreign Affairs* 90 (1), S. 28–41.

Gladwell, Malcolm/Clay Shirky (2011), From innovation to revolution. Do social media make protests possible?, *Foreign Affairs* 90 (2), S. 153-154.

Diese Texte sind nicht zuletzt eine Debatte zwischen den drei Autoren darüber, ob digitale Medien zur Befreiung der Welt und zur Stärkung von Demokratie beitragen.

- Fassen Sie die Grundargumente von Shirky, Gladwell und Morozov über die Rolle sozialer Medien in der Politik zusammen und vergleichen Sie sie.

▣ Suchen Sie logische, theoretische und empirische Belege, um das Verhältnis zwischen sozialen Medien, Politik und Protesten zu beschreiben.

Übung 8.3

▣ Wählen Sie Twitter-Hashtags für ein aktuelles politisches Ereignis und ein aktuelles Unterhaltungsthema aus. Verfolgen, sammeln und speichern Sie einen Tag lang alle Beiträge mit den beiden Hashtags (z.B. mithilfe eines Analysetools wie Discovertext). Führen Sie eine Inhalts- und Diskursanalyse zu folgenden Aspekten durch: Diskussionsthemen und ihre Häufigkeit, Interaktivität der Tweets (Ausmaß von Retweeting/Information/Kommunikation), Gesamtzahl der Tweets, Zahl der Beteiligten und ihrer Postings, Anteil der Postings der Einzelnen an deren Gesamtzahl, Verwendung von Emoticons, Abkürzungen und Affekten. Wenn es Meinungsverschiedenheiten gibt, wie werden sie ausgedrückt? Werden sie weiterdiskutiert? Verfolgen Sie auch, wie sich die Zahl der Follower der aktivsten Teilnehmer im Laufe des Tages verändert. Wie viele neue Follower gewinnen Sie?

▣ Interpretieren Sie die Ergebnisse Ihrer kleinen Studie im Licht von Habermas' Theorie der Öffentlichkeit.

Übung 8.4

Beispiele für die dunkle Seite der Kommunikation auf Twitter und anderen sozialen Medien sind Faschismus, Frauenfeindlichkeit und Terrorpropaganda. Bilden Sie Arbeitsgruppen. Jede Gruppe sucht ein drastisches Beispiel für solche Kommunikation, analysiert es und diskutiert folgende Fragen:

▣ Was würden rechte Politiker, die für hartes staatliches Durchgreifen und eine Politik der Kontrolle stehen, vorschlagen, damit sich so etwas nicht wiederholt?

▣ Warum sind solche rechten Argumente falsch?

▣ Wie würde dagegen eine realistische linke Strategie aussehen?

9 Weibo: Macht, Ideologie und soziale Kämpfe im chinesischen Kapitalismus

Kernfragen

- Was sind die Grundzüge der chinesischen Wirtschaft?
- Welche Bedeutung hat der Neoliberalismus in China?
- Welche Rolle spielt dort die Arbeiterklasse?
- Wie geht sie mit digitalen Medien um?
- Was kennzeichnet die politische Ökonomie von chinesischen sozialen Medien wie Weibo?
- Wie funktioniert die Finanzialisierung des Internets in China?
- Welche Rolle spielt die politische Kontrolle des Internets in China und im Westen?

Schlüsselbegriffe

- Neoliberalismus
- Neoliberalismus mit chinesischem Antlitz
- Arbeit
- Lohnquote
- Internationale digitale Arbeitsteilung
- Finanzialisierung
- Finanzialisierung sozialer Medien
- Ideologie
- Die Ideologie des Mitwirkens, Verbindens und Teilens
- Arbeiterklasse
- Proletarische Netzwerkgesellschaft

Überblick

Sieht man sich eine Liste der meistgenutzten Internetplattformen auf der Welt an, dann stellt man fest, dass sich nicht wenige chinesische darunter befinden. Eine Analyse sozialer Medien in China ist daher eine wichtige Aufgabe. Weibo, eine Art chinesisches Twitter, ist dort eine der populärsten Plattformen. Dieses Kapitel fragt, was die politische Ökonomie solcher chinesischen Medienplattformen im Kontext der Entwicklung von Wirtschaft und Gesellschaft auszeichnet.

China ist häufig für sein starkes Wirtschaftswachstum gefeiert worden. Seine Internetökonomie gilt gemessen an der Nutzerzahl als größter Online-Markt der Welt. Weibo ist nicht nur ein Symbol für die chinesischen Medien, sondern auch für die Versprechen des chinesischen Kapitalismus. Dieser zeichnet sich allerdings durch eine besondere Rolle des Staates aus. Folglich müssen wir die Beziehung zwischen Wirtschaft, Staat und Internet in China verstehen.

Chinesische Unternehmen betreiben einige der meistbesuchten Webplattformen der Welt wie Baidu, QQ, Taobao, Sina, Weibo, TMall und Hao123. Baidu ist eine Suchmaschine, das chinesische Pendant zu Google. Dem Unternehmen gehört auch Hao123, ein Anbieter von Online-Listings. Tencent Holdings besitzt und betreibt QQ, ein Webportal und Instant-Messaging-Dienst. Die Alibaba-Gruppe ist mit den Online-Händlern Taobao und TMall – chinesische Versionen von Amazon und eBay – vertreten. Sina Corp betreibt das Webportal Sina und die Mikroblog-Plattform Weibo. Baidu, Sina, Tencent und Alibaba zählen zu Chinas mächtigsten Medienunternehmen. Daneben gibt es chinesische Pendants zu Video-Sharing-Plattformen wie YouTube und Vimeo (Tudou, Youku) sowie zu Netzwerken wie Facebook und LinkedIn (Douban, Kaixin001, QZone und RenRen).

China und der Westen

Die Entwicklung der chinesischen Internetökonomie hängt mit der allgemeinen wirtschaftlichen Entwicklung des Landes zusammen. Das Bruttoinlandsprodukt (BIP), das die Gesamtgröße einer Volkswirtschaft ausdrückt, erreichte in China folgende Werte:

- 2013: 16,5 Billionen US-Dollar
- 2014: 18,0 Billionen US-Dollar
- 2015: 19,4 Billionen US-Dollar
- 2016: 20,9 Billionen US-Dollar
- 2017: 22,5 Billionen US-Dollar
- 2018: 24,3 Billionen US-Dollar
- 2019: 26,3 Billionen US-Dollar[148]

Für die Vereinigten Staaten lauten die Werte:

- 2013: 16,7 Billionen US-Dollar
- 2014: 17,4 Billionen US-Dollar
- 2015: 18,0 Billionen US-Dollar
- 2016: 18,6 Billionen US-Dollar
- 2017: 19,3 Billionen US-Dollar
- 2018: 20,1 Billionen US-Dollar
- 2019: 21,0 Billionen US-Dollar.

Die westliche Presse hat sich von Chinas Wirtschaftswachstum fasziniert gezeigt, wie bereits einige Titelgeschichten verdeutlichen:

- »Made in China: Neu, besser und stärker denn je« (*The Economist*, 14.03.2015),
- »Der Aufkauf der Welt: Die kommende Welle chinesischer Übernahmen« (*The Economist*, 13.11.2010),
- »China: Anbruch einer neuen Dynastie« (*Time*, 22.01.2007),
- »Wie China die Weltwirtschaft bestimmt« (*The Economist*, 30.07.2005)
- »Chinas neue Revolution: Wie sie mit jedem Deal unsere Welt verändert« (*Time*, 27.06.2005).

---

[148] Quelle: IMF World Economic Outlook Database, April 2016; BIP berechnet in US-Dollar nach Kaufkraftparität (KKP).

China und die USA

Tabelle 9.1 zeigt den Anteil Chinas und der USA am weltweiten BIP.

	China	USA
2013	16,0%	16,1%
2014	16,6%	15,9%
2015	17,1%	15,7%
2016	17,7%	15,5%
2017	18,3%	15,3%
2018	18,8%	15,1%
2019	19,2%	14,8%
2020	19,7%	14,6%
2021	20,1%	14,3%
2022	20,5%	14,0%

Tabelle 9.1: Anteile von China und den USA am weltweiten BIP. Datenquelle: IMF World Economic Outlook, Oktober 2015 (Daten für 2013 und 2014) sowie Januar 2018 (Daten für 2015-2022), BIP gemessen in internationalen US-Dollar mit Kaufpreisparität

Bei solchen Daten ist natürlich Vorsicht geboten, da es sich teilweise um Prognosen handelt und die Entwicklung von Wirtschaften – komplexer, dynamischer Systeme – schwer vorhersagbar ist. Aber die Daten zeigen, dass Chinas Wirtschaft 2014 erstmals größer war als die amerikanische. Das ist eine beeindruckende Tatsache, bei deren Interpretation allerdings wiederum Vorsicht geboten ist, denn 2016 war Chinas Bevölkerung etwa 4,4 Mal so groß wie die der Vereinigten Staaten (1,4 Mrd./320 Mio.).[149] Das Pro-Kopf-BIP belief sich 2016 in China auf 15 095 und in den USA auf 57 220 US-Dollar; für 2020 lauten die Prognosen 20 190 und 67 238 US-Dollar.[150] Chinas immense wirtschaftliche Größe geht somit nicht nur auf Wachstum, sondern auch auf seine Einwohnerzahl zurück. Außerdem können BIP-Werte insofern irreführend sein, als sie die Summe aus Kapitalinvestitionen, Gehältern und Löhnen darstellen – sie besagen nichts über die Un-

---

[149] Quelle: UN Statistics, http://data.un.org.
[150] Quelle: IMF World Economic Outlook Database, April 2016; BIP berechnet in US-Dollar nach Kaufkraftparität (KKP).

gleichheit in einem Land, für deren Bestimmung die Reichtumsvertei-
lung zwischen Kapital und Arbeit zu berücksichtigen ist.

Dieses Kapitel befasst sich mit Entwicklungstendenzen des chinesischen Kapitalismus (Abschnitt 9.1), mit der politischen Ökonomie
von Weibo (Abschnitt 9.2) und seiner Ideologie (Abschnitt 9.3) und
schließlich mit sozialen Kämpfen in China und ihrem Verhältnis zum
Internet. Weibo wurde nicht deshalb ausgewählt, weil es unbedingt
Chinas wichtigste Internetplattform wäre; neben QQ ist es aber zweifellos eine entscheidende Plattform sozialer Medien. Aus Platzgrün-
den kann hier lediglich eine chinesische Plattform behandelt werden.
Weitere kritische Analysen nichtwestlicher Internetökonomien wären aber gewiss nötig.

9.1 Chinas Kapitalismus

Westliche Medien berichten häufig sehr sensationshungrig und oberflächlich über die chinesische Ökonomie; eingehende Analysen der
Wirtschaftsstrukturen im größten Land der Welt findet man in den
täglichen Nachrichten kaum. In China selbst ist die marxistische
Theorie heute ganz überwiegend eine Orthodoxie, nicht ein Werkzeug für kritisches Denken. Um die dortige Rolle sozialer Medien zu
verstehen, müssen wir die Struktur der chinesischen Wirtschaft näher betrachten, die durch eine eigentümliche Form von Kapitalismus
geprägt ist. Es lassen sich mehrere Schlüsselmerkmale ausmachen.[151]

Exportorientierung

Chinas Wirtschaft ist stark exportorientiert, wobei Dienstleistungen
kaum ins Gewicht fallen: Dominiert wird der Export von Industrie-
gütern und Agrarprodukten, am wichtigsten sind Computer, Handys,
Computerchips und Textilien.

Ausländische Direktinvestitionen

Seit Deng Xiaoping das Land 1978 für das internationale Kapital
geöffnet hat, sind die ausländischen Direktinvestitionen in die chinesische Wirtschaft stark gewachsen.

---

[151] Siehe exemplarisch dafür folgende Analysen: Amin 2013a, Amin
2013b, Arrighi 2008, Chase-Dunn 2010, Foster and McChesney 2012,
Hart-Landsberg 2010, Harvey 2007a, 2007b, Harvey 2012, Huang 2008,
Hung 2009, Hung 2012, Li 2008a, 2008b, Lin 2013, Nolan 2012, Nolan und
Zhang 2010, Panitch 2010, Qi 2014.

Neoliberalismus mit chinesischem Antlitz

Neoliberalismus ist eine Ideologie und Form von Politik, die alles als eine Ware behandeln will, also als etwas, das gegen Geld auf Märkten verkauft wird. Chinas politische Ökonomie ist von einem Neoliberalismus mit chinesischen Zügen geprägt: Privatisierung, Deregulierung, Kommodifizierung und Finanzialisierung verbinden sich mit einem autoritären Staat.

Niedrige Löhne

Grundlage der chinesischen Exporte und der ausländischen Direktinvestitionen im Land sind niedrige Löhne in der Industrie. Eine wichtige Rolle spielen dabei Arbeitsmigranten vom Land.

Industrialisierung und Digitalisierung

Auf der makroökonomischen Ebene ist die Industriebeschäftigung relativ konstant geblieben, während Dienstleistungsjobs zugenommen haben. Der Anteil der Landwirtschaft an der Beschäftigung ist gesunken.

Ungleiche Entwicklung von Stadt und Land

Chinas ländliche Regionen sind von der Agrarwirtschaft bestimmt. Die städtischen Metropolen sind die Zentren von Industrie, Dienstleistungen, IT-Branche und Finanzwesen.

Urbanisierung

In China hat eine starke Urbanisierung stattgefunden, bedingt durch wirtschaftliche Zentralisierung, geografisch ungleichmäßige Entwicklung der Ökonomie und eine beträchtliche Abwanderung vom Land in die Metropolen.

Städtische Infrastruktur und Überproduktion

China hat massiv in die städtische Infrastruktur investiert (Verkehr, Wohnungen, Büros, Autobahnen, U-Bahnen, Einkaufszentren, Schnellzüge, Dämme, Flughäfen, Wissenschaftszentren, Freizeitparks, Sportanlagen etc.). Diese Entwicklung hat in der Zement-, Aluminium-, Immobilien-, Stahl- und Autoindustrie einen Boom und Überproduktion hervorgerufen. Überproduktion bedeutet, dass Güter und Dienstleistungen hergestellt, aber nicht konsumiert werden. Das investierte Kapital wirft daher keinen Profit ab.

Ungleichheit

Aufgrund der wachsenden Einkommenskluft geht diese Überproduktion mit Unterkonsumption einher. Unterkonsumption bedeutet, dass es einen Überfluss an Gütern gibt, aber viele Menschen nicht über ausreichend Einkommen verfügen, um sie zu kaufen.

Finanzialisierung

Finanzialisierung bedeutet, dass bestimmte Teile der Wirtschaft in Anlageposten verwandelt und auf den Finanzmärkten gehandelt werden. Chinas Wirtschaftsentwicklung hat zudem einen spekulativen Immobilienmarkt erzeugt, dessen enorme Preissteigerungen als Blase zu sehen sind.

Umweltprobleme

Chinas ökonomische Entwicklung hat zu Umweltproblemen wie Luft- und Wasserverschmutzung, Wüstenbildung und abnehmender Biodiversität geführt.

Arbeiterkämpfe

Soziale Ungleichheit und hohe Ausbeutungsraten haben zu zahlreichen Streiks und Protesten der chinesischen Arbeiterklasse geführt.

Kapitalismus und Sozialismus sind zwei Modelle, die sich in China auf komplexe Weise verschlingen. Zur Frage, ob China heute ein kapitalistisches oder sozialistisches Land ist, bestehen in der marxistischen politischen Ökonomie zwei Positionen.

Position 1: China hat eine sozialistische Marktwirtschaft

Einige marxistische Autoren argumentieren, die chinesische Wirtschaft sei keine Form von Kapitalismus, sondern habe weiterhin einen sozialistischen Charakter. Samir Amin und Giovanni Arrighi zählen zu den wichtigsten Vertretern dieser Position. Samir Amin ist ein bekannter Theoretiker und Analytiker der Weltgesellschaft und von Entwicklungsfragen, der Dutzende von Büchern über den globalen Kapitalismus veröffentlicht hat. Giovanni Arrighi ist einer der bedeutendsten Weltsystemtheoretiker. Über China hat er das bekannte Buch *Adam Smith in Beijing* geschrieben.

Samir Amin zu China

Für Amin ist China kein kapitalistisches Land: »Der kapitalistische Pfad beruht auf der Verwandlung von Grund und Boden in eine Ware« (Amin 2013a, 16). Die chinesischen Bauern würden nicht »das

Prinzip des Privateigentums« verteidigen (29). Kleinproduzenten und landwirtschaftliche Familienbetriebe spielen ihm zufolge noch immer eine wichtige Rolle in Chinas Wirtschaft. Der Aufstieg Chinas beruhe auf dem Sozialstaat und der Modernisierung der Ökonomie: »Wenn China eine aufstrebende Macht ist, dann gerade deshalb, weil es nicht einfach den reinen kapitalistischen Entwicklungsweg gewählt hat« (25). Zwar gebe es Ungleichheit, die Armut sei aber stark reduziert worden. Amin zufolge ist der Aufstieg Chinas Teil einer »langen Niedergangsphase« des Kapitalismus«; es gebe eine »Welle von unabhängigen Initiativen der Länder des Südens«, mit denen »die ›Schwellenländer‹ und andere Staaten sowie ihre Völker dagegen kämpfen, wie der kollektive Imperialismus der Triade [Nordamerika, Europa, Japan] seine Herrschaft aufrechtzuerhalten versucht« (Amin 2013b, 107, 117).

Giovanni Arrighi: Adam Smith war ein britischer Ökonom, heute ist er aber auch Chinese

Giovanni Arrighi (2008, 14) sieht angesichts Chinas wachsender Macht die Möglichkeit »eines künftigen Machtausgleichs zwischen dem siegreichen Westen und dem besiegten Nichtwesten«. Zwar blieben die USA die weltweit hegemoniale Militärmacht, ihre wirtschaftliche Macht aber werde durch China ernsthaft herausgefordert. Während Chinas Anteil am global produzierten Wert wachse, beruhe die US-Wirtschaft stark auf chinesischen Exporten und Krediten. Arrighi stimmt Amins Einschätzung zu, »dass der Sozialismus in China bislang weder gewonnen noch verloren hat« und

> *dass soziale Maßnahmen im heutigen China die Entwicklung immer noch in eine nichtkapitalistische Richtung steuern können, solange das Prinzip des gleichen Zugangs zu Grund und Boden weiterhin anerkannt und angewandt wird. [...] selbst wenn der Sozialismus in China bereits verdrängt worden ist, [hat] der Kapitalismus nach dieser Definition noch nicht gewonnen. (Arrighi 2008, 29, 39)*

Arrighi charakterisiert das heutige China als eine sozialistische Marktwirtschaft – ein Modell, das Adam Smith im Sinn gehabt habe und dem es gelungen sei, die Ausgaben für Gesundheit, Bildung und Wohlfahrt zu steigern (30). Deshalb heißt sein Buch *Adam Smith in Beijing.*

> *Entgegen einem weitverbreiteten Glauben besteht die Hauptanziehungskraft der VRC [Volksrepublik China] für ausländisches Kapital nicht in ihren riesigen Reserven billiger Arbeitskraft an sich – es gibt viele solcher Reserven überall auf der Welt, aber nirgends haben sie*

in dem Ausmaß Kapital angelockt wie in China. Die Hauptanzie-
hungskraft, so unsere Argumentation, besteht in der hohen Qualität
dieser Reserven – in Sachen Gesundheit, Bildungsstand und Fähigkeit
zum Selbstmanagement – in Kombination mit der rapiden Erweiterung
der Angebots- und Nachfragebedingungen für die produktive Mobilisie-
rung dieser Reserven innerhalb Chinas selbst. (Arrighi 2008, 435)

David Harvey vs. Giovanni Arrighi: Zwei Marxisten im Disput über China

Laut Arrighi wurden die chinesischen Staatsbetriebe weniger privatisiert als einem Wettbewerb mit dem ausländischem Kapital und »mit
neu geschaffenen privaten, halbprivaten und in öffentlicher Hand
befindlichen Unternehmen ausgesetzt« (Arrighi 2008, 441). Der kritische Geograf David Harvey (2007a), den viele als den heute einflussreichsten marxistischen Theoretiker betrachten, beschreibt die chinesische Wirtschaft dagegen als eine spezifische autoritäre Form von
Neoliberalismus. Dabei definiert er Neoliberalismus als Akkumulation durch Enteignung: Bürger verlieren Einkommen, Vermögen und
Zugang zu staatlichen Leistungen.

Arrighi (2008, 447–455) teilt diese Einschätzung nicht. Ihm zufolge
findet in China eine »Akkumulation ohne Enteignung« statt: Die
Schaffung von sogenannten Township and Village Enterprises (TVE)
in öffentlichem Besitz habe zu einer »relativ egalitären Landverteil-
ung unter den Haushalten« (351) geführt, überschüssige ländliche
Arbeitskräfte absorbiert und die Industrieproduktion in ländlichen
Gegenden gefördert. Arrighi meint, dass »Chinas wirtschaftlicher
Erfolg auf den außergewöhnlichen Errungenschaften der Mao-Ära
aufbaut« (458). Diese maoistische Tradition habe die wirtschaftliche
Lage und das Bildungsniveau der Bauernschaft verbessert und zu
einem enormen Anstieg von Pro-Kopf-Einkommen, Lebenserwartung
und Alphabetisierung geführt. Gleichzeitig sei China mitwachsenden
Einkommensunterschieden zwischen sozialen Gruppen und zwischen
städtischen und ländlichen Gegenden konfrontiert (465), während die
Umweltzerstörung und die Umwidmung von Land für Industrie,
Immobilien- und Infrastrukturentwicklung (466f.) eine drastische
Zunahme von sozialen Unruhen bewirke (468).

Christopher Chase-Dunn (2010, 47f.) kritisiert, selbst Bauern, deren
Land nicht enteignet wurde, seien nunmehr in den kapitalistischen
Weltmarkt integriert und durch ausgelagerte Tätigkeiten de facto
Lohnarbeiter für Großunternehmen geworden. Leo Panitch (2010, 84)
weist in diesem Kontext darauf hin, dass sich auch in den TVEs »un-

gleiche Klassenbeziehungen« entwickelt hätten und diese öffentlichen Unternehmen nicht mehr die Grundlage der chinesischen Wirtschaftsentwicklung seien. Laut Richard Walker (2010) berücksichtigt Arrighi weder, dass viele TVEs und Staatsbetriebe seit den späten 1990er Jahren zusammengebrochen sind und das städtische Proletariat dadurch gewachsen ist, noch die Privatisierung von Boden in den Städten sowie das Wachstum eines spekulativen Immobilienmarktes.

Position 2: Chinas Wirtschaft ist eine eigentümliche Form des Kapitalismus

Eine zweite Gruppe von marxistischen Autoren hebt die Durchsetzung des Kapitalismus und neoliberaler Politik in China hervor. Die Machtübernahme von Deng Xiaoping im Jahr 1978 markiert demnach einen Bruch, mit dem die Logik des Kapitalismus das Land zu durchdringen begonnen habe. So argumentiert etwa Lin Chun (2013, 47), es sei ein »Abrücken vom Sozialismus im Namen von Reformen« zu beobachten und dies werde »von einer intellektuellen Elite, die für die Reichen und Mächtigen spricht, offen befürwortet«. Diese Reformen seien indessen von einer Ausbreitung neuer antikapitalistischer Kämpfe begleitet, weshalb der Sozialismus in China »eher als Protest und nicht als offizielle Sprache« Bedeutung habe: »Das Fortbestehen von Schwitzbuden, das Zusammenspiel von Geld und Macht, die Diktatur des Kapitals und die Herrschaft des Entwicklungsparadigmas – das alles widerspricht sozialistischen Versprechen« (Lin 2013, 47, 87).

Der slowenische Philosoph Slavoj Žižek, der als einer der einflussreichsten Denker der Gegenwart gilt, hat über praktisch alle nur erdenklichen Fragen geschrieben. Auch über China weiß er Interessantes zu sagen: »China als die aufstrebende Supermacht des 21. Jahrhunderts scheint eine neue Art von Kapitalismus zu verkörpern: Gleichgültigkeit gegenüber Umweltschäden, Missachtung von Arbeiterrechten, ein rücksichtsloser Drang nach Entwicklung und Aufstieg zur neuen Weltmacht, dem alles untergeordnet wird« (Žižek 2009, 191).

Ho-fung Hung erkennt »eine dreifache Transformation des globalen Kapitalismus im späten 20. Jahrhundert«, die auch China präge: »(1) die Herausbildung einer neuen internationalen Arbeitsteilung, (2) der Niedergang der US-Hegemonie und der Ordnung des Kalten Krieges und (3) der allgemeine Niedergang antisystemischer Bewegungen, die die Gestalt einer auf der Arbeiterklasse beruhenden und an der Staatsmacht orientierten Massenpolitik hatten« (Hung 2009, 13, 2).

David Harvey: Neoliberalismus mit chinesischem Antlitz

Wie erwähnt sieht David Harvey (2007a) in China eine Form von Neoliberalismus mit spezifischen Eigenschaften. Das Modell beruht ihm zufolge auf der Verbindung von massiven ausländischen Direktinvestitionen – teilweise in Sonderwirtschaftszonen – mit niedrigen Löhnen, der Förderung von ländlichen und städtischen Privatunternehmen sowie der ländlichen TVEs, dem Zugriff von Managern der Staatsbetriebe auf Mehrprodukt und Extraprofite, der Umwandlung von Staatsbetrieben in Aktiengesellschaften zwecks Förderung von Unternehmertum, Wettbewerb und freien Märkten sowie schließlich auf einer exportorientierten, auf Niedriglöhnen basierenden Entwicklungsstrategie, die insbesondere die Leichtindustrie (Textilien, Spielzeug, Kunststoffe) und die Produktion elektronischer Konsumgüter fördert.

Mehrere hundert Millionen Menschen sind aufgrund der ländlichen Armut und der Enteignung und Privatisierung von Boden in die urbanen Zentren geflohen, wo sie als Arbeitsmigranten stark ausgebeutet werden. Insbesondere im Umfeld von Großstädten ist Land für Exportindustrien und urbane Modernisierungsprojekte enteignet worden (Harvey 2007a, 182). »Diese Arbeitskräfte werden leicht zum Opfer von Ausbeutung, die das Lohnniveau der städtischen Bevölkerung insgesamt nach unten drückt.« (Harvey 2007a, 159). Die Urbanisierung habe China vom Import von Zement, Kohle, Stahl, Öl und diversen Metallen abhängig gemacht und zudem die Reichtums- und Einkommenskluft zwischen Stadt und Land vertieft:

> *Nahezu jede Stadt auf dem Planeten hat – oft mit den gleichen negativen Folgen – einen Bauboom erlebt, der von und für die reiche Oberschicht initiiert wurde. Gleichzeitig kommen Massen verarmter Migranten in den Städten zusammen, da sich die ländlichen Kleinbauern aufgrund der Industrialisierung und Kommerzialisierung der Landwirtschaft ihrer Lebensgrundlage beraubt sehen.* (Harvey 2013, 41f.)

Dieses Wachstum geht in hohem Maß auf umfangreiche kreditfinanzierte Investitionen der Zentralregierung und der Gemeinden in städtische Entwicklungsprojekte zurück (Immobilien und Bau, Autobahnen, U-Bahnen, Schnellzüge, Dämme, Einkaufszentren, Flughäfen, Wissenschaftszentren, Freizeitparks, Gated Communitys, Golfplätze etc.). Laut Harvey wurde dabei zu viel gebaut: Ein spekulativer Markt habe die städtischen Immobilienpreise in die Höhe getrieben und eine Blase erzeugt: Hier »lauert die Gefahr einer ernsthaften Krise durch Überakkumulation von fixem Kapital, was vor allem für die

Bauindustrie gilt.« (Harvey 2007a, 175) Es sei zwar »immer schwer, zu bestimmen, wann eine Überakkumulation von Kapital sich in eine Überakkumulation von Investitionen in die gebaute Umwelt transformiert hat oder kurz davor steht, es zu tun«; in China gebe es aber Anzeichen für eine Überbewertung von Immobilien (Harvey 2012, 113, 125). Harvey zufolge verschiebt sich die Zusammensetzung des Gesamtkapitals in China also immer mehr zu Infrastrukturinvestitionen, besonders in Immobilien und Grund und Boden. Gleichzeitig sinkt die Beschäftigung in Landwirtschaft und Industrie durch Enteignungen und Privatisierungen. Das Ergebnis ist »unbeschäftigtes Kapital auf der einen und unbeschäftigte Arbeiterbevölkerung auf der andren Seite« (Marx 1894, 261).

Die jüngste Weltwirtschaftskrise erfasste auch China, da seine Exporte zu einem beträchtlichen Teil in die USA gehen. 2009 brachen sie um 20 Prozent ein, worauf die Regierung mit weiteren Investitionen in die städtische Entwicklung und in Infrastrukturprojekte reagierte, um die freigesetzten Arbeitskräfte aus der Exportindustrie zu absorbieren (Harvey 2013, 119-120) »Viele Investitionen zahlen sich bisher nicht aus, zum Beispiel das derzeit größte Einkaufszentrum der Welt, die South China Mall in der Nähe von Dongguan [...]. Auch einige der Hochhäuser, die fast überall die Stadtlandschaft prägen, stehen leer. Außerdem wären da noch die menschenleeren neuen Städte, die auf die Ankunft von Bevölkerung und Industrie warten.« (120). Einhergegangen sei dieses Wachstum mit immer mehr informeller städtischer Beschäftigung und der Privatisierung von Staatsbetrieben.

Kapitalismus und/oder Sozialismus?

Wie diese Diskussion zeigt, sind sich marxistische Politökonomen uneins über den Charakter der chinesischen Wirtschaft. Ob sie kapitalistisch und/oder sozialistisch ist, ist allerdings keine rein theoretische Frage. Man sollte versuchen, seine Antwort auch empirisch zu stützen – eine schwierige Aufgabe, da zuverlässige Daten nur begrenzt vorliegen, weshalb man immer mehrere Quellen vergleichen sollte.

Das Nationale Statistikbüro Chinas (2015) berichtet über die Struktur der chinesischen Industrie:

Die Gewinne der Industrieunternehmen oberhalb der angegebenen Größe betrugen 2014 6 471,5 Milliarden Yuan, ein Anstieg von 3,3 Prozent gegenüber dem Vorjahr. Davon entfielen 1 400,7 Milliarden auf Staatsbetriebe und staatliche Holding-Gesellschaften (–5,7 Pro-

zent), 53,8 Milliarden auf Kollektivbetriebe (+0,4 Prozent), 4 296,3
Milliarden auf Aktiengesellschaften (+1,6 Prozent), 1 597,2 Milliarden
auf Unternehmen von ausländischen Investoren und von Investoren
aus Hongkong, Macau und Taiwan (+9,5 Prozent) und 2 232,3 Milli-
arden auf Privatunternehmen (+4,9 Prozent).

Demnach hat die chinesische Industrie in Form von Aktiengesellschaften, ausländischen Unternehmen und chinesischen Privatunternehmen einen überwiegend kapitalistischen Charakter. Staatsbetriebe spielen weiter eine wichtige, aber keine dominierende Rolle, Kollektivbetriebe fallen kaum ins Gewicht. 1978 gab es in China keine
ausländischen Investoren und die Betriebe waren fast zu 100 Prozent
Staats- und Kollektiveigentum (Qiu 2009, 89: Tab. 4.2). Huang (2008,
79) zeigt, dass der Anteil großer Privatunternehmen an der Gesamt-
beschäftigung in TVEs von 6,8 Prozent (1985) auf 28,6 Prozent (2002)
stieg, während der von Kollektivbetrieben von 59,5 auf 28,6 Prozent
sank. Die Zahl der von kleinen Privathaushalten betriebenen TVEs
wuchs im selben Zeitraum von 33,7 auf 45 Prozent. Die Struktur von
Betrieben im ländlichen Raum kennzeichnen ein sinkender Anteil
von Kollektivbesitz und ein steigender Anteil privatkapitalistischer
und kleiner privater Unternehmen.

Huang (2008, 13–19) verwendet zwei unterschiedliche Datensätze
(OECD, Guangdong Statistical Manual) zur Beurteilung der chinesischen Wirtschaft. Nach dem ersten stieg der Anteil kapitalistischer
Unternehmen an der Wertschöpfung – die neue wirtschaftliche Aktivitäten in einem bestimmten Zeitraum misst – von 28,9 Prozent
(1998) auf 44,7 Prozent (2001) und 71,2 Prozent (2005). Nach dem
zweiten Datensatz stieg er in denselben Jahren von 31,8 auf 38,8 und
50,8 Prozent. In beiden Fällen wurden einheimische wie ausländische
Unternehmen berücksichtigt. Und beide führen zu dem Schluss, dass
die chinesische Ökonomie einen wachsenden Anteil von kapitalistischem Eigentum und einen vorwiegend kapitalistischen Charakter
aufweist. Staatliche und Kollektivbetriebe mit gemischten Eigentumsverhältnissen wurden in beiden Studien nur dann als kapitalistisch gewertet, wenn der Anteil von privaten Gesellschaftern über 50
Prozent lag. Insofern kann man sagen, dass es sich um eine vorsichti-
ge Darstellung handelt und der tatsächliche Anteil kapitalistischen
Eigentums an der chinesischen Wirtschaft noch höher liegt. Wenn
ein Unternehmen beispielsweise zu 49 Prozent kapitalistischen Aktionären und zu 51 Prozent den Beschäftigten gehört, dann ist es in
signifikantem Ausmaß von kapitalistischem Eigentum geprägt.

Wenn diese Zahlen stimmen, dann überzeichnen Arrighi und Amin den sozialistischen Charakter der chinesischen Wirtschaft. Kapitalistische, staatliche und kollektive (von den Beschäftigten bestimmte) Formen von Eigentum sowie Kombinationen aus ihnen haben jeweils einen bestimmten Anteil an der chinesischen Ökonomie. Es gibt Anzeichen dafür, dass nichtkapitalistisches Eigentum nicht vorherrscht und zurückgegangen ist. Trifft dies zu, dann ist China heute zumindest eine vorwiegend kapitalistische Gesellschaft.

Eine Krise der chinesischen Wirtschaft?

Ein Aktienindex misst den finanziellen Gesamtwert der an einem bestimmten Handelsplatz börsennotierten Unternehmen. Im Sommer 2015 erlebte China einen Einbruch an den Aktienmärkten:

- Der Shanghai Stock Exchange Composite Index fiel von 5 166 Punkten (12. Juni) auf 3 887 (3. Juli) und schließlich 2 927 Punkte (26. August).
- Der Shenzen Stock Exchange Composite Index brach von 2 464 Punkten (30. Juni) auf 1 955 Punkte ein (9. Juli) und erholte sich dann auf 1 696 (26. August).
- Der Hang Seng Index in Hongkong fiel von 27 993 Punkten (26. Mai) auf 23 517 (8. Juli) und 20 584 Punkte (7. September).
- Wirtschaftsanalysten im Westen deuteten dies als das Ende des chinesischen Booms: »Das chinesische Modell kommt an sein Ende«, hieß es in der *Financial Times* (*FT Online*, 21.08.2015).
- Der *Economist* sprach in Anspielung auf die chinesische Mauer (Great Wall) vom »Great Fall of China« (*The Economist*, 29.08. 2015).

Aufgrund eines besonders dramatischen Kurssturzes wurde der 24. August »Schwarzer Montag« getauft. Die Weltmarktpreise für Öl, Gold, Nahrungsmittel, Eisen, Metall und Kohle gaben nach, die Währungen von Schwellenländern verloren an Wert, das Wachstum der chinesischen Wirtschaft verlangsamte sich, auch westliche Aktienmärkte wurden von den finanziellen Turbulenzen in China erfasst. Die Regierung in Peking unterband Börsengänge neuer Unternehmen, verbot kurzfristige Aktienverkäufe, pumpte selbst erhebliche Summen in die Börsen, nahm zahlreiche Unternehmen aus dem Börsenhandel und untersagte Großaktionären für sechs Monate Verkäufe aus ihren Beständen.

Sozialismus mit chinesischem Antlitz und die Wirtschaftskrise

Der marxistische Politökonom Michael Roberts (2015a, 2015b) führt dieses Börsenbeben auf die Finanzialisierung des chinesischen Immobilienmarktes, eine Aktienblase, starke Ungleichheit und die Steuerflucht der Superreichen zurück. Die Argumentation neoliberaler Ökonomen, Chinas Wirtschaft sei aufgrund der staatlichen Kontrolle krisenanfällig, kritisiert er: Gerade diese Kontrolle hat ihm zufolge Chinas Wachstum ermöglicht. Ein Sozialismus mit chinesischen Zügen, in dem Staatsunternehmen, staatliche Eingriffe und staatliche Lenkung eine große ökonomische Rolle spielen, bewahre das Land vor dem Abgleiten in eine tiefe Krise. »Das große chinesische ›Wirtschaftswunder‹ hat sich noch nicht erschöpft«, so Roberts (2015b), »China wächst noch immer schneller als sämtliche führenden kapitalistischen Ländern und nahezu alle sogenannten Schwellenländer« (2015a).

Neoliberalismus mit chinesischem Antlitz als Krisenfaktor?

Minqi Li behauptet eine Krisenanfälligkeit des globalen Kapitalismus seit den 1970er Jahren. In diesem Zusammenhang seien Produktionsverlagerungen nach China ein Versuch gewesen, die »globalen Arbeitskosten zu senken« und »die globale Profitrate« wieder anzuheben (Li 2006, 78). Li folgt Immanuel Wallerstein, ein prominenter Soziologe, Historiker und Begründer der Weltsystemtheorie, der kapitalistische Krisen aus einer Profitklemme erklärt: Sie können demnach durch Lohnsteigerungen, Kosten von Infrastruktur und Umweltfaktoren sowie durch höhere Kapitalsteuern entstehen. Mit der kapitalistischen Entwicklung in China sei diese Tendenz zu einer Profitklemme wirksam geworden (Li 2006, 80). Der chinesische Neoliberalismus habe seine Profite allerdings durch Entlassungen, Privatisierungen und Niedriglöhne steigern können.

Der Übergang der Landbevölkerung in die Industrie – Grundlage des Niedriglohnmodells und der Exportorientierung Chinas – wird Li zufolge früher oder später an Grenzen stoßen. Die schlechte Behandlung dieser Arbeiter rufe Lohnkämpfe hervor, die zusammen mit ökologischen Schranken Chinas Wirtschaftswachstum dämpften. Zudem sei China aufgrund seiner Exportorientierung zu gewaltigen Investitionen in Infrastruktur und Ausrüstungsgüter gezwungen. Nach Li sorgen Arbeiterkämpfe und Umweltzerstörung bereits seit 2005 für steigende Löhne und Steuern, die die Profitrate drücken.

Li (2016, 98) prognostiziert, dass China spätestens in den 2020er Jahren eine schwere Wirtschafts- und Finanzkrise erleben wird. Die gesamte Weltwirtschaft einschließlich China werde in naher Zukunft ihre starke Abhängigkeit von begrenzten fossilen Energiequellen wie insbesondere Öl, Gas und Kohle spüren. Aufgrund dieser Grenzen werde China dem globalen Kapitalismus nicht länger einen Ausweg aus seinen Krisen bieten können.

Im gegenwärtigen kapitalistischen Weltsystem ist China auf Industrieexporte spezialisiert, die auf einem Heer billiger Arbeitskräfte und einem massiven Verbrauch natürlicher Ressourcen beruhen. Da Arbeitskraft und Ressourcen teurer werden, gerät der chinesische Kapitalismus allmählich in eine Klemme: Steigenden Kosten steht die relativ geringe Wertschöpfung bei den Waren gegenüber, die er auf dem kapitalistischen Weltmarkt verkauft. Darin liegt ein fundamentaler Widerspruch, den er nicht überwinden kann. (Li 2016, 180)

China, Kapitalismus, Krise

Michael Roberts und Minqi Li sind zwar beide marxistische Politökonomen, vertreten aber entgegengesetzte Auffassungen über die Krisenanfälligkeit der chinesischen Wirtschaft. Während Roberts meint, sie sei relativ krisenfest und werde weiterwachsen, weil sie noch immer dem Modell eines Sozialismus mit chinesischem Antlitz folge, hält Li sie für höchst widersprüchlich – für einen Neoliberalismus mit chinesischem Antlitz, der zwangsläufig in eine tiefe Krise geraten werde. Es ist interessant, dass die marxistische Theorie die weiter oben erörterte Grunddifferenz in der Frage, ob es sich bei China um Kapitalismus und/oder Sozialismus handelt, auch mit Blick auf die Krise aufweist. Dieser Dissens erstreckt sich zudem auf die Frage, ob die BRICS-Staaten (Brasilien, Russland, Indien, China und Südafrika) Kapitalismus und Imperialismus infrage stellen und/oder reproduzieren. Sie sind, wie Immanuel Wallerstein die Debatte resümiert,

> *ein hochumstrittenes Thema geworden. Die einen sehen in den BRICS-Ländern die Vorhut des antiimperialistischen Kampfs. Die anderen sehen in ihnen subimperialistische Agenten des eigentlichen Nordens (Nordamerika, Westeuropa und Japan). Und wieder andere sehen in ihnen beides.* (Wallerstein 2015, 271f.)

Wie in diesem Kapitel analysiert, ist China vorwiegend kapitalistisch. Sein Kapitalismus ist tatsächlich ein Neoliberalismus mit chinesischem Antlitz – und folglich auch ein antagonistisches System. Der Kapitalismus neigt von Natur aus zur Krise und aufgrund seiner Antagonismen ist es auch in China unwahrscheinlich, dass er ewig wächst. Sein chinesisches Antlitz besteht zum einen in der staatlichen Kontrolle der öffentlichen Meinung und zum anderen in den Wirtschaftseingriffen der Regierung. Deren Maßnahmen während des Börsencrashs 2015 demonstrieren diesen politischen Ansatz sehr deutlich. Insofern mag die chinesische Regierung Krisen bis zu einem gewissen Grad dadurch steuern, dass sie sie aufschiebt, doch angesichts des vorwiegend kapitalistischen Charakters des Landes und seiner Integration in das kapitalistische Weltsystem kann sie Krisentendenzen nicht überwinden.

Chinesische Medien

Medien sind Institutionen, die die Kommunikation von Informationen in der Gesellschaft organisieren. Wie im Westen hat sich die Medienlandschaft in China mit dem Aufkommen von Computer, Internet und mobilen Medien verändert. Diese Veränderungen stehen in Wechselbeziehung mit der chinesischen Wirtschaft und Gesellschaft.

Laut Yuezhi Zhao, der führenden Expertin für die politische Ökonomie der chinesischen Medien, steht China zum Westen und seinem Kulturimperialismus nicht einfach in einem Gegensatz, sondern in einer komplexen Beziehung (Zhao 2011): Es ist weder vollkommen anders als der westliche Kapitalismus noch dasselbe. Zhao zeigt, dass China seit der 1978 unter Deng Xiaoping eröffneten Reformperiode Informations- und Kommunikationstechnologien sowie die Kommerzialisierung der Medien gefördert hat. Die chinesische Form von Neoliberalismus verbinde Kommodifizierung mit Staatskontrolle und schließe auch Marketing und Öffentlichkeitsarbeit nach westlichem Vorbild ein. Gleichzeitig gebe es ein politisch-ideologisches Erbe Maos und des Sozialismus, das nicht kurzerhand beseitigt werden könne und die chinesische Identität präge, sowie eine kulturelle Form von Nationalismus. Die Medien zelebrieren ihr zufolge die neue städtische Mittelschicht. Zhao spricht von einer »Herausforderung Chinas«: Es sei »ein armes Land, dem der Aufstieg in der kapitalistischen Weltordnung gelungen ist, während zugleich die Ungleichheit zwischen den Klassen dramatisch zunimmt und tiefe Spaltungslinien zwischen Ethnien, den Geschlechtern, Stadt und Land sowie zwischen Regionen bestehen« (Zhao 2011, 563)

Joseph Nye (2004) hat Macht, die sich nicht auf physische Gewalt, Gewehre und Bomben, sondern auf Kultur, Medien und Ideologie stützt, als »soft power« (»weiche Macht«) definiert – ein etwas eigenartiger Begriff, der die Präsenz von Ideologie und Propaganda in der internationalen Kommunikation trivialisiert. Zhao analysiert die chinesische Strategie einer »soft power«, für die Medien wie CCTV International, China Radio International, *China Daily* und die *Global*

Times eine wichtige Rolle spielen: »Anstatt lediglich den amerikanischen Kulturimperialismus zu kritisieren, hat der chinesische Staat unter der Führung von Hu Jintao das Konzept der ›soft power‹ (Joseph Nye) aufgegriffen und breitgefächerte Anstrengungen unternommen, durch seine Medien und kulturellen Institutionen international Einfluss zu gewinnen.« (Zhao 2011, 574)

Unterdessen nutzt das Heer von Arbeitsmigranten, das ein neues städtisches Proletariat bildet und als billige Arbeitskraft Konsumgüter für den Export gen Westen herstellt, in seinen sozialen Kämpfen Blogs, Weibo, Online-Videos, soziale Netzwerke etc. (Qiu 2009, 2012).

China in der internationalen Arbeitsteilung des IT-Sektors

Über die Arbeitsbedingungen in China ist ausgiebig berichtet worden. Man kennt die Geschichten über die dramatische Lage von Textilarbeitern, und die Suizide von Foxconn-Arbeitern, die den Druck nicht mehr aushielten, haben sehr deutlich vor Augen geführt, dass in der Computerfertigung ähnliche Zustände herrschen. Beide Branchen sind sehr groß.

China ist der größte Exporteur von Computerteilen und -zubehör, Computern und Büromaschinen: 2014 entfielen auf das Festland 23,6 und auf Hongkong 20 Prozent, also zusammen 43,6 Prozent der weltweiten Exporte in diesem Bereich.[152] Der zweitgrößte Exporteur waren die USA (12,4 Prozent).[153] Im selben Jahr kamen auch 46,5 Prozent der weltweiten Exporte von automatischen Datenverarbeitungsmaschinen aus China, wiederum gefolgt von den USA (7,6 Prozent).[154] Bei Mobiltelefonen erreichte China sogar einen Anteil von 60,5 Prozent.[155] Zudem war es der größte Exporteur von Textilien, mit einem Anteil von 43 Prozent bei gestrickten oder gewirkten Produkten und 38,5 Prozent bei anderer Bekleidung.[156]

Chinas exportorientierte Produktion von Computern, Mobiltelefonen und Kleidung zeigt die große Bedeutung der IT- und Textilindustrie für seine Ökonomie. Die Textilindustrie ist ein klassischer, der IT-Sektor dagegen ein recht neuer Industriezweig. Beide beruhen überwiegend auf niedrig entlohnter, geringqualifizierter Arbeit und sind

---

[152] Quelle: Trade Map – International Trade Statistics.

[153] Ebd.

[154] Ebd.

[155] Ebd.

[156] Ebd.

arbeitsintensive Sektoren – die Herstellung ihrer Güter erfordert viele Arbeitsstunden.

Aufgrund des chinesischen Niedriglohnmodells, für das junge Migranten vom Land außerordentlich wichtig sind, haben beide Sektoren auch für die Investitionsstrategie westlicher Unternehmen immense Bedeutung gewonnen, die ihre Fertigung nach China verlagern, um Produktionskosten zu senken und Gewinne zu maximieren.

Die internationale Arbeitsteilung im IT-Sektor

Digitale Medien sind eine globale Industrie, die auf einer internationalen Arbeitsteilung beruht (siehe Kapitel 5). Chinas Rolle darin ist überwiegend die einer Quelle billiger Arbeitskräfte, die Computer samt Zubehör und Mobiltelefone herstellen. Unsere alltägliche Nutzung dieser Produkte beruht auf einer extremen Ausbeutung in China. Viele dieser Arbeitskräfte sind junge Migranten vom Land, die unter härtesten Bedingungen arbeiten. Die in Kapitel 5 beschriebenen Zustände in den Foxconn-Fabriken sind typisch für Chinas Integration in die internationale Arbeitsteilung im IT-Sektor. Ein Bericht von China Labor Watch über die Arbeitsbedingungen bei chinesischen Apple-Zulieferern kommt zu dem Schluss:

> *Apple beteuert stets, die Einhaltung seiner Arbeitsstandards bei seinen Zulieferern zu kontrollieren. Eine Auswertung der Lohnabrechnungen von Pegatron-Arbeitern zeigt, dass die durchschnittliche Wochenarbeitszeit über 60 Stunden liegt; 52 Prozent der Arbeiter machen mehr als 90 und sogar bis zu 132 Überstunden im Monat. Arbeiter wollen Überstunden machen, weil der Grundlohn zu niedrig ist, um die Lebenshaltungskosten abzudecken. [...] Apple erzielt ausreichende Gewinne, um die Situation seiner Arbeiter zu verbessern. Trotz öffentlicher Versprechen des Apple-Managements gegenüber den Arbeitern bestehen weiterhin schlechte Arbeitsbedingungen. Wenn Apple als ein Unternehmen, das drei Fünftel der Gewinne in der Branche einstreicht und über 178 Milliarden Dollar Rücklagen verfügt, die Arbeitsbedingungen nicht verbessert, wer dann?* (China Labor Watch 2015, 2)

Im selben Bericht heißt es, dass die Lohnkosten 2014 nur 3,4 Prozent des Umsatzes von Apple entsprachen, die Profite dagegen beachtlichen 24,1 Prozent (China Labor Watch 2015, 3). Das deutet darauf hin, dass Apple durch eine hohe Ausbeutungsrate in China eine sehr hohe Profitrate und entsprechend gewaltige Gewinne erzielt.

Parallelen zu Großbritannien im 19. Jahrhundert

Die Situation in der chinesischen Computerfertigung und Textilindustrie unterscheidet sich gar nicht so sehr von jener der britischen Arbeiterklasse im 19. Jahrhundert, wie Marx und Engels sie analysiert haben. 1846 erschien Engels' Schrift *Die Lage der arbeitenden Klasse in England*. Man lese nur das folgende Zitat daraus, das stark an die Schilderungen der Zustände in den chinesischen Fabriken erinnert, die für Apple iPhones herstellen:

> *Von diesen mit Maschinen konkurrierenden Arbeitern sind die am meisten mißhandelten die Handweber der Baumwollenindustrie. Diese Leute bekommen den geringsten Lohn und sind bei voller Arbeit nicht imstande, sich über 10 sh. wöchentlich zu verdienen. Eine Gattung Weberei nach der andern wird ihnen von dem mechanischen Webstuhl streitig gemacht, und außerdem ist die Handweberei die letzte Zuflucht aller in andern Branchen brotlos gewordenen Arbeiter, so daß sie stets überfüllt ist. Daher kommt es, daß in Durchschnittsperioden der Handweber sich glücklich schätzt, wenn er 6 bis 7 sh. wöchentlich verdienen kann, und selbst um diese Summe zu erringen, muß er 14 bis 18 Stunden täglich hinter seinem Webstuhl sitzen. Die meisten Gewebe erfordern ohnehin ein feuchtes Arbeitslokal, damit der Einschlagsfaden nicht jeden Augenblick reißt, und teils daher, teils wegen der Armut der Arbeiter, die keine bessere Wohnung bezahlen können, sind die Werkstätten der Handweber meist ohne bretternen oder gepflasterten Fußboden. Ich war in vielen Wohnungen von Handwebern – in abgelegenen, schlechten Höfen und Gassen, gewöhnlich in Kellern. Oft wohnten ein halb Dutzend dieser Handweber, von denen einige verheiratet waren, in einer Cottage, die ein oder zwei Arbeitszimmer und ein großes Schlafzimmer für alle hatte, zusammen. Ihre Nahrung besteht fast einzig aus Kartoffeln, vielleicht etwas Haferbrei, selten Milch und fast nie Fleisch; eine große Anzahl von ihnen sind Irländer oder irischer Abkunft.* (Engels 1846, 365–366)

Das heutige chinesische Pendant zu diesen irischen Arbeitsmigranten sind die jungen Männer und Frauen, die vom Land in die städtischen Ballungsräume ziehen. Sie stellen in Schwitzbuden Waren für westliche Konzerne her; sie leben in Kellern oder ärmlichen Behausungen, haben einen langen Arbeitstag und bekommen wenig Lohn. Die harte Arbeit ruiniert ihre Gesundheit und bringt sie um.

iSlaves im digitalen Kapitalismus

Produktionsweisen entwickeln sich nicht dichotomisch, sodass eine neuere wie der Kapitalismus ältere wie Feudalismus oder Patriarchat einfach beseitigen würde, sondern eher dialektisch. In der Wirtschaftsgeschichte bewirken neue Stufen eine »Aufhebung« der alten: Sie integrieren sie, verändern sie und gehen zugleich über sie hinaus, indem sie neuartige Qualitäten herausbilden (vgl. Fuchs 2014a, Kap. 6; Fuchs 2015a, Kap. 6).

Jack Qiu: Ein wichtiger kritischer Denker des Internets in China

In seinem Buch *Goodbye iSlave. A Manifesto for Digital Abolition* (2016) wendet Jack Qiu diese kritische Auffassung auf die Sklaverei an: Sie sei »weder vor- noch antimodern, [...] sondern selbst ein integraler Bestandteil der Moderne« und bestehe auch im digitalen Kapitalismus in spezifischen Formen fort. »Der sogenannte ›Aufstieg Chinas‹ wäre ohne europäische Technologien und japanische Investitionen, ohne mineralische Rohstoffe aus dem Nahen Osten und Afrika, australische Kohle und russisches Holz und vor allem ohne den amerikanischen Konsum unmöglich gewesen« (Qiu 2016, 15). Zwei Knotenpunkte in der internationalen Arbeitsteilung des IT-Sektors nimmt Qiu besonders in den Blick: die »produzierenden« iSlaves und die »produzierten«: »Die von Foxconns produzierenden iSlaves hergestellten Gadgets werden [...] an produzierte iSlaves verkauft, die im Cyberspace spielen und arbeiten, der so an die Plantagen der Neuen Welt erinnert« (Qiu 2016, 179).

Die Herstellungsweise der iSlavery umfasst begrifflich gesehen die gesamte Arbeitskraft, die die Produktionsprozesse der digitalen Medienindustrie benötigen. Die Arbeit kann entlohnt oder nicht entlohnt sein, formell oder informell, und sie ist überwiegend eine Bearbeitung von materiellen Gegenständen. Es gibt viele Gestalten des produzierenden iSlave, vom kongolesischen Bergarbeiter bis zu Kindern in Indonesien. (Qiu 2016, 54)

Produzierte iSlaves sind eine trügerische, verbreitete und unverzichtbare Form von iSlavery, die im Bereich der kulturellen Konsumption wirksam ist. Im engeren Sinne sind es Menschen, die unablässig an ihren Gadgets kleben, auf ihnen spielen, ihren ›Status‹ aktualisieren und anderer Leute Aktualisierungen ›liken‹. (Qiu 2016, 91)

Die sozialen Folgen von Apple: Suizide und Organverkäufe

Als Inbegriff des produzierenden iSlave stellt Qiu die junge Foxconn-Arbeiterin Tian Yu vor, die sich von einem Betriebsgebäude stürzte, aber überlebte. Sie versuchte sich das Leben zu nehmen, weil sie die harten Arbeitsbedingungen nicht mehr ertrug: die Versklavung und Ausbeutung durch transnationale Konzerne wie Apple und Foxconn, militärischen Drill, erzwungene Praktika, bürokratische Verfahren, die Arbeitern eine Kündigung unmöglich machen, Demütigungen, gefährliche Arbeits- und Lebensbedingungen.

Qiu erzählt auch die Geschichte des Jugendlichen Yangi Ni aus Huangshan, der eine seiner Nieren verkaufte, um sich ein iPhone und ein iPad zu kaufen. Solche tragischen Geschichten drücken für Qiu das Wesen von produzierten iSlaves aus – die Versklavung von Verbrauchern und Nutzern durch eine Konsumkultur, in der »Prosumption« (produktive Konsumption) bedeutet, dass Konzerne ihre Aktivität ausbeuten und sie in eine Art von Arbeit verwandeln. Qiu unterstreicht, dass Yangi Ni auf die denkbar zynischste Weise ein »Prosument« ist: »Er konsumiert nicht nur Gadgets, sondern verbraucht auch seine Niere und seine Gesundheit, um eine zutiefst tragische Marketinggeschichte für Apple zu produzieren, die in China und der ganzen Welt die Runde machte« (Qiu 2016, 105).

Die Ungleichheit von Kapital und Arbeit in China und Indien

Diese Dialektik von Reichtum und Armut ist heute in China sehr augenfällig geworden. Die kapitalistische Entwicklung mit ihren autoritären chinesischen Zügen hat zwar das BIP pro Kopf von 190 US-Dollar (1978) auf 7 380 US-Dollar (2014) und die Lebenserwartung von 65 auf 75 Jahre gesteigert, während die Sterblichkeitsrate bei Kindern unter fünf Jahren von 7 Prozent auf 1,3 Prozent gesunken ist. Gleichzeitig jedoch ist der Anteil der ärmsten 20 Prozent am Gesamteinkommen von 8 Prozent (1987) auf 4,7 Prozent (2010)[157] zurückgegangen und der Gini-Index, der Ungleichheit ausdrückt (siehe nächster Abschnitt), von rund 0,3 auf rund 0,5 geklettert (Sicular 2013). »China gehört heute zu den 25 Prozent der Länder auf der Welt, in denen am wenigsten Gleichheit besteht. Zu dieser Gruppe zählen nur sehr wenige asiatische Länder« (Sicular 2013, 1). Chinas exportorientierte Wirtschaft ist zu einer Quelle billiger Industriearbeit geworden, die die Profite westlicher Konzerne steigert; gleichzeitig sind Überkapazitäten im Infrastrukturbereich sowie ein krisenträchtiger finanzialisierter Immobilienmarkt entstanden.

---

[157] Quelle für alle Daten: Worldbank Data.

Die Lohnquote drückt den Anteil der Arbeitnehmer am Volkseinkommen aus – je höher sie ist, umso besser stehen sie da. Abbildung
9.1 zeigt, dass sie in China von circa 65 Prozent in den frühen 1990er
Jahren auf gut 45 Prozent im Jahr 2011 gesunken ist (ILO 2015, 27).
Relativ gesehen steht die chinesische Arbeiterklasse also wesentlich
schlechter da als damals.

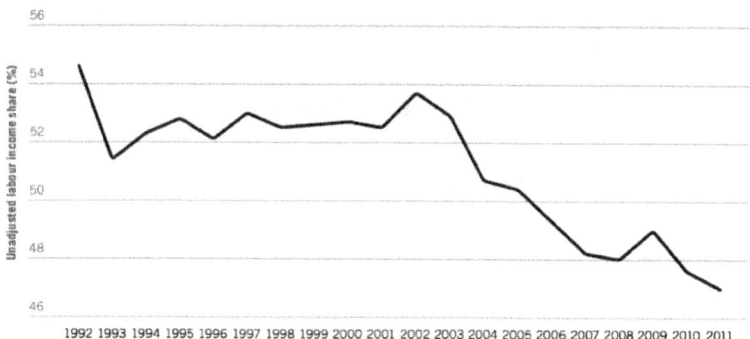

Abbildung 9.1: Die Entwicklung der Lohnquote in China

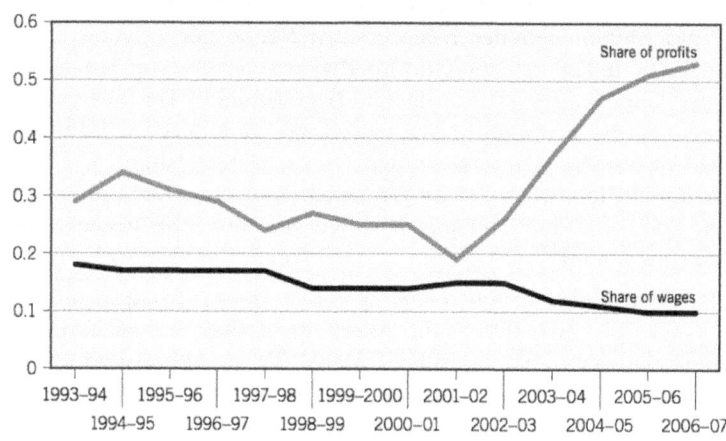

Abbildung 9.2: Die Entwicklung der Lohnquote in Indien

Genau wie China ist Indien ein sehr großes Land, das im Westen als Investitionsgelegenheit Interesse geweckt hat. Besonders interessant für das westliche Kapital ist der Softwarebereich mit seinen hochqualifizierten, aber niedrig bezahlten Angestellten. Abbildung 9.2 zeigt, dass die Lohnquote in Indien von rund 20 Prozent in den frühen 1990er Jahren auf etwa 10 Prozent in den späten 2000er Jahren zurückgegangen, der Anteil der Gewinne am BIP hingegen von rund 30 auf 55 Prozent gestiegen ist (ILO 2010, 91). Das Kapital hat in Indien also deutlich an Macht gewonnen, während die Arbeiterklasse geschwächt wurde.

Soziale Ungleichheit in China und Indien

Der Gini-Koeffizient misst die soziale Ungleichheit in einem Land; er reicht von 0 (völlige Gleichheit) bis 1 (extreme Ungleichheit):

> In China ist der Gini-Koeffizient [...] von etwa 0,3 in den frühen 1980er Jahren auf mehr als 0,45 in den frühen 2000er Jahren gestiegen. Danach kletterte er weiter und erreichte 2008 den Spitzenwert von 0,49. Seitdem ist er leicht zurückgegangen, liegt aber weiterhin klar über 0,45. Mit einem Wert nahe 0,5 bewegt sich Chinas Einkommensgefälle in derselben Liga wie lateinamerikanische Länder, die von starker Ungleichheit geprägt sind – etwa Mexiko (0,51), Nicaragua (0,52) und Peru (0,48) –, wenngleich unter dem Niveau von Brasilien und Honduras (0,56–0,57). (Sicular 2013, 1)

Chinas wachsende Ungleichheit geht auf die schnelle Vermögensanhäufung der Reichen, auf Unterschiede zwischen Stadt und Land und auf das Einkommen der herrschenden Klasse aus Privateigentum zurück. In Indien ist der Gini-Koeffizient von 0,32 in den frühen 1990er Jahren auf 0,38 Prozent (2011) gestiegen.[158] Die obersten 10 Prozent verdienen heute 12 Mal so viel wie die untersten 10 Prozent, eine Verdoppelung gegenüber den frühen 1990er Jahren. Die Fälle Indien und China zeigen, dass Wirtschaftswachstum nicht unbedingt mehr Lohn- und Einkommensgleichheit bedeutet – für beide Länder gilt das Gegenteil.

China und Indien zählen seit einiger Zeit zu den Ländern mit den höchsten BIP-Wachstumsraten. Allerdings ist das BIP insofern eine trügerische makroökonomische Variable, als es Löhne und Profite vermengt. Eine klassenspezifische Analyse erfordert dagegen gerade

---

[158] http://timesofindia.indiatimes.com/india/Indias-income-inequality-has-doubled-in-20-years/articleshow/11012855.cms, abgerufen am 12.03.2018.

die Trennung dieser Komponenten und einen Blick auf das globale Verhältnis von Kapital und Arbeit. Die in diesem Kapitel vorgelegten Daten zeigen, dass das Kapital in den letzten Jahrzehnten durch einen neoliberalen Klassenkampf seine Macht auf Kosten der Arbeiter ausbauen konnte. Unter den BRICS-Ländern gilt dies besonders für China und Indien, deren Wirtschafts- und Produktivitätswachstum vorrangig der Kapitalistenklasse zugutegekommen ist. Dabei gilt es stets zu bedenken, dass das entscheidende Kriterium für die Frage, ob die kapitalistische Klassenherrschaft stärker oder schwächer wird, im relativen Anteil der Klassen am Volkseinkommen besteht.

9.2 Weibos politische Ökonomie

Sinas Profite

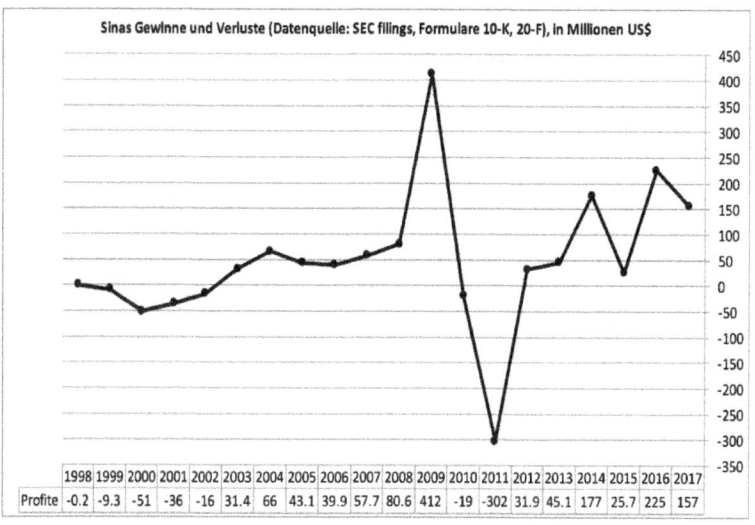

Abbildung 9.3: Die Entwicklung von Sinas Gewinnen/Verlusten

Sina ist ein 1998 gegründetes chinesisches Webportal, dessen Eigentümer Sina Corp seit dem Jahr 2000 als Aktiengesellschaft im NASDAQ gelistet ist.[159] Der Ausgabepreis der Aktie betrug 17 US-Dollar. 2009 wurde das Mikroblog Weibo gegründet, dessen Betreiber Weibo Corp ein Tochterunternehmen von Sina ist. Abbildung 9.3 zeigt, dass

---

[159] www.nasdaq.com/symbol/sina, abgerufen am 17.03.2018.

Sina während der Krise der New Economy ab 2000 zu kämpfen hatte und Verluste machte, sich dann konsolidierte und 2009 einen Rekordgewinn von 412 Millionen US-Dollar einfuhr, im Zuge der jüngsten globalen Wirtschaftskrise 2010 und 2011 erneut in die Verlustzone abrutschte und von 2012 bis 2015 wieder Gewinne verzeichnete.

Die Mikroblog-Plattform Weibo kann mal als chinesisches Pendant zu Twitter betrachten. Einige Zahlen zum Vergleich:

- Am 31. Dezember 2013 verzeichnete Weibo 129,1 Millionen aktive monatliche Nutzer, Twitter 240,9 Millionen (Weibo SEC Filings, Form F-1, Registration Statement; Twitter SEC Filings, Form 10-K: Annual Report 2013).

- Im Dezember 2014 hatte Weibo 175,7 Millionen aktive monatliche Nutzer, Twitter 288 Millionen (Weibo SEC Filings, Form 20-F für das Finanzjahr 2014; Twitter SEC Filings, Form 10-K für das Finanzjahr 2015).

Verluste von Twitter und Weibo

Twitter hat finanziell zu kämpfen gehabt: Im November 2013 ging das Unternehmen an die Börse, obwohl es im selben Jahr rund 645 Millionen US-Dollar Verlust machte (Twitter SEC Filings, Form 10-K 2013). Tabelle 9.2 zeigt, wie sich die jährlichen Gewinne und Verluste von Weibo und Twitter entwickelt haben. Die Sina-Tochter Weibo machte 2011 rund 116 Millionen US-Dollar Verlust, im Jahr darauf 102,5 Millionen, 2013 rund 38 Millionen und 2014 schließlich 62,6 Millionen Dollar (Weibo SEC Filings, Form F-1 Registration Statement). Twitters Verluste beliefen sich 2015 auf 521 Millionen US-Dollar (Twitter SEC Filings, Form 10-K 2015).

Jahr	Weibo (US$)	Twitter (US$)
2012	-102,5 Millionen	-79,5 Millionen
2013	-38,1 Millionen	-645,3 Millionen
2014	-62,6 Millionen	-577,8 Millionen
2015	37,5 Millionen	-521,0 Millionen
2016	108,0 Millionen	-456,9 Millionen
2017	352,6 Millionen	-108,1 Millionen

Tabelle 9.2: Weibo und Twitters Profite/Verluste
Datenquellen: Weibo & Twitter SEC filings

Weibo und Twitter an der Börse

Wie Twitter im Jahr 2013 wurde Weibo im April 2014 ein börsennotiertes Unternehmen, als es erstmals Aktien an der NASDAQ anbot. Die NASDAQ ist eine der großen US-Börsen, an denen mit Unternehmensanteilen gehandelt wird. Wie Twitter ging Weibo an die Börse, obwohl es in den Jahren zuvor große Verluste verzeichnet hatte und auch das Geschäftsjahr 2014 mit einem Minus von 62,6 Millionen US-Dollar abschloss. Tabelle 9.3 zeigt, wie sich der Aktienkurs beider Unternehmen seit ihrem Börsengang entwickelt hat.

Datum	Weibo (US$)	Twitter (US$)
7. November 2013		26 (IPO)
2. Dezember 2013		44,95
3. Februar 2014		54,35
7. April 2014		40,05
17. April 2014	17 (Börsengang)	
19. Mai 2014	19,55	30,50
14. Juli 2014	19,25	37,05
29. September 2014	19,21	53,94
1. Dezember 2014	17.26	38,49
26. Jänner 2015	13,05	37,53
6. April 2015	13,20	51,94
26. Mai 2015	15,67	36,67
13. Juli 2015	15,09	35,67
17. August 2015	13,09	25,87
21. September 2015	11,81	25,29
12. Oktober 2015	13,52	31,15
16. November 2015	16,98	25,41
9. Februar 2016	12,73	14,40
16. Juni 2016	27,01	15,87
23. September 2016	49,15	21,79
7. August 2017	82,72	15,92
7. März 2018	138,93	35,76

Tabelle 9.3: Die Entwicklung von Weibos und Twitters Aktienwerten. Datenquelle: Yahoo! Finance

In beiden Fällen zeigen sich Schwankungen. Im Dezember 2014, acht Monate nach der Erstemission, fiel die Weibo-Aktie unter den Ausgabepreis von 17 US-Dollar. Dasselbe geschah mit der Twitter-Aktie, die im August 2015 ihren Ausgabepreis von 26 US-Dollar unterschritt.

Twitter und Weibo sind keine Kommunikationsunternehmen, sondern primär große Werbeagenturen; ihre Haupteinnahmequelle besteht in individuell zugeschnittenen Anzeigen. 2012 entfielen 85 Prozent von Twitters Einnahmen auf Werbung, 2013 89 Prozent, 2014 89,5 Prozent und 2015 90 Prozent (Twitter SEC Filings, Form 10-K: Annual Report for 2013; Form 8-K, 10. Februar 2016). Bei Weibo waren es 2015 78,8 Prozent, Spiele machten 12,2 und VIP-Mitgliedschaften 5,9 Prozent aus (Weibo SEC Filings, Form F-1, Registration Statement). 2014 entfielen 79 Prozent seiner Einnahmen auf Werbung und Marketing, der Rest auf Online-Spiele und Verkauf von Daten (ebd.). Da Weibo im 1. und 2. Quartal 2016 seinen Gewinn steigerte, begann auch sein Aktienkurs zu klettern (siehe Tabelle 9.3). Aufgrund der Unwägbarkeiten des Geschäftsmodells gezielter Werbung bleibt indes abzuwarten, ob Weibo langfristig große Gewinne machen kann. Falls nicht, werden die Erwartungen, die sich in dem steigenden Aktienkurs ausdrücken, enttäuscht.

Soziale Medien als hochriskante Finanzanlage

Finanzialisierung bedeutet, dass ein Unternehmen oder eine Ressource zu einem Wertpapier wird, das auf Finanzmärkten wie zum Beispiel einer Börse gehandelt werden kann. Weibo und Twitter sind hochriskante Anlageoptionen, denn obgleich börsennotiert, erzielen sie keinen Gewinn. Ihr Aktienkurs – der Preis, den man auf dem Finanzmarkt für einen Anteil an ihnen bezahlt – ist positiv, obwohl sie zumeist unprofitabel arbeiten; zwischen Börsenkurs und Gewinnentwicklung besteht eine Diskrepanz. Beide Unternehmen hoffen, dass die große Zahl ihrer Nutzer Werbekunden und Finanzinvestoren anlocken wird. Sie nehmen an, dass sie zukünftig große Gewinne machen werden und dass diese Hoffnung das Vertrauen von Investoren stützen wird.

Twitter und Weibo sind mit einem doppelten Risiko konfrontiert. Zum einen ist der Markt für Online-Werbung hart umkämpft; im Westen beherrschen ihn Google und Facebook, in China ist Baidu ein großer Akteur. Zum anderen ist Mikroblog-Kommunikation von enormer Geschwindigkeit und einer kurzen Aufmerksamkeitsspanne geprägt. Gezielt Werbung zu platzieren und Nutzer dazu zu bewegen,

sie anzuklicken, ist schwierig. Auf diese Weise Gewinn zu erwirtschaften, fällt nicht leicht bei einer durchschnittlichen »Klickrate«
von 0,1 Prozent (Comscore 2012): Die Nutzer klicken nur auf jede
tausendste Anzeige, die man ihnen präsentiert. Und selbst dann ist
ungewiss, ob sie das beworbene Produkt auch kaufen.

Spekulationsblasen

Aus der Perspektive einer kritischen politischen Ökonomie betrachtet
zeigen Twitter und Weibo, dass die Ökonomie der sozialen Medien
hochgradig finanzialisiert ist und Investitionen in sie ein Risiko darstellen.

Von einer »Spekulationsblase« spricht man, wenn bei den Unternehmen eines bestimmten Sektors eine große Kluft zwischen Gewinnen und Börsenwert besteht. Wächst diese Kluft, dann ähnelt dies
einer Blase, die immer größer wird und schließlich platzt, weil sie
dem Druck nicht mehr standhalten kann. Das Platzen einer solchen
Spekulationsblase kann eine Finanzkrise auslösen, weil ihm ein Miss-
verhältnis zwischen tatsächlichen Gewinnen und der Bewertung an
der Börse zugrunde liegt. Gewöhnlich platzen Blasen, wenn viele
Investoren das Vertrauen verlieren und ihr Kapital abziehen. Die
sogenannte Dotcom-Krise von 2000 war ein frühes Beispiel für die
ausgeprägte Finanzialisierung der Internetwirtschaft, bei der die
realen Profite nicht mit den Versprechen der hohen Aktienpreise
mithalten konnten. Eine weitere Runde von Finanzialisierung in der
Internetindustrie hat die Ausbreitung sozialer Medien ermöglicht,
während uns die anhaltende Weltwirtschaftskrise vor Augen geführt
hat, wie krisenanfällig die Finanzmärkte sind. Persönlich zugeschnittene Werbung ist wie erwähnt ein hochriskantes Geschäft – die Nutzer klicken nur sehr wenige Anzeigen an und selbst dann ist keineswegs ausgemacht, ob und wie oft sie etwas kaufen.

Ökonomisch stehen soziale Medien in China wie im Westen vor einer
ungewissen Zukunft. Klar ist allein, dass sie hier wie dort eine hochgradig finanzialisierte kapitalistische Industrie darstellen, die von
Kapitalzuflüssen der Finanzmärkte und vom Vertrauen der Werbekunden darauf abhängig ist, dass Online-Werbung funktioniert. Modelle der Kapitalakkumulation durch Werbung sind mit vielen Unge-
wissheiten verbunden, insbesondere mit Bedenken der Nutzer in
puncto Datenschutz, mit Adblock-Technologien und anderen Einschränkungen von Werbung und mit der Frage, ob persönlich zuge-
schnittenes Werben überhaupt effektiv ist. Die Möglichkeit, dass die
Investoren nach einem Ereignis, das eine Krise sozialer Medien aus-

löst, das Vertrauen verlieren, kann nicht ausgeschlossen werden. Die Finanzialisierung und privatkapitalistische Durchdringung des Internets geht für China wie für den Westen mit gewaltigen Risiken einher.

Weibo und Twitter erkennen den eigenen hochriskanten Charakter an

In ihren Unternehmensberichten haben Weibo und Twitter eingeräumt, dass ihr Geschäftsmodell große Risiken birgt:

Weibo: Die deutliche Mehrheit unserer Einnahmen generieren wir durch Werbung und Marketing. Ein Rückgang in diesen Bereichen könnte unserem Unternehmen schaden. Dass unsere Geschäftsstrategien nachhaltig Einnahmen und Gewinne erzeugen, können wir nicht garantieren. Wie in der Branche üblich, sind unsere Werbe- und Marketingkunden nicht langfristig an uns gebunden. Hinzu kommt, dass unsere Großkunden unsere Werbe- und Marketingleistungen gewöhnlich durch Agenturen buchen. (Weibo SEC-Filings, Form 20-F für das Geschäftsjahr 2014)

Twitter: Die deutliche Mehrheit unserer Einnahmen wird gegenwärtig durch Werbung dritter Parteien auf Twitter generiert. In den Geschäftsjahren 2013 und 2014 waren es 89 und 90 Prozent. Nahezu unsere gesamten Werbeeinnahmen erzielen wir durch den Verkauf unserer drei gesponserten Produkte: Gesponserte Tweets, gesponserte Accounts und gesponserte Trends. Wie in unserer Branche üblich, legen sich unsere Werbekunden nicht langfristig auf uns fest. Außerdem buchen viele unserer Kunden ihre Werbung bei uns durch eine von mehreren großen Agenturen. Es kann der Fall sein, dass Werbeagenturen und potenzielle Neukunden unsere gesponserten Produkte für ein Experiment halten, das sich erst noch beweisen muss, sodass wir zusätzliche Zeit und Ressourcen aufbringen müssen, um sie über unsere Produkte und Dienstleistungen aufzuklären. (Twitter SEC-Filings, Form 10-K für das Geschäftsjahr 2014)

Weibos und Twitters Aufsichtsräte

Weibos Aufsichtsrat	Rolle in anderen Firmen	Twitters Aufsichtsrat	Rolle in anderen Firmen
Charles Chao, Chairman		Omid Kordestani, Chairman	
Hong Du, Director		Jack Dorsey, CEO, Co-Founder	Square Inc. Walt Disney Company
Pehong Chen, Independent Director	BroadVision Inc.	Martha Lane Fox	Doteveryone.org, MakieLab, House of Lords
Frank Kui Tang, Independent Director	Fountain-Vest Partners	Debra L. Lee	BET Networks
Daniel Zhang, Director	Alibaba Group	Patrick Pichette	Bombardier Inc.
		David Rosenblatt	1stdibs.com Inc. IAC/InterActive Corp
		Marjorie Scardino	MacArthur Foundation
		Evan Williams	Medium Obvious Corp

Tabelle: 9.4: Weibos und Twitters Aufsichtsräte
Quelle: Weibo and Twitter Investor Relations: http://ir.weibo.com, https://investor.twitterinc.com, abgerufen am 08.03.2018.

Tabelle 9.4 zeigt, dass beide Unternehmen von Personen geführt werden, die entweder Investmentfirmen, Medien- und Unterhaltungsunternehmen oder dem Luftfahrt- und Rüstungssektor angehören. Dies verweist auf die enge Verflechtung von Finanz-, Internet- und Medienkapital und dem militärisch-industriellen Komplex.

9.3 Weibo und Ideologien sozialer Medien

Datenschutz

Die Nutzungsbedingungen und Datenschutzrichtlinien von Weibo und Twitter ermöglichen die Ausbeutung der digitalen Arbeit der Nutzer sowie die Kommodifizierung der dabei generierten Daten.

Die folgenden Auszüge aus ihren Datenschutzbestimmungen zeigen deutlich, wie sich beide Unternehmen einer Sprache bedienen, die diese Kommodifizierung implizit einräumt. Anstatt jedoch offen zu erklären, dass sie Nutzerdaten weiterverkaufen, verbergen sie dies hinter der euphemistischen Rede vom »Teilen« von Daten und von »relevanten« Anzeigen:

> *Der Nutzer akzeptiert, dass Sina sich das Recht vorbehält, unterschiedliche Arten von kommerzieller Werbung oder andere Typen kommerzieller Information zu ergänzen oder einzufügen (auch – aber nicht nur – das Recht, auf jeder Webseite von Weimeng Werbung zu platzieren), und er akzeptiert, dass Weimeng ihm per E-Mail oder auf anderem Wege Produktwerbung und andere relevante geschäftliche Informationen zukommen lässt. (Weibo-Nutzungsvereinbarung, abgerufen am 18.11.2015)*

> *Unsere Angebote sollen es dir in erster Linie ermöglichen, Informationen mit der Welt zu teilen. Die meisten Informationen, die du uns bereitstellst, willst du ja von uns veröffentlicht sehen: Zu deinen öffentlichen Informationen gehören deine Tweets und die damit verbundenen Metadaten, etwa wann du getwittert hast und mit welcher App; Sprache, Land und Zeitzone deines Accounts; deine angelegten Listen, die Leute, denen du folgst, Tweets die du likest oder retweetest, und viele andere Informationen, die aus deiner Nutzung von Twitter hervorgehen. Möglicherweise nutzen wir sie, um daraus Rückschlüsse zum Beispiel auf die Themen zu ziehen, die dich interessieren könnten, und um Inhalte einschließlich Werbung, die wir dir zeigen, auf dich abzustimmen. [...] Damit wollen wir unsere Angebote verbessern, mehr relevante Werbung anbieten und in der Lage sein, aggregierte Klick-Statistiken mit anderen zu teilen, etwa darüber, wie oft ein bestimmter Link angeklickt wurde. (Twitter Datenschutzerklärung (engl.), abgerufen am 18.11.2015)*

Beide Einverständniserklärungen vermeiden es, von Verkauf und Kommodifizierung persönlicher Nutzerdaten zu sprechen, und verwenden stattdessen positive klingende Formulierungen: »relevante geschäftliche Informationen«, »Informationen mit der Welt teilen«, »mehr relevante Werbung« usw.

Das ideologische Selbstverständnis von Weibo und Twitter

Wie definiert sich Weibo? Vorstandschef Charles Chao[160] meint, soziale Medien erleichterten Informationsfluss und Kommunikation und erlaubten jedem eine Partizipation daran:

---

160 www.youtube.com/watch?v=tlliivJKHk8, abgerufen am 19.03.2018.

Mit dem Mikroblog, mit Weibo, fangen Menschen nicht nur an, selbst Inhalt zu produzieren, sie verbreiten ihn auch selbst. [...] In Zukunft wird man für eine Liveübertragung keinen Fernsehsender mehr benötigen. Jeder Mensch mit einem Handy kann das übernehmen. [...] Wir wollen Menschen den Zugang zu und das Teilen von Informationen erleichtern.

Eine damit verbundene Behauptung lautet, dass soziale Medien Kommunikation offener und transparenter gestalten: Laut Chao bietet Weibo Nutzern einen Raum »zum Sprechen, zum Denken, zum Austausch von Gedanken und Meinungen«; es sei »eine sehr freie Plattform, auf der sich Menschen ausdrücken und Ideen austauschen können«, und die China beim »Fortschritt in eine offenere, transparentere Gesellschaft« helfe.[161] Weibo fördere Transparenz und ein System der

gegenseitigen Kontrolle, das die chinesische Gesellschaft deutlich verbessert. [...] Jeder wird imstande sein, Nachrichten zu verbreiten, zu berichten, was geschieht. Dadurch wird es unmöglich gemacht, Informationen zurückzuhalten. [...] Informationen werden breiter verfügbar. [...] Das macht die Gesellschaft wesentlich offener. [...] Alles wird sehr viel transparenter.[162]

Twitter bedient sich einer ganz ähnlichen Ideologie wie Weibo: Soziale Medien böten die Freiheit, »sich mit anderen Menschen zu verbinden, sich auszudrücken und zu entdecken, was geschieht«[163]; jeder bekomme so »die Fähigkeit, Ideen und Informationen zu schaffen und sofort zu teilen, ohne Barrieren«.[164] »Verbinde dich mit deinen Freunden – und anderen faszinierenden Leuten. Erhalte augenblickliche Updates über das, was dich interessiert. Und verfolge, wie sich Ereignisse entwickeln – in Echtzeit, aus jedem Blickwinkel.«[165]

Die Ideologie des Mitwirkens, Verbindens und Teilens

Chinesische wie westliche Internetplattformen und ihre Topmanager verknüpfen soziale Medien also mit einer bestimmten Ideologie: Sie sollen jedem die Möglichkeit geben, Informationen zu bekommen

---

[161] Interview mit Charles Chao, CNN Talk Asia, 03.08.2011, http://transcripts.cnn.com/TRANSCRIPTS/1108/03/ta.01.html, abgerufen am 18.03.2018.

[162] www.youtube.com/watch?v=tlliivJKHk8, abgerufen am 18.03.2018.

[163] https://about.twitter.com/company, abgerufen am 18.03.2018.

[164] https://about.twitter.com/company, abgerufen am 18.03.2018.

[165] https://about.twitter.com, abgerufen am 18.03.2018.

und zu teilen, zu kommunizieren, mitzuwirken, Inhalte zu erstellen und zu verbreiten, sich mit anderen zu verbinden. All dies, so eine weitere Behauptung, steigere die Lebensqualität von Menschen und mache die Gesellschaft besser und transparenter – den oben zitierten Äußerungen liegt die Annahme zugrunde, dass die Gesellschaft durch soziale Medien zwangsläufig offener, transparenter, besser vernetzt wird. Aspekte von Schließung und Macht bleiben ausgespart; soziale Medien werden ausschließlich als etwas dargestellt, das den Nutzern mehr Möglichkeiten eröffnet.

Die Ideologie des Mitwirkens, Verbindens und Teilens kennzeichnet kapitalistische soziale Medien nicht nur in China, sondern überall; sie wird von Unternehmen, Management-Gurus und unkritischen Wissenschaftlern und Beobachtern eingesetzt, um den kapitalistischen Charakter solcher Medien als akzeptabel, ja gut zu rechtfertigen – die Nutzer hätten ihren Spaß und könnten mit solchen Plattformen selbst etwas tun. Diese Ideologie als spezifisch chinesisch darzustellen, wäre eine Form von Kulturimperialismus. In Wirklichkeit geht sie grundsätzlich mit der Warenform sozialer Medien einher und ist deren Strukturen von Repräsentation immanent, im Westen wie in China.

Das Problem besteht darin, dass der Kapitalismus eine in Klassen gespaltene Gesellschaft ist, die zwangsläufig nicht allen zugute kommt. Die mit sozialen Medien verbundenen Ideologien sprechen nicht von den Ausgeschlossenen, den Armen, Arbeitslosen und Ausgebeuteten. Sie ignorieren Probleme wie die Ausbeutung kostenloser Arbeit, die negativen Folgen von Kapitalismus, Reklame und Konsumkultur, die Tatsache, dass Nutzer Wert erzeugen, aber nicht Eigentümer der sozialen Medien sind, die asymmetrische Macht der Sichtbarkeit in sozialen Medien, durch die Prominente, Unternehmen und Regierungen viel mehr Aufmerksamkeit bekommen als gewöhnliche Nutzer.

Soziale Medien sind Bullshit!

B.J. Mendelson (2012) reflektiert in seinem Buch *Social Media is Bullshit* kritisch seine zehnjährige Erfahrung als Internetberater. Marketingexperten wollten Unternehmen und Privatpersonen einreden, dass sie mit sozialen Medien ihr Image verbessern könnten, doch in Wirklichkeit funktioniere »fast nichts«, sofern man »nicht über ein millionenschweres Budget und eine passable Medienpräsenz« verfüge (Mendelson 2012, 11). Sichtbarkeit in sozialen Medien zu erreichen, erfordere »viel Geld und Zeit, ein kompetentes Team und Medienpräsenz« (13), da das Internet »im Grunde von Großkonzernen betrieben« werde (23). »Die Wahrheit lautet, dass es fast unmöglich ist, ein nennenswertes Publikum zu erreichen [...], wenn man nicht ein starkes Netzwerk sowie Millionenbeträge für Werbung und PR hat oder ein Medienliebling ist« (44). Die Mythen über das Internet, die er anknüpfend an Harry G. Frankfurt (2005) »Bullshit« nennt, verbreiten sich Mendelson zufolge durch eine »arschlochbasierte Ökonomie« (Mendelson 2012, 54), gefördert von Cyber-Hipstern, IT-Medien und Marketingstrategen, Analysten, Konzernen, Mainstream-Medien und Nutzern (74).

Die Ideologie des Mitwirkens, Verbindens und Teilens beruht auf einem individualistischen und konsumorientierten Verständnis von Freiheit als einem Mehr an Kommunikation, Kreativität, Konsum und Teilen, das soziale Medien dem einzelnen Nutzer demnach bieten. Unternehmen, die soziale Medien betreiben, haben den Begriff des freien Zugangs übernommen und in eine Ideologie verdreht, die die Existenz einer auf Kommodifizierung persönlicher Daten und individuell zugeschnittener Werbung beruhenden Form von Kapitalakkumulation verschleiern soll. Sie stellen sich als frei, offen und sozial dar, sind in Wirklichkeit aber unfreie, abgeschlossene und partikularistische Maschinen, die Nutzerdaten zur Ware machen und von Werbekunden leben.

Das digitale Einkaufszentrum als Gegensatz zur Freiheit

Das Problem besteht darin, dass Internetfirmen, Berater, Manager und diejenigen, die ihrer Ideologie glauben, nicht erkennen, dass Freiheit, wie Marx betonte, ein »Reich der Freiheit« (Marx 1894, 828) ist, das nicht auf der Logik von Profitabilität und Akkumulation beruht, sondern auf dem Prinzip: »Jeder nach seinen Fähigkeiten, jedem nach seinen Bedürfnissen!« (Marx 1875, 21). Dieses Prinzip impliziert, dass die »erste Freiheit« der Medien darin besteht, »kein Gewerbe zu sein« (Marx 1842, 71). Die Freiheit des Internets ist jedoch auf die Freiheit von Eigentum, Markt und Handel reduziert worden – mit dem Ergebnis, dass es heute vor allem ein Einkaufszentrum und eine riesige Werbefläche ist, wobei sich die größten Werbeagenturen der Welt als »soziale Medien« und »mobile Medien« verkleiden, um persönliche Daten zu sammeln und als »Big Data« zu vermarkten.

Das Internet ist die größte Maschine der Welt für narzisstische Selbstdarstellung, ein individualisierendes Spektakel – man nutzt kein WeTube, OurBook oder OurSpace, sondern YouTube, Facebook, MySpace, Weibo und Renren, um gleichsam für sich selbst Werbung zu machen. In diesem Individualismus unterscheiden sich soziale Medien in China kaum von denen im Westen. Für die Nutzer geht es darum, Vorteile in der allgemeinen Konkurrenz zu erlangen und Reputation zu akkumulieren, um »beschäftigungsfähiger« und erfolgreicher zu sein. Dieser Individualismus ist in privatkapitalistische »soziale« Medien eingebaut und zu einer Überlebensstrategie vieler selbständiger Arbeiter geworden, die sich nicht als ausgebeutete Klasse und als Prekäre sehen, sondern als »professionelle Wissensarbeiter«, »Mittelschicht«, »Macher« und »Kreative«.

Die politische Kontrolle des Internets

Eine andere Beschränkung, die die erwähnte Ideologie verbirgt, besteht in der politischen Kontrolle des Internets. In Kapitel 7 haben wir gesehen, wie Edward Snowden die Existenz eines staatlich-industriellen Überwachungskomplexes enthüllt hat, in dessen Rahmen westliche Geheimdienste wie die NSA massenhaft Kommunikationsverbindungen, das Internet und soziale Medien durchleuchten. Angesichts dessen ist die Behauptung, im Westen sei das Internet frei, in China unterliege es dagegen politischer Kontrolle, geradezu lachhaft geworden – eine Kontrolle durch die politisch und wirtschaftlich Mächtigen, durch Staat und Kapital, besteht in beiden Fällen. Weibo bestreitet nicht, dass die Kommunikation seiner Nutzer vom Staat kontrolliert wird. Im Geschäftsbericht 2014 zum Beispiel schildert das Unternehmen, wie die chinesische Regierung Inhalte sowohl überwachen als auch zensieren kann:

> *Das Ministerium für öffentliche Sicherheit hat die Befugnis, eigenmächtig jeden lokalen Internetprovider zum Sperren jeder Internetseite anzuweisen. Von Zeit zu Zeit hat das Ministerium die Verbreitung von Informationen im Internet unterbunden, die es für sozial destabilisierend hält.* (Weibo SEC Filings, Form 20-F für das Geschäftsjahr 2014).

9.4 Chinesische soziale Kämpfe im Zeitalter von Weibo

Eine proletarische Netzwerkgesellschaft

China ist keine monolithische Gesellschaft, sondern umfasst eine sehr aktive, lebendige Arbeiterklasse, die gegen Ausbeutung kämpft. Jack Qiu (2009, x) zufolge ist sie »die größte ausgebeutete Arbeiterklasse des globalen Informationszeitalters« und nutzt auch sie digitale Medien für ihre Kämpfe. China durchläuft laut Qiu einen Wandel, der eine proletarische Netzwerkgesellschaft hervorbringt, geprägt von »den unteren Rängen der Informationspyramide: einfache Nutzer, Dienstleister und Arbeiter, die die entsprechende Elektronik herstellen« (Qiu 2009, 3–4). Zu dieser Klasse zählen Arbeitsmigranten vom Land, Arbeitslose und Unterbeschäftigte, Kleinstunternehmer, Jugendliche, Studierende und Rentner, die sich alle kaum über Wasser halten können. Mit hochgradig repetitiven Jobs in Bereichen wie Softwareerstellung, Design, Marketing, Werbung, Telekommunikation oder Kundenservice stehen sie oft zwischen den klassischen Kategorien von Produktionsarbeitern und Büroangestellten (Qiu 2009, 104–105, 93, 113).

»Arbeitergenerierte Inhalte«

Sklaven suchen meist nach Möglichkeiten, Widerstand zu leisten und die Sklaverei abzuschaffen. In seiner Analyse der iSlavery führt Jack Qiu (2016, Kapitel 5) mit Blick auf Arbeiterkämpfe und in Unterscheidung zum Begriff des »nutzergenerierten Inhalts« den des »arbeitergenerierten Inhalts« ein – für »alternative Stellungnahmen, soziale Netzwerke und kulturelle Bildung jenseits des Rahmens von nutzergeneriertem Inhalt, denn dieser ist von Unternehmenszielen und/oder der Logik staatlicher Überwachung bestimmt« (Qiu 2016, 132). An bestimmten Punkten der internationalen digitalen Arbeitsteilung und für bestimmte Augenblicke eignen sich Arbeiter digitale, soziale und mobile Medien an, um sich in einer Weise zu organisieren, die die Macht von Staat und Unternehmen infragestellt.

Qiu unterscheidet sieben Arten von arbeitergeneriertem Inhalt (2016, Kapitel 5). Er kann kollektiv oder individuell sein, aktivistisch oder nicht-aktivistisch, ermächtigend oder nicht-ermächtigend, woraus sich acht mögliche Kombinationen ergeben – doch eine schließt Qiu aus: eine individuelle, nicht-aktivistische und nicht-ermächtigende Schöpfung, die vielmehr ein nutzergenerierter Inhalt wäre. Die ideale Form von arbeitergeneriertem Inhalt ist ein kollektiver Aktivismus, der digitale, soziale und mobile Medien für politische Ziele einsetzt und dabei Arbeiter ermächtigt. QQ, WeChat und Weibo sind Beispiele für populäre Medien im »Werkzeugkasten des Arbeiterkampfs gegen die iSlavery« (Qiu 2016, 153).

Auf dem Weg zu digitalen Arbeiterkooperativen

Arbeiter sollten in sozialen Kämpfen auf alle verfügbaren Kommunikationsmittel zurückgreifen, die diese Kämpfe voranbringen können. Werden sie allerdings von Unternehmen und/oder dem Staat kontrolliert, besteht die Gefahr von Zensur, Überwachung, Ausbeutung und

Repression (näher hierzu: Fuchs 2014b). Foxconn-Arbeiter, die strei-
ken und ihre Proteste via Weibo koordinieren, arbeiten so für ein
weiteres kapitalistisches Unternehmen in der internationalen digitalen Arbeitsteilung. Und sie laufen Gefahr, staatlich überwacht zu
werden. Dieses Beispiel zeigt, dass arbeitergenerierter Inhalt inner-
und außerhalb von Protesten nicht genügt. Die politische Zielsetzung
und Strategie sollte auch die Schaffung einer Medienlandschaft und
Gesellschaft umfassen, die die Arbeiter gemeinsam besitzen, bestimmen und betreiben.

Um die internationale digitale Arbeitsteilung politisch anzugreifen,
braucht es Arbeiterkooperativen an sämtlichen Punkten – vom Berg-
bau über Fabriken, Büros, Wohnungen und Sozialsysteme bis zu
digitalen Räumen. Das Ziel besteht in einer auf Gemeingütern beruhenden, von Arbeitern verwalteten Gesellschaft, die sämtliche Klas-
senspaltungen überwindet. Die Gründung von Arbeiterkooperativen
sollte ein Teil des Kampfes für eine solche Gesellschaft sein.

Proletarische Öffentlichkeiten

Arbeiterkämpfe bringen, wie Jack Qiu (2016) ausgehend von Negt
und Kluge (1972/1993) argumentiert, proletarische Öffentlichkeiten
hervor, ein »digital vernetztes Handeln – diskursiv und in der Praxis
geprägt von einem gemeinsamen Willen und einer verbindenden
Kraft« (Qiu 2016, 187). Solche Öffentlichkeiten sind jedoch nicht nur
politische Räume für kollektive Kämpfe, sondern auch die Keimzellen
öffentlich kontrollierter, auf Gemeingütern beruhender sozialer Systeme – von sozialen Systemen, die von den Menschen für die Menschen gestaltet werden. Proletarische Öffentlichkeiten sind nicht nur
kommunikativ und politisch, sondern in und durch Kommunikation
zugleich produktiv, »Gegenprodukte einer proletarischen Öffentlichkeit« (Negt/Kluge 1972, 143).

Proletarische Öffentlichkeiten bringen proletarische Gegenprodukte
hervor: »Idee gegen Idee, Produkt gegen Produkt, Produktionszusammenhang gegen Produktionszusammenhang« (Negt/Kluge 1972,
143). Ideen der Arbeiter gegen kapitalistische Ideen! Produkte für alle
gegen kapitalistische Produkte! Techniken im Gemeinbesitz gegen
kapitalistische Techniken! Eine auf Gemeineigentum gestützte Produktion unter Gleichen gegen die kapitalistische Produktion! Eine
proletarische Öffentlichkeit des digitalen Zeitalters, die die kapitalistischen Medien und die kapitalistische Gesellschaft herausfordert!
Das ist das Wesen des Klassenkampfs von unten in der digitalen Ära.

Was kommt nach den Fahrrädern? Und was nach den Mobiltelefonen?

In den frühen 1970er Jahren reiste Dallas Smythe, ein auf das Kommunikationswesen spezialisierter kanadischer Politökonom, nach China. Dies veranlasste ihn zu dem Aufsatz »After bicycles, what?« (Smythe 1994, 230–244), in dem er sich mit dem Kommunikationswesen in China befasste. Nötig schien ihm ein »zweigleisiges System, das jeden Empfänger befähigt, mit seiner Stimme oder Stimme plus Bild zu reagieren. [...] ein zweigleisiges Fernsehsystem wäre wie ein elektronisches System von *Dazibao* [Wandzeitungen]« (Smythe 1994, 231–232). Diese Überlegungen erinnern an Hans Magnus Enzensbergers (1970/1997) Konzept eines emanzipatorischen Mediengebrauchs, Walter Benjamins (1934, 1936/1939) Gedanken des Lesers/Autors und Bertolt Brechts (1932/1967) Vorschläge für ein alternatives Radio.

Yuezhi Zhao (2011), eine bedeutende Politökonomin und Kennerin des chinesischen Kommunikationswesens, hält Smythes Text und seine Überlegungen zu einem alternativen, nichtkapitalistischen Kommunikationssystem für China bis heute für relevant. Angesichts einer im Westen wie in China von der Logik des neoliberalen Kapitalismus dominierten Welt betont sie ausgehend von Smythe, wie wichtig die Schaffung von Kommunikationssystemen und Gesellschaften ist, die auf einer anderen, nichtkapitalistischen Logik aufbauen. Symthe, so Zhao (2007, 92), stellte die Frage, was nach den Fahrrädern komme, »im Kontext von Chinas Suche nach einer sozialistischen Alternative zur kapitalistischen Moderne – in der Hoffnung, dass China den kapitalistischen Entwicklungspfad vermeiden könne«. Auch wenn er die politische Situation im China der 1970er Jahre in mehrerer Hinsicht falsch eingeschätzt habe, sei seine Intervention weiterhin »ein hilfreicher Ausgangspunkt, um nicht nur den Einsatz und die Entwicklung von Informations- und Kommunikationstechnologien im China der Reformära zu analysieren, sondern auch seine allgemeine Entwicklungsstrategie nach Mao und ihre Tragfähigkeit« (Zhao 2007, 96). Die Frage, die man heute im Sinne Smythes über chinesische Medien stellen müsse, laute: Was kommt nach den Mobiltelefonen? (Zhao 2007).

Smythe antwortete auf seine Frage, was nach den Fahrrädern komme, China solle eine Medienstruktur schaffen, die »öffentliche Güter und Dienstleistungen [...] gegenüber solchen für den individuellen, privaten Gebrauch bevorzugt« (Smythe 1994, 243). Zhao schreibt ausgehend von Smythe, dass Informations- und Kommunikationstechnologien nicht nur kapitalistischen Zwecken dienen, sondern

»ihrem Wesen nach« sozial seien. Sie lassen »alternative Verwendungen« zu, auch kollektives politisches Handeln (Zhao 2007, 96). In der Realität Chinas zeigt sich ihr antagonistischer Charakter als Mittel sowohl von Herrschaft wie von Auflehnung.

9.5 Schlussfolgerungen

Die Hauptergebnisse dieses Kapitels können wie folgt zusammengefasst werden:

- Chinas exportorientierte Wirtschaft beruht stark auf der Herstellung von IT-Hardware, Mobiltelefonen und Kleidung. Sie ist in die internationale (IT-)Arbeitsteilung integriert und trägt als Quelle billiger Arbeitskraft zur Profitmaximierung globaler Konzerne bei. China ist zudem von einem Neoliberalismus mit autoritären Zügen geprägt.
- Die wachsende Ungleichheit und Niedriglohnpolitik geht mit Arbeiterkämpfen einher.
- Ungeachtet ihres starken Wachstums ist die chinesische Wirtschaft antagonistisch verfasst und krisenanfällig. Finanzialisierung, Überproduktion, Unterkonsumption und Überakkumulation haben solche Krisentendenzen gefördert.
- Politökonomisch ist Weibo wie Twitter von Finanzialisierung und einer Kluft zwischen Aktienpreisen und tatsächlichen Gewinnen gekennzeichnet. Beide Unternehmen sind Indikatoren für eine Spekulationsblase bei sozialen Medien.
- China ist eine proletarische Netzwerkgesellschaft: Es hat eine sehr große Arbeiterklasse, die Internet und Mobiltelefone für verschiedene Zwecke nutzt. Die Frage lautet, ob die Logik von Gemeingütern, für die die Arbeiterklasse ihrem Wesen nach steht, künftig das vorherrschende Kommunikationsmodell in der Weltgesellschaft sein wird oder nicht.
- Die Internetkommunikation in China unterliegt einer starken politischen Kontrolle, die kritisch zu sehen ist. Zugleich sollte man eine Idealisierung des Internets im Westen vermeiden. Edward Snowdens Enthüllungen haben gezeigt, dass das Internet auch dort überwacht wird.

Literaturhinweise und Übungen

In diesem Kapitel haben Sie viel über die Wirtschaft und das Internet in China erfahren. Es gibt eine ganze Reihe hervorragender Text, mit denen Sie Ihr Wissen vertiefen können. Ich empfehle Ihnen, sie zu lesen und die folgenden Übungen zu machen:

Übung 9.1

Lesen Sie folgenden Text:

Harvey, David. 2007. *Kleine Geschichte des Neoliberalismus.*

Zürich: Rotpunkt Verlag. Kapitel 5: Neoliberalismus »mit chinesischem Antlitz«.

- Bilden Sie Arbeitsgruppen und suchen Sie Artikel, Kapitel oder Bücher aus den letzten zwei Jahren, die eine marxistische Analyse der politischen Ökonomie Chinas bieten. Vergleichen Sie diese mit Harveys Analyse und fragen Sie sich: Wie hat sich die chinesische Wirtschaft seit Harveys Untersuchung verändert? Welche Gemeinsamkeiten und Unterschiede bestehen zwischen dieser und den marxistischen Arbeiten, die Sie gefunden haben?

Übung 9.2

Im vorliegenden Kapitel habe ich eine politökonomische Analyse von Weibo vorgenommen, die Kommodifizierung, Ideologie und Politik fokussiert.

- Bilden Sie Arbeitsgruppen. Jede Gruppe wählt ein bekanntes chinesisches soziales Medium und führt eine kritische politökonomische Analyse durch. Stellen Sie Ihre Ergebnisse vor und vergleichen Sie sie.

Übung 9.3

Lesen Sie die beiden folgenden Texte:

Smythe, Dallas W. 1994. *Counterclockwise.* Boulder, CO: Westview Press. Darin das Kapitel: After bicycles, what?

Zhao, Yuezhi. 2007. After mobile phones, what? Re-embedding the social in China's »digital revolution«. *International Journal of Communication* 1: 92–120.

Diskutieren Sie folgende Fragen:

- Wie beschrieb Smythe die Rolle von Medien im China der frühen 1970er Jahre?

- Wie haben sich Medien und Gesellschaft in China seitdem verändert?

- Wie könnte ein alternatives Internet aussehen und wie lässt es sich am besten erreichen?

Übung 9.4

Lesen Sie die beiden folgenden Texte:

Qiu, Jack, Linchuan Qiu, Melissa Gregg und Kate Crawford. 2014. Circuits of labour: A labour theory of the iPhone era. *TripleC: Communication, Capitalism & Critique* 12 (2): 486–563.

Fuchs, Christian. 2013. Theorising and analysing digital labour: From global value chains to modes of production. *The Political Economy of Communication* 1 (2): 3–27. http://polecom.org/index.php/polecom/article/view/19

Diskutieren Sie folgende Fragen:

- Was ist die Rolle Chinas in der internationalen digitalen Arbeitsteilung?

- Welche Rolle spielen Foxconn und Apple in ihr?

- Welche Rolle kommt sozialen Medien darin zu? Wie ist ihre Arbeit mit der der Foxconn-Beschäftigten verbunden?

- Wie können sich die Arbeiter des IT-Sektors weltweit politisch vereinigen, um für ein partizipatorisches und gerechtes Internet und Gesellschaftssystem zu kämpfen?

10 Airbnb und Uber:
Die politische Ökonomie der Sharing-Plattformen

Kernfragen

- Was ist die politische Ökonomie von kommerziellen Sharing-Plattformen wie Airbnb (Zimmervermittlung) und Uber (Taxis)?
- Welche Rolle spielt Online-Sharing im heutigen Kapitalismus?
- Welche Rolle spielt die Ideologie des Sharing im heutigen Kapitalismus?
- Welche Potenziale bietet ein nichtkapitalistisches Sharing für die Infragestellung des Kapitalismus?
- Wie haben sich Arbeitsverhältnisse durch die Ausbreitung der Sharing Economy verändert?
- Vor welchen Problemen stehen die Beschäftigten in der Sharing Economy?
- Auf welchen Ideologien beruht die kapitalistische Sharing Economy?

Schlüsselbegriffe

- Sharing Economy
- Kapitalistische Sharing Economy
- Pay-per-Service-Modell des Online-Sharing
- Rente-aus-Rente-Modell des Online-Sharing

▦ Freemium-Modell des Online-Sharing

▦ Lohnquote

▦ Kapitalquote

▦ Digitaler Imperialismus

▦ Nichtkommerzielle Online-Sharing-Plattformen

▦ Warenfetischismus

▦ Warenfetischismus in der kapitalistischen Sharing Economy

▦ Umgekehrter Warenfetischismus

▦ Teilen und Schenken auf der Basis von Commons

Überblick

Von A nach B zu fahren, ist Teil unseres Alltags; in der Stadt müssen wir den Weg zur Arbeit zurücklegen, auch unsere Freizeit verbringen wir nur teilweise zu Hause. Transport und Tourismus sind in der modernen Gesellschaft zwei wichtige Branchen geworden, für die Taxis und Hotels von zentraler Bedeutung sind. Digitale Medien haben die Personenbeförderung und das Übernachtungsgewerbe verändert, wie unter anderem die Plattformen Uber und Airbnb zeigen.

Das in San Francisco ansässige Tech-Unternehmen Uber wurde 2009 gegründet. Es entwickelte eine Taxi-App, die den Standort von Fahrern und Kunden anzeigt, um Fahrten zu vermitteln. Airbnb, 2008 gegründet, ist ebenfalls in San Francisco ansässig. Die Online-Plattform bietet Informationen über Zimmer und Wohnungen in bestimmten Städten, die für Kurzzeitvermietungen verfügbar sind. Reisende können ihre Aufenthaltsdaten angeben und nach Unterkünften suchen.

Haben Sie Airbnb oder Uber schon einmal genutzt? Welche Erfahrungen haben Sie dabei gemacht? Was hat Ihnen gefallen? Fallen Ihnen Aspekte der beiden Unternehmen ein, die problematisch sein könnten? Dieses Kapital versucht zu zeigen, dass sich hinter den positiv wirkenden Nutzererfahrungen eine negative Realität verbirgt. Auf beiden Plattformen werden ortsbezogene Informationen geteilt. Doch das Teilen betrifft nicht nur Informationen, sondern ist zugleich ein Geschäft: die kapitalistische Sharing Economy.

Teilen ist ein positiv konnotierter Begriff. Mit unseren Freunden und Geliebten teilen wir Gefühle von Glück und Kummer. Wir machen jemandem ein Geschenk, indem wir eine Flasche Wein mit ihm teilen. Liebe bedeutet ein selbstloses, von sehr starken Gefühlen begleitetes Teilen von Zeit und Raum. Teilen ist ein positives emotionales Tun. Was an der kapitalistischen Sharing Economy so problematisch ist, ist die Verkehrung eines mit Liebe, Familie, Fürsorge und Freundschaft verbundenen Begriffs in eine Ideologie und ein Modell der Kapitalakkumulation. Aber man spricht auch von Anteilen und Teilhabern an einem Unternehmen. *Sharing is caring,* heißt es. Manchen geht es bei diesem Sharing aber nur um sich selbst. Dieses Kapitel wird zeigen, dass die von Airbnb, Upwork und Uber betriebene Form des Teilens grundverschieden von jenem Teilen ist, das wir aus anderen Bereichen des Lebens kennen.

Laut einer Umfrage (N = 2 238) von 2016 suchten 21 Prozent der britischen Bevölkerung nach Arbeit als sogenannte Crowdworker auf Online-Plattformen wie Upwork, Uber, Handy, Freelancr, Clickworker und PeoplePerHour (Huws und Joyce 2016); 11 Prozent gelang es, solche Arbeit zu finden. Ein signifikanter Anteil der Bevölkerung ist somit selbstständig in der Sharing Economy aktiv.

Das vorliegende Kapitel erklärt anhand von Airbnb und Uber, wie dieser Wirtschaftszweig funktioniert. Es geht zunächst um das Modell von Uber (Abschnitt 1) sowie um Airbnb und seinen Kontext (Abschnitt 2). Abschnitt 3 erweitert das Thema und zeigt, weshalb die Sharing Economy eine kapitalistische Ideologie ist. Abschnitt 4 fragt nach der Möglichkeit einer nichtkapitalistischen Ökonomie des Teilens.

10.1 Uber: Das Pay-per-Service-Modell

2009 gründeten Travis Kalanick, Garrett Camp und Paulina Kopinska das Unternehmen Uber. Es ist in Hunderten von Städten vertreten, darunter Metropolen von San Francisco, London und Los Angeles bis nach Moskau, Peking und Singapur. Zumindest bis Ende 2015 erzielte Uber nie Gewinn. In den ersten drei Quartalen 2015 verzeichnete es einen Umsatz von 1,2 Milliarden und einen Verlust von 1,7 Milliarden Dollar.[166]

Uber behauptet, sein Geschäftsmodell und seine App würden Fahrern wie Fahrgästen Vorteile bringen. Um Fahrer wirbt es so: »Sei dein eigener Boss. [...] Fahre wann du möchtest. Sind feste Geschäftszeiten nicht dein Fall? Als selbstständiger Mietwagenunternehmer hast du die Freiheit und Flexibilität, deinen Tagesablauf selbst zu bestimmen. [...] Wenn du gute Umsätze machen willst, schalte einfach die App ein.«[167] Und Kunden verspricht es: »Immer die passende Fahrt. Der beste Weg zum Ziel. Auf Knopfdruck zur Fahrt. [...] Stets verfügbar, stets zuverlässig. Keine Anrufe und kein lästiges Planen von Abholungen. Du bewertest, wir hören zu. Von günstig bis luxuriös: Ein Fahrzeug für jede Gelegenheit.«[168]

Ubers Versprechen sind durch und durch individualistisch. Kunden verspricht es einen komfortablen Service, Taxifahrern eine selbstbestimmte Existenz als gutverdienender Kleinunternehmer. Zum einen gibt es dafür keine Gewähr und keinen Beweis. Zum anderen wird nicht reflektiert, ob Uber negative Folgen für die Gesellschaft insgesamt haben könnte. Das Unternehmen hält sich zugute, für »weniger betrunkene Autofahrer auf den Straßen« und durch das Teilen von Autos »für zukunftsfähige Städte« zu sorgen und gleichzeitig »die örtliche Wirtschaft wieder zum Leben« zu erwecken: »In London lebt fast ein Drittel der Fahrer in Gebieten mit der höchsten Arbeitslosenrate«.[169] Alkohol im Straßenverkehr lässt sich nur zurück-

---

[166] Facing a price war, Uber bets on volume. *BloombergBusiness Online*, 21.01.2016. http://www.bloomberg.com/news/articles/2016-01-21/facing-a-price-war-uber-bets-on-volume, abgerufen am 01.06.2018.

[167] http://www.uber.com/de/drive/, abgerufen am 01.06.2018.

[168] http://www.uber.com/de/ride/, abgerufen am 01.06.2018.

[169] http://www.uber.com/de/helping-cities/, abgerufen am 03.06.2018.

drängen, indem man Betrunkene zum Taxifahren bewegt. Ob sie das tun, ist eine gesellschaftliche Frage, keine technische, die sich durch die Verfügbarkeit einer App löst. Ob die örtliche Wirtschaft neu belebt wird, hängt davon ab, ob Beschäftigte wie zum Beispiel Uber-Fahrer ein annehmbares Einkommen erzielen und ob Unternehmen einen fairen Steuerbeitrag leisten. Und ökologisch schließlich ist entscheidend, wie viele Autos wie lange auf den Straßen unterwegs sind. Dass Autofahren einen positiven Umwelteffekt haben könnte, ist grundsätzlich eine merkwürdige Idee. Die einzig wirksame Maßnahme gegen CO_2-Emissionen im Verkehrswesen ist der Ausbau öffentlicher Verkehrsmittel, deren Nutzung zudem gratis oder sehr günstig sein müsste, damit immer weniger Menschen Autofahren.

Kapitalakkumulationsmodell Nr. 1: Pay-per-Service

Uber ist ein Beispiel für ein bestimmtes Modell der kapitalistischen Sharing Economy: für das Pay-per-Service-Modell. Ihm folgen auch Unternehmen wie BlaBlaCar, TaskRabbit, Upwork, PeoplePerHour und Amazon MTurk. Auf ihren Webseiten stellen sie sich folgendermaßen vor:

- »**Uber** verändert die Art und Weise, wie wir uns fortbewegen. Indem wir mit unseren Apps Fahrgäste und Fahrer zusammenbringen, erschließen wir Menschen Städte; Fahrgäste gewinnen mehr Möglichkeiten, Fahrer mehr Kunden.«

- **Upwork**: »Die besten Unternehmen gewinnen mit den besten Talenten. Aber hervorragende Mitarbeiter sind manchmal schwer zu finden. Wir haben eine Online-Arbeitswelt geschaffen, die den gesamten Globus umspannt – wir verbinden Kunden mit Top-Freelancern von San Francisco bis Sao Paulo. Unser Auftrag: Ökonomischen und sozialen Wert auf globaler Ebene zu schaffen, indem wir eine vertrauensvolle Arbeitswelt bieten – für Kontakte, Zusammenarbeit und Erfolg.«

- »**BlaBlaCar** ist die Mitfahrzentrale des digitalen Zeitalters [...] Von Anfang an wurde der Ansatz einer Reisesuchmaschine mit Community-Charakter verfolgt und damit der Nerv einer Generation getroffen, für die die Funktionalitäten und Vorteile sozialer Netzwerke selbstverständlicher Bestandteil des täglichen Lebens sind.«

- »**TaskRabbit** ist die smarte Art und Weise, Dinge zu erledigen: Wir verbinden dich mit Menschen in deiner Nachbarschaft.« »Lagere deine Haushaltserledigungen und anspruchsvollen Aufgaben an vertrauenswürdige Menschen in deiner Community aus. Ein bewährtes Konzept – Nachbarn helfen Nachbarn –, neu erfunden für heute.«

▩ »PeoplePerHour ist eine Community von Talenten, die bereitstehen, um für dich zu arbeiten – aus der Ferne, online, per Knopfdruck.«

Sehen wir uns an, wie dieses Modell funktioniert.

Wie funktioniert das Pay-per-Service-Modell?

Uber verlangt 20 bis 25 Prozent Kommission für die durch seine App vermittelten Taxifahrten. Ein Fahrer verkauft eine Dienstleistung an die Fahrgäste, um Gewinn zu erzielen; seine wesentlichen Investitionen sind das Fahrzeug und Sprit. Auf solchen Sharing-Seiten wird die Arbeitskraft einer Person nicht von einem einzigen Unternehmen monopolisiert, sondern mehreren Kunden angeboten. Die verkaufte Ware ist eine Dienstleistung, häufig die Erzeugung, Sammlung oder Bearbeitung von Informationen.

▩ BlaBlaCar verlangt eine Reservierungsgebühr von den Mitfahrern (10 Prozent der Fahrtkostenbeteiligung plus Mehrwertsteuer).

▩ TaskRabbit verlangt eine Servicegebühr von 20 Prozent für jeden vermittelten Job.

▩ Upwork bekommt 10 Prozent des Preises der vermittelten Leistung.

▩ Auf PeoplePerHour zahlen die Arbeitskraftanbieter eine Servicegebühr von 3,5 Prozent plus 15 Prozent Mehrwertsteuer für jeden Job nach den ersten 175 Pfund sowie 7 Pfund für kleinere Jobs. Das Inserat kostet 5 Pfund.

▩ Auf Mturk bekommt Amazon 10 Prozent Kommission für jeden vermittelten Job.

Die Arbeitskraftanbieter auf Plattformen wie Upwork, PeoplePerHour und MTurk sind zumeist Selbstständige – sie werden nicht von einem anderen beschäftigt, sondern sind gewissermaßen Arbeiter und Kapitalist in einer Person. Marx (1867, 326) spricht davon, dass ein Kapitalist, der »unmittelbar Hand im Produktionsprozesse« anlegt, »nur ein Mittelding zwischen Kapitalist und Arbeiter«, ein »kleiner Meister« ist. Ein Selbstständiger besitzt alles von ihm verwendete (zumeist geringe oder nichtexistente) Kapital und beutet sich selbst aus. Um andere einzustellen und sie auszubeuten, bräuchte er erheblich mehr Kapital (Marx 1867, 423). Marx schreibt, dass

»bloß quantitative Verändrungen auf einem gewissen Punkt in qualitative Unterschiede umschlagen« (327): Erst ab einer gewissen Kapitalschwelle kann der Arbeiter-Kapitalist ein reiner Kapitalist werden, der sich auf Management und Aufsicht beschränkt. »Das personifizierte Kapital, der Kapitalist, paßt auf, daß der Arbeiter sein Werk ordentlich und mit dem gehörigen Grad von Intensität verrichte.« (328). Viele Selbstständige häufen nie genug Kapital an, um Kapitalist zu werden und die Aufgaben von Kapital und Arbeit zu trennen. Ein formell selbstständiger Fahrer zum Beispiel, der keine anderen Arbeitskräfte beschäftigt und kaum über die Runden kommt, ist sicher kein Kapitalist.

Rente und das Pay-per-Service-Modell

Eine Rente ist eine Art Gebühr, die man für den zeitweiligen Gebrauch einer Ressource zahlt. Die verbreitetste Form von Rente ist die Wohnungs- oder Hausmiete. BlaBlaCar, TaskRabbit, UpWork, PeoplePerHour, MTurk und Uber verlangen eine Rente für jede über ihre Plattformen vermittelte Dienstleistung und schmälern so das Einkommen der betreffenden Dienstleister. Da vielen von diesen Selbstständige, also Arbeiter-Kapitalisten sind, lässt sich zwischen Lohn und Profit nur schwer unterscheiden, denn beides fällt tendenziell zusammen. Sharing-Plattformen akkumulieren Rente, indem sie das Einkommen vieler Selbstständiger reduzieren.

Wenn eine größere Zahl von Selbstständigen gegeben ist, lässt sich die Rente als eine Art von Profit verstehen, der ihnen entzogen wird, während sie ökonomisch zu kämpfen haben. Broadcast Now führte 2012 eine Umfrage unter Selbstständigen in der britischen Medien- und Kulturindustrie durch (N = 656).[170] 21 Prozent der Befragten arbeiteten mehr als 60 Stunden und fast die Hälfte mehr als 50 Stunden die Woche, 56 Prozent arbeiteten länger als zehn Stunden am Tag. 47 Prozent verdienten weniger als 25 000 Pfund im Jahr. Selbstständige beuten sich selbst aus. Wenn sie ihre Dienste über kommerzielle Sharing-Plattformen anbieten, verwandelt sich die von ihnen gezahlte Rente in Profit für die Plattformeigentümer. Von Ausbeutung kann man hier insofern sprechen, als sich die entrichtete Kommission als ein Mehrwert sehen lässt, den die Selbstständigen erzeugen und die Plattformen aneignen. Was von ihrem Einkommen übrig bleibt, ist dann ihr Lohn. Die entscheidende Qualität, die diese Fälle

---

[170] www.broadcastnow.co.uk/freelancer/freelancer-survey-2012-i-cant-do-this-much-longer/5043075.article, abgerufen am 03.06.2018.

gemein haben und es uns erlaubt, von der Existenz von Mehrwert zu sprechen, besteht darin, dass die Selbstständigen mit ihrer Arbeit neue Gebrauchswerte erzeugen, die als Waren verkauft werden.

Die Widersprüche des Uber-Kapitalismus: Kämpfe in der Sharing Economy

Die Welt der kommerziellen Sharing-Plattformen ist mitnichten eine reibungsfreie; ihre Widersprüche treten in neuen Kämpfen um Plattformen wie Airbnb und Uber hervor. Kapitalistische Plattformen, traditionelle Unternehmer in den betroffenen Branchen wie Tourismus und Transport, Selbständige und Beschäftigte befinden sich in einem Verteilungskampf um den vorhandenen Wert, weil die Plattformen die Gewinne der traditionellen Unternehmen sowie die Einkommen und Löhne der beiden letzteren Gruppen tendenziell drücken.

Im Juni 2014 traten Taxifahrer in London, Berlin, Paris und Madrid aus Protest gegen Uber in den Streik;[171] im Sommer 2015 taten ihre Kollegen in ganz Frankreich und in Rio de Janeiro dasselbe, wobei sie Straßen, Flughäfen und Bahnhöfe blockierten; im September 2015 folgten die Taxifahrer in Brüssel, die ebenfalls Straßenblockaden organisierten; im Januar 2016 streikten erneut die Taxifahrer in ganz Frankreich gegen Uber.

Eine ihrer Befürchtungen lautet, dass Uber mit seinen günstigen Angeboten die Löhne der Taxifahrer drückt und so den Niedriglohnsektor fördert. Steve McNamara von der Licensed Taxi Drivers Association (LTDA) zufolge ist Uber illegal und auf große Profite aus, werde aber von der Londoner Stadtverwaltung gedeckt:

> *Sie operieren in krassem Widerspruch zu den Gesetzen, die das Taxigewerbe und die private Personenbeförderung in London regeln. Die Verkehrsbetriebe lassen ihnen das durchgehen, weil Uber von Google, Amazon und Goldman Sachs gestützt wird, eine Finanzmacht von 17 Milliarden Dollar. Vor der haben sie Angst, deshalb erlauben sie Uber zu tun, was Uber beliebt.[172]*

---

[171] Taxi drivers in European capitals strike over Uber – as it happened. *Guardian Online*, 11.06.2014. www.theguardian.com/politics/2014/jun/11/taxi-drivers-strike-uber-london-live-updates; Taxi drivers to bring London to standstill over Uber app. *Guardian Online*. 11.062014. www.theguardian.com/uk-news/2014/jun/11/taxi-drivers-london-standstill-uber-app, beide abgerufen am 03.06.2018.

[172] http://taxileaks.blogspot.co.uk/2014/06/watch-steve-mcnamara-and-geoffrey.html, abgerufen am 03.06.2018..

Die britische Gewerkschaft RMT (National Union of Rail, Maritime and Transport Workers), die auch Taxifahrer vertritt, wirft Uber Lohndumping vor:

> *Die jüngste Aushöhlung der Gesetze im Beförderungsgewerbe durch Apps wie Uber ist nur ein weiterer Versuch, das professionelle und sichere lizenzierte Taxigewerbe zu prekarisieren und altbewährte Regulierungen auszuhöhlen, nachdem bereits illegale Taxistände im Umland von London bekannt wurden und man versucht hat, die Taxifahrer an den Flughäfen kleinzukriegen.*[173]

Benita Matofska von der Plattform The People Who Share ist mit solchen Urteilen, die in der kapitalistischen Sharing Economy Gefahren erkennen, nicht einverstanden:

> *Die Gründer von Airbnb, Uber und der 7 400 anderen Initiativen der Sharing Economy auf der Welt bauen nicht Unternehmen auf, die auf Gesetzesbruch und Steuervermeidung beruhen, sie reagieren vielmehr auf eine veränderte Landschaft, in der Menschen nicht mehr von Großunternehmen abhängig sind, wenn sie Produkte und Dienstleistungen benötigen.*[174] (Matofska 2014)

Der Publizist Evgeny Morozov, ein Kritiker des Technikdeterminismus, zeichnet ein weniger optimistisches Bild als Matofska und andere Sharing-Ideologen. Er verdient es, ausführlich zitiert zu werden:

> *Angesichts hoher Jugendarbeitslosigkeit, stagnierender Einkommen und explodierender Immobilienpreise tritt die Sharing Economy als eine Art Wundermittel auf. Wer bereits etwas besitzt, kann überleben, in dem er seinen Verzicht auf Komfort zu Geld macht, etwa indem er gelegentlich seine Eigentumswohnung vermietet und zu Verwandten zieht. Wer dagegen nichts besitzt, bekommt immerhin gelegentlich einen Anblick des guten Lebens – Güter, die ihm nicht gehören. [...] Es ist unbestreitbar, dass die Sharing Economy die Folgen der gegenwärtigen Finanzkrise erträglicher machen kann, ja sie*

---

[173] www.rmt.org.uk/news/rmt-backs-london-taxi-protest-on-wednesday/, abgerufen am 03.06.2018..

[174] Matofska definiert die Sharing Economy als »ein sozioökonomisches Ökosystem, in dessen Zentrum das Teilen von menschlichen und materiellen Ressourcen steht. Unterschiedliche Menschen und Organisationen teilen sich dabei unter anderem die Erfindung, Produktion, Distribution und Konsumtion von Gütern und Dienstleistungen.« (www.thepeoplewhoshare.com/blog/what-is-the-sharing-economy/, abgerufen am 03.06.2018.).

tut dies wahrscheinlich. Doch während sie die Folgen mildert, ändert sie nichts an den Ursachen. Es stimmt, dass einige von uns dank der Informationstechnologien mit weniger Geld auskommen können – vor allem durch eine effektivere Verteilung gegebener Ressourcen. Doch daran gibt es nichts zu feiern: Es ist vielmehr so, als würde man Ohrstöpsel gegen unerträglichen Straßenlärm verteilen, anstatt etwas an diesem Lärm zu ändern. (Morozov 2014)

Was verdienen Uber-Fahrer?

2015 veröffentlichte Uber Zahlen, die belegen sollten, dass seine Fahrer in den USA durchschnittlich 19,04 Dollar pro Stunde verdienen, während es bei einem Taxifahrer 12,90 Dollar sind.[175] Nicht eingerechnet sind darin jedoch die Ausgaben für Sprit, Reparaturen, Versicherung usw. – eine recht tendenziöse Kalkulation.

Im selben Jahr wurden Daten über die Nettoeinnahmen – also nach Entrichtung der Gebühren an Uber – von Fahrern in 15 amerikanischen Städten erhoben.[176] Demnach lagen sie bei durchschnittlich 11,15 Dollar pro Stunde. Und auch hier sind noch die genannten Ausgaben abzuziehen. Taxifahrer und Chauffeure kamen dagegen auf durchschnittlich 12,35 Dollar (Datenquelle: OES). Bereits vor Abzug ihrer Fixkosten verdienen Uber-Fahrer also offenbar weniger als Taxifahrer. Für Großbritannien bezifferte der Gewerkschaftsverband GMB (General and Municipal Workers' Union) das durchschnittliche Nettoeinkommen (nach Steuern und Fixkosten) dortiger Uber-Fahrer für 2015 mit 5,68 Pfund – 1 Pfund weniger als der damalige Mindestlohn von 6,70 Pfund. Der Vorwurf des Lohndumping scheint also zuzutreffen.[177]

2015 zahlte Uber bei einem Gewinn von 866 000 Pfund nur 22 134 Pfund Unternehmenssteuer in Großbritannien, also 2,6 Prozent, obwohl der Steuersatz bei 20 Prozent lag – das Unternehmen hatte Profite kurzerhand in die Niederlande transferiert, wo weniger Steu-

---

[175] Uber reveals how much its drivers really earn... Sort of. *Time Online*, 22.01.2015. http://time.com/money/3678389/uber-drivers-wages, abgerufen am 03.06.2018.

[176] http://uberdriverdiaries.com/how-much-do-uber-drivers-really-make/, abgerufen am 03.06.2018.

[177] www.gmb.org.uk/newsroom/new-uber-drivers-pay-down-by-one-pound, abgerufen am 03.06.2018.

ern fällig werden.[178] Angesichts von niedrigen Löhnen und Steuervermeidung lässt sich festhalten, dass Uber die örtliche Wirtschaft
nicht stärkt, sondern schwächt.

Akkumulationsmodell Nr. 2: Freemium

Eine zweite Form von Sharing-Plattformen beruht auf dem sogenannten Freemium-Modell (zusammengesetzt aus *free* – gratis – und
Premium): Das Grundprodukt oder die anfängliche Nutzung ist kostenlos, für weitere Leistungen oder die dauerhafte Nutzung wird
dagegen Geld verlangt.

Ein Beispiel dafür ist die Plattform NeighborGoods, die sich folgendermaßen vorstellt:»NeighborGoods ist eine sichere Community, in
der du Geld und Ressourcen sparen kannst, indem du Dinge mit deinen Freunden teilst. Du brauchst eine Leiter? Leih' sie dir bei deinem
Nachbarn. Du hast ein Fahrrad, das nur herumsteht? Verleih' es und
schließ' dabei eine neue Freundschaft.«»NeighborGoods bietet nicht
nur eine Möglichkeit, Geld und Ressourcen zu sparen – es stiftet
auch sinnvolle Beziehungen zwischen Nachbarn und schafft so
glücklichere, intaktere Viertel.«

Die Grundnutzung ist kostenlos, für einen höherwertigen Account,
der Zugang zu mehr Gütern eröffnet, verlangt NeighborGoods eine
einmalige Gebühr von 9,99 Dollar. Nachbarn teilen ihre Güter gewöhnlich kostenfrei miteinander und die Plattform fördert einen
solchen Gemeinschaftsgeist des Teilens ohne Tauschwert unter Gleichen. Dennoch ist NeighborGoods eine kommerzielle Plattform, die
Nutzer zu einem Premium-Account bewegen will, um Gewinn zu
erwirtschaften. Der so verdiente Profit ist eine Art Rente für die
Plattformnutzung, die entweder, wenn der Nutzer ein Kapitalist ist,
aus kapitalistischem Profit und somit von Arbeitern erzeugtem
Mehrwert stammt, oder aber, wenn er ein Arbeiter ist, dessen Lohn
schmälert. Ist er ein Selbstständiger, wird dessen Profit/Lohn verrin-
gert. Diese Unterscheidung beruht auf den unterschiedlichen Reve-
nueformen von Kapitalisten, Arbeitern und Kapitalisten/Arbeitern –
Profit, Lohn und Profit/Lohn.

Warum finden Nutzer Sharing-Modelle wie Uber attraktiv?

Um diese Frage zu beantworten, müssen wir uns die ökonomische
Entwicklung ansehen. Die Lohnquote bezeichnet den Anteil der Löh-

---

[178] Uber pays £22,000 tax on £866,000 UK profit. *Guardian Online*,
20.01.2015, abgerufen am 03.06.2018.

ne, die Kapitalquote den Anteil der Gewinne am Bruttoinlandsprodukt. Die Entwicklung dieser Indikatoren sagt folglich etwas darüber aus, wie sich das Kräfteverhältnis zwischen Kapital und Arbeit verändert.

Die 2009 angebrochene neue große Rezession hat die weltweite Arbeitslosigkeit von 6,1 Prozent (2008) auf 8,5 Prozent (2010) steigen lassen und die Reallohnentwicklung gebremst (ILO 2012, 2). Von 1990 bis 2009 ist die Lohnquote in 26 von 30 OECD-Staaten gesunken, im Schnitt von 66,1 auf 61,7 Prozent (ebd.). Auch in Asien, Nordafrika und Lateinamerika ging sie zurück (ebd.). Bis zum Ausbruch der jüngsten Krise sank sie in einer Gruppe von 16 entwickelten Ländern von 75 Prozent Mitte der 1970er Jahre auf 65 Prozent, in einer Gruppe von 16 Entwicklungs- und Schwellenländern von 62 Prozent in den frühen 1990er Jahren auf 58 Prozent (ebd.). Auch in China ging die Lohnquote von etwa 65 Prozent in den frühen 1990er Jahren auf gut 45 Prozent 2008 zurück (45). Die Löhne sind viel langsamer gewachsen als die Produktivität, sodass die Kapital- auf Kosten der Lohnquote wachsen konnte (44–48). Diese Zahlen zeigen, dass das Kapital in den letzten Dekaden durch einen neoliberalen Klassenkampf seine Macht auf Kosten der Arbeiter ausbauen konnte.

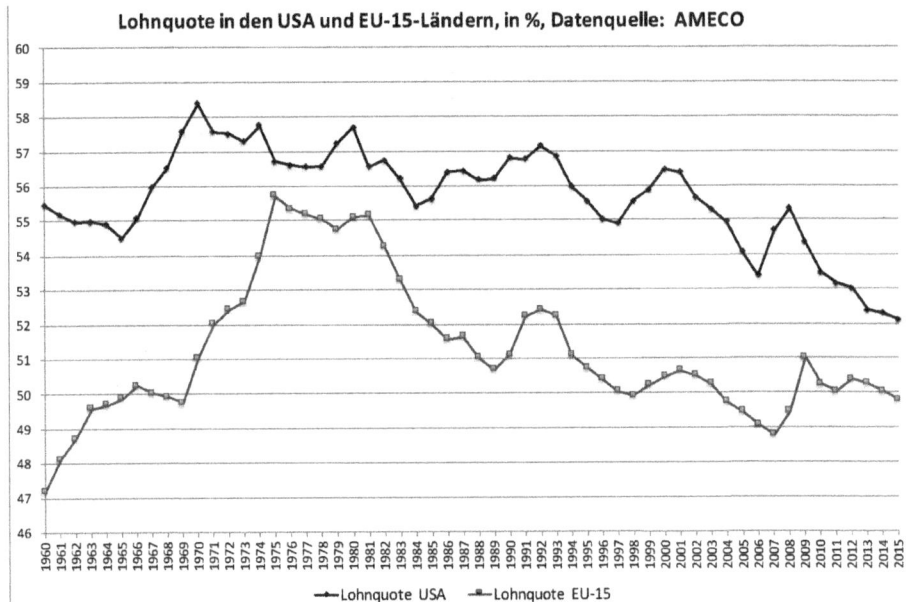

Abbildung 10.1

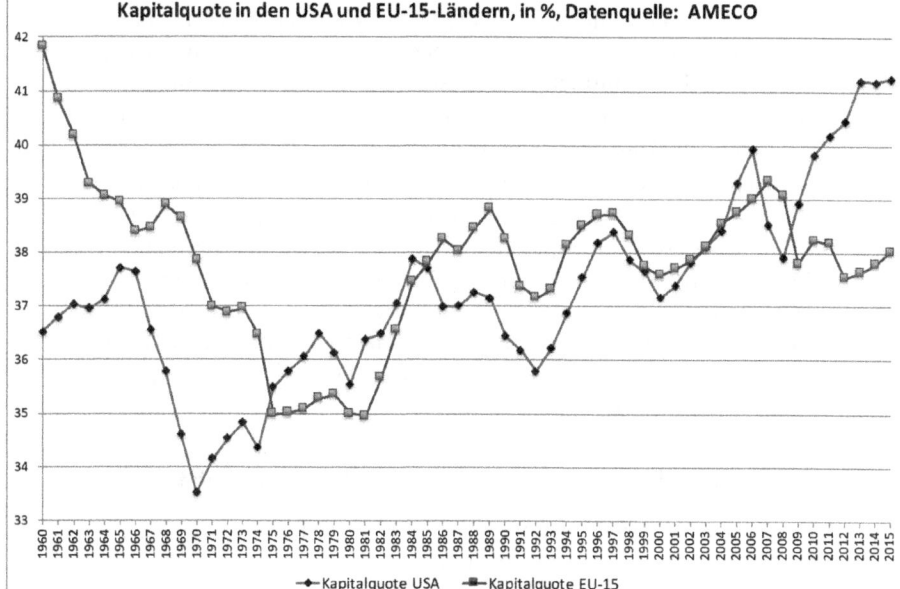

Abbildung 10.2

Die Entwicklung von Lohn- und Kapitalquote in den USA und der EU

Von den frühen 1960er Jahren bis Mitte der 1970er Jahre stieg die Lohnquote sowohl in den USA wie in der EU, ein Anzeichen wachsender Stärke der Arbeiterklasse und relativ erfolgreicher Klassenkämpfe, die das Kapital zu Lohnerhöhungen zwangen. Dann begann hier wie dort eine Zeit der Lohndämpfung, die die Lohnquote signifikant drückte, während die Kapitalquote stieg. Der Klassenkampf entscheidet über das Ausmaß von Ausbeutung und Armut (verstanden als Nicht-Eigentum) der Arbeiterklasse und darüber, wie groß ihr Anteil an der Wirtschaft ist. Die Phase seit der Mitte der 1970er Jahre war von einer Niederlage der Arbeiterklasse gekennzeichnet, ihre Enteignung hat sich daher verschärft. Sie hat zwar die Macht, Widerstand zu leisten, aber sie organisiert sich nicht automatisch kollektiv, so wenig sie Kämpfe automatisch gewinnt.

Da viele Beschäftigte in vielen Teilen der Welt heute schlechter dastehen als vor einigen Jahrzehnten und etliche Jobs mittlerweile prekär sind, klingt das Versprechen einer unternehmerischen Selbstständigkeit seitens Uber und anderer Unternehmen für eine beträchtliche Zahl von Menschen nach einem Ausweg. Und angesichts relativ niedriger Löhne finden auch viele Fahrgäste Uber attraktiv, da sie so Geld sparen können. Wie wir jedoch gesehen haben, gibt es Belege dafür, dass Uber mitnichten ein Ausweg aus der Prekarität ist, sondern mit der verlangten Kommission die Einkommen von Fahrern schmälert und zudem örtliche Wirtschaften schwächt.

Die Uber-Nutzer finden die App attraktiv, weil man sie jederzeit und überall auf seinem Smartphone zur Verfügung hat. Zudem ist Uber zumeist günstiger als reguläre Taxis. Doch der gesellschaftliche Preis dafür ist eine Niedriglohnwirtschaft. Und wenngleich manche Fahrer in Uber eine willkommene Chance sehen mögen, ist das Bild der Arbeitsbedingungen dort und bei ähnlichen Sharing-Plattformen insgesamt keineswegs rosig, sondern bezeugt die Realität prekärer Arbeitsverhältnisse in der neoliberalen Ära.

10.2 Airbnb und das Modell der Rente-aus-Rente

Im vorherigen Abschnitt haben wir die Geschäftsmodelle Pay-per-Service und Freemium erörtert. Ein drittes Modell der kapitalistischen Sharing Economy ist das Modell der Rente-aus-Rente, für das Airbnb ein Beispiel bietet.

Wie versteht sich Airbnb selbst?

Airbnb wurde 2008 von Brian Chesky, Joe Gebbia und Nathan Blecharczyk gegründet. 2016 war das Unternehmen in mehr als 34 000 Städten und 190 Ländern vertreten. Auf seiner Webseite beschrieb sich das Unternehmen damals so:

Ob es um eine Wohnung für eine Nacht, ein Schloss für eine Woche oder eine Villa für einen Monat geht, Airbnb eröffnet Menschen einzigartige Reiseerfahrungen, in jeglicher Preisklasse, in über 34 000 Städten und 190 Ländern. Und mit einem exzellenten Kundenservice und einer wachsenden Community von Nutzern ist Airbnb die einfachste Möglichkeit, verfügbaren Raum zu Geld zu machen und ihn einem Millionenpublikum vorzustellen.[179]

Airbnb behauptet, es helfe Menschen, »an jeglichem Ort dazu zu gehören«. »Die Airbnb-Gastgeber fördern rund um die Welt ein Gefühl der Zugehörigkeit«. »Airbnb ist ein bewährter Community-Marktplatz, auf dem Menschen einzigartige Unterbringungen rund um die Welt inserieren, entdecken und buchen können – online oder per Smartphone.«

---

[179] www.airbnb.co.uk, abgerufen am 11.02.2016.

Airbnb ist nicht das einzige derartige Modell. Es gibt noch andere, die eine Erörterung verdienen.

Zimmer, Hunde und Fahrräder mieten

Beispiele für Airbnb vergleichbare Plattformen sind DogVacay, BorrowMyDoggy und Spinlister. Sie beschreiben sich so:

- »BorrowMyDoggy ist eine bewährte Community, in der sich Hundeliebhaber vor Ort um Hunde kümmern – mit Spaziergängen, Spieltagen, Wochenenden und schönem Urlaub.«

- »DogVacay ist eine Online-Community mit zig Tausenden geprüften Gastgebern und versicherten Hunde-Sittern, die bereit sind, sich um deinen Hund zu kümmern wie um ein Mitglied ihrer Familie. Es ist eine sichere, bequeme und erschwingliche Möglichkeit, sicherzustellen, dass dein bester Freund in guten Händen ist.«

- Spinlister: »Miete dir ein Rad bei jemandem, der so ist wie du. Spar' Geld, lern' tolle Leute kennen und konsumiere weniger.«

Wie verdienen solche Plattformen Geld?

Airbnb verlangt 3 Prozent der Gesamteinnahmen des Gastgebers und 6 bis 15 Prozent Buchungsgebühr von den Gästen. Bei DogVacay müssen die Hundebesitzer zahlen, die Plattform behält 15 Prozent des Preises. BorrowMyDoggy verlangt von Hundebesitzern wie -Sittern eine jährliche Zugangsgebühr. Spinlister behält 17,5 Prozent der Fahrradmiete.

Hunde, Fahrräder, Wohnungen und Zimmer werden nicht durch einen beständigen Einsatz von Arbeit reproduziert. Es sind langlebigere Formen von Privateigentum. Ihre Besitzer vermieten sie und verlangen für die Nutzung einen Preis. Diese Form von Rente stammt aus Profiten, wenn der Mieter ein Kapitalist ist, aus Löhnen, wenn er ein Arbeitnehmer ist, und aus einer nicht entwirrbaren Profit/Lohn-Mischform, wenn er ein Selbstständiger ist. Im ersten Fall ist die Quelle der Rente der von den Beschäftigten des Kapitalisten erzeugte Mehrwert, im zweiten wird sie aus dem Lohn des Mieters bezahlt. Mieten mehrere Menschen etwas gemeinsam, sind auch Kombinationen aus unterschiedlichen Quellen der Rente möglich. Die Eigentümer der Plattformen verlangen eine bestimmte Jahresgebühr oder einen Anteil der gezahlten Miete. Die Plattform wird zu dem Zweck vermietet, die Vermietung materieller Güter für einen bestimmten Zeitraum zu vermitteln. Die Eigentümer ziehen eine Rente aus dieser Art von Rente.

Was ist Warenfetischismus?

Marx führt den Begriff des Warenfetischismus im ersten Band des *Kapital* ein, um die von der Warenform erzeugten ideologischen Illusionen kritisch zu analysieren. Da wir es auch in der Sharing Economy mit Waren zu tun haben, stellt sich die Frage, welche Rolle der Warenfetischismus in ihr spielt.

Die Welt des Kapitalismus ist in dem Sinne rational, dass Unternehmen von Haus aus zur Ausbeutung von Arbeit und zu Produktivitätssteigerungen gezwungen sind, um immer mehr Kapital zu akkumulieren. Arbeitskraft und Technologie sind Mittel zum Zweck der Kapitalakkumulation. Menschliche Tätigkeit wird dadurch instrumentalisiert. Die Schaffung unterschiedlicher Gebrauchswerte befriedigt menschliche Bedürfnisse und erlaubt es Menschen, in Beziehung zueinander zu treten. Ein besonderer Gebrauchswert von Medien besteht darin, dass sie das Teilen von Informationen sowie Kommunikation in der Gesellschaft ermöglichen. Sie sind wesentlich sozial. Menschen verkehren am Arbeitsplatz mit anderen und kommen bei der gemeinsamen Produktion und Konsumtion von Gebrauchswerten zusammen.

Diese gesellschaftliche Qualität des Kapitalismus auf der Gebrauchswertebene ist laut Marx jedoch der Logik von Wert, Waren und Kapitalakkumulation untergeordnet, die soziale Beziehungen auf den Status bloßer Instrumente für partikulare Zwecke macht, durch die die Strukturen der Klassengesellschaft konstituiert und reproduziert werden. Die Ware ist ein »vertracktes« Ding (Marx 1867, 85). Warenproduzenten treten nicht direkt in Beziehung zueinander, sondern nur durch Austausch in der Form von x Ware A = a Geld G, y Ware B = b Geld G. So erhalten »die Verhältnisse der Produzenten [...] die Form eines gesellschaftlichen Verhältnisses der Arbeitsprodukte«; das »bestimmte gesellschaftliche Verhältnis der Menschen selbst« nimmt »die phantasmagorische Form eines Verhältnisses von Dingen« an (86).

Marx betont ausdrücklich die wichtige Rolle, die das Geld für den Warenfetischismus spielt:

> Es ist aber ebendiese fertige Form – die Geldform – der Warenwelt, welche den gesellschaftlichen Charakter der Privatarbeiten und daher die gesellschaftlichen Verhältnisse der Privatarbeiter sachlich verschleiert, statt sie zu offenbaren. (90)

Da gesellschaftliche Verhältnisse im Kapitalismus durch Geld und Tauschwert vermittelt werden, nehmen sie zwischen Produzenten und Konsumenten nur selten eine direkte Form an, wodurch ein Mangel an gesellschaftlichem Sinn entsteht: Die soziale Bedeutung von Waren entsteht nicht durch kommunikative Beziehungen zwischen Produzenten und Konsumenten. Diese vom Warenfetischismus hinterlassene symbolische Leere kann Ideologie durch imaginäre Bedeutungen bar jeden Realitätsgehalts füllen. Öffentlichkeitsarbeit, Marketing, Werbung, Branding, strategische Unternehmenskommunikation und das Konzept des sozial verantwortlichen Unternehmens sind Praktiken, die die Ideologien und Gebrauchswertversprechen von Waren hervorbringen (Fuchs 2015a).

Airbnb und Warenfetischismus

Das Airbnb-Modell des kapitalistischen Online-Sharing verspricht den Nutzern die Möglichkeit, mit anderen in Beziehung zu treten, sozial zu sein. Solche Gesellschaftlichkeit ist aufgrund des Warenfetischismus etwas, das man beim Kauf und Konsum von Waren normalerweise nicht erfährt. Airbnb verspricht eine Welt jenseits der Entfremdung, ohne die Existenz des Kapitalismus an sich infrage zu stellen. Die Anziehungskraft solch ideologischer Bedeutungen auf einen signifikanten Teil der Konsumenten erklärt sich aus dem Versprechen, nicht nur den Warenfetischismus, sondern auch den Verlust von Gemeinschaft zu überwinden, den viele Menschen in der hochindividualisierten Kultur des Neoliberalismus spüren. Airbnb verspricht Gemeinschaft, Beziehungen zwischen Menschen, Zugehörigkeit, Familie, Freundschaft, Nachbarschaft und ökologische Nachhaltigkeit. Es stellt sich auch als eine Neuerfindung und Veränderung der Welt dar. Airbnb verspricht eine radikale Erneuerung der Welt und eine Umkehrung des Warenfetischismus, sodass das hinter der Ware verborgene Soziale zum primären Merkmal der Konsumkultur wird.

Das Problem besteht jedoch in der dergestalt verschleierten Tatsache, dass Airbnb und ähnliche Projekte profitorientierte, kapitalistische Unternehmen sind. Sie organisieren eine Form von kostenlosem Teilen oder von Tausch zwischen den Nutzern, die zumeist eine direkte, nicht-anonyme, kommunikative soziale Begegnung umfasst. Um jedoch zur Möglichkeit eines solchen sozialen Teilens Zugang zu bekommen, muss mindestens eine der beiden beteiligten Seiten eine Gebühr an die Plattform zahlen. Das Teilen wird dadurch selbst eine Ware. Die von kapitalistischen Sharing-Plattformen bevorzugte Sprache ist oftmals ideologisch, weil sie die Profitinteressen und die Warenlogik verbirgt, die hinter den sozialen Versprechen liegen. Dadurch wird das Teilen eine Ideologie, von der letztlich jemand monetär profitiert und so Kapital akkumuliert.

Kapitalistisches Sharing: Die Verwandlung des Nicht-Instrumentellen in das Instrumentelle

Online-Plattformen sind nützliche Instrumente, um Menschen zusammenzubringen, die etwas teilen oder anderen schenken möchten. Die wesentliche Logik des Teilens und Tauschens besteht darin, dass es nicht-instrumentell und altruistisch ist. Indem Airbnb es in den Dienst kapitalistischer Zwecke stellt, verdreht es diesen Charakter in etwas Instrumentelles. Die Profitlogik ist ein fremder und unnötiger Dritter in der von Teilen und Tauschen bestimmten sozialen Begegnung. Die von Sharing-Plattformen ermöglichten sozialen Beziehungen sind nicht zwangsläufig Formen des Schenkens, sondern beruhen oft auf Tauschwert.

Das Mieten eines Fahrrads oder Zimmers, die Buchung eines günstigen Fachmanns oder einer günstigen Fahrt bedeutet einen Tausch von Geld gegen ein Gut oder eine Dienstleistung. Dies sind nicht wirklich Formen von Schenken und Teilen. Gleichzeitig bieten Sharing-Plattformen das Potenzial, die Tauschlogik zu überwinden und zu negieren und eine nicht-instrumentelle Gesellschaftlichkeit herzustellen. Viele Menschen sind tatsächlich bereit, ohne Gegenleistung etwas zu teilen, jemanden im Auto mitzunehmen oder ein paar Nächte lang auf ihrem Sofa zu beherbergen, weil ihnen die soziale Begegnung, die Gemeinschaft und Kommunikation mit anderen gefällt.

Ein Einwand gegen die Organisation einer solchen nicht-instrumentellen Gesellschaftlichkeit lautet, dass nur Geld ein geeignetes Mittel sei, um Vertrauen zwischen Fremden herzustellen. Wie kann man darauf vertrauen, dass jemand, den man nicht kennt, ein verantwortungsvoller Fahrer, Gastgeber oder Hunde-Sitter ist? Das Problem mit Geld und Tauschwert besteht jedoch darin, dass sie Güter und Dienstleistungen für diejenigen, die den verlangten Preis nicht zahlen können, unzugänglich machen und somit Strukturen eines ungleichen Zugangs darstellen. Geschenke und öffentliche Dienstleistungen hingegen ermöglichen eine Logik des Teilens, die eine Welt der gleichen Rechte, gleichen Möglichkeiten und des gleichen Zugangs hervorbringen kann. Ein Kommentarsystem in sozialen Online-Netzwerken, in dem Nutzer über ihre Erfahrungen mit anderen am Sharing Beteiligten berichten können, kann Vertrauen und Gemeinschaft herstellen. Es bietet ein hinreichendes kommunikatives Mittel des Vertrauens, das den monetären Austausch ersetzen kann.

Was interessiert Nutzer an Airbnb und ähnlichen Plattformen?

Wir leben in einer Welt enormer Risiken, ausgeprägter Prekarität, öffentlicher Ausgabenkürzungen und Verschuldung. Um die genannte Frage zu beantworten, müssen wir die Veränderungen des Kapitalismus verstehen.

Finanzialisierung

Finanzialisierung bedeutet die Verwandlung bestimmter Ressourcen in Güter, die auf den Finanzmärkten gehandelt werden. Sie hat in kapitalistischen Ökonomien insbesondere seit den 1970er Jahren zugenommen (Harvey 2007a, 2007b).

Nach der Krise der New Economy im Jahr 2000 versuchten die USA die Wirtschaft durch niedrige Zinsen anzukurbeln; die Fed senkte ihren Leitzins schrittweise von 6 auf 1 Prozent, was zur Folge hatte, dass Geld in den Immobilienmarkt strömte (Bischoff 2008; Foster und Magdoff 2009, 93–94, 96; Lapavitsas 2013, 271). Es fand ein doppelter Prozess der Produktion von fiktivem Kapital statt. Die Immobilienkredite mit kurzen Laufzeiten warfen für die Banken keinen unmittelbaren Profit ab, versprachen aber auf der Basis von Zinssätzen (zumeist variablen, die zunächst niedrig waren und dann nach einigen Jahren stiegen) kontinuierliche Profite in der Zukunft. Dies war der eine Prozess, verbunden mit Refinanzierung: Um eine Hypothek zu tilgen, wurde häufig eine neue aufgenommen.

Der zweite Prozess der Produktion von fiktivem Kapital war die Schaffung neuer hochriskanter Wertpapiere, die auf den Finanzmärkten an Investoren verkauft wurden, die sich hohe Renditen erhofften. Diese verbrieften Wertpapiere – sogenannte Asset-Backed Securities (ABS) – verbanden beide Formen: Sie waren vermeintlich durch Hypotheken abgesichert, aber in Wirklichkeit hochriskant. Wie Marx wusste, muss ein solches »künstliche[s] System« (Marx 1894, 507) früher oder später in »gewaltsamen Ausbrüche[n]« (457) resultieren. Der Zusammenbruch war in das Finanzsystem von vornherein eingebaut, wurde aber letztlich ausgelöst, als eine wachsende Zahl von Geringverdienern ihre Hypotheken nicht mehr bedienen konnte und so das gesamte künstliche System zum Einsturz brachte. Mitverursacht wurde diese Situation durch eine Stagnation der Reallöhne, die die Profitraten in die Höhe trieb und zugleich zur Folge hatte, dass Geringverdiener Kredite aufnehmen mussten, um sich Wohneigentum und andere notwendige Güter zu kaufen. Der Zwang zur Akkumulation führte zu Lohnsenkungen und schuf Wertpapiere, die an hochriskante Hypotheken gekoppelt waren. Diese tödliche Kombination löste die Krise aus. Klassenverhältnisse sind ein zentraler Aspekt dieser Krise. Wie Marx schrieb: »Der letzte Grund aller wirklichen Krisen bleibt immer die Armut und Konsumtionsbeschränkung der Massen gegenüber demTrieb der kapitalistischen Produktion, die Produktivkräfte so zu entwickeln, als ob die absolute Konsumtionsfähigkeit der Gesellschaft ihre Grenze bilde« (501).

Finanz- und Wirtschaftskrise

In der US-Subprime-Krise wurden Hypotheken niedriger Bonität wie erwähnt zu neuen Wertpapieren gebündelt und auf den Finanzmärkten gehandelt. Da Banken aus aller Welt diese hochriskanten ABS über Jahre hinweg gekauft hatten, kam es zu einem Domino-Effekt: Die Krise breitete sich vom US-Immobilienmarkt über den ganzen Globus aus und erfasste sämtliche Wirtschaften und Sektoren. Die ABS im Subprime-Markt verwandelten Teile des Lohns der Kreditnehmer in handelbare Wertpapiere. Die dabei entstehenden finanziellen Profite waren eine Art Enteignung, eine sekundäre Ausbeutung, die die Löhne der Betroffenen verringerte – Löhne, die sie zum Überleben brauchen.

Die Krise gewann transnationale Dimensionen und wurde auch zu einer Krise der Euro-Zone. Lapavitsas (2013, Kapitel 9) zufolge besteht die Euro-Zone aus einem Kern (insbesondere Deutschland und Frankreich), dessen Banken die Banken in der Peripherie (insbesondere Griechenland, Spanien, Portugal und Irland) zu niedrigen Zinssätzen mit Liquidität versorgten. So kam es auf der Basis von Auslandsschulden zu einer wachsenden Kreditvergabe und Verschuldung der Haushalte in den Ländern der Peripherie.

Bankenrettungen und öffentliche Ausgabenkürzungen

Westliche Staaten reagierten auf die Krise hauptsächlich dadurch, dass sie Banken und Finanzunternehmen mit Steuergeldern retteten. Auf politischer Ebene hatte dies eine Verschärfung neoliberaler Einschnitte und Privatisierungen zur Folge, begleitet vom Diskurs der angeblich alternativlosen Kürzung der Staatsausgaben. Zunächst nahmen neoliberale Politiker der Mehrheit der Bürger den bisherigen Zugang zu öffentlichen Dienstleistungen, die zunehmend privatisiert und kommodifiziert wurden. In einem zweiten Schritt nach Ausbruch der Krise wurde den Bürgern auch noch ein Teil ihrer Steuern und zukünftigen Steuern genommen, um die Banken und den Kapitalismus zu retten, während ein noch verstärkter Neoliberalismus die Kommodifizierung, Enteignung und Privatisierung von Gemeingütern und öffentlichen Diensten fortsetzte. »In der gesamten Peripherie, zunehmend aber auch im Kern, wurden öffentliche Ausgaben gekürzt, Steuern erhöht, Löhne gesenkt, Märkte weiter dereguliert und öffentliche Unternehmen zur Privatisierung ausgeschrieben« (Lapavitsas 2013, 304).

Lapavitsas (2013) argumentiert, seit den 1970er Jahren sei in vielen kapitalistischen Ländern und Regionen wie den USA, der EU und Japan der Derivatenmarkt massiv gewachsen und die Verschuldung der Privathaushalte gestiegen, um Wohnen, Konsum, Gesundheit, Bildung und Transport zu finanzieren. Ein wichtiger Aspekt der Finanzialisierung war demnach »die Finanzialisierung des Einkommens von Arbeitern und Haushalten quer durch die gesellschaftlichen Klassen. Dieses Phänomen umfasst sowohl eine zunehmende Verschuldung (für Wohneigentum, allgemeinen Konsum, Bildung, Gesundheit) als auch die Verbreitung von Finanzanlagen (für Rente, Versicherungen, Geldfonds)« (38–39). Als Ursachen nennt Lapavitsas ein »zunehmendes Einkommensgefälle« und den »Rückzug des Staates aus einer ganzen Bandbreite von Bereichen wie Wohnen, Altersvorsorge, Bildung, Gesundheit, Verkehr usw.« (39).

Für die USA, Großbritannien, Japan und Deutschland zeigt Lapavitsas (2013, Kapitel 7), wie eine Verbindung von niedrigem Wachstum des BIP und der Produktivität, sinkender Lohnquote, höherer Arbeitslosigkeit und zunehmender Einkommensungleichheit die Finanzialisierung der Wirtschaft vorangetrieben hat, einschließlich der Finanzialisierung von persönlichem Einkommen und Haushaltsvermögen, um die alltäglichen Ausgaben zu bestreiten:

In reifen Ländern entfiel die Verschuldung der Privathaushalte in der Phase der Finanzialisierung zum Großteil auf den Erwerb von Wohneigentum. [...] Daten zeigen, dass die Finanzialisierung der Haushalte vor allem eine umfangreiche Kreditaufnahme bei privaten Anbietern – bei Banken oder mit ihnen verbundenen Institutionen – für den Kauf von Wohnimmobilien bedeutete. (Lapavitsas 2013, 238, 240)

Wachsende Privatschulden

Tabelle 10.1 stellt den Anteil der Privatverschuldung (Verbraucherkredite, Hypotheken, andere Kredite) am jährlichen BIP ausgewählter Länder dar. Sie stieg demnach im Zeitraum von 1995 bis 2013 in nahezu sämtlichen Fällen, mit wenigen Ausnahmen wie Deutschland und Japan. Die Daten zeigen, dass Lohndämpfung und wachsende Ungleichheit immer mehr Menschen genötigt haben, Kredite aufzunehmen, um Wohneigentum und Konsum zu finanzieren, was zu wachsender Verschuldung und beschleunigter Finanzialisierung geführt hat.

	1995	1997	2000	2002	2004	2006	2008	2010	2012	2013
Australien	49,5	48,9	49,2	59,0	96,9	109,0	103,9	160,7	171,6	148,2
Österreich	53,3	43,7	38,3	44,1	58,8	59,7	62,7	62,1	58,6	
Belgien	45,0	37,9	32,2	34,1	48,2	51,0	58,3	58,5	60,4	
Kanada	50,6	50,2	48,7	48,3	68,6	75,3	81,1	111,2	116,6	
Tschechien	4,2	2,8	2,8	4,9	8,7	12,6	18,7	21,4	21,8	
Dänemark	119,8	104,9	92,8	112,2	161,9	172,4	195,3	189,7	187,8	192,5
Estland	0,8	2,8	3,6	7,0	15,7	28,2	38,3	36,6	30,1	
Finnland	45,4	31,7	28,5	35,1	53,9	60,2	65,5	72,2	75,7	
Frankreich	44,3	35,8	29,7	33,6	49,7	52,4	59,6	61,5	62,4	
Deutschland	82,4	70,4	63,8	68,9	83,9	71,8	67,2	62,9	59,0	
Griechenland	4,9	5,8	8,2	14,7	28,5	39,0	50,4	58,3	57,7	57,3
Ungarn	2,6	1,8	2,2	5,7	13,7	17,2	24,8	23,6	18,1	
Island					148,0	169,7	97,4	114,2	102,7	
Irland				58,0	100,0	123,4	148,9	131,7	115,4	
Italien	16,9	16,1	17,2	22,8	35,5	39,2	42,9	45,5	44,3	
Japan	112,5	86,6	93,1	80,7	83,9	67,6	80,3	85,4	76,6	
Korea	0,0	0,0	0,0	42,1	47,4	57,7	45,6	55,8	64,0	
Luxemburg			25,7	31,9	47,3	54,3	61,9	66,3	67,2	
Niederland	70,2	65,1	67,2	84,8	126,1	126,5	130,6	135,0	132,9	
Norwegen	80,6	66,9	54,3	82,1	101,7	97,9	90,4	126,9	134,3	128,8
Polen			3,1	6,1	8,1	11,4	18,6	21,0	20,3	
Portugal	22,4	29,7	38,4	49,3	73,5	72,7	79,7	76,2	72,5	70,9
Slowakei	1,5	1,4	1,4	2,3	5,0	9,0	16,0	17,2	19,1	
Slowenien					13,3	17,0	22,4	25,8	24,0	
Spanien	30,3	27,2	31,2	39,8	66,2	76,1	83,6	82,2	74,5	72,1
Schweden	61,4	55,0	48,0	57,8	83,0	88,2	81,6	109,0	114,1	115,7
Schweiz			123,1	143,1	181,3	158,9	160,0	189,9	192,2	
Türkei	0,4	0,7	1,7	0,7	3,0	5,6	7,3	9,8	11,3	11,2
GB	64,0	66,3	64,7	79,2	109,7	116,2	93,3	104,8	104,5	104,8
USA	63,0	64,0	68,6	76,7	86,4	93,9	93,5	88,4	81,1	79,1

Tabelle 10.1: Anteil der Kredite am jährlichen BIP in ausgewählten Ländern (%).
Datenquelle: OECD Stats; Kredite in US$ (aktuelle Preise, aktuelle Wechselkurse) [Datensatz: households' financial and non-financial assets and liabilities], BIP in US$ (aktuelle Preise),

Airbnb und Veränderungen des Kapitalismus

Das Interesse an Airbnb und vergleichbaren Sharing-Plattformen lässt sich durch Veränderungen der kapitalistischen Ökonomie erklären, Aufgrund eines relativen Mangels an Zeit, Einkommen, Ressourcen und angemessenem Wohnraum suchen Menschen nach Möglichkeiten, wie sie ihre Schulden sowie ihre Ausgaben für Mobilität, Reisen, Haushaltsgüter, Dienstleistungen usw. verringern können. Die Online-Sharing-Economy verspricht dies zu leisten und zudem den Besitzern bestimmter Güter, die man teilen kann (Wohnraum, Autos etc.), zu zusätzlichem Einkommen zu verhelfen. Ihre Ausbreitung steht im Kontext von Neoliberalismus, Finanzialisierung und Wirtschaftskrise sowie einer sinkenden Lohnquote. Wer mit wachsender Verschuldung, steigenden Zinsen für Kredite und Hypotheken sowie einer Verteuerung von sonstigen Ausgaben konfrontiert ist, während das persönliche Einkommen und Vermögen schrumpft, der versucht weniger auszugeben und mehr zu verdienen. Die Sharing Economy verspricht beides, erzeugt aber zugleich neue Kosten für den Zugang zu ihren Plattformen, aus denen sich ihre Profite speisen.

Die Widersprüche von Airbnb

Airbnb musste in Barcelona eine Geldstrafe zahlen und war in mehreren anderen Städten mit Rechtsstreitigkeiten konfrontiert, weil die meisten Gastgeber nicht die an bestimmten Orten vorgeschriebene Kurtaxe verlangen. In manchen Städten müssen die Gastgeber zudem selbst in der Wohnung bleiben, ziehen aber de facto aus, wenn sie sie vermieten.

Die meisten Städte besteuern und regulieren das Hotelgewerbe, Touristen sind für sie gewöhnlich eine wichtige Quelle von Steuern (denn die meisten Regierungen wissen seit langem, dass eine moderate Kurtaxe kaum Besucher abschreckt oder die Wähler verärgert). Viele Airbnb-Kunden zahlen diese vorgeschriebene Gebühr aber nicht. [...] Insoweit Airbnb es Menschen erlaubt, sich Steuerzahlungen und Gesetzen zu entziehen, ist das Unternehmen kein Gewinn für Wirtschaft und Gesellschaft – es erleichtert nur manchen ihre betrügerischen Geschäfte, Andere sind die Verlierer – sie müssen eine zusätzliche Steuerlast schultern oder mit einem endlosen Strom von lauten Gästen in der Wohnung nebenan leben, um nur zwei Beispiele zu nennen. (Baker 2014)

Eine empirische Studie über Texas hat ergeben, dass der Markteintritt von Airbnb dort »eine quantifizierbare negative Auswirkung auf das Hotelgewerbe hatte« und besonders »Hotels im unteren Preissegment unter der wachsenden Konkurrenz von Vermietungen über Firmen wie Airbnb« leiden (Zervas et al. 2014, 22-23).

Airbnb und die Wohnungskrise

Nehmen wir eine Stadt wie London, deren Immobilienmarkt hochgradig spekulativ und finanzialisiert ist. Wohneigentum kostete dort 2016 durchschnittlich 500 000 Pfund. Viele Durchschnittsverdiener können nicht die notwendige Anzahlung leisten, um einen Kredit zu bekommen und Eigentümer zu werden; sie sind zum Mieten gezwungen.

Ein Paar mit einem Kind braucht mindestens eine Wohnung mit zwei Schlafzimmern. Im Februar 2016 lag die monatliche Durchschnittsmiete für ein solches Objekt in London bei 2 300 Pfund.[180] Ende 2015 verdiente ein Londoner im Schnitt 711 Pfund pro Woche, nach Steuern 542,85 Pfund (Datenquelle: ONS). Ein voll berufstätiges Paar verdient monatlich rund 4 700 Pfund. Das klingt stattlich, doch rund 50 Prozent davon verschlingt die Miete, die Kinderbetreuung kostet circa 800 Pfund, der öffentliche Nahverkehr 500 Pfund usw. Am Monatsende bleibt kein Geld übrig, das gespart werden könnte.

Der durchschnittliche Londoner wird sich daher niemals Wohneigentum leisten können, sofern er keine reichen Verwandten hat oder im Lotto gewinnt. Gleichzeitig wird gekauft, um zu vermieten: Reiche Immobilienbesitzer kaufen immer mehr Wohnungen, um als Vermieter immer mehr Geld zu verdienen, Bezahlbare kommunale Wohnungen wurden unterdessen zunehmend privatisiert, während der Neubau weit hinter dem Bedarf zurückbleibt.[181]

Airbnb in London

Was geschieht auf einem finanzialisierten Immobilienmarkt wie London, wenn Airbnb dort einsteigt? Es sind kaum gewöhnliche Bürger, die auf der Plattform Unterkünfte bieten, denn aufgrund der unbezahlbaren Immobilienpreise sind sie zumeist selbst Mieter. Vielmehr sind es reiche Immobilienbesitzer mit mehreren Wohnungen, die Airbnb zur Akkumulation von Rente nutzen. Einen Teil ihres Besitzes bieten sie dort Besuchern an, denn solche kurzfristigen Vermietungen sind lukrativer als langfristige Mietverträge.

---

[180] Calculation based on data obtained from www.londonpropertywatch. co.uk/average_rental_prices.html, abgerufen am 11.02.2016.

[181] The housing crisis in charts. Guardian Online, 12.012015. https://www.theguardian.com/money/2015/jan/12/the-housing-crisis-in-charts, abgerufen am 03.06.2018.

Genau dies geschieht bereits:

Daten [...] deuten darauf hin, dass professionelle Anbieter und Investoren mit unvermieteten Objekten eine beträchtliche Präsenz auf der Webseite haben. Die Analyse von mehr als 13 000 Airbnb-Angeboten in London – dem bei weitem größten britischen Markt des Unternehmens – zeigt, dass in 6 600 Fällen ein Haus oder eine Wohnung vollständig angeboten werden, nicht nur ein ungenutztes Zimmer. Mehr als 1 500 Anbieter sind mit mehreren Unterkünften vertreten. 180 inserieren mindestens fünf Häuser oder Wohnungen, in manchen Fällen sind es sogar mehrere Dutzend. Eine Nutzerin, die sich Petra nennt, hatte Donnerstag 127 Inserate auf der Seite.[182]

Reiche Eigentümer werden so noch reicher, während sich die Wohnungskrise verschärft. Die einzige Lösung für diese Krise besteht in mehr bezahlbarem kommunalen Wohnungsbau, strikten Mietobergrenzen und einem Gesetz, wonach in Gegenden mit einem angespannten Wohnungsmarkt niemand mehr als ein Wohnobjekt besitzen darf und er dieses selbst bewohnen muss.

Airbnb behauptet, es wolle »London zu einem fantastischen Wohnort und Reiseziel« machen und gebe Londonern die Möglichkeit »etwas dazu zu verdienen und so neue Projekte anzugehen«, während »die Gäste von der einzigartigen Unterbringung in sämtlichen Ecken dieser umwerfenden Stadt profitieren«.[183] In Wirklichkeit hilft Airbnb den Reichen, noch reicher zu werden, und verschärft die Wohnungskrise.

10.3 Die Sharing Economy: Eine kapitalistische Ideologie

Online-Sharing als Soziale-Medien-Ideologie

Der Blogger und Journalist Jeff Jarvis schreibt in seinem Buch *Public Parts: How Sharing in the Digital Age Improves the Way we Work and Live* (2011), Facebook sei »der Kern dieser neuen, auf dem Teilen beruhenden Branche« (2), zu der außerdem »Twitter, Flickr, YouTube,

---

[182] A deep data dive into how Airbnb is changing London lodging. skift.com, 21.06.2014.

[183] http://publicpolicy.airbnb.com/london-reveals-new-policy-home-sharing, abgerufen am 27.09.2016, aktuell (03.06.2018) nicht mehr abrufbar.

Foursquare« und andere soziale Medien gehörten (9); ihr Prinzip laute: »Je mehr wir teilen, umso mehr profitieren wir von dem, was andere teilen« (3). Facebook behauptet, es gebe Nutzern »die Möglichkeit, Inhalte zu teilen und die Welt offener und verbundener zu machen«[184]; Twitter gibt laut seiner Selbstdarstellung jedermann »die Fähigkeit, Ideen und Informationen zu schaffen und sofort zu teilen«[185]; Instagram empfiehlt sich als eine »schnelle, schöne und amüsante Weise, dein Leben mit Freunden und Familie zu teilen«[186]; Tumblr will es dem Nutzer ermöglichen, »zu teilen, was dir wirklich am Herzen liegt«.[187] Der Gedanke des Teilens ist in der Tat eine Kernideologie solcher sozialen Medien, die verschleiert, dass Unternehmen wie Google und Facebook politökonomisch betrachtet in erster Linie die größten Werbeagenturen der Welt sind.

Für Clay Shirky (2008, 21) sind soziale Medien (etwa soziale Netzwerke, Blogs, Wikis) Werkzeuge, die »unsere Fähigkeit zum Teilen, zur Zusammenarbeit und zum kollektiven Handeln stärken«. Ihm ist zwar bewusst, dass das Teilen von Gemeineigentum wie etwa natürlichen Ressourcen eine lange Geschichte hat (Shirky 2011a, 112–133), doch er hebt hervor, wie soziale Medien neue Formen des Teilens von Wissen ermöglichen. Er spricht in diesem Kontext von einer »Ökonomie des Teilens«: »Unsere neuen Werkzeuge eröffnen die Möglichkeit, neue Kulturen des Teilens hervorzubringen« (Shirky 2011a, 140, 143). Dem Teilen materieller Güter, das durch digitale Technologien koordiniert wird, misst er dabei wenig Bedeutung bei.

Geflechte als Unternehmen

Das Teilen auf kapitalistischen sozialen Medien dient dem Zweck, den Nutzern Werbung zu präsentieren und ihre Daten zu kommodifizieren. Soziale Medien, die das Teilen von Ideen und multimedialem Inhalt erlauben, sind zweifellos ein sehr wichtiger Teil der Sharing Economy. Diese spezifische Form von Ökonomie geht jedoch über die Online-Welt und soziale Medien hinaus. Sie umfasst auch das Teilen von Eigentum, Produktionsmitteln, Arbeitsplätzen sowie Mitteln der Distribution und Konsumtion. Die Internet-Unternehmerin Lisa

---

[184] Facebook-Datenrichtlinie, Version vom 29.06.2016, http://de-de.face book.com/policy.php, abgerufen am 25.05.2018.

[185] http://about.twitter.com/company, abgerufen am 18.03.2018.

[186] http://instagram.com, abegrufen am 03.06.2018.

[187] www.tumblr.com/, abgerufen am 03.06.2018.

Gansky spricht in ihrem Buch *The Mesh: Why the Future of Business is Sharing* (2012) daher von der Entstehung von Unternehmen, die einem Geflecht (*mesh*) ähneln und vier Kennzeichen haben: »Teilen, fortgeschrittene Nutzung des Internets und mobiler Informationsnetzwerke, ein Fokus auf [geteilte] materielle Güter und Stoffe sowie Kommunikation mit den Kunden durch soziale Netzwerke« (15–16). Hinzuzufügen wäre, dass man sowohl Informationsgüter, Dienstleistungen wie materielle Produkte teilen kann,

Kooperativer Konsum

Rachel Botsman und Roo Rogers befassen sich in ihrem Buch *What's Mine is Yours* (2011) mit dem Aufkommen einer kooperativen Konsumtion, verstanden als »gleichberechtigter Austausch zwischen Produzenten und Konsumenten, Käufern und Verkäufern, Verleihern und Leihern sowie Nachbar und Nachbar« (Botsman und Rogers 2011, xiii). Sie umfasse »traditionelles Teilen, Naturaltausch, Verleih, Handel, Mieten, Schenken und Swapping, neu definiert durch Technologie und Peer-Communitys« (xv). »Einfach gesagt: Menschen teilen wieder mit ihrer Gemeinschaft – sei es im Büro, der Nachbarschaft, im Mietshaus, der Schule oder in einem Facebook-Netzwerk« (xv).

Die Analysen von Autoren wie Jarvis, Shirky, Ganski und Botsman/Rogers weisen mehrere Probleme auf.

Problem 1: Mangel an Klassenanalyse

Eine erste Tendenz in der Literatur besteht darin, dass der Begriff der Sharing Economy undifferenziert verwendet wird, Teilen wird als ein moralischer Wert an sich vorgestellt, unabhängig von Klassenverhältnissen und Kapital.

So zählen etwa Botsman und Rogers (2011, xvii–xviii) auf einer Seite Zopa, Freecycle, U-Exchange, thredUP, Landshare, Couchsurfing, Zipcar, WhipCar, Airbnb, CrashPadder und Zilok als Beispiele für kooperatives Online-Sharing auf, Verwischt wird dabei, dass zwar die meisten dieser Beispiele profitorientierte Unternehmen sind, es aber auch Ausnahmen gibt, Freecycle ist ein nichtkommerzielles Netzwerk, in dem Leute Dinge verschenken. Landshare.net ist eine nichtkommerzielle Online-Plattform des britischen Fernsehsenders Channel 4 und bringt Leute zusammen, die Zugang zu Land suchen oder haben, um Obst und Gemüse anzubauen oder Viehzucht zu betreiben. Couchsurfing,org wurde 2003 als ein nichtkommerzielles Gastgebernetzwerk gegründet; Nutzer können dort nach einer kostenlosen Übernachtungsgelegenheit bei anderen suchen. 2011 wurde die Plattform in ein kommerzielles Unternehmen umgewandelt und mit Risikokapital ausgestattet. Nutzer kritisierten diese Kommodifizierung ihrer Community. In einer Petition auf Avaaz hieß es: »Wir, die CouchSurfing-Community, sind diejenigen, die alles durch ehrenamtliche Arbeit aufgebaut haben [...] wir werden nicht tatenlos zusehen, wie all das durch die profitorientierten Anteilseigner zerstört wird«.[188] Die anderen genannten Projekte sind auf Gewinn aus. Auch Beth Buczynski (2012) vermengt in einer Auflistung von 59 Online-Sharing-Plattformen kommerzielle und nichtkommerzielle Webseiten. Sie betont in erster Linie, dass es sich bei ihnen um Formen einer »kooperativen Konsumtion« handele, die »die Art und Weise verändert, wie wir arbeiten, spielen und miteinander verkehren« (Buczynski 2012, 96).

Ideologen der Sharing Economy

Laut Gansky »erlauben es WhipCar und CouchSurfing einem Menschen, bei nur geringfügig höheren Kosten sein Auto und, nun ja, sein Sofa besser zu nutzen« und so ein »besseres persönliches Ertragsmanagement« zu erreichen (Gansky 2012, 122). Sie sieht die Gemeinsamkeit der Car- und der Couch-Sharing-Plattform in der Möglichkeit, seine persönlichen Finanzen zu optimieren, übergeht hingegen, dass Couchsurfing zum Zeitpunkt der Erstveröffentlichung ihres Buches (2010) eine nichtkommerzielle Initiative war. WhipCar hingegen von der Gründung 2009 bis zur Schließung 2013 ein mit Risikokapital ausgestattetes, gewinnorientiertes Unternehmen. Zudem besteht der Gedanke bei CouchSurfing nicht wie bei WhipCar in einer Vermietung gegen Geld, sondern darin, einem anderen Menschen das eigene Sofa kostenfrei zu überlassen. Gansky vermengt kommerzielle und nichtkommerzielle Initiativen und beschreibt beide mit dem Bild des »Geflechts«.

Darunter versteht sie ein Netzwerk, in dem alle Knotenpunkte miteinander verbunden sind (16), und vergleicht solche Unternehmen mit »Gehirnen« sowie »DNA und Nervenzellen« (17). Aspekte, die für alle Menschen charakteristisch sind, werden mit Unternehmen im Kapitalismus gleichgesetzt; dieser wird dadurch fetischiert, d.h. naturalisiert: Was eine ganz bestimmte Gesellschaft kennzeichnet, soll ein allgemeines Merkmal der Menschheit sein, Gansky spricht von einem dreifachen Vorteil – »grünere Wirtschaft«, »höhere Profi-

---

[188] https://secure.avaaz.org/en/petition/For_a_strong_Community_ behind_CouchSurfing, abgerufen am 03.06.2018.

te« und »Nutzen für die Gesellschaft«, wobei eine »Ethik« praktiziert werde, nach der man »Gutes tut und es einem dabei selbst gut
geht« (29). Kapitalismus beruht auf der Ausbeutung warenproduzie-
render Arbeit. Den Arbeitern gehören die von ihnen hergestellten
Produkte nicht, Diese enthalten, was Marx Mehrwert nennt: unbezahlte Arbeitszeit. Der finanzielle Nutzen der Kapitalisten beruht auf
der Enteignung anderer, »Höhere Profite« bedeuten daher für die
Arbeiterklasse keinen »Nutzen für die Gesellschaft«. Der Gedanke
des sozial verantwortlichen Unternehmens ist grundsätzlich ideologisch (Sandoval 2014).

Sharing Economy als Hype

Manche Beobachter wie die Journalistin Tina Rosenberg erwarten,
dass die Sharing Economy der nächste große Trend in der Wirtschaft
wird. Sie sieht nur Vorteile, nicht bedacht werden Widersprüche und
mögliche negative Folgen:

> *Neu ist, dass sich die Sharing Economy vertieft und ausbreitet. Tau-*
> *sende neue Unternehmen verkaufen heute Zugang, nicht etwas, das*
> *man besitzt. Für die hippe, urbane Jugend ist kooperativer Konsum*
> *eine Möglichkeit, »leicht« zu leben, weniger zu verschwenden, die*
> *Umwelt zu schützen, etwas zu schaffen und sich mit einer Gemein-*
> *schaft ähnlich denkender Menschen zu assoziieren. Aber das Phäno-*
> *men beschränkt sich nicht auf hippe Leute. Es ist für jeden eine Mög-*
> *lichkeit, zu entrümpeln und Geld zu sparen.* (Rosenberg 2013)

Gansky zeigt sich begeistert über die Geschäftsmöglichkeiten, die die
Sharing Economy kapitalistischen Unternehmen eröffnet: »Menschen bequemen Zugang zu geteilten Gütern zu bieten, ist eine
Goldmine« (2012, 3); Sharing-Unternehmen hätten »enorme Wettbewerbsvorteile« (5). Dass auch die »geflechtartigen« Unternehmen
nur Profit erzielen wollen, räumt sie ehrlich ein: »Die zentrale Strategie besteht faktisch darin, dasselbe Produkt mehrfach zu ›verkaufen‹«(5). Erfolg werde haben, wer »die Kunden begeistert, Vertrauen
in seine Marke und Firma schafft und einen Gewinn erzielt« (72).

Rosenberg, Gansky und andere betonen lediglich, dass Sharing der
neue Trend sei; wie es am besten zu organisieren wäre, ob alle Formen gleichermaßen begrüßenswert sind, wird nicht gefragt. Auch
Rosenberg vermengt dabei kommerzielle Unternehmen wie Airbnb
und nichtkommerzielle Projekte wie Wikipedia:

> *Die Liste ist lang und vielfältig: Airbnb und Home Exchange, Wiki-*
> *pedia und Open-Source-Software, Peer-to-Peer-Banken wie Lending*

Club, Zeitbanken. Auf lokaler Ebene gibt es zahllose Tauschvorgänge – Werkzeug, Kleidung – und Taxidienste von und für Nachbarn. Man kann sein Wi-Fi teilen, einen Hund, ja sogar ein Baby. (Rosenberg 2013)

Thomas Friedman (2013) meint, Airbnb habe »die ›Sharing Economy‹ in Gang gesetzt«, in der es um nichts Anderes gehe als Menschen, »die sich wie eine Marke eine Reputation aufbauen«. Auch er sieht nur positive Aspekte und hat dabei die Geschäftsmöglichkeiten für kapitalistische Unternehmen im Blick. Die oben erwähnte Initiative The People Who Share benennt es als ihr Ziel, »Teilen zu ermöglichen, Menschen, die etwas brauchen, den Kontakt zu Menschen, die etwas haben, zu erleichtern und eine globale Gemeinschaft der Teilenden zu schaffen«.[189]

Teilen als Fetischismus

Fetischismus ist nach Marx (1867) die Naturalisierung gesellschaftlicher Phänomen; sie werden als notwendig und natürlich dargestellt, die ihnen zugrundeliegenden Machtverhältnisse bleiben ausgeblendet. Der Sharing-Fetischismus sieht Teilen als ein Ziel an sich, unabhängig von den politökonomischen Rahmenbedingungen. Der fundamentale Unterschied zwischen einer profitorientierten und einer nichtkommerziellen Wirtschaft wird ignoriert: Erstere basiert zwangsläufig auf Klassenverhältnissen und folglich auf Ausbeutung, der Bereicherung einer besitzenden durch eine nichtbesitzende Klasse. Wir haben weiter oben gezeigt, dass Sharing-Unternehmen, die das Teilen zwischen Menschen fördern und damit Profit erwirtschaften, Beschäftigte (durch Zugangsgebühren) oder Nutzer (durch Werbefinanzierung) ausbeuten, eine Rente aus der Ausbeutung eines Nutzers durch einen anderen ziehen (Plattformen für Selbstständige), eine Rente aus einer Rente ziehen (Vermietungsplattformen wie Airbnb) oder aus der kommerziellen Bereitstellung von Dienstleistungen (Service-Plattformen wie Uber), bei denen Arbeitskraft ausgebeutet wird. Widersprüche und Klassenkonflikte werden dabei nicht überwunden, sondern bleiben bestehen und werden teilweise verlagert – die Tourismusbranche zum Beispiel lehnt Airbnb ab, das Taxigewerbe fühlt sich durch Uber herausgefordert, weil vermittelt durch das Internet und Smartphone-Apps neue Formen von Konkurrenz zwischen Kapitalisten entstanden sind. Das Prinzip, dass jemand einen Profit anstrebt, besteht fort, und das Ergebnis ist, dass manche Gruppen besser dastehen und andere schlechter. Eine solche Ungleichheit

---

[189] www.thepeoplewhoshare.com/, abgerufen am 03.06.2018.

ist die notwendige Konsequenz eines jeden Wirtschaftssystems, dass auf Tausch, Klassenverhältnissen und Profitabilität beruht.

Problem 2: Die Reduktion von Teilen auf ein moralisches Phänomen

Eine zweite Tendenz in der Literatur über die Sharing Economy besteht darin, Teilen als ein rein moralisches Phänomen zu deuten: Menschen teilen, weil ihnen die moralischen Werte von Zusammenhalt, Gemeinschaft und guten nachbarschaftlichen Beziehungen etwas bedeuten.

Botsman und Rogers (2011, 45) beschreiben die Sharing Economy als ein »Einklagen alter Tugenden« (45), »als Glaube an ›die Commons‹« (88) und »Veränderung der Verbrauchermentalität« (213). Marken »können uns dazu bewegen, mehr von den nachhaltigen Werten und Vorzügen zu wollen, die die Kooperative Konsumtion mit sich bringt. Zu diesen Werten gehören Beziehungen, Respekt, Unterstützung, Fähigkeiten, Glück, neue Gewohnheiten, Raum und sogar Zeit« (199–200). Wirtschaftlicher Wert wird demnach zu moralischem Wert. Botsman und Rogers sprechen von einer Neudefinition von Wert: Kapitalistische Unternehmen schaffen Gemeinschaften. Wir »werden ihnen stärker vertrauen« (220). Ein »mehrdimensionales Verständnis von Wert« (221) entstehe. Das Ergebnis sei die »Demokratisierung und Blüte neuer Unternehmen« (221).

Solche Moralisierungen der Sharing Economy ignorieren den materiellen Kern aller Moral: Das Bedürfnis von Menschen, im heutigen Kapitalismus zu teilen, entspringt nicht einer autonomen moralischen Überzeugung oder dem Übertritt zu einem Glauben oder Kult des Teilens, sondern beruht auf der politischen Ökonomie des gegenwärtigen Kapitalismus – auf Phänomenen wie der Krise, Klassenverhältnissen, Ungleichheit, Mangel an Eigentum, Verbraucherschulden, Lohndämpfung, Ausbeutung, Prekarität, Arbeitslosigkeit, starker sozialer Unsicherheit unter den jüngeren Generationen, der Finanzialisierung von Boden und Wohnraum usw.

Problem 3: Technikdeterminismus

Eine dritte Tendenz in der Literatur besteht darin, die Entstehung der Sharing Economy ausschließlich als Folge des Internets und somit Technik als die entscheidende Triebkraft zu sehen.

So schreiben zum Beispiel Botsman und Rogers (2011, 51), neue Informations- und Kommunikationstechnologien, soziale Netzwerke und mobile Geräte würden uns »zu einer Mentalität des Wir vor-

wärts treiben«. Die »Werte«, die die an der kooperativen Konsumtion Beteiligten demnach miteinander verbinden, also »Offenheit, Gemeinschaft, Zugänglichkeit, Nachhaltigkeit und vor allem
Zusammenarbeit«, kämen »direkt aus der digitalen Kultur« (180).
»Um diese Hyper-Evolution zu erklären, zu der die Kooperative Konsumtion gehört, müssen wir die breitgefächerten Kommunikationsplattformen betrachten, die unsere Welt gegenwärtig verändern«
(212). Auch Gansky zufolge »beruhen die neuen Sharing-
Unternehmen auf sozialen Medien und werden durch sie gestärkt«
(2012, 3); »mobile Netzwerke« beförderten das Sharing als eine
»*Aufbrechen* materieller Güter und Kanäle« (4). »Die geflechtartigen
Unternehmen gedeihen dank des Wachstums von sozialen Medien,
Internet, kabellosen Netzwerken und Mobiltelefonen« (15). Das »ra-
sante Wachstum von mobilen und sozialen Netzwerken verleiht dem
Modell des Geflechts Energie« (28), das »ein neues Stadium der In-
formationsrevolution« (41) sei. Gansky betrachtet das Soziale durch
die Technik und beschreibt die neuen »Geflechte« folgerichtig als
»Entstehung eines neuen sozialen Betriebssystems« (168).

Digitale, soziale, mobile und Online-Technologien sind zweifellos ein
Faktor, der die Logik des Teilens widerspiegelt und beeinflusst. Die
Sharing Economy kausal auf technische Veränderungen zu reduzieren, folgt allerdings einer eindimensionalen und technikdeterministischen Logik. Teilen hat viele Dimensionen – wirtschaftliche, politische, kulturelle, ökologische und technische. Es ist nicht nur ein Phänomen des digitalen Zeitalters.

Teilen in traditionellen Gesellschaften

Marshall Sahlins beobachtet in einer Analyse anthropologischer
Studien über verschiedene traditionelle Gesellschaften: »Dass es so
häufig Essen ist, was geteilt wird, ist signifikant. Beispiele, die von
Teilen zwischen gesellschaftlich weit voneinander entfernten Partei-
en – die gewöhnlich in einen ausgeglichenen Tausch eintreten würden – zugunsten der Bedürftigen zeugen, unterstreichen besonders«
das Phänomen der Großzügigkeit (Sahlins 1972, 264). Essen ist so
grundlegend, dass es ein besonderes Symbol für Gastfreundschaft,
Geselligkeit, Sorge und warmherzige Aufnahme darstellt. »Eine direkte und gleichwertige Gegengabe für Essen ist in den meisten sozialen Zusammenhängen unziemlich: Sie würde die Motive des Geben-
den wie des Empfangenden infragestellen« (Sahlins 1972, 215). Da
das Teilen von Nahrung eine uralte menschliche Praxis darstellt, die
keine modernen Kommunikationstechnologien erfordert, sondern

selbst eine der grundlegendsten Techniken der Kommunikation ist, lässt sich nicht behaupten, dass es durch irgendeine Art von Technik hervorgebracht wird. Teilen scheint vielmehr ein Wesenszug von Menschen und Gesellschaft zu sein.

Michael Tomasello: Menschen als teilende, sorgende und kooperative Wesen

Der Entwicklungspsychologe und evolutionäre Anthropologe Michael Tomasello (2009) hat laut Jürgen Habermas (2009) »ein bahnbrechendes Buch« geschrieben: *Die Ursprünge der menschlichen Kommunikation* zeigt, dass gegenseitiges Auffordern und Informieren sowie das kulturelle Teilen von Einstellungen die Menschen von Tieren unterscheidet. Diese Eigenschaften ermöglichen die menschliche kooperative Kommunikation. Geteilte Intentionalität und das Teilen von Nahrung haben demnach eine wichtige Rolle in der Evolution des Menschen gespielt.

Tomasello zufolge entstehen die anthropologischen Kommunikationsmotive des Teilens, Informierens und Aufforderns bereits in der frühkindlichen Entwicklung:

In den Monaten um ihren ersten Geburtstag herum, noch bevor sie ernsthaft mit dem Spracherwerb beginnen, fangen die meisten Kleinkinder in der westlichen Kultur an, Zeigegesten zu verwenden [...]. Sie zeigen, um Dinge zu verlangen (imperative Gesten), und um Erfahrungen und Gefühle mit anderen zu teilen (deklarative Gesten) [...]. Unsere Behauptung ist also, daß die jüngste Forschung zu Zeigegesten von Kleinkindern den Nachweis für drei allgemeine Klassen sozialer Intentionen und Motive erbringt, wie wir sie exakt bei Erwachsenen vorfinden: (1) Teilen (sie wollen Gefühle und Einstellungen mit anderen teilen); (2) Informieren (sie wollen anderen helfen, indem sie sie über nützliche oder interessante Dinge informieren); und (3) Auffordern (sie wollen, daß die anderen ihnen beim Erreichen ihrer Ziele helfen). (Tomasello 2009, 123-124, 136)

Kleinkinder imitieren die Gesten von Erwachsenen und beginnen so, mit ihren Bezugspersonen zu kommunizieren. Tomasello bietet Belege dafür, dass Teilen, Sorgen und Kooperieren anthropologische Bestimmungen sind. Da der Kapitalismus hingegen auf Privateigentum und Konkurrenz beruht, ist er eine Gesellschaft, die dem Wesen des Menschen widerspricht.

Zu beantworten bleibt noch die Frage, ob es Potenziale für eine alternative Ökonomie des Teilens gibt.

10.4 Eine alternative Sharing Economy jenseits des Kapitalismus?

Charles Leadbeater: Systeme des Wir-Denkens

Charles Leadbeater wertet kostenlose Software, Open Access, soziale Netzwerke, Blogs, Wikis und nutzergenerierten Inhalt als relativ neue Formen von Teilen (2009, Kapitel 2, 65–68, 157–159). Ihm ist bewusst, dass Teilen eine lange Geschichte hat, die unter anderem das Teilen von materiellen Ressourcen und Gemeingütern einschließt (etwa von Land als natürlichem und Sprache als kulturellem Gemeingut), ebenso wie ihre Enteignung und Privatisierung (48–60).

Die Ausbreitung des Internets lädt uns dazu ein, die Zukunft aus einem anderen Blickwinkel zu betrachten, nämlich zu erkennen, dass das, was wir teilen, genauso wichtig ist wie das, was wir uns selbst vorbehalten; [...] Die größte Veränderung, die das Web bewirken wird, besteht darin, dass es uns ermöglicht, auf neuartige Weise miteinander zu teilen – ganz besonders Ideen. (6)

Leadbeater spricht von »Systemen des Wir-Denkens«, die Menschen fördern, die zusammen »denken, spielen, arbeiten und etwas erschaffen« (19). Solche Systeme beruhen auf fünf Prinzipien: einer Kerngemeinschaft, die etwas beisteuert, vernetzt ist, kooperiert und gemeinsam etwas erschafft (68–87).

Die entscheidende politökonomische Frage lautet, in welchem Verhältnis diese Systeme zu Eigentum und Kapitalismus stehen. Leadbeater (2009, Kapitel 4) unterscheidet klar zwischen kapitalistischen und nichtkapitalistischen Formen des Wir-Denkens (und Mischformen). So gebe es einerseits »privatkapitalistische Modelle des Wir-Denkens« (97) und andererseits »digitale Kommunen« (126), ein »gemeinsames Eigentum«, das »die gängige Meinung widerlegt, Privateigentum – zumeist Unternehmen mit Anteilseignern – sei stets der beste Weg« (119), eine digitale Gratisökonomie des »*Teilens*, die völlig der Annahme zuwiderläuft, Privateigentum treibe unsere Wirtschaften an« (225), sowie »kooperative und offene Formen von Eigentum« (124). Diese Unterscheidung verfeinert er zu einer Typologie, die zwischen privatem und öffentlichem Eigentum sowie offenen und geschlossenen Produktionssystemen differenziert (127). Leadbeater erörtert auch, wie öffentliche Dienste am besten neu zu organisieren wären (»öffentlicher Dienst 2.0«, 141–153), womit er nicht auf Ausgabenkürzungen und Privatisierungen zielt, sondern vielmehr auf eine gewisse Öffnung staatlich finanzierter Dienstleistungen für die Partizipation von Bürgern.

Allerdings liegen Leadbeaters politische Sympathien bei Mischformen: »Die aufregendsten Geschäftsmodelle der Zukunft werden Zwitter sein, die Elemente von Unternehmen und Gemeinschaft, von Kommerz und Kooperation verschmelzen« (91). »Erfolgreiche Organisationen werden mit einem Fuß in beiden Lagern stehen. Die erfolgreichsten werden Möglichkeiten finden, die Zirkulation von Ideen zu fördern und damit Geld zu verdienen« (228). Was man »aufregend« findet, hängt zweifellos von politischen Urteilen ab.

Kapitalismus = Imperialismus

Leadbeater übersieht den imperialistischen Charakter des Kapitalismus, der daraus resultiert, dass das Kapital beständig weiter akkumulieren muss, um nicht unterzugehen. Deshalb expandiert es in noch nicht von der Warenform durchdrungene Bereiche und versucht sie in Sphären der Kapitalakkumulation und Warenproduktion zu verwandeln. Rosa Luxemburg entwickelte in diesem Zusammenhang im Anschluss an Marx (1867, Kapitel 24) den Gedanken einer anhaltenden ursprünglichen Akkumulation: Der Kapitalismus lebt »von dem Ruin dieser Formationen, und wenn er des nichtkapitalistischen Milieus zur Akkumulation unbedingt bedarf, so braucht er es als Nährboden, auf dessen Kosten, durch dessen Aufsaugung die Akkumulation sich vollzieht« (Luxemburg 1913/1975, 363); daher »der ungestüme Drang des Kapitals, sich jener Erdstriche und Gesellschaften zu bemächtigen« (314). Kapitalismus bedeutet permanente Konkurrenz, was nichtkapitalistischen, auf Gemeineigentum beruhenden Projekten, die keine Waren produzieren, das Überleben schwermacht.

Leadbeater trifft eine hilfreiche Unterscheidung zwischen privatem und öffentlichem Online-Sharing, übersieht jedoch den imperialistischen Charakter des Kapitalismus, was seine Vision zu einer recht naiven Spielart digitaler Sozialdemokratie macht, wenngleich nicht zu einer vollständig ideologischen, auf die man sich in keiner Weise beziehen könnte. Eine friedliche Koexistenz von kapitalistischen und nichtkapitalistischen Organisationsformen ist unwahrscheinlich. Erstere versuchen letztere zu zerstören, was auf eine Art von Klassenkampf hinausläuft, und letztere können darauf am besten reagieren, indem sie ihrerseits versuchen, erstere zu zerstören und demokratisch-kommunistische Formen von Organisation und Selbstorganisation für das 21. Jahrhundert zu schaffen.

Drei Formen der politischen Ökonomie von Information

Leadbeaters Unterscheidung zwischen öffentlichen und privaten Organisationsformen von Kommunikation ist erhellend, lässt sich aber weiter differenzieren. Graham Murdock (2011) unterscheidet zwischen drei Formen von politischer Ökonomie der Medien in modernen Gesellschaften. Medien können vom Kapital als Waren, vom Staat oder mit staatlicher Hilfe als öffentliche Güter und von der Zivilgesellschaft als kostenlose Angebote organisiert werden. In einem ähnlichen Sinne schreiben Michael Hardt und Antonio Negri: »Die Multitude der produzierenden Subjektivitäten muss heute unabhängig von jeder privaten/kapitalistischen oder öffentlichen/staatlichen Autorität sein, um das Gemeinsame zu produzieren und zu entwickeln.« (Hardt und Negri 2010, 311)

Tabelle 10.2 bietet einen Überblick über verschiedene Modelle der Produktion und Zirkulation von Informationen. Das Eigentum kann privat, öffentlich oder gesellschaftlich im Sinne von Commons sein, der Produktionsprozess eher offen (jeder kann mitarbeiten, die Quelle kann verändert und weiterentwickelt werden) oder geschlossen (nur ausgewählte Personen können mitarbeiten, die Quelle kann nicht verändert werden). Dasselbe gilt für die Distribution: Sie kann offener gestaltet werden – jeder kann Inhalte weiterverbreiten – oder geschlossener, als Monopol oder Oligopol. Ein wichtiger Aspekt der Distribution ist zudem die Frage, ob die ursprüngliche Quelle genannt werden muss oder nicht.

Eigentumsform (Spalten), Organisation der Produktion und Distribution (Zeilen)	PR: Private	ÖF: Öffentlich	CO: Commons
O: offen (OP: offene Produktion, OD: offene Distribution)	Facebook, Twitter, YouTube, kommerzielle Open Access Veröffentlichungen, die Gebühren verrechnen (Article Processing Charges – APCs), Ubuntu	Public service 2.0, open government licence	Wikipedia, Debian (Linux), Creative Commons Non-Commercial Derivatives, non-commercial open access publishing

(Linux), Fedora (Linux), Red Hat Enterprise (Linux), open-SUSE (Linux), Creative Commons Commercial			
G: geschlossen (GP: geschlossene Produktion, GD: geschlossene Distribution)	Microsoft, Apple	BBC	Creative Commons Non-Commercial Attribution No Derivatives

Tabelle 10.2: Eine Typologie von drei Formen der politischen Ökonomie der Information, mit Beispielen

Open Content (freier Inhalt) ist nicht zwangsläufig ein Gemeingut und völlig offen. Das Modell eignet sich für eine auf Commons basierende Produktion, wie etwa die nichtkommerziellen Creative-Commons-Lizenzen, Debian Linux und Wikipedia zeigen. Diese Projekte sind relativ offen: An Debian und Wikipedia kann jeder mitarbeiten. Die Lizenz »Creative Commons Derivative« erlaubt die Weiterverarbeitung und -verbreitung des Inhalts. Wer hingegen ein Buch oder einen Artikel schreibt, aber nicht will, dass andere den Inhalt ändern können, kann die Distribution als Commons festlegen, die Produktion dagegen durch die »No Derivatives«-Option (Keine Weiterverarbeitung) einschränken. Wer die Produktion geschlossen, die Distribution offen und das Eigentum als Commons gestalten will, wählt die Option »Creative Commons Non-Commercial Attribution No Derivatives«; dadurch kann jeder für nichtkommerzielle Zwecke den Inhalt weiterverbreiten. Daneben gibt auch es eine Creative-Commons-Lizenz, die eine Kommerzialisierung des Inhalts erlaubt und somit Aspekte privaten Profits einführt. Die Produktion ist offen (jeder kann mitarbeiten), aber insgesamt ist die Organisationsweise darauf ausgerichtet, etwas zu verkaufen und so einen Gewinn zu erzielen. Auch Open-Access-Publikationen haben unterschiedliche Formen angenommen. Der Hauptunterschied besteht zwischen solchen, die Geld für die Bearbeitung der Texte verlangen, um einen Gewinn zu erwirtschaften, und nichtkommerziellen Projekten. Beide haben eine offene Distribution, doch während die einen als Privateigentum organisiert sind, beruhen die anderen auf Commons. Ein Beispiel für eine dubiose und rücksichtslos profitorientierte Variante sind die mehr als hundert Open-Access-Zeitschriften des Unternehmens Bentham Open. *tripleC: Communication, Capitalism & Critique* ist dagegen ein Beispiel für eine nichtkommerzielle Open-Access-Zeitschrift. Kapitalistische soziale Medien wie YouTube und Facebook sind relativ offen hinsichtlich Zugang und Produktion, insofern sie nutzergenerierten Inhalt fördern, aber geschlossen, was die Eigentumsstruktur betrifft.

Auch Linux existiert in profitorientierten und nichtkommerziellen Varianten. Während Debian in die zweite Kategorie fällt, stehen profitorientierte Unternehmen hinter Ubuntu (Canonical Ltd.), Fedora (Red Hat Inc.), Red Hat Enterprise (Red Hat Inc.) und openSUSE (SUSE). Beide Modelle basieren auf offener Kooperation und (relativ) offener Distribution, doch die am Gewinn ausgerichteten Linux-Unternehmen versuchen Kapital zu akkumulieren, indem sie beispielsweise Wartungsdienste, Hardware, Werbeartikel oder Open-Source-Softwarepakete verkaufen. Öffentliche Medien wie die BBC haben traditionell mit geschlossener Produktion, offenem Zugang zum Inhalt und Lizenzgebühren gearbeitet. Offenheit besteht nur beim Zugang, nicht bei der Weiterverarbeitung von Inhalten. In der Ära offener, auf Commons beruhender Medien sind Modelle wie offene staatliche Lizenzen und der »öffentliche Dienst 2.0« aufgekommen, die mehr Weiterentwicklung und Weiterverbreitung durch Bürger erlauben.

Digitaler Imperialismus

Diese Typologie ist nicht statisch. In der Realität gibt es Mischformen und Umwandlungen eines Modells in ein anderes. Die Modelle PR/O und PR/G sind zumeist in einer privilegierten Machtposition, weil sie finanzielle Investitionen anziehen und mit ihrem Kapital Arbeitskraft, Ressourcen, Aufmerksamkeit und Sichtbarkeit kaufen können. Digitaler Imperialismus bezeichnet Versuche und Strategien, öffentliche und auf Commons beruhende Modelle in PR/O- oder PR/G-Modelle zu transformieren. Die Tatsache, dass sich in Bereichen wie sozialen Medien, Open Access und Open Source profitorientierte Kommunikationsunternehmen tummeln, belegt die Tendenz des digitalen Imperialismus, die Logik von öffentlichen und Gemeingütern sowie von Offenheit den Imperativen der Kapitalakkumulation unterzuordnen. Digitaler Imperialismus ist eine Form von Klassenkampf, auf den öffentliche Dienste und Commons-Projekte am besten reagieren können, indem sie nicht mit solchen Unternehmen zusammenarbeiten, sondern den Klassenkampf umdrehen und versuchen, die Logik des Kapitalismus auszulöschen und ihre eigene, nicht am Gewinn orientierte Logik auszudehnen. In dieser Hinsicht könnte es sie stärken, wenn sie Netzwerke bilden, zusammenarbeiten und Mischformen aus öffentlichen Strukturen und Commons bilden. Zum Beispiel lässt sich die Logik des Staates durchaus für die Einführung eines partizipativen Medienhaushalts nutzen, der durch eine progressive Gewinnsteuer finanziert wird und für nichtkommerzielle, zivilgesellschaftliche Kommunikationsprojekte bereitsteht (Fuchs 2015a, Kapitel 8). Die neoliberale Politik hat sogenannte Public-Private-Partnerships gefördert, um öffentliche Güter und Dienstleistungen sowie Commons zu kommodifizieren. Der Klassenkampf gegen Neoliberalismus und Kapitalismus sollte dem Partnerschaften, Mischformen und Kooperationen zwischen Staat und Commons entgegenhalten, um die Logik des Kapitals herauszufordern.

Selbstverwaltete Plattformen

Trebor Scholz (2016) sieht in Online-Plattformen, die in der Hand von Kooperativen liegen, eine Grundlage für eine solidarische Ökonomie. Bei diesem Modell gehe es »um strukturelle Veränderung, andere Eigentumsformen« (14), Solidarität und Nutzen für alle. Scholz nennt zehn Prinzipien für solche Kooperativen: Sie sind kollektives Eigentum, etwa von Nutzern, Beschäftigten, Gemeinden, dem Staat oder Mischformen; sie bieten ein sicheres und anständiges Einkommen und eine respektvolle Arbeitsatmosphäre; sie sind transparent, partizipativ, bieten Arbeitern rechtlichen Schutz, übertragbare Sozialleistungen und Schutz vor Willkür. Sie vermeiden Überwachung am Arbeitsplatz und ausufernde Arbeitszeiten.

Scholz formuliert einen wichtigen Gedanken. Wenn Facebook den Nutzern, Upwork den dort registrierten Selbstständigen und Amazon den Lagerarbeitern gehören würde, hätte dies klare Vorteile. Die Facebook-Nutzer könnten personalisierte Werbung abschaffen und das Unternehmen in ein nichtkommerzielles Projekt verwandeln. Die Selbstständigen bei Upwork könnten das Geld behalten, das ihnen dort bislang abverlangt wurde. Die Amazon-Arbeiter könnten den Unternehmensgewinn vergesellschaften, um sich die Löhne zu erhöhen.

Grenzen des Kooperativgedankens

Das Konzept weist jedoch auch Probleme auf. Eine Kooperative ist keine Wunder-App, die in Verbindung mit Internettechnologien die Probleme des Kapitalismus löst. Neue Definitionen des Begriffs stiften eher Verwirrung, da es bereits allgemein anerkannte gibt. Der britische Verband der Kooperativen zum Beispiel definiert ihn in seinem Kodex durch freiwillige Mitgliedschaft, Offenheit, Autonomie, Transparenz, demokratische Kontrolle durch die Mitglieder, Förderung von Bildung und Ausbildung, Zusammenarbeit mit anderen Kooperativen und Orientierung an der Community.[190]

Gemeineigentum und demokratische Kontrolle der Finanzen sind wesentlich für solche Definitionen. Doch das genügt nicht. Eine Kooperative kann zum Beispiel demokratisch entscheiden, dass der Gewinn an Einzelne ausgezahlt wird: »Die Mitglieder entscheiden, wie Überschüsse (Gewinne) verwendet werden«, heißt es im zitierten Kodex des britischen Verbands. Solche Kooperativen sind demokratisch, stellen aber die Ungleichheit in der Gesellschaft und der eigenen Organisation nicht infrage.

Sandovals Plädoyer für radikale Kooperativen

Marisol Sandoval (2016), der sich mit der politischen Ökonomie kultureller Kooperativen befasst, argumentiert in diesem Zusammenhang: »Arbeiter in Kapitalisten zu verwandeln, mag die Situation einzelner Arbeiter verbessern, es löst jedoch nicht andere strukturelle Probleme des Kapitalismus, die zu enormer sozialer Ungleichheit sowie wirtschaftlichen und ökologischen Krisen führen.«

Ein radikaleres Prinzip würde darin bestehen, dass Kooperativen grundsätzlich gemeinnützig sind, also entweder keinen Profit erwirtschaften oder ihn immer vergesellschaften. Das Problem an landläufigen Definitionen ist dagegen, dass sie auch profitorientierte Kooperativen zulassen. Es ist insofern kein Wunder, dass das Konzept selbst Neoliberalen wie David Cameron gefällt. »Kooperativen«, so Cameron, »sind ein fantastisches Geschäftsmodell, das für Communitys, Beschäftigte und Kunden gleichermaßen Beachtliches leistet. [...] Das ist ein sehr starkes Geschäftsmodell, das ich bewundernswert finde.«[191] Es ist eine reale Gefahr, dass Kooperativen den Sozialstaat durch ehrenamtliche Tätigkeiten ersetzen.

Es genügt auch nicht, dass Uber den Fahrern und Airbnb den Nutzern oder Gemeinden gehört, denn an Problemen wie verstopften Straßen, Umweltzerstörung, Smog, unbezahlbarem Wohnraum, finanzialisierten Immobilienmärkten etc. würde dies zunächst nichts ändern. Kollektive demokratische Kontrolle als ein Prinzip des demokratischen Sozia-

---

[190] The Worker Co-operative Code, unter www.uk.coop, abgerufen am 03.06.2018.

[191] Prime Minister backs Co-Op. *Manchester Evening News*, 03.04.2014.

lismus bleibt wirkungslos, solange es sich auf Internet-Plattformen beschränkt. Es muss auf die gesamte Gesellschaft ausgeweitet werden, auch auf Verkehrswesen und Wohnraum. Das Problem an zivilgesellschaftlichen Kooperativen besteht darin, dass sie häufig marginal bleiben und die Macht von Großkonzernen nicht herausfordern können.

Klassenkampf-Netzwerke aus radikalen Kooperativen, öffentlichen Diensten und Gemeindeverwaltungen als Fundament des demokratischen Sozialismus

Kooperativen sollten die Machtverhältnisse erkennen, deren Teil sie sind, und sie durch soziale Kämpfe politisch infrage stellen. In letzter Instanz ist eine bessere Gesellschaft eine Frage politischer Kämpfe. Es sollte öffentlich-gesellschaftliche Mischformen von Organisationen geben – staatliches oder kommunales Eigentum, kontrolliert von unten. Wir brauchen eine Zusammenarbeit und Verschränkung von radikalen Kooperativen und öffentlichen Diensten, nicht nur im Internet, sondern in der gesamten Gesellschaft.

Wir brauchen ein von allen gemeinsam kontrolliertes gesellschaftliches Eigentum, das allen zugutekommt. Die von Uber und Airbnb erzeugten Probleme lassen sich nur durch kostenlosen öffentlichen Nahverkehr und bezahlbaren kommunalen Wohnraum lösen. Radikale Kooperativen, radikale Gemeindeverwaltungen und ein radikaler öffentlicher Dienst könnten, wenn sie gemeinsam politische und wirtschaftliche Kämpfe führen, zu Fundamenten einer demokratisch-sozialistischen Gesellschaft werden. Kooperativen allein reichen nicht aus. Wir brauchen keine von Kooperativen betriebene Gesellschaft der Apps. Wir brauchen politische Klassenkampf-Netzwerke aus demokratisch-sozialistischen Kooperativen, Gemeindeverwaltungen und öffentlichen Diensten. Sandoval schreibt dazu:

Wie das neoliberale Verständnis von Kooperativen als einer Form von Selbsthilfe und unternehmerischer Initiative illustriert, sind Kooperativen nicht davor gefeit, integriert und in den Dienst des Kapitalismus gestellt zu werden. [...] Ein radikales Konzept von Arbeiter-Kooperativen hält die Möglichkeit realer Alternativen am Leben. [...] Bessere Zustände erfordern politische Reformen. Sie zu fordern ist Aufgabe einer breiten Bewegung für gesellschaftliche Veränderungen, die aus sozialen Bewegungen und anderen Formen von politischem Aktivismus, radikalen politischen Parteien und einer erneuerten Gewerkschaftsbewegung bestehen könnte. (Sandoval 2016)

Nichtkommerzielle Sharing-Plattformen – Beispiele

Die Konzepte von offener Produktion, offener Distribution, öffentlichem Eigentum und Commons können auch auf Online-Plattformen angewendet werden, die ein Teilen von Gütern und Dienstleistungen jenseits des Informationsbereichs ermöglichen.

Das Freecycle-Netzwerk

Das globale Netzwerk Freecycle zum Beispiel ist eine Online-Sharing-Plattform, über die man Dinge verschenken kann; das Internet dient hier dazu, eine Gratis-Ökonomie zu organisieren. Die Plattform der nichtkommerziellen zivilgesellschaftlichen Initiative ist Gemeineigentum, die Produktion geschlossen (es wird nicht gemeinsam produziert, sondern etwas geteilt, was bereits existiert) und die Distribution insofern offen, als nicht verkauft oder getauscht, sondern verschenkt wird. In der Selbstdarstellung des Projekts heißt es:

> *Das weltweite Freecycle-Netzwerk organisiert in regionalen Gruppen den Austausch kostenlos abzugebender Gegenstände. **Was für den einen wertlos geworden ist, kann ein anderer vielleicht noch gut gebrauchen.** [...] Freecycle wird **ehrenamtlich** betrieben und vertritt **keine kommerziellen Interessen**. Ziel der Freecycle-Idee ist es, unnütz gewordenen Dingen wieder einen Sinn zu geben, anderen zu helfen und eine Freude zu bereiten und auch selbst Spaß daran zu haben. Und wenn die eigene Wohnung (Keller, Garage, Dachboden) dabei entrümpelt, sowie Müll vermieden wird: auch nicht schlecht!*[192]

Streetbank

Ein ähnliches auf Commons gegründetes Online-Sharing-Projekt mit offener Distribution und Geschenk-Ökonomie ist Streetbank. Auf der Webseite heißt es:

> *Streetbank ist eine Seite, die dir dabei hilft, Dinge mit deinen Nachbarn zu teilen. Streetbank soll allen dienen. Es geht nicht um privaten Nutzen – sei es individueller Profit oder das Anbieten professioneller Dienstleistungen. Es geht um das Gemeinwohl. Vielleicht teilst du ja längst Dinge mit deinen Nachbarn, in dem Fall wollen wir dich nicht aufhalten!*[193]

Ziel ist es, Menschen zum Engagement in ihrer Community zu bewegen und Altruismus, einen Geist der Großzügigkeit und freiwilligen

---

[192] http://de.freecycle.org/, abgerufen am 03.06.2018.

[193] www.streetbank.com, abgerufen am 03.06.2018..

Betätigung zu fördern. Lokale Bedürfnisse sollen lokale Lösungen finden, der Aufbau der Community Armut bekämpfen. Es ist ökologisch sinnvoll. Es trägt dazu bei, Dinge wieder oder stärker zu nutzen, und beides reduziert den Konsum. Es ist auch wirtschaftlich sinnvoll. Wenn es in deiner Straße hundert Häuser gibt und jeder vielleicht einmal im Jahr eine Leiter braucht, um die Regenrinnen zu säubern, dann muss wohl nicht jeder eine eigene Leiter besitzen – eine einzige Leiter, die sich alle teilen, sollte genügen.[194]

Streetbank ist gegenwärtig ein nicht am Gewinn orientiertes Projekt. Auf die Frage, wie es Geld verdient, antwortet es: »Wir verdienen kein Geld. Zumindest werden dies nicht in dem Sinne tun, dass wir reich werden, denn wir sind ein eingetragenes gemeinnütziges Projekt (Nr. 1159505)«.[195]

FabLabs

Diese Beispiele kennzeichnet ein offenes Teilen bei geschlossener Produktion. Es sind aber auch Projekte denkbar, bei denen Menschen zusammenkommen, Wissen und Fähigkeiten teilen und gemeinsam etwas herstellen. Diese Idee liegt den sogenannten FabLabs zugrunde:

FabLabs sind ein globales Netzwerk von lokalen Werkstätten, die Erfindungen ermöglichen, indem sie Zugang zu Instrumenten für digital gestützte Produktion bieten. [...] FabLabs stellen ein wachsendes Inventar an Kernkompetenzen bereit, um (fast) alles herzustellen, menschliche Fähigkeiten und Projekte können dabei geteilt werden. [...] FabLabs sind eine Ressource für die Community, sie bieten dem Einzelnen einen freien Zugang sowie feste Termine für Kurse. [...] In den FabLabs entwickelte Designs und Prozesse können je nach den Wünschen des Erfinders geschützt und verkauft werden, sollten aber weiterhin für andere zur Verfügung stehen, um sie zu nutzen und aus ihnen zu lernen.[196]

Der schöpferische Prozess in FabLabs ist offen und beruht auf dem Grundsatz, dass Wissen geteilt werden sollte. Auch die Distribution sollte, muss aber nicht unbedingt offen sein. Innovationen können kommodifiziert und verkauft werden. FabLabs bieten also auf der Grundlage von Gemeineigentum eine offene Produktion, aber nur eine teilweise offene Distribution. Es wäre durchaus vorstellbar, nichtkommerzielle Projekte für offene Produktion und Distribution sowie Sharing-Initiativen mit staatlichen Mitteln zu fördern.

---

[194] www.streetbank.com/faq?locale=en-GB, abgerufen am 03.06.2018..

[195] Ebd.

[196] www.fablabsuk.co.uk/, abgerufen am 03.06.2018.

Schritte zu einer auf Commons beruhenden Ökonomie des Teilens und Schenkens

Die Sharing Economy hat heute einen vorwiegend kapitalistischen und imperialistischen Charakter. Es sind Online- wie Offline-Projekte entstanden, die sowohl profitorientiertes als auch nichtkommerzielles Teilen von digitalen und nichtdigitalen Gütern und Dienstleistungen fördern, um damit Gewinn zu erzielen. Gleichzeitig gibt es Potenziale und Grundlagen für Commons und öffentliche Projekte, die digitales und nichtdigitales Schenken, Koproduktion, offene Produktion und Distribution sowie eine Gratis-Ökonomie fördern. Solche Projekte sind Fundamente für eine auf Gemeineigentum beruhende Ökonomie des Teilens und Schenkens, die die kapitalistischen Sharing Economy infrage stellen kann. Bleiben solche Projekte jedoch unpolitisch, dann laufen sie Gefahr, vom Imperialismus der heutigen Sharing-Branche zerstört zu werden. Sie sind Keimformen einer auf Commons basierenden Gesellschaft, deren Überleben indessen davon abhängen könnte, dass sie expandieren und sich in einem politischen und wirtschaftlichen Kampf gegen die kapitalistische Ökonomie engagieren.

Den Kapitalismus durchzieht ein Widerspruch zwischen Produktivkräften und Klassenverhältnissen:

Auf einem gewissen Höhegrad bringt sie [die kapitalistische Produktionsweise] die materiellen Mittel ihrer eignen Vernichtung zur Welt. Von diesem Augenblick regen sich Kräfte und Leidenschaften im Gesellschaftsschoße, welche sich von ihr gefesselt fühlen. (Marx 1867, 789)

Die Sharing Economy zeugt davon, wie die kapitalistische Entwicklung die Produktivkräfte vergesellschaftet, die innerhalb der gegebenen Klassenverhältnisse neue Formen der Ausbeutung von Commons und Öffentlichkeit nähren, zugleich aber die Fundamente einer auf Commons beruhenden Wirtschaft und Gesellschaft werden können.

10.5 Schlussfolgerungen

Die Hauptergebnisse dieses Kapitels können wir wie folgt zusammenfassen:

- Soziale Medien werden häufig im Kontext der Sharing Economy und einer Kultur des Teilens von Informationen erklärt.

- Die kapitalistische Ideologie der Sharing Economy verfügt zumeist über keine Klassenanalyse, reduziert Teilen auf ein moralisches

Phänomen, ignoriert seine politische Ökonomie, vermengt profit-orientierte und nichtkommerzielle Modelle und ist häufig technik-deterministisch.

▨ Wichtige Modelle der Kapitalakkumulation in der Sharing Econo-my sind das Pay-per-Service-, das Rente-aus-Rente- und das Free-mium-Modell.

▨ Die Ausbreitung der Online-Sharing-Economy ist im Kontext von Neoliberalismus, Finanzialisierung, der Krise des Kapitalismus so-wie sinkenden Lohnquoten zu sehen.

▨ Eine von enormen Risiken, ausgeprägter Prekarität, Krisen, öffent-lichen Ausgabenkürzungen und Verschuldung geprägte Welt bil-det den Kontext der kapitalistischen Sharing Economy.

▨ Die Sharing Economy an sich ist nicht negativ. Die Geschichte der Menschen ist auch die Geschichte eines Teilens jenseits der Wa-renform. Das Problem besteht heute darin, dass alternative, nicht auf Tausch beruhende, altruistische Formen des Teilens nicht die Wirtschaft bestimmen.

▨ Airbnb und andere Sharing-Plattformen, die bestimmte soziale Erfahrungen hervorheben, versprechen eine radikale Erneuerung der Welt und eine Umkehrung des Warenfetischismus, sodass das hinter der Ware verborgene Soziale zum primären Merkmal der Konsumkultur wird. In Wirklichkeit ist dies ein leeres Verspre-chen, denn kapitalistisches Teilen ist in vieler Hinsicht mitnichten sozial, sondern hochgradig instrumentell.

Literaturhinweise und Übungen

In diesem Kapitel wurden verschiedene kapitalistische Modelle von Online-Sharing vorgestellt. Gezeigt wurde, dass die Sharing Economy im zeitgenössischen Kapitalismus sowohl ein Modell der Kapitalakkumulation wie auch eine Ideologie ist, ebenso jedoch, dass es eine Reihe von Alternativen gibt, die allerdings noch keine Herausforderung für diese kapitalistische Sharing Economy dar-stellen. Die folgenden Texte und Übungen sollen Ihnen dabei hel-fen, ihr Verständnis und ihre Kritik dieser Form von Wirtschaft zu vertiefen.

Übung 10.1

Bilden Sie Arbeitsgruppen. Jede Gruppe wählt eine im vorliegenden Kapitel nicht behandelte Online-Sharing-Plattform, die in Ihrer Stadt beliebt ist.

▣ Versuchen Sie so viel wie möglich über das wirtschaftliche Modell der Plattform herauszufinden. Suchen Sie nach Informationen auf ihrer Webseite, lesen Sie die Nutzungsbedingungen und Datenschutzrichtlinie, versuchen Sie Interviews mit Mitarbeitern zu finden oder führen Sie selbst welche. Wie funktioniert dieses wirtschaftliche Modell?

▣ Diskutieren Sie das Selbstverständnis der Plattform. Inwieweit ist es ideologisch und eine Form von Sharing-Ideologie?

Übung 10.2

Gansky, Lisa. 2012. *The mesh: Why the future of business is sharing.* London: Penguin. Kapitel 1: Getting to know the mesh

Botsman, Rachel und Roo Rogers. 2011. *What's mine is yours: How collaborative consumption is changing the way we live.* London: Collins. Einleitung: What's mine is yours.

Unternehmensberater wie Gansky, Botsman und Rogers vertreten oft ein ideologisches Konzept der Sharing Economy. Suchen Sie in der Managementliteratur und Wirtschaftspresse nach weiteren Texten zum Thema und erörtern Sie folgende Fragen:

▣ Was wird dort im Kern über die Sharing Economy behauptet?

▣ Sind diese Behauptungen ideologisch? Warum? Wie drücken Sie die Sharing-Ideologie aus?

▣ Wie lässt sich diese Ideologie dekonstruieren und kritisieren?

Übung 10.3

Rosenberg, Tina. 2013. It's not just nice to share, it's the future. *New York Times Online,* 05.06.2013.

Morozov, Evgeny. 2014. Don't believe the hype, the 'sharing economy' masks a failing economy. *Guardian Online,* 28.09.2014.

Diskutieren Sie in Gruppen folgende Fragen:

▣ Was sind die wesentlichen Aussagen von Rosenberg und Morozov über Plattformen wie Airbnb und Uber?

▪ Worin unterscheiden sich ihre Positionen vor allem?

▪ Wie bewerten Sie die beiden Positionen?

Übung 10.4

Murdock, Graham. 2011. Political economies as moral economies: Commodities, gifts, and public goods. In *The handbook of the political economy of communications*, hg. v. Janet Wasko, Graham Murdock und Helena Sousa, 13–40. Chicester: Wiley-Blackwell.

Murdock, ein politischer Ökonom, der sich mit dem Kommunikationssektor befasst, stellt in diesem Text zwei Alternativen zur Warenform vor: Gemeingüter und öffentliche Dienste. Lesen Sie den Text und bilden Sie Gruppen. Jede Gruppe sucht eine alternative, nichtkapitalistische Online-Sharing-Plattform, die im vorliegenden Kapitel nicht behandelt wurde. Diskutieren Sie folgende Fragen:

▪ Welches wirtschaftliche Modell weist die Plattform auf? Wie unterscheidet es sich von vergleichbaren kapitalistischen Plattformen?

▪ Welches Selbstverständnis hat die Plattform?

▪ In welchen Aspekten unterscheidet sich dieses Selbstverständnis von der kapitalistischen Sharing-Ideologie?

11 Wikipedia: Eine neue demokratische Form kooperativer Arbeit und Produktion?[197]

Kernfragen

- Wie funktioniert Wikipedia und worin unterscheidet es sich von kapitalistischen sozialen Medien wie Facebook?

- Positivistisch oder utopisch? Ausbeuterisch oder emanzipatorisch? Was sind die politischen Implikationen des Organisationsmodells von Wikipedia?

- Was ist ein auf Commons beruhendes Internet und warum sollten wir über ein solches Modell nachdenken?

- Welche Kritik wird an Wikipedia formuliert?

Schlüsselbegriffe

- Kooperative Arbeit
- Gesellschaftliche Produktion
- Commons
- Partizipative Demokratie
- Allseitig entwickelte Individualität
- Kommunikative Commons

---

[197] Dieses Kapitel ist eine Erweiterung meiner Beiträge zu folgendem Aufsatz: Firer-Blaess, Sylvain und Christian Fuchs. 2014. Wikipedia. An info-communist manifesto. *Television & New Media* 15 (2): 87–103.

Überblick

Aufgabe dieses Kapitels ist es, die politische Ökonomie von Wikipedia und ihre Implikationen für eine Wirtschaftsdemokratie zu analysieren. 2015 belegte Wikipedia in der Liste der weltweit meistbesuchten Webseiten Rang 7.[198] Gegründet wurde sie 2001. Sie unterscheidet sich deutlich von anderen wichtigen Webplattformen wie Google, Facebook, YouTube, Yahoo, Baidu, Twitter, QQ, MSN, Weibo und LinkedIn, weil sie von einer gemeinnützigen Organisation, der Wikimedia Foundation, betrieben wird und werbefrei ist.

Wikipedia beschreibt sich selbst wie folgt:

> *Das Ziel der Wikipedia ist der Aufbau einer Enzyklopädie durch freiwillige und ehrenamtliche Autoren. Der Name Wikipedia setzt sich zusammen aus Wiki (entstanden aus wiki, dem hawaiischen Wort für ›schnell‹), und encyclopedia, dem englischen Wort für ›Enzyklopädie‹. Ein Wiki ist ein Webangebot, dessen Seiten jeder leicht und ohne technische Vorkenntnisse direkt im Webbrowser bearbeiten kann. Die im März 2001 gegründete Wikipedia in deutscher Sprache ist eine von vielen Wikipedia-Ausgaben. Mit 2.188.512 Artikeln ist sie die viertgrößte Wikipedia nach der englischsprachigen (mit rund 5,7 Mio. Artikel etwa 2,6-mal so groß), der cebuanosprachigen (5,4 Mio. Artikel) und der schwedischsprachigen Wikipedia (3,8 Mio. Artikel). [...] Anders als herkömmliche Enzyklopädien ist die Wikipedia frei. Es gibt sie nicht nur kostenlos im Internet, sondern jeder darf sie unter Angabe der Autoren und der freien Lizenz frei kopieren und verwenden, solange er die Herkunft angibt. Dafür sorgen die Creative-Commons-Lizenz und die GNU-Lizenz für freie Dokumentation, unter der die Autoren ihre Texte veröffentlichen.[199]*

Das Projekt beruht auf vier Grundsätzen:

- ▪ »Wikipedia ist eine Enzyklopädie [...].
- ▪ Neutralität: Mittels eines neutralen Standpunktes versucht man, eine Thematik so zu präsentieren, dass sowohl deren

---

[198] Quelle: alexa.com, abgerufen am 20.11.2015.

[199] http://de.wikipedia.org/wiki/Wikipedia:%C3%9Cber_Wikipedia, abgerufen am 07.06.2018.

> Gegner als auch deren Befürworter die Darstellung tolerieren können. [...]
>
> ▪ Freie Inhalte: Wikipedia ist eine freie Enzyklopädie, die Inhalte müssen unter einer freien Lizenz stehen. [...]
> ▪ Keine persönlichen Angriffe: Die Teilnehmer der Wikipedia kommen aus unterschiedlichen Regionen, Ländern und Kulturen und haben oft sehr unterschiedliche Ansichten und alle eine verletzliche Seite.«[200]

Im vorliegenden Kapitel wird die These vertreten, dass die Produktionsweise von Wikipedia starke Ähnlichkeit mit dem aufweist, was Marx und Engels Kommunismus nannten. Zunächst befasse ich mich mit der von Intellektuellen wie Slavoj Žižek und Alain Badiou vorangetriebenen Erneuerung der Idee des Kommunismus und gebe einen Überblick über die Grundprinzipien, die Marx mit ihr verband (11.1). Danach erörtere ich das Verhältnis zwischen Kommunismus und Kommunikation (11.2), analysiere die politische Ökonomie von Wikipedia (11.3) und setze mich abschließend mit einigen Kritikpunkten an der Plattform auseinander (11.4).

11.1 Die Idee des Kommunismus

Die Rückkehr von Marx

Bemerkenswert an Marx ist, dass er immer dann zurückkehrt, wenn es am wenigsten erwartet wird – in Gestalt verschiedener Marxismen, die den Kapitalismus wie Gespenster verfolgen, wie Jacques Derrida (1995) bemerkt hat. Es ist paradox, dass sich der Kapitalismus 25 Jahre nach dem Ende der Sowjetunion offenbar selbst ad absurdem geführt hat, da sein neoliberales Entwicklungsmodell globale Probleme verschärft sowie drastische Armut und eine ungleiche Einkommensverteilung hervorbringt. Infolgedessen haben wir eine Rückkehr des Ökonomischen in Gestalt der globalen Wirtschaftskrise und damit verbunden eine erneute Aktualisierung der Marxschen Kapitalismuskritik erlebt. Obwohl immer wieder der Refrain *Marx ist tot, lang lebe der Kapitalismus!* angestimmt wird, ist Marx wieder da.

---

[200] http://de.wikipedia.org/wiki/Wikipedia:Grundprinzipien, abgerufen am 07.06.2018.

Mit seinem Fokus auf Maschinerie, Kommunikationsmittel und den *General Intellect* antizipierte Marx die Bedeutung von Technologie, Wissen und Medien für den heutigen Kapitalismus (siehe etwa Dyer-Witheford 1999; Fuchs 2016b, 2008a, 2011b). Die 2008 angebrochene neue Weltwirtschaftskrise hat gezeigt, dass seine Krisentheorie wichtig bleibt (Foster und Magdoff 2009); der Kapitalismus scheint von Natur aus krisenträchtig.

Die erneute Diskussion über die Relevanz von Marx' Kritik der politischen Ökonomie (Eagleton 2018; Žižek 2009) als Analysewerkzeug zum Verständnis der Krise des Kapitalismus geht mit einer Diskussion über das Erfordernis einher, als Alternative zum ihm eine demokratische Form von Kommunismus zu schaffen (Badiou 2008; Dean 2016; Hardt und Negri 2010; Harvey 2011, 2013, 2014; Žižek und Douzinas 2012; näher dazu: Fuchs 2011b, Kapitel 9).

Drei Dimensionen des Kommunismus

Die Negation des Klassenverhältnisses ist die klassenlose Gesellschaft – Kommunismus. Marx und Engels verstanden darunter nicht eine totalitäre Gesellschaft, die alle Menschen überwacht, Arbeitslager einrichtet, Individualität unterdrückt, eine Mangelwirtschaft hervorbringt, die Bewegungsfreiheit einschränkt usw. Vielmehr bedeutete Kommunismus für sie eine Gesellschaft, die Kooperation und Gemeineigentum an den Produktionsmitteln stärkt, den Tätigkeitsbereich des Einzelnen und damit Individualität reichhaltiger gestaltet. Wir werden alle drei Aspekte näher erörtern (Fuchs 2011b, Kapitel 9). In der Produktion gehen Menschen kooperative soziale Verhältnisse ein (subjektive Dimension) und stellen mithilfe der Produktionsmittel (Technik, Rohstoffe) Güter oder Dienstleistungen her (objektive Dimension). Der Gesamtprozess hat Auswirkungen auf die Individuen und die Gesellschaft. Der Produktionsprozess hat eine subjektive, eine objektive und eine in diesen Auswirkungen bestehende Dimension. Alle drei verändern sich mit dem Übergang von einer kapitalistischen zu einer kommunistischen Gesellschaft.

Die subjektive Dimension

1. Die subjektive Dimension von Produktion: Kommunismus als die kooperative Form von Produktion

Für Marx und Engels ist Kommunismus eine Gemeinschaft kooperierender Produzenten in einer hochproduktiven Ökonomie, die die Produktionsmittel nutzen, um zur Befriedigung der Bedürfnisse aller Gebrauchswerte zu erzeugen, und die Entscheidungen im Produktionsprozess gemeinsam treffen. So sprechen sie vom Kommunismus als »allgemeine Assoziation aller Gesellschaftsmitglieder« (Engels 1847, 377), als »gesellschaftliche Produktion« (Marx 1857, 59) und als das »Setzen der Tätigkeit der Individuen als unmittelbar allgemeiner oder gesellschaftlicher« (Marx 1857, 722).

Die objektive Dimension

2. Die objektive Dimension der Produktion: Kommunismus als Gemeineigentum an den Produktionsmitteln

Kommunismus bedeutet für Marx und Engels nicht, dass es keine privaten Konsumgüter mehr gibt. Der Hauptunterschied zur kapitalistischen Gesellschaft besteht vielmehr darin, dass es nicht länger eine kleine Gruppe von Eigentümern gibt, sondern die Produktionsmittel – Technik, Betriebe, Entscheidungsmacht in den Betrieben – in den Händen aller Produzenten liegen. Kommunismus ist eine demokratische Form der Organisation von Industrie und Wirtschaft. Er weitet das wirtschaftliche Eigentum von einer kleinen Gruppe von Eigentümern auf sämtliche Produzenten aus. Kommunistische Betriebe sind selbstverwaltet, sie kennen keine Machtbeziehung zwischen Eigentümern und Beschäftigten, denn alle Beschäftigten sind zugleich Eigentümer.

Marx und Engels erweiterten den Begriff der Commons auf alle Produktionsmittel. Marx betrachtete den Kommunismus als »einen Verein freier Menschen [...], die mit gemeinschaftlichen Produktionsmitteln arbeiten und ihre vielen individuellen Arbeitskräfte selbstbewußt als eine gesellschaftliche Arbeitskraft verausgaben« (Marx 1867, 92). In dieser Assoziation sind Maschinen das »Eigentum der assoziierten Arbeiter« (Marx 1857, 723), sodass neue Grundlagen der Produktion entstehen. Dieses neue System zeichnet sich aus durch »die gemeinsame Benutzung aller Produktionsinstrumente und die Verteilung aller Produkte nach gemeinsamer Übereinkunft oder die sogenannte Gütergemeinschaft« (Engels, 1847, 370–371).

Marx und Engels beschrieben den Kommunismus mit Begriffen wie gesellschaftliches Eigentum (Marx 1867, 791), »Produktionsbedingungen« als die »allgemeinen, gemeinschaftlichen, gesellschaftlichen Produktionsbedingungen« (Marx 1894, 274), »gemeinsame Aneignung und Kontrolle der Produktionsmittel« (Marx 1857, 92), das »gemeinschaftliche Eigentum an den Produktivkräften« (Marx 1847, 103), die von »der ganzen Gesellschaft betriebene Industrie« (Engels 1847, 376), ein System, in dem »alle diese Produktionszweige durch die ganze Gesellschaft« betrieben werden (Engels 1847, 370), oder als den Zustand, in dem sich die Individuen die »vorhandene Totalität von Produktivkräften aneignen« (Marx und Engels 1846, 67).

Für Marx sind die Menschen im Kapitalismus noch keine voll entwickelten gesellschaftlichen Wesen, weil sie nicht gemeinsam die Produktionsmittel besitzen und den Produktionsprozess gestalten. Erst im Kommunismus würden »gesellschaftliche Einzelne« (Marx 1857, 723) entstehen. Kommunismus ist die »Rückkehr des Menschen für sich als eines gesellschaftlichen, d. h. menschlichen Menschen« (Marx 1844b, 536). Für Marx ist der Kommunismus keine Diktatur, sondern »das Werden des praktischen Humanismus«, sodass »der *positive* Humanismus« entsteht (Marx 1844b, 583).

Geld, Kapital und Waren werden laut Marx nicht von den Kapitalisten hervorgebracht: Nur »die gemeinsame Tätigkeit aller Mitglieder der Gesellschaft« (Marx und Engels 1848, 475) ermöglicht die Produktion. Deshalb sollte auch nicht nur eine kleine Klasse von Kapitalisten von ihr profitieren, sondern alle.

Kommunismus setzt nicht der privaten Konsumtion, sondern der Ausbeutung der Arbeit der Individuen ein Ende: »Der Kommunismus nimmt keinem die Macht, sich gesellschaftliche Produkte anzueignen, er nimmt nur die Macht, sich durch diese Aneignung fremde Arbeit zu unterjochen« (Marx und Engels 1848, 477).

Eine kommunistische Ökonomie beruht nicht auf Geld und dem Tausch von Gütern: »so fällt zunächst das Geldkapital ganz fort« (Marx 1885, 390); es »tauschen die Produzenten ihre Produkte nicht aus« (Marx 1875, 19). Vielmehr ist die Wirtschaft so produktiv, dass die Verbraucher alle Güter umsonst bekommen. Im Kommunismus sind »mit der allseitigen Entwicklung der Individuen auch ihre Produktivkräfte gewachsen und alle Springquellen des genossenschaftlichen Reichtums [können] voller fließen«, sodass die Wirtschaft und die Gesellschaft auf dem Prinzip »Jeder nach seinen Fähigkeiten, jedem nach seinen Bedürfnissen« (Marx 1875, 21) beruht.

Kommunismus = partizipative Demokratie

Marx' Verständnis einer kommunistischen Wirtschaft entspricht dem, was Crawford Macpherson (1973) und Carole Pateman (1970) als partizipative Demokratie im ökonomischen Bereich beschrieben haben – eine Vertiefung und Ausweitung von Demokratie über die politische Sphäre hinaus. Dem liegt die Erkenntnis zugrunde, dass die kapitalistische Wirtschaft einer Diktatur des Kapitals gleichkommt und folglich demokratisiert werden sollte. Im Kapitalismus beschränkt sich Demokratie auf Wahlen und Parlamente. Die Theorie der partizipativen Demokratie fragt, warum demokratische Ideale aufgegeben werden, sobald man seinen Arbeitsplatz betritt, und wie man von einer demokratischen Gesellschaft sprechen kann, wenn die Wirtschaft von der Demokratie ausgespart bleibt. Es geht ihr also darum, ein enges Verständnis von Demokratie zu überwinden und deren Bedeutung und Praxis zu erweitern. Partizipative Demokratie erfordert laut Macpherson und Pateman, dass die Produktionsmittel und die Produkte der Arbeit nicht länger Privateigentum sind, sondern Gemeineigentum werden. Pateman (1970) bezeichnet die basisdemokratische, partizipative Organisation von Betrieben und Wirtschaft als »Selbstverwaltung«.

Die Subjekt-Objekt-Dimension

3. Die Auswirkungen der Produktion: Kommunismus als Herausbildung des allseitigen Individuums.

Wenn ein Subjekt mit einem Objekt interagiert, ist das Ergebnis immer eine Veränderung. Es entsteht auf irgendeiner Ebene des Gesamtsystems eine neue Qualität oder ein vollständiges neues System. Hegel bezeichnet dieses Resultat als Subjekt-Objekt, als »Einheit des Subjektiven und Objektiven« (1830/1970, §212, 367). In der Ökonomie schafft das menschliche Subjekt mithilfe der Produktionsmittel als Objekt ein ökonomisches Subjekt-Objekt, einen neuen Gebrauchswert, der menschliche Bedürfnisse befriedigt (Fuchs 2016b, Kapitel 1). Im Kapitalismus haben Gebrauchswerte einen Tauschwert und werden verkauft, damit der Kapitalist Profit erwirtschaften kann. In einer demokratisch-kommunistischen Wirtschaft findet die auf gemeinschaftlichen Produktionsmitteln beruhende kooperative Arbeit auf einem hohen Produktivitätsniveau statt. Das Ergebnis ist die Entstehung einer neuen Form der Arbeitsorganisation.

Kommunismus bedeutet für Marx und Engels auch einen Zustand, in dem die Produktivität ein so hohes Niveau erreicht hat, dass sie zusammen mit dem Gemeineigentum an Produktionsmitteln und der Überwindung der bisherigen Teilung der Arbeit den Individuen mehr Zeit für selbstbestimmte Tätigkeiten lässt; die Menschen können vielseitigen Tätigkeiten nachgehen und so ihre kreativen Anlagen entfalten, was wiederum der Gesellschaft insgesamt zugutekommt. Eine neue Form der Arbeitsorganisation bildet sich heraus. Für Marx entwickelt sich durch den kooperativen Charakter der Produktion eine wirkliche Individualität.

Mit der technologischen Steigerung der Arbeitsproduktivität im
Kommunismus wird der »zur materiellen Produktion notwendige
Teil des gesellschaftlichen Arbeitstages um so kürzer, der für freie,
geistige und gesellschaftliche Betätigung der Individuen eroberte
Zeitteil also um so größer« (Marx 1867, 552) – eine »Reduktion der
notwendigen Arbeit der Gesellschaft zu einem Minimum, der dann
die künstlerische, wissenschaftliche etc. Ausbildung der Individuen
durch die für sie alle freigewordne Zeit und geschaffnen Mittel entspricht« (Marx 1857, 601). Auf der Grundlage entwickelter Produktivkräfte gilt: »Das Reich der Freiheit beginnt in der Tat erst da, wo
das Arbeiten, das durch Not und äußere Zweckmäßigkeit bestimmt
ist, aufhört« (Marx 1894, 828). Freiheit bedeutet hier die Freiheit, die
eigenen Tätigkeiten selbst zu bestimmen.

Die Reduktion der notwendigen Arbeit durch hohe technologische
Produktivität ist für Marx eine Voraussetzung des Kommunismus.
»Die wirkliche Ökonomie [...] besteht in Ersparung von Arbeitszeit«
(Marx 1857, 607). »Wie bei einem einzelnen Individuum hängt die
Allseitigkeit ihrer Entwicklung, ihres Genusses und ihrer Tätigkeit
von Zeitersparung ab. Ökonomie der Zeit, darin löst sich schließlich
alle Ökonomie auf« (Marx 1857, 105).

Reichtum würde dann durch die freie Betätigung der Individuen
entstehen: »wenn die bornierte bürgerliche Form abgestreift wird,
was ist der Reichtum anderes, als die im universellen Austausch erzeugte Universalität der Bedürfnisse, Fähigkeiten, Genüsse, Produktivkräfte etc. der Individuen?« (Marx 1857, 395–396). Es hat dann die
»Arbeit in unmittelbarer Form aufgehört [...], die große Quelle des
Reichtums zu sein« (601). »Es ist dann keineswegs mehr die Arbeitszeit, sondern die verfügbare Zeit das Maß des Reichtums« (604).
»[D]ie *disposable time* aller wächst« (604). »Denn der wirkliche
Reichtum ist die entwickelte Produktivkraft aller Individuen« (604).

Hohe technische Produktivität und die Ausdehnung frei verfügbarer
Zeit sieht Marx als Grundlage für eine reiche menschliche Individualität, für das allseitig entwickelte Individuum. Die »höchste Entwicklung der Produktivkräfte« ist die Basis »der reichsten Entwicklung
der Individuen« (Marx 1857, 446). »Die Ersparung von Arbeitszeit
gleich Vermehren der freien Zeit, d. h. Zeit für die volle Entwicklung
des Individuums« (607).

*Die Aneignung dieser Kräfte ist selbst weiter nichts als die Entwick-
lung der den materiellen Produktionsinstrumenten entsprechenden
individuellen Fähigkeiten. Die Aneignung einer Totalität von Pro-*

duktionsinstrumenten ist schon deshalb die Entwicklung einer Totali-
tät von Fähigkeiten in den Individuen selbst. (Marx und Engels 1846,
67–68)

Die bekannteste Passage über die Herausbildung der »totalen Individuen« (Marx und Engels 1846, 68) und einer »höheren Gesellschaftsform«, »deren Grundprinzip die volle und freie Entwicklung jedes
Individuums ist« (Marx 1867, 739), findet sich in der *Deutschen Ideologie*:

> *[I]n der kommunistischen Gesellschaft, wo Jeder nicht einen aus-*
> *schließlichen Kreis der Tätigkeit hat, sondern sich in jedem beliebi-*
> *gen Zweige ausbilden kann, die Gesellschaft die allgemeine Produk-*
> *tion regelt und mir eben dadurch möglich macht, heute dies, morgen*
> *jenes zu tun, morgens zu jagen, nachmittags zu fischen, abends*
> *Viehzucht zu treiben, nach dem Essen zu kritisieren, wie ich gerade*
> *Lust habe, ohne je Jäger, Fischer, Hirt oder Kritiker zu werden.* (Marx
> und Engels 1846, 33)

Guattari und Negri (1990) betonen, dass wirklicher Kommunismus auf
einer Dialektik von Gemeinschaft und reicher Individualität beruht.

Ich habe bewusst so viele Zitate von Marx und Engels angeführt, weil
ich zeigen wollte, dass Kommunismus für sie keine repressive oder
gar totalitäre Gesellschaft ist, sondern eine Form von Humanismus,
gegründet auf Kooperation, partizipative Wirtschaftsdemokratie und
entfaltete menschliche Individualität. Kommunismus ist nicht die
Sowjetunion, Stalin, Mao und der Gulag, sondern partizipative Demokratie. Stalin, Mao und die Sowjetunion haben sich als kommunistisch
bezeichnet, hatten mit partizipativer Demokratie aber nichts gemein
und standen der Marxschen Idee des Kommunismus folglich fremd
gegenüber. Für Marx bedeutete Kommunismus die »Erkämpfung der
Demokratie« (Marx und Engels 1848, 481). Und damit meinte er eine
ganz bestimmte Form von Demokratie – die partizipative.

11.2 Kommunikation und Kommunismus

Kommunikative Commons

Raymond Williams (1983, 70–72) weist darauf hin, dass der Begriff
»Commons« auf das lateinische *communis* zurückgeht, das bedeutet,
dass etwas von vielen oder allen geteilt wird. Der Begriff hat mit der
Allgemeinheit der Menschheit und mit Teilen zu tun. Williams sieht
Berührungspunkte und Überschneidungen zwischen den Worten

»Kommunismus« und »Commons«. »Commons« ist auch mit »Kommunikation« verwandt, denn kommunizieren bedeutet, etwas für viele »kommun« zu machen (72-73).

Kommunikation ist ein Wesenszug menschlicher Gesellschaft. Ohne sie gibt es keine Gesellschaft; Menschen knüpfen und pflegen soziale Beziehungen durch Kommunikation und reproduzieren dergestalt kontinuierlich ihre gesellschaftliche Existenz. Medien, etwa das Internet, sind Kommunikationsmittel. Sie sind Werkzeuge, die die Produktion von Kommunikation und menschlicher Sozialität ermöglichen. Deshalb sind sie wesentliche, notwendige Elemente von Gesellschaft, nicht anders als Natur, Bildung, Liebe, Fürsorge, Wissen, Technik, Affekte, Unterhaltung, Sprache, Verkehr, Wohnraum, Nahrung, Städte, Kulturgüter, Traditionen usw. Kommunikative soziale Beziehungen und Kommunikationsmittel gehören zu den Commons der Gesellschaft – alle Menschen schaffen, reproduzieren und nutzen sie beständig, um zu existieren. Menschen die Mittel zum Kommunizieren zu nehmen ist so, als würde man ihnen die Luft zum Atmen nehmen; es würde die Voraussetzungen ihres Überlebens untergraben. Deshalb sollten die Commons der Gesellschaft allen kostenlos zur Verfügung stehen – ohne Bezahlung oder Zugangsvoraussetzungen – und nicht Privateigentum einer Klasse sein.

Die Freiheit der Commons umfasst die Schaffung eines auf Gemeineigentum beruhenden, kommunistischen Internets. Dieses wäre eine Assoziation freier Prosumenten – kritisch, selbstverwaltet, frei von Überwachung, zum Nutzen aller und für alle frei zugänglich, allgemeinen Reichtum fördernd, klassenlos und universell. Im kommunistischen Internet gibt es keinen Profit, keine Werbung, keine Konzerne. In einem kommunistischen Internetzeitalter kontrollieren Programmierer, Administratoren und Nutzer die Plattformen durch eine partizipative Selbstverwaltung. Der Zugang ist für alle gratis, privatkapitalistische Provider gibt es nicht. Schulen und Erwachsenenbildung vermitteln allen die notwendigen Kenntnisse und Fähigkeiten, um das Internet sinnvoll zu nutzen, im Interesse aller Einzelnen und der Gesellschaft. Alle genießen freien Zugang zu Webplattformen, Software und Hardware. Das Ganze ist frei von Profit, Kommerz, Warenform und Werbung. Die Internetkommunikation wird nicht mehr durch Privatunternehmen vermittelt, die die Plattformen besitzen und kommunikative Arbeit ausbeuten; die Menschen treten direkter in Beziehung zueinander.

Ein Internet auf der Grundlage von Commons

In einem Internet, das auf Commons basiert, bringen die Menschen erstens gemeinsam Wissen hervor und teilen es; zweitens sind sie gleichberechtigte Teilnehmer an Entscheidungsprozessen, die die Plattformen und die genutzten Technologien betreffen; drittens tragen der freie Zugang zu und das Teilen von Wissen, seine gemeinsame Produktion und Weiterverarbeitung zur Entstehung allseitig entwickelter Individuen bei.

Ein solches Internet ist nur in einer Gesellschaft möglich, die insgesamt auf Commons beruht. Würde man in einer kapitalistischen Gesellschaft zum Beispiel alles bislang urheberrechtlich geschützte Wissen im Internet frei zugänglich machen, hätte dies entweder prekäre Arbeitsverhältnisse für Kulturproduzenten oder eine auf gezielter Werbung und massiver Überwachung beruhende Akkumulationsstrategie zur Folge. Ein wirklich kommunistisches Internet erfordert daher neben dessen Umgestaltung – etwa durch die Abschaffung gezielter Werbung und ähnlicher kommerzieller Praktiken – das Ende der Lohnarbeit, das Gemeineigentum an sämtlichen Produktionsmitteln, die freie Verfügbarkeit aller Güter anstelle von Tausch und Geld, die Überwindung der bisherigen Arbeitsteilung, die Abschaffung der Klassen usw.

11.3 Wikipedias politische Ökonomie

David Harvey schreibt: »Die Kommunisten sind all diejenigen, die unablässig daran arbeiten, eine andere Zukunft herbeizuführen, als sie der Kapitalismus bereithält. [...] Wenn die Bewegung für eine alternative Globalisierung Ende der 1990er Jahre erklärte ›Eine andere Welt ist möglich‹, können wir dann nicht auch sagen ›Ein anderer Kommunismus ist möglich‹?« (Harvey 2014, 259). Meine These lautet, dass wir ausgehend von Harvey sagen können: Die Produktion und Nutzung von Wikipedia ist eine kommunistische Praxis, die Wikipedianer sind prototypische Kommunisten der Gegenwart. Kommunismus ist keine ferne Zukunftsgesellschaft; er existiert in gewissem Maße in jeder Gesellschaft. Kommunismus ist ein Traum, der schon immer in der Welt war. Marx meinte, dass »die Welt längst den Traum von einer Sache besitzt, von der sie nur das Bewußtsein besitzen muß, um sie wirklich zu besitzen« (Marx 1843a, 346). In der heutigen Gesellschaft existieren kommunistische Elemente, und eines von ihnen ist Wikipedia. Diese Keimformen müssen entfaltet, ausgeweitet und verstärkt werden, um ein kommunistisches Internet und eine kommunistische Gesellschaft zu schaffen. Wikipedia sollte als ein Projekt gesehen werden, das eine kommunistische Produktionsweise vorwegnimmt. Dieselbe Produktionsweise, mit der die Online-Enzyklopädie kooperativ erstellt wird, prägt auch die Produktion beispielsweise von freier Software. Sie weist sehr viele Ähnlichkeiten mit dem Modell des Kommunismus auf und beruht auf der Produktion von Information. Insofern können wir von einem *Info-Kommunismus* sprechen.

Eine Produktionsweise ist nach Marx die Verbindung von:

■ Produktivkräften, nämlich (a) Arbeitskraft, also dem Vermögen, die Natur systematisch umzuarbeiten und dabei Gebrauchswerte zu erzeugen, und (b) Produktionsmitteln, also von Rohstoffen, Boden, der Vergegenständlichung früherer Arbeit in Werkzeugen, Infrastruktur, Technologien

■ und Produktionsverhältnissen: Welche Beziehungen die Menschen zueinander eingehen, entscheidet darüber, wie die Arbeit organisiert wird, wie das Eigentum verteilt ist und wer die Produktivkräfte kontrolliert etc. (Marx 1859, 263; Marx und Engels 1846, Kapitel I.A; näher dazu: Fuchs 2016b, Kapitel 10).

Die subjektive Dimension der Produktion von Wikipedia

Kooperative Arbeit

Info-Kommunismus beruht in hohem Maß auf geistiger Arbeit. Die Arbeitskräfte bei Wikipedia sind Tausende von intellektuellen Nutzer-Arbeitern. Wikipedianer sind heute überwiegend jüngere Menschen im Westen und Teile einer »Arbeiterelite« mit hohem Bildungsniveau – Studenten, Angestellte und Programmierer, die über ausreichend Einkommen, Fähigkeiten und Zeit verfügen, um in ihrer Freizeit an Wikipedia zu arbeiten (Glott et al. 2010; Jullien 2011). 2011 führte Wikipedia eine Umfrage unter ihren Autoren durch. Demnach stammten 20 Prozent aus den USA, 12 Prozent aus Deutschland, 7 Prozent aus Russland, 6 Prozent aus Großbritannien, 4 Prozent aus Italien sowie jeweils 3 Prozent aus Indien, Frankreich, Polen, Spanien und Kanada. 91 Prozent waren männlich, 62 Prozent hatten einen akademischen Abschluss. 76 Prozent arbeiteten an der englischen Wikipedia mit, 20 Prozent an der deutschen, 13 Prozent an der französischen, 12 Prozent an der spanischen, 11 Prozent an der russischen 6 Prozent an der italienischen, 5 Prozent an der polnischen, jeweils 4 Prozent an der portugiesischen und der Version »Simple

English« sowie jeweils 3 Prozent an der ukrainischen und der chinesischen. 55 Prozent der Autoren waren jünger als 30 Jahre.[201] In dieser Zusammensetzung drücken sich allgemeine Muster der sozialen Schichtung im Kapitalismus aus; sie macht deutlich, dass eine wirklich info-kommunistische Produktionsweise eine kommunistische Gesellschaft voraussetzt, in der alle über freie Zeit, Bildung und materiellen Reichtum verfügen.

Die Arbeit an Wikipedia ist kooperativ. Niemand kann die Autorschaft an einem Artikel für sich beanspruchen, da oftmals mehrere Dutzend Menschen mitgeschrieben und debattiert haben. Die meisten Artikel stammen von 7 bis 21 Koautoren (Auray et al. 2007, 194), der Entscheidungsprozess beruht auf Diskussion und Konsens. Gefördert wird diese Methode durch die Wiki-Websoftware, die Webseiten erzeugt, an denen jeder mitarbeiten kann und die Diskussionen zwischen den Nutzern ermöglichen. Jeder Artikel hat eine Diskussionsseite, auf der über mögliche Änderungen debattiert werden kann. Ein zeitweiliger Konsens ist erzielt, wenn ein Artikel oder eine Passage eine gewisse Zeit lang unverändert bleibt. Besteht Uneinigkeit, müssen die Nutzer diskutieren und eine für alle annehmbare Formulierung finden. Neben der Diskussionsseite hat jeder Artikel die Unterseiten »Bearbeiten« und »Versionsgeschichte«.

Die objektiven Dimensionen der Produktion von Wikipedia

Gemeineigentum an den Produktionsmitteln

Wikipedia nutzt die freie Software MediaWiki für ihre Webseite. Getragen wird die Enzyklopädie von der Wikimedia Foundation, die in den USA als gemeinnützige Organisation registriert ist. Als ihr Ziel nennt sie, »Menschen aus der ganzen Welt dazu zu motivieren und in die Lage zu versetzen, Bildungsinhalte zu sammeln und zu entwickeln und anschließend entweder unter einer freien Lizenz zu veröffentlichen oder sie in die Gemeinfreiheit zu übergeben« und »diese Inhalte kostenlos wirksam und weltweit zu verbreiten«.[202] Vom 1. Juli 2013 bis zum 30. Juni 2014 erhielt die Stiftung 49,6 Millionen Dollar an Spenden; rund 2,5 Millionen Nutzer leisteten einen Beitrag da-

---

[201] https://upload.wikimedia.org/wikipedia/commons/7/76/Editor_Survey _Report_-_April_2011.pdf, abgerufen am 09.06.2018.

[202] https://wikimediafoundation.org/wiki/Terms_of_Use/de, abgerufen am 09.06.2018.

zu.[203] Das Budget wird hauptsächlich von solchen individuellen Spenden getragen. Werbung kennt Wikipedia so wenig wie ein anderes Geschäftsmodell; in den Nutzungsbedingungen[204] und der Datenschutzrichtlinie[205] werden Anzeigen daher gar nicht erwähnt – kommerzielle Einnahmen braucht das Projekt nicht.

Im Info-Kommunismus gehören die Produktionsmittel den Arbeitern. Programme und Server von Wikipedia können als Gemeineigentum betrachtet werden, verwaltet von der Wikimedia Foundation. Media-Wiki basiert auf einer Copyleft-Lizenz und ist folglich eine freie Software als Gemeineigentum:

▪ Der Quellcode kann verwendet und analysiert werden.

▪ Die Nutzer können die Software kopieren und mit anderen teilen.

▪ Der Quellcode kann modifiziert und modifizierte Kopien können verbreitet werden.

▪ Es ist illegal, einen unter der Copyleft-Lizenz stehenden Teil des Codes zu nutzen und/oder zu modifizieren, ohne das Ergebnis ebenfalls unter diese Lizenz zu stellen. Dadurch wird eine spätere Umwandlung der Commons in Privateigentum verhindert.

Die Server von Wikimedia sind de facto öffentliche Güter für die praktisch beteiligten Nutzer, denn diese bestimmen den Inhalt von Wikipedia und den Zugang zu ihr. Wikipedia dient nicht Zwecken der Kapitalakkumulation. Die Wikipedia-Community wählt die Topmanager der Wikimedia Foundation und übt dadurch eine gewisse Kontrolle aus.

Produktionsverhältnisse: Partizipative Demokratie im wirtschaftlichen Bereich

In der info-kommunistischen Produktionsweise verwalten die Arbeiter die Produktion selbst. Sie treffen alle Entscheidungen gemeinsam und kontrollieren den Produktionsprozess – ein Ausdruck von partizipativer Wirtschaftsdemokratie. Um Überkomplexität zu vermeiden, können sie auch demokratisch entscheiden, bestimmte Aufgaben an Einzelne oder Gruppen zu delegieren. Bei Wikipedia entscheiden die

---

[203] https://annual.wikimedia.org/2014/, abgerufen am 09.06.2018.

[204] https://wikimediafoundation.org/wiki/Terms_of_Use/de, abgerufen am 09.06.2018.

[205] https://meta.wikimedia.org/wiki/Privacy_policy/de, abgerufen am 09.06.2018.

Wikipedianer über die Regeln, die die Kooperation in den Commons strukturieren. Für die Regeln gilt dasselbe Entscheidungsmodell von Diskussion und Konsens wie für das Erstellen der Artikel.[206] Vorschläge gehen meistens aus der Seite »Projektdiskussion«[207], dem allgemeinen Wikipedia-Forum, hervor und werden danach erörtert. Anders als in der liberalen repräsentativen Demokratie wird nicht per Abstimmung, sondern nach dem Konsensprinzip entschieden. Wikipedias Entscheidungsmodus entspricht insofern einer Basisdemokratie.

Der Gebrauchswert von Wikipedia: Kostenloser Inhalt

Der Gebrauch der Produktionsmittel durch die Arbeitenden innerhalb bestimmter Produktionsverhältnisse resultiert in der Herstellung von Gebrauchswerten, die menschliche Bedürfnisse befriedigen. Im Kapitalismus sind diese Gebrauchswerte zugleich Tauschwerte und Waren. Im Kommunismus sind sie Gemeineigentum, jeder hat ohne Zahlung Zugang zu ihnen.

Das Motto von Wikipedia lautet: »Stellen Sie sich eine Welt vor, in der das gesamte Wissen der Menschheit jedem frei zugänglich ist. Das ist unser Ziel.«[208] Die Produktion auf Wikipedia folgt somit einem anderen Motiv als im Kapitalismus üblich. Dieser beruht auf Profitinteressen, Wikipedia hingegen auf ehrenamtlicher Arbeit, auf dem Bedürfnis und der Lust von Nutzern, zu einem enzyklopädischen Wissen beizutragen, das jedem kostenlos zur Verfügung steht. Wikipedias Produkte sind kooperativ erstellte Artikel, die einen dynamischen und offenen Charakter haben: Sie werden nicht einmalig hergestellt, sondern sind ständig im Fluss; die Nutzer sind eingeladen, an der Entwicklung der Inhalte mitzuwirken, die sich folglich umso mehr ändern können, je mehr Nutzer aktiv werden.

Laut den Nutzungsbedingungen stehen Artikel entweder unter der Lizenz »Creative Commons Namensnennung-Weitergabe unter glei-

---

[206] Ein Überblick über die Regeln von Wikipedia findet sich hier: https://de.wikipedia.org/wiki/Wikipedia:Richtlinien, abgerufen am 09.06.2018.

[207] https://de.wikipedia.org/wiki/Wikipedia:Projektdiskussion, abgerufen am 09.06.2018.

[208] https://wikimediafoundation.org/wiki/Terms_of_Use/de, abgerufen am 09.06.2018.

chen Bedingungen« oder der GNU Free Documentation License.[209] Beide gewähren den Nutzern dieselben Rechte wie die oben erörterte Copyleft-Lizenz für freie Software: Der Inhalt von Wikipedia kann kostenlos genutzt, mit anderen geteilt und verändert werden, sofern das neue Produkt unter derselben Lizenz steht. Wurde zunächst auf Entscheidung des Wikipedia-Gründers Jimmy Wales nur die GNU-Lizenz verwendet (Enyedy und Tkacs 2011, 114), so kam im Juni 2009 die genannte Creative-Commons-Lizenz hinzu, die auch eine kommerzielle Nutzung von Inhalten erlaubt, solange andere sie unter denselben Bedingungen nutzen und verbreiten dürfen.[210] Entschieden wurde dies im April 2009 nicht per Konsensverfahren, sondern durch Abstimmung, um eine breitere Beteiligung zu erreichen. Von insgesamt 15 071 abgegebenen Stimmen waren 87,9 Prozent für die Einführung der neuen Lizenz.

Damit ist es nun erlaubt, Wikipedia-Artikel zu einem Buch zusammenzustellen und zu verkaufen, solange andere das Recht haben, den Inhalt zu vervielfältigen, zu teilen und weiterzubearbeiten. Ein kommerzieller Verlag könnte also eine gedruckte Wikipedia-Enzyklopädie herausbringen, um damit Profit zu machen. Wann immer eine solche Kommodifizierung des auf Wikipedia zusammengetragenen Wissens stattfindet, wird die Arbeit von Wikipedianern grenzenlos ausgebeutet (siehe Kapitel 5 im vorliegenden Buch sowie Fuchs 2010c), denn da sie so ohne jede Bezahlung Mehrwert produzieren, geht die Mehrwertrate (m/v, Mehrwert geteilt durch variables Kapital) ins Unendliche. Dies zeigt, dass auch Wikipedia in gewissem Maß in kapitalistische Produktionsverhältnisse eingebunden ist. Um über sie hinauszugehen, müssten die Wikipedianer unter anderem die genannte Creative-Commons-Lizenz durch die Variante »Creative Commons Namensnennung-nicht kommerziell« ersetzen, die eine solche Ausbeutung von Wikipedia verbieten würde. Wikipedia-Artikel in Buchform zu verkaufen, ist zudem nur bedingt sinnvoll, weil sich die Artikel dynamisch entwickeln, ein Buch dagegen naturgemäß nicht.

---

[209] https://wikimediafoundation.org/wiki/Terms_of_Use/de, abgerufen am 09.06.2018.

[210] http://meta.wikimedia.org/wiki/Licensing_update/Result, abgerufen am 09.06.2018.

Die Dimension der Wirkung der Produktion von Wikipedia: Die Lust an kooperativer geistiger Arbeit

Warum arbeiten die Wikipedianer ehrenamtlich für das Projekt, ohne jegliche Vergütung? Studien haben gezeigt, dass die Hauptanreize in der Lust an geistiger und kooperativer Arbeit sowie in der Überzeugung bestehen, dass es wichtig ist, enzyklopädisches Wissen allen Menschen als Gemeingut zur Verfügung zu stellen (Bauwens 2003; Foglia 2008; Hars und Ou 2002). In der Autoren-Umfrage von 2011 gaben 71 Prozent an, dass sie mitarbeiten, weil ihnen der Gedanke gefällt, ehrenamtlich Wissen zu teilen, 69 Prozent nannten als eine wichtige Motivation die Ansicht, dass Informationen frei zugänglich sein sollten.[211]

Der Arbeitsprozess ist selbstbestimmt. Wikipedianer entscheiden ausgehend von ihren Zeitressourcen und Interessen vollkommen frei, an welchem Artikel sie arbeiten. Arbeit für Wikipedia ist im Gegensatz zu kapitalistischer Lohnarbeit nicht erzwungen, sie wird nicht geleistet, weil man zum Überleben einen Lohn braucht. Die Arbeitskraft ist keine Ware – sie hat keinen Tauschwert, wird nicht gegen Geld getauscht –, sondern wird freiwillig eingebracht. Die Zeit, in der Wikipedianer an der Wikipedia arbeiten, ist selbstbestimmte Arbeitszeit, zugleich Ausdruck und Vorwegnahme der kommunistischen Produktionsweise, in der alle Arbeit selbstbestimmt stattfindet und von allseitig entwickelter Individualität zeugt.

Gleichzeitig ist die Arbeit an Wikipedia heute sozial geschichtet. Wer die erforderliche Zeit und Befähigung hat, gehört zu einer gebildeten Elite; andere haben sie nicht, denn der globale Kapitalismus ist eine Klassengesellschaft, er erzeugt Klassen reicher und armer Menschen; erste verfügen über viele materielle Ressourcen, Fähigkeiten, Zeit, Beziehungen, Netzwerke usw., letztere nicht. Die Klassenstrukturen sind flüssig, sie überschneiden sich und sind breit gefächert (wer materiell reich ist, muss nicht unbedingt über kulturellen Reichtum und Bildung verfügen, wenngleich er versuchen kann, Geldkapital in kulturelles Kapital zu verwandeln etc.). Wikipedia ist in den globalen Kapitalismus eingebettet. Eine globale Elite, die sich diesen Status leisten kann, betreibt die Plattform und trägt zu ihr bei. Eine wirklich demokratische und kommunistische Wikipedia kann nur erreicht werden, wenn wir die Klassengesellschaft überwinden und eine klas-

---

[211] https://upload.wikimedia.org/wikipedia/commons/7/76/Editor_Survey _Report_-_April_2011.pdf, abgerufen am 09.06.2018.

senlose schaffen, in der alle Menschen über Reichtum im Sinne von Ressourcen, Zeit, Fähigkeiten, Netzwerken, Beziehungen usw. verfügen – eine Gesellschaft allseitig entwickelter Individuen.

11.4 Kritik an Wikipedia

Eine Online-Bürokratie des 21. Jahrhunderts?

Mathieu O'Neil (2009, 2011) kritisiert, Wikipedia beruhe auf einer Hierarchie, da die Administratoren eine wichtigere Rolle und mehr Macht hätten als Nutzer und Autoren. Die Plattform werde durch Hunderte von Seiten mit Regeln bürokratisch verwaltet – etwa Regeln zu Neutralität, eigener Recherche, Verifizierbarkeit von Informationen, Titeln von Artikeln, biografischen Angaben, Zitierweise, der Anzahl zulässiger Rückgängigmachungen von Änderungen etc. Den Administratoren gehen es »heute primär um das Wohl des Projektes selbst; sie sind zu Wächtern geworden. Diese Trennung zwischen inhaltsorientierten Administratoren und prozessorientierten Nutzern kann Spannungen hervorrufen« (O'Neil 2009, 156), etwa wenn Administratoren Autoren ständig auf viele unterschiedliche Regeln hinweisen und so die Aktualisierung von Inhalten behindern. »Der Erstellungsprozess bei Wikipedia, verstanden als ein Beaufsichtigen oder Disziplinieren von autonomen Inhaltslieferanten, muss zwangsläufig für böses Blut sorgen, denn so fühlen sich manche Beteiligte von Bearbeitern und Administratoren schlecht behandelt, ja gedemütigt« (O'Neil 2009, 163). Man könnte diese Kritik auch so formulieren, dass es eine hierarchische Arbeitsteilung zwischen produktiven Autoren und unproduktiven Administratoren gibt, die Macht über erstere ausüben. Wie O'Neill schreibt:

Wikipedia behauptet, »keine Bürokratie« zu sein. [...] Dennoch weist sie, wie die meisten größeren Projekte von Peer-Produktion, typische bürokratische Züge wie die Archivierung von Entscheidungen, die Existenz von Regeln und die Trennung zwischen Rollen und Personen auf: Jeder Autor kann ein »Administrator« werden und so Macht über andere Beteiligte ausüben; diese Amtsträger können durch jemand anderes ersetzt werden. [...] Beteiligte haben gelegentlich den Vorwurf erhoben, dass sich eine exklusive Macht in den Händen einer Kerngruppe von Administratoren konzentriere. Auch wenn keine Belege für systematischen Missbrauch vorliegen, scheint es logisch, dass diejenigen, die Vorteile wie ein Amt, intime Kenntnis der Abläufe, Netzwerke von Unterstützern und in manchen Fällen administrative

Instrumente genießen, sich in Konflikten statistisch gesehen häufiger durchsetzen, unabhängig von der Richtigkeit ihrer Position. (O'Neil 2011)

Vasilis Kostakis (2010) argumentiert in diesem Kontext:

Entscheidungen werden geheim getroffen und es wird Macht angehäuft. Autorität, Filz, verdeckte Hierarchien und Geheimhaltung untergraben die Fundamente der Selbstregierung unter Gleichen, nämlich Offenheit, Heterarchie, Transparenz, Äquipotentialität und Holoptismus – das Wesen schlechthin von Wikipedia. *[...] Wikipedia läuft beständig Gefahr, sich in eine starre, despotische Hierarchie zu verwandeln, während zugleich neue Konflikte über den Modus der Inhaltsproduktion und der Steuerung aufbrechen.*

José van Dijck (2013, 139) betont die Rolle von Bots bei der Überwachung des Inhalts: Sie erzwingen

eine homogene Ordnung delegierter Aufgaben mit dem Ziel perfekter Umsetzung. Solche reglementierten Abläufe, behaupten Kritiker, schließen Dissens und nicht-konsensuelles Verhalten aus. [...] Die Wikipedia-Nutzer befürchten, dass ihre Seite zu einem halbautomatisierten, undurchdringlichen Funktionssystem wird, das Uneinigkeit unterbindet und Konsens zulasten von Meinungsvielfalt fördert.

Bei Wikipedia besteht laut ihr »ein von der Basis betriebenes technisch-bürokratisches System, gegründet auf die normative Kontrolle des Inhalts« (137).

Nicholas Carr gelangt insgesamt zu einem negativen Urteil über Wikipedia als ein bürokratisches und autokratisches System:

Wo wir früher eine Kommune hatten, haben wir heute eine Gated Community, »bewacht« von »guten Bearbeitern«. Halten wir also eine Trauerminute für die alte, die wahre Wikipedia ab. Ruhe in Frieden, liebes Kind. Du bist nun in Sicherheit vor den Vandalen. [...] Wikipedia sieht allmählich aus wie eine Art nachrevolutionärer bolschewistischer Sowjet, in dem eine undurchschaubare zentrale Machtstruktur ein Heer von Arbeitern im Griff hat. [...] Vielleicht sollte sie sich so vorstellen: »Wikipedia ist die Enzyklopädie, an der jeder mitarbeiten kann, vorausgesetzt, er erfüllt die im Wikipedia-Kodex 234.56, Unterabschnitte A34-A58, A65, B7 (Anhang 5674) dargelegten Anforderungen und folgt dem in den Wikipedia-Statuten 31-1007 sowie dem Geheimen Wikipedia Scroll SC72 (Wikipedia-Decoder erforderlich) angegeben Verfahren.« (Carr 2011, 193, 196, 200)

»Edit Wars« und Vandalismus

Neuautoren können auf Wikipedia fraglos frustrierende Erfahrungen machen, insbesondere wenn Administratoren wiederholt ihre inhaltlichen Ergänzungen unter Verweis auf Regeln löschen. So entsteht der Eindruck, dass Administratoren mehr zerstören, als sie bei der Produktion von Inhalt helfen, also eher eine destruktive als eine konstruktive Rolle spielen. In einer auf Klassen- und anderen Konflikten beruhenden antagonistischen Gesellschaft bestehen zwangsläufig Interessenkonflikte. Es ist sehr wahrscheinlich, dass sie sich auch in einem vielgenutzten Enzyklopädie-Projekt wie Wikipedia niederschlagen. Typische Ausdrucksformen solcher Konflikte sind dort Vandalismus und »Edit Wars«, also »Bearbeitungskriege«. Ein Beispiel dafür sind die langanhaltenden, hitzigen Debatten in der englischen Wikipedia darüber, ob man »Gdańsk« (Polnisch) oder »Danzig« (Deutsch) schreiben sollte. In der Stadt werden beide Sprachen gesprochen und sie hat in bestimmten historischen Phasen zu Deutschland, in anderen zu Polen gehört. Die Nutzer stritten sich beispielsweise so:

> Nutzer A: »Die Stadt heißt Gdańsk (auf Englisch) und so sollte sie unabhängig vom historischen Zeitraum auch genannt werden, zumal der Artikel vor allem die heutige Stadt behandelt (nicht ihren preußischen Vorfahren im 14. Jahrhundert).« Nutzer B: »Schon wieder polnisch-nationalistische Propaganda. Dieser Nutzer sollte gesperrt werden.« Nutzer A: »Ich? Bist nicht du derjenige, der auf diversen Seiten pro-nazistische Kommentare gepostet hat und gesperrt wurde? Ich versuche nur, ein Problem zu lösen (das nicht mal ein Problem war, bevor Leute wie du durch ständiges Rückgängigmachen von Änderungen hier einen Krieg angezettelt haben).«[212]

2005 wurde nach einer Diskussion abgestimmt. Das Ergebnis: Für den Zeitraum von 1793 bis 1945 heißt die Stadt in Wikipedia-Artikeln Danzig (Stimmen für Danzig: 56, für Gdańsk: 8), für den Zeitraum nach 1945 Gdańsk (Stimmen für Danzig: 3, für Gdańsk: 67).[213]

Ein anderes Phänomen auf Wikipedia ist Vandalismus:

> Ein Person aus Łódź attackierte die polnische Wikipedia 2006 und Anfang 2007, indem sie obszöne Bemerkungen und Bilder von Penis-

---

[212] https://en.wikipedia.org/wiki/Talk:Gda%C5%84sk/Naming_convention, abgerufen am 10.06.2018.

[213] https://en.wikipedia.org/wiki/Talk:Gdansk/Vote#Results_on_VOTE:_Period_from_1793_to_1945, abgerufen am 10.06.2018.

sen und Aftern in Artikel einfügte (besonders in solche, die mit Ka-
tholizismus und polnischen Politikern zu tun haben), ohne jede Reak-
tion seines Internet-Providers Neostrada. Das hörte erst auf, als dem
Vandalen die Internetverbindung gekappt wurde, aber vorher musste
die gesamte Stadt Łódź drei Tage lang von der Mitarbeit an Wiki-
pedia gesperrt werden. [...] Im Mai 2012 initiierte die Medienkritike-
rin Anita Sarkeesian auf der Plattform Kickstarter ein Fundraising
für ihr Vorhaben, eine Reihe von Videos über Sexismus in Computer-
spielen zu produzieren. Diese Idee stieß auf eine feindselige Reaktion,
die sich unter anderem in wiederholtem Vandalismus an dem Wiki-
pedia-Artikel über Sarkeesian zeigte, in den pornografische Bilder,
Diffamierungen und Androhungen sexueller Gewalt eingefügt wurden.
Mehr als 12 anonyme Autoren beteiligten sich an diesem anhaltenden
Vandalismus, bis der Artikel für weitere Bearbeitung gesperrt wurde. [...]
Im Juli 2015 wurde die gesamte Wikipedia-Seite über den Präsident-
schaftskandidaten Donald Trump gelöscht und durch einen einzigen
Satz ersetzt:»Seien wir ehrlich, niemand interessiert sich für ihn«.[214]

Idealistische Kritiken an Wikipedia – politische Ökonomie als Leerstelle

Kritiken an Wikipedia als einer Bürokratie sind häufig nicht nur
durchaus zynisch, sondern auch recht idealistisch, insofern sie den
breiteren politökonomischen Kontext einer fremdbestimmten Gesellschaft, in dem die Online-Enzyklopädie sich bewegen muss, vernachlässigen. Da sich soziale Konflikte auch auf Wikipedia fortsetzen,
braucht es irgendeine Art von Schlichtungsverfahren. Dass Administratoren mehr Macht haben als andere, ist notwendig, um mit Edit
Wars, Vandalismus usw. umzugehen. Ohne eine solche Hierarchie
könnte Wikipedia in einer antagonistischen Gesellschaft ein Schau-
platz von permanentem Vandalismus und Dauerkonflikten werden,
die nicht mehr zu kontrollieren sind. In einer Gesellschaft, die insgesamt nur wenig polizeiliche Eingriffe benötigt, wäre die Situation
eine andere. Administratoren können Seiten schützen, indem sie die
weitere Bearbeitung auf bestimmte Nutzer oder Nutzergruppen einschränken, sie können destruktive Nutzer sperren, Artikel löschen
usw. Sie werden nicht willkürlich ernannt, sondern demokratisch
gewählt; jeder kann sich bewerben. Nach einer Bewerbung findet
sieben Tage lang eine Diskussion statt, die Nutzer können Fragen

---

[214] https://en.wikipedia.org/wiki/Vandalism_on_Wikipedia, abgerufen am
10.06.2018.

stellen, die Kandidaten antworten. Schließlich entscheidet ein zuvor unbeteiligter Nutzer, ob ein Konsens erreicht wurde oder nicht. Als »Daumenregel gilt: Vorschläge mit über 80 Prozent Zustimmung kommen meistens durch, bei unter 70 Prozent Zustimmung scheitern sie zumeist«.[215]

Wenn ein Administrator viele Inhalte von neuen Autoren löscht, führt dies bei diesen schnell zu Unmut. Tatsächlich verstößt er in diesem Fall gegen die Wikipedia-Richtlinie »Verhalten gegenüber Neulingen«, in der es heißt:

Neue Benutzer machen zu Anfang Fehler oder tun Dinge, die nicht erwünscht sind. Verbessere kleinere Fehler selbst. Suche ansonsten das Gespräch, erkläre nochmal die relevanten Regeln und Vereinbarungen. Werden neue Autoren nicht freundlich auf die Fehler in ihren Beiträgen hingewiesen, führt dies oftmals zu Frustration oder einem Gefühl, nicht ernst genommen zu werden. Einige verlassen die Wikipedia vielleicht sofort wieder.

Wer neu ist, kennt die Richtlinien noch nicht und muss Vieles erst lernen. Dies führt gelegentlich zu einer Überforderung. Sei deshalb verständnisvoll, wenn etwas nicht sofort klappt oder verstanden wird.

Jeder darf die Wikipedia editieren. Bei schwerwiegenden Fehlern, wie Verletzungen der Urheber- oder Persönlichkeitsrechte, sollten der Neuautor freundlich auf die entsprechenden Richtlinien hingewiesen und die Beiträge entsprechend angepasst werden. Unhöflichkeit und massive Vorwürfe führen dabei sicherlich nicht zu dem gewünschten Ziel einer längerfristigen Mitarbeit. Das Augenmerk sollte darauf liegen, wie etwas richtig gemacht werden kann.[216]

Administratoren demokratisch zu wählen und Verhaltensregeln für sie festzulegen, ist eine sehr sinnvolle Praxis. Dennoch kommt es natürlich vor, dass diese Regeln nicht strikt eingehalten werden. Erfahrenere Nutzer können auch die Absetzung eines Administrators beantragen, über die dann per Abstimmung entschieden wird. Insgesamt wird die Hierarchie bei Wikipedia also ausgesprochen demokratisch organisiert. O'Neil hat Vorschläge gemacht, wie sich die Strukturen verbessern ließen: »Mögliche Lösungen wären ein Überdenken der Rolle, die Anonymität bei Wikipedia spielt, und der Entwurf

---

[215] https://en.wikipedia.org/wiki/Wikipedia:Administrators, abgerufen am 10.06.2018.

[216] https://de.wikipedia.org/wiki/Wikipedia:Verhalten_gegen%C3%BCber_Neulingen, abgerufen am 10.06.2018.

einer Verfassung, die die Rollen und Verantwortlichkeiten von Personen mit mehr Macht klarer definiert (beide Vorschläge laufen Kernelementen des Wikipedia-Ethos zuwider)« (O'Neil 2011).

Eine Form von digitalem Kulturimperialismus?

Laut Mark Graham (2011) ist Wikipedia von Ungleichheiten hinsichtlich Geografie, Regeln und Politik geprägt:

> *Das Land, zu dem es die meisten Artikel gibt, sind die Vereinigten Staaten [...] Fast ganz Afrika wird auf Wikipedia sehr wenig behandelt. Bezeichnenderweise finden sich auf ihr mehr Artikel über die Antarktis als über 52 der 53 Länder Afrikas. [...] Der hohe Balken auf der linken Seite der Grafik ist die englische Version mit rund drei Millionen Artikeln. Daneben gibt es rund zwanzig Sprachen mit mehreren Hunderttausend Artikeln. Die übrige Grafik kennzeichnet ein steiler Abfall des Umfangs der Inhalte zur rechten Seite hin (ganz zuletzt kommen die vielen Sprachversionen von Wikipedia mit lediglich einer Handvoll von Artikeln). [...] Auch die geografische Verteilung der Autoren ist höchst ungleichmäßig, sodass Stimmen und Meinungen aus bestimmten Teilen der Welt überproportional vertreten sind. [...]*
>
> *Es ist denkbar, dass nicht nur viele aus diesen Palimpsesten von Orten ausgeschlossen sind, sondern – in den Worten von Gayatri Spivak – die Subalternen in den gegebenen Darstellungen vielleicht nicht einmal ein Stimme haben. Alles Wissen wird in Beziehung zu Auslassungen, Abwesendem und Asymmetrien hergestellt, und innerhalb von Wikipedia gibt es zwangsläufig Orte, die keine Darstellung erfahren, und Menschen, die keine Stimme haben. Am bedenklichsten ist dabei, dass die westliche Dominanz hinsichtlich Darstellung und Stimme vermutlich durch zahllose gesellschaftlich-räumliche Praxen weltweit produziert und reproduziert wird. Deshalb müssen wir die Ungleichheit, was sowohl Stimme wie Darstellung betrifft, weiterhin entlarven.*
>
> *Wikipedia bietet enormes Potenzial dafür, die Beteiligung an der Konstruktion von Wissen breiter zu öffnen und den festen Griff des Westens zu lockern, was weltweit zugängliche Darstellungen angeht. Theoretisch ermöglicht es die in 271 Sprachen verfügbare Plattform marginalisierten Gruppen, weltweit Gehör zu finden. Es ist jedoch wichtig, die Demokratisierung digitaler Darstellungen durch Wikipedia nicht zu überzeichnen und sich stets ihrer Ungleichheiten in puncto Geografie, Regeln und Politik bewusst zu sein [...].* (Graham 2011, 273, 275, 277, 280)

Wie die weiter oben erwähnten Statistiken zeigen, stammen Wikipedia-Autoren tatsächlich überwiegend aus westlichen Ländern, sodass die unterschiedlichen Stimmen auf der Welt ungleich repräsentiert werden. Die große Mehrheit von Wikipedia-Artikeln ist auf Englisch verfasst. Man kann allerdings nicht Wikipedia für globale Ungleichheiten haftbar machen. China zum Beispiel ist das bevölkerungsreichste Land der Erde, doch die chinesische Regierung sperrt nicht nur immer wieder die englische Wikipedia, sondern blockiert zudem dauerhaft den Zugriff auf Artikel, die aus ihrer Sicht politisch sensible Themen behandeln, und auf die chinesische Wikipedia.[217] Am 22. November 2015 konnte man in China die englische Wikipedia aufrufen, nicht aber die chinesische (zh.wikipedia.org).[218] Insofern verwundert es nicht, dass die Zahl chinesischer Wikipedia-Artikel im Vergleich zu englischen gering ist.

Wikipedia lädt dazu ein, in vielen Sprachen zu schreiben, eine automatische Begünstigung des Englischen findet nicht statt. Die auf ihr feststellbaren Ungleichheiten sind durch global ungleich verteilte Ressourcen bedingt. Deren Existenz Wikipedia zur Last zu legen, wäre zynisch und technikdeterministisch. Das Wiki ist eine flexible Technologie, die sich leicht an unterschiedliche Kontexte anpassen lässt. Wikipedia könnte zum Beispiel in Entwicklungsländern stärker in das Bildungswesen integriert werden, sodass in den dortigen Schulen und Universitäten mehr lokales Wissen produziert werden kann.

Slavoj Žižek: Englisch ist keine koloniale Sprache und Wikipedia kein imperialistisches Projekt

Dass Englisch die Hauptsprache auf Wikipedia ist, muss nicht unbedingt schlecht sein, denn zu behaupten, es sei eine kulturimperialistische Sprache, zeugt von einer merkwürdigen Form von Kulturnationalismus. Einer der Gründe für die weltweite Verbreitung des Englischen ist die Tatsache, dass es eine weniger schwierige Grammatik hat als viele andere Sprachen und relativ leicht zu lernen ist. Darauf weist Slavoj Žižek in einer Kritik an postkolonialen Kritiken der englischen Sprache hin:

> *Einige indische Kulturtheoretiker meinen, die Tatsache, dass sie zur englischen Sprache gezwungen wurden, sei eine Form von kulturellem Kolonialismus, der ihre wahre Identität unterdrücke*

---

[217] https://de.wikipedia.org/wiki/Zensur_von_Wikipedia, abgerufen am 10.06.2018.

[218] So das Ergebnis einer Recherche auf www.blockedinchina.net.

[...]. aber dieses Aufzwingen einer fremden Sprache hat selbst erst jenes X erzeugt, das »unterdrückt« wird, das heißt, dass nicht das wirkliche vorkoloniale Indien unterdrückt wird, sondern der authentische Traum von einem neuen universalistischen und demokratischen Indien. Es ist wichtig, darauf hinzuweisen, dass diese Rolle des Englischen von Intellektuellen aus der Gruppe der Dalits (der »Unberührbaren«) deutlich wahrgenommen wurde: Viele Dalits begrüßten die englische Sprache und sogar die koloniale Begegnung. [...] Bei all diesen Beispielen geht es nicht darum, dass es vor dem Verlust nichts gab. Natürlich gab es etwas [...]. Dies gilt ganz allgemein für alle Prozesse verlorener und wiedergewonnener Identität. Im Verlauf ihrer Wiederbelebung erlebt eine Nation im Werden ihre gegenwärtige Konstellation als Verlust wertvoller Ursprünge, die sie dann wiedererlangen will. In Wirklichkeit gab es aber gar keine Ursprünge, die allmählich verlorengingen, denn diese Ursprünge werden durch die Erfahrung ihres Verlusts und das Bestreben, zu ihnen zurückzukehren, überhaupt erst geschaffen. [...] Es ist ein liberaler Standardmythos, dass die Universalität der Menschenrechte die Bedingungen für ein friedliches Miteinander der Vielzahl einzelner Kulturen schaffe. Der Vorwurf aus Sicht der Kolonisierten lautet, dass eine solche liberale Universalität falsch sei, dass sie in der Praxis nur das gewaltsame Eindringen einer fremden Kultur ermögliche, welche die indigenen Wurzeln zersetze. Ein Liberaler würde zwar zugeben, dass dieser Vorwurf nicht ganz aus der Luft gegriffen ist, sich aber weiterhin um eine »Universalität ohne Wunden« bemühen, einen allgemeinen Rahmen, der nicht mit Gewalt in einzelne Kulturen eindringt. Vom dialektischen Standpunkt aus sollten wir das genaue Gegenteil dieses Ansatzes anstreben (beziehungsweise zu einer Notwendigkeit erklären): Die Wunde als solche ist befreiend – oder vielmehr: Sie enthält ein befreiendes Potential. Während wir also den positiven Inhalt der verordneten Universalität (das heißt den besonderen Inhalt, den sie insgeheim privilegiert) durchaus problematisieren sollten, gilt es ebenso, den befreienden Aspekt der Wunde (an unserer partikularen Identität) als solcher vollkommen anzuerkennen. [...] im Verlauf des dialektischen Prozesses [ereignet sich] ein Perspektivwechsel [...], der die Wunde selbst als ihr Gegenteil erscheinen lässt [...]. (Žižek 2016, 191–192, 197, 199–200, 203)

So wie Subalterne das Englische häufig nicht als eine koloniale Sprache empfinden, sondern als etwas, das ihnen Macht verleiht, indem sie es adaptieren, verändern und verunreinigen, ist auch die englische Wikipedia kein koloniales oder kulturimperialistisches, sondern ein universalistisches Projekt. Sie könnte neben dem Standardenglisch durchaus auch einem Hinglisch, Chinglisch, Spanglisch, Runglisch usw. Raum bieten – und so dem reichen sprachlichen Welterbe, das in solcher linguistischen Dialektik kommuniziert wird. Hätten alle ihre Sprachversionen denselben Umfang, dann wäre Wikipedia eine stark fragmentierte Öffentlichkeit mit zahlreichen Mikrosphären. So wie eine Weltsprache, die sich alle Menschen in spezifischen lokalen und regionalen Versionen aneignen, ein immenses Werkzeug für internationale Verständigung und Antinationalismus darstellt, kann eine weltumspannende Wikipedia, die eine sprachliche und kulturelle Einheit in der Vielfalt ermöglicht, internationale Kooperation und Verständigung fördern. Wikipedia ist kein imperialistisches, koloniales oder westlich-dominantes Projekt, sondern eines, das darauf angelegt ist, eine grenzüberschreitende kulturelle Einheit in der Vielfalt möglich zu machen und Menschen rund um die Welt in einem gemeinsamen kulturellen Projekt zusammenzubringen.

11.5 Schlussfolgerungen

Die Hauptergebnisse dieses Kapitels sind folgende:

- Kommunismus hat nichts mit einer repressiven, staatlich-zentralistischen Gesellschaft zu tun, sondern ist der Kampf für eine partizipative Demokratie. Es ist notwendig, die Diskussion über einen demokratischen Kommunismus wieder auf die Tagesordnung zu setzen und die Kritik der politischen Ökonomie zu erneuern.

- Wikipedia hat kommunistische Potenziale, die in widersprüchlicher Weise in die kapitalistischen Klassenverhältnisse verflochten sind.

- Wikipedia beruht auf kooperativer Arbeit, basisdemokratischen Entscheidungsprozessen und kostenlos zugänglichem Inhalt. Zudem wird sie von einer gemeinnützigen, nichtkommerziellen Stiftung getragen (keine Finanzierung durch Anzeigen). Die Arbeit an Wikipedia ist ehrenamtlich, selbstbestimmt und jenseits der Warenform angesiedelt.

▨ Diese kommunistischen Potenziale sind jedoch widersprüchlich, weil Wikipedia mit der Lizenz »Creative Commons Namensnennung-Weitergabe unter gleichen Bedingungen« den Verkauf von Inhalten als Ware erlaubt. Wird ein Artikel verkauft, ist die gesamte in ihn eingeflossene ehrenamtliche Arbeit unbezahlte, aber mehrwertproduktive Arbeit, die beteiligten Wikipedianer werden somit grenzenlos ausgebeutet.

▨ An Wikipedia ist vielfältige Kritik geübt worden: Sie habe eine bürokratische und hierarchische Struktur, begünstige die englische Sprache und sei westlich dominiert. Solche Probleme ergeben sich aber nicht aus der Grundanlage von Wikipedia, weshalb man sie nicht als ein autoritäres oder imperialistisches Unternehmen bezeichnen kann. Wikipedia ist ein fortschrittliches Projekt in einer unvollkommenen, von Problemen geplagten kapitalistischen Welt.

Eine neue Produktionsweise entwickelt sich stets in der alten. »Die ökonomische Struktur der kapitalistischen Gesellschaft ist hervorgegangen aus der ökonomischen Struktur der feudalen Gesellschaft« (Marx 1867, 743). Es gibt allerdings keine Gewähr dafür, dass sich die Keime einer neuen Gesellschaft entfalten können; dafür zu sorgen, ist die Aufgabe politischer Praxis. Die sozialen und kooperativen Dimensionen von Wikipedia verweisen auf »Elemente der neuen Gesellschaft [...], die sich bereits im Schoß der zusammenbrechenden Bourgeoisgesellschaft entwickelt haben« und die es »in Freiheit zu setzen« gilt (Marx 1871, 343); es sind neue Beziehungen, die »im Schoß der alten Gesellschaft selbst« heranreifen (Marx 1859, 9); es »regen sich Kräfte und Leidenschaften im Gesellschaftsschoße, welche sich von ihr gefesselt fühlen.« (Marx 1867, 789). Um mit dem Kapitalismus konkurrieren zu können und ihn schließlich zu überwinden, muss die info-kommunistische Produktionsweise wachsen – mit Blick auf die Zahl der Beteiligten, der Projekte und der von ihr kontrollierten Ressourcen. Dafür müssen sich ihre Keime entfalten können und ihren widersprüchlichen Charakter abstreifen.

Es gibt folglich zwei denkbare Zukunftsszenarien für den Info-Kommunismus. Im ersten treibt ein kommunistischer Klassenkampf ihn gegen die Hegemonie des Kapitals voran, dessen Produktionsweise so zurückgedrängt wird. Im zweiten werden einige seiner Momente – etwa das Prinzip des freien Zugangs und kostenloser Inhalte oder die über das Internet vermittelte massenhafte Kooperation – vom Kapitalismus absorbiert, der so den kommunistischen Charakter des Info-Kommunismus zerstört.

Der Kapitalismus ist ein gewalttätiges imperialistisches System, das seit jeher nichtkapitalistische Räume kolonisiert und Alternativen mit der Macht des Gesetzes und des Krieges vernichtet hat. Der Info-Kommunismus ist ein Potenzial und Wikipedia der hellste kommunistische Stern am Firmament der Klassenkämpfe im Internet. Es ist möglich, dass sich der Kapitalismus die über ihn hinausweisenden Elemente des Info-Kommunismus unterordnet, so wie es ihm schon bei vielen anderen antikapitalistischen Weltanschauungen und Praxen gelungen ist (Boltanski und Chiapello 2005, Chapter 3). Die erste politische Aufgabe von Bürgern, die diese Aussicht beunruhigt, sollte es deshalb sein, der allumfassenden Kommodifizierung Widerstand entgegenzusetzen und für die Demokratisierung der Wirtschaft und des Internets einzutreten.

Literaturhinweise und Übungen

Um Wikipedia zu verstehen, ist es sinnvoll, sich mit der Idee der Commons und verschiedenen Beurteilungen der Plattform auseinanderzusetzen sowie selbst Erfahrungen auf ihr zu sammeln und sie systematisch auszuwerten.

Übung 11.1

Hardt, Michael. 2012. Das Gemeingut im Kommunismus. In *Die Idee des Kommunismus. Band 1*, hg. v. Slavoj Žižek und Costas Douzinas, übers. v. Harald Etzbach, 165–180. Hamburg: Laika.

Žižek, Slavoj. 2012b. Wie man vom Anfang beginnt. In *Die Idee des Kommunismus. Band 1*, hg. v. Slavoj Žižek und Costas Douzinas, übers. v. Harald Etzbach, 251–270. Hamburg: Laika.

Williams, Raymond. 1983. *Keywords*. Stichworte: Common, Communication, Communism, 70–75. New York: Oxford University Press.

Fuchs, Christian. 2011. *Foundations of critical media and information studies*. Kapitel 9: Schluss, 323–349. New York: Routledge.

Diese Texte stellen die Idee der Commons allgemein und im Kommunikationsbereich vor. Sie bilden eine gute Grundlage, um über die Relevanz von Commons für das Internet nachzudenken. Stellen Sie sich folgende Fragen:

- Was sind Commons? Welche Arten von Commons gibt es? Erstellen Sie eine systematische und möglichst vollständige Typologie, deren Kategorien sich nicht überschneiden.

- Was sind kommunikative Commons?

- Inwiefern kann Wikipedia als kommunikative Commons gelten?

Übung 11.2

Wright, Erik Olin. 2017. *Reale Utopien. Wege aus dem Kapitalismus.* Übers. v. Max Henninger. Einleitung: Warum reale Utopien?; Kapitel 7: Reale Utopien II: Gesellschaftliche Ermächtigung und die Wirtschaft; Schluss: Utopien verwirklichen. Berlin: Suhrkamp.

Carr, Nicholas. 2011. Questioning Wikipedia. In *Critical point of view: A Wikipedia reader,* hg. v. Geert Lovink und Nathaniel Tkacz, 309–324. Amsterdam: Institute of Network Cultures.

O'Neil, Mathieu. 2010. Wikipedia and authority. In *Critical point of view: A Wikipedia reader,* hg. v. Geert Lovink und Nathaniel Tkacz, 309–324. Amsterdam: Institute of Network Cultures.

O'Neil, Mathieu. 2011. The sociology of critique in Wikipedia. *Critical Studies in Peer Production* RS 1.2: 1–11.

van Dijck, José. 2013. *The culture of connectivity: A critical history of social media.* Kapitel 7: Wikipedia and the neutrality principle.Oxford: Oxford University Press.

Diese Autoren vertreten unterschiedliche Meinungen über Wikipedia. Bilden Sie Arbeitsgruppen, diskutieren Sie die folgenden Fragen und stellen Sie Ihre Ergebnisse im Seminar vor:

- Wie unterscheidet sich Wikipedia von Google Docs, Facebook, Twitter und YouTube?

- Erstellen Sie eine Liste der Gemeinsamkeiten und Unterschiede in der Bewertung von Wikipedia durch die vier Autoren. Welchen Kriterien folgen sie dabei jeweils?

- Im Gesamturteil über Wikipedia bestehen Differenzen zwischen den vier Autoren. Formulieren Sie Ihre Meinung dazu individuell und als Gruppe. Ist Wikipedia die Keimform eines alternativen Internets? Wenn ja, in welcher Hinsicht? Wenn nein, warum nicht?

Übung 11.3

Führen Sie ein Gruppenprojekt durch: Wählen Sie ein kontrovers diskutiertes aktuelles Thema, dessen Darstellung bei Wikipedia zurzeit häufig überarbeitet wird. Versuchen Sie als Gruppe zur Verbesserung des Artikels beizutragen, indem Sie wissenschaftlich recherchieren und den Text ergänzen. Begeben Sie sich in die Welt von Wikipedia und setzen Sie sich auf der Diskussionsseite mit anderen darüber auseinander, wie sich bestimmte Absätze verbessern ließen. Tun Sie dies eine Woche lang und schreiben Sie in der Woche darauf ihre Erfahrungen auf:

- Was war positiv, was weniger positiv? Wie haben Sie sich als aktive Wikipedianer gefühlt? Wie beurteilen Sie Wikipedia als ein Projekt? Was haben Sie als Gruppe durch die gemeinsame Arbeit an einem Wissensprojekt gelernt? Bereiten Sie gemeinsam eine Präsentation und vor und diskutieren Sie mit den anderen Arbeitsgruppen Ihre Ergebnisse.

12 Alternativen: Auf dem Weg zu wirklich sozialen Medien

Kernfragen

- Welche Ideologien gibt es über soziale Medien?
- Wie untergräbt die Ausbeutung digitaler Arbeit den sozialen Aspekt von sozialen Medien?
- Welche Alternativen gibt es zu kapitalistischen sozialen Medien? Wie könnten wirklich öffentliche, soziale und auf Commons beruhende Medien aussehen?

Schlüsselbegriffe

- Kapitalistische soziale Medien
- Neoliberalismus
- Krise
- Alternative soziale Medien
- Commons
- Auf Commons beruhende soziale Medien

12.1 Die Realität sozialer Medien: Ideologien und Ausbeutung

Ideologie

Um soziale Medien ranken sich viele ideologische Mythen, Spekulationen, Hoffnungen und Ängste. Manche verbinden mit ihnen neue Formen von Demokratie, eine Renaissance der Öffentlichkeit, Wohlstand, neue Arbeitsplätze oder auch politischen Wandel und Revolutionen; andere sehen in ihnen die Ursache von Kriminalität, Terrorismus, Misogynie, Hass usw. Doch was soziale Medien und die Gesellschaft insgesamt heute prägt, sind Kapitalismus, Krisen, Klassenverhältnisse und Machtbeziehungen. Die Massenmedien präsentieren ein stark vereinfachtes Bild von der gesellschaftlichen Rolle des Internets. Es liegt heute klar auf der Hand, dass wir nicht in irgendeiner Gesellschaft leben, sondern in einer kapitalistischen, die auch den Kontext des Internets bildet.

Der Technikdeterminismus überschätzt die Rolle von Technik in der Gesellschaft und übersieht, dass sie in diese eingebettet ist und dass Unruhen und Revolutionen das Werk von Menschen sind, die in Machtverhältnissen leben und gegen sie aufbegehren – nicht von Technik. Neue Technologien erzeugen häufig »Gefühlsausbrüche, die kurzzeitig die Vernunft überwältigen« (Mosco 2004: 22). Technikdeterminismus ignoriert die politische Ökonomie von Ereignissen. Im Falle der sozialen Medien schlägt sich in ihm das Bild eines digitalen Erhabenen nieder: »der Cyberspace ist zur jüngsten Ikone des technischen und elektronischen Erhabenen geworden, gepriesen für seine epochalen und überragenden Eigenschaften, dämonisiert für die Tiefe des Bösen, das er heraufbeschwören kann« (Mosco 2004: 24).

Kritische Theorie und die kritische politische Ökonomie der Medien analysieren, wie das Zusammenspiel von Ausbeutung, Herrschaft, Kommodifizierung und Ideologie die mediale Kommunikation prägt, welche Potenziale für Alternativen bestehen und wie Kämpfe diese Potenziale nutzen und fördern können.

Wenn wir über soziale Medien sprechen, müssen wir uns mit dem Begriff des Sozialen und folglich mit Gesellschaftstheorie befassen. Wir müssen näher angeben, welche Bedeutungen wir dem Begriff beilegen. Wenn wir von einem mehrdimensionalen Verständnis ausgehen, erkennen wir am sozialen Charakter von Medien zugleich Kontinuität und Wandel. Die Entwicklung von Medien vollzieht sich dialektisch.

Ausbeutung

Im vorliegenden Buch habe ich die doppelte Logik von Kommodifizierung und Ideologie betont, die kapitalistische soziale Medien prägt. Deren Kapitalakkumulation beruht auf der Kommodifizierung von Nutzerdaten, auf unbezahlter Arbeit von Internetnutzern, gezielter Werbung und wirtschaftlicher Überwachung. Google ist der dominierende Akteur in diesem Geschäft. Es ist kein Kommunikationsunternehmen, sondern die größte Werbeagentur der Welt. Es hat ein ausgeklügeltes System der personalisierten Werbung entwickelt, das eine Vielzahl von Daten über die Interessen und Aktivitäten der Nutzer sammelt (demografische, technische, ökonomische, wirtschaftliche, politische, kulturelle und ökologische Informationen), über ihre Kommunikation, ihre Netzwerke und ihre Kooperationen. Facebook ist die wichtigste soziale Netzwerkseite. Es hat ein System der Kommodifizierung entwickelt, das vor allem auf Netzwerke, Kontakte, Nutzerprofile und die von Nutzern unbezahlt erstellten Inhalte zielt. Twitter ist eine Mikroblog-Plattform, die zum Gegenstand politischer Mythenbildung geworden ist. Edward Snowden hat enthüllt, wie die von Kommunikationsunternehmen gestützten Klassenstrukturen in einen staatlich-industriellen Überwachungskomplex eingebettet sind, der durch die naive rechte Überzeugung genährt wird, Terrorismus und organisierte Kriminalität ließen sich durch mehr Überwachung und *Law and Order* verhindern. In diesem Komplex verbinden sich *Big Brother*, *Big Capital* und *Big Data*; der Überwachungsstaat verschmilzt mit dem Überwachungskapitalismus.

Unsere Analyse hat gezeigt, dass Twitter Politik nur als randständiges Thema kennt, von der urbanen Mittelschicht dominiert wird und keine Öffentlichkeit darstellt. Nichtkommerzielle, gemeinnützige Internetprojekte wie Wikipedia stehen dagegen für die Logik von gemeinschaftlicher Produktion, gemeinschaftlicher Kontrolle und Gemeineigentum. Alternative Online-Medien (etwa WikiLeaks, Indymedia, AlterNet, Democracy Now!, OpenDemocracy) versuchen alternative, kritische Informationen verfügbar zu machen und kritische Debatten zu fördern (Fuchs 2010a; Sandoval und Fuchs 2010).

Antizipative und begrenzte Sozialität

Management-Gurus, Marketingstrategen und unkritische Akademiker verwenden die Begriffe »Web 2.0«, »soziale Medien« und »soziale Software« ideologisch, indem sie Neuartigkeit und demokratischen Potenziale dieser Phänomene überzeichnen. Eines der Ziele dieser Ideologie besteht darin, neue Geschäftsmodelle zu schaffen und Finanzkapital anzulocken. Im zeitgenössischen Kapitalismus sind die Grenzen zwischen Arbeit und Spiel verschwommen. Googles Managementphilosophie kennzeichnet eine Betonung spielerischer Arbeit (*playbour*), worin sich ein neuer (ideologischer) Geist des Kapitalismus ausdrückt. Viele Analysen von Google sind eindimensional und daher in dem Sinne ideologisch, dass sie nur positive oder negative Aspekte sehen. Google ist ein dialektisches System, in dem sich die Widersprüche des heutigen Kapitalismus widerspiegeln. Es treibt die Vergesellschaftung der vernetzten Produktivkräfte voran und schafft so neue Potenziale für Kognition, Kommunikation und Kooperation, begrenzt diese Potenziale aber zugleich im Rahmen kapitalistischer Klassenverhältnisse und beutet sie zu Geschäftszwecken aus. Der Mainstream der Forschung über soziale Netzwerkseiten beruht auf einer individualistischen und bürgerlichen Ideologie der Privatheit, die das Teilen von Informationen als zwangsläufig schlecht betrachtet und die von gezielter Werbung und Nutzerausbeutung hervorgerufenen Probleme ignoriert. Kapitalistische soziale Medien arbeiten mit Datenschutzrichtlinien und Nutzungsbedingungen, die die Kommodifizierung von Internet-Prosumenten rechtlich absichern – ein Datenschutzmodell, in dem sich die Ideologie der Selbstregulierung von Konzernen niederschlägt. Den Nutzern wird versichert, mit ihren Daten werde verantwortungsvoll umgegangen, gleichzeitig erlauben die Richtlinien Verstöße gegen den Datenschutz und sind insofern ideologische Dokumente. Über den politischen Gebrauch sozialer Medien wird vieles behauptet – Twitter und anderen Plattformen bewirkten eine Erneuerung der Öffentlichkeit, seien die Ursache von Revolutionen, Gewalt usw. Weder Technikoptimismus noch Technikpessimismus ist eine geeignete Methode für die Analyse sozialer Medien. Vielmehr gilt es den Fokus von der Technik an sich auf das Zusammenspiel von Machtstrukturen und politischer Ökonomie des Kapitalismus mit sozialen Medien zu verschieben.

Soziale Medien in ihrer heutigen Form treiben die Vergesellschaftung menschlicher Tätigkeiten voran, die zugleich eingesperrt bleiben in Privateigentumsverhältnisse – die Medienkonzerne fördern die gesellschaftliche Produktion wie auch die private Aneignung von Daten, indem sie Daten, menschliche Kreativität und soziale Beziehungen kommodifizieren. Sie sind in unvollkommener Weise sozial: Während ihre gesellschaftliche Form der Produktion über den Kapitalismus hinausweist, unterstehen sie dem Eigentum und der Kontrolle einer Elite, die ihre Partikularinteressen verfolgt. Soziale Medien antizipieren eine volle Sozialität der menschlichen Existenz, in ihrer kapitalistischen Form jedoch wird dieses Potenzial durch Eigentumsstrukturen und Kapitalakkumulation eingeschränkt. Sie weisen somit eine zugleich antizipative und beschränkte Sozialität auf. Wir brauchen Alternativen zu ihnen.

Jaron Lanier: Die totale Kommodifizierung des Internets

Jaron Lanier teilt mit der Theorie der digitalen Arbeit die Erkenntnis, dass der Wert sozialer Medien durch Millionen von Nutzer geschaffen wird, die etwas zu ihren Netzwerken beitragen, ohne dafür bezahlt zu werden. Seine Antwort auf dieses Problem lautet jedoch nicht, dass man den digitalen Kapitalismus abschaffen muss. Er will ihn vielmehr vertiefen. Unbezahltes Arbeiten habe die »Mittelschicht« zerstört; nun müsse man »die Menschen für die Informationen bezahlen, die man über sie sammelt, falls sich diese Informationen als wertvoll erweisen« (Lanier 2014, 31).

Wir wollen selbstverständlich kostenlose Online-Dienste nutzen und nehmen dafür in Kauf, dass wir für die Informationen, die wir beständig liefern, nicht bezahlt werden. [...] Sirenenserver sammeln Daten im Netzwerk, für die sie nichts bezahlen müssen. Die Daten werden mit den leistungsfähigsten Computern analysiert, die von Spitzenkräften gewartet werden. Die Ergebnisse der Analysen werden geheim gehalten, aber dazu genutzt, die übrige Welt zum eigenen Vorteil zu manipulieren. [...] Die letzten Wellen der High-Tech-Innovationen haben nicht in dem Maße Arbeitsplätze geschaffen wie frühere technische Neuerungen. Neue Kult-Unternehmen wie Facebook beschäftigen deutlich weniger Mitarbeiter als die großen »klassischen Firmen« wie beispielsweise General Motors. [...] Die Gruppen der Mittelschicht, die bereits ihre Absicherung verloren haben, werden manchmal auch »Kreative« genannt. Zu ihnen gehören Musiker, Journalisten und Fotografen. Es gab noch eine größere Gruppe, die das Umfeld der Kreativen bildete, etwa Studiomusiker und Redakteure, die »gute Jobs« (sichere Arbeitsplätze mit Zusatzleistungen) hatten. [...] wer eine liberale Demokratie haben will, muss eingestehen, dass eine Demokratie ohne eine starke Mittelschicht verwundbar ist. [...] Wenn sämtliche Informationen in den Netzwerken gewertet werden [...], entsteht eine Wirtschaft, die weiter wachsen kann, auch wenn immer mehr Aktivitäten softwarevermittelt sind. [...] Eine monetisierte Version eines vermaschten Netzwerks könnte einen organischen Weg zu mehr Wohlstand für die Mittelschicht darstellen, der besser wäre als die derzeitigen Absicherungsmaßnahmen, die die Mittelschicht im prädigitalen Kapitalismus am Leben hielten. [...] Wenn Google also die Anzeigen platziert, die Bezug auf Ihre Heirat

*nehmen, und damit eine bestimmte Summe durch die Versteigerung
von Annoncen und Klickraten verdienen würde, würden auch Sie
umgehend und proportional zum Verdienst von Google bezahlt werden. [...] Ich möchte die Big Data der Wirtschaft nicht schlechtma-
chen, im Gegenteil [...]. In der zukünftigen Welt, die ich hier schilde-
re, müsste jeder Sirenenserver für die gesammelten Informationen einen Preis bezahlen, der proportional zu ihrem Wert ist. Dieser Wert
wird über die Erwartungen an zukünftige Transaktionen bestimmt.
Es würde immer noch vorkommen, dass man Sie »ausspioniert«, vor
allem wenn Sie Kunde einer Dienstleistung sind, die in direktem Zusammenhang mit Ihnen und Ihren Angaben steht. Doch wenn ein
Unternehmen Ihnen über ein Netzwerk etwas anbietet, das zu bezahlen sich lohnt, müsste der Erfolg in erster Linie auf einer Wertschöpfung basieren, die über die Spionage hinausgeht, auf Grundlage der
einzigartigen Kompetenz des Verkäufers.* (Lanier 2014, 40, 88, 90,
130, 275, 308, 316, 363, 375, 404)

In einer kapitalistischen Welt sind sowohl Löhne wie Profite ein
inhärenter Bestandteil des Kapitals. Hält man den Kapitalismus für
die beste Art der Reichtumsproduktion, muss man folglich die Profite
erhöhen, um die Löhne erhöhen zu können. Lanier hinterfragt den
Kapitalismus nicht, sondern unterschreibt ihn vollständig. Er plädiert
für eine Vertiefung und totale Ausbreitung von Kapitalismus und
Überwachung im Internet, um die gesamte Online-Welt zu kommodifizieren. Alle digitale Arbeit soll sodann vergütet werden. Eine restlos
kommodifizierte Welt ist jedoch zugleich eine Welt der Klassenverhältnisse, von Ausbeutern und Ausgebeuteten. Eine andere politische
Ökonomie als den Kapitalismus vermag sich Lanier nicht vorzustellen; gemeinnützige öffentliche Dienste und zivilgesellschaftliche
Medien existieren in seinem Universum nicht. Die Mittelschicht, auf
deren Wiederkehr er hofft, setzt eine Unterscheidung zwischen Armen, Reichen und einer Mitte dazwischen voraus. Heute definieren
sich häufig sowohl Arme wie Reiche als Teil der Mittelschicht – die
Armen, weil sie sich für ihre Armut schämen, die Reichen, um ihren
Reichtum herunterzuspielen. Der digitale Kapitalismus beruht auf
einem Klassenkonflikt zwischen digitalem Kapital und digitaler Arbeit. Die Lösung besteht nicht in der Einführung einer zusätzlichen
Klasse, sondern in der Infragestellung der Klassenverhältnisse im
Internet und der Gesellschaft.

12.2 Alternativen

Das Internet und die Logik der Commons

Ausbeutung und Ideologie sollten infrage gestellt und herausgefordert werden. Der Kapitalismus ist nicht das Ende der Geschichte. Das kapitalistische Internet ist nicht das Ende der Geschichte. Eine andere Gesellschaft ist möglich. Ein anderes Internet ist möglich. Beide müssen in ihren Grundstrukturen verändert werden. Doch Alternativen erfordern Kämpfe. Wir haben gesehen, dass alternative Plattformen wie Diaspora*, Wikipedia und WikiLeaks einen widersprüchlichen Charakter haben: Geprägt von Kommodifizierung und bürgerlicher Ideologie, weisen ihre Potenziale zugleich über den Kapitalismus und das kapitalistische Internet hinaus. Sie antizipieren ein auf Commons gegründetes Internet jenseits von Kapitalakkumulation, Werbung, Profit und sozial geschichteter Aufmerksamkeitsökonomie, ein Internet, das stattdessen Wissen, Kommunikation und Kooperation als soziale Betätigung von Menschen ermöglicht. Ein auf Commons gegründetes Internet ist möglich – ein Internet, in dem Menschen teilen, kommunizieren, entscheiden, diskutieren, spielen, etwas erschaffen, kritisieren, sich vernetzen, zusammenarbeiten, Freundschaften knüpfen und pflegen, sich verlieben, sich und andere unterhalten, sich gemeinsam bilden, und all das ohne Vermittlung durch Privatunternehmen.

Die Logik der Commons ist die Logik einer Menschheit, die erkannt hat, dass alle Menschen gleichberechtigt an der Gesellschaft teilhaben und von ihr profitieren sollten (siehe Dyer-Witheford 1999, 2007, 2009; Fuchs 2011b; Hardt und Negri 2010; Žižek 2012b). Technik und Medien sind nicht der Hauptaspekt, sondern ein Teil der Gesellschaft. Deshalb sollten alle Menschen wirklich an ihnen teilhaben und von ihnen profitieren können, was heute nicht der Fall ist. Der Kapitalismus ist eine Klassengesellschaft und das kapitalistische Internet von Klassen strukturiert: Konzerne und andere zentrale Akteure dominieren die Aufmerksamkeit und streichen den symbolischen, sozialen und materiellen Nutzen ein. Eine gerechte Gesellschaft ist eine klassenlose Gesellschaft, ein gerechtes Internet ein klassenloses Internet.

Kapitalismus, Neoliberalismus, Krise

Alle Formen von Kapitalismus sind widersprüchlich und erzeugen Krisen. Die 2008 ausgebrochene Weltwirtschaftskrise war das Ergebnis von jahrzehntelangem neoliberalen Kapitalismus. Der Neoliberalismus beruht auf der »Unterordnung sämtlicher sozioökonomischer

Felder unter den Akkumulationsprozess, sodass ökonomische Funktionen den bestimmenden Ort im Staat einnehmen« (Jessop 2008, 132). Seine Ideologie berücksichtigt fast ausschließlich die Kapitalakkumulation:

> *Der Neoliberalismus ist zunächst einmal eine Theorie politisch-ökonomischen Handelns, die davon ausgeht, dass man den Wohlstand der Menschen optimal fördert, indem man die individuellen unternehmerischen Freiheiten und Fähigkeiten freisetzt, und zwar innerhalb eines institutionellen Rahmens, dessen Kennzeichen gesicherte private Eigentumsrechte, freie Märkte und freier Handel sind. [...] Die Neoliberalen gehen also davon aus, dass der gesellschaftliche Nutzen durch Maximierung der Reichweite und Frequenz der Markttransaktionen ebenfalls maximiert wird, weshalb sie den Herrschaftsbereich des Marktes auf alle Felder menschlichen Handelns ausdehnen wollen. Das setzt Technologien der Informationsbeschaffung voraus, aber ebenso die Fähigkeit, umfassende Datenmengen zu akkumulieren, zu verwalten, weiterzugeben und zu analysieren, um anhand dieses Materials Entscheidungen auf Weltmarktebene treffen zu können.* (Harvey 2007a, 8, 10)

Negative gesellschaftliche Auswirkungen zählen weniger als die ökonomische Logik. David Harvey (2005a, 19) spricht in diesem Zusammenhang davon, dass der neoliberale Staat für ein gutes Wirtschaftsklima sorgen will, damit die Bedingungen der Kapitalakkumulation optimiert werden, ohne dabei Rücksicht auf die Auswirkungen zu nehmen, die die Akkumulation auf Beschäftigung und die soziale Situation hat. Der Kapitalismus ist von Haus aus krisenträchtig; seine Geschichte ist auch eine Geschichte wirtschaftlicher und politischer Krisen. Der Neoliberalismus hat die Ungleichheit verschärft. Wir haben in diesem Buch auch erörtert, dass nichtwestliche Länder nicht automatisch eine Alternative zu globalem Kapitalismus und Neoliberalismus hervorbringen. China hat ein immenses Wirtschaftswachstum erlebt, aber zugleich in signifikantem Maß neoliberale politische Maßnahmen übernommen und wachsende Ungleichheit produziert. In Indien ist eine Mischung aus rechtem Hindu-Nationalismus und neoliberaler Politik zur vorrangigen Ideologie der Regierungspartei geworden.

Kämpfe

Die hauptsächliche politische Reaktion auf die Krise ist die Durchsetzung eines Hyper-Neoliberalismus gewesen, der den Neoliberalismus verstärkt, indem er die Steuergelder der Lohnabhängigen für die Konsolidierung des Finanzsystems einsetzt und dafür auf der anderen

Seite bei Sozialleistungen, Bildung, Gesundheit und Rente die Haushaltsmittel kürzt. In vielen Ländern hat infolgedessen die Rechte und extreme Rechte bei Wahlen Auftrieb erhalten. Eine andere wichtige, wenngleich schwächere Krisenfolge waren breite Proteste in Ländern wie Griechenland, Portugal und Spanien, Studentenbewegungen an vielen Orten, die Aufstände und Revolutionen in arabischen und nordafrikanischen Ländern (etwa Tunesien und Ägypten) sowie diverse Occupy-Bewegungen und Riots. So unterschiedlich diese Krisenfolgen sind, sie drücken Unmut über den Kapitalismus aus und erinnern uns daran, dass wir eine klassenlose Gesellschaft brauchen, um Ungleichheiten zu überwinden. Heute scheint es nur zwei Optionen zu geben: Die Fortsetzung und Verschärfung der 200 Jahre währenden Barbarei des Kapitalismus – oder Sozialismus.

Kämpfe für ein auf Commons beruhendes Internet müssen mit Kämpfen für Sozialismus verbunden werden. In Kapitel 8 habe ich das Konzept eines sozialistischen Datenschutzes eingeführt. Er kann für Verbraucher, Prosumenten und Lohnabhängige nur in einer Wirtschaft erreicht werden, die nicht von Profitinteressen beherrscht, sondern von ihnen selbst kontrolliert und verwaltet wird. Folgten Internetplattformen nicht einem Profitmotiv, wäre die Kommodifizierung von Nutzerdaten und -aktivitäten überflüssig. Eine solche Situation zu erreichen ist aber keine primär technische Aufgabe, sondern erfordert vor allem gesellschaftliche Veränderungen. Maßnahmen für sozialistischen Datenschutz sind Teil eines Kampfes für eine gerechte Gesellschaft. Oscar Gandy (2011, 183) argumentiert, so wie Gesellschaften erkannt hätten, dass »die Märkte von sich aus keine Gewähr für eine gesunde und nachhaltige Umwelt bieten«, und folgerichtig den Umweltschutz »ausdrücklich als ein wichtiges Ziel der staatlichen Politik« begreifen würden, sollten sie auch die Notwendigkeit von Verbraucherschutz im Cyberspace als Teil einer Politik begreifen, die die »Informationsumwelt« schützt.

Sieben Strategien für dieses Ziel sind: (1) die Nutzung von Datenschutzgesetzen; (2) die Durchsetzung des Opt-in-Verfahrens bei Online-Werbung; (3) zivilgesellschaftliche Beobachtung von Internetunternehmen; (4) Gewerkschaften für digitale Arbeiter; (5) Gründung und Unterstützung alternativer Plattformen; (6) Unternehmensbesteuerung und eine Gebühr für partizipative Medien; und (7) die Herstellung eines anderen gesellschaftlichen Kontextes der Internetnutzung.

Datenschutzgesetze

Eine Strategie besteht darin, Internetkonzerne mit den bestehenden Datenschutzgesetzen dazu zu zwingen, Nutzerinteressen nicht Profitinteressen unterzuordnen, und für strengere Datenschutzgesetze im Interesse der Verbraucher zu kämpfen.

Kämpfe gegen den von Konzernen dominierten, kommerziellen Charakter des Internets können auch auf die existierenden Gesetze zurückgreifen. Am 18. August 2011 reichten Mitglieder der von österreichischen Jurastudenten gegründeten Initiative »Europe vs. Facebook« Klage beim Datenschutzbeauftragten Irlands ein, wo Facebook Europe seine Zentrale hat. Sie führten 16 Klagepunkte an und forderten den Beauftragten auf, zu überprüfen, ob Facebook damit gegen die europäischen Datenschutzgesetze verstößt. Der Klage war allerdings relativ wenig Erfolg beschieden, da die irischen Behörden Facebooks Kommodifizierung von persönlichen Daten als eine rechtlich zulässige Geschäftsstrategie werten.

Durchsetzung des Opt-in-Verfahrens bei Online-Werbung

Eine Alternative zu Opt-out-Verfahren bei personalisierter Werbung sieht Oscar Gandy (1993) in Opt-in-Verfahren, einer ausdrücklichen Einwilligung gut informierter Verbraucher. Solche Verfahren sowie die standardmäßige Voreinstellung aller Browser auf die »Do-Not-Track«-Option bei Cookies sind fortschrittliche Konstruktionsprinzipien, die dazu beitragen können, die problematische Realität des Internets zu verändern. Verbraucher- und Datenschützer favorisieren gewöhnlich Opt-in-Verfahren, während Unternehmen und Marketingverbände zumeist für Opt-out-Lösungen und Selbstregulierung im Werbegeschäft eintreten, um Profite zu maximieren (Bellman et al. 2004; Federal Trade Commission 2000; Gandy 1993; Quinn 2006; Ryker et al. 2002; Starke-Meyerring und Gurak 2007). Sozialistische Datenschutzgesetze könnten allen kommerziellen Internetplattformen vorschreiben, Werbung nur als Opt-in-Option einzusetzen, was den Nutzern mehr Möglichkeiten der Selbstbestimmung geben würde.

Innerhalb des Kapitalismus ist es sicher erstrebenswert, Konzerne per Staatsgesetz zu solchen Schritten zu nötigen, aber zugleich unwahrscheinlich, dass die Konzerne Opt-in-Verfahren zustimmen, da diese den Umfang gesammelter und kommodifizierter Nutzerdaten mit großer Wahrscheinlichkeit signifikant verringern und so einen Einbruch der Werbeeinnahmen bewirken würden. Personalisierte Werbung nur im Opt-in-Verfahren zu organisieren, wäre noch kein vollständiger Datenschutz für die Nutzer, aber ein Schritt in diese Richtung.

Aufsichtsplattformen als Kampf gegen die Konzernmacht

Um die umfassende Überwachung von Konsumenten, Produzenten und Prosumenten zu verhindern, sind Bewegungen und Kämpfe nötig. Kojin Karatani (2005) meint, die Konsumtion sei der einzige Raum im Kapitalismus, in dem Lohnabhängige zu Subjekten werden können, die durch Boykottmaßnahmen Druck auf das Kapital ausüben. Ich halte dies nicht für zutreffend, denn bei Streiks treten Lohnabhängige durchaus als Subjekte auf, die imstande sind, die Produktion zu boykottieren, dem Kapital finanziell zu schaden und Druck für politische Forderungen zu machen. Gleichwohl behauptet Karatani meines Erachtens zurecht, dass die Rolle des Verbrauchers in der marxistischen Theorie und Praxis unterschätzt worden ist. Dass Konsumenten in der heutigen Medienlandschaft zu Produzenten werden, die Mehrwert schaffen, unterstreicht die gewichtige Rolle von Verbrauchern im zeitgenössischen Kapitalismus sowie des kritischen Punktes, »an dem sich Arbeiter und Konsument überschneiden« (Karatani 2005, 21). Für politische Strategien bedeutet dies die Aktualität einer Bewegung, die als »transnationale Vereinigung von Verbrauchern/Arbeitern« auftritt: Mit ihr führen »Arbeiter als Verbraucher oder Verbraucher als Arbeiter» einen »Klassenkampf gegen den Kapitalismus« (Karatani 2005, 294-295).

Kritische Bürger und Bürgerinitiativen, Verbrauchergruppen, soziale Bewegungen, kritische Forscher, Gewerkschaften, Experten und Gruppen im Bereich Daten- und Verbraucherschutz sowie kritische Politiker und Parteien sollten die Überwachung und Ausbeutung durch Internetkonzerne genauestens beobachten und dokumentieren, ebenso wie Maßnahmen seitens Unternehmen und Politikern, die den Datenschutz bedrohen oder die Überwachung der Bürger verstärken. Eine solche Dokumentation ist am effektivsten, wenn sie öffentlich zugänglich ist; das Internet bietet die Mittel dafür. Es kann dabei helfen, die Überwacher und Ausbeuter zu überwachen und das Bewusstsein der Öffentlichkeit zu schärfen. In den vergangenen Jahren sind Organisationen entstanden, die Unternehmen beobachten und dafür Online-Plattformen betreiben, beispielsweise

▩ CorpWatch Reporting (www.corpwatch.org)

▩ Transnationale Ethical Rating (www.transnationale.org)

▩ The Corporate Watch Project (www.corporatewatch.org)

▩ Multinational Monitor (www.multinationalmonitor.org)

▩ Responsible Shopper
  (www.greenamerica.org/programs/responsibleshopper)

▓ Endgame Database of Corporate Fines
(www.endgame.org/corpfines.html)

▓ Corporate Crime Reporter (www.corporatecrimereporter.com)

▓ Corporate Europe Observatory (www.corporateeurope.org)

▓ Corporate Critic Database (www.corporatecritic.org)

▓ Students and Scholars against Corporate Misbehaviour
(http://sacom.hk)

▓ China Labor Watch (www.chinalaborwatch.org)

▓ Center for Media and Democracy's PR Watch (www.prwatch.org)

Transnationale Ethical Rating zum Beispiel versucht, Verbraucher
und Forscher über Konzerne zu informieren und bewertet diese anhand quantitativer und qualitativer Daten über Verstöße gegen Ar-
beitnehmer- und Menschenrechte, Entlassungen, Profite, Umsätze,
Bezahlung von Vorständen und Managern, Offshore-Banking, Fi-
nanzkriminalität, Umweltverschmutzung, Korruption und dubiose
Praktiken im Kommunikationsbereich. Zu diesen zählen »fragwürdige Partnerschaften [von einem Unternehmen, das die Umwelt zerstört, mit einer Umweltschutzorganisation], irreführende Werbung,
Desinformation, kommerzielle Invasion, Spionage, Missbrauch privater Daten, Biopiraterie und Enteignung öffentlichen Wissens«.[219] Die
Aufgabe solcher Organisationen ist es, verantwortungslose Praktiken
von Konzernen zu dokumentieren. Sie können Unternehmen der
Informations-, Kommunikations- und Medienbranche (sowie Unternehmen im Allgemeinen) nicht nur beobachten, sondern deren Verhalten auch in den größeren politökonomischen Kontext der Unverantwortlichkeit von Unternehmen rücken (dem realen Gegenteil der
Ideologie des »sozial verantwortlichen Unternehmens«).

Abbildung 12.1 zeigt exemplarisch einen Artikel der Plattform
Corpwatch.org über Google. Darin heißt es:

> Kinder sind zu lukrativen Zielscheiben für Datensammelunterneh-
> men geworden [...]. Nur wenige Wochen, nachdem Google einen
> Rechtsstreit wegen des Verkaufs von Schülerdaten zu Werbezwecken
> beigelegt hat, enthüllt die Publikation die Existenz einer ganzen In-
> dustrie, die Schülern und Lehrern Internetanwendungen zur Verfü-
> gung stellt, dabei Daten sammelt und diese vermarktet.

---

[219] www.transnationale.org/aide.php, abgerufen 10.06.2018.

Home

☑ E-Mail Page
🖨 Printer Safe

Lawsuit Against Google Highlights Mining of Student Data

by Rozali Telbis, Special to CorpWatch
May 26th, 2014

Children have become lucrative targets for data mining companies, according to a study by Politico magazine. Just weeks after Google settled a lawsuit for selling student data for advertising, the publication revealed an entire industry devoted to marketing data gathered from Internet applications offered to students and their teachers.

Many modern software companies offer free tools to everyone like email, games and search engines that come with strings attached. Google is perhaps the best known because it offers students an entire suite of applications from calendars to chat services and data storage. In return the company has made money by selling personal information gleaned from users for targeted advertising.

Protest at Google Headquarters. Photo: Steve Rhodes. Used under Creative Commons license.

Abbildung 12.1: Ein Artikel über Google von der Internetseite Corpwatch.org

Es ist wichtig, dass solche Initiativen Informationen über das unverantwortliche Verhalten von Internetkonzernen sammeln und dokumentieren, doch bislang scheinen diese Informationen noch sehr lückenhaft zu sein und viele Internetkonzerne nicht beobachtet zu werden. Man könnte zum Beispiel auch Googles Praxis der personalisierten Werbung und viele weitere unverantwortliche Praktiken des Unternehmens dokumentieren (siehe Kapitel 7). Sie sind für den Nutzer sehr undurchsichtig; welche Daten über ihn gespeichert und vermarktet werden, bleibt ihm unklar. In jedem Fall sind zusätzliche Anstrengungen dafür nötig, die soziale Unverantwortlichkeit von Internetkonzernen zu dokumentieren und bei dieser Überwachung der Überwacher auch den Kontext von Verstößen gegen den Datenschutz zu thematisieren.

Online-Plattformen zur Überwachung von Konzernen sind ein Versuch, asymmetrische wirtschaftliche Machtbeziehungen zu bekämpfen, indem Fakten dokumentiert werden, die die ökonomische Macht transparenter machen. Das bewirkt noch keine Abschaffung von Ausbeutung und Unterdrückung, kann aber ein nützliches Instrument im Kampf gegen beides sein. Handeln hat immer mit Ereignissen zu tun. Wenn kein Wissen über repressive Praktiken besteht, weil sie von der Öffentlichkeit abgeschirmt werden, dann sind Reaktionen darauf unwahrscheinlich. Die Mächtigen im Auge zu behalten, führt nicht zwangsläufig zu Kämpfen, macht sie aber wahrscheinlicher. Dazu ist es auch nötig, dass solche Initiativen Beispiele für die Unverantwortlichkeit von Unternehmen nicht als Ausnahme von der Regel und zufällige schlechte Praktiken darstellen, sondern als *notwendig* aus der Systemlogik des Kapitalismus hervorgehende Unverantwortlichkeit und schlechte Praktiken. Marisol Sandoval argumentiert in diesem Kontext, dass die Ideologie des »sozial verantwortlichen Unternehmens« nicht nur die reale Unverantwortlichkeit von Unternehmen kaschiert, sondern auf die Verantwortung dafür verweist, Unternehmen zu sozialisieren:

Um den »rationellen Kern« in der »mystischen Hülle« zu entdecken, muss man die Formel vom »sozial verantwortlichen Unternehmen« vom Kopf auf die Füße stellen – und dann wird daraus die Verantwortung, Unternehmen zu sozialisieren. [...] Während die Rede vom sozial verantwortlichen Unternehmen idealistische Hoffnungen auf eine Versöhnung von Unternehmens- und sozialen Zielen innerhalb des Kapitalismus mit sich bringt, hebt die Rede von der Verantwortung, Unternehmen zu sozialisieren, die Notwendigkeit materieller Veränderungen hervor, um eine wirklich sozial verantwortungsvolle und gerechte Wirtschaft zu schaffen. [...] Sie erinnert uns an die Möglichkeit sozial verantwortungsvoller ökonomischer Alternativen jenseits des Kapitalismus, die eine kollektive Entscheidungsgewalt herstellen und anstelle von individuellen Profitzielen gesellschaftliche Bedürfnisse befriedigen. (Sandoval 2015, 619-621).

Auch WikiLeaks ist eine Online-Plattform zur Überwachung der wirtschaftlich und politisch Mächtigen, die deren Macht durch die Veröffentlichung von Geheimdokumenten transparent zu machen versucht. Solche Initiativen (wie alternative Medien im Allgemeinen; siehe Fuchs 2010a; Sandoval und Fuchs 2010) versuchen Gegenmacht auszuüben. Doch sie sind mit einer asymmetrischen Verteilung von Ressourcen konfrontiert, die sie vor das Dilemma stellt, sich zwischen einer besseren Ausstattung und politischer Unabhängigkeit entscheiden zu müssen. Sie stehen im Kapitalismus vor drei ernsthaften Schranken:

[a] Sie beruhen häufig auf prekärer Arbeit und Selbstausbeutung.

[b] Es mangelt ihnen oft an Ressourcen.

[c] Die Bereitstellung von Ressourcen durch Politik oder Wirtschaft kann ihre politische Unabhängigkeit gefährden, da ihre Inhalte dann möglicherweise gefiltert werden.

Um diese Schranken zu überwinden, ist eine Politik erforderlich, die die wirtschaftliche Zensur alternativer Medien (Mangel an Beachtung, Geld und Ressourcen) durch eine sichere Finanzierung beendet. Daraus ergibt sich wiederum das Problem, dass der Staat Druck auf alternative Medien ausüben könnte; zu lösen ist es nur durch sozialistische Regierungen, die die Bedeutung der Zivilgesellschaft für Demokratie und gesellschaftliche Veränderung anerkennen.

Selbstverwaltete Betriebe im Eigentum der Beschäftigten sind Alternativen, die im Hier und Jetzt Keimformen einer sozialistischen Ökonomie darstellen. Marx betonte die Bedeutung solcher »Kooperativen«, benannte aber auch ihre Probleme innerhalb des Kapitalismus:

> *Wir sprechen von der Kooperativbewegung, namentlich den Kooperativfabriken, diesem Werk weniger kühner »Hände« (hands). Der Wert dieser großen Experimente kann nicht überschätzt werden. Durch die Tat, statt durch Argumente, bewiesen sie, daß Produktion auf großer Stufenleiter und im Einklang mit dem Fortschritt moderner Wissenschaft vorgehen kann ohne die Existenz einer Klasse von Meistern (masters), die eine Klasse von »Händen« anwendet; daß, um Früchte zu tragen, die Mittel der Arbeit nicht monopolisiert zu werden brauchen als Mittel der Herrschaft über und Mittel der Ausbeutung gegen den Arbeiter selbst, und daß wie Sklavenarbeit, wie Leibeigenenarbeit so Lohnarbeit nur eine vorübergehende und untergeordnete gesellschaftliche Form ist, bestimmt zu verschwinden vor der assoziierten Arbeit, die ihr Werk mit williger Hand, rüstigem Geist und fröhlichen Herzens verrichtet. In England wurde der Samen des Kooperativsystems von Robert Owen ausgestreut; die auf dem Kontinent versuchten Arbeiterexperimente waren in der Tat der nächste praktische Ausgang der Theorien, die 1848 nicht erfunden, wohl aber laut proklamiert wurden. (Marx 1864, 11–12)*

> *Die Kooperativfabriken der Arbeiter selbst sind, innerhalb der alten Form, das erste Durchbrechen der alten Form, obgleich sie natürlich überall, in ihrer wirklichen Organisation, alle Mängel des bestehenden Systems reproduzieren und reproduzieren müssen. Aber der Gegensatz zwischen Kapital und Arbeit ist innerhalb derselben aufgehoben, wenn auch zuerst nur in der Form, daß die Arbeiter als Asso-*

ziation ihr eigner Kapitalist sind, d.h. die Produktionsmittel zur Ver-
wertung ihrer eignen Arbeit verwenden. Sie zeigen, wie, auf einer
gewissen Entwicklungsstufe der materiellen Produktivkräfte und der
ihr entsprechenden gesellschaftlichen Produktionsformen, naturge-
mäß aus einer Produktionsweise sich eine neue Produktionsweise ent-
wickelt und herausbildet. Ohne das aus der kapitalistischen Produkti-
onsweise entspringende Fabriksystem könnte sich nicht die Koopera-
tivfabrik entwickeln und ebensowenig ohne das aus derselben Produk-
tionsweise entspringende Kreditsystem. (Marx 1894, 456)

Bei sozialen Medien sind sowohl die Programmierer, die die Plattformen schaffen, als auch die Nutzer, die Inhalte und soziale Beziehungen herstellen, Arbeiter. Beide schaffen Gebrauchswerte. Werden
soziale Medien als werbefinanzierte Konzerne organisiert, dann beutet das Kapital sowohl die bezahlten Mitarbeiter als auch die Nutzer-
Arbeiter aus. Ihre Verwandlung in Kooperativen erfordert eine demokratische Kontrolle und Entscheidungsfindung durch alle Arbeiter,
also auch die Nutzer-Arbeiter.

Digitale Gewerkschaften

Eine Gewerkschaft ist eine Arbeiterorganisation für den Kampf um
bessere Arbeitsbedingungen. Marx hielt sie für wichtig:

Die Trades Unions bezwecken nichts andres als das Sinken des Ni-
veaus des Arbeitslohns unter seine traditionell in den verschiednen
Geschäftszweigen gegebne Höhe zu verhindern, das Herunterdrücken
des Preisses des Arbeitsvermögens unter seinen Werth. (Marx 1988,
11)

Er charakterisierte die Gewerkschaften als eine Form der kollektiven
politischen Organisation der Arbeiterschaft: »Die Arbeiter *combini-*
ren, um sich *in dem Contract über den Verkauf ihrer Arbeit* einigerma-
ssen auf den Fuß der *Gleichheit* mit dem *Capitalisten* zu setzen«;
Gewerkschaften »sind von den Arbeitern selbst gestiftete Asseku-
ranzgesellschaften« (Marx 1988, 11-12).

Nicht nur Lohnempfänger sind Arbeiter. Seit dem ausgehenden 20.
Jahrhundert ist der Kapitalismus zunehmend von atypischen Be-
schäftigungsverhältnissen geprägt, darunter prekäre Selbstständige
im Bereich Medien, Kultur und digitale Ökonomie. Sie verdienen
nicht viel, tragen hohe individuelle Risiken und haben häufig unge-
regelte und lange Arbeitszeiten. Daneben gibt es jedoch auch Arbeiter, die überhaupt nicht bezahlt werden, etwa Haus-, Publikums- und
digitale Arbeiter, die ebenfalls Gewerkschaften brauchen, um ihre

Interessen als vom Kapital ausgebeutete Arbeiter zu vertreten. Traditionelle Gewerkschaften konzentrieren sich zumeist auf den Bereich der Lohnarbeit; wie wichtig es ist, auch digitale und andere »kostenlose« Arbeiter zu organisieren, müssen sie erst noch verstehen. Ein Schritt in die richtige Richtung ist der Gedanke einer Gewerkschaft für immaterielle Arbeiter:

> *Die Immaterial Labor Union entstand aus dem Bedürfnis, der Atomisierung der Individuen ins Kollektiv zu entfliehen, über Alternativen zur neoliberalen Grauzone der Multitude und ihrem Dauerzustand der Isolierung nachzudenken, Nutzungsbedingungen zu verhandeln und auf transnationaler Ebene für den Schutz persönlicher Daten einzutreten. Im Kontext von monopolistischen sozialen Medien wie Facebook, Twitter oder Google+ zielt die ILU kurzfristig darauf, Verstöße gegen den Datenschutz sowie unfaire Arbeitsbedingungen zu bekämpfen, die durch die Verarbeitung unserer Online-Daten entstehen, während sie langfristig auf alternative soziale Netzwerke hinarbeitet. [...] Informationen sind zunehmend das Produktionsmittel des digitalen Zeitalters. Die Verwischung der Grenze zwischen Arbeit und Freizeit bedeutet, dass letztere kommodifiziert und die Monetarisierung unserer Beziehungen und Online-Aktivitäten zur Regel wird. [...] Ausgehend von diesen Annahmen ist ein Verständnis von Aktivitäten in sozialen Medien als Arbeit sowie die klare Darlegung dieses Charakters entscheidend, um die Notwendigkeit einer Gewerkschaft aufzuzeigen, die ihre Forderungen im Kontext der digitalen Ökonomie wirkungsvoll vertreten kann.[220]*

Eine solche Gewerkschaft könnte zum Beispiel Nutzerstreiks organisieren, ein allgemeines Grundeinkommen als Lohn für die weltweite unbezahlte Arbeit fordern und für Fonds zur Finanzierung alternativer, nichtkommerzieller Plattformen streiten.

Alternative Internet-Plattformen

Ein weiterer Versuch, der Konzernherrschaft im Internet entgegenzutreten, sind nichtkommerzielle, nicht am Gewinn orientierte Plattformen. Wie das Beispiel Wikipedia zeigt – werbefrei, kostenlos zugänglich und spendenfinanziert –, können durchaus erfolgreiche Plattformen dieser Art geschaffen werden. Das bekannteste Projekt im Bereich soziale Netzwerke ist Diaspora*, das eine Open-Source-Alternative zu Facebook schaffen will. Es wurde 2010 von Dan Grip-

---

[220] http://immateriallaborunion.net/, abgerufen am 27.10.2015, aktuell (10.06.2018) nicht mehr abrufbar.

pi, Maxwell Salzberg, Raphael Sofaer und Ilya Zhitomirskiy gegründet, die damals an der New York University studierten. Das soziale Online-Netzwerk kaioo ist nicht nur nichtkommerziell, sondern gibt den Nutzern auch die Möglichkeit, Nutzungsbedingungen und Datenschutzregeln in einem Wiki zu diskutieren.

Diese Projekte stehen vor demselben Dilemma wie alle alternativen Medien im Kapitalismus: vor dem Widerspruch zwischen alternativen Forderungen und der Realität von knappen Ressourcen und prekärer Arbeit. Die Forderung, nichtkommerzielle Medien zu produzieren, ist wesentlich für die Entstehung einer demokratischen Medienlandschaft, doch gleichzeitig besteht das Problem, dass die Organisation von Medien im Kapitalismus Geld kostet. Medien gegen den Kapitalismus müssen bereits im Kapitalismus organisiert werden. Alternative Medien leben oft von prekärer und ehrenamtlicher Arbeit und verfügen über geringe Mittel; sie sind ständig mit der Gefahr von Kommerzialisierung konfrontiert. Staatliche Förderung, Spendenmodelle und Abonnements können Abhilfe schaffen, haben aber jeweils eigene Grenzen. Spenden und Abonnements sind keine stabile Finanzquelle und staatliche Gelder können einen politischen Druck erzeugen, der indirekt, mit wirtschaftlichen Mitteln, eine Zensur bewirkt.

Robert Gehl (2014) plädiert für eine Umkehrung sozialer Medien in sozialisierte Medien, in Systeme, »die wirklich eine beidseitige Kommunikation erlauben, gestützt auf Dezentralisierung, freie und Open-Source-Software, Verschlüsselung« sowie Nutzerbeteiligung an Konzeption und Betrieb (142). Solche Plattformen würden auf freier Hardware laufen (143). Grundprinzipien, die Gehl vorschlägt, sind gleiche Möglichkeiten für alle Nutzer, Informationen zu verbreiten und empfangen, ein dezentralisierter technischer Aufbau, radikal demokratische Pädagogik an der Nutzeroberfläche, Zusammenarbeit von Nutzern mit und ohne technischen Kenntnissen, Copyleft-Lizenzen, Unabhängigkeit der Plattform, freie Hardware, Anonymität, Zulässigkeit von Pseudonymen und wechselnden Identitäten, Spiel und schließlich ein »Anti-Archiv«.

Es ist zweifellos sehr wichtig, darüber nachzudenken, wie andere Systeme und eine andere Zukunft aussehen könnten. Ein alternatives sozialisiertes Mediensystem wäre noch immer eine kollektive Organisation, auch wenn es mit dezentralen Datenspeichern arbeitet. Copyleft-Lizenzen schließen nicht immer einen kostenpflichtigen Zugang aus. Wird zum Beispiel eine Gebühr für die Nutzung der Plattform verlangt, können Gewinne entstehen, wodurch die Frage nach dem Eigentum an den Produktionsmittel zentrale Bedeutung gewinnen würde. Gehls Vision sozialisierter Medien ist ein »idealisierter Entwurf« (143), ausgehend auf der »Kluft zwischen ideellem Entwurf und materieller Umsetzung« (143). Alternativen können nicht bis zum Tag nach der allumfassenden Veränderung warten. Der utopische Sozialismus träumt von einer anderen Welt, es kommt aber darauf an, die bestehende so zu verändern, dass Menschen diesen Traum tatsächlich besitzen und verwirklichen können. Wir müssen im Hier und Jetzt anfangen zu handeln; Alternativen stehen folglich vor harten kapitalistischen Realitäten, etwa der Frage, wie sie an Geld für ihre notwendigen Ressourcen kommen. Soziale Bewegungen, die alternative soziale Medien aufbauen und betreiben, sind wichtig, doch Zivilgesellschaft allein reicht nicht aus. Zivilgesellschaft und soziale Bewegungen müssen mit linken Parteien zusammenarbeiten, um einen rechtlichen Rahmen zu schaffen, der dazu beiträgt, Ressourcen zu alternativen Medien umzuverteilen.

Die Werbeabgabe und die Gebühr für partizipative Medien

Astra Taylor macht in ihrem Buch *The People's Platform: Taking Back Power and Culture in the Digital Age* (2014) Vorschläge für die Stärkung einer öffentlichen Kultur. Dazu zählen etwa eine verkürzte Gültigkeit des Copyright (170), Gebühren für Kulturgüter, die nur begrenzt weiterverarbeitet werden dürfen (171), die Einführung eines anfänglichen Copyright für Kulturgüter, das nach einer gewissen Zeit verfällt, sodass sie zu öffentlichen Gütern werden (171), kommunale Breitbandnetze (226), öffentliche finanzierte digitale Archive (220), werbefreie Suchmaschinen (222), Alternativen zu iTunes und Netflix, die als Kooperativen betrieben werden (222), die Einführung von Pressesubventionen in den USA (226–227), öffentliche Förderung von Nachbarschaftszentren, Buchhandlungen und Kinos (175, 217, 228), Eintreiben der von globalen Unternehmen wie Google, Apple und Amazon zurückgehaltenen Steuern (229) und die Einführung einer Werbeabgabe (229).

Die Unternehmensbesteuerung ist im Neoliberalismus zurückgegangen. Neoliberale Regierungen haben behauptet, die Linke wolle einen aufgeblähten Staat schaffen, der Steuern und öffentliche Ausgaben in die Höhe treibt, und dagegen eine Politik betrieben, die Unternehmen und Reiche begünstigt und zulasten einfacher Menschen öffentliche Dienste und Ausgaben zusammenstreicht. Globale Konzerne konnten für ihre Steuervermeidung Schlupflöcher im Gesetz und Offshore-Banking nutzen. Ihre Besteuerung ist ein wichtiges Fundament für einen post-neoliberalen Rahmen, der die soziale Gerechtigkeit fördert. Robert McChesney (2013, 223, 232) argumentiert in diesem Kontext:

> *Versuche, den Kapitalismus zu reformieren oder ersetzen, ohne die Internet-Giganten anzugehen, werden den real existierenden Kapitalismus weder reformieren noch ersetzen. [...] Ihre gewaltigen Profite sind das Ergebnis von Monopolprivilegien, Netzwerkeffekten, Kommerzialisierung, Ausbeutung von Arbeit und einer Reihe von staatlichen Maßnahmen und Subventionen. [...] Kämpfe um das Internet sind für alle, die eine bessere Gesellschaft aufbauen wollen, von zentraler Bedeutung.*

Staaten verlangen von Unternehmen gewöhnlich Kapitalsteuern sowie Beiträge zur Sozialversicherung der Beschäftigten. Die Theorie der Publikums- und digitalen Arbeit geht davon aus, dass der ökonomische Wert werbefinanzierter Medien nicht nur von deren Lohnarbeitern geschaffen wird, sondern auch vom Publikum bzw. den Nutzern, die Aufmerksamkeit und Daten beisteuern, welche an Werbekunden als eine Ware verkauft wird. Werbefinanzierte Konzerne wie Google und Facebook lagern die Wertschöpfung an Konsumtionsarbeiter aus, wodurch sie die Zahl ihrer Angestellten niedrig halten und so ihre Profitabilität steigern können. Eine Werbeabgabe kann als Steuer auf die Ausbeutung von Publikums- und digitaler Arbeit betrachtet werden, vergleichbar den Beiträgen, die Unternehmen zur Sozialversicherung ihrer Beschäftigten leisten. Im Kontext einer Kritik der Totalität des Kapitalismus sowie der politischen Forderung nach höherer Besteuerung des Kapitals ist es wichtig, Werbung als ein globales Phänomen zu betrachten, das Teil des Produktionsprozesses ist. Eine Werbeabgabe existiert u.a. in Österreich, Italien, Griechenland, Belgien, Estland, Kroatien, Schweden, Portugal und Rumänien. Das Internet ist von dieser Steuer allerdings trotz seines zunehmenden Anteils an den Werbeeinnahmen zumeist ausgenommen. Die Folge ist, dass die bestehenden Werbeabgaben eher ineffektiv bleiben.

	Werbeeinnahmen 2014 (Österreich: 2013)	Anzahl der Haushalte	Werbeabgabe von 10%	Medienscheck pro Haushalt
Deutschland	19,0 Milliarden €	39,9 Millionen €	1,9 Milliarden €	48 €
Österreich	3,2 Milliarden €	3,7 Millionen €	317 Milliarden €	86 €

GB	19,7 Milliarden €	26,4 Millionen €	1,97 Milliarden €	75 €
USA	125,93 Milliarden €	115,6 Millionen €	12,6 Milliarden €	109 €

Tabelle 12.1: Beispielberechnungen für eine Werbeabgabe.
Datenquellen: WARC, Statistisches Bundesamt, Statistik Austria, ONS, US Census Bureau.

Tabelle 12.1 zeigt, dass eine Steuer auf Werbeausgaben von 10 Prozent eine Summe ergeben würde, mit der man einen Medienscheck von 50 bis 100 Euro für alle Privathaushalte finanzieren könnte. Im Rahmen eines partizipativen Staatsbudgets könnte man einen solchen Scheck mit der Auflage verbinden, dass die Bürger den Betrag an nichtkommerzielle Medien spenden. Eine solche partizipative Mediengebühr ist eine der möglichen Reformen, die öffentliche und alternative Medien stärken könnten. Sie ließe sich unterschiedlich konzipieren, die in der Tabelle angegebenen Daten sind nur ein Rechenbeispiel. Denkbar wären verschiedene Modelle.

Große Medienkonzerne zu besteuern, die Einnahmen nichtkommerziellen Medien zukommen zu lassen und dies mit Elementen eines partizipativen Staatshaushalts zu verbinden würde bedeuten, dass alle Bürger jedes Jahr einem nichtkommerziellen Medienprojekt einen gewissen Betrag spenden können. Staatliches und zivilgesellschaftliches Handeln ließen sich dabei kombinieren: Die Macht des Staates würde die Besteuerung großer Unternehmen sicherstellen, während die Verteilung des eingenommenen Geldes an Medienprojekte dezentral in den Händen der Bürger liegen würde. Google, Facebook und andere große Online-Medienunternehmen zahlen in vielen Ländern kaum Steuern. Eine Steuer auf Online-Werbung könnte benutzt werden, um öffentlich-rechtliche Internetplattformen und alternative, zivilgesellschaftliche Internetprojekte zu fördern (zu detaillierten Vorschlägen siehe Fuchs 2018). Die Einsicht, dass Nutzer privatkapitalistischer, werbefinanzierter sozialer Medien digitale Arbeiter sind, die ökonomischen Wert produzieren, könnte zu einer Änderung globaler Steuerregeln führen: Solche Medien sollten in jedem Land jeweils den Teil ihrer Einnahmen versteuern, der dem Anteil dieses Landes an der Zahl ihrer Nutzer oder angeklickten/präsentierten Anzeigen entspricht. Die Steuervermeidung der Konzerne zu vermeiden, ist ein erster Schritt zur Stärkung der Öffentlichkeit. Die Rundfunkgebühr ließe sich zu einer von Bürgern und Unternehmen zu entrichtenden Mediengebühr weiter entwickeln

– und sozial gerechter gestalten, indem sie an die Höhe des Einkommens und der Einnahmen gekoppelt wird. Es ist ein Gebot der Fairness, dass diejenigen, die mehr verdienen, auch mehr zum Allgemeinwohl beitragen.

Die Mediengebühr könnte teilweise für eine direkte Finanzierung der Online-Präsenz öffentlicher Medien und teilweise im Sinne eines partizipativen Haushalts verwendet werden: Jeder Bürger bekommt einen Jahresscheck mit der Auflage, den Betrag an ein nichtkommerzielles Medium zu spenden. Die Bürgerbeteiligung am Haushalt würde sich also nicht auf die Frage erstrecken, ob die BBC ihre notwendigen Ausgaben vollständig erstattet bekommt. Die zusätzlichen Einnahmen durch die Mediengebühr könnten aber vermittelt über die Bürger an alternative Medienprojekte verteilt werden. Nicht am Profit orientierte Versionen von Twitter, YouTube und Facebook, auf der Grundlage eines solchen Modells von Institutionen wie der BBC und der Zivilgesellschaft betrieben, könnten dem Zweck der Öffentlichkeit dienen und den demokratischen Charakter des Kommunikationswesens stärken. Während öffentliche Medien wie die BBC dafür geeignet wären, ein alternatives YouTube zu betreiben, das große Speicherkapazitäten erfordert, würden sich für Plattformen wie ein alternatives Facebook oder Twitter, die viele persönliche Daten enthalten, zivilgesellschaftliche Organisationen anbieten.

12.3 Schritte zu wirklich sozialen Medien und einer neuen Gesellschaft

Die Widersprüche des privatkapitalistisch dominierten Internets lassen sich nur im Rahmen einer Gesellschaft lösen, die Ungleichheiten überwindet. Neben anderen Konstruktionsprinzipien erfordert ein anderes Internet auch eine andere Art von Gesellschaft: eine solidarische, kooperative Informationsgesellschaft – eine partizipative Demokratie. Forderungen, angesichts der Herrschaft von Konzernen im Internet den Datenschutz zu stärken, sind kurzsichtig und oberflächlich, denn Datenschutz zielt lediglich auf den Schutz von Menschen vor Schaden, nicht auf die Überwindung der Zustände und Strukturen, die solchen Schaden verursachen. Slavoj Žižek meint mit Blick auf Überwachung, »dass die angemessene Reaktion auf diese Bedrohung nicht in der Flucht in private Nischen besteht, sondern in einer noch umfassenderen Vergesellschaftung des Cyberspace« (Žižek 2012a, 207). Privatheit ist ein widersprüchlicher Wert; von der liberalen Ideologie proklamiert, wird er durch die Überwachung seitens Staat und Unternehmen beständig untergraben. Als liberaler Wert gefasst, schützt Privatheit zudem die Reichen und Mächtigen vor einer öffentlichen Rechenschaftspflicht, was zur Verstärkung und Legitimation von Ungleichheit beitragen kann. Der sozialistische Philosoph Torbjörn Tännsjö unterstreicht an liberalen Konzeptionen von Privatheit die Implikation, »das man nicht nur sich selbst und persönliche Gegenstände, sondern auch Produktionsmittel besitzen kann«; die Folge sei »eine sehr geschlossene Gesellschaft, blockiert durch den Gedanken des Geschäfts- und Bankgeheimnisses etc.« (Tännsjö 2010, 186[221]).

Zu fragen wäre daher: Wer soll durch das Recht auf Privatheit vor Schaden geschützt werden? Wessen Recht auf Privatheit sollte eingeschränkt werden, um das Allgemeinwohl nicht zu schädigen? Die Widersprüche bei diesem Thema sind im Kapitalismus unlösbar. Tännsjö (2010) fordert eine »offene Gesellschaft«, die auf Gleichheit und Demokratie anstelle eines gestärkten Rechts auf Privatheit beruhen sollte. Der Begriff ist unglücklich gewählt, denn auch Karl Popper (1962a, 1962b) sprach von einer »offenen Gesellschaft« – um die von Tännsjö kritisierte liberale Ideologie zu verteidigen. Was Tännsjö damit in Wirklichkeit meint, ist eine partizipative Demokratie.

Facebook und Google sind nur die zwei bekanntesten Beispiele für eine allgemeine zeitgenössische Ökonomie, die auf der Aneignung, Enteignung und Ausbeutung der von Menschen geschaffenen und zum Überleben benötigten Gemeingüter beruht (Kommunikation, Bildung, Wissen, Fürsorge, Wohlfahrt, Natur, Kultur, Technik, öffentlicher Verkehr, Wohnraum etc.). Im Bereich des Internets kann eine sozialistische Strategie versuchen, seiner Kommodifizierung sowie der Ausbeutung von Nutzern Widerstand entgegenzusetzen und den gemeinschaftlichen, partizipativen Charakter des Internets einzuklagen – durch Proteste, rechtliche Maßnahmen und alternative Projekte, die auf der freiem Zugang, kostenlosem Inhalt und freier Software sowie auf Creative Commons beruhen; durch Lohnkämpfe, gewerkschaftliche Organisierung von Prosumenten von sozialen Medien, Boykottaktionen, Hacktivism, den Aufbau öffentlicher und auf Gemeingütern beruhender sozialer Medien usw.

Die Ausbeutung digitaler Arbeit im Internet steht jedoch mit der allgemeinen politischen Ökonomie das Kapitalismus in Zusammen-

---

[221] Aus dem Schwedischen vom Autor übersetzt.

hang. Und das bedeutet: Wer den Umgang von Unternehmen wie Facebook mit seinen eigenen Daten kritisch sieht, der sollte auch kritisch sehen, wie der Kapitalismus in verschiedenen Formen überall auf der Welt mit Menschen umgeht. Gelingt es uns, eine partizipative Demokratie zu schaffen, dann könnte eine wirklich offene Gesellschaft (Tännsjö 2010) möglich werden, die keine Überwachung, keinen Schutz vor Überwachung und keine Ausbeutung benötigt. Ein auf Commons beruhendes Internet braucht Konstruktionsprinzipien und eine Gesellschaft, die ebenfalls auf Commons beruhen (Fuchs 2011b, Kapitel 8 und 9). Es könnte der Sozialität von Gesellschaft und Medien eine neue Bedeutung geben. Menschen sind gesellschaftliche Wesen: Sie müssen zusammenarbeiten, um zu existieren. Eine kooperative Gesellschaft erfordert eine partizipative Demokratie und gemeinsam verwaltete Produktionsmittel in gemeinschaftlichem Besitz. Kooperation ist die fundamentale Bedeutung von Begriffen wie »sozial« und »Gesellschaft«. Diskussionen über soziale Medien führen uns die Notwendigkeit vor Augen, unser Denken und Handeln an der Frage auszurichten, welche Art von Sozialität, von Gesellschaft und Medien wir wollen.

Wirklich öffentliche, soziale und gemeinschaftliche Medien haben nicht nur andere Konstruktionsprinzipien zur Voraussetzung, sondern auch eine Gesellschaft, die die Bedeutung der Begriffe »öffentlich«, »sozial« und »gemeinschaftlich« verwirklicht – als Öffentlichkeit und partizipative Demokratie. Ein anderes Internet ist möglich. Soziale Medien sind möglich.

Literatur

Adorno, Theodor W. 1972. Soziologie und empirische Forschung. In *Gesammelte Schriften*, Bd. 8: Soziologische Schriften I, 196–216. Frankfurt am Main: Suhrkamp.

Adorno, Theodor W. 1973/2003. *Negative Dialectics*. London: Routledge.

Adorno, Theodor W. 2000. *The Adorno reader*. Malden, MA: Blackwell.

Adorno, Theodor W. 2003a. *Kulturkritik und Gesellschaft I. Prismen. Ohne Leitbild*. Frankfurt am Main: Suhrkamp.

Adorno, Theodor W. 2003b. *Einleitung in die Soziologie*. Frankfurt am Main: Suhrkamp.

Adorno, Theodor W., Hans Albert, Ralf Dahrendorf, Jürgen Habermas, Harald Pilot und Karl R. Popper. 1974. *Der Positivismusstreit in der deutschen Soziologie*. Darmstadt und Neuwied: Sammlung Luchterhand.

Albarran, Alan B., hg. 2013. *The social media industries*. New York: Routledge.

Allen, Matthew. 2012. What was web 2.0? Versions and the politics of Internet -history. *New Media & Society* 15 (2): 260–275.

Allmer, Thomas. 2012. *Towards a critical theory of surveillance in informational -capitalism*. Frankfurt am Main: Peter Lang.

Allmer, Thomas. 2015. *Critical theory and social media. Between emancipation and commodification*. London: New York.

Amin, Samir. 2013a. China 2013. *Monthly Review* 64 (10): 14–33.

Amin, Samir. 2013b. *The implosion of contemporary capitalism*. New York: Monthly Review Press.

Andrejevic, Mark. 2007. *iSpy: Surveillance and power in the interactive era*. Lawrence, KS: University Press of Kansas.

Andrejevic, Mark. 2012. Exploitation in the data mine. In *Internet and surveillance: The challenges of web 2.0 and social media*, hg. v. Christian Fuchs, Kees Boersma, Anders Albrechtslund und Marisol Sandoval, 71–88. New York: Routledge.

Andrejevic, Mark. 2013. *Infoglut. How too much information is changing the way we think and know*. New York: Routledge.

Andrejevic, Mark. 2014. The big data divide. *International Journal of Communication* 8: 1673-1689.

Aouragh, Miriyam. 2012. Social media, mediation and the Arab revolutions. *tripleC: Communication, Capitalism & Critique: Journal for a Global Sustainable Information Society* 10 (2): 518–536.

Arendt, Hannah. 1981. *Vita activa oder vom tätigen Leben.* München und Zürich: Piper.

Arrighi, Giovanni. 2008. *Adam Smith in Beijing: Die Genealogie des 21. Jahrhunderts.* Übers. v. Britta Dutke. Hamburg: VSA-Verlag.

Arvidsson, Adam und Elanor Colleoni. 2012. Value in informational capitalism and on the Internet. *The Information Society* 28 (3): 135–150.

Askanius, Tina und Yiannis Mylonas. 2015. Extreme-right responses to the European economic crisis in Denmark and Sweden: The discursive construction of scapegoats and lodestars. *Javnost: The Public* 22 (1): 55-72.

Auletta, Ken. 2010. *Googled: The end of the world as we know it.* London: Virgin.

Auray Nicolas, Celine Poudat und Pascal Pons. 2007. Democratizing scientific -vulgarisation: The balance between co-operation and conflict in French Wikipedia. *Observatorio Journal* 3: 185–199.

Badiou, Alain. 2008. The communist hypothesis. *New Left Review* 49 (1): 29–42.

Badiou, Alain. 2015. *Das Erwachen der Geschichte.* Übers. v. Richard Steurer-Boulard. Wien: Passagen.

Baker, Dean. 2014. Don't buy the 'sharing economy' hype: Airbnb and Ueber are facilitating rip-offs. *The Guardian Online.* May 27, 2014.

Barker, Rodney. 1991. Socialism. In *The Blackwell encyclopaedia of political thought,* hg. v. David Miller und Janet Coleman, 485–489. Malden, MA: Blackwell.

Barnett, Steven. 2011. *The rise and fall of television journalism: Just wires and lights in a box?* London: Bloomsbury.

Bartlett, Jamie et al. 2014. *Misogyny on Twitter.* London: Demos.

Bartlett, Jamie und Carl Miller. 2013. *The state of the art: A literature review of social media intelligence capabilities for counter-terrorism.* London: Demos.

Bauwens, Michael. 2003. Peer-to-peer and human evolution. http://economia.unipv.it/novita/seminario/P2PandHumanEvolV2.pdf

Beck, Ulrich. 1997. Subpolitics: Ecology and the disintegration of institutional power. *Organization & Environment* 10 (1): 52–65.

Bellman, Steven, Eric J. Johnson, Stephen J. Kobrin und Gerald L. Lohse. 2004. International differences in information privacy concerns: A global survey of consumers. *The Information Society* 20 (5): 313–324.

Benjamin, Walter. 1934. Der Autor als Produzent. In *Medienästhetische Schriften,* 231–247. Frankfurt am Main: Suhrkamp.

Benjamin, Walter. 1936/1977. Das Kunstwerk im Zeitalter seiner technischen Reproduzierbarkeit. In *Illuminationen. Ausgewählte Schriften,* 136–169. Frankfurt am Main: Suhrkamp.

Benkler, Yochai. 2006. *The wealth of networks.* New Haven, CT: Yale University Press.

Bennett, Colin und Charles Raab. 2006. *The governance of privacy.* Cambridge, MA: MIT Press.

Bennett, W. Lance und Alexandra Segerberg. 2012. The logic of connective action. *Information, Communication & Society* 15 (5): 739–768.

Bennett, W. Lance und Alexandra Segerberg. 2013. *The logic of connective action. Digital media and the personalization of contentious politics.* Cambridge: Cambridge University Press.

Bermejo, Fernando. 2009. Audience manufacture in historical perspective: From broadcasting to Google. *New Media & Society* 11 (1/2): 133–154.

Bigo, Didier. 2010. Delivering liberty and security? The reframing of freedom when associated with security. In *Europe's 21st century challenge. Delivering liberty,* hg. v Didier Bigo, Sergio Carrera, Elspeth Guild und R.B.J. Walker, 263–287. Farnham: Ashgate.

Bischoff, Joachim. 2008. *Globale Finanzkrise.* Hamburg: VSA.

Black, Edwin. 2001. *IBM and the Holocaust: The strategic alliance between Nazi Germany and America's most powerful corporation.* New York: Crown.

Bloustein, Edward J. 1964/1984. Privacy as an aspect of human dignity. In *Philosophical dimensions of privacy,* hg. v. Ferdinand David Schoeman, 156–202. Cambridge, MA: Cambridge University Press.

Bolin, Göran. 2011. *Value and the media: Cultural production and consumption in digital markets.* Farnham, UK: Ashgate.

Boltanski, Luc und Ève Chiapello. 2003. *Der neue Geist des Kapitalismus.* Übers. v. Michael Tillmann. Konstanz: UVK.

Botsman, Rachel und Roo Rogers. 2011. *What's mine is yours. How collaborative consumption is changing the way we live.* London: Collins.

Bourdieu, Pierre. 1983. Ökonomisches Kapital, kulturelles Kapital, soziales Kapital. In *Soziale Ungleichheiten*, hg. v. Reinhard Kreckel. *Soziale Welt* Sonderband 2: 183–198.

Bourdieu, Pierre. 1987. *Distinction: A social critique of the judgement of taste.* London: Routledge.

boyd, danah. 2009. "Social media is here to stay... Now what?" *Microsoft Research Tech Fest*, Redmond, Washington, DC, February 26. www.danah.org/papers/talks/MSRTechFest2009.html

boyd, danah. 2010. Social network sites as networked publics: Affordances, dynamics, and implications. In *A networked self: Identity, community, and culture on social network sites*, hg. v. Zizi Papacharissi, 39–58. New York: Routledge.

boyd, danah. 2014. It's complicated. The social life of networked teens. New Haven, CT: Yale University Press.

Brecht, Bertolt. 1932/1967. Der Rundfunk als Kommunikationsapparat. In *Gesammelte Werke Bd. 18: Schriften zur Literatur und Kunst*, 127–134. Frankfurt am Main: Suhrkamp.

Bruns, Axel. 2008. *Blogs, Wikipedia, Second Life, and beyond: From production to -produsage.* New York: Peter Lang.

Buczynski, Beth. 2012. The Gen Y guide to collaborative consumption. In *Share or die. Voices of the get lost generation in the age of crisis*, hg. v. Malcolm Harris and Neal Gorenflo, 95-103. Gabriola Island: New Society Publishers.

Bunz, Mercedes. 2013. As you like it: Critique in the era of affirmative discourse. In *"Unlike us" reader: Social media monopolies and their alternatives*, hg. v. Geert Lovink und Miriam Rasch, 137–145. Amsterdam: Institute of Network Cultures.

Burston, Jonathan, Nick Dyer-Witheford und Alison Hearn, hg. 2010. Digital labour. Special issue. *Ephemera* 10 (3/4): 214–539.

Cabello, Florencio, Marta G. Franco und Alexandra Haché. 2013. Towards a free federated social web: Lorea takes the networks! In

"Unlike us" reader: Social media monopolies and their alternatives, hg. v. Geert Lovink and Miriam Rasch, 338–346. Amsterdam: Institute of Network Cultures.

Calabrese, Andrew und Colin Sparks, hg. 2004. *Toward a political economy of culture.* Lanham, MD: Rowman & Littlefield.

Calhoun, Craig, hg. 1992a. *Habermas and the public sphere.* Cambridge, MA: MIT Press.

Calhoun, Craig. 1992b. Introduction: Habermas and the public sphere. In *Habermas and the public sphere,* hg. Craig Calhoun, 1–48. Cambridge, MA: MIT Press.

Calhoun, Craig. 1995. *Critical social theory.* Cambridge, MA: Blackwell.

Calhoun, Craig, Joseph Gertes, James Moody, Steven Pfaff and Indermohan Virk. 2007. General introduction. In *Classical sociological theory,* hg. v. Craig Calhoun, Joseph Gertes, James Moody, Steven Pfaff und Indermohan Virk, 1–16. Malden, MA: Blackwell.

Cammaerts, Bart. 2008. Critiques on the participatory potentials of web 2.0. *Communication, Culture & Critique* 1 (4): 358–377.

Carpentier, Nico. 2011. *Media and participation. A site of ideological-democratic struggle.* Bristol: Intellect.

Carpentier, Nico und Benjamin de Cleen. 2008. Introduction: Blurring participations and convergences. In *Participation and media production,* hg. v. Nico Carpentier und Benjamin de Cleen, 1–12. Newcastle: Cambridge Scholars.

Carr, Nicholas. 2009. *The big switch: Rewiring the world, from Edison to Google.* New York: W.W. Norton & Company.

Carr, Nicholas. 2011. Questioning Wikipedia. In *Critical point of view: A Wikipedia reader,* hg. v. Geert Lovink und Nathaniel Tkacz, 309–324. Amsterdam: Institute of Network Cultures.

Castells, Manuel. 2002. *Die Macht der Identität. Teil 2 der Trilogie „Das Informationszeitalter".* Wiesbaden: VS Verlag für Sozialwissenschaften.

Castells, Manuel. 2003. *Jahrtausendwende. Teil 3 der Trilogie „Das Informationszeitalter".* Wiesbaden: VS Verlag für Sozialwissenschaften.

Castells, Manuel. 2009. *Communication power.* Oxford: Oxford University Press.

Castells, Manuel. 2012. *Networks of outrage and hope: Social movements in the Internet age.* Cambridge: Polity Press.

Castells, Manuel. 2015. *Networks of outrage and hope: Social movements in the Internet age.* Cambridge: Polity Press. Second edition.

Castells, Manuel. 2017. *Der Aufstieg der Netzwerkgesellschaft: Das Informationszeitalter. Wirtschaft. Gesellschaft. Kultur. Band 1.* Wiesbaden: Springer. 2. Auflage.

Castoriadis, Cornelius. 1984. *Gesellschaft als imaginäre Institution.* Übers. v. Horst Brühmann. Frankfurt am Main: Suhrkamp.

Castoriadis, Cornelius. 2006. *Autonomie oder Barbarei. Ausgewählte Schriften,* Bd. 1. Übers. v. Michael Halfbrodt. Lich: Edition AV.

Chan, Jenny. 2013. A suicide survivor: The life of a Chinese worker. *New Technology, Work and Employment* 28 (2): 84-99.

Chan, Jenny und Ngai Pun. 2010. Suicide as protest for the new generation of Chinese migrant workers: Foxconn, global capital, and the state. *The Asia-Pacific Journal* 37 (2): 1-50.

Chan, Jenny, Ngai Pun und Mark Selden. 2013. The politics of global production: Apple, Foxconn and China's new working class. New Technology, Work and Employment 28 (2): 100-115.

Chase-Dunn, Christopher. 2010. Adam Smith in Beijing: A world-systems perspective. *Historical Materialism* 18 (1): 39-51.

China Labor Watch. 2015. Analyzing labor conditions of Pegatron and Foxconn: Apple's low-cost reality. http://www.chinalabor watch.org/upfile/2015_02_11/Analyzing%20Labor%20Conditions% 20of%20Pegatron%20and%20Foxconn_vF.pdf

Chomsky, Noam. 2011. *9-11: Was there an alternative?* New York: Seven Stories Press.

Comer, Douglas E. 2004. *Computer networks and Internets.* Upper Saddle River, NJ: Pearson.

Compaine, Benjamin. 2001. Declare the war won. In *The digital divide: Facing a crisis or creating a myth?,* hg. v. Benjamin Compaine, 315–336. Cambridge, MA: MIT Press.

Comscore. 2012. *The power of Like2: How social marketing works.* White Paper. http://www.comscore.com/ger/Insights/ Presentations_and_Whitepapers/2012/The_Power_of_Like_2_How_Social _Marketing_Works (accessed on November 25, 2015).

Couldry, Nick. 2002. *The place of media power.* London: Routledge.

Curran, James. 1991. Rethinking the media as a public sphere. In *Communication and citizenship. Journalism and the public sphere,* hg. v. Peter Dahlgren und Colin Sparks, 27-57. London: Routledge.

Curran, James. 2002. *Media and power.* London: Routledge.

Curran, James. 2012. Rethinking internet history. In *Misunderstanding the Internet,* hg. v. James Curran, Natalie Fenton and Des Freedman, 34-65. London: Routledge.

Curran, James, Natalie Fenton und Des Freedman. 2012. *Misunderstanding the Internet.* London: Routledge.

Curran, James und Myung-Jin Park, hg. 2000. *De-westernizing media studies.* Abingdon: Routledge.

Curran, James und Jean Seaton. 2010. *Power without responsibility. Press, broadcasting and the Internet in Britain.* London: Routledge. 7th edition.

Dahlgren, Peter. 2005. The Internet, public spheres, and political communication. *Political Communication* 22 (2): 147-162.

DeKeseredy, Walter S., Shahid Alvi und Martin D. Schwartz. 2006. Left realism revisited. In *Advancing critical criminology,* hg. v. Walter S. DeKeseredy and Barbara Perry, 19-41. Lanham, MD: Lexington.

Dean, Jodi. 2005. Communicative capitalism: Circulation and the foreclosure of -politics. *Cultural Politics* 1 (1): 51-74.

Dean, Jodi. 2010. *Blog politics.* Cambridge: Polity Press.

Dean, Jodi. 2016. *Der kommunistische Horizont.* Übers. v. Andreas Förster. Hamburg: Laika.

della Porta, Donatella and Alice Mattoni. 2015. Social networking sites in pro-democracy and anti-austerity protests. Some thoughts from a social movement perspective. In *Social media, politics and the state: Protests, revolutions, riots, crime and politics in the age of Facebook, Twitter and YouTube,* hg. v. Daniel Trottier und Christian Fuchs, 39-63. New York: Routledge.

Derrida, Jacques. 1995. *Marx' Gespenster. Der verschuldete Staat, die Trauerarbeit und die neue Internationale.* Übers. v. Susanne Lüdemann. Frankfurt a.M.: Fischer.

Deuze, Mark. 2007. *Media work.* Cambridge: Polity Press.

Deuze, Mark. 2008. Corporate appropriation of participatory culture. In *Participation and media production,* hg. v. Nico Carpentier und Benjamin de Cleen, 27-40. Newcastle: Cambridge Scholars.

Deuze, Mark. 2010. Journalism and convergence culture. In *The Routledge companion to news and journalism*, hg. v. Stuart Allan, 267–276. Abingdon: Routledge.

Durkheim, Émile. 1982. *Rules of sociological method.* New York: Free Press.

Dwyer, Catherine. 2007. Digital relationships in the "MySpace" generation: Results from a qualitative study. In *Proceedings of the 40th Hawaii International Conference on System Sciences.* Los Alamitos, CA: IEEE Press.

Dwyer, Catherine, Starr Roxanne Hiltz und Katia Passerini. 2007. Trust and privacy concern within social networking sites: A comparison of Facebook and MySpace. In *Proceedings of the 13th Americas Conference on Information Systems.* Redhook, NY: Curran.

Dyer-Witheford, Nick. 1999. *Cyber-Marx: Cycles and circuits of struggle in high-technology capitalism.* Urbana, IL: Universiy of Illinois Press.

Dyer-Witheford, Nick. 2007. Commonism. *Turbulence* 1. http://turbulence.org.uk/turbulence-1/commonism/, accessed on July 3, 2013.

Dyer-Witheford, Nick. 2009. *The circulation of the common.* http://www.globalproject.info/it/in_movimento/nick-dyer-witheford-the-circulation-of-the-common/4797, accessed on November 22, 2015.

Dyer-Witheford Nick. 2014. The global worker and the digital front. In *Critique, social media and the information society*, hg. v. Christian Fuchs und Marisol Sandoval, 165–178. New York: Routledge.

Dyer-Witheford, Nick. 2015. *Cyber-proletariat: Global labour in the digital vortex.* London: Pluto Press.

Eagleton, Terry. 2018. *Warum Marx recht hat.* Übers. v. Hainer Kober. Berlin: Ullstein.

Eley, Geoff. 1992. Nations, public and political cultures: Placing Habermas in the nineteenth century. In *Habermas and the public sphere*, hg. v. Craig Calhoun, 289–339. Cambridge, MA: MIT Press.

Engels, Friedrich. 1844. Umrisse zu einer Kritik der Nationalökonomie. In *Marx-Engels-Werke Band 1*, 499–524. Berlin/DDR: Dietz Verlag.

Engels, Friedrich. 1845/1892. Die Lage der arbeitenden Klasse in England. In *MECW, Volume 4,* 295-596. New York: International Publishers.

Engels, Friedrich. 1847. Grundsätze des Kommunismus. Im *Marx Engels Werke Band 4.* 361–380. 6. Auflage. 1972, Nachdruck der 1. Auflage 1959. Berlin: Dietz Verlag.

Engels, Friedrich. 1886. *Dialektik der Natur.* In *Marx-Engels-Werke Band 20,* 444–455. Berlin: Dietz Verlag.

Enyedy, Edgar und Nataniel Tkacz. 2011. "Good luck with your wikiPAIDia": Reflections on the 2002 Fork of the Spanish Wikipedia. An interview with Edgar Enyedy. In *Critical point of view: A Wikipedia reader,* hg. v. Geert Lovink und Nathaniel Tkacz, 110–118. Amsterdam: Institute of Network Cultures.

Enzensberger, Hans Magnus. 1970/1997. Baukasten zu einer Theorie der Medien. In *Baukasten zu einer Theorie der Medien. Kritische Diskurse zur Pressefreiheit,* 97–132. München: Fischer.

Ess, Charles. 2009. *Digital media ethics.* Cambridge: Polity Press.

Etzioni, Amitai. 1999. *The limits of privacy.* New York: Basic Books.

Federal Trade Commission. 2000. *Privacy online: Fair information practices in the electronic marketplace.* www.ftc.gov/reports/privacy2000/privacy2000.pdf, accessed on July 3, 2013.

Feenberg, Andrew. 2002. *Transforming technology: A critical theory revisited.* Oxford: Oxford University Press.

Fisher, Eran. 2010a. Contemporary technology discourse and the legitimation of -capitalism. *European Journal of Social Theory* 13 (2): 229–252.

Fisher, Eran. 2010b. *Media and new capitalism in the digital age: The spirit of -networks.* Basingstoke: Palgrave Macmillan.

Fisher, Eran und Christian Fuchs, hg. 2015. Reconsidering value and labour in the digital age. Basingstoke: Palgrave Macmillan.Fogel, Joshua und Elham Nehmad. 2009. Internet social network communities: Risk taking, trust, and privacy concerns. *Computers in Human Behavior* 25 (1): 153–160.

Foglia, Marc. 2008. *Wikipedia, média de la connaissance démocratique?* Limoges: FYP.

Foster, John Bellamy und Fred Magdoff. 2009. *The great financial crisis: Causes and consequences.* New York: Monthly Review Press.

Foster, John Bellamy und Robert W. McChesney. 2012. The global stagnation and China. *Monthly Review* 63 (9): 1-28.

Foucault, Michel. 1976. *Überwachen und Strafen. Die Geburt des Gefängnisses.* Übers. v. Walter Seitter. Frankfurt a.M.: Suhrkamp.

Foucault, Michel. 1977. *Discipline and punish.* New York: Vintage.

Foucault, Michel. 1977/2003. Mächte und Strategie. In *Dits et Ecrits. Band 3: 1976–1979.* Übers. v. Michael Bischoff, 538–550. Frankfurt am Main: Suhrkamp.

Foucault, Michel. 1980. *Power/knowledge: Selected interviews and other writings, 1972–77.* Brighton: Harvester.

Foucault, Michel. 1994. *Power.* New York: New Press.

Foucault, Michel. 2008. *The birth of biopolitics. Lectures at the Collège de France 1978-1979.* Basingstoke: Palgrave Macmillan.

Frankfurt, Harry G. 2005. *On bullshit.* Princeton, NJ: Princeton University Press.

Fraser, Nancy. 1992. Rethinking the public sphere. In *Habermas and the public sphere*, hg. v. Craig Calhoun, 109–142. Cambridge, MA: MIT Press. d.0 and the death of the blockbuster economy. In *Misunderstanding the Internet*, hg. v. James Curran, Natalie Fenton und Des Freedman, 69–94. London: Routledge.

Freedman, Des. 2012. Web 2.0 and the death of the blockbuster economy. In *Misunderstanding the Internet*, hg. v. James Curran, Natalie Fenton und Des Freedman, 69–94. London: Routledge.

Freedman, Des. 2014. *The contradictions of media power.* London: Bloomsbury Academic.

Friedman, Thomas. 2013. Welcome to the "sharing economy". *New York Times Online.* July 20, 2013.

Fröbel, Folker, Jürgen Heinrichs und Otto Kreye. 1981. *The new international division of labour.* Cambridge: Cambridge University Press.

Fuchs, Christian. 2003a. Some implications of Pierre Bourdieu's works for a theory of social self-organization. *European Journal of Social Theory* 6 (4): 387-408.

Fuchs, Christian. 2003b. Structuration theory and self-organization. *Systemic Practice and Action Research* 16 (2): 133–167.

Fuchs, Christian. 2008a. *Internet and society: Social theory in the information age.* New York: Routledge.

Fuchs, Christian. 2008b. Review essay of "Wikinomics: How mass collaboration changes everything", hg. v. Don Tapscott und Anthony D. Williams. *International Journal of Communication 2*, Review Section: 1–11.

Fuchs, Christian. 2009a. Information and communication technologies and society: A contribution to the critique of the political economy of the Internet. *European Journal of Communication 24* (1): 69–87.

Fuchs, Christian. 2009b. *Social networking sites and the surveillance society: A critical case study of the usage of studiVZ, Facebook, and MySpace by students in Salzburg in the context of electronic surveillance.* Salzburg/Vienna: Research Group UTI.

Fuchs, Christian. 2009c. Some reflections on Manuel Castells' Book "Communication Power". *tripleC: Communiation, Capitalism & Critique* 7(1): 94-108.

Fuchs, Christian. 2010a. Alternative media as critical media. European Journal of Social Theory 13 (2): 173–192.

Fuchs, Christian. 2010b. Grounding critical communication studies: An inquiry into the communication theory of Karl Marx. *Journal of Communication Inquiry* 34 (1): 15–41.

Fuchs, Christian. 2010c. Labor in informational capitalism and on the Internet. *The Information Society* 26 (3): 179–196.

Fuchs, Christian. 2010d. Social networking sites and complex technology assessment. *International Journal of E-Politics* 1 (3): 19–38.

Fuchs, Christian. 2010e. studiVZ: Social networking sites in the surveillance society. *Ethics and Information Technology* 12 (2): 171–185.

Fuchs, Christian. 2011a. Critique of the political economy of web 2.0 surveillance. In *Internet and surveillance: The challenges of web 2.0 and social media*, hg. v. Christian Fuchs, Kees Boersma, Anders Albrechtslund und Marisol Sandoval, 31–70. New York: Routledge.

Fuchs, Christian. 2011b. Foundations of critical media and information studies. New York: Routledge.

Fuchs, Christian. 2011c. How can surveillance be defined? *MATRIZes* 5 (1): 109–133.

Fuchs, Christian. 2012a. Dallas Smythe today – the audience commodity, the digital labour debate, Marxist Political Economy and Critical Theory: Prolegomena to a digital labour theory of value.

tripleC: Communication, Capitalism & Critique: Journal for a Global Sustainable Information Society 10 (2): 692–740.

Fuchs, Christian. 2012b. Some reflections on Manuel Castells' book *Networks of outrage and hope: Social movements in the Internet age. tripleC: Communication, Capitalism & Critique: Journal for a Global Sustainable Information Society* 10 (2): 775–797.

Fuchs, Christian. 2012c. With or without Marx? With or without capitalism? A rejoinder to Adam Arvidsson nd Eleanor Colleoni. *tripleC: Communication, Capitalism & Critique: Journal for a Global Sustainable Information Society* 10 (2): 633–645.

Fuchs, Christian. 2013a. Political economy and surveillance theory. *Critical Sociology* 39 (5): 671-687

Fuchs, Christian. 2013b. Societal and ideological impacts of Deep Packet Inspection (DPI) Internet surveillance. *Information, Communication and Society* 16 (8): 1328-1359.

Fuchs, Christian. 2014a. *Digital labour and Karl Marx.* New York: Routledge.

Fuchs, Christian. 2014b. *OccupyMedia! The Occupy movement and social media in crisis capitalism.* Winchester: Zero Books.

Fuchs, Christian. 2015a. *Culture and economy in the age of social media.* New York: Routledge.

Fuchs, Christian. 2015b. Reflections on Todd Wolfson's book "Digital Rebellion: The Birth of the Cyber Left". *tripleC: Communication, Capitalism & Critique* 13 (1): 163-168.

Fuchs, Christian. 2017. *Marx lesen im Informationszeitalter. Eine Medien- und Kommunikationswissenschaftliche Perspektive auf Das Kapital Band I.* Münster: Unrast, Kapitel 1: Vorwörter, Nachwörter und Kapitel 1: Die Ware, 28–92.

Fuchs, Christian. 2018. The online advertising tax as the foundation of a public service Internet. London: University of Westminster Press, https://www.uwestminsterpress.co.uk/site/books/10.16997/book23/

Fuchs, Christian, Kees Boersma, Anders Albrechtslund and Marisol Sandoval, hg. 2012. *Internet and surveillance. The challenges of web 2.0 and social media.* London: Routledge.

Fuchs, Christian und Wolfgang Hofkirchner. 2005. Self-organization, knowledge, and responsibility. *Kybernetes* 34 (1–2): 241–260.

Fuchs, Christian and Vincent Mosco, hg. 2012. Marx is back – The importance of Marxist theory and research for Critical Communication Studies today. *tripleC: Communication, Capitalism & Critique* 10 (2): 127-632.

Fuchs, Christian und Vincent Mosco, hg. 2016a. Marx in the age of digital capitalism. Studies in critical social sciences, Volume 80. Leiden: Brill.

Fuchs, Christian und Vincent Mosco, hg. 2016b. Marx and the political economy of the media. Studies in critical social sciences, Volume 79. Leiden: Brill.

Fuchs, Christian, Wolfgang Hofkirchner, Matthias Schafranek, Celina Raffl, Marisol Sandoval und Robert Bichler. 2010. Theoretical foundations of the web: Cognition, communication, and cooperation. Towards an understanding of web 1.0, 2.0, 3.0. Future Internet 2 (1): 41–59.

Fuchs, Christian und Daniel Trottier. 2015. Towards a theoretical model of social media surveillance in contemporary society. *Communications: European Journal of Communication Research* 40 (1): 113-135.

Furhoff, Lars. 1973. Some reflections on newspaper concentration. *Scandinavian Economic History Review* 21 (1): 1-27.

Galtung, Johan. 1990. Cultural violence. *Journal of Peace Research* 27 (3): 291–305.

Gandy, Oscar H. 1993. *The panoptic sort: A political economy of personal information.* Boulder, CO: Westview Press.

Gandy, Oscar H. 2009. *Coming to terms with chance: Engaging rational discrimination and cumulative disadvantage.* Farnham, UK: Ashgate.

Gandy, Oscar H. 2011. Consumer protection in cyberspace. *tripleC: Communication, Capitalism & Critique: Journal for a Global Sustainable Information Society* 9 (2): 175–189.

Gansky, Lisa. 2012. *The mesh. Why the future of business is sharing.* London: Penguin.

Garnham, Nicholas. 1990. *Capitalism and communication.* London: SAGE.

Garnham, Nicholas. 1992. The media and the public sphere. In *Habermas and the -public sphere*, hg. v. Craig Calhoun, 359–376. Cambridge, MA: MIT Press.

Garnham, Nicholas. 1995/1998. Political Economy and Cultural Studies: Reconciliation or divorce? In *Cultural theory and popular culture*, hg. v. John Storey, 600–612. Harlow: Pearson.

Garnham, Nicholas. 2000. *Emancipation, the media, and modernity: Arguments about the media and social theory.* Oxford: Oxford University Press.

Garnham, Nicholas. 2011. The political economy of communication revisited. In *The handbook of political economy of communication*, hg. v. Janet Wasko, Graham Murdock und Helena Sousa, 41–61. Malden, MA: Wiley-Blackwell.

Gauntlett, David. 2011. *Making is connecting: The social meaning of creativity, from DIY and knitting to YouTube and Web 2.0.* Cambridge: Polity Press.

Gaus, Gerald F. 1996. *Justificatory liberalism.* Oxford: Oxford University Press.

Gehl, Robert. 2014. *Reverse engineering social media. Software, culture and political economy in new media capitalism.* Philadelphia, PA: Temple University Press.

Gerbaudo, Paolo. 2012. *Tweets and the streets: Social media and contemporary activism.* London: Pluto Press.

Ghonim, Wael. 2012. *Revolution 2.0: The power of the people is greater than the people in power. A memoir.* New York: Houghton Mifflin Harcourt.

Giddens, Anthony. 1981. *A contemporary critique of Historical Materialism. Vol. 1: Power, property and the state.* London/Basingstoke: Macmillan.

Giddens, Anthony. 1985. *A contemporary critique of Historical Materialism. Vol. 2: The nation-state and violence.* Cambridge: Polity Press.

Giddens, Anthony. 1987. *Social theory and modern sociology.* Cambridge: Polity Press.

Giddens, Anthony. 1988. *Konstitution der Gesellschaft. Grundzüge einer Theorie der Strukturierung.* Übers. v. Wolf-Hagen Krauth und Wilfried Spohn. Frankfurt am Main: Campus.

Girard, Bernard. 2009. *The Google way: How one company is revolutionizing management as we know it.* San Francisco, CA: No Starch Press.

Gladwell, Malcolm. 2010. Small change: Why the revolution will not be tweeted. *The New Yorker* October: 42–49.

Gladwell, Malcolm und Clay Shirky. 2011. From innovation to revolution: Do social media make protests possible? *Foreign Affairs* 90 (2): 153–154.

Glott, Ruediger, Philipp Schmidt and Rishab Ghosh. 2010. *Wikipedia survey – Overview of results.* http://www.ris.org/uploadi/editor/1305050082Wikipedia_Overvie w_15March2010-FINAL.pdf, accessed on November 22, 2015.

Golding, Peter und Graham Murdock. 1978. Theories of communication and theories of society. *Communication Research* 5 (3): 339–356.

Golding, Peter und Graham Murdock. 1997a. Introduction: Communication and capitalism. In *The political economy of the media I,* hg. v. Peter Golding und Graham Murdock, xiii–xviii. Cheltenham: Edward Elgar.

Golding, Peter und Graham Murdock, hg. 1997b. *The political economy of the media.* Cheltenham: Edward Elgar.

Graham, Mark. 2011. Wiki space. Palimpsets and the politics of exclusion. In *Critical point of view: A Wikipedia reader,* hg. v. Geert Lovink und Nathaniel Tkacz, 269–282. Amsterdam: Institute of Network Cultures.

Green, Joshua und Henry Jenkins. 2009. The moral economy of web 2.0. Audience research and convergence culture. In *Media industries: History, theory, and method,* hg. v. Jennifer Holt und Alisa Perren, 213–225. Malden, MA: Wiley-Blackwell.

Guattari, Félix und Antonio Negri. 1990. *Comunists like us.* New York: Semiotext(e).

Habermas, Jürgen. 1968. *Erkenntnis und Interesse.* Frankfurt am Main: Suhrkamp.

Habermas, Jürgen. 1981a. *Theorie des kommunikativen Handelns, Band 1.* Frankfurt am Main: Suhrkamp.

Habermas, Jürgen. 1981b. *Theorie des Kommunikativen Handelns, Band 2.* Frankfurt am Main: Suhrkamp.

Habermas, Jürgen. 1989a. The horrors of autonomy: Carl Schmitt in English. In *The new conservatism: Cultural criticism and the historians' debate,* 128–139. Cambridge, MA: MIT Press.

Habermas, Jürgen. 1989b. The public sphere: An encyclopedia article. In *Critical theory and society: A reader*, hg. v. Stephen E. Bronner and Douglas Kellner, 136–142. New York: Routledge.

Habermas, Jürgen. 1990. *Strukturwandel der Öffentlichkeit*. Frankfurt am Main: Suhrkamp.

Habermas, Jürgen. 1992. Further reflections on the public sphere and concluding remarks. In *Habermas and the public sphere*, hg v. Craig Calhoun, 421–479. Cambridge, MA: MIT Press.

Habermas, Jürgen. 1994. Faktizität und Geltung. Beiträge zur Diskurstheorie des Rechts und des demokratischen Rechtsstaats. Frankfurt am Main: Suhrkamp.

Habermas, Jürgen. 2008. *Ach, Europa*. Frankfurt am Main: Suhrkamp.

Habermas, Jürgen. 2009. Es beginnt mit dem Zeigefinger. *Die Zeit Online* 51 (2009). December 22, 2009.
http://www.zeit.de/2009/51/Habermas-Tomasello

Hall, Stuart. 1981/1988. Notes on deconstructing 'the popular'. In *Cultural theory & popular culture: A reader*, hg. v. John Storey, 442–453. Second edition. Athens, GA: University of Georgia Press.

Hall, Stuart, Chas Critcher, Tony Jefferson, John Clarke und Brian Roberts. 1978. *Policing the crisis: Mugging, the state and law and order*. London: Macmillan.

Hardt, Michael. 2012. Das Gemeingut im Kommunismus. In *Die Idee des Kommunismus. Band 1*, hg. v. Slavoj Žižek und Costas Douzinas, übers. v. Harald Etzbach, 165–180. Hamburg: Laika.

Hardt, Michael und Antonio Negri. 2010. *Common Wealth. Das Ende des Eigentums*. Übers. v. Thomas Atzert und Andreas Wirthensohn. Frankfurt a.M.: Campus.

Hardt, Michael und Antonio Negri. 2000. *Empire*. Cambridge, MA: Harvard University Press.

Hardy, Jonathan. 2010. The contribution of critical political economy. In *Media and society*, hg. v. James Curran, 186–209. London: Bloomsbury.

Hardy, Jonathan. 2014. *Critical political economy of the media: An introduction*. London: Routledge.

Hars, Alexander und Shaosong Ou. 2002. Working for free? Motivations for participating in open-source projects. *International Journal of Electronic Commerce* 6 (3): 25–39.

Hart-Landsberg, Martin. 2010. The U.S. economy and China. Capitalism, class, and crisis. *Monthly Review* 61 (9): 14-31.

Harvey, David. 2005a. *Spaces of neoliberalization: Towards a theory of uneven geographical development.* Heidelberg: Franz Steiner Verlag.

Harvey, David. 2005b. *The new imperialism.* Oxford: Oxford University Press.

Harvey, David. 2007a. *Kleine Geschichte des Neoliberalismus.* Übers. v. Niels Kadritzke. Zürich: Rotpunkt.

Harvey, David. 2007b. *Räume der Neoliberalisierung. Zur Theorie der ungleichen Entwicklung.* Übers. v. Jürgen Pelzer. Hamburg: VSA.

Harvey, David. 2011. *Marx' Kapital lesen. Ein Begleiter für Fortgeschrittene und Einsteiger.* Übers. v. Christian Frings. Hamburg: VSA.

Harvey, David. 2013. *Rebellische Städte. Vom Recht auf Stadt zur urbanen Revolution.* Übers. v. Yasemin Dinçer. Berlin: Suhrkamp.

Harvey, David. 2014. *Das Rätsel des Kapitals entschlüsseln. Den Kapitalismus und seine Krisen überwinden.* Übers. v. Christian Frings. Hamburg: VSA.

Hayek, Friedrich August. 1948. *Individualism and economic order.* Chicago, IL: University of Chicago Press.

Hayek, Friedrich August. 1988. *The fatal conceit: The errors of socialism.* London: Routledge.

Hayes, Ben. 2009. *NeoConOpticon. The EU security-industrial complex.* Amsterdam: Transnational Institute/Statewatch.

Hayes, Ben. 2010. "Full spectrum dominance" as European Union security policy. On the trail of the "NeoConOpticon". In *Surveillance and democracy,* hg. v. Kevin D. Haggerty und Minas Samatas, 148-169. Oxon: Routledge.

Hayes, Ben. 2012. The surveillance-industrial complex. In *Routledge handbook of surveillance studies,* hg. v. Kirstie Ball, Kevin D. Haggerty und David Lyon, 167-175. Abingdon: Routledge.

Hegel, Georg Wilhelm Friedrich 1830/1970. *Enzyklopädie der philosophischen Wissenschaften im Grundrisse. Erster Teil: Die Wissenschaft der Logik.* Frankfurt a.M.: Suhrkamp.

Held, David. 1980. *Introduction to critical theory.* Berkeley, CA: University of California Press.

Held, David. 2006. *Models of democracy* (3rd edition). Cambridge: Polity Press.

Hinton, Sam and Larissa Hjorth. 2013. *Understanding social media.* Los Angeles, CA: Sage.

Hofkirchner, Wolfgang. 2002. *Projekt Eine Welt: Kognition – Kommunikation – Kooperation: Versuch über die Selbstorganisation der Informationsgesellschaft.* Münster: LIT.

Hofkirchner, Wolfgang. 2013. *Emergent information: A unified theory of information framework.* Singapore: World Scientific.

Holzer, Horst. 1973. *Kommunikationssoziologie.* Reinbek: Rowohlt.

Holzer, Horst. 1994. *Medienkommunikation.* Opladen: Westdeutscher Verlag.

Holzer, Horst. 2017. *The forgotten Marxist theory of communication.* tripleC: Communication, Capitalism & Critique 15 (2): 686-725.

Holzer, Horst. 2018. Communication & society: A critical political economy perspective. tripleC: Communication, Capitalism & Critique 16 (1): 357-405.Hong, Yu. 2011. *Labor, class formation, and China's informationalized policy of economic development.* Lanham, MD: Lexington Books.

Horkheimer, Max. 1937/1988. Traditionelle und kritische Theorie. In: Zeitschriftfür Sozialforschung. S. 245–294. München: Deutscher Taschenbuch Verlag.

Horkheimer, Max. 1942/1995. Vernuft und Selbsterhaltung. In *Traditionelle und kritische Theorie*, 271–301. Frankfurt am Main: Fischer Wissenschaft.

Horkheimer, Max und Theodor W. Adorno. 1947. *Dialektik der Aufklärung.* Amsterdam: Querido Verlag N.V.

House of Commons Committee of Public Accounts. 2013a. *Tax avoidance – Google.* London: The Stationary Office Limited.

House of Commons Committee of Public Accounts. 2013b. *Tax avoidance: The role of large accountancy firms.* London: The Stationary Office Limited.

House of Commons Committee of Public Accounts. 2015. *Improving.* London: The Stationary Office Limited

Howe, Jeff. 2008. *Crowdsourcing: Why the power of the crowd is driving the future of business.* New York: Three Rivers Press.

Huang, Yasheng. 2008. *Capitalism with Chinese characteristics. Entrepreneurship and the state.* Cambridge: Cambridge University Press.

Hung, Ho-fung, hg. 2009. *China and the transformation of global capitalism*. Baltimore, MD: Johns Hopkins University Press.

Hung, Ho-fung. 2012. Sinomania: global crisis, China's crisis. *Socialist Register* 48: 217-234.

Human Rights Watch. 2003. *Human Rights World Report 2003: India*. https://www.hrw.org/legacy/wr2k3/asia6.html

Hunsinger, Jeremy and Theresa Senft, hg. 2014. *The social media handbook*. New York: Routledge.

Huws, Ursula. 2003. *The making of a cybertariat: Virtual work in a real world*. New York: Monthly Review Press.

Huws, Ursula. 2014. *Labor in the global digital economy: The cybertariat comes of age*. New York: Monthly Review Press.

International Labour Organization (ILO). 2010. *World of work report 2010*. Geneva: ILO.

International Labour Organization (ILO). 2012. *Global wage report 2012/2013*. Geneva: ILO.

International Labour Organization (ILO). 2015. *Global wage report 2014/2015*. Geneva: ILO.

International Monetary Fund. 1997. *Good governance: The IMF's role*. www.imf.org/external/pubs/ft/exrp/govern/govindex.htm (accessed on April 25, 2011).

Jakobsson, Peter und Fredrik Stiernstedt. 2010. Pirates of Silicon Valley: State of exception and dispossession in web 2.0. *First Monday* 15 (7).

Jameson, Frederic. 1988. On Negt and Kluge. *October* 46: 151–177.

Jarrett, Kylie. 2015. Devaluing binaries: Marxist feminism and the value of consumer labour. In *Reconsidering value and labour in the digital age,* hg. v. Eran Fisher und Christian Fuchs, 207-223. Basingstoke: Palgrave Macmillan.

Jarvis, Jeff. 2011. *Public parts. How sharing in the digital age improves the way we work and live*. New York: Simon & Schuster.

Jenkins, Henry. 1992. *Textual poachers: Television fans and participatory culture*. New York: Routledge.

Jenkins, Henry. 2006. *Fans, bloggers, and gamers*. New York: New York University Press.

Jenkins, Henry. 2008. *Convergence culture*. New York: New York University Press.

Jenkins, Henry. 2009. What happened before YouTube? In *YouTube*, hg. v. Jean Burgess und Joshua Green, 109–125. Cambridge: Polity Press.

Jenkins, Henry. 2014a. Partizipationskultur: Fan Communities für eine bessere Welt. *GfK Marketing Intelligence Review* 6(2): 34–39.

Jenkins, Henry. 2014b. Rethinking 'Rethinking convergence/culture'. *Cultural Studies* 28 (2): 267-297.

Jenkins, Henry und Nico Carpentier. 2013. Theorizing participatory intensities: A conversation about participation and politics. *Convergence* 19 (3): 265–286.

Jenkins, Henry, Sam Ford und Joshua Green. 2013. *Spreadable media: Creating value and meaning in a networked culture*. New York: New York University Press.

Jenkins, Henry, Xiaochang Li, Ana Domb Krauskopf and Joshua Green. 2009. *If it doesn't spread, it's dead: Eight parts*. www.henryjenkins.org/2009/02/if_it_doesnt_spread_its_dead_p.html (accessed on August 1, 2011).

Jenkins, Henry, Ravi Purushotma, Margaret Weigel, Katie Clinton und Alice J. Robison. 2009. Confronting the challenges of participatory culture. Chicago, IL: MacArthur Foundation.

Jevons, W. Stanley. 1871. *The theory of political economy*. London: Macmillan. Fifth edition.

Jessop, Bob. 2008. *State power: A strategic-relational approach*. Cambridge: Polity Press.

Jhally, Sut. 1987. *The codes of advertising*. New York: Routledge.

Jhally, Sut. 2006. *The spectacle of accumulation*. New York: Peter Lang.

Jin, Dal Yong und Andrew Feenberg. 2015. Commodity and community in social networking: Marx and the monetization of user-generated content. *The Information Society* 31 (1): 52-60.

John, Nicholas A. 2013. Sharing and web 2.0: The emergence of a keyword. *New Media & Society* 15 (2): 167–182.

Jónsdóttir, Birgitta. 2013. Foreword. In *Beyond WikiLeaks: Implications for the future of communications, journalism and society*, hg. v. Benedetta Brevini, Arne Hintz und Patrick McCurdy, xi–xvii. Basingstoke: Palgrave Macmillan.

Jullien, Nicolas. 2011. *Mais qui sont les Wikipédiens? Résultats d'études.* http://blog.wikimedia.fr/qui-sont-les-wikipediens-2961 (accessed July 3, 2013)

Juris, Jeffrey S. 2012. Reflections on #occupy everywhere: Social media, public space, and emerging logics of aggregation. *American Ethnologist* 39 (2): 259–279.

Kang, Hyunjin und Matthew P. McAllister. 2011. Selling you and your clicks: Examining the audience commodification of Google. *tripleC: Communication, Capitalism & Critique: Journal for a Global Sustainable Information Society* 9 (2): 141–153.

Kant, Immanuel. 1785/1999. *Grundlegung zur Metaphysik der Sitten.* Hamburg: Felix Meiner Verlag.

Karatani, Kojin. 2005. *Transcritique.* Cambridge, MA: MIT Press.

Kellner, Douglas. 1989. *Critical theory, Marxism and modernity.* Baltimore, MD: Johns Hopkins University Press.

Kellner Douglas. 1995 *Media culture: Cultural studies, identity and politics between the modern and the postmodern.* London: Routledge.

Kellner, Douglas. 2009. Toward a critical media/cultural studies. In *Media/cultural studies: Critical approaches,* hg. v. Rhonda Hammer und Douglas Kellner, 5–24. New York: Peter Lang.

KhosraviNik, Majid. 2013. Critical discourse analysis, power, and new media discourse. In *Why discourse matters: Negotiating identity in the mediatized world,* hg. v. Yusuf Kalyango Jr. und Monika Weronika Kopytowska, 287-305. New York: Peter Lang.

Knoche, Manfred. 2005. Kommunikationswissenschaftliche Medienökonomie als Kritik der Politischen Ökonomie der Medien. In *Internationale partizipatorische Kommunikationspolitik,* hg. v. Petra Ahrweiler und Barbara Thomaß, 101–109. Münster: LIT.

Knoche, Manfred. 2016. The media industry's structural transformation in capitalism and the role of the state: Media economics in the age of digital communications. tripleC: Communication, Capitalism & Critique 14 (1): 18-47

Kompatsiaris, Panos und Yiannis Mylonas. 2015. The rise of Nazism and the web: Social media as platforms of racist discourses in the context of the Greek economic crisis. In *Social media, politics and the state: Protests, revolutions, riots, crime and policing in the age of Facebook, Twitter and YouTube,* hg. v. Daniel Trottier und Christian Fuchs, 109-130. New York: Routledge.

Kostakis, Vasilis. 2010. Identifying and understanding the problems of Wikipedia's peer governance: The case of inclusionists versus deletionists. *First Monday* 15 (3).

Kovisto, Juha und Esa Valiverronen. 1996. The resurgence of the critical theories of public sphere. *Journal of Communication Inquiry* 20 (2): 18-36.

Kreilinger, Verena. 2014. *Research design & data analysis, presentation, and interpretation: Part two.* The Internet & Surveillance-Research Paper Series, Research Paper #14. Vienna: UTI Research Group.

Laclau, Ernesto und Chantal Mouffe. 1991. *Hegemonie und radikale Demokratie.* Übers. v. Michael Hintz u. Gerd Vorwallner. Wien: Passagen.

Lanier, Jaron. 2014. *Wem gehört die Zukunft?* Übers. v. Dagmar Mallett u. Heike Schlatterer. Hamburg: Hoffmann und Campe.

Lapavitsas, Costas. 2013. *Profiting without producing. How finance exploits us all.* London: Verso.

Lazarsfeld, Paul F. 1941/2004. Administrative and critical communications research. In *Mass communication and American social thought: Key texts, 1919-1968*, hg. v. John Durham Peters, 166–173. Lanham, MD: Rowman & Littlefield.

Leadbeater, Charles. 2009. *We-think. Mass innovation, not mass production.* London: Profile Books. 2nd edition.

Lee, Micky. 2011. Google ads and the blindspot debate. *Media, Culture & Society* 33 (3): 433–447.

Lévy, Pierre. 1997. *Collective intelligence.* New York: Plenum.

Li, Minqi. 2008a. An age of transition. The United States, China, peak oil, and the demise of neoliberalism. *Monthly Review* 59 (11): 20–34.

Li, Minqi. 2008b. *The rise of China and the demise of the capitalist world-economy.* London: Pluto Press.

Li, Minqi. 2016. *China and the 21st century crisis.* London: Pluto Press.

Lin, Chun. 2013. *China and global capitalism. Reflections on Marxism, history, and contemporary politics.* Basingstoke: Palgrave Macmillan.

Lindgren, Simon and Ragnar Lundström. 2011. Pirate culture and hacktivist mobilization: The cultural and social protocols of #WikiLeaks on Twitter. *New Media & Society* 13 (6): 999–1018.

Livant, Bill. 1979. The audience commodity: On the "blindspot" debate. *Canadian Journal of Political and Social Theory* 3 (1): 91–106.

Lotan, Gilad, Erhardt Graeff, Mike Ananny, Devin Gaffney, Ian Pearce und danah boyd. 2011. The Arab Spring! The revolutions were tweeted: Information flows during the 2011 Tunisian and Egyptian revolutions. *International Journal of Communication* 5: 1375–1405.

Lovink, Geert. 2008. *Zero comments: Blogging and critical internet culture.* New York: Routledge.

Lovink, Geert. 2011. *Networks without a cause: A critique of social media.* Cambridge: Polity Press.

Luhmann, Niklas. 1998. *Die Gesellschaft der Gesellschaft.* Frankfurt/Main: Suhrkamp.

Luhmann, Niklas. 2000. *Die Politik der Gesellschaft.* Frankfurt/Main: Suhrkamp.

Lukács, Georg. 1923. *Geschichte und Klassenbewußtsein.* In *Georg Lukács Werke Band 2*, 161-517. Bielefeld: Aisthesis Verlag.

Lupton, Deborah. *Digital sociology.* London: Routledge.

Luxemburg, Rosa. 1913/1975. *Die Akkumulation des Kapitals.* In *Gesammelte Werke Band 5.* Berlin: Dietz.

Luxemburg, Rosa. 1916/1966. *Die Krise der Sozialdemokratie.* In *Gesammelte Werke Band 4*, 51-164. Berlin: Dietz.

Lynd, Staughton. 1965. The new radicals and "participatory democracy". *Dissent* 12 (3): 324–333.

Lyon, David. 1994. *The electronic eye: The rise of surveillance society.* Cambridge: Polity.

Lyon, David. 2003. *Surveillance after September 11.* Cambridge: Polity.

Lyon, David. 2015. *Surveillance after Snowden.* Cambridge: Polity.

Macpherson, Crawford Brough. 1977. *Demokratietheorie. Beiträge zu ihrer Erneuerung.* Übers. v. Andreas Falke. München: C.H. Beck.

Mager, Astrid. 2012. Algorithmic ideology: How capitalist society shapes search engines. *Information, Communication & Society* 15 (5): 769-787.

Mager, Astrid. 2014. Defining algorithmic ideology. Using ideology critique to scrutinize corporate search engines. *tripleC: Communication, Capitalism & Critique* 12 (1): 28-39.

Mandiberg, Michael. 2012. Introduction. In *The social media reader*, hg. v. Michael Mandiberg, 1–10. New York: New York University Press.

Manovich, Lev. 2009. Cultural analytics: Visualising cultural patterns in the era of "more media". http://manovich.net/content/04-projects/061-cultural-analytics-visualizing-cultural-patterns/60_article_2009.pdf

Manyika, James et al. 2011. *Big data. The next frontier for innovation, competition, and productivity.* Washington, DC: McKinsey Global Institute.

Marcuse, Herbert. 1932/1981. Neue Quellen zur Grundlegung des Historischen Materialismus. In *Herbert Marcuse Schriften Band I*, 509–555. Frankfurt am Main: Suhrkamp Verlag.

Marcuse, Herbert. 1936/1980. Zum Begriff des Wesens. In *Zeitschrift für Sozialforschung*. Jahrgang 5. S. 1–39.

Marcuse, Herbert. 1937/1988. Philosophie und kritische Theorie. In *Zeitschrift für Sozialforschung. Jahrgang 6.*, 625–647. München: Deutscher Taschenbuch Verlag.

Marcuse, Herbert. 1941/2004. Vernuft und Revolution. Hegel und die Enstehung der Gesellschaftstheorie. Springe: zu Klampen Verlag.

Marcuse, Herbert. 1967. *Der eindimensionale Mensch.* Neuwied/Berlin: Hermann Luchterhand.

Marx, Karl. 1842. Debatten über Preßfreiheit und Publikation der landständischen Verfassung. In *Marx Engels Werke Band 1*, 28–77. Berlin: Dietz Verlag.

Marx, Karl. 1843a. Briefe aus den „Deutsch-Franzosischen Jahrbüchern". In *Marx Engels Werke (MEW), Band 1*, 337-346. Berlin: Dietz Verlag.

Marx, Karl. 1843b. Zur Judenfrage. In *Marx Engels Werke (MEW), Band 1*, 347–377. Berlin: Dietz Verlag.

Marx, Karl. 1843c. Zur Kritik der Hegelschen Rechtsphilosophie. In *Marx Engels Werke (MEW), Band 1*, 203-333 & 378-391. Berlin: Dietz Verlag.

Marx, Karl. 1844a. Anmerkungen zur Doktordissertation. Erster Teil. Differenz der demokritischen und epikureischen Naturphilosophie im allgemeinen. In *Marx Engels Werke (MEW), Band 40*, 311–335. Berlin: Dietz Verlag.

Marx, Karl. 1844b. Ökonomisch-philosophische Manuskripte aus dem Jahre 1844. In *Marx Engels Werke (MEW), Band 1*, 465–588. Berlin: Dietz Verlag.

Marx, Karl. 1847. Das Elend der Philosophie. In *Marx Engels Werke (MEW), Band 4*, 61–203. Berlin: Dietz Verlag.

Marx, Karl. 1857. Grundrisse der Kritik der politischen Ökonomie. In *Marx Engels Werke (MEW), Band 42*, 47–164. Berlin: Dietz Verlag.

Marx, Karl. 1859. Zur Kritik der Politischen Ökonomie. In *Marx Engels Werke (MEW), Band 13*. Berlin: Dietz.

Marx, Karl. 1863–1865. *Resultate des unmittelbaren Produktionsprozesses.* https://www.marxists.org/deutsch/archiv/marx-engels/1863/resultate/1-mehrwert.htm

Marx, Karl. 1864. *Inauguraladresse der Internationalen Arbeiter-Assoziation.* Gegründet am 28. September 1864 in öffentlicher Versammlung in St. Martin's Hall, Long Acre, London. In *Marx Engels Werke (MEW), Band 16*, 5-13. Berlin: Dietz Verlag.

Marx, Karl. 1867. *Das Kapital. Erster Band Buch I: Der Produktionsprozeß des Kapitals. Marx Engels Werke (MEW), Band 23*. Berlin: Dietz Verlag.

Marx, Karl. 1871. *Der Bürgerkrieg in Frankreich.* In *Marx Engels Werke (MEW), Band 17*, 313-365. Berlin: Dietz Verlag.

Marx, Karl. 1875. *Die Kritik des Gothaer Programms.* In *Marx Engels Werke (MEW), Band 19*, 13-32. Berlin: Dietz Verlag.

Marx, Karl. 1885. *Das Kapital. Band 2. Zweites Buch: Der ZIrkulationsprozeß des Kapitals. Marx Engels Werke (MEW), Band 24.* Berlin: Dietz Verlag.

Marx, Karl. 1894. *Das Kapital. Band 3. Drittes Buch: Der Gesamtprozeß der kapitalistischen Produktion. Marx Engels Werke (MEW), Band 25.* Berlin: Dietz Verlag.

Marx, Karl. 1988. *Ökonomische Manuskripte 1863–1867.* In *Karl Marx Friedrich Engels Gesamtausgabe (MEGA) II/4.* Berlin: Dietz Verlag. https://marxwirklichstudieren.files.wordpress.com/2012/11/mew_band19.pdf

Marx, Karl und Friedrich Engels. 1846. *Die deutsche Ideologie.* In *Marx Engels Werke Band 3*, 5-530. Berlin: Dietz Verlag.

Marx, Karl und Friedrich Engels. 1848. *Manifest der Kommunistischen Partei.* In *Marx Engels Werke Band 4*, 459-493. Berlin: Dietz Verlag

Mathiesen, Thomas. 2013. *Towards a surveillant society. The rise of surveillance systems in Europe.* Hook: Waterside Press.

Matofska, Benita. 2014. Critics of the sharing economy are missing the point altogether. *The Guardian Online.* June 5, 2014.

Mattelart, Armand. 2010. *The globalization of surveillance*. Cambridge: Polity.

Maurer, Hermann, Tilo Balke, Frank Kappe, Narayanan Kulathuramaiyer, Stefan Weber und Bilal Zaka. 2007. *Report on dangers and opportunities posed by large search engines, particularly Google.* http://www.iicm. tugraz.at/iicm_papers/dangers_google.pdf, accessed on November 22, 2015.

Maxwell, Richard und Toby Miller. 2012. *Greening the media*. Oxford: Oxford University Press.

Mayer-Schönberger, Viktor und Kenneth Cukier. 2013. *Big data. A revolution that will transform how we live, work and think.* London: Murray.

McChesney, Robert. 2008. *The political economy of media.* New York: Monthly Review Press.

McChesney, Robert W. 2013. *Digital Disconnect: How Capitalism Is Turning the Internet Against Democracy.* New York: The New Press.

McGuigan, Jim. 1998. What price the public sphere? In *Electronic empires. Global media and local resistances*, hg. Daya Kishan Thussu, 108–124. London: Hodder Arnold.

McGuigan, Lee und Vincent Manzerolle, hg. 2014. *The audience commodity in a digital age. Revisiting a critical theory of commercial media.* New York: Peter Lang.

McLuhan, Marshall. 2001. *Understanding media.* New York: Routledge.

McQuail, Denis. 2010. *McQuail's mass communication theory* (6th edition). London: SAGE.

MECW. 1975 et seq. *Marx-Engels-Collected Works.* New York: International Publishers.

Meehan, Eileen. 2002. Gendering the commodity audience. Critical media research, feminism, and political economy. In *Media and Cultural Studies. KeyWorks*, hg. v. Meenakshi Gigi Durham und Douglas Kellner, 242-249. Malden, MA: Wiley-Blackwell. Second edition.

MEGA. 1975 et seq. *Marx-Engels-Gesamtausgabe.* Berlin: Dietz.

Meikle, Graham. 2016. Social media: Communication, sharing, and visibility. New York: Routledge.

Meikle, Graham und Sherman Young. 2012. *Media convergence: Networked digital media in everyday life*. Basingstoke: Palgrave Macmillan.

Mendelson, B. J. 2012. *Social media is bullshit*. New York: St. Martin's Press.

MEW. 1962 et seq. *Marx-Engels-Werke*. Berlin: Dietz.

Mill, John Stuart. 1848/1968. *Grundsätze der politischen Ökonomie (Gesammelte Werke Bd. 5)*. Übers. unter Red. v. Theodor Gomperz. Aalen: Scientia.

Mill, John Stuart. 1859/1998. *Über die Freiheit*. Übers. v. Bruno Lemke. Stuttgart: Reclam.

Mills, C. Wright. 1956. *The Power Elite*. Oxford: Oxford University Press.

Moglen, Eben. 2003. *The dotCommunist manifesto*. http://emoglen.law.columbia.edu/my_pubs/dcm.html#tex2html2 (accessed November 22, 2015).

Monahan, Torin. 2010. *Surveillance in the time of insecurity*. New Brunswick, NJ: Rutgers University Press.

Moor, James H. 2000. Toward a theory of privacy in the information age. In *Cyberethics*, hg. v. Robert M. Baird, Reagan Ramsower und Stuart E. Rosenbaum, 200–212. Amherst, NY: Prometheus Books.

Moore, Barrington. 1984. *Privacy: Studies in social and cultural history*. Armonk, NY: M.E. Sharpe.

Marwick, Alice. 2013. *Status update: Celebrity, publicity, and branding in the social media age*. New Haven, CT: Yale University Press.

Morozov, Evgeny. 2009. The brave new world of slacktivism. http://www.npr.org/templates/story/story.php?storyId=104302141 (accessed November 13, 2015).

Morozov, Evgeny. 2010. *The net delusion: How not to liberate the world*. London: Allen Lane.

Morozov, Evgeny. 2013. *To save everything, click here: Technology, solutionism and the urge to fix problems that don't exist*. London: Allen Lane.

Morozov, Evgeny. 2014. Don't believe the hype, the 'sharing economy' masks a failing economy. *The Guardian Online*. September 28, 2014.

Mosco, Vincent. 2004. *The digital sublime*. Cambridge, MA: MIT Press.

Mosco, Vincent. 2009. The *political economy of communication* (2nd edition). London: SAGE.

Mosco, Vincent. 2014. *To the cloud: Big data in a turbulent world.* Boulder, CO: Paradigm.

Mosco, Vincent. 2016. Marx in the cloud. In *Marx in the age of digital capitalism,* hg. v. Christian Fuchs und Vincent Mosco, 516-535. Leiden: Brill.

Mosco, Vincent und Janet Wasko, hg. 1988. *The political economy of information.* Madison, WI: University of Wisconsin Press.

Mueller, Milton L., Andreas Kuehn und Stephanie Michelle Santoso. 2012. Policing the network. Using DPI for copyright enforcement. *Surveillance & Society* 9 (4): 348–364.

Murdock, Graham. 1978. Blindspots about Western Marxism: A reply to Dallas Smythe. In *The political economy of the media I,* hg. v. Peter Golding und Graham Murdock, 465–474. Cheltenham: Edward Elgar.

Murdock, Graham. 2011. Political economies as moral economies. Commodities, gifts, and public goods. In *The handbook of the political economy of communications,* hg. v. Janet Wasko, Graham Murdock und Helena Sousa, 13-40. Chicester: Wiley-Blackwell.

Murdock, Graham und Peter Golding. 1974. For a political economy of mass communications. In *The political economy of the media I,* hg. v. Peter Golding und Graham Murdock, 3–32. Cheltenham: Edward Elgar.

Murdock, Graham und Peter Golding. 2005. Culture, communications and political economy. In *Mass media and society* (4th edition), hg. v. James Curran und Michael Gurevitch, 60–83. London: Hodder.

Murthy, Dhiraj. 2013. *Twitter: Social communication in the Twitter age.* Cambridge: Polity Press.

National Bureau of Statistics of China. 2015. *Statistical communiqué of the People's Republic of China on the 2014 national economic and social development.* http://www.stats.gov.cn/english/PressRelease/201502/t20150228_6 87439.html (accessed on November 25, 2015).

Negri, Antonio. 1991. *Marx beyond Marx: Lessons on the Grundrisse.* London: Pluto Press.

Negt, Oskar und Alexander Kluge. 1972. Öffentlichkeit und Erfahrung. Zur Organisationsanalyse bürgerlicher und proletarischer Öffentlichkeit. Frankfurt am Main: Suhrkamp.

Nissenbaum, Helen. 2010. *Privacy in context.* Stanford, CA: Stanford University Press.

Noam, Eli. 2009. *Media ownership and concentration in America.* Oxford: Oxford University Press.

Nolan, Peter. 2012. *Is China buying the world?* Cambridge: Polity Press.

Nolan, Peter und Jin Zhang. 2010. Global competition after the financial crisis. *New Left Review* 64: 97–108.

Norris, Clive und Gary Armstrong. 1999. *The maximum surveillance society. The rise of CCTV.* Oxford: Berg.

O'Neil, Mathieu. 2009. *Cyberchiefs: Autonomy and authority in online tribes.* London: Pluto Press.

O'Neil, Mathieu. 2011. The sociology of critique in Wikipedia. *Critical Studies in Peer Production* RS 1.2: 1–11.

O'Reilly, Tim. 2005a. *What is web 2.0?* www.oreillynet.com/pub/a/oreilly/tim/news/2005/09/30/what-is-web-20.html?page=1 (accessed on November 22, 2015).

O'Reilly, Tim. 2005b. *Web 2.0: Compact definition.* http://radar.oreilly.com/2005/10/web-20-compact-definition.html (accessed on November 22, 2015).

O'Reilly, Tim und John Battelle. 2009. *Web squared: Web 2.0 five years on.* Special report. http://assets.en.oreilly.com/1/event/28/web2009_websquared-whitepaper.pdf (accessed on November 22, 2015).

Ofcom. 2014. *International communications market report 2014.* http://stakeholders.ofcom.org.uk/binaries/research/cmr/cmr14/icmr/ICMR_2014.pdf (accessed on October 31, 2015).

Ofcom. 2015a. *Adults' media use and attitudes.* http://stakeholders.ofcom.org.uk/binaries/research/media-literacy/media-lit-10years/2015_Adults_media_use_and_attitudes_report.pdf (accessed on October 31, 2015).

Ofcom. 2015b. *The communications market report 2015* [UK]. http://stakeholders.ofcom.org.uk/binaries/research/cmr/cmr15/CMR_UK_2015.pdf (accessed on October 31, 2015).

Orwell, George. 1945. *Animal farm.* Harlow: Heinemann.

PageFair und Adobe. *2015. The cost of ad blocking. PageFair and Adobe 2015 ad blocking report.*

http://downloads.pagefair.com/reports/2015_report-the_cost_of_ad_blocking.pdf (accessed on October 31, 2015).

Pal, Joyojeet. 2015. Banalities turned viral: Narendra Modi and the political tweet. *Television & New Media* 16 (4): 378-387.

Panitch, Leo. 2010. Giovanni Arrighi in Beijing: An alternative to capitalism? *Historical Materialism* 18 (1): 74-87.

Papacharissi, Zizi. 2002. The virtual sphere: The Internet as a public sphere. *New Media & Society* 4 (1): 9–27.

Papacharissi, Zizi. 2009. The virtual sphere 2.0: The Internet, the public shpere, and beyond. In *Routledge handbook of Internet politics*, hg. v. Andrew Chadwick und Philip N. Howard, 230–245. New York: Routledge.

Papacharissi, Zizi A. 2010. *A private sphere: Democracy in a digital age*. Cambridge: Polity.

Pardun, Carol J., hg. 2014. *Advertising and society*. Chicester: Wiley Blackwell.

Pasquinelli, Matteo. 2009. Google's PageRank algorithm: A diagram of cognitive capitalism and the rentier of the common intellect. In *Deep search: The politics of search beyond Google*, hg. v. Konrad Becker und Felix Stalder, 152–162. Innsbruck: StudienVerlag.

Pateman, Carole. 1970. Participation and democratic theory. Cambridge: Cambridge University Press.

Petersen, Søren Mørk. 2008. Loser generated content: From participation to exploitation. *First Monday* 13 (3).

PewResearchCenter. 2015. Social media usage: 2005-2015. http://www.pewinternet.org/2015/10/08/social-networking-usage-2005-2015 (accessed on November 22, 2015)

Qi, Hao. 2014. The labor share question in China. *Monthly Review* 65 (8): 23–35.

Qiu, Jack L. 2009. *Working-class network society. Communication technology and the information have-less in China*. Cambridge, MA: MIT Press.

Qiu, Jack L. 2012. Network Labor: Beyond the shadow of Foxconn. In *Studying mobile media: Cultural technologies, mobile communication, and the iPhone*, hg. v. Larissa Hjorth, Jean Burgess und Ingrid Richardson, 173–189. New York: Routledge.

Qiu, Jack L. 2015. Reflections on big data: 'Just because it is accessible does not make it ethical'. *Media, Culture & Society* 37 (7): 1089–1094.

Qiu, Jack L. 2016. *Goodbye iSlave: Rethinking labor, capitalism, and digital media.* Champaign, IL: University of Illinois Press.

Quinn, Michael. 2006. *Ethics for the information age.* Boston, MA: Pearson.

Ramalingam, Vidhya. 2014. Government responses to far-right extremism: Learning from 10 European states. *Journal EXIT-Deutschland* 2014 (1): 258-293.

Ritzer, George und Nathan Jurgenson. 2010. Production, consumption, prosumption. *Journal of Consumer Culture* 10 (1): 13–36.

Roberts, John Michael und Nick Crossley, hg. 2004a. *After Habermas: New perspectives on the public sphere.* Malden, MA: Blackwell.

Roberts, John Michael und Nick Crossley. 2004b. Introduction. In *After Habermas: New perspectives on the public sphere,* hg. v. Nick Crossley und John Michael Roberts, 1–27. Malden, MA: Blackwell.

Roberts, Michael. 2015a. Is it all over? Michael Roberts looks at the implications of China's stock market collapse. *Weekly Worker* (http://www.weeklyworker.org), August 6, 2015.

Roberts, Michael. 2015b. Is there a economic bubble in China about to burst? *The Socialist Network* (http://socialistnetwork.org), June 15, 2015.

Robins, Kevin und Frank Webster. 1999. *Times of the technoculture.* New York: Routledge.

Rockmore, Tom. 2011. *Before and after 9/11: A philosophical examination of globzliation, terror, and history.* New York: Continuum.

Rogers, Richard. 2013. *Digital methods.* Cambridge, MA: MIT Press.

Rosenberg, Tina. It's not just nice to share, it's the future. *New York Times Online.* June 5, 2013.

Rule, James B. 2007. *Privacy in peril.* Oxford: Oxford University Press.

Rushkoff, Douglas. 2010. *Program or be programmed: Ten commands for a digital age.* New York: OR Books. Kindle version.

Rushkoff, Douglas. 2013. Unlike – Why I'm leaving Facebook. www.rushkoff.com/blog/2013/2/25/cnn-unlike-why-im-leaving-facebook.html

Ryker, Randy, Elizabeth Lafleur, Chris Cox und Bruce Mcmanis. 2002. Online privacy policies: An assessment of the fortune E-50. *Journal of Computer Information Systems* 42 (4): 15–20.

Sahlins, Marshall. 1972. *Stone age economics*. Chicago, IL: Aldine Atherton.

Salem, Sara. 2015. Creating spaces for dissent: The role of social media in the 2011 Egyptian revolution. In *Social media, politics and the state: Protests, revolutions, riots, crime and politics in the age of Facebook, Twitter and YouTube*, hg. v. Daniel Trottier und Christian Fuchs, 171–188. New York: Routledge.

Sandoval, Marisol. 2009. A critical contribution to the foundations of alternative media studies. *Kurgu-Online International Journal of Communication Studies* 1, www.kurgu.anadolu.edu.tr/dosyalar/6.pdf (accessed on August 20, 2011).

Sandoval, Marisol. 2013. Foxconned labour as the dark side of the information age. Working conditions at Apple's contract manufacturers in China. *tripleC: Communication, Capitalism & Critique* 11 (2): 318–347.

Sandoval, Marisol. 2014. *From corporate to social media? Critical perspectives on corporate social responsibility in media and communication industries*. London: Routledge.

Sandoval, Marisol und Christian Fuchs. 2010. Towards a critical theory of alternative media. *Telematics and Informatics* 27 (2): 141–150.

Schmitt, Carl. 1932/1963. Der Begriff des Politischen. Berlin: Duncker und Humblot. (ENG: Schmitt, Carl. 1996. *The concept of the political*. Chicago, IL: Chicago University Press.)

Schoeman, Ferdinand David, hg. 1984a. *Philosophical dimensions of privacy*. Cambridge, MA: Cambridge University Press.

Schoeman, Ferdinand David. 1984b. Privacy: Philosophical dimensions of the literature. In *Philosophical dimensions of privacy*, hg. v. Ferdinand David Schoeman, 1–33. Cambridge, MA: Cambridge University Press.

Scholz, Trebor. 2008. Market ideology and the myths of web 2.0. *First Monday* 13 (3).

Scholz, Trebor, hg. 2013. *Digital labor: The Internet as playground and factory*. New York: Routledge.

Sevignani, Sebastian. 2012. The problem of privacy in capitalism and the alternative social networking site Diaspora*. *tripleC: Communication, Capitalism & Critique: -Journal for a Global Sustainable Information Society* 10 (2): 600–617.

Sevignani, Sebastian. 2013. Facebook vs. Diaspora: A critical study. In *"Unlike us" reader: Social media monopolies and their alternatives*, hg. v. Geert Lovink und Miriam Rasch, 323–337. Amsterdam: Institute of Network Cultures.

Sevignani, Sebastian. 2016. *Privacy and capitalism in the age of social media*. New York: Routledge.

Shepherd, Tamara. 2014. Gendering the commodity audience in social media. In *The Routledge companion to media and gender*, hg. v. Cynthia Carter, Linda Steiner und Lisa McLaughlin, 157-167. London: Routledge.

Shirky, Clay. 2008. *Here comes everybody*. London: Penguin.

Shirky, Clay. 2011a. *Cognitive surplus: How technology makes consumers into -collaborators*. London: Penguin.

Shirky, Clay. 2011b. The political power of social media. *Foreign Affairs* 90 (1): 28–41.

Siapera, Eugenia und Mariangela Veikou. 2016. The digital Golden Dawn: emergence of a nationalist-racist digital mainstream. In *The digital transformation of the public sphere: Conflict, migration, crisis and culture in digital networks*, hg. v. Athina Karatzogianni, Dennis Nguyen und Elisa Serafinelli, London: Palgrave Macmillan.

Sicular, Terry. 2013. The challenge of high inequality in China. *Inequality in Focus* 2 (2): 1-5.

Smythe, Dallas W. 1954. Reality as presented by television. In *Counterclockwise. Perspectives on communication*, 61-74. Boulder, CO: Westview Press.

Smythe, Dallas W. 1977. Communications: Blindspot of Western Marxism. *Canadian Journal of Political and Social Theory* 1 (3): 1–27.

Smythe, Dallas W. 1981. *Dependency road*. Norwood, NJ: Ablex.

Smythe, Dallas W. 1981/2006. On the audience commodity and its work. In *Media and cultural studies*, hg. v. Meenakshi G. Durham und Douglas M. Kellner, 230–256. Malden, MA: Blackwell.

Smythe, Dallas W. 1994. *Counterclockwise*. Boulder, CO: Westview Press.

Solove, Daniel J. 2008. *Understanding privacy*. Cambridge, MA: Harvard University Press.

Sparks, Colin. 1998. Is there a global public sphere? In *Electronic empires. Global media and local resistances*, hg. v. Daya Kishan Thussu, 91–107. London: Hodder Arnold.

Sparks, Colin. 2001. The Internet and the global public sphere. In *Mediated politics: Communication in the future of society*, hg. v. W. Lance Bennett und Robert M. Entman, 75–95. New York: Cambridge University Press.

Splichal, Slavko. 2007. Does history matter? Grasping the idea of public service at its roots. In *From public service broadcasting to public service media. RIPE@2007*, hg. v. Gregory Ferrell Lowe und Jo Bardoel, 237-256. Gothenburg: Nordicom.

Stallings, William. 1995. *Operating systems*. Eaglewood Cliffs, NJ: Prentice-Hall. Second edition.

Standage, Tom. 2013. *Writing on the wall: Social media – The first 2,000 years*. London: Bloomsbury.

Stanyer, James. 2009. Web 2.0 and the transformation of news and journalism. In *Routledge handbook of Internet politics*, hg. v. Andrew Chadwick und Philip N. Howard, 201–213. New York: Routledge.

Starke-Meyerring, Doreen und Laura Gurak. 2007. Internet. In *Encyclopedia of-privacy*, hg. v. William G. Staples, 297–310. Westport, CN: Greenwood Press.

Stross, Randall. 2008. *Planet Google*. New York: Free Press.

Students & Scholars against Corporate Misbehaviour (SACOM). 2014. *The lives of iSlaves: Report on working conditions at Apple's supplier Pegatron*. http://sacom.hk/wp-content/uploads/2014/09/SACOM-The-Lives-of-iSlaves-Pegatron-20140918.pdf (accessed on November 22, 2015)

Sullivan, Andrew. 2009. The revolution will be twittered. *The Atlantic*. www.theatlantic.com/daily-dish/archive/2009/06/the-revolution-will-be-twittered/200478 (accessed November 22, 2015).

Tännsjö, Torbjörn. 2010. *Privatliv*. Lidingö: Fri Tanke.

Tapscott, Don und Anthony D. Williams. 2007. *Wikinomics: How mass collaboration changes everything*. New York: Penguin.

Tavani, Herman T. 2008. Informational privacy: Concepts, theories, and controversies. In *The handbook of information and computer ethics*, hg. v. Kenneth Einar Himma und Herman T. Tavani, 131–164. Hoboken, NJ: Wiley.

Tavani, Herman T. 2010. *Ethics and technology: Controversies, questions and strategies for ethical computing.* Hoboken, NJ: Wiley.

Taylor, Astra. 2014. *The people's platform: Taking back power and culture in the digital age.* London: Fourth Estate.

Terranova, Tiziana. 2004. *Network culture.* London: Pluto.

Terranova, Tiziana and Joan Donovan. 2013. Occupy social networks: The paradoxes of corporate social media for networked social movements. In *"Unlike us" reader: Social media monopolies and their alternatives,* hg. v. Geert Lovink und Miriam Rasch, 296–311. Amsterdam: Institute of Network Cultures.

Thompson, John B. 1995. *The media and modernity: A social theory of the media.* Cambridge: Polity Press.

Toffler, Alvin. 1980. *The third wave.* New York: Bantam.

Tomasello, Michael. 2009. *Die Ursprünge der menschlichen Kommunikation.* Übers. v. Jürgen Schröder. Frankfurt a.M.: Suhrkamp.

Tönnies, Ferdinand. 2012. *Studien zu Gemeinschaft und Gesellschaft.* Wiesbaden: Springer VS.

Trottier, Daniel. 2012. *Social media as surveillance. Rethinking visibility in a converging world.* Farnham: Ashgate.

Trottier, Daniel. 2014. *Identity problems in the Facebook era.* New York: Routledge.

Trottier, Daniel und Christian Fuchs. 2015. Theorising social media, politics and the state: An introduction. In *Social media, politics and the state: Protests, revolutions, riots, crime and policing in the age of Facebook, Twitter and YouTube,* hg. v. Daniel Trottier a=und Christian Fuchs, 3-38. New York: Routledge

Turow, Joseph. 2006. *Niche envy: Marketing discrimination in the digital age.* -Cambridge, MA: MIT Press.

Turow, Joseph. 2011. *The daily you. How the new advertising industry is defining your identity and your worth.* New Haven, CT: Yale University Press.

Turow, Joseph and Matthew McAllister, hg. 2009. *The advertising and consumer culture reader.* New York: Routledge.

Vaidhyanathan, Siva. 2011. *The Googlization of everything (and why we should worry).* Berkeley, CA: University of California Press.

van Dijck, José. 2009. Users like you? Theorizing agency in user-generated content. *Media, Culture & Society* 31 (1): 41–58.

van Dijck, José. 2013. *The culture of connectivity: A critical history of social media.* Oxford: Oxford University Press.

van Dijck, José und David Nieborg. 2009. Wikinomics and its discontents: a critical analysis of web 2.0 business manifestors. *New Media & Society* 11 (5): 855–874.

Varian, Hal R. 2006. The economics of internet search. *Rivista di politica economica 96* (11/12): 8-23.

Varian, Hal R. 2009. Online ad auctions. *American Economic Review* 99 (2): 430-434.

Vise, David A. 2005. *The Google story.* London: Macmillan.

Wacks, Raymond. 2010. *Privacy: A very short introduction.* Oxford: Oxford University Press.

Wallerstein, Immanuel. 2015. Whose interests are served by the BRICS? In *BRICS: An anti-capitalist critique,* hg. v. Patrick Bond und Ana Garcia, 269-273. London: Pluto Press.

Wang, Di. 2008. The idle and the busy. Teahouses and public life in early twentieth-century Chengdu. *Journal of Urban History* 26 (4): 411-437.

Warren, Samuel und Louis Brandeis. 1890. The right to privacy. *Harvard Law Review* 4 (5): 193–220.

Wasko, Janet. 2004. The political economy of communications. In *The SAGE handbook of media studies,* hg. v. John Downing, Denis McQuail, Philip Schlesinger und Ellen Wartella, 309–329. Thousand Oaks, CA: SAGE.

Wasko, Janet und Mary Erickson. 2009. The political economy of YouTube. In *The YouTube reader,* hg. v. Pelle Snickars und Patrick Vonderau, 372–386. Stockholm: National Library of Sweden.

Wasko, Janet, Graham Murdock and Helena Sousa, hg. 2011. *The handbook of -political economy of communication.* Malden, MA: Wiley-Blackwell.

Weber, Max. 1960. *Soziologische Grundbegriffe.* Tübingen: J.C.B. Mohr (Paul Siebeck). Ursprünglich veröffentlicht 1922.

Weber, Max. 1972. *Wirtschaft und Gesellschaft. Grundriss der verstehenden Soziologie.* Tübingen: J.C.B. Mohr.

Westin, Alan. 1967. *Privacy and freedom.* New York: Altheneum.

Wiggershaus, Rolf. 1995. *The Frankfurt school: Its history, theories and political -significance.* Cambridge, MA: MIT Press.

Williams, Raymond. 1977. *Marxism and literature*. Oxford: Oxford University Press.

Williams, Raymond. 1983. *Keywords*. New York: Oxford University Press.

Williams, Raymond. 1989. *What I came to say*. London: Hutchinson Radius.

Williams, Raymond. 1990. *Television*. London: Routledge. Second edition

Wilson, Christopher und Alexandra Dunn. 2011. Digital media in the Egyptian revolution: Descriptive analysis from the Tahrir data sets. *International Journal of Communication* 5: 1248–1272.

Winner, Langdon. 1980/1999. Do artifacts have politics? In *The social shaping of technology*, hg. v. Donald MacKenzie und Judy Wajcman, 28–40. Maidenhead: Open University Press.

Winseck, Dwayne. 2011. The political economies of media and the transformation of the global media industries: An introductory essay. In *The political economies of media*, hg. v. Dwayne Winseck und Dal Yong Jin, 3–48. London: Bloomsbury Academic.

Winseck, Dwayne und Robert M. Pike. 2007. *Communication and empire*. Durham, NC: Duke University Press.

Wolfson, Todd. 2014. *Digital rebellion: The birth of the cyber left*. Urbana, IL: University of Illinois Press.

Wright, Erik Olin. 2017. *Reale Utopien. Wege aus dem Kapitalismus*. Übers. v. Max Henninger. Berlin: Suhrkamp.

Young, Jock. 2002. Critical criminology in the twenty-first century. Critique, irony and the always unfinished. In *Critical criminology*, hg. v. Kerry Carrington und Russell Hogg, 251-271. Cullompton: Willian.

Zervas, Georgios, Davide Prosperio und John W. Byers. 2014. *The rise of the sharing economy: Estimating the impact of Airbnb on the hotel industry*. http://people.bu.edu/zg/publications/airbnb.pdf *(accessed on November 22, 2015)*.

Zhao, Yuezhi. 2007. After mobile phones, what? Re-embedding the social in China's "digital revolution". *International Journal of Communication* 1: 92-120.

Zhao, Yuezhi. 2008. *Communication in China*. Lanham, MD: Rowman & Littlefield.

Zhao, Yuezhi. 2011. The challenge of China. Contribution to a transcultural political economy of communication in the twenty-first century. In *The handbook of the political economy of communications*, hg. v. Janet Wasko, Graham Murdock und Helena Sousa, 558-582. Chicester: Wiley-Blackwell.

Zimmer, Michael. 2010a. "But the data is already public": On the ethics of research in Facebook. *Ethics and Information Technology* 12 (4): 313-325.

Zimmer, Michael. 2010b. Is it ethical to harvest public Twitter accounts without consent? http://www.michaelzimmer.org/2010/02/12/is-it-ethical-to-harvest-public-twitter-accounts-without-consent/ (accessed on November 22, 2015).

Zimmer, Michael und Nicholas John Proferes. 2014. A topology of Twitter research: disciplines, methods, and ethics. *Aslib Journal of Information Management* 66 (3): 250-261.

Žižek, Slavoj. 2009. *Auf verlorenem Posten*. Übers. v. Frank Born. Frankfurt a.M.: Suhrkamp.

Žižek, Slavoj. 2012a. *Totalitarismus. Fünf Interventionen zum Ge- oder Missbrauch eines Begriffs*. Übers. v. Oliver Hörl. Hamburg: Laika.

Žižek, Slavoj. 2012b. *Wie man vom Anfang beginnt*. In *Die Idee des Kommunismus. Band 1*, hg. v. Slavoj Žižek und Costas Douzinas, übers. v. Harald Etzbach, 251–270. Hamburg: Laika.

Žižek, Slavoj. 2013. *Das Jahr der gefährlichen Träume*. Übers. v. Karen Genschow. Frankfurt am Main: Fischer.

Žižek, Slavoj. 2016. *Absoluter Gegenstoß. Versuch einer Neubegründung des dialektischen Materialismus*. Übers. v. Frank Born. Frankfurt a.M.: Fischer.

Žižek, Slavoj und Costas Douzinas. 2012. *Die Idee des Kommunismus. Band 1*. Übers. v. Harald Etzbach. Hamburg: Laika.

Zureik, Elia. 2010. Cross-cultural study of surveillance and privacy: Theoretical and empirical observations. In *Surveillance, privacy and the globalization of personal information*, hg. v. Elia Zureik, Lynda Harling Stalker, Emily Smith, David Lyon und Yolane E. Chan, 348–359. Montreal: McGill-Queen's University Press.

Zureik, Elia und L. Lynda Harling Stalker. 2010. The cross-cultural study of privacy. In *Surveillance, privacy and the globalization of personal information*, hg. v. Elia Zureik, Lynda Harling Stalker, Emily Smith, David Lyon und Yolane E. Chan, 8–30. Montreal: McGill-Queen's University Press.